Vor der Reise

Western Safari Circuit

Safari-Urlaubsplaner

Sansibar

Die Tierwelt Ostafrikas

Anhang

Tansanias Natur und Klima

Tiere in Tansania

Northern Safari Circuit

Moshi und Mt. Kilimanjaro

Eastern Safari Circuit

Southern Safari Circuit

np068 Foto: pr

Jörg Gabriel

Tansanias Nationalparks
mit Safari-Urlaubsplaner

„Eine Reise ist ein Trunk aus der Quelle des Lebens."

Friedrich Hebbel (1813–1863)

Impressum

Jörg Gabriel
Tansanias Nationalparks mit Safari-Urlaubsplaner

erschienen im
Reise Know-How Verlag Peter Rump GmbH
Osnabrücker Str. 79, 33649 Bielefeld

1. Auflage 2012
Teile des Buchinhaltes sind den Reise-Know-How-Büchern „Tansania, Sansibar, Kilimanjaro" (5. Aufl.) und „Praxis – Safari-Handbuch Afrika" entnommen.

Gestaltung:
Umschlag: G. Pawlak, P. Rump (Layout); M. Luck (Realisierung)
Inhalt: G. Pawlak (Layout); M. Luck (Realisierung)
Karten: B. Spachmüller; der Verlag
Fotos: J. Gabriel (jg); P. Rump (pr); Ch. Lübbert (cl); F. Jantschke (fj); siehe auch Fotonachweis S. 421
Titelfoto: Gnus in der Ngorongoro Conservation Area (pr)

Lektorat: M. Luck

Druck und Bindung: Wilhelm & Adam, Heusenstamm

ISBN 978-3-8317-2199-3
Printed in Germany

Dieses Buch ist erhältlich in jeder Buchhandlung Deutschlands, Österreichs, der Niederlande, Belgiens und der Schweiz. Bitte informieren Sie Ihren Buchhändler über folgende Bezugsadressen:

Deutschland
Prolit Verlagsauslieferung GmbH
Siemensstr. 16, D-35461 Fernwald (Annerod)
sowie alle Barsortimente
Schweiz
AVA Verlagsauslieferung AG
Postfach 27, CH-8910 Affoltern a.A.
Österreich
Mohr-Morawa Buchvertrieb GmbH
Sulzengasse 2, A-1230 Wien
Niederlande, Belgien
Willems Adventure
www.willemsadventure.nl

Wer im Buchhandel trotzdem kein Glück hat, bekommt unsere Bücher auch über unseren **Büchershop im Internet: www.reise-know-how.de**

Wir freuen uns über Kritik, Kommentare und Verbesserungsvorschläge, gern auch per E-Mail an info@reise-know-how.de.

Alle Informationen in diesem Buch sind vom Autor mit größter Sorgfalt gesammelt und vom Lektorat des Verlages gewissenhaft bearbeitet und überprüft worden.

Da inhaltliche und sachliche Fehler nicht ausgeschlossen werden können, erklärt der Verlag, dass alle Angaben im Sinne der Produkthaftung ohne Garantie erfolgen und dass Verlag wie Autor keinerlei Verantwortung und Haftung für inhaltliche und sachliche Fehler übernehmen.

Die Nennung von Firmen und ihren Produkten und ihre Reihenfolge sind als Beispiel ohne Wertung gegenüber anderen anzusehen. Qualitäts- und Quantitätsangaben sind rein subjektive Einschätzungen des Autors und dienen keinesfalls der Bewerbung von Firmen oder Produkten.

np023 Foto: pr

Vorwort

Tansania! In unseren Breiten hat dieses Wort noch nicht annähernd die Anziehungskraft wie die Namen der einzelnen Nationalparks und Regionen des Landes: die riesige wilde Savannenlandschaft der Serengeti, der mit Tieren gefüllte Ngorongoro-Krater, der gewaltige, schneebedeckte Kilimanjaro und die Gewürzinsel Sansibar.

Wer mit einem Safari-Urlaub in Afrika liebäugelt, wird bei der Wahl des Reiselandes kaum an Tansania vorbeikommen. Hier befinden sich nicht nur **einige der bekanntesten Nationalparks und Wildschutzgebiete Afrikas,** es sind auch die größten, tier- und artenreichsten des ganzen Kontinents. Doch nicht nur die Superlative der Fauna geben Tansania eine Ausnahmestellung, es sind auch die vielfältigen Landschaftsformen: mal hoch und kühl, mal bergig und von dichtem Tropenwald bedeckt oder aber flaches Savannenland mit teils skurril anmutenden Bäumen und bizarren Felsformationen.

Für den Safari-Urlauber bieten sich in Tansania viele Möglichkeiten der **Tierbeobachtung:** vom Geländewagen aus, zu Fuß oder mit dem Boot/Kanu. Viele Wildschutzgebiete lassen sich mühelos miteinander verbinden, meist mit dem Fahrzeug, aber auch mit mittelgroßen Propellerflugzeugen, vor allem wenn man die Parks im Norden („Northern Safari Circuit") mit den etwas weiter auseinander liegenden Schutzgebieten im Süden und Westen des Landes verbinden möchte. Oder wenn es nach den Safaritagen zum sonnigen Ausklang des Urlaubs an die herrlichen **Strände Sansibars** gehen soll.

Der vorliegende Reiseführer wendet sich in erster Linie an Urlauber, die eine reine Nationalpark-Safari planen bzw. durchführen wollen – mit oder ohne Badeurlaub auf Sansibar. Das Buch möchte bei der Planung zu Hause und vor Ort hilfreiche Dienste leisten und ein nützlicher Begleiter bei der Entdeckung der großartigen Tierwelt Tansanias sein. Gut informiert ist die Chance am größten, dass der Safari-Urlaub ein unvergessliches Erlebnis wird, denn inzwischen kann für Tansania von einem regelrechten Safari-Boom gesprochen werden, sodass die Orientierung im Gestrüpp der Anbieter, Preise und Programme nicht immer einfach ist.

Ich hoffe, dass Ihnen dieses Buch möglichst viele Antworten, Informationen und Tipps liefert und das einzigartige Land Tansania auf einer interessanten und erlebnisreichen Reise nahebringt.

Jörg Gabriel

Inhalt

Vor der Reise: Planung und Vorbereitung

Safari-Urlaubsplaner

Die Tierwelt Ostafrikas

Säugetiere

Vögel (Binnenland)

Reptilien

Tansanias Natur und Klima

Karten

np069 Foto: jg

Exkurse und Info-Kästen

Tansanias Nationalparks

Northern Safari Circuit

Moshi und Mt. Kilimanjaro National Park

Eastern Safari Circuit

np063 Foto: jg

Southern Safari Circuit

Western Safari Circuit

Sansibar

Anhang

Gnu-Migration in der Serengeti

Tansania im Überblick

- **Staatsname/Staatsgründung:** Die Vereinigte Republik Tansania *(Jamhuri ya Muungano wa Tanzania)* entstand am 26. April 1964 aus dem Zusammenschluss von Tanganyika (Festland und Insel Mafia, 1890–1918 „Deutsch-Ostafrika", danach britisches Treuhand- bzw. Mandatsgebiet bis zur Unabhängigkeit am 9. Dezember 1961) und den Inseln Sansibars (Zanzibar und Pemba, 1890–1963 britisches Protektorat). Der Staatsname „Tanzania" bildet sich aus **Tan**ganyika + **Za**nzibar + Aza**nia** (früherer griechischer Begriff für die Küste Ostafrikas).
- **Staatsfläche:** 945.087 km² (zum Vergleich Deutschland: 357.030 km²)
- **Amtliche Sprache:** Swahili (Kisuaheli); Englisch ist Zweitsprache
- **Währung:** 1 Tanzania Shilling (TSh) = 100 Cents; 1 Euro = 2076 TSh (Dez. 2011).
- **Hauptstadt: Dodoma,** de facto jedoch ist Dar es Salaam Verwaltungs- und Regierungszentrum.
- **Staats- und Regierungsform:** Föderative Präsidialrepublik. Bis zum 1. Juli 1992 war Tansania laut Verfassung ein Einparteienstaat, der bis 1985 unter der Führung des ersten Präsidenten *Julius Nyerere* den sogenannten Ujamaa-Sozialismus propagierte.
- **Staatsoberhaupt:** Seit Oktober 2005 *Mresho Jikaya Kikwete* (2010 wiedergewählt), der nun vierte Präsident seit der Unabhängigkeit Tansanias. Der Präsident wird für fünf Jahre gewählt und kann einmal wiedergewählt werden. Neben dem Amt des Regierungschefs hat er auch die oberste Befehlsgewalt über die Streitkräfte. Gemäß der Verfassung ist der Präsident von Sansibar Mitglied des tansanischen Kabinetts.
- **Parlament/Parteien:** Die dritten Mehrparteienwahlen fanden 2010 statt. Der halbautonome Teilstaat Sansibar verfügt zudem über ein eigenes Parlament (House of Representatives). Im tansanischen Parlament vertreten sind die Einheitspartei CCM (Chama Cha Mapunduzi = Partei der Revolution) sowie die drei Oppositionsparteien CHADEMA (Chama Cha Demokrasia na Maendeleo = Partei für Demokratie und Entwicklung), CUF (Civic United Front) und NCCR (National Convention for Construction & Reform).
- **Verwaltungsgliederung:** 22 Verwaltungsregionen, gegliedert in insgesamt 91 Distrikte.
- **Wirtschaft:** Tansania hat eine überwiegend agrarisch strukturierte Wirtschaft (über 80% der Erwerbstätigen). Hauptexportprodukte sind Kaffee, Tee, Tabak, Baumwolle, Sisal, Cashew-Nüsse und Gewürznelken aus Sansibar. Die Arbeitslosigkeit beträgt ca. 30%.
- **Bevölkerung:** Über 42 Millionen bei durchschnittlich 45 Einwohnern pro km². Bevölkerungswachstum ca. 2%. Durchschnittliche Lebenserwartung: Frauen 49,4 Jahre, Männer 52,3. Stadtbevölkerung 26%. Analphabetenrate ca. 20%.
- **Religion:** 43% der Bevölkerung sind Christen, 38% Moslems und 19% Anhänger traditioneller Religionen.

Fotoseiten „Tiere in Tansania"

Hinweis: Die **Internet- und E-Mail-Adressen** in diesem Buch können – bedingt durch den Zeilenumbruch – so getrennt werden, dass ein Trennstrich erscheint, der nicht zur Adresse gehören muss!

np053 Foto: pr

Vor der Reise:
Planung und Vorbereitung

np039 Foto: pr

np052 Foto: jg

Abendstimmung im Ruaha National Park

Ein Gepard kreuzt den Weg

Landschaft im Katavi National Park

An- und Einreise

Am häufigsten erfolgt die Anreise nach Tansania über den Luftweg zu den **internationalen Flughäfen in Dar es Salaam, Mwanza, Sansibar und am Kilimanjaro.**

Flugverbindungen

Flugverbindungen nach Tansania bestehen sowohl von Europa und Asien als auch von anderen afrikanischen Ländern aus. Aus dem deutschsprachigen Raum fliegen zurzeit **direkt** nur Swiss fünfmal wöchentlich von Zürich nach Dar es Salaam und Condor einmal wöchentlich (Dienstagabend) von Frankfurt nach Kilimanjaro sowie einmal wöchentlich von Frankfurt nach Sansibar. Am Montag geht es von Frankfurt über Mombasa nach Sansibar und von dort zurück nach Frankfurt, am Dienstag von Frankfurt zum Kilimanjaro und über Mombasa zurück nach Frankfurt. Auch Edelweiss, die Chartertochter von Swiss, fliegt einmal wöchentlich (Sonntagabend) ab Zürich non-stop nach Kilimanjaro und am Montagmorgen von Kilimanjaro über Mombasa zurück nach Zürich.

Fluggesellschaften, die mehrmals wöchentlich von Deutschland, Österreich und der Schweiz **Umsteigeverbindungen** über London, Amsterdam, Addis Abeba, Abu Dhabi, Dubai oder Doha nach Kilimanjaro, Dar es Salaam oder Sansibar anbieten, sind British Airways, KLM, Kenya Airways, Ethiopian Airlines, Emirates und Qatar Airways.

Eine gute Option sind sogenannte **Gabelflüge.** Bei diesen Flügen besteht die Möglichkeit, die Reise z.B. im Norden Tansanias zu beginnen und von der Küste oder Sansibar zurückzufliegen. Zurzeit (2012) bieten Ethiopian Airlines, Emirates und Condor preiswerte Hinflüge nach Nairobi oder Kilimanjaro und von Dar es Salaam oder Sansibar zurück an. Mit KLM kann man nach Nairobi oder Kilimanjaro und zurück von Dar es Salaam (oder umgekehrt) fliegen. Air Berlin fliegt von Berlin direkt nach Mombasa, wo man mit dem Bus oder mit einem regionalen Flieger in Richtung Tansania weiterreisen kann.

Wer Tansania um die **Weihnachtszeit** oder in den **Sommermonaten** besuchen möchte, sollte **frühzeitig** einen Flug **reservieren,** da für diese Zeit viele Fluggesellschaften schon lange vorher komplett ausgebucht sind.

Ein Überblick über Flüge von, nach und in Tansania findet sich z.B. unter www.billigflug.de, www.cheaptickets.de, www.condor.de, www.travel.ch.

Flugpreise

Die Flugpreise sind gestaffelt, je nach Aufenthaltsdauer, je nach Saison und je nachdem, ob man eine Jugend- oder Studentenermäßigung in Anspruch nehmen kann. Am teuersten ist es in der **Hauptsaison,** die je nach Airline zwischen dem 15. Juni und dem 1. Juli beginnt und bis etwa Ende August dauert. Hochsaison bei Flügen ist auch von Mitte bis Ende Dezember. Für ein Ticket muss man für diese Zeit mit mindestens **800 Euro** rechnen. In der **Nebensaison** kann man bereits zu Preisen ab etwa **500 Euro** von Deutschland, Österreich und der Schweiz nach Tansania und zurück fliegen (Endpreis inkl. aller Steuern, Gebühren und Entgelte).

Von Zeit zu Zeit offerieren die Fluggesellschaften **befristete Sonderangebote** zu niedrigeren als den üblichen Preisen. Dann kann man z.B. mit KLM für unter 600 Euro von Deutschland nach Dar es Salaam und zurück fliegen. Ob für die geplante Reisezeit gerade Sonderangebote für Flüge nach Tansania auf dem Markt sind, lässt sich den oben genannten Websites entnehmen. Wenn für die gewünschten Reisetermine Plätze zur Verfügung stehen, kann man dort auch gleich online buchen.

Last Minute

Last-Minute-Flüge werden von einigen Airlines mit deutlicher Ermäßigung ab etwa 14 Tage vor Abflug angeboten. Sie lassen sich nur bei Condor direkt (www.condor.com) oder bei Spezialisten buchen:

- **Lastminute.com,** www.de.lastminute.com
- **5 vor Flug,** www.5vorflug.de
- **www.restplatzboerse.at,** Schnäppchenflüge für Leser in Österreich

Ankunft am Kilimanjaro

Wer in Tansania vor allem die grandiose afrikanische Tierwelt des Nordens erleben möchte oder aber Bergsteigerambitionen hat, sollte sich bemühen, von Europa einen Direktflug zum **Kilimanjaro International Airport (JRO)** zu bekommen (z.B. mit KLM, Edelweiss, Condor). Dieser Flughafen liegt zwischen den Städten Arusha (50 km) und Moshi (35 km), den Zentren für organisierte Safaris und Bergsteigertouren. Vom Kilimanjaro Airport verkehren ständig Shuttlebusse (ca. 10 $ bis Arusha) und Privattaxis (50 $) zu den beiden Städten. Wer schon eine Safari bei einem Reiseveranstalter gebucht hat, wird – sofern dies vereinbart wurde – vom Flughafen abgeholt. Wer nachts ankommt und noch keine Übernachtungsmöglichkeit hat, kann in der KIA Lodge direkt am Flughafen übernachten (Moivaro Lodges & Tented Camps, P.O. Box 11279, Arusha, Tel. (027) 2553243, www.kialodge.com).

Ein Büro einer Autovermietung gibt es am Flughafen nicht; siehe hierzu mehr bei den Autoverleihern in Arusha. Ein Geldwechselbüro ist vorhanden, jedoch sind die Wechselkurse schlechter als in den Städten. Am Ausgang des Flughafengebäudes befindet sich ein **Geldautomat** der Barclay's Bank. Hier können Sie zu guten Kursen mit VISA- und Maestro-/EC-Karte Geld ziehen (mehrmaliger Höchstbetrag von 400.000 TSh, was etwa 180 Euro entspricht). **Visum bei Ankunft** *(visa on arrival)* problemlos gegen eine Gebühr von 50 $/50 Euro erhältlich.

Ankunft in Dar es Salaam

Der **Julius Nyerere International Airport** (Terminal 2) ist 11 km vom Stadtzentrum entfernt. Direkt nach der Ankunft findet sich rechter Hand der Passkontrolle ein Infostand mit Telefonservice und Auskünften zu direkten Weiterflügen nach Sansibar oder Arusha/Kilimanjaro. Am Ausgang befinden sich mehrere Wechselstuben (schlechte Kurse), VISA-Geldautomaten (gute Wechselkurse), die Flamingo Bar & Restaurant, ein Taxi-Schalter, Büros der inländischen Fluggesellschaften und Schalter von Reisebüros. Ein Airport-Hotel gibt es nicht, Übernachtungsmöglichkeiten erst im Stadtzentrum! Eine Autoanmietung ist zur Not über Hima Tours & Travel möglich

Buchtipps – Praxis-Ratgeber:
- Frank Littek
Fliegen ohne Angst
- Erich Witschi
Clever buchen, besser fliegen
(beide Bände Reise Know-How Verlag)

(Arusha bietet bessere Adressen). Condor und Edelweiss unterhalten weder an den Flughäfen noch in den Städten Büros.

Inländische Flugtransfers erfolgen vom gleichen Terminal, sofern diese von Precision Air, Air Tanzania oder Air Excel angeboten werden. Coastal Travel, Safari Link, Flightlink und Zan Air fliegen von Terminal 1, dem „old airport". Eine Taxifahrt dorthin kostet 3000 TSh, Distanz etwa 1 km.

Eine **Taxifahrt vom Flughafen in die Stadt** kostet 25.000 TSh. Am Taxi-Schalter hängt eine festgelegte Preistabelle zu den jeweiligen Fahrzielen aus.

Ankunft auf Sansibar

Sansibars **Kisauni International Airport** liegt 7 km südlich von Zanzibar Town. Vom/zum Flughafen verkehren Taxis für 10.000 TSh sowie die Buslinie „U" (mehrmals täglich zum Darajani-Markt). Busse fahren vom Flughafen nicht direkt an die Ostküste, man muss zunächst nach Zanzibar Town fahren.

Am Flughafen befinden sich die Büros der privaten nationalen Fluggesellschaften Coastal Travel, Precision Air und Zan Air. Nationale Flugverbindungen von und nach Sansibar. Condor unterhält kein Büro am Flughafen.

Flugverbindungen in Tansania

Die schnellste und bequemste Art des Reisens in Tansania bieten die **zahlreichen Inlandsflüge der privaten Fluggesellschaften** (s.u.). Gerade wer an einer organisierten Park-Safari teilnimmt und mit der verfügbaren Reisezeit genau kalkulieren muss, sollte die An- und Abreise mit dem Flugzeug in Erwägung ziehen. Zu einigen Wildschutzgebieten sind die Straßen in einem sehr schlechten Zustand, oder die Parks liegen fernab in einem nur über mehrere Tagesreisen zu erreichenden Gebiet.

Die Mehrheit der eingesetzten Flugzeuge sind Cessnas, überwiegend 12-sitzige Turboprop-Maschinen vom Typ Caravan 10 sowie Cessna 206, 208 und 404, aber auch ATR 42 und ATR 72. Es fallen 8 $ **Safety Fee** für internationale Flüge sowie 5 $ **Airport Tax** bei nationalen Flügen an. Diese Gebühren sind meist im Flugpreis enthalten. Ein Überblick der **Anbieter:**

Air Tanzania

- **www.airtanzania.com**

Aufgrund von Finanznöten sind derzeit alle Flüge eingestellt.

Precision Air

- **www.precisionairtz.com,**
- **Tel. (027) 2506903/7635/7319**

In Bezug auf Pünktlichkeit nicht gerade „präzise", verbindet aber im ständigen Pendel Sansibar/Dar es Salaam mit Arusha, auch Destinationen wie Mwanza, Bukoba, Entebbe, Mombasa, Kigoma und Mbeya erscheinen immer wieder im Flugplan.

Coastal Aviation

- **www.coastal.cc**
- **Tel. (022) 2117959 (Town Office), Tel. (022) 2843293 (Airport)**

Überzeugt vor allem mit modernen und regelmäßig gewarteten Flugzeugen. Wie der Name ausdrückt, konzentriert sich die in Dar es Salaam ansässige Fluggesellschaft auf den Küstenraum (Dar es Salaam, Sansibar und Pemba, Tanga und Pangani, Kilwa und Mafia Island) und fliegt in der Hochsaison im täglichen Pendel die Parks Selous und Ruaha an (von Dar es Salaam). Im Norden verbindet Coastal vor allem auch die Serengeti mit dem Victoria-See und Ruanda, bzw. über die Grenzorte Tarime und Migori kann die Serengeti auch mit der kenianischen Masai Mara verbunden werden. Arusha wird ebenfalls von Dar es Salaam aus bedient. Charterflüge

Auf dem Airstrip im Ruaha National Park

sind möglich. Arbeitet im Verbund mit Regional Air.

Regional Air

- **www.regional.co.tz, www.airkenya.com**
- **Tel. (027) 2502541/4477, 2548536/8**

Sitz in Arusha (siehe dort). Bewährte Fluggesellschaft, welche von Arusha/Kilimanjaro aus täglich die nördlichen Nationalparks anfliegt: Manyara, Ngorongoro und Serengeti (Klein's Camp, Grumeti, Seronera). Regional Air gehört zu Air Kenya, im Verbund bestehen Verbindungen zwischen Kilimanjaro und Nairobi. Auch mit Coastal Travel besteht ein solcher Verbund, d.h. die einzelnen Flüge sind aufeinander abgestimmt. An einem Tag lässt sich von der Serengeti über Arusha nach Nairobi fliegen oder eben weiter nach Dar es Salaam bzw. Sansibar. Charterflüge sind möglich.

Air Excel

- **Tel. (027) 2548429, 2501595/7, (0744) 211227**

Kleines, aber effizientes Unternehmen, das nahezu täglich zwischen Arusha, Tarangire, Manyara, Kusini (Süd-Serengeti) und wieder zurück nach Arusha fliegt. Charterflüge sind möglich.

Tanzanair

- **www.tanzanair.com**
- **Tel. (022) 2113151/2, (0713) 406407, Airport (022) 2843131-3, (0713) 406409**

Buchungsbüro im Royal Palm Hotel in Dar Es Salaam.

Zan Air

- **www.zanair.com**
- **Tel. (024) 2233670, 2233768**

Auf Sansibar ansässiges Unternehmen, das Pemba, Mafia, Selous und Arusha bedient. Charterflüge sind möglich.

Northern Air

- **Tel. (027) 2208059, (027) 2208060, (0744) 288857, northernair@habari.co.tz**

np033 Foto: pr

Ausrüstungs-Checkliste

- Kleiner Tagesrucksack/Daypack
- Sonnenmilch und Après-Gel
- Lippenstift mit Schutzfaktor
- Sonnenhut/Kappe
- Sonnenbrille
- Reservebrille, Ersatzlinsen
- Weste
- Halstuch, Kopftuch
- Persönliche Reiseapotheke
- Mineraltabletten
- Mückencreme/-spray (z.B. carePlus gegen Tsetse-Fliegen)
- Foto-/Videoausrüstung
- Fernglas
- Wasserflasche
- Taschenmesser
- Taschenlampe/Stirnlampe
- Reservebatterien und -akkus (auch für die Kamera)
- Adapter (von engl. Dreipol- auf Euro-Stecker)
- Reiseliteratur, Landkarten
- Notizblock/Schreibgerät
- Bestimmungsbuch
- Regenjacke, Schlafsack (nur bei Budget-Camping)

np054 Foto: pr

Ausrüstung und Kleidung

Zunächst sind Menge und Größe der Gepäckstücke begrenzt duch die **Vorgaben der** internationalen und nationalen **Fluggesellschaften.** Die nach Tansania fliegenden Fluggesellschaften gestatten in der Economy Class fast alle 20 kg pro Person (KLM 23 kg, Condor in der Premium Economy 30 kg, Ethiopian Airlines 45 kg!). Bei **Park-zu-Park-Transfers** mit kleinen Flugzeugen dürfen oft nicht mehr als 10–15 kg Gepäck mit an Bord genommen werden. Sollten Sie mehr Gepäck haben (z.B. eine schwere Fotoausrüstung), müssen Sie das rechtzeitig über Ihren Veranstalter ankündigen lassen.

Leute, die eine von Anfang bis Ende **durchorganisierte Safari gebucht** haben, brauchen sich nur Kopfzerbrechen wegen der persönlichen Gegenstände zu machen. Ist die Safari exklusiver, beinhaltet also viele Camp- und Lodge-Aufenthalte, können Sie Dinge wie Handtücher, Wechselkleidung für drei Wochen oder Schlafsäcke getrost zu Hause lassen. Hier wird guter Hotel-Standard geboten, Kleidung beispielsweise kann man regelmäßig waschen lassen.

Budget-Safari-Campern steht ein solcher Service nicht immer zur Verfügung. Klären Sie deshalb vorher mit dem örtlichen Safari-Unternehmen, welche Ausrüstungsgegenstände Sie selber mitbringen müssen.

Als **Reisegepäck** sind große Taschen und Rucksäcke Hartschalenkoffern vorzuziehen. Reisetaschen lassen sich besser im Gepäckraum der Safari-Autos und Motorflugzeuge verstauen.

Kleidung

Die Kleidung richtet sich in erster Linie nach der **Reisezeit,** der **Reiseart** und dem **Reiseziel.** In Tansania liegen viele Safari-Destinationen zum Teil weit über 1000 m hoch. Auch hier, in greifbarer Nähe zum Äquator, sinken die Temperaturen bei Anbruch der Dunkelheit schnell auf 15°C und weniger. Daher kann es nie schaden, einen warmen Pullover oder eine Fleece-Jacke sowie einen guten Wind- und Wetterschutz im Reisegepäck mit sich zu führen. Empfindlich kalt kann es in den Sommermonaten werden, vor allem in den Bergregionen, etwa im Ngorongoro-Gebiet und am Kilimanjaro sowie im Arusha National Park. Hier kommt es im Juli und August mancherorts zu Nächten mit Temperaturen unter 10°C.

Die meiste Zeit eignet sich jedoch Kleidung aus pflegeleichten, luftdurchlässigen und Schweiß absorbierenden **Baumwoll- oder Gemischfasern.**

Leichte, lange Hosen und bequeme Hemden bzw. weitärmlige Blusen sind nicht nur aus gesundheitlichen Gründen sinnvolle, sondern auch in vielen Regionen Afrikas **„sittlich angemessene" Kleidungsstücke.** Es kann in einigen Regionen Tansanias als würde- und taktlos angesehen werden (nicht nur in islamischen Kreisen), wenn Oberschenkel oder Schultern nicht bekleidet sind. Auf Sansibar sollte **Rücksicht auf die teils sehr islamisch geprägte Bevölkerung** genommen werden. Frauen sollten gemäß moslemischer Sitte Knie und Schultern bedeckt halten und überhaupt „textile Zurückhaltung" üben, wollen sie nicht unangenehm auffallen. „Oben ohne" sollte auf keinen Fall gebadet werden, auch nicht an Hotelbadestränden. Badekleidung, Shorts, tief ausgeschnittene, ärmellose Oberteile bei Frauen sollten auf die Strände und Hotelanlagen beschränkt bleiben.

Langärmelige, dünne **Hemden** sind besser als T-Shirts. Zum einen sind Sie mit Hemden bis auf die Hände abgedeckt gegen Mücken und andere Insekten. Zum anderen schützen sie bei Wanderungen oder Safaris in offenen Fahrzeugen vor Kratzern und vor zu intensiver Sonneneinstrahlung. Ein weiterer Vorteil ist, dass Hemden aus dünnem Stoff schneller trocknen als verschwitzte T-Shirts. In kühleren Regionen empfehlen sich spezielle Polyester-Coolmax-Shirts, die unter dem Hemd oder auch solo getragen werden.

Ähnlich verhält es sich mit den **Hosen.** Lieber lang als kurz. Ideal sind Zip-Off-Hosen, bei denen man die Hosenbeine mittels Reißverschluss abtrennen kann. Auch wenn es noch so heiß zu werden scheint, kurze Hosen sind auf einer Fußsafari durch hüfthohes Savannengras und dorniges Unterholz nicht empfehlenswert. Sollte die Landschaft offener sein und es unerträglich heiß werden, können Sie bei einer Zip-Off-Hose schnell mal die Hosenbeine abtrennen.

Bei der **Farbe der Kleidung** sind dezente Farbtöne grell leuchtenden vorzuziehen. Allerdings ist es ein Trugschluss, dass man in naturnahen Farben gekleidet deutlich näher an Tiere herankommt. Die Farben spielen bei Tieren keine große Rolle, nur eben grelle, leuchtende Kleidung ist zu meiden. Kleidung in mattem Blau oder stumpfem Rot wird Sie genauso nah an die Tiere herankommen lassen wie die beste Tarnbekleidung. Tiere nehmen nämlich Ihren Geruch und Ihre Geräusche viel früher wahr als Sie denken, da wird auch ein Hemd im Baumrinden-Design nicht viel helfen. Doch zugegeben: Dezente naturnahe Farben vermitteln ein größeres Safari-Feeling – schick auch fürs Auge!

Tagsüber, für Fahrten in offenen Safariwagen oder in Motorbooten, eignet sich eine **Weste** mit Taschen. Einige Hersteller haben Safari-Westen im Programm, die sich bis auf die grünen und beigen Farbtöne nur unwesentlich von einer herkömmlichen Outdoor-Weste unterscheiden. Wichtig ist die Funktionalität. Safari-Westen bieten nicht nur Taschen für die persönliche Tagesausrüstung (Sonnenbrille, Taschenfernglas, Sonnenblocker, Taschenmesser, Kaugummi usw.), sie wärmen vor allem auch bei Fahrtwind im offenen Wagen die Nieren.

Eine Allround-Alternative sind leichte Windjacken, bei denen man, wie bei der Zip-Off-Hose, die Ärmel mittels Reißverschluss abtrennen kann. Das hat den Vorteil, dass man neben einer Weste nicht noch extra eine Jacke mitschleppen muss. Wird es während einer morgendlichen Pirschfahrt nun langsam wärmer, trennt man die Ärmel der **Multifunktionsjacke** einfach ab. Die übrig bleibende Weste hat zudem den Vorteil, dass sie sich bei zu starkem Wind bis zum Hals schließen lässt, was bei vielen herkömmlichen Westen oft nicht der Fall ist.

In solchen Fällen sind **Hals-/Kopftücher** sehr zu empfehlen. Auch wenn man beispielsweise auf Grund der Hitze nur ein Hemd oder eine Bluse trägt: In offenen Safariautos ist man dem Fahrtwind und dem Staub öfter ausgesetzt, als einem lieb ist. Da kann ein Halstuch sehr angenehm sein und vor Dreck und einer Erkältung schützen.

Auch bei langen Haaren bewährt sich das Tragen eines **Kopftuches.** Es schützt nicht nur die feuchten Haare im Wind, sondern ist auch auf staubigen Pisten nützlich. Denn da kann das Haar sehr schnell verfilzen.

Für Bergbesteigungen über 4000 m (Mt. Meru und Mt. Kilimanjaro) ist eine **alpine Bergsteigerbekleidung/-ausrüstung erforderlich.** Zum Teil können solche Kleidungsstücke bei den Bergsteigerunternehmen vor Ort für die Dauer der Bergtour gemietet werden. Doch bergtaugliches, gut eingelaufenes Schuhwerk sollten Sie von daheim mitbringen (vgl. zu diesem Thema das Kapitel zum Kilimanjaro National Park).

Schuhwerk

Bei der Wahl des Schuhwerks ist abzuwägen, was man im Safari-Urlaub machen wird. Besteht die Reise in erster Linie aus einer **Fahrzeug-Safari,** bei der man kaum zu Fuß unterwegs sein wird, dann reichen leichte, bequeme Schuhe, wie Sandalen oder normale Halbschuhe, mit sicherem Tritt. Sollte es sich aber um etwas regenreichere oder kühlere Monate handeln, kommt man um gute Schuhe nicht herum. Dann empfiehlt sich z.B. ein Goretex-Schuh, denn bei Tierbeobachtungsfahrten oder Park-Transfers kann es durchaus vorkommen, dass man aussteigen und Wasserdurchfahrten im knöcheltiefen Pistenschlamm umlaufen muss, während der Fahrer versucht, den Wagen durch das Wasser zu dirigieren.

Wer während seines Safari-Urlaubs auch **Fuß-Safaris** plant, sollte ohnehin einen guten Schuh für unwegsames Gelände im Gepäck haben. Es empfehlen sich Schuhe, die über den Knöchel reichen. Ist das Safari-Gebiet trocken und warm, reichen leichte Schuhe mit griffiger Sohle aus atmungsaktivem Gewebe, wie z.B. Leinen.

In Zelten bzw. Lodge-Zimmern sowie im Aufenthalts- und Restaurantbereich reichen normale Halbschuhe oder Sandalen aus.

Camping-Ausrüstung

Eine Camping-Ausrüstung ist nur dann nötig, wenn man allein mit einem gemieteten oder eigenen Fahrzeug unterwegs ist.

Selbst wer eine kostengünstige Camping-Safari bucht, muss sich kaum um die Ausrüstung kümmern. Alle halbwegs seriösen Budget-Safariveranstalter verfügen über Zelte, Matratzen/Isomatten, Schlafsäcke und Kochgeschirr. Lediglich bei den **Schlafsäcken** ist je nach Unternehmen zu erwägen, seinen eigenen von zu Hause mitzubringen. Denn Schlafsäcke können schon mal ziemlich mitgenommen aussehen, sind eventuell muffig oder werden dem Kälte-Isolierungsgrad nicht gerecht. Sprich: Man friert! Informieren Sie sich vorher bei dem Unternehmen und wägen Sie ab, ob Sie lieber mit dem eigenen Schlafsack unterwegs sein möchten. Für die meisten Regionen Tansanias reicht ein leichter Thermo-Schlafsack mit einem Komfortbereich bis minus 5 °C.

Technische Ausrüstung

Neben Foto- und Film-Ausrüstung sollte immer ein **Fernglas** für die bessere Tierbeobachtung im Gepäck sein.

Ein **Taschenmesser,** am besten mit Schere und Feile, ist immer nützlich.

Taschenlampe

Eine kleine Taschenlampe ist für die Abendstunden in Camps und Lodges **unentbehrlich,** denn vielerorts gibt es nur Generatorlicht, das ab etwa 23 Uhr abgeschaltet wird – und nicht alle Unterkünfte verfügen über Notlichter. Auch die Beleuchtung der Pfade und Wege zwischen Zimmer/Zelt und Aufenthaltsraum/Restaurant ist nicht immer ausreichend. Batterien sind überall erhältlich.

Akkus und Elektrizität

Wer mit Akkus arbeitet, ob in Taschenlampe, Kamera oder Rasierapparat, kann diese in den meisten Camps an der Rezeption oder Bar aufladen lassen, falls im Zelt/Zimmer keine Steckdose vorhanden sein sollte. Generatorstrom gibt es aber nicht durchgängig,

np034 Foto: pr

meist nur in den Morgen- und Abendstunden. Planen Sie Ihre Akku-Ladezeiten dementsprechend. Hilfreich ist auch ein zweiter Satz Akkus. Die Stromspannung beträgt 230 Volt.

Elefantenherde in der Ngorongoro Conservation Area

Sollte die Ausrüstung Akku-abhängig sein, dann fragen Sie vorsichtshalber bei Ihrem Reiseveranstalter nach, ob die geplante Unterkunft Stromgeneratoren einsetzt. Es gibt auch Camps, die hierauf verzichten.

Adapter mitnehmen! „Strom und Steckdosen vorhanden" heißt noch lange nicht, dass der Stecker des Gerätes

passen wird. Dreipolsteckdosen und Schukostecker harmonieren nicht!

Wecker

Ein Wecker ist im Rahmen einer organisierten Safari **nicht erforderlich.** Ein Weckservice, meist in Verbindung mit einem „early morning tea", ist in nahezu allen Safari-Unterkünften Standard.

Navigationsgeräte

Wer nicht als Selbstfahrer reist, kann auf Navigationsgeräte verzichten. Höhenmesser, GPS und Kompass sind im Normalfall überflüssig. Safariwagen-Fahrer kennen sich in der Regel gut aus, in manchen Nationalparks würden diese den Weg auch blind finden.

Discman/MP3-Player

Wer auch im Safari-Urlaub nicht auf eigene Musik verzichten möchte, möge dies dezent tun. Ein Discman/MP3-Player ist ideal. Auf Tierbeobachtungsfahrt sind derartige Geräte allerdings nicht angebracht. Viele Safari-Guides sehen es nicht gern und bitten Sie gegebenenfalls darum, während eines Game Drive auf Musik zu verzichten.

Handy und E-Mail

Kommunikationsgeräte wie Handys und tragbare Satellitentelefone können natürlich eingesetzt werden. Das Handy von zu Hause lässt sich in einigen Wildschutzgebieten Afrikas benutzen, speziell im Umfeld von Lodges/Camps, die mit sog. Booster-Antennen arbeiten.

Ansonsten bieten nicht alle Unterkünfte die Möglichkeit, nach Hause zu telefonieren oder gar zu mailen. Manche Camps sind sogar so von der Außenwelt abgeschnitten, dass sie mit dieser nur in **Funkkontakt** stehen.

Praktisches für unterwegs

Sonnenschutz

In den Tropen ist die Sonneneinstrahlung stärker als in Mitteleuropa. Ein guter Sonnenschutz ist daher **dringend zu**

np070 Foto: pr

empfehlen, da jeder Sonnenbrand das Hautkrebsrisiko erhöht. Das gilt besonders für Wildschutzgebiete in über 1500 m Höhe, in denen die subjektive Wahrnehmung der starken Sonneneinstrahlung nicht so hoch ist. Die Höhenstrahlung ist jedoch beträchtlich.

(Zu) lange Sonneneinstrahlung kann neben Hautverbrennungen auch zu Sonnenstich oder Hitzschlag durch Überwärmung führen. Durch Benutzen einer **Sonnencreme,** Tragen eines **Sonnenhuts,** Aufenthalt im Schatten und regelmäßiges Trinken kann man dem vorbeugen. Eine **Sonnenbrille mit UV-Schutz** schont die Augen und sollte nicht fehlen.

Wasserflasche

Eine eigene Wasserflasche mitzuführen ist auf organisierten Safaris nicht immer nötig. Das hängt von dem Safari-Unternehmen und der Safari-Gestaltung ab. Wenn Sie aber noch Platz im Gepäck haben, dann nehmen Sie ruhig einen Trinkwasserbehälter mit. Einsetzen kann man ihn immer.

Reiseliteratur, Landkarten

Neben diesem Reiseführer und evtl. einer Landkarte ist auch ein Bestimmungsbuch für Flora und Fauna eine informative Ergänzung zur Reiseliteratur. Empfehlungen dazu stehen im Anhang.

Besuch in der Lodge: Ginsterkatze

Kleine „Buschapotheke"

Gut organisierte und ausgerüstete Safari-Veranstalter, Lodges und Camps verfügen in der Regel über eine ausreichende Apotheke für Notfälle. Zudem sind Erste-Hilfe-Kits meist im Fahrzeug bzw. Rucksack des Safari-Guides während einer Fuß-Safari. Falls dem nicht so ist, empfiehlt sich eine Reiseapotheke:

- **Malariaprophylaxe** (siehe „Reise-Gesundheitsinformationen" im Anhang)
- **Insektenschutz/-abwehrmittel,** z.B. Autan
- **Sonnencreme und -blocker**
- **Mineralsalztabletten** (bei übermäßigem Schwitzen)
- **Gegen Schmerz/Fieber:** z.B. Paracetamol oder Aspirin
- **Gegen Durchfall:** z.B. Tannacomp, Loperamid oder Immodium akut
- **Verbandsmaterial:** Pflaster, Mullbinden, Schere
- **Hansa-Sprühpflaster** (desinfiziert und schützt, bewährt sich sehr gut)
- **Gegen Reisekrankheit:** z.B. Superpep-Reisekaugummi
- **Gegen starken Juckreiz:** Antihistamin in Tablettenform, z.B. Fenistil
- **Gegen (aufgekratzte) Mückenstiche:** Betaisodona
- **Fieberthermometer**
- **Wundsalbe:** z.B. Bepanthen
- **Notfallantibiotikum:** z.B. Tarivid oder Bactrim
- **Augentropfen:** z.B. Berberil
- **Ohrentropfen** (nur bei empfindlichen Hörkanälen)
- **Ohrenstöpsel** (bei schmatzendem Flusspferd neben der Zeltwand, auch gut gegen Fahrtwind)
- **Für Brillen- und Kontaktlinsenträger:** Reservelinsen und -brille
- **Weitere Medikamente** machen nur bei genauerer Kenntnis über ihre Verwendung Sinn. Lagerungshinweise und Gegenanzeigen müssen beachtet werden.

Diplomatische Vertretungen und Infostellen

Diplomatische Vertretungen in Europa

Botschaft der Vereinigten Republik Tansania

- **14050 Berlin,** Eschenallee 11, Tel. (030) 3030800, Fax 30308020, www.tanzania-gov.de. Sprechzeit 9–16.30 Uhr, Visa-Angelegenheiten 10–13 Uhr.

Honorarkonsulat bei Hamburg

- **25474 Bönningstedt,** Franz-Rabe-Straße 23, Tel. (040) 2507936, z.Z. geschlossen.

Vertretung in der Schweiz: „Permanent Mission of Tanzania"

- **1202 Genf,** 47 Avenue Blanc, Tel. (022) 7318920-9, Fax 7328255, www.un.org/millenium/webcast/statements/tanzania.htm.

Vertretung in Österreich

In Österreich gibt es derzeit **keine diplomatische Vertretung.** Für die Visumerteilung an Österreicher ist die Vertretung in Berlin zuständig. Für die Bearbeitungszeit sollte man mit zwei bis drei Wochen rechnen.

Zu den Modalitäten bzgl. der Beantragung/**Ausstellung eines Visums** vgl. das nächste Kapitel.

Hinweis: Da sich die **Einreisebedingungen kurzfristig ändern** können, raten wir, sich kurz vor der Abreise beim Auswärtigen Amt (www.auswaertiges-amt.de / www.bmaa.gv.at / www.dfae.admin.ch) oder der jeweiligen Botschaft zu informieren.

Diplomatische Vertretungen in Tansania

Bei den meisten diplomatischen Vertretungen gelten die Vormittagsstunden zwischen 9 und 12 Uhr für Visaanträge und Besucherverkehr als die geeignetste Zeit.

Deutsche Botschaft in Dar es Salaam

- **Hausadresse:** Umoja House, Ecke Garden Avenue/Mirambo Street, Dar es Salaam; Öffnungszeiten: Mo bis Fr von 8–12 Uhr außer an Feiertagen.
- **Postadresse:** P.O. Box 9541, Dar es Salaam, Tel. (022) 2117409-15, Fax 2112944, www.daressalaam.diplo.de.
- In **Notfällen** ist die Botschaft außerhalb der Bürozeiten unter folgender Telefonnummer zu erreichen: Tel. (0741) 455209.

Deutsche Honorarkonsulin auf Sansibar

- **Frau Angelika Sepetu,** Adresse: Kiembe Samaki Kijijini, P.O. Box 1787, Zanzibar/Tanzania, Tel. (024) 2233691 (vormittags), (024) 2234062 (nachmittags), Fax 2233691, Mobil: (0747) 410045, sepetu_family@yahoo.com.

Deutscher Honorarkonsul in Arusha

- **Ulf A. Kusserow,** Director: Msumbi Estate Ltd., Adresse: Ngaramtoni Chini (in der Nähe des Flughafens), P.O. Box 15066, Arusha, Tel./Fax (027) 2508022, Mobil: (0744) 789603, (0787) 789603, (0784) 318242, kusserow@habari.co.tz.

Honorargeneralkonsulat der Republik Österreich

- Slipway Road, Msasani, Dar es Salaam, Plot 1684/2, Postanschrift: P.O. Box 105526, Dar es Salaam, Tel. (022) 2601501, Fax 2601503, austrianconsulate@bol.co.tz.

Botschaft der Schweizerischen Eidgenossenschaft

- Kinondoni Road, Plot 79, Dar es Salaam, Postanschrift: P.O. Box 2454, Dar es Salaam, Tel. (022) 2666008/09, Fax 2666736, vertretung@dar.rep.admin.ch; Mo bis Fr 8–12 Uhr (nachmittags nach Vereinbarung).

Infoadressen

Die Zentrale der tansanischen **Touristeninformation** in Dar es Salaam hat folgende Adresse:

- **Tanzania Tourist Board,** IPS Building, 3rd Floor, Azikiwe Street, TZ-Dar es Salaam, Postanschrift: P.O. Box 2485, TZ-Dar es Salaam, Tel. (022) 2111244/-45, Fax 2116420, www.tanzaniatouristboard.com.

Die Adressen von **Reiseveranstaltern, Reisebüros, Fluggesellschaften** und **Autovermietungen** in Tansania sind bei den jeweiligen Städten vermerkt.

Aktuelle Reisehinweise zu den Transitländern neben Hinweisen zur allgemeinen Sicherheitslage erteilen:

- **Deutschland:** www.auswaertiges-amt.de und www.diplo.de/sicherreisen (Länder- und Reiseinformationen), Tel. (030) 5000-0, Fax 5000-3402.
- **Österreich:** www.bmaa.gv.at (Bürgerservice), Tel. (05) 01150-4411, Fax (05) 01159-0.
- **Schweiz:** www.eda.admin.ch (Reisehinweise), Tel. (031) 3238484.

Hinweis: Bei Buchung und Organisation einer Safari von Europa aus können auch die Veranstalter die Einholung des Visums übernehmen. Ansonsten Procedere wie im Text beschrieben.

Dokumente und Zollbestimmungen

Deutsche, Schweizer und Österreicher benötigen für die Einreise nach Tansania einen bei Abflug noch mindestens sechs Monate gültigen Reisepass. Ein **Visum** ist bei der Ankunft an den internationalen Flughäfen von Dar es Salaam, Kilimanjaro, Mwanza und Sansibar *(visa on arrival)* oder vor der Abreise bei der tansanischen Botschaft in Berlin (s.o.) problemlos für Staatsangehörige Deutschlands, Österreichs und der Schweiz erhältlich und kostet 50 $. Das Beantragungsformular kann man sich entweder über einen rückfrankierten Briefumschlag zuschicken oder über das Internet (www.tanzaniagov.de, Links: Embassy, visa application) ausdrucken lassen. Dem **Antrag** beizulegen sind ein Passfoto und eine Kopie des Tickets bzw. eine Rückflugbestätigung des Reisebüros. Auch an allen offiziellen Landesgrenzstationen erhält man ein Visum mit bis zu dreimonatiger Gültigkeit ohne großen bürokratischen Aufwand.

Die **Verlängerung** eines Visums in einem **Immigration Office** (Einwanderungsbehörde) ist in fast allen großen Städten Tansanias möglich. Ein dreimonatiges Visum ist nur bei entsprechender Begründung (z.B. Krankheit) um einen weiteren Monat kostenfrei zu verlängern, wer darüber liegt, muss 400 $ (und nicht mehr ...) auf den Tisch legen. Leider scheint nicht jeder Immigration-Officer im Lande diese Bestimmung zu kennen ...!

Bei Ankunft am Flughafen oder an einer Grenzstation müssen Sie eine **„Immigration Card"** ausfüllen. Hier werden ihre persönlichen Daten sowie Zweck und Dauer ihres Aufenthaltes im Land festgehalten.

Wer vom Festland **nach Sansibar** einreist, bekommt dort manchmal einen Einreisestempel, was lediglich Formsache ist (zu Impfungen s. Anhang).

Die Mitnahme eines **Impfpasses** ist in jedem Fall sinnvoll. Bei Einreise direkt aus Europa (ohne Zwischenaufenthalt in einem anderen ost- oder zentralafrikanischen Land) ist der Nachweis einer Gelbfieberimpfung nicht erforderlich. Wer jedoch aus einem Nachbarland nach Tansania einreist, muss einen gültigen Impfnachweis (nicht älter als zehn Jahre) vorweisen können. In jedem Fall ratsam ist ein Impfschutz gegen Tetanus und Hepatitis A und B (s.a. das Kapitel „Gesundheit" im Anhang).

Eine **Devisendeklaration** bei der Einreise ist **nicht nötig.**

Streng **verboten** ist die **Einfuhr von Waffen und Drogen.**

Ansonsten können alle Artikel, die dem persönlichen Bedarf dienen, problemlos ein- und ausgeführt werden.

Bei der **Ausreise** müssen Sie erneut ein Informationsformular der „Immigration"-Behörde ausfüllen oder je nach Flughafen Ihre Fingerabdrücke und den Pass einscannen lassen. Gepäckkontrollen finden selten statt, doch sollten Sie darauf achten, keine bzw. nur wenige tansanischen Shillinge auszuführen.

Bei der **Ausfuhr** ist darauf zu achten, dass die Mitnahme von antiken Kunstwerken nicht gestattet ist. Keiner Beschränkung unterliegen alle neu produzierten Waren. **Souvenirs,** deren Materialien aus nicht-tierischen Produkten bestehen, können ohne Bedenken ausgeführt werden. Verboten sind die Mitnahme von Elfenbein, Trophäen und Wildtierfellen (hier gelten übrigens auch in Europa international verbindliche Schutzabkommen, die bei Missachtung empfindliche Strafen nach sich ziehen) sowie Strandsouvenirs wie Seesterne, Schneckenhäuser, Schildkrötenpanzer, Korallen, Muscheln u.a.

Zollbestimmungen bei der Rückreise nach Europa

Bei der Rückreise gelten auch auf europäischer Seite **Freigrenzen, Verbote und Einschränkungen.** Folgende Freimengen darf man zollfrei einführen:

- **Tabakwaren** (für Pers. ab 17 Jahren): 200 Zigaretten oder 100 Zigarillos oder 50 Zigarren oder 250 g Tabak oder eine anteilige Zusammenstellung dieser Waren.
- **Alkohol** (für Pers. ab 17 Jahren) **in die EU:** 1 l Spirituosen über 22 Vol.-% oder 2 l Spirituosen unter 22 Vol.-% oder eine anteilige Zusammenstellung dieser Waren, und 4 l nicht-schäumende Weine, und 16 l Bier; **in die Schweiz:** 2 l bis 15 Vol.-% und 1 l über 15 Vol.-%.
- **Andere Waren** (in die EU): für See- und Flugreisende bis zu einem Warenwert von insgesamt 430 Euro, alle Reisende unter 15 Jahren 175 Euro (bzw. 150 Euro in Österreich); (in die Schweiz): neu angeschaffte Waren für den Privatgebrauch bis zu einem Gesamtwert von 300 SFr. Bei Nahrungsmitteln gibt es innerhalb dieser Wertfreigrenze auch Mengenbeschränkungen.

Wird der Warenwert von 175 Euro/300 SFr überschritten, sind **Einfuhrabgaben** auf den Gesamtwert der Ware zu zahlen und nicht nur auf den die Freigrenze übersteigenden Anteil. Die Berechnung erfolgt entweder pauschalisiert oder nach dem Zolltarif jeder einzelnen Ware zuzüglich sonstigen Steuern.

Einfuhrbeschränkungen bestehen z.B. für Tiere, Pflanzen, Arzneimittel, Betäubungsmittel, Feuerwerkskörper, Lebensmittel, Raubkopien, verfassungswidrige Schriften, Pornografie, Waffen und Munition; in Österreich auch für Rohgold und in der Schweiz auch für CB-Funkgeräte.

Nähere Informationen

- **Deutschland:** www.zoll.de oder unter Tel. 0351/44834510.
- **Österreich:** www.bmf.gv.at oder unter Tel. 01/51433564053.
- **Schweiz:** www.ezv.admin.ch oder unter Tel. 061/2871111

Geld und Reisekasse

Preiswerte Safaris, Bergbesteigungen und Strandurlaube sind längst Geschichte, Tansania ist in diesen Bereichen preisgleich oder sogar teurer als die Länder im südlichen Afrika.

Reisemittel

Auch wenn man nur mit Reise-/Safariunternehmen in Nationalparks unterwegs ist und sich an Badestränden aufhält und die Leistungen bereits im Voraus beglichen hat, benötigt man natürlich bei vielen Gelegenheiten – vom Souvenirkauf bis zum Trinkgeld – eine ausreichende Menge an **Bargeld.** Obwohl der US-Dollar noch immer die etabliertere Währung ist, werden im Tourismus-Sektor des Landes überall Euro akzeptiert.

Kredit- und Geldkarten sind inzwischen ein bequemes und sicheres Mittel, um in nahezu allen Städten und Distriktorten) an Geldautomaten (engl. ATM) Beträge bis zu 400.000 TSh (ca. 180 Euro) pro Ziehung abzuheben. Dabei lässt sich evtl. auch mehrmals hintereinander Geld ziehen. Die Automatenkurse sind gut, d.h. nur geringfügig niedriger als bei Bargeldwechsel in der Wechselstube. Die VISA Card ist am verbreitetsten (und besonders an den Eingängen zu den Nationalparks bewährtes Zahlungsmittel), mit MasterCard und der heimischen EC-Karte (Maestro) lässt sich vor allem bei Barclay's Bank Geld ziehen, auch wenn der sonst übliche Aufkleber als Hinweis hierfür fehlt. Oft finden Sie an Hoteltüren, Eingängen zu Reisebüros usw. einen Aufkleber von einer bekannten Kreditkarte. Fragen Sie vorsichtshalber nach, ob Sie mit der beworbenen Karte auch zahlen können und der Aufkleber nicht nur dekorative Zwecke erfüllt ...

Informationen unter:

- www.barclays.com/africa/tanzania/cash_mach.htm
- www.nbctz.com
- www.standardchartered.com/tz/cb/service/svc_atm.html

Mit tansanischen Schillingen lassen sich problemlos US-Dollars ($) und Euros in Wechselstuben kaufen, um Safaris oder andere in Devisen berechnete Leistungen zu bezahlen.

Die **tansanische Währung** ist der **Shilling** (Swahili: *shillingi*), kurz **TSh.** Im Dezember 2011 betrug der **Wechselkurs** für 1 Euro 2076 TSh, für 1 US-

np036 Foto: pr

Dollar ($) 1595 TSh, für 1 SFr 1683 TSh. Größter Schein ist die 10.000-TSh-Note.

Parallel zum Shilling ist der **US-Dollar** so etwas wie eine **inoffizielle Zweitwährung in Tansania,** mit dem vor allem im Tourismusgewerbe gehandelt und gerechnet wird (zunehmend aber auch in Euro). Manche Bergwanderungen, Nationalparks und auch einige Hotels können nur mit Dollars bezahlt werden, ebenso Visa an den Grenzen. Es ist daher ratsam, einen **Teil seines Bargeldes in US-Dollar mitzuführen.** Um vor Ort tansanische Shillinge zu kaufen, eignen sich SFr und Euro bestens. Diese können Sie im Norden, in Dar es Salaam und auf Sansibar problemlos und zu guten Kursen wechseln. Auch im Landesinneren tauschen Banken Euro.

Charakteristisch für Savannenlandschaften: die Schirmakazie

Geldwechsel

Neben den **Banken,** die in nahezu allen größeren Orten des Landes zu finden sind, existieren **Forex-Büros,** private Einrichtungen mit der Lizenz zum Geldwechseln. Oft sind die Wechselkurse in diesen Büros besser als in den Banken, zudem muss man nicht so lange warten. In der Regel gibt es für größere Scheine (50er und aufwärts) einen besseren Kurs.

Bei der Abhebung von Bargeld mit **Kreditkarte** (s.o.) ist zu beachten, dass bis zu 5,5% Gebühr pro Transaktion erhoben werden. Mit der Maestro-

bzw. EC-Karte wird je nach Hausbank pro Abhebung eine Gebühr von ca. 1,30–4 Euro bzw. 4–6 SFr berechnet.

Zum **Schwarztausch** wird man vor allem in den von Touristen häufig frequentierten Städten angesprochen. Die Kurse liegen nur geringfügig über den offiziellen Raten. Lassen Sie die Finger von solch einem Geschäft! Irgendwo in einer Seitengasse könnten böse Jungs mit dicken Keulen lauern oder auch die Polizei, die Sie mit einem zivilen Beamten einer strafbaren Handlung überführt hat, denn der Geldtausch auf dem Schwarzmarkt ist **verboten!**

Unterbringung von Geld

Wichtig bei der Aufbewahrung von Geldmitteln und Papieren ist, dass Sie Geld und Pass **am Körper** tragen (Brusttasche unterm Hemd, Geldgürtel usw.), das Geld immer verteilt aufbewahren und für den Tagesbedarf gut erreichbar haben.

Sofern Sie die Möglichkeit haben, Ihre Wertsachen in einem Hotel einzusperren **(Hotelsafe),** empfehle ich Ihnen, dies zu nutzen. Gerade in den größeren Städten wie Arusha und Dar es Salaam treiben Taschendiebe auch am Tag ihr Unwesen.

Geld-Notfall

Bei Verlust oder Diebstahl der Kredit- oder Maestro-/EC-Karte sollte man diese umgehend sperren lassen. Für deutsche Maestro-/Kreditkarten gibt es die einheitliche **Sperrnummer (0049) 116 116** und im Ausland zusätzlich (0049) 30 40 50 40 50. Für österreichische und schweizerische Karten gelten:

- **Maestro-/EC-Karte,** (A) Tel. (0043) 1-2048 800; (CH) Tel. (0041) 44-2712230, UBS: (0041) 800-888601, Credit Suisse: (0041) 800-800488.
- **MasterCard/VISA,** (A) Tel. (0043) 1-71701 4500 (MasterCard) bzw. Tel. (0043) 1-7111 1770 (VISA); (CH) Tel. (0041) 58-9588383 für alle Banken außer Credit Suisse, Corner Bank Lugano und UBS.

Telefon und Internet

Telefonieren

Das Telefonieren über **Festnetz** funktioniert in Tansania recht gut. Die meisten Groß- und Kleinstädte sind im Selbstwahlverfahren zu erreichen, kleinere Orte bedürfen der Hilfe eines *Operators* (Gesprächsvermittler). Alle gehobenen Hotels sind telefonisch erreichbar, Lodges und Camps in Nationalparks meist nur über E-Mail.

Fast alle größeren Postämter haben eine separate Einrichtung für Ferngespräche, meist **Telephone House** oder **Extelecom Office** genannt. Bei vielen kann man nicht selbst wählen, die Verbindungen werden für Sie hergestellt. Oft werden Sie nach dem Namen der Person gefragt, mit der Sie sprechen wollen. Sagen Sie der Vermittlungsperson, dass Sie nur die Nummer wollen und keine spezifische Person. Denn sonst spricht der Operator erst mit Ihrer ganzen Familie (die wahrscheinlich nur die Hälfte versteht) oder lässt die volle Zeit des evtl. reagierenden Anrufbeantworters verstreichen. Die Kosten haben Sie zu tragen! Ein **Drei-Minuten-Gespräch nach Europa kostet etwa 18.000 TSh.**

Vor vielen Extelcom- oder Postämtern (Arusha, Dar es Salaam, Zanzibar Town u.a.) befinden sich **Telefonzellen,** welche **mit Karte** funktionieren. Diese sind in den Ämtern selbst erhältlich und ermöglichen auch Anrufe nach Europa.

Mobil telefonieren

Sehr gut funktioniert im ganzen Land und sogar in vielen Nationalparks das Mobiltelefon-Netz. Die Betreiber Vodacom, Airtel, TIGO und Zantel bieten einen **fast flächendeckenden Service** als Konkurrenz zur sogenannten „landline" (Festnetz), zumindest im Umkreis von Städten und Ortschaften. Nur einige dünn besiedelte Gebiete im Zentrum und Westen sowie die meisten Nationalparks haben einen eingeschränkten Empfang. Es ist daher möglich, das Handy aus Europa mitzubringen und über die tansanischen Mobilnetze **im Roamingverfahren internationale Gespräche** zu führen. Nicht zu vergessen sind die passiven Kosten, wenn man von zu Hause angerufen wird (Mailbox abstellen!). Der Anrufer zahlt nur die Gebühr ins heimische Mobilnetz, die teure Rufweiterleitung ins Ausland zahlt der Empfänger. Wesentlich preiswerter ist es, sich von vornherein auf **SMS** zu beschränken, der Empfang ist dabei in der Regel kostenfrei.

Falls das Mobiltelefon **SIM-lock-frei** ist (keine Sperrung anderer Provider vorhanden ist) und man vor Ort und unterwegs viele tansanische Telefonnummern wählen möchte, für den lohnt sich eine **tansanische Prepaid-Karte** der unten aufgeführten lokalen Anbieter. Die eigentliche SIM-Karte mit einer lokalen Telefonnummer ist je nach Angebot sehr preiswert (ab 2000 TSh), passende Guthabenkarten gibt es in Stückelungen bis 50.000 TSh. Ruft jemand von zu Hause an, ist es der Anrufer, der die Kosten trägt (die Daheimgebliebenen können unter www.teltarif.de die günstigsten Call-by-Call-Tarife für das tansanische Mobilnetz herausfinden). Nützlich ist es, die temporäre Reisenummer auf seine heimische Mailboxansage zu sprechen. Beachten Sie hierzu die Tipps unter www.teltarif.de/i/reise-mailbox.html.

Internationale Gespräche sind mit der lokalen Nummer sehr teuer oder erst gar nicht möglich. Deshalb empfiehlt es sich, auch immer die heimische SIM-Karte bei sich zu haben, um ggf. schnell tauschen zu können.

An eine tansanische SIM-Karte gelangt man, wenn man jemand im Land kennt, der eine Karte schicken kann. Bei Ankunft kann man sie am Flughafen kaufen oder sie gemütlich beim ersten Stadtbummel in einem der vielen kleinen Geschäfte erwerben. Es empfehlen sich Vodacom oder Airtel. **Mobiltelefonfirmen** in Tansania sind:

- **Vodacom,** www.vodacom.co.tz
Tel. (0754) 705000. Das Vodacom-Netz umfasst alle Nummern mit 0753, 0754, 0745 und 0756.
- **Airtel,** www.airtel.com
Tel. (022) 2748100/123, (0784) 104222. Das Airtel-Netz umfasst alle Nummern mit 0784 und 0787.

- **TIGO,** www.tigo.co.tz

Tel. (0713) 123130, (0713) 800800. Das Mobitel-Netz umfasst die Nummer 0713. Damit keine Verwirrung entsteht: Die bis 2006 gültigen Betreibernamen Mobitel, Buzz und Simu Poa sind durch TIGO ersetzt worden.

- **Zantel**

Tel. (024) 2236543. Zantel ist hauptsächlich auf Sansibar verbreitet.

Alle Betreiber verwenden die Standards GSM 900 bzw. 1800.

E-Mail und Internet

Internetcafés schießen in den touristischen hot spots wie Pilze aus dem Boden. Aber auch im zentralen und westlichen Tansania besteht in Kleinstädten die Möglichkeit, online zu gehen. Im Tourismus haben **E-Mails** das Fax-Gerät ersetzt, ständig werden neue Server und Anschlüsse geschaffen. Die Folge ist ein großes Angebot, weshalb sich vielerorts für 1000 TSh die Stunde surfen lässt. Auch einige Lodges in Nationalparks sowie viele Hotels und Beach Resorts bieten ihren Gästen den Kommunikationsservice mit dem globalen Netz an, dann allerdings um einiges teurer als auf der Straße gegenüber vom Backpackers Hostel.

Zeit und Zeitverschiebung

Während der europäischen Sommerzeit ist die Uhr in Tansania eine Stunde weiter, ansonsten beträgt der **Zeitunterschied zwei Stunden.**

Die **Swahili-Kultur** hat eine **eigene Zeitrechnung,** die zu der unseren **um sechs Stunden versetzt** ist. Besonders an der Küste und auf den vorgelagerten Inseln ist diese Art der Zeitwahrnehmung noch gang und gäbe, aber auch im Landesinnern, wenn die Kommunikation auf Swahili stattfindet, muss man sich vergewissern, ob eine Zeitangabe nach dem internationalen oder nach dem Swahili-Modus erfolgt. Verwirrungen und Missverständnisse sind keine Seltenheit.

In der Swahili-Zeitrechnung hat ein Tag nicht 24 Stunden, sondern 2 x 12. Diese Zeiteinteilung richtet sich nach dem Wechsel von Tag und Nacht. So ist z.B. 1 Uhr in der Swahili-Zeit entweder eine Stunde nach Sonnenaufgang oder nach Sonnenuntergang. Damit dies nicht jeden Tag neu berechnet werden muss, gelten 18 Uhr und 6 Uhr als das jeweilige Ende von Tag und Nacht und werden in der Swahili-Zeitrechnung als 12 Uhr bezeichnet. Die Angabe „null Uhr" existiert eigentlich nicht.

In der Praxis jedoch richten sich alle **offiziellen Zeitangaben** (Banken, Postämter, Behörden, Abfahrtszeiten, Öffnungszeiten der Nationalparks usw.) nach der internationalen Zeitrechnung. Doch wenn Sie Swahili sprechen und mit jemandem eine Uhrzeit vereinbaren, sollte man sich vergewissern, in welcher Zeitrechnung gedacht wurde.

Die Swahili-Uhrzeit erklärt auch das Sansibar-Sprichwort: „Um null Uhr geht die Sonne auf", was so viel bedeutet wie: „Jeder neue Tag auf Sansibar ist immer etwas Besonderes und für eine Überraschung gut".

Safari-Planung und -Vorbereitung

Jeder Nationalpark und nahezu alle touristischen Sehenswürdigkeiten Tansanias lassen sich über Reiseunternehmen in Europa und mit Safariveranstaltern vor Ort buchen bzw. besuchen. Ohne eigenes Fahrzeug ist man für den Besuch eines Nationalparks, der nicht zu Fuß erkundet werden darf (Serengeti, Tarangire, Manyara u.a.), auf einen solchen Tour-Operator angewiesen.

Veranstalter in Europa

Wer plant, (relativ) viel Geld für seinen Urlaub auszugeben, sollte die Buchung über einen Reiseveranstalter in Europa vornehmen, auch wenn es in Tansania an Anbietern nicht fehlt (s.u.). Erstens kostet das nicht mehr (die Vermittlungsprovision ist im Preis der Vor-Ort-Veranstalter berücksichtigt), zweitens gehen keine wertvollen Reisetage mit der Organisation vor Ort verloren, und drittens besteht ein Versicherungsschutz in Form des Reise-Sicherungsscheines.

In Deutschland, Österreich und der Schweiz ist eine **Vielzahl von Reisebüros** auf Safaris, Trekking, Kilimanjaro-Besteigungen und Strand-/Tauchurlaube auf Sansibar spezialisiert. An dieser Stelle seien keine Empfehlungen ausgesprochen, sondern darauf hingewiesen, dass Internet-Suchmaschinen und Reisebüros darüber informieren, wer was

tan110 Foto: jg

wie wann zu welchen Konditionen anbietet. Wer einen Spezialisten als Veranstalter sucht, um sich z.B. eine individuell maßgeschneiderte Safari ausarbeiten zu lassen, sollte natürlich darauf achten, dass der Anbieter seinen Schwerpunkt auf Tansania/Ostafrika hat. Hier kann man dann davon ausgehen, dass der Veranstalter auch oft vor Ort (vertreten) ist und über die nötigen Informationen, Kenntnisse und Kontakte verfügt.

Veranstalter in Tansania

In Tansania gibt es eine **Unmenge an Safariveranstaltern,** hauptsächlich in **Arusha, Moshi** und **Dar es Salaam.** Vor allem in der Tourismusmetropole Arusha ist die Auswahl sehr groß. Hier können Sie je nach Geldbeutel und Interessen Ihre ganz persönlich zugeschnittene Tour zusammenstellen, wobei Sie im Low-budget-Bereich mit ein bis zwei Organisationstagen vor Ort rechnen müssen.

Doch nicht alle Nationalpark-Safaris lassen sich in Arusha und Moshi organisieren. Für die südlichen Parks sind Dar es Salaam und bedingt Iringa die besten Ausgangsorte, für die westlichen Nationalparks bieten die Städte Mwanza und Kigoma gute Möglichkeiten.

Viele Safaris lassen sich auch direkt **über Unterkünfte** vor Ort buchen, besonders dann, wenn eine Safarifirma mehrere Lodges und Camps in verschiedenen Nationalparks oder Wildschutzgebieten betreibt. In solchen Fällen lassen sich „Lodge-zu-Camp-Safaris" organisieren; die Lodge und Safari Camps organisieren dann die Transfers zwischen den ausgewählten Gebieten. Die meisten Lodges und Camps in den Wildschutzgebieten bieten Pirschfahrten und Fuß-Safaris an, oft mit noch ortskundigerem Personal, als wenn man mit dem Guide eines Safari-Operators unterwegs ist.

Eine gelungene Safari will gut vorbereitet sein

Organisation und Buchung einer Safari

Informationsquellen

Eine gute Informationsquelle sind die **Internetseiten** der einschlägigen Reiseveranstalter und der länder- und parkspezifischen Touristeninformations-Büros (s.a. Linkliste im Anhang). Auch die aktuellen **Impfbestimmungen** und Infos zu reisemedizinischen Fragen bekommt man u.a. auf Internet-Seiten wie www.crm.de oder www.fitfortravel.de.

Über die **Sicherheitssituation** informiert das Auswärtige Amt (www.auswaertiges-amt.de).

Gestaltung und Kostenplanung

Safaris können sehr unterschiedlich gestaltet werden. Neben den verschiedenen Transportmitteln gibt es Unterschiede in Bezug auf Komfort, Reisekilometer und Erlebniswert – wie fast überall eine Frage des Geldbeutels.

Gruppengröße und Fahrzeuge

Meist bekommt man über den Veranstalter Auskunft, ob man sich anderen anschließen kann und sich ein Fahrzeug

002 Foto: heiko

003 Foto: east

Big Five

Diese und die nächste Doppelseite zeigen Bilder jener Großsäuger, deren Beobachtung in freier Wildbahn zu den großartigsten Erlebnissen auf Fotosafari in Tansania gehört: Es sind die sog. Big Five, d.h. **Löwe, Leopard, Büffel, Elefant und eine der beiden Nashornarten** (Breit- bzw. Spitzmaulnashorn).

Diese Doppelseite:
links oben: Breitmaulnashörner,
unten: Leopard;
rechts oben: Löwe, unten: Elefanten

Nächste Doppelseite:
links oben: Büffel,
unten: Löwenpaar bei der Paarung;
rechts: Leopard

001 Foto: p(AS)ob

004 Foto: oleg

008 Foto: vrey

007 Foto: bia

006 Foto: ewanc

und somit auch die Kosten teilen kann. Bei Geländewagen (je nach Typ) ist eine Größe von 4–6 Personen ein guter Kompromiss zwischen Kostenreduzierung und noch ausreichendem Sitzkomfort. Minibusse mit mehr Sitzplätzen werden nur noch sehr selten eingesetzt. Eine große Gruppe hat natürlich den entscheidenden Nachteil, dass das Gelingen der Safari immer vom **„Funktionieren" der Gruppe** abhängt, also vor allem Verständnis und Rücksichtnahme seitens aller Gruppenmitglieder voraussetzt.

Wer möglichst kostengünstig zu zweit reisen will, kann die höheren anteiligen Fahrzeugkosten durch Campen wieder wettmachen.

Lodge- oder Camping-Safari?

Nationalparks und Wildschutzgebiete lassen sich in verschiedenen Preisklassen bereisen. Von Low-Budget (ab 150 $ pro Person/Tag) bis zu 1000 $ – ein und derselbe Parkaufenthalt kann die Reisekasse äußerst unterschiedlich belasten.

Eine Safari kann als reine Lodge-/Camp- oder Camping-Safari durchgeführt werden bzw. als Kombination von beidem. Lodges/Tented Camps bieten jeglichen Hotel-Komfort und sind in den Parks auch meist besser gelegen als Campingplätze. Der Preisunterschied zum Camping kann bis zu 700 $ pro Person und Nacht ausmachen.

Zelten spart aber nicht nur Geld, es ist vor allem auch eine einmalige Erfahrung (für Abenteurer). Eigene **Ausrüstung** benötigt man bei den meisten Unternehmen nicht. Nur **Schlafsäcke** werden nicht immer gestellt. Sogar ein **Koch** kann dabei sein oder man wird selber mal zum Spiegeleier braten eingeteilt. Allerdings kann es bei Billigst-Unternehmen schon mal vorkommen, dass das Zelt nicht gerade der Renner ist (Moskitonetz und/oder Reißverschluss kaputt) und Essen von Plastiktellern muss auch nicht immer besonders lecker sein.

Es lassen sich aber auch „All-inclusive-Safaris" mit zimmergroßen Zelten à la „Jenseits von Afrika" organisieren, meist begleitet von einem Safari-Guide.

Dauer und Route

Von Ein-Tages-Safaris im Rahmen eines Badeurlaubs bis hin zu mehreren Wochen in verschiedenen Ländern – einer Safari sind kaum Grenzen gesetzt.

Buchung vor Ort

Das **Internet** macht es einfach und schlägt Brücken in die letzten Winkel Afrikas. Camps und Safari-Veranstalter, die früher nur über Funk oder rauschende Telefonverbindungen erreicht werden konnten, sind dank neuer Technik schnell und einfach zu erreichen. Der allgemeine Trend geht nun auch dahin, die Safari mehr und mehr von zu Hause aus zu buchen. Zudem hat sich der internationale **Zahlungsverkehr** vereinfacht. Über das sog. SWIFT-System lassen sich Beträge in wenigen Tagen zu allen Banken der Welt transferieren. Die Möglichkeit, sich selbst seine eigene Tour zusammenstellen zu können, mit Veranstaltern und Camp-Managern vor Ort direkt in Kommunikation zu stehen, findet Gefallen. Doch was zunächst besser und „eigen“ klingt, muss nicht vorteilhaft sein. Organisation und Buchung einer Safari über einen Reiseveranstalter bleiben generell die sicherere Alternative – aus folgendem Grund:

Es gibt keine oder nur selten finanzielle Vorteile, wenn man Organisation und Buchung von zu Hause aus oder vor Ort in die eigene Hand nimmt, denn der Reise-Veranstalter in Europa bekommt vom Safari-Veranstalter in Afrika einen günstigen Nettopreis, auf den er seine Kommission aufschlägt. Dieser Gesamtbetrag ist aber meist genau so hoch wie direkt beim Safari-Veranstalter vor Ort, denn dort schlägt dieser wieder etwas drauf.

Soweit noch kein Nachteil. Wickeln Sie Ihre Safari aber über das heimische Reisebüro ab, sind Sie damit gegen Insolvenz versichert bzw. liegen alle rechtlichen Vorteile bei Ihnen, falls es während Ihrer Safari zu einem Unfall kommt oder Vereinbarungen nicht eingehalten werden. Als Selbstbucher hat man in solchen Fällen im Ausland schnell das Nachsehen. Ihren heimischen Reiseveranstalter können Sie dagegen zur Rechenschaft ziehen.

Buchung bei Reiseveranstaltern

Ein häufig auftretendes Manko, das an dieser Stelle in aller Deutlichkeit erwähnt werden muss, sind die **oft bescheidenen Orts- und Sachkenntnisse** von Reiseveranstaltern und Reisebüros in Europa, vor allem, wenn es sich nicht um spezialisierte Veranstalter handelt.

Es bedarf nämlich mehr, als nur ein Hochglanzprospekt weiterzureichen. Meistens können aber gezieltere Fragen nicht beantwortet werden oder die Mitarbeiter geben den Kunden einfach irgendwelche Auskünfte, ob wahr oder unwahr, um deren Buchungs-Interesse zu wahren. Auf Safari erfährt man dann möglicherweise ganz andere Dinge: Das als ruhig empfohlene Camp entpuppt sich als Club für Partytouristen, die erwarteten tierreichen Savannen der Serengeti gleichen einer leblosen Halbwüste, weil man leider am Ende der Trockenzeit gebucht hat usw.

Wenden Sie sich an einen Spezialisten, wenn Sie auf Nummer Sicher gehen wollen.

Bezahlung einer Safari

Buchung bei Reiseveranstaltern

Safaris über Reiseveranstalter müssen in der Regel einige Wochen vor Reisebeginn bezahlt werden – komplett. Gehen Sie sicher, dass Ihre Reise als Gesamtleistung, d.h. mit Flug und allen einzelnen Reiseteilen, gebucht ist. Zudem sollte in jedem Fall eine Insolvenz-Versicherung eingeschlossen sein. Dies ist der sog. **Reisepreis-Sicherungsschein,** den seriös auftretende Veranstalter pflichtgemäß anbieten sollten.

Buchung vor Ort

Die Zahlung in Tansania ist mit einer guten Portion **Vorsicht** abzuwickeln. Suchen Sie das Büro des Veranstalters auf, um sich einen Eindruck von der Professionalität des Betriebs und seiner Mitarbeiter zu verschaffen. Stellen Sie Fragen zum Ablauf, zur Organisation, zur geplanten Route, ob Kilometerbegrenzungen bestehen usw. Kurz: Nehmen Sie sich Zeit, bevor Sie einen Entschluss fassen!

Haben Sie sich für eine preiswerte Safari entschieden, ist Folgendes zu beachten: Leisten Sie keine Vorauszahlung, bis Sie das Auto gesehen, sich von seinem Zustand überzeugt haben und die am Vortag festgelegte Anzahl der Mitfahrenden auch wirklich noch stimmt. Denn wenn kurz vor der Abfahrt noch unerwarteterweise Personen dazukommen, kann die Safari schnell zu einem Konserventrip werden.

Gruppenreisen

In einer festen Gruppe zu reisen ist nicht unbedingt jedermanns Sache. **Flexibilität und Kompromissbereitschaft** sind Voraussetzung für diese Reiseform. Das Gemeinschaftsinteresse geht vor dem Eigeninteresse! Wer jedoch einmal im Rahmen einer Gruppenreise unterwegs war, wird vielleicht die Tatsache einer Reiseleitung zu schätzen wissen. Reiseleiter sind oft geschulte Persönlichkeiten, die sich in der Region gut auskennen und für Sie die Brücke bilden, um Natur und Kultur Afrikas tiefer zu erleben. In vielen Fällen ist eine solche Reiseleitung deutschsprachig.

Gruppenreisen haben in Tansania oft den Vorteil, dass Safaris ganz individuell gestaltet werden können. Wildschutzgebiete, die z.B. nicht regelmäßig angeflogen werden, lassen sich mit gecharterten Flugzeugen kostengünstig und nach Terminwunsch erreichen.

Unterschiedliche **Standards** gibt es auch bei Gruppenreisen: Gruppen, die mit dem Motorflugzeug die jeweiligen Safari-Destinationen besuchen und in vornehmen Camps/Lodges übernachten, gehören zum gehobenen Preissegment. Bei Jugendlichen und Abenteurernaturen populär sind dagegen Safaris, bei denen man selbst mit anpacken muss (s. „Safari mit Kraftfahrzeugen").

Studienreisen

Die Studienreise unterscheidet sich von normalen Gruppenreisen durch ihren **höheren Informationsgehalt** und erlaubt oftmals mehr Nähe und Bezug zum Land, dessen Kultur und Geschichte. Veranstalter, deren Markenzeichen professionell geführte Studienreisen sind, arbeiten häufig mit Fach-Akademikern zusammen, deren Kompetenzen mit Namenstiteln wie Dipl., Dr., Prof. usw. ausdrücklich unterstrichen werden. Titel sollten aber bei Ihrer Reise-Entscheidung keine große Rolle spielen. Vor Ort aufgewachsene, mit dem Land tief verwurzelte Persönlichkeiten gelten genauso als Insider und sind oftmals die wahre „Studien-Quelle" – ohne hochgradigen Titel.

Wie auch immer, ein Reiseleiter sollte informativ sein und Antwort stehen können. Doch bei Gruppenreisen spielen auch menschliche Führungs- und Verständnisqualitäten eine Rolle und können über einen harmonischen Reiseverlauf entscheiden.

Individualreisen (organisiert)

Nicht immer heißt allein oder individuell reisen, dass man vor Ort tatsächlich einen individuellen Entscheidungsspiel-

raum hat bzw. für sich allein ist. Oft ist dies aus organisatorischen oder logistischen Gründen nicht möglich, es sei denn, Sie bestehen bei Ihrer Buchung auf Exklusivität. Das kostet in der Regel jedoch einen Aufpreis, der manchmal sehr hoch ist.

Individuell reisen bedeutet zunächst, sich aus der Fülle der Angebote das Attraktivste auszusuchen bzw. einzelne **Bausteine** miteinander zu verbinden. Dabei kann nur ein Teil der Reise über einen Veranstalter gebucht werden, den Rest unternimmt man auf eigene Faust – was jedoch nicht immer bedeuten muss, dass man damit preiswerter fährt. Je nach Flexibilität des Veranstalters und dessen ausführendem Safari-Unternehmen vor Ort lassen sich viele Wünsche umsetzen und die Safari bekommt einen eigenen, persönlichen Charakter.

Wenn Sie darüber hinaus noch den Anspruch haben, allein, in Zweisamkeit oder zusammen mit der Familie **exklusiv** zu **reisen** und sich nicht mit vier anderen Safari-Urlaubern in einen verlängerten Land Cruiser oder Landrover zwängen möchten, dann müssen Sie mit Mehrkosten rechnen. Ohnehin können Sie davon ausgehen, dass Sie im Safari-Camp mit anderen Gästen an einem gemeinsamen Tisch dinieren, sich mit ihnen Jeep, Boot und Guide teilen.

Safari-Fahrzeuge und Touristen im Ngorongoro-Krater

Camps/Lodges haben nur eine bestimmte Anzahl von Transportmitteln und Safari-Führern zur Verfügung. Speziell während der Hochsaison besteht oft keine andere Möglichkeit, als verschiedene Safari-Gäste in einem Fahrzeug zusammenzusetzen. Ein Umstand, der in der Regel kaum eine Qualitätseinbuße bedeutet, denn der Guide entscheidet am besten, wo die Pirsch im Park hingehen soll. Schwierig kann es dann werden, wenn es **Sprachprobleme** gibt oder aber völlig konträre Einstellungen aufeinander prallen: Das englische Ehepaar im gesetzten Alter möchte am liebsten jeweils eine halbe Stunde bei gesichteten Vögeln verbringen, die „laut schnatternde" Familie aus Palermo wird wegen des noch nicht gesichteten Löwen ungeduldig und der steife Norddeutsche möchte sich in aller Ruhe auf die Naturfotografie konzentrieren. Solche Konstellationen können durchaus vorkommen, auch wenn erfahrene Safari-Unternehmen und Camp-Betreiber bemüht sind, sie zu vermeiden. Wenn Ihnen die Buchung von zusätzlicher Exklusivität nicht nötig erscheint oder Ihren finanziellen Rahmen überschreitet, können Sie auch vor Ort Ihre Wünsche/Bedenken mit der Safari-Organisation absprechen – vielerorts wird Rücksicht auf persönliche Wünsche genommen. Natürlich nur, soweit dies organisatorisch möglich ist.

Die Vorteile der (teuren) Exklusivität liegen dagegen auf der Hand. Nur Sie oder Ihr Partner/Ihre Familienangehörigen entscheiden bei Pirschfahrten und können Interessen und Geschwindigkeit bestimmen. Es müssen keine Kompromisse eingegangen werden und Ärger bleibt einem erspart, sofern man gut mit seinem persönlichen Fahrer auskommt.

Mit Kindern auf Safari?

Safari-Urlaub mit (Klein-)Kindern ist **nicht überall üblich.** In der Regel sind große Lodges auf Kinder eingestellt, doch es gibt Camps und kleine exklusive Lodges, die ein Mindestalter von etwa 14 Jahren vorgeben. Die Gründe sind vielschichtig: Manche Camps wollen auf Grund ihrer (nicht umzäunten)

np038 Foto: pr

Grüne Meerkatze

Privat-Safari oder Gruppenreise?

Eine Tendenz im Safari-Tourismus ist die zunehmende Neigung zur privaten Gestaltung des Safari-Urlaubs. Dabei liegt der Unterschied oftmals gar nicht so sehr im Preisniveau der Safari, denn die Gebühren für die Nationalparks und Wildschutzgebiete gelten für alle gleich, Gruppenrabatte gibt es in Tansania nicht, und auch die Unterkünfte in den Parks und Schutzgebieten geben in der Regel keine Gruppenermäßigungen, es sei denn man belegt Dreier- oder Viererzimmer, was jedoch in den meisten Unterkünften nur bedingt möglich ist. Allerdings: **Mehr Leute** in einem Geländewagen bedeuten **geteilte Kosten** bei der Fortbewegung und bei der Bezahlung des Guides. Die Gesamt-Safari kostet daher weniger, als wenn man nur zu zweit im Wagen sitzt.

„Private" Safaris bieten ein **Maximum an Freiheit** und Intimität, während sie nur ein **Minimum an Kompromissfähigkeit** erfordern, oder anders ausgedrückt: Rücksicht auf die Bedürfnisse und Vorlieben (Eigenheiten ...) anderer Safariteilnehmer ist nicht nötig.

Auf Safari ist man oft stundenlang an ein Fahrzeug gebunden, das einen nicht nur geländegängig über Afrikas Pisten befördert, sondern vor allem auch den ganzen Tag über quasi einen „Aufenthaltsraum" darstellt. Während man in der Lodge oder im Camp morgens und abends seine privat zur Verfügung stehende Zeit als Alleinreisender, als Paar, Familie oder im guten Bekanntenkreis auf meist großzügigem Raum genießen kann, ist man im Rahmen einer Gruppenreise tagsüber im Geländewagen auf relativ engem Raum weniger privat unterwegs. Wenn dann einer der Mitreisenden mit seiner alten analogen Leica-Ausrüstung hantiert und oft länger braucht als der Digital-Profi, während das jüngere Publikum mit Smartphone den Löwen schon längst in Facebook geposted hat und weiter will, die im Englischen aber nicht so beheimatete Dame aus Leipzig noch mit den holprigen Deutschkenntnissen des Guides kämpft, dann kann ein Safaritag auch ein erheblicher Test für die Gemüter der Beteiligten werden. Die **Interessen und Fähigkeiten der Safariteilnehmer** können manchmal verschiedener nicht sein. Man weiß vorher einfach nicht, ob die Mitreisenden auf der gleichen Wellenlänge sind oder bei jedem noch so weit entfernten Vogel ausharren wollen, um sich als Verhaltensforscher zu üben, oder jedes Tier – lustig, lustig – mit Walt-Disney-Figuren assoziieren oder Indiana Jones im afrikanischen Busch spielen wollen usw. usf.

Daher also vielleicht der Umstand, dass der Trend immer mehr zur privaten Safari geht, bei der man unter sich ist, das Tempo bestimmen und mit dem Guide auch wirklich die Dinge besprechen kann, die einen interessieren – so werden die eigentlichen Safari-Stunden im Wagen und auf der Pirsch wirklich zu „quality time".

Kurz: Evtl. lieber bei den Unterkünften einen Stern und Kosten sparen, dafür aber das fremde Land mit seiner überwältigenden Fauna und Flora in aller Ruhe selbstbestimmt genießen.

Lage inmitten eines wildreichen Gebietes oder aus Versicherungsgründen keine Verantwortung übernehmen, andere üben sich in viktorianischer Teeklatsch-Ekstase und wollen bei Preisen von 400 Euro pro Nacht kein Rumgerenne und Gekreische von Kindern.

Dennoch, viele Veranstalter bieten Safaris auch für Familien an, als Campingtrips oder mit Übernachtungsmöglichkeiten, bei denen man auf Kinder eingestellt ist. Um Konflikte mit anderen Safari-Touristen zu vermeiden, ist eine **individuelle Buchung** ratsam, um vor Ort möglichst nur im Kreise der Familie auf Tierbeobachtungstouren zu gehen. Bei **Gruppenreisen** sollte vorher das Einverständnis der Mitreisenden gegeben sein.

Den wahrscheinlich kompromisslosesten Weg, um mit Kindern auf Safari zu gehen, bietet die **Selbstfahrer-Variante.** Man muss wegen der Kinder und deren Extrawünschen auf niemanden Rücksicht nehmen und schaut sich gezielt die Tiere an, die auch von den Kleinen gewünscht werden. Auf diese Weise werden Kinder mehr involviert und können sich für das Fremde begeistern. Wird dann noch gezeltet, Holz für Lagerfeuer gesammelt und mit der Taschenlampe das Buschwerk abgeleuchtet, steht einer glücklichen Safari mit Kindern nichts mehr im Wege.

Alleine auf Safari?

Jede Safari in Afrika, jeder Aufenthalt in einem Park lässt sich auch allein gestalten, ist aber oftmals mit einem **Preisaufschlag** verbunden. In Lodges und Camps können Einzelzimmerzuschläge berechnet werden und bei Rundreisen sind die Kosten ebenfalls höher, wenn man allein im Wagen sitzt.

Um einen **Mitreisenden** zu finden, ist eine Reisepartnervermittlung nicht unbedingt nötig. Wenden Sie sich an einschlägige Reiseveranstalter. Hier kann oft der Kontakt zwischen Einzelreisenden hergestellt werden.

Welche Safari-Region?

Tansanias „Circuits"

Aufgrund ihrer geografischen Nähe im Norden Tansanias sind fünf Wildschutzgebiete zu ständigen Größen in fast jeder Safari geworden, besonders bei Tansania-Neulingen. Die Drehscheibe bildet hierbei der Kilimanjaro International Airport bzw. die Safari-Metropole Arusha. Fast wie am Schnürchen aufgereiht, lassen sich die Parks Arusha, Tarangire, Manyara, das Ngorongoro-Schutzgebiet sowie die Serengeti gut über Straßen und auch zahlreiche Flugplätze miteinander verbinden. Diese Safari-Region in Tansania ist bekannt als **„Northern Safari/Tourist Circuit".** Zunehmend interessante Safari-Destinationen im Northern Circuit sind aber auch die Wildschutzgebiete Grumeti und Rubanda im Nordwesten der Serengeti, das Lake-Natron-Gebiet sowie die Enduimet Wildlife Management Area, der tansanische Teil des Amboseli-Ökosystems am Fuße des Kilimanjaro.

Mit der Bezeichnung als „Northern Circuit" stand der Norden dann auch Pate für die geografisch entsprechend verorteten **„Southern Circuit"** und in jüngster Zeit auch **„Western"** und **„Eastern Circuit"** (siehe die entsprechenden Kapitel). Die jeweiligen Parks können einzeln, als „Circuits" oder kombiniert bereist werden.

Die Wetterperioden

Intuitiv entscheiden sich viele, während der **Trockenzeit** zu reisen, denn die Chance, regenfreies Wetter zu genießen, ist während dieser Zeit wesentlich größer. Doch heißt dies nicht Sonnenschein ohne Ende. Gerade die Trockenmonate können gelegentlich wolkenverhangen sein, ohne dass es regnet. Der Himmel ist dann hellgrau und Winde sind selten. Eine Reise in die Serengeti im September oder Oktober, wenn am Ende der Trockenzeit die Kurzgrassavanne sich wie eine leblose Halbwüste präsentiert und die großen Gnu-Herden in entfernte, für Touristen weniger zugängliche Gebiete abgewandert sind, kann rausgeschmissenes Geld bedeuten. Dann ist man auf gute Ortskenntnisse seitens des Veranstalters angewiesen: Die Serengeti ist dann in ihrem Herzen, im Seronera-Tal, sowie im Westen entlang des Flusslaufes Grumeti sehenswert oder ganz im Norden entlang des Mara River.

In der Trockenzeit sind Nationalparks attraktiv, die von einer Zu- und Abwanderungsbewegung gekennzeichnet sind. Wo Flüsse, Seen und Wasserlöcher ganzjährig die einzige Wasserquelle darstellen und sämtliche Vertreter der Tierwelt magnetisch anziehen. Solche Bedingungen gelten vor allem in den Nationalparks Tarangire, Manyara und Ruaha.

Die **Regenmonate** in Tansania bedeuten nicht gleich, dass es ununterbrochen schüttet. Zwar gibt es solche Tage, aber danach ist der Himmel wieder blau und klar. Dieser Aspekt sollte aber nicht allein entscheidend sein für den Termin Ihrer Reise, denn was nützt Ihnen das schönste Wetter, wenn Sie kaum Tiere zu Gesicht bekommen.

Ein guter Kompromiss, der in der Regel gute Bedingungen verspricht, ist die **Übergangszeit am Ende der Trockenzeit** und während der ersten Regen.

Unmittelbar **nach den großen Regen** ist die Landschaft zwar grün und schön anzusehen, doch ist in den meisten Tierparks das Wild verteilt. Hinzu kommen vielerorts Erschwernisse in der Infrastruktur (unbrauchbare Wege und Landebahnen etc.).

Die **besten Reisezeiten für die tansanischen Nationalparks** sind bei den jeweiligen Parks genannt.

Tierwanderungen

Neben den klimatischen Bedingungen vor Ort sind die daraus resultierenden Wanderungsverhältnisse in der Tierwelt ausschlaggebend für eine erlebnisreiche Safari, denn die Tiere sind stets in Bewegung bei der Suche nach Wasser und Nahrung und überwinden in den weitflächigen Nationalparks Tansanias große Entfernungen. Folgende **Tiermigrationen** sind in Tansania bzw. Afrika charakteristisch:

Die Zu- und Abwanderung

Das **weitverbreitetste Phänomen in der afrikanischen Tierwelt.** Habitate, die von Flussläufen, Seen oder Wasserlöchern geprägt sind, markieren die Lebensader für Tiere in einem Ökosystem. Während der Trockenmonate konzentriert sich die Tierwelt in der Wassernähe. Grundwasser lässt die ufernahe Vegetation gedeihen und bietet dem Wild Nahrung. Während einer solchen Zeit herrscht Zuwanderung.

Setzt die **Regenzeit** ein und verwandelt trockene und wasserarme Gebiete im Umland in nahrungsreiche Habitate, beginnt für einen Großteil der Tiere, speziell Pflanzenfresser, die Abwanderung. Das Wild ist nun weit zerstreut. Der Safari-Tourist hat in vielen Parks keinen Zugang in diese Gebiete. Wenn die Regenzeit vorbei ist, können die Tiere zügig zurückkehren oder es existieren noch für eine Übergangszeit genug Wasserlöcher, die eine Zuwanderung in das Kerngebiet verzögern. Erst im **Zenit der Trockenzeit** ist die Tierkonzentration um die ganzjährig Wasser führenden Flüsse und Wasserlöcher wieder am höchsten.

Der Zyklus

Die wahrscheinlich in Afrika einst weitverbreitetste Form der Tierwanderung ist heute nur noch auf Naturschutzgebiete beschränkt, die allein auf Grund ihrer Größe noch ausgedehnte Jahreszyklen in der Tierwelt zulassen. Solche Zyklen gibt es in erster Linie nur bei **Gnu- und Zebraherden.** Die Bevölkerungsentwicklung der Menschen hat im letzten Jahrhundert viele dieser großen Tiermigrationen unterbunden. Wanderrouten wurden eingeengt und schließlich ganz unterbunden, zusammenhängende Tierpopulationen spalteten sich auf in kleinere Ökosysteme mit Zu- und Abwanderungscharakter.

Die letzten Großwanderungen lassen sich nur noch im **Ökosystem Serengeti/Masai Mara** beobachten – hier gehört die als „Great Migration" bezeichnete Wanderung im Jahreszyklus zu den beeindruckendsten Schauspielen der Tierwelt.

Unterkunftsarten

Lodges und Camps

Eine stationäre Unterkunft auf Safari ist entweder eine **Lodge** oder ein **Zelt-Camp** bzw. eine Mischung aus beidem (Tented Lodge). Sie befinden sich entweder in Wildschutzgebieten oder außerhalb entlang der Parkgrenzen. In Bezug auf Service und Komfort besteht kein Unterschied zu Hotels der Mittel- oder Oberklasse. Lodges und Camps können entweder reine Unterkünfte sein, deren Serviceleistungen sich auf Übernachtung und Verpflegung beschränken oder aber es sind sämtliche Safari-Aktivitäten im Umkreis eingeschlossen. In diesem Fall sind Lodges und Camps mit einem Fuhrpark, ein paar erlesenen Safari-Guides und oft auch mit Camping-Ausrüstung für größere bzw. exklusivere Exkursionen ausgestattet. Solche **All-inclusive-Safaris** (manchmal sogar inklusive aller Geträn-

Auf der Terrasse der Hatari Lodge

ke) gehören jedoch meist dem oberen Preissegment an.

Lodges

Lodges liegen oft an Plätzen mit wunderbaren Ausblicken. Gebaut aus viel Naturstein und/oder Holz (Lodge wird auch mit Blockhütte übersetzt) sind sie oft **gut in die Landschaft integriert.** Lodges können klein und privat sein, sprich nicht für Tagestouristen zugänglich, oder sie sind ganz wie Hotels auf größere Besucherzahlen eingestellt und somit auch häufig der Öffentlichkeit zugänglich. Externen Safari-Touristen stehen dann auch Restaurant und Bar-Service zur Verfügung. Essen wird oft in Buffet-Form gereicht.

Tented Safari Camps

Tented Safari Camps sind **reine Zelt-Camps** aus Canvas-Leinen ohne oder nur mit wenig gemauerten bzw. aus Holz errichteten Baulichkeiten. Die Zelte sind zimmergroß, rustikal, aber fein ausgestattet (richtige Betten, Kommoden, Stuhl, Licht) entweder mit integriertem WC und Bad oder mit zwei einzelnen Sichtschutzzelten für jeweils Toilette (chem. Campingtoilette oder Plumpsklo) und Dusche neben dem Hauptzelt. Der Toilettengang und das Duschen erfolgt dann unter freiem Himmel. Über eine Vorrichtung oder einen Ast wird ein Duschsack mit erhitztem Wasser nach Bedarf aufgehängt.

np040 Foto: pr

Die Gäste versammeln sich auf Stühlen um das Lagerfeuer, essen im Freien oder in einem Restaurant-Zelt, das „mess" genannt wird.

Die Tented Camps bieten eine gelungene Mischung aus Komfort und Service einerseits und Naturverbundenheit andererseits. Generatorstrom ist nicht immer vorhanden, oft werden nur Kerzen und Kerosinlampen eingesetzt.

Tented Lodges

Die Tented Lodges sind eine **Mischung aus Lodge und Camp,** vereinen gemauerte Räumlichkeiten mit Zelten. Meistens sind Tented Lodges noch ein Stück luxuriöser und exklusiver als Tented Camps. Die „Zimmer" sind ebenfalls große Safari-Zelte.

Der Zeltboden besteht meist aus einer betonierten Fläche oder einer etwas erhöhten Holzplattform. Oft hängt das Zelt an einem Holzgerüst und ist von einem Reetdach überdeckt, um einen besseren Schutz vor Wind und Regen zu garantieren. Das Überdach reicht in der Regel weit über beide Enden des Zeltes hinaus. Auf diese Weise entsteht vor dem Zelt eine eigene Terrasse und am hinteren Teil überdeckt das Dach

tan078 Foto: jg

das ans Zelt anschließende, gemauerte oder aus Holz konstruierte Badezimmer mit Toilette (Wasserspülung). Zentrale Aufenthaltsbereiche, wie Restaurant, Bar, Rezeption und Aussichtsstellen, sind meist gemauert und von einem Reetdach überspannt.

- **Wissenswertes über den Aufenthalt in Lodges und Camps:** Lodges und Camps liegen in oder am Rande von Wildreservaten. In Tansania sind sie nicht eingezäunt, Tiere haben also freies Kommen und Gehen. Auf Grund der oft abgeschiedenen Lage wird Strom mit Generatoren erzeugt. Aus Kosten- und Logistikgründen wird in vielen Camps/Lodges Elektrizität nur zu bestimmten Tageszeiten bereitgestellt. Meist morgens und abends, jeweils ein paar Stunden. Steckdosen in Zimmern und Zelten sind oft vorhanden (evtl. Adapter im Gepäck haben), um den Reisefön, den Rasierapparat oder das Akku-Ladegerät der Kamera anzuschließen. Während Fenster fast immer mit Moskitonetzen versehen sind, gibt es über den Betten nicht immer Netze. Das hängt dann entweder damit zusammen, dass es wenig Mücken gibt oder dass die Zimmer/Zelte abends mit Mückenspray ausgesprüht werden. Wer seine Zeit in einem einsamen Busch-Camp verbringt, bekommt vom Rest der Welt nicht viel mit, es sei denn, man packt einen kleinen Weltempfänger ein. Auch die Möglichkeit zu mailen oder sein Handy zu nutzen, kann wegen unzureichender Netzabdeckung ausgeschlossen sein.

Camping/Campsites

Zeltplätze in und außerhalb von Parks werden in den meisten Ländern als „Campsites" oder „Camping Sites" bezeichnet. Campingplätze innerhalb von Wildschutzgebieten sind überwiegend funktionell gestaltet und einfach strukturiert. An den oftmals nur aus einer freigeschlagenen Fläche bestehenden Campsites finden sich (nicht immer) ein Toiletten- und Duschhäuschen.

In Tansanias Nationalparks wird zwischen **„Public campsites"** und **„Special campsites"** unterschieden: Public bedeutet zugänglich für eine große Anzahl von Campern, während special nur für eine Buchungsgruppe gedacht ist. Letztere kosten oft mehr, besitzen keine sanitären Einrichtungen, liegen aber dafür an den besten Stellen im Park.

Privat verwaltete und oftmals bessere Campingplätze befinden sich außerhalb von Schutzgebieten. Ihnen angegliedert ist oft noch eine kleine Restaurant-Bar mit Einkaufsladen.

Wildes Zelten innerhalb von Wildschutzgebieten wird nicht geduldet.

- **Zelten und Tiere:** Nachts müssen Zelte geschlossen bleiben, denn in ein geschlossenes Zelt dringt kein Tier ein. In wildreichen Gebieten hält Feuer die Wildtiere auf Distanz. Vorsicht mit Früchten, speziell wenn diese schon einen gärenden Geruch verströmen. Elefanten lieben sie und würden für solche Leckereien das Zelt besuchen oder den Rüssel durch das Autofenster stecken ...

Verhalten und Verständigung

Wie kann man auf einer Safari Tiere und Natur genießen, wenn die Bewohner dieser zauberhaften Landschaften nicht immer wissen, was sie abends zu essen haben? Wie sich über die Sonne freuen, die das Land austrocknet und auszehrt? Es gilt einen Weg zu finden, eine Gratwanderung zu meistern zwischen klarem Bewusstsein für Missstände, Offenheit für fremde Einflüsse und einer guten Portion Optimismus. Optimismus, um hinter oft verheerenden Problemen kraft- und fantasievolle Lösungsansätze nicht zu übersehen, und schließlich das Gute, das es auch gibt, nicht aus dem Auge zu verlieren.

Europäer werden in Tansania als **Wazungu** (Einzahl *Mzungu* = Landstreicher/Weißer) bezeichnet. Als Tourist ist man im Allgemeinen nur kurze Zeit im Land, eine Zeit, die natürlich optimal genutzt sein will. Viele sehen nur Hotels/Lodges und Nationalparks. Allenfalls lernt man den Safari-Wagen-Fahrer oder den Kilimanjaro-Führer näher kennen, Hotelbediensteten wird ein Lächeln und ein Trinkgeld geschenkt. So darf es nicht verwundern, wenn Einheimische eine bestimmte Vorstellung vom reisenden Europäer entwickeln: ignorant, mit mangelnden Sprachkenntnissen ausgerüstet, alles, was ihn interessiert, sind Safaris, Berge und Strände, und dafür hat er eine Menge Geld.

Das monatliche Durchschnittseinkommen in Tansania beträgt etwa 50 Euro. Der Preis für eine normale dreitägige Safari in die Nationalparks entspricht der Hälfte eines tansanischen Jahreseinkommens! Man findet sich im Urlaub also plötzlich in einer Einkommensklasse wieder, die den oberen 10.000 in Deutschland entspricht. Auf Reisen im Land kommt man daher oft zwangsläufig in die unangenehme Rolle der zu melkenden Kuh.

Im ganzen Land sind **Rücksicht und Respekt** touristische Grundtugenden, die an Tansanias islamisch geprägten Küsten besonders gefordert sind, wo z.B. „angemessene" Kleidung zu tragen ist und der für Europäer selbstverständliche öffentliche Austausch von Zärtlichkeiten zwischen Mann und Frau tabu ist. Doch auch im zentralen und westlichen Tansania sind Zurückhaltung bei Liebkosungen und dezente Kleidung angebracht. Sie werden feststellen, dass viele tansanische Männer tadellose Hosen und gebügelte Hemden tragen und tansanische Frauen in farbenprächtigen, sauberen Kangas (Wickelkleider) gekleidet sind. Hier kommt kein gesteigertes Modebewusstsein zum Ausdruck, sondern schlicht die Tatsache, dass es als unfein gilt, schmutzig oder unpassend gekleidet aufzutreten.

Am Anfang eines Gesprächs oder wenn man eine Frage stellen möchte, begrüßt man sein Gegenüber zunächst und erkundigt sich über die Neuigkeiten des Tages und/oder über das Wohlbefinden des Gesprächspartners. Dieses **„Begrüßungsritual"** ist nicht nur Bestandteil der Swahili-Sprache, es ist eine für viele Teile Afrikas übliche Umgangsform und alles andere als ein lästiger Austausch von Höflichkeitsfloskeln. Handelt es sich um eine Gruppe, mit der Kontakt aufgenommen wird, grüßt man zuerst den oder die Ältesten. In Tansania gelten alte Menschen als Weise und werden respektvoll behandelt.

Zeit ist das höchste Gut in Tansania und ein wichtiges Element im Leben eines Tansaniers – wenn man schon sonst nicht viel hat, so verfügt man zumindest über viel Zeit. Dass einem aus europäischer Sicht diese Lebensphilosophie nicht immer ganz behagt bzw. die Geduld hin und wieder strapaziert wird, ist völlig normal. Es geht ja auch nicht darum, genauso zu denken und zu fühlen wie ein Tansanier, sondern darum, sein Bestes zu geben, um die verschiedenen Sichtweisen konfliktfrei miteinander zu verbinden. Gelingt das, ist die Brücke zwischen den Kulturen geschlagen.

Fragen nach dem Weg, einem Ort oder nach einer Lodge sind so zu formulieren, dass sie mit einem einfachen Ja oder Nein beantwortet werden können. Also nicht: „Wie finde ich das Camp xxx/den Ort yyy?", sondern: „Ist das hier die Piste, an der das Camp xxx liegt/zu dem Ort yyy?".

Im **alltäglichen Verhalten** gibt es einige Gepflogenheiten unter Tansaniern. Beim Händeschütteln z.B. stützt häufig die linke Hand den rechten Unterarm, und bei der Übergabe eines Gegenstandes werden beide Hände benutzt. Doch diese Verhaltensweisen muss der Tourist nicht übernehmen, denn es geht nicht darum, eine kulturelle Assimilation anzustreben. Reisende, die „tansanisch auftreten" (Kleidung, Verhalten, Sprache), werden weniger akzeptiert als diejenigen, die einen gesunden Mittelweg zwischen tansanischer Kultur und eigener Identität wählen. Tansanier lernen ja auch gerne von Ihnen und haben nicht die Möglichkeit, in der Welt umherzureisen. Bedenken Sie, dass die „Beobachtungssituation" eine wechselseitige ist: Jedes Detail, das Sie bei einem Tansanier beobachten oder dessen Bedeutung Sie in Erfahrung bringen möchten, hat ja für den Tansanier auch in Ihrem Verhalten und Auftreten eine Entsprechung – und damit ist Ihr Handeln und Reden wichtig für das Bild, das sich die Bevölkerung von Europa und seinen Völkern macht.

Achten Sie also die Andersartigkeit Ihres Gastlandes, und entsprechen Sie nicht dem Bild des souvenirhungrigen, allzeit fotografierenden Touristen, dessen Reise im Eiltempo verläuft und der sich nicht um fremde Kultur und Konventionen schert.

np072 Foto: pr

np045 Foto: jg

Safari-Urlaubsplaner

np050 Foto: pr

np048 Foto: pr

Ein Flusspferd markiert sein Revier

Game Drive im Serengeti National Park

Tansanias Vogelwelt ist bunt und vielfältig

Safari-Tourismus

● **Safari = Reise:** „Safari“ bedeutet Reise, wie z.B. eine Zugfahrt von A nach B und nicht nur die Land-Rover-Reise in der Wildnis bzw. in Nationalparks. Im diesem Buch wird unter dem Begriff Safari im Wesentlichen die **Foto-Safari** verstanden, eine Reise oder ein Urlaub inmitten der großen afrikanischen Wildnis mitsamt ihrer atemberaubenden Tierwelt.

Über drei Millionen Europäer, Amerikaner und Asiaten (vor allem Japaner) gehen jedes Jahr auf Safari in Afrika. Nicht wenige legen hierfür fünfstellige Dollar-Beträge hin - der **„Lockruf der Wildnis“** ertönt aus den Nationalparks, die durch viele Tier- und Naturreportagen auf den heimischen Fernsehkanälen, in Zeitschriften und Tageszeitungen weltberühmt sind.

Das **Ziel der meisten Besucher** ist es, die einzigartige afrikanische Tierwelt einmal selbst zu erleben, sich in einem Wildreservat auf Entdeckungstour zu begeben und längst verloren geglaubte Empfindungen neu zu beleben. Afrika wird gleichgesetzt mit Wildnis, mit Safari und dem Erlebnis von scheinbar grenzen- und zeitloser Freiheit. Leider wird in vielen Fällen bei Reisenden und Veranstaltern übersehen, dass diese paradiesartigen Gärten einen hohen Preis kosten und dass jenseits der Nationalparkgrenzen das wirkliche, gegenwärtige Afrika liegt, wo Menschen sich mit harter Arbeit das tägliche Brot verdienen müssen und am Rande der Idylle oft einen Überlebenskampf führen.

Naturschutzgedanken liegen vielen Tansaniern, die in ärmlichen Verhältnissen leben, fern. Sie haben auch wenig Interesse, auf Pirschfahrt zu gehen, um sich genüsslich Tiere anzusehen, die für sie seit jeher Gefahr oder Verwüstung von Feldern bedeuten.

Wildreservate sind **keine afrikanische Erfindung,** auch wenn viele Nationalparks erst nach der Unabhängigkeit der afrikanischen Staaten entstanden sind. Die ersten afrikanischen Regierungen führten zu Ende, was die Kolonialmächte schon vorbereitet hatten. Das weiße Erbe ist auch heute noch „white mans territory“.

Führt man sich die Besucherstatistiken vor Augen, erkennt man schnell, dass die afrikanischen bzw. tansanischen Wildreservate vorwiegend Vergnügungsziele für Ausländer sind, die dafür zum Teil tief in die Tasche greifen. Doch ohne die Einnahmen aus dem internationalen Safari-Tourismus wäre der Unterhalt der Wildschutzgebiete gar nicht möglich.

● **Safari ist auch Kultur-Tourismus:** Eine Safari in Tansania dreht sich nicht nur um Tiere und Landschaften. Veranstalter, aber auch der Staat selbst, sind darauf bedacht, Kultur und Geschichte als festen Bestandteil einer jeden Safari mit zu vermarkten. Eine Möglichkeit für Besucher, neben der artenreichen Tierwelt, auch Einblick in den Alltag afrikanischer Völker zu erlangen. Das kann zu einer sehr faszinierenden Begegnung werden oder enttäuschend in Erinnerung bleiben. Denn vielerorts, speziell in den Safari-Ballungsgebieten, sind fein herausgeputzte „Touristen-Dörfer“ eigens errichtet worden, um die afrikanische Kultur vorzustellen. Rollen Safari-Autos vor, stimmen die Bewohner wie auf Kommando Tanz und Gesang an, bieten Souvenirs feil und spielen das sorglose Leben vor. Gegen ein entsprechendes Eintrittsgeld oder eine erkaufte Foto-Erlaubnis darf dann auch losgeknipst werden. Sollte keine Zeit für derartige Visiten bleiben, kommt auch ein Teil des Dorfes, eine Tanz- oder Trommelgruppe etwa, abends in die Unterkunft und macht die garantiert traditionelle Vorführung, während man genüsslich an seinem Verdauungstrunk schlürft. Das hat nichts (oder nur selten) mit tief verwurzelter Kultur zu tun und ist in den meisten Fällen eine rein gestellte Show, um der Erwartung von den noch „wilden Völkern Afrikas" gerecht zu werden.

Sicher ist es einfach, den Gehalt und die Moral solcher Begegnungen zu verurteilen. Andererseits können tansanische Gemeinschaften in den Randzonen von Wildschutzgebieten auf diese Weise etwas am Safari-Tourismusmitverdienen. Das Geld, das ausländische Besucher für ihre Safaris zahlen, fließt ansonsten in die Kassen des Staates und der vielen privaten Veranstalter. Dörfer im Randbereich der geschützten Tier-Paradiese profitieren kaum.

Wie weit ein solcher Besuch wertvoll ist, muss jeder für sich entscheiden. Reiseveranstalter, die sich für exklusiv halten und sich als Landesspezialisten ausweisen, versuchen sich von diesem Paparazzi-Image zu distanzieren. Ihnen steht meist ein sehr viel einfühlsamerer Zugang zu „echten" Dörfern afrikanischer Volksgruppen zu. Dort stellen die Einnahmen aus dem Tourismus einen Nebenverdienst dar und wurden nicht zum Tradition untergrabenden, bestimmenden Teil des Alltags. Besonders vereinnahmt vom Safari-Tourismus ist in Tansania das berühmte Volk der Maasai (siehe entsprechenden Exkurs).

Kauderwelsch-Sprachführer

sind übersichtlich, praktisch und alltagsorientiert und damit ideale Begleiter für Ihren Urlaub (beide Bände von Reise Know-How, Bielefeld)!

- **Englisch – Wort für Wort**
- **Kisuaheli – Wort für Wort**

Safari-Sprache

Auf Safari wird Englisch gesprochen! Kolonialgeschichtlich bedingt, sind die heute klassischen Safari-Länder vom englischen Spracheinfluss geprägt. In Tansania ist Swahili (Kisuaheli) die offizielle Amtssprache, Englisch Zweitsprache. Die Safari-Branche im Land hat sich bisher kaum auf deutschsprachige Touristen eingestellt.

Bereits bei der Reisevorbereitung, spätestens jedoch unterwegs werden Sie mit einer Reihe **gängiger Safari-Ausdrücke** konfrontiert: „Um 6 Uhr erfolgt der wake-up-call, dann bekommen Sie einen early morning tea serviert und anschließend beginnen wir am gate unseren game drive." Alles klar?

Kleines Safari-Lexikon

Englisch – Deutsch/Erklärung

- **a kill** – das Reißen einer Beute/Beuteschlag
- **big five** – Löwe, Elefant, Büffel, Nashorn, Leopard
- **bungalow** – freistehender Bau (Zimmer)
- **camp** – Zelt-Hotel
- **camp fire** – Lagerfeuer
- **(river) crossing** – Flussüberquerung (bei der Gnu-Migration in der Serengeti)
- **daypack** – Verpflegungsbox
- **driver** – siehe guide/driver
- **droppings** – Losung
- **early morning tea** – Morgentee
- **entrance gate** – Eingang/Zutrittstor zum Wildschutzgebiet
- **entrance fee** – Eintrittsgebühr
- **game drive** – Tierbeobachtungs-/Pirschfahrt mit dem Fahrzeug
- **guide/driver** – ein Guide ist ein Führer, der auch gleichzeitig Fahrer sein kann; ein driver ist i.d.R. ebenfalls ein Führer *(driver-guide)*, aber nur, wenn er ein Fahrzeug steuert

- **lodge** – Busch-Hotel
- **mess** – großes Restaurant-Zelt, Aufenthaltsbereich
- **night drive** – Pirschfahrt bei Dunkelheit
- **park warden** – oberster Wildhüter und Park-Verwaltungschef
- **ranger** – Wildhüter
- **staff** – Angestellte, Bedienstete in einer Lodge/in einem Camp
- **sun-downer** – den Tag abschließendes Getränk zum Sonnenuntergang
- **tracks** – Fuß-, Hufspuren
- **tented lodge** – Busch-Hotel mit integrierten Wohnzelten
- **tip-box** – Trinkgeldkasten
- **wake-up-call** – Weckservice
- **walking safari** – Fuß-Safari
- **waterhole** – Wasserloch

Sicherheit auf Safari

Allgemein

Wie sicher ist es, in einem Wildschutzgebiet unterwegs zu sein? Was passiert, wenn der Löwe plötzlich aufsteht und ganz gemächlich auf den Jeep zuläuft? Wird der Elefant nicht das Auto umschmeißen? Kriechen Schlangen in die Zelte? Sind Fuß-Safaris nicht enorm riskant? Solche und andere Fragen in Bezug auf Sicherheit und Gefahren werden häufig gestellt, speziell wenn man noch nie in einem afrikanischen Wildschutzgebiet unterwegs war. Die Bedenken haben nichts mit übertriebener Ängstlichkeit zu tun, sie sind natürlich und verständlich. Schließlich halten Sie sich ja nicht tagtäglich in der tansanischen Wildnis auf – einem Naturraum, der ganz anderen Regeln folgt als das Leben in Mitteleuropa. Doch seien Sie beruhigt: Durch bedachtes und angepasstes Verhalten kann man nahezu sämtliche potenziellen Gefahren bereits im Vorfeld beseitigen.

Viel hängt vom Verständnis und der Bereitschaft zur Auseinandersetzung mit dem **Verhaltensmuster afrikanischer Tiere** ab. Wollen wir uns Tieren nähern, müssen wir sie verstehen lernen und dabei nie aufhören, ihnen den nötigen Respekt entgegenzubringen. Gelingt uns dies, müssen weder Angst noch Unsicherheit die Safari begleiten. Pirschfahrten, Fuß-Safaris, Bootstouren usw. werden in der Regel von **geschulten Guides** geführt, die sich in der Tierwelt gut auskennen und möglichen Gefahren durch Wildtiere von Vornherein aus dem Weg gehen. Haben Sie Vertrauen, es ist äußerst selten, dass auf einer Fuß-Safari etwas passieren kann – einen guten Guide vorausgesetzt.

In Unterkünften und auf Campingplätzen passiert es nicht selten, dass Elefanten durch das Camp marschieren, Hyänen und Flusspferde nachts um Zelt und Zimmer schleichen und Löwen in der Entfernung brüllen. Haben Sie keine Angst! Solange man sich an die Anweisungen von Lodge-/Campbetreibern hält, besteht kaum eine Gefahr.

Wer schon einmal im südlichen Afrika unterwegs war, muss wissen, dass in Tansania **Unterkünfte und Campingplätze nicht eingezäunt** sind. Eltern tragen für ihre Kinder die volle Verantwortung!

Beachtet man einige Grundregeln, ist die Beobachtung von Tieren (hier ein Löwenpaar) gefahrlos möglich

np041 Foto: pr

Für Menschen gefährliche Tiere

Viele Tiere Afrikas - ob groß oder klein - können für den Menschen prinzipiell gefährlich und auch tödlich sein. Ohne Schusswaffe, geschützter Umbauung oder einem geschlossenen Fahrzeug gehören wir Menschen zu den anfälligsten Lebewesen. Zum einen sind unsere Sinnesorgane im Vergleich zu denen der Tiere oft wesentlich schwächer ausgeprägt. Das betrifft besonders unseren Geruchssinn, aber auch unsere Fähigkeit, bei Nacht ohne künstliche Lichtquelle zu sehen oder Elefantenlaute in Tieffrequenz über kilometerweite Entfernungen wahrzunehmen. Zudem sind wir äußerst langsam. Selbst bei 10 Sekunden auf 100 m würden Sie im Vergleich zu den meisten Großsäugern Afrikas ziemlich lahm aussehen. Aber: In intakten Ökosystemen, wo es ein ausgewogenes Verhältnis zwischen Nahrungsangebot und -nachfrage gibt und wo nicht die kommerzielle Jagd oder die Wilderei im direkten Umfeld bewirkt, dass Tiere sensibel werden oder in Einzelfällen ein aggressives Verhalten annehmen, ist der Mensch für die Tiere ein eher uninteressanter Gast.

Kein Tier ist von Natur aus dem Menschen gegenüber aggressiv. Im Folgenden dennoch eine Auswahl von potenziell gefährlichen Tieren und wie man ihnen begegnen sollte.

Generell gilt, allen Tieren den nötigen Respekt zu erweisen, indem man ausreichenden Abstand wahrt und sich ruhig verhält!

np071 Foto: pr

Paviane können in bestimmten Situationen durchaus aufdringlich werden

Grundregeln

- Nicht zu nah an ein Tier heranfahren (speziell Elefanten und Nashörner).
- Auf Fuß-Safari niemals wegrennen. Rennen signalisiert Angst und animiert Raubkatzen und Elefanten zum Nachstellen.
- Nicht zwischen eine Herde gelangen (gilt speziell bei Elefanten).
- Essen und Früchte luftdicht verpacken!
- In unüberschaubaren Gebieten nicht aus dem Wagen steigen.

Elefanten

- Keine Früchte im Wagen mitführen!
- Niemals zwischen Elefantenkühe und deren Junge geraten!

Flusspferde

- Nicht zwischen Tier und Wasser geraten!
- Es besteht keine Gefahr, wenn ein Flusspferd nachts direkt neben dem Zelt grast.
- Blitz und Taschenlampe vermeiden und im Zelt bleiben!

Büffel

- Im Fahrzeug besteht keine Gefahr.
- Auf Fuß-Safaris strikt an die Anweisung des Führers halten!

Löwen/Leoparden

- Auf Fuß-Safaris niemals wegrennen!

Paviane und Milane (Greifvögel)

- Können penetrant sein, speziell an Picknickplätzen in Parks, wo Essensreste hinterlassen werden. Pavianmännchen haben wenig Respekt vor Frauen und reißen auch schon mal Essen aus der Hand! Dann gilt: Bloß nicht wehren!

Krokodile

- Vorsicht an flachen Uferböschungen von krokodilreichen Flüssen!
- Es besteht keine Gefahr nachts im Camp. Krokodile bleiben im Wasser und marschieren nicht im Camp herum.

Schlangen

- Sind selten zu sehen. Halten Sie aber dennoch (oder gerade deswegen) die Augen auf.
- Stets darauf achten, wo man hintritt!
- Büsche und vegetationsreiche Felslandschaften meiden!

Notfall im Busch! Was geschieht?

Was passiert, wenn ich inmitten eines Wildschutzgebietes in eine Notfall-Situation komme? Sind Sie im Rahmen einer organisierten Safari unterwegs, geschieht in der Regel Folgendes:

Auf Beobachtungsfahrten und Fußmärschen wird stets ein **Funkgerät** mitgeführt. Damit wird als erstes sofort die Unterkunft benachrichtigt.

Dort kann man telefonisch (das hängt von der Netzabdeckung ab bzw. ob ein Satellitentelefon vorhanden ist) den **Flugrettungsdienst** kontaktieren. Der Service, den die im östlichen und südlichen Afrika als „Flying Doctors“ bekannten Privatunternehmen bieten, ist meist über die heimische Krankenrücktransport-Versicherung abgedeckt. Das an Bord befindliche Team von Notärzten ist kompetent, besteht oft aus weißen Südafrikanern oder Europäern.

Je nach Krankheitsfall wird man in die nächstbeste **Klinik** geflogen, wo man von fachkundigen Ärzten in Empfang genommen wird. Dort werden weitere Maßnahmen, wie etwa ein Transport zu den überregionalen Krankenhäusern (Arusha, Moshi, Nairobi) oder nach Europa, beschlossen.

Die Distanzen in Tansania sind sehr groß: Je nach Safari-Region kann es zwischen einer Stunde und unter Umständen einem halben Tag dauern, bis die notwendige medizinische Betreuung bei Notfällen am Unglücksort eintrifft!

Safari-/Driver-Guide

Er macht den Unterschied zwischen einer durchschnittlichen Reise und dem absoluten Safari-Erlebnis aus. Von ihm – fast ausschließlich ein Männerjob – hängt es oft ab, was Sie zu sehen bekommen, was Sie über Flora und Fauna erfahren und (wichtig!) wie sich die

Stimmung in Ihrer Gruppe entwickelt. Ein Guide muss daher nicht nur viel **Wissen** besitzen, sondern eben auch ein **gutes Gespür, Menschenkenntnis und Humor.** Seine Fähigkeit, möglichst nah an die begehrten Tiere heranzufahren (ohne sie zu stören) oder sich ihnen zu Fuß zu nähern, ohne dass diese panisch davon galoppieren oder gar angreifen (!), kann über einen sehr guten oder mittelmäßigen Ausgang einer Safari entscheiden. Bei organisierten Safaris wird der Fahrer in der Regel vieles zuerst sehen, denn er weiß, wonach er suchen muss und erkennt bereits an entfernten Konturen die Tierart.

Viele Guides haben eine spezielle Ausbildung durchlaufen, andere haben sich ihr Wissen allein und im Laufe der Zeit angeeignet.

np042 Foto: pr

Für den Safari-Touristen bildet der Safari-Guide die **Brücke zur Natur und zum Land allgemein.** Speziell wenn Sie auf einer Rundreise mit einem Fahrzeug unterwegs sind, wird sich ein engeres Verhältnis zum Guide entwickeln. Safari-Guides sprechen in den meisten Fällen gutes Englisch, selten auch Deutsch, was man über den Veranstalter herausfinden kann.

In punkto **Verhalten gegenüber dem Guide** ist noch Folgendes zu sagen: Geben Sie sich und Ihrem Guide Zeit, um gegenseitiges Vertrauen/Verständnis aufzubauen. Fordern Sie nicht zu viel. Ihr Guide kann nicht garantieren, welche Tiere zu sehen sein werden. Hier lässt sich auch wenig reklamieren, es sei denn, die Fahrweise ist grob fahrlässig. Neben einem angemessenen Trinkgeld sind auch Abschiedsgeschenke denkbar, etwa ein Fernglas oder eine Sonnenbrille. Meistens wird Sie der Guide von allein ansprechen, welche Gegenstände ihn faszinieren, sprich welche er am Ende der Safari am liebsten sein Eigen nennen würde.

Trinkgeld

Wie überall im Urlaub sind Trinkgelder, oder „Tips", auch auf Safari üblich. Diese kommen in erster Linie dem **Safari-Guide** und den **Lodge- und Camp-Bediensteten** zu. Üblich sind 5–10 Euro pro Tag und Buchung, doch fragen Sie ruhig den Veranstalter oder den Manager der Unterkunft. Oft gibt es auch einen Sammelkasten, **Tip-box** genannt, in den am Ende des Aufenthaltes Trinkgelder hineingesteckt werden. Auf diese Weise können auch Angestellte hinter den Kulissen (Koch, Wächter, Mechaniker usw.) von der Großzügigkeit der Gäste profitieren.

Gute Safari-/Driver-Guides sind wichtig für das Gelingen einer Foto-Safari

Safari mit Kraftfahrzeugen

Die klassische und bekannteste Form einer Safari ist dadurch geprägt, mit einem Fahrzeug unterwegs zu sein, in Nationalparks auf Tierbeobachtungsfahrt zu gehen oder Reiseziele per Auto zu erreichen. Unterschiedliche Fahrzeugarten werden eingesetzt. In nahezu allen Gebieten Tansanias kommt man um eine absolute **Geländetauglichkeit** nicht herum. Safaris mit normalen Pkws sind nicht möglich.

Wenn Budget-Safaris für große Reisegruppen stattfinden, wo Komfort nicht im Vordergrund steht, sondern Abenteuer und Camping-Erlebnis, werden bisweilen auch große **Lkws** eingesetzt. Selbst **Motorrad-Safaris** sind möglich.

Die von den Veranstaltern verwendeten Fahrzeuge richten sich nach Geländeanspruch, Image und Exklusivität. Anschaffungskosten, Unterhalt und letztendlich Anzahl der Fahrgäste sind mitentscheidend für den Preis einer Safari.

Neben der Geländetauglichkeit spielen die **Sichtverhältnisse** bei Tierbeobachtungsfahrten eine Rolle, schließlich wollen Sie ja etwas sehen. Sollten Sie auf dem hinteren Mittelsitz eines Geländewagens sitzen (müssen), wird dies wahrscheinlich keine erfreuliche Safari. Offene Fahrzeuge mit Cabrio-Charakter bieten viel mehr Sichtkontakt zur Natur. Diese „open-top game drive vehicles“ sind vor allem den Lodges und Camps innerhalb der Wildschutzgebiete vorbehalten. Mit heruntergeklappter Frontscheibe ermöglichen diese Fahrzeuge den ultimativen Erlebniswert auf einer Safari.

Selbstfahrer sollten ebenfalls gut überlegen: Wer meint, der halb so teure **Mietwagen** werde für die Safari ausreichen, kann schnell eines Besseren belehrt werden. Bei der Wahl Ihrer Safari sollten Sie auch einen Blick auf die Fahrzeugarten werfen und abwägen, ob Sie lieber ein paar Euro mehr zahlen als am Ende auf Grund von Einschränkungen bei Komfort und Sichtverhältnissen nur die Hälfte erleben zu können.

Geschlossene Geländewagen

Ob für Transfers bei Park-zu-Park-Safaris oder Tierbeobachtungsfahrten, der geschlossene Geländewagen ist in Tansania das dominierende Transportmittel. In erster Linie sind dies **Land Cruiser** der Marke Toyota. Geländefahrzeuge anderer Hersteller sind die britischen Landrover („Landies“), die einen legendären Ruf in der Safari-Szene haben und oft für **Camping-Safaris** eingesetzt werden. Auch Nissan Patrol und Mercedes G kommen hier und da zum Einsatz. Ausgestattet mit einer hochzustellenden Dachluke oder einer zur Seite gerollten Plane für Tierbeobachtungen finden neben dem Driver-Guide 3–5 Leute in einem Wagen Platz.

- **Vorteil:** gegen Sonne, Regen und Wind geschützt
- **Nachteil:** eingeschränkte Sicht

Offene Geländewagen

Speziell für die Safari-Industrie umgebaute Geländewagen mit 2–3 Sitzrei-

Verhaltensregeln für Tansanias Schutzgebiete

Die Nationalparkbehörde Tansanias hat für Besucher **„Park Regulations"** formuliert, die auf dem Eintritts-Ticket stehen oder zusammen mit diesem ausgehändigt bzw. auf Tafeln verkündet werden. Die Parkverwaltungen sind bei Vergehen äußerst strikt und zögern nicht lange damit, Geldstrafen zu verhängen. Hier die wichtigsten Grundregeln:

- Fahren Sie nicht schneller als 50 km/h. Für die Tierbeobachtung ist eine **Geschwindigkeit** von 25 km/h empfohlen.
- Bleiben Sie auf dem vorgesehenen **Wegenetz.** Fahren Sie nicht querfeldein, außer wenn dies ausdrücklich toleriert wird.
- Stören Sie die Tiere nicht. Erzeugen Sie nicht zu viel **Lärm** und Radiobeschallung. Benutzen Sie nicht die Autohupe.
- Seien Sie verständnisvoll gegenüber **anderen Besuchern.** Stören Sie weder sie, noch die von ihnen beobachteten Tiere. Warten Sie, bis Sie an der Reihe sind, näher heranzufahren.
- **Haustiere** und **Schusswaffen** sind im Park strengstens verboten!
- **Verlassen Sie Ihren Wagen** nur an dafür vorgesehenen Stellen (Picknick- oder Toilettenplätze) oder nur im Beisein eines dafür vorgesehenen Führers/Rangers.
- Entnehmen oder beschädigen Sie keine endemischen **Pflanzen** in den Parks.
- **Feuer** sollten auf Campingplätzen nur dort gemacht werden, wo es feste Feuerstellen gibt. Brennholz darf nicht im Park gesammelt werden. Es ist oft auf den Campingplätzen erhältlich.
- Machen Sie Ihre **Zigaretten** gründlich aus und entsorgen Sie sie in einem dafür vorgesehenen Aschenbecher. Schmeißen Sie keine Zigarettenstummel aus dem Fahrzeug.
- Deponieren Sie Ihren **Müll** in dafür vorgesehenen Müllbehältern (am Eintrittstor, an Picknick-/Aussichtsplätzen). Schmeißen Sie keine Gegenstände aus dem Fahrzeugfenster.
- Es ist verboten, sich **nachts** zwischen 19 und 6 Uhr im Park aufzuhalten, außer Sie befinden sich auf dem Campingplatz, im Hotel oder auf genehmigter und geführter Nachtfahrt (Night Drive).

np043 Foto: pr

hen auf der Pritsche und einem Sonnendach je nach Bedarf. Neben Fahrer und Guide sind auch **„tracker"** dabei, die nach Spuren Ausschau halten. Einsatz nur für Tierbeobachtungsfahrten in Wildschutzgebieten.

- **Vorteil:** hervorragende Sicht, abenteuerlicher, naturverbundener
- **Nachteil:** wenig Schutz bei Regen und Wind

Mini-Bus

In Gebieten, wo **Park-zu-Park-Safaris** mit dem stets gleichen Fahrzeug stattfinden und die Safari kostengünstig verlaufen soll, werden Minibusse eingesetzt. Je nach Größe der Kleinbusse finden **8–16 Leute** Platz. Übernachtungen finden fast immer in Lodges mit normalem Hotel-Standard statt. Mini-Busse werden eigentlich nur noch ab Dar es Salaam für Touren zum Mikumi National Park angeboten.

- **Vorteile:** gegen Sonne, Regen und Wind geschützt, preiswert
- **Nachteile:** eingeschränkte Sicht, weniger geländegängig

Lkw, Truck

Große, geländegängige Lkws/Trucks werden für **Park-zu-Park-Safaris** eingesetzt und stehen für kostengünstigste Safaris, bei denen Camping im Vordergrund steht. Sie werden für **Budget-Gruppenreisen mit 12–30 Teilnehmern** genutzt. Mehrere Sitzbänke bieten reichlich Platz. Einige Lkws kommen mit einem Planenverdeck aus, manche haben richtige Hardtop-Konstruktionen mit Schiebefenstern. Stopps werden in und außerhalb von Wildschutzgebieten eingelegt. Die Gruppe packt selbst mit an, baut Zelte auf und hilft beim Kochen und Abwaschen. Die auch als **Overlander-Safaris** bezeichnete Form von vergleichbar preiswerten Gruppenreisen können sich über halb Afrika erstrecken.

- **Vorteil:** sehr preiswert, lockere Atmosphäre
- **Nachteil:** wenig Ruhe, Tierbeobachtungen schwierig (laut)

Game Drive

Das **eigentliche Safari-Erlebnis** bestimmen die sog. Game Drives (*game* = Wild), **Tierbeobachtungsfahrten oder auch Pirschfahrten.** Anders als bei einem Rundgang durch einen Zoo weiß man natürlich nie genau, welche Tiere man zu Gesicht bekommt. Doch genau das macht den Reiz aus: erwartungsvoll in freier Wildbahn unterwegs sein, um plötzlich und völlig unvermittelt ein Löwenrudel aufzuspüren oder an einem Wasserloch zu sehen, welches Tier als nächstes zum Trinken kommt.

Game Drives finden in der Regel **frühmorgens und am späten Nachmittag** statt. Dann lässt sich am meisten sehen, denn die Tiere sind wesentlich aktiver als in den heißen Mittagsstunden. Meist ist man etwa drei Stunden unterwegs, bevor es zu einem späten Frühstück (oder Brunch) bzw. zum Sundowner in die Lodge zurückgeht.

Game Drives werden von **Guides** durchgeführt, die auch meist die Route wählen und mit anderen Fahrern Informationen austauschen. Je nach Standard kann ein Game Drive sehr informativ sein. Bei gesichteten Tieren wird viel Wissenswertes zur Art vermittelt.

Night Drive

Night Drives sind **Tierbeobachtungsfahrten bei Nacht.** Mit lichtstarken Scheinwerfern wird die Finsternis nach Tieren abgeleuchtet. Das hat nichts mit Überstunden im Safari-Tourismus zu tun, sondern wird unternommen, weil sich nachts viele Tiere beobachten lassen, die man tagsüber nicht oder nur äußerst selten zu Gesicht bekommt (z.B. Ginster- und Zibet-Katzen, Erdwölfe, Gürteltiere usw.).

Night Drives sind aber umstritten. Viele befürchten eine **Gefährdung der Tiere:** Zum einen können kräftige Suchscheinwerfer Tieren mit nachtempfindlichen Augen großen Schaden an der Netzhaut zufügen, zum anderen können Tiere durch das ungewohnte Licht in der Nacht ihre natürlichen Instinkte verlieren. Eine Antilope rennt dann womöglich einem Leoparden direkt auf den Präsentierteller. Damit würde man ganz extrem in die Natur eingreifen. Denn einem Tier direkt in die Augen zu leuchten gilt als Tabu. Leider kommt das dennoch vor, damit der Tourist auch sein Nachtfoto schießen kann. In der Tat werden Night Drives (die in Tansania selten sind) nur in den wenigsten Fällen mit aller Professionalität durchgeführt. Nur wenn Tiere so angeleuchtet werden (z.B. vor ihnen auf den Boden), dass die natürlichen Verhaltensweisen nicht beeinflusst werden, können Night Drives zu einem ungetrübten Erlebnis werden – für Sie und die Tiere!

In Tansania werden Night Drives derzeit nur im Manyara-Park und begrenzt im Süden des Tarangire National Park angeboten. Beliebt sind die Night Game Drives in den Savannen am Fuße des Kilimanjaro in der Enduimet Wildlife Management Area.

Fuß-Safari

Die Fuß-Safari – auch **Foot Safari, Walking Safari** oder **Game Walk** – ist zweifelsohne die authentischste und naturverbundenste Art, die Wildnis zu erleben. Sicherlich werden Sie im Rahmen einer sachkundig geführten Fuß-Safari nicht ganz so nah an die Tiere herangeführt – geschweige denn, dass diese Sie überhaupt so nah heranlassen – wie dies mit dem Fahrzeug möglich ist. Fuß-Safaris eignen sich daher nur bedingt für gute Tierfotografie. Doch lassen sich Dinge sehen, die auf Tierbeobachtungsfahrten oft völlig an Ihnen vorbeigehen.

Zum einen lassen sich ohne laufenden Fahrzeug-Motor **Geräusche und Stimmen** viel besser wahrnehmen und zum anderen ist man nicht an feste Wege gebunden. Bei einer Fuß-Safari geht es mitten durch Busch und Savannengras, wird sich an Wasserlöcher herangeschlichen oder es werden Tiere aus sicherem Abstand verfolgt. Beeindruckend ist auch die **Spurensuche.** Fuß-, Tatzen- und Hufabdrücke unterscheiden zu lernen, sie zu deuten und –

np046 Foto: pr

wenn frisch – ihnen sogar nachzugehen; die Losungen den Tieren zuzuordnen und mehr über Fressgewohnheiten und Markierungen zu erfahren; anhand von abgebrochenen Stämmen/Ästen oder abgenagten Zweigen zu erkennen, welche Tiere was anrichten, sich wovon ernähren – all diese Details tragen dazu bei, die tansanische Wildnis besser zu verstehen und ihr näher zu kommen.

Fuß-Safaris werden von **bewaffneten Safari-Guides** durchgeführt, oft auch noch begleitet von einem Tracker (Spurenleser) oder von einem Ranger (Wildhüter). Das mitgeführte Gewehr ist nur für äußerste Notfälle. Das **Mindestalter für Kinder** beträgt je nach Park 8 bis 14 Jahre. Folgende Unterschiede gibt es in Bezug auf Dauer und Erlebnis:

Fuß-Safaris erfolgen immer in Begleitung eines bewaffneten Safari-Guides

Morgen- oder Nachmittagspirsch

Fuß-Safaris, die von einem Camp bzw. einer Lodge aus stattfinden und in der Regel **2 bis 3 Stunden** dauern. Diese werden frühmorgens oder am späten Nachmittag unternommen, um der Mittagshitze zu entgehen. Die beste Zeit ist am Morgen, direkt nach Sonnenaufgang, gestärkt mit Kaffee oder Tee und einer Kleinigkeit zu knabbern. Ein ausgiebiges Frühstück wird dann meistens nach der Rückkehr gereicht. Im Rahmen dieser kurzen „walks" in den tansanischen Haupt-Tierbeobachtungsgebieten innerhalb von Parks ist oftmals mehr Artenreichtum zu erleben als im Rahmen mehrtägiger Wanderungen.

Mehrtägige Walking Safaris

Mehrtägige Walking Safaris sind ein sehr beeindruckendes Erlebnis. Das Gepäck wird auf Fahrzeugen zu den jeweils nächsten Übernachtungscamps gebracht, während man tagsüber nur mit einem kleinen Daypack ausgestattet ist. Auch Packesel werden eingesetzt, und die Begleitung erfolgt durch **Maasai-Krieger,** was den Erlebniswert zusätzlich steigert.

Ähnlich wie bei einer Morgenpirsch steht auch hier die Erkundung der Wildnis im Vordergrund. Gelaufen wird ebenfalls hauptsächlich morgens und nachmittags, doch „Kilometer zu machen" ist nicht das Wesentliche. Mehrtägige Fuß-Safaris sind nicht mit Trekking-Touren zu vergleichen. Selbst Duschen und richtige Toilettenzelte können auf Wunsch aufgebaut werden.

Boot-Safari

Vom Wasser aus die Wildnis erleben, da, wo Flüsse und Seen viele Tiere anziehen, ist eine weitere Safari-Dimension, die man sich in Tansania nicht entgehen lassen sollte. Mit Booten kann man sich den Tieren bis auf kürzeste Distanz nähern. Die Tiere empfinden die Menschen nicht so stark als Bedrohung wie auf dem Land. Elefanten lassen sich im Wasser auf diese Weise aus nächster Nähe beobachten. Insbesondere Flusspferde, Krokodile sowie viele Vogelarten sind vom Wasser aus sehr gut zu sehen.

Mit dem Motorboot

Besonders erlebnisreich sind Boot-Safaris im Selous Game Reserve und im Rubondo Island National Park (Lake Victoria). Motorgetriebene Boote haben den Vorteil, größere Distanzen zurücklegen zu können, lassen einen auf Grund des Motors näher an potenziell missmutig reagierende Tiere (Flusspferde, Elefanten) herankommen – und schneller wieder wegdüsen. Auch liegen Sie für die Fotografie stabiler im Wasser. Andererseits lässt sich ohne Motorengeräusch die Natur intensiver erleben.

Mit dem Kanu

Sich in kleinen Gruppen und fast lautlos auf Flüssen und in überschwemmten Gebieten fortzubewegen ist ein Safari-Highlight. Das schöne an einer Kanutour ist die **Ruhe,** die Wahrnehmung der Laute in der Natur, während man mit etwa 5 km/h dahintreibt. Dabei auf Höhe der Wasserlinie zu sein, steigert das Naturerlebnis ungemein. Allerdings setzt das ein wenig Paddel-Erfahrung voraus, denn bei organisierten Kanu-Safaris ist man zu zweit im Fiberglass-Boot mit dem „Canoeing-Guide" in einem separaten Kanu, von wo er über die Tierwelt informiert. Die wackelig ausse-

010 Foto: haak

009 Foto: noakes

Auf Safari

Auf Safari in Tansania – **ein einzigartiges Erlebnis!** Denn egal, ob zu Fuß oder im Geländewagen, mit dem Kanu oder aus luftiger Höhe im Ballon, die vielfältigen Landschaften und die faszinierende Tierwelt sind eine Erfahrung, die unvergesslich bleibt.

Links oben: Giraffen,
unten: Elefantenbaby;
rechts oben: Anubis-Pavian,
unten: Strauß

011 Foto: cucu

012 Foto: mira

henden Boote sind äußerst kippstabil. Kanu-Safaris sind nur im Arusha National Park und gelegentlich auf dem Burigi-See an der Grenze zum Tarangire National Park zu erleben.

Ballon-Safari über der Serengeti

Ein Höhepunkt im Rahmen eines Serengeti-Besuchs ist im wahrsten Sinne des Wortes eine Ballonfahrt in **Höhen bis zu 1000 m.** Der Blick aus der Vogelperspektive am frühen Morgen auf die erwachende Savanne ist ein ultimatives und in Tansania einzigartiges Erlebnis. Bis zu 14 Personen finden in dem von einem Briten geführten Heißluftballon Platz (einem der größten der Welt). Etwa 500 $ p.P. kostet das Vergnügen einschließlich Sektfrühstück „à la Out of Africa" mitten in der Savanne.

Anfangs gab es sehr viel **Kritik am Ballon-Tourismus,** da einige Tiere zunächst verstört auf den fauchenden Schatten am Himmel reagierten. Mittlerweile scheint das nicht mehr der Fall zu sein, dennoch gibt es einige Kritiker, die von „View-Pollution" sprechen.

Zu buchen sind die Fahrten an den Rezeptionen der Lodges Seronera, Lobo und Sopa oder über Serengeti Balloon Safaris (siehe bei Arusha). Das Team holt Sie morgens um 6.15 Uhr bei den Lodges ab, der Flug dauert etwa eine Stunde, nach dem abschließenden Sektfrühstück wird man gegen 9.30 Uhr wieder zurückgebracht.

- **balloons@habari.co.tz**

Seit 2010 lassen sich auch entlang der Ostgrenze des Tarangire-Nationalparks Ballon-Safaris über die dortigen Lodges und Camps organisieren.

Reit-Safari

Wenig bekannt sind die sogenannten **Horseback-Safaris.** Der Vorteil ist, durch jegliches Gelände vorankommen zu können. So kann man sich den Tieren, speziell Antilopen und Huftieren, auf kurze Distanzen nähern und diese beobachten. Man sollte allerdings einiges an Reitfahrung mit sich bringen. Reit-Safaris lassen sich in Tansania im Manyara-Park oder am Kilimanjaro (Makoa Farm) unternehmen.

Train-Safari

Einmal im Jahr verkehrt die sehr edle **Rovos Rail** von Kapstadt in Südafrika bis nach Dar es Salaam. Dabei werden in Tansania die Wildschutzgebiete Selous, Udzungwa und evtl. Mikumi durchquert bzw. besucht. Informationen unter www.rovos.co.za.

Essen und Trinken

Während einer organisierten Safari in Tansania ist die Küche international. Das **Frühstück** gestaltet sich oft sehr englisch, d.h. zu Eiern werden Bohnen und Speck gereicht oder anstatt Müsli und Cornflakes kann es auch schon mal Haferschleim geben. Ansonsten wird alles aufgetischt, was man auch in der internationalen Hotelszene erwarten würde. Tropische Früchte werden oft gereicht. Wildfleisch, wie man es evtl. aus dem südlichen Afrika kennt, wird in Tansania nicht angeboten.

Wer den ganzen Tag über unterwegs ist, wird mit einer **Lunch-Box** bzw. einem **Daypack** versorgt. Meist wird ein Picknick im Park veranstaltet. Darüber hinaus lassen sich zusätzlich an vielen Park-Zugangstoren und Lodges Kleinigkeiten wie Kekse, Schokolade, Säfte, Bier usw. einkaufen.

In der Safari-Industrie wird sehr auf **Hygiene** geachtet. In Küchen wird „sauberes" Wasser zum Abwaschen und Kochen verwendet. In Zelten und Lodgezimmern befinden sich meistens Trinkwasserflaschen (auch zum Zähneputzen). Das im Restaurant oder an der Bar gereichte Tafelwasser ist in der Regel abgekocht und gefiltert und in jedem Fall bedenkenlos zu trinken. Kein Unternehmen möchte das Risiko einer Negativ-Werbung in Kauf nehmen. Wenn dennoch Durchfall auftritt, so ist das meist eine individuelle Reaktion auf die plötzliche Nahrungsumstellung.

np055 Foto: jg

Tierbeobachtung und Tierfotografie

Die erfolgreiche Beobachtung von Tieren in freier Natur hängt von verschiedenen Faktoren ab und setzt einige Grundkenntnisse voraus. Für eine Foto-Safari ist es ratsam, sich gezielt **auf bestimmte Regionen** zu **konzentrieren.** Besser, man hat einen Nationalpark weniger im Programm, als einen zu viel. Manche angebotenen Safaris gleichen nämlich einer Park-zu-Park-Rallye. Da bleibt oft wenig Zeit, einzelne Parks auf sich wirken zu lassen, sich mit der Gegend vertraut zu machen, um auch selbst ein Gespür für die Verhaltensweisen der Tiere zu entwickeln! Denn eine Safari sollte in erster Linie auch Urlaub sein und kein Wettbewerb um die größte Anzahl von besuchten Nationalparks und fotografierten Tieren.

Eine über einen Veranstalter organisierte Safari wird nur dann zu einer erfolgreichen Foto-Pirsch, wenn der Fahrer bzw. **Safari-Guide** sein Handwerk versteht. Seine Fähigkeit, möglichst nah an die Tiere heranzufahren (ohne sie zu stören) oder sich ihnen zu Fuß zu nähern (ohne dass sie panisch davon galoppieren oder gar angreifen), kann über eine sehr gute oder mittelmäßige Safari entscheiden. Schließlich wird es auch auf Ihre Kooperation ankommen, denn befinden Sie sich in einer laut daherschnatternden Gruppe, werden Sie stets nur das Hinterteil afrikanischer Tiere beobachten können.

Nicht alle tansanischen Wildschutzgebiete sind gleich. Die Tierbestände variieren, sind von den Jahreszeiten abhängig oder auf Grund eines spärlichen und/oder mangelhaften Wegenetzes nicht überall gleich gut zu beobachten.

Auch in punkto Sicherheit sind einige Regeln zu befolgen, um mögliche Gefahren bei der Tierbeobachtung zu minimieren – für Sie selbst, aber auch für die Tiere.

Voraussetzungen für eine gute Tierbeobachtung

Das Fernglas

Wer auf ein Fernglas verzichtet, erlebt nur die halbe Safari. Es sei denn, Sie sind passionierter Tier-Fotograf und besitzen große Teleobjektive.

Das Fernglas ist die Grundvoraussetzung für eine gute Tierbeobachtung. Auf einer Safari werden Sie nicht an alle Tiere derart nah herankommen, um das sprichwörtliche „Weiße in den Augen" erkennen zu können. Mal halten die Tiere sicheren Abstand, sobald sich die Menschen ihnen nähern, mal dürfen Sie mit dem Fahrzeug nicht vom Weg ab und querfeldein fahren. In solchen (und vielen anderen) Situationen leistet ein Fernglas wertvolle Dienste!

Zudem können Sie mit Hilfe eines Fernglases auch viel besser erkennen, ob das, was mit dem bloßen Auge wie ein grauer Fels aussieht, in Wirklichkeit nicht ein Nashorn ist! Mit einem Fernglas erspähen Sie in der Regel viel mehr Tierarten als ohne.

Je nach Bauart und Geldbeutel gibt es die verschiedensten Modelle. Wichtig ist neben einer guten **Optik** (Finger weg von billigen Fernost-Produkten, Ihre Augen werden es Ihnen danken!) der **Vergrößerungsfaktor;** für Safaris sollte er mindestens „x 30" betragen.

Das Wildgebiet oder der Nationalpark

Steht das Beobachten von Tieren aus nächster Entfernung im Mittelpunkt Ihrer Safari, dann suchen Sie sich genau die Nationalparks aus, bei denen Sie sicher sein können, Zeuge einer möglichst großen und artenreichen Tierwelt zu werden, z.B. die Serengeti und die Ngorongoro Conservation Area. Dafür sind allerdings weniger Authentizität und Unberührtheit und zum Teil höhere Besucherzahlen in Kauf zu nehmen.

Die Jahreszeit/Saison

Von der richtigen Jahreszeit kann sehr viel abhängen, besonders dann, wenn es sehr ausgeprägte Trocken- und Regenmonate gibt. Die Auswirkungen auf die Natur sind beträchtlich. Ein und dieselbe Region kann sich entweder als staubige, nahrungsarme Halbwüste präsentieren oder ist direkt nach der Regensaison eine Oase für Pflanzen- und Fleischfresser.

Die richtige Tageszeit

Die afrikanische Hitze kann allen zu schaffen machen, selbst der Tierwelt. Tierbeobachtungsfahrten, Fuß- und Reit-Safaris sollten sich auf die **frühen Morgen- und späten Nachmittagsstunden** beschränken. Die Tiere su-

Zebras und Gnus in der Serengeti

chen sich während den Mittagsstunden schattige Plätze und sind so inaktiv wie möglich. In vegetationsreichen Gebieten sind Tiere oftmals so gut getarnt, dass man während einer Mittagspirsch ohnehin nicht viel sehen würde.

Richtig Bewegung herrscht nur, wenn in der Morgendämmerung die letzten nachtaktiven Tiere (Hyänen, Flusspferde, Bushbabies usw.) ihre Ruhestätte für den Tag aufsuchen und die tagaktiven Tiere sich von ihren Schlafstellen erheben und sich zum Trinken, Grasen oder Jagen aufmachen. Ähnliches gilt für den späten Nachmittag. Nach der Siesta machen sich Hunger und Durst breit. Löwen und Geparden werden aktiv, Antilopen suchen durstig nach Wasserstellen.

Der richtige Beoachtungsplatz

Die besten Tierbeobachtungsplätze sind Orte, an denen sich Tiere gern aufhalten, sei es zur Nahrungssuche, zum Abkühlen oder weil der Ort eine gewisse Sicherheit bietet. Wer sich mit dem Ökosystem eines Nationalparks beschäftigt und sich über Nahrungsgewohnheiten von Tieren informiert, wird schon bald selbst einen gewissen Instinkt für Stellen entwickeln, die eine gute Tierbeobachtung versprechen.

In den meisten Wildschutzgebieten sind, insbesondere während der Trockenmonate, **Wasserlöcher und Flussläufe** Gebiete mit dichtem Wildbestand. Auch **Lichtungen und Hügelkuppen** bieten gute Chancen zur Tierbeobachtung.

np044 Foto: jg

Wenn Sie in einem tierreichen Gebiet stehen bleiben, achten Sie darauf, dass Ihr **Safari-Auto** keine natürlichen Pfade blockiert oder den Zugang zum Wasser abschneidet. Versperren Sie Antilopen oder anderem von Raubkatzen gern gejagtem Wild nicht die Sicht. Löwen hätten dann leichtes Spiel. Positionieren Sie sich also so, dass Ihr Wagen keinen Einfluss auf die Tierwelt hat. Lieber in der 3. Reihe stehen als ganz vorne, wo Sie womöglich auch anderen Safari-Fahrzeugen die Sicht versperren. Safariwagen-Fahrer in Tansania sind nicht immer ganz so rücksichtsvoll. Teilen Sie ruhig Ihre Bedenken mit, wenn Sie der Ansicht sind, dass Ihre Präsenz zu sehr in Naturbelange eingreift.

Fähigkeit des Drivers/Safari-Guides

Wer mehrere Tage im Rahmen einer organisierten Safari unterwegs ist, wird an einen Fahrer (Driver) bzw. Führer (Safari-Guide) gebunden sein. Ihr Begleiter ist der Schlüssel für eine gute Safari. **Er wird sein Bestes versuchen, Ihnen die Safari so angenehm und vielseitig wie möglich zu machen.** Er kennt sich in der Regel in den zu besuchenden Gebieten gut aus und steht auch oft in Kommunikation mit anderen Fahrern. Dabei werden die neuesten Informationen über die Aufenthaltsorte von Tieren ausgetauscht. Er weiß, welche Pisten zu befahren sind und welche nicht. Er hat oft ein geschultes oder angelesenes Wissen über Flora und Fauna. Seine Einschätzung über die beste Anpirschgeschwindigkeit/-richtung und Positionierung des Autos kann entscheidend sein.

Die Qualifikation eines Fahrers/Safari-Guides und dessen Fähigkeiten steigen mit der Exklusivität Ihrer Reise. Renommierte und teure Safari-Veranstalter beschäftigen meist auch hochqualifizierte Guides. Für sehr wissbegierige Menschen sicherlich ideal, denn in der Regel können professionell ausgebildete Safari-Guides mehr Fragen beantworten als ein ehemaliger Taxi-Fahrer in einem klapprigen Landrover, gefüllt mit neun anspruchslosen Pauschalurlaubern auf eintägigem Safari-Ausflug.

Geduld und Zeit

Nicht unbedingt die stärkste mitteleuropäische Tugend, doch **im Busch** – so heißt es – **„ticken die Uhren anders".** Bei einer Pirschfahrt oder einer Fuß-Safari kann sich sehr viel binnen Minuten ereignen, es können aber auch manchmal Stunden ohne bedeutende Ereignisse vergehen. Das liegt dann weniger an der Qualität des Nationalparks, denn viel hängt von unserem Erwartungshorizont ab. Nicht immer laufen alle Tiere so durch die Savanne, wie man es aus diversen Dokumentarfilmen vielleicht kennt.

Manchmal sind es einfach die großartigen Landschaften Tansanias, welche die Schönheit einer Safari ausmachen. Blickt man nicht auf die Zeit und lässt man die Uhr (auch die innere) im Zelt, werden sich die Dinge von ganz alleine ereignen. Meistens genau dann, wenn sie am wenigsten erwartet werden. Aber – nicht jeden Tag bekommt man Löwen oder Elefanten zu Gesicht, die „big five" müssen sich erst erarbeitet werden!

Glück muss auch sein

Zu einer erfolgreichen Tierbeobachtung gehört natürlich auch eine gute Portion Glück. Wie oft mag ich schon auf meinen Safaris an interessanten Tieren vorbeigefahren sein, ohne diese zu bemerken. In Parks mit hohem Savannengras bleibt dies nicht aus. Oft verpasst man vielleicht gerade die Geburt eines Gnu-Fohlens oder eine spannende Jagdszene um ein paar Minuten oder man verlässt nach gut einer Stunde Aufenthalt die dösenden Löwen, um am Abend von einer anderen Safari-Gruppe zu erfahren, dass zehn Minuten später das Rudel aktiv wurde und einem Zebra erfolgreich nachstellte.

Manchmal, so scheint es, gibt es aber auch Menschen, die vom Pech verfolgt sind und tagelang nicht viel sehen, während andere wiederum alles Erdenkliche an einem einzigen Tag zu Gesicht bekommen.

Verhaltensregeln bei der Tierbeobachtung

Wie erfolgreich eine Tierbeobachtung ausfällt, hängt auch vom persönlichen Verhalten ab. Sich an ein Tier/eine Herde mit dem Fahrzeug heranzupirschen, setzt voraus:

- **Ruhiges Verhalten, keine Musik!**
- **Keine wild gestikulierenden Armbewegungen!**
- **Kleidung ohne grelle/leuchtende Farben!**
- **Nicht „mit dem Wind" stehen!**
- **Keine Zurufe und Lautsignale von sich geben!**
- **Den Tieren nichts entgegenwerfen!**
- **Respektvollen Abstand halten!**
- **Keine Pfade blockieren – Tiere haben Vorfahrt!**
- **Motor abstellen!**
- **Geduld und Nachsicht!**

Fotografieren auf Safari

Allgemeines

Sollten Sie kein professioneller Tierfotograf sein, dann **erwarten Sie nicht zu viel von Ihren Bildern,** denn von allen Bereichen der Fotografie zählt die Tierfotografie in freier Wildbahn zu den kostspieligsten und oftmals zeitintensivsten. Hinzu kommt, dass unser Bild meist vorgeprägt ist: Den durch die Savanne einer Gazelle hinterher rasenden Gepard im Moment des entscheidenden Schlages auf Film festzuhalten ist fast wie ein Sechser im Lotto. Solche Bilder entstehen mit riesigem Aufwand, wie z.B. bei sehr teuren Naturdokumentationen, bei denen sich Fotografen und Filmemacher monate- und sogar jahrelang in einem Gebiet aufhalten, um Tiere derart vor die Linse zu bekommen. Auf einer geführten Safari bzw. in einem Safariwagen unterwegs wird es nicht immer möglich sein, stundenlang an einem Fleck auszuharren, um auf eine solche Jagdszene zu warten.

np056 Foto: jg

np051 Foto: pr

Großer Kudu

Pocket- oder Spiegelreflexkamera?

Bei den **Kleinbildkameras im Pocket-Format** (Kompaktkamera) hat sich viel getan, nicht nur im Preis-Leistungsverhältnis, auch in der optischen Qualität. Auf Grund des Gewichts, der Größe und der einfachen Bedienung sind sie für Leute gedacht, die mehr Wert auf Erinnerungsfotos und Schnappschüsse legen. Doch auch Pocket-Kameras besitzen mittlerweile recht gute Zoom-Teleobjektive bis zu 600 mm Brennweite. Das reicht aus, wenn man in Nationalparks unterwegs ist, in denen wegen der hohen Besucherzahl die Wildtiere weniger scheu sind und man sich ihnen mit dem Fahrzeug gut nähern kann. Ein Manko bleibt jedoch: Konstruktionsbedingt sind die Objektive nicht sehr lichtstark und erfordern daher empfindlichere Sensoren.

Spiegelreflexkameras bieten je nach Preisniveau mehr Möglichkeiten und sind in der Regel robuster und mit noch empfindlicheren Sensoren ausgestattet als Pocketkameras.

Einen sehr interessanten Kompromiss bieten die sogenannten **Bridge-Kameras.** Diese haben immer größere Zoombereiche und eine Anti-Verwacklungsfunktion für Teleaufnahmen – ideal für die Safari.

Es ist übrigens ein Trugschluss, gute Tieraufnahmen seien nur mit einer modernen, vollautomatischen Profikamera möglich. Solange die Kamera eine ausgewogene und gute Belichtungsmessung besitzt, sollte mehr Wert auf gute Optik (Objektive) gelegt werden.

Wie groß muss das Tele sein?

Die Allround-Lösung sind **Telezooms,** also Objektive, die stufenlos mehrere Brennweiten von einem kleinen bis zu einem größeren Tele abdecken. Damit sind Sie für alle Situationen gewappnet. Sie können einerseits den Elefantenkopf formatfüllend ablichten oder mit einem Dreh den Ausschnitt verändern und die gesamte Herde festhalten. Die Hersteller Sigma und Tamron bieten jeweils ein 28–300 mm bzw. 18–250/270 mm **Universalzoom** zu guten Preisen an, was für die meisten Nationalparks ausreichend ist. Die optische Leistung ist beachtenswert, die Lichtstärke reicht bei den oft guten Lichtverhältnissen in

Tansania aus, und Sie vermeiden auch das lästige Objektivwechseln. Hinzu kommt, dass man vielleicht an einer Fuß-Safari oder einer Kanu-Tour teilnimmt, wo eine größere Kameraausrüstung mit mehreren Objektiven lästig sein kann. Teles sind bei Pirschfahrten, Bootstouren und Fuß-Safaris vorteilhaft, auf denen ein Stativ nur schwierig zu handhaben ist.

Größere Brennweiten sind vor allem für Ornithologen wichtig. Um Vögel zu fotografieren, bedarf es Brennweiten von 500 mm und mehr. Doch um die fast nie still sitzenden Tiere unverwackelt ablichten zu können, ist ein Stativ nötig und das Tele sollte sehr lichtstark sein und eine Anti-Verwacklungsfunktion besitzen.

Für Auto-Safaris gibt es **Fenster-Stative,** die schraubzwingenartig in der heruntergekurbelten Fensteröffnung angebracht werden. Doch dann ist es wichtig, den Motor des Fahrzeuges wegen der Vibrationen abzuschalten.

Filter

Filter sollten in jedem Fall verwendet werden, allein schon zum Objektivschutz. Zu empfehlen sind **UV-** oder (besser) **Skylight-Filter.** Wer während der Mittagszeit unterwegs ist, kann für kontrastreichere Fotos einen **Polarisationsfilter** verwenden, der sich auch gut eignet, um den Himmel in einem kräftigen blau wiederzugeben und Wolken wie Wattebäusche aussehen zu lassen.

Buchtipp – Praxis-Ratgeber:
- Helmut Hermann
Reisefotografie
- Volker Heinrich
Reisefotografie digital
(beide Bände REISE KNOW-HOW Verlag)

Blitzlicht

In der Tierfotografie werden durchaus auch Blitzlichtgeräte eingesetzt, **speziell im näheren Telebereich.** Man spricht dann von einem Aufhellblitz, mit dem das begehrte Objekt erhellt wird. Dies wird beispielsweise gern beim Fotografieren von Vögeln und kleineren Tierarten eingesetzt, da diese sich oft an schattigen, kontrastarmen Plätzen aufhalten.

Auf Safari werden Blitzlichter jedoch **nur bei Tageslicht** verwendet, sozusagen als Restlichtlieferant. Der Blitz sollte nicht bei Dunkelheit eingesetzt werden. Viele Tiere können nachts bedeutend besser sehen als Menschen und grelles Blitzlicht kann zu Schäden an den empfindlichen Augen führen.

Sonstiges

Standard-Batterien, wie die Größen AA, sind vielerorts zu bekommen. Spezielle Kamera-Batterien sind vorsichtshalber als Ersatz mitzuführen. Zu bedenken ist, dass das benötigte Material zum Teil doppelt so teuer ist wie zu Hause. Auch **Speicherkarten** sind nicht immer und überall erhältlich, daher ausreichend Vorsorge treffen.

Filmen auf Safari

Für ambitionierte Filmer gelten ähnliche Voraussetzungen wie für Freunde der Fotografie. Grundsätzlich sollten Videokameras, welcher Art auch immer, eine **Anti-Verwacklungsfunktion** besitzen. Sie eignen sich besonders gut bei Jagdsequenzen, wenn Löwen oder Geparden in peitschender Geschwindigkeit ihrer Beute hinterherrasen.

Ein guter **Telebereich** ist in jedem Fall wichtig und bei den meisten modernen digitalen Videokameras mittlerweile auch Standard. Achten Sie aber darauf, dass die Vergößerung durch die Optik erzielt und nicht ausschließlich „digital berechnet" wird, was letztendlich zu einer schlechteren Bildqualität führt.

Tipps zum Fotografieren und Filmen

Die optimalen Fotografier- bzw. Filmverhältnisse auf einer Safari stehen in engem Zusammenhang mit den vorn erwähnten Voraussetzungen für erfolgreiche Tierbeobachtungen. Darüber hinaus im Folgenden noch ein paar Praxis-Tipps für eine möglichst gute Ausbeute an Bildern.

Ort und Zeit der Safari

Ist Tierfotografie/Filmen das wichtigste Element Ihrer Safari, dann suchen Sie sich auch genau die Nationalparks aus, bei denen Sie sicher sein können, eine möglichst große und artenreiche Tierwelt vor die Linse zu bekommen.

Kommunikation mit dem Fahrer

Bei einer organisierten Tour sollten Sie mit dem Fahrer vorab Ihre Interessen besprechen. In der Regel sind Safariwagen-Fahrer geschult oder haben schon Erfahrung mit anderen Fotografen gesammelt. Das heißt jedoch nicht, dass ein Fahrer seine Arbeit immer zu Ihrer größten Zufriedenheit erledigen wird. Fragen Sie daher nicht nur, ob schon Erfahrung vorhanden ist. Gehen Sie Ihre Wünsche mit ihm einmal durch, damit es auf Tour zu so wenig Missverständnissen wie möglich kommt. Ein Fahrer ist nun mal in erster Linie ein Safari-Guide und mit großer Wahrscheinlichkeit kein ambitionierter Fotograf wie Sie. Erwarten Sie daher kein „fotografisches Auge", wie Sie es vielleicht entwickelt haben. „Warum ist der denn nicht noch ein Stück vorgefahren, dann hätte ich den Sonnenuntergang mit Schirmakazie als Hintergrund auf meinem Elefanten-Foto gehabt?" Nun, teilen Sie es Ihrem Fahrer sachlich und höflich mit. Denn Ihre Gedanken wird er – und die Mitreisenden übrigens auch – nicht lesen können. Bedenken Sie: Ein angespanntes Verhältnis zwischen Safari-Kunden und Fahrer kann schnell eine ganze Reise vermiesen.

Mit dem Licht stehen

Wie bereits erwähnt, sollte man die kontrastlosen Mittagsstunden meiden. Pirscht man sich mit dem Wagen an ein Tier oder eine Herde heran, dann versucht man, sich zwischen Sonne und den begehrten Foto-Objekten zu positionieren. So hat man das Licht im Rücken und die Tierwelt Tansanias mit ihrer schönsten Seite vor der Linse – erleuchtet von warmen Sonnenstrahlen!

Bewegungsrichtung der Tiere

Studieren Sie die Situation. Was auf den ersten Blick nicht sehr fotogen aus-

np047 Foto: pr

sieht, kann sich je nach Bewegung der Tiere ändern. Giraffen, die am Rande eines Galeriewaldes genüsslich im Schatten Blätter zupfen, können im nächsten Augenblick in die offene Fläche treten, wo sie von der untergehenden Sonne plötzlich wie von einem Spot bühnenreif erleuchtet werden, der Horizont zeigt tolle Wolkenformationen, das Bild/die Filmsequenz wird zum Urlaubsgewinner!

Nehmen Sie sich daher immer einen Moment Zeit, wenn Sie Tiere erspäht haben. Wägen Sie ab (am besten mit dem ortskundigen Fahrer), ob sich die Tiere in absehbarer Zeit noch besser positionieren werden und für Sie ins Rampenlicht laufen. Behalten Sie dabei immer die Sonne im Auge!

Motor abschalten

Das Ausschalten des Motors hat für Fotografen zwei **Vorteile:** Zum einen können Teleaufnahmen vibrationsfrei gemacht werden (die Kamera kann im Fenster ruhig aufgelegt werden), zum anderen reagieren die Tiere oftmals auf die plötzliche Motorstille. Nicht selten schauen sie dann fotogerecht in die Linse. Doch sollte man dann nicht zu lange warten mit dem Fotografieren/Filmen, denn das Interesse kann manchmal nur von kurzer Dauer sein. Wer erst im Moment des Motorabstellens seine Kamera aus der Tasche holt, kann schnell das Nachsehen haben.

Fotografieren aus sicherer Entfernung

np057 Foto: jg

Sicherheitsbild

Zögern Sie nicht zu lange! Wenn Ihnen eine Situation als besonders wertvoll erscheint, Sie aber noch nicht richtig positioniert oder noch zu weit entfernt sind, lohnt es sich, zunächst eine Sicherheitsaufnahme zu machen, allein schon als Erinnerung. Mit dem sogenannten Sicherheitsbild im Kasten können Sie dann versuchen, noch näher heranzufahren.

Andrang am Rand des Ngorongoro-Kraters

Kamera immer bereithalten

Immer wieder aufs Neue erweist sich die weggepackte Kamera als Fehleinschätzung – passiert auch Profis. Vielleicht denkt man in Erwartung des Biers am Lagerfeuer: „Trostlose Gegend, hier wird man nicht mehr viel sehen." oder „Vor Sonnenuntergang wird die Wolkendecke eh nicht mehr aufreißen."

Tatsächlich können sich die **Bedingungen** in der tansanischen Wildnis aber **blitzschnell ändern.** Im scheinbar tierlosen Gebiet taucht plötzlich – vom Baum herunterhuschend – ein Leopard auf, die Wolkendecke reißt auf und die letzten warmen Sonnenstrahlen erleuchten das gepunktete Fell im goldgelben Savannengras. „Die Kamera!

Schnell. Da in der Tasche unter dem Buch. Mach schon hin! Mist! Weg ..." So oder ähnlich ereignen sich Situationen auf Safari tagtäglich. Halten Sie die Kamera also von Anfang bis Ende Ihrer Pirschfahrt bereit, man weiß eben nie!

Batterie leer, Speicher voll!?

Auch das ist nichts Seltenes. Hat man sich an alle Empfehlungen gehalten und denkt, dass nichts mehr dem Zufall überlassen ist, dann geht einem garantiert der Speicherplatz aus oder die Batterie ist plötzlich leer. Die Zeit, die man fürs Wechseln benötigt, ist kostbar, das begehrte Motiv kann weg sein. **Regelmäßige Kontrollen** sind angesagt, um nicht plötzlich „ohne Nachschub" dazustehen.

Die richtige Kameratasche

Am meisten leiden Kameras und Optik unter **Staub und Erschütterungen.** Überlegen Sie sich, was Ihnen die Ausrüstung wert ist und kaufen Sie den entsprechenden Schutz. Staub wird fast immer vorkommen und hat die Eigenschaft, bis in die letzten Fugen zu kriechen. Taschen mit einfachem Klappverschluss sind daher nicht zu empfehlen. Gut verarbeitete Reißverschlusssysteme mit überlappenden Abdeckungen eignen sich wesentlich besser. Besonders Kamerataschen von den Herstellern Lowepro und Tamrac erlauben den bedingungslosen Outdoor-Einsatz.

Die **Polsterung** der Taschen sollte großzügig und weich sein – kaum eine Safari in Tansania, auf der man nicht auf holprigen Pisten unterwegs sein wird. Eine gute Tasche wird vieles abfangen können.

Für die **Pflege und Reinigung** von Optik sind Pinsel mit Luftbalg und Mikrofasertücher nützlich.

Safari-Urlaubsplaner

np058 Foto: jg

np049 Foto: pr

Bild oben: Manguste;
Bild unten: Riesentrappe

np017 Foto: pr

Die Tierwelt Ostafrikas

np018 Foto: pr

np020 Foto: pr

Flusspferde und Zebras
in der Ngorongoro Conservation Area

Geier im Tarangire National Park

Warzenschwein

Säugetiere

Affen

Unter den sogenannten Herrentieren (Primaten) sind im östlichen Afrika die **Menschenaffen** mit Gorilla (nur in Ruanda, Uganda und im Osten von Kongo-Zaire) und Schimpanse, die **Niederen Affen** mit verschiedenen Pavian-, Meerkatzen- und Stummelaffenarten sowie die Halbaffen mit Galagos („Buschbabys") vertreten.

Menschenaffen

Die im Regenwald Afrikas vorkommenden Schimpansen gibt es in Ostafrika von Uganda über Ruanda und Burundi bis in den Osten der DR Kongo und den Westen Tansanias.

Schimpanse – Chimpanzee (Pan troglodytes)

- **Körpermerkmale:** Kopf-Rumpf-Länge von ca. 170 cm, selten mehr als 60 kg Gewicht. Behaarung mittellang und nicht sehr dicht, Farbe schwarz bis dunkelgrau, Gesichtshaut hell bis fast schwarz.
- **Fortpflanzung & Entwicklung:** 1 Jungtier (selten Zwillinge) nach etwa 7½ Monaten Tragzeit. Säugeperiode bis 4 Jahre, Geschlechtsreife mit 6–8 Jahren, Lebenserwartung bis 50 Jahre.
- **Nahrung:** Vorwiegend pflanzlich (Früchte, Knospen, Blätter, Rinde), daneben Insekten und Vogeleier, gelegentlich auch Affen oder junge Antilopen.
- **Lebensraum & Lebensweise:** Ausschließlich in Wäldern (vom tropischen Regenwald bis zum offenen Savannenwald), hervorragende Kletterer, die sich aber auch sehr häufig auf dem Boden fortbewegen. Gemischte Gruppen aus beiden Geschlechtern von 30–50 Tieren (oder auch mehr), die nur selten zusammen anzutreffen sind und ihr Revier gegen Gruppenfremde verteidigen. Streifgebiete bis zu 50 km². Übernachten in Zweignestern vorwiegend in Bäumen.
- **Bestand & Situation:** Gesamtzahl der Tiere in einem insgesamt riesigen Verbreitungsgebiet noch weit über 100.000, stellenweise durch Jagd und Fang sowie Verlust des Lebensraums gefährdet.
- **Beobachtungsmöglichkeiten:** An zwei Stellen in Tansania (Gombe und Mahale) wurden Schimpansen an Menschen gewöhnt und können unter Führung erfahrener Ranger besucht werden. In Kenia, Uganda und Sambia sind für konfiszierte Schimpansen sehr geräumige Gehege („Semireservate") eingerichtet worden.

Niedere Affen – Paviane

Von den fünf Pavianarten kommen im östlichen Afrika **Anubis-, Bären- und Steppenpavian** vor (der Sphinxpavian lebt in Westafrika, der Mantelpavian in Somalia, Eritrea und Arabien). Es handelt sich um sehr große und schwere Hundsaffen, die viel auf dem Boden anzutreffen sind. Kennzeichnend sind stämmige, kräftige Arme und Beine, eine sehr lange Schnauze und ein kräftiges Gebiss mit riesigen Eckzähnen. Männchen sind doppelt so groß wie die Weibchen.

- **Fortpflanzung & Entwicklung:** Nach 175–195 Tagen wird ein Jungtier (selten zwei) geboren, das etwa ein Jahr (zunächst am Bauch, später auf dem Rücken) von der Mutter getragen und mit ca. fünf Jahren geschlechtsreif wird und eine Lebenserwartung von 30–40 Jahren hat.

Anubis-Pavian

- **Nahrung:** Vor allem pflanzlich (Früchte, Knollen, Gräser), aber auch Insekten, Jungvögel und kleine Säugetiere (z.B. Kitze von Antilopen).
- **Lebensraum & Lebensweise:** Gruppen von 10–150 Tieren, angeführt von einem oder mehreren Männchen mit deutlicher Rangordnung. Vor allem in der Baumsavanne lebend.
- **Bestand & Situation:** Keine Art gefährdet, Hauptfeinde Leopard und Mensch, der sie als Ernteschädlinge bekämpft.
- **Beobachtungsmöglichkeiten:** In fast allen Nationalparks des südlichen und östlichen Afrika regelmäßig zu sehen.

Anubis-Pavian – Olive Baboon (Papio anubis)

- **Körpermerkmale:** Männchen mit einer Kopf-Rumpf-Länge von 70–95 cm, einem 40–60 cm langen Schwanz und bis 30 kg Gewicht. Weibchen ein Drittel kleiner und nur halb so schwer. Fell dunkel olivgrün, Gesicht schwarz.
- **Vorkommen:** Von Kamerun bis Uganda und Kenia sowie im Osten der Republik Kongo und im Westen Tansanias häufig.

Steppenpavian – Yellow Baboon (Papio cynocephalus)

- **Körpermerkmale:** Schlanker und etwas kleiner als der Anubis-Pavian, verhältnismäßig runder Kopf und kurze Schnauze, Fell überwiegend gelbgrün.
- **Vorkommen:** Vom Osten Kenias und Tansanias bis Sambia. In manchen Gebieten (z.B. am Manyara-See in Tansania) leben zwei Pavianarten nebeneinander.

Niedere Affen – Meerkatzen

Mit gut einem Dutzend Arten sind Meerkatzen die **häufigsten Affen Afrikas.** Die meisten Arten leben im tropischen Regenwald, nur zwei im Savannengürtel Ost- und Südafrikas.

np001 Foto: pr

Grüne Meerkatze – Vervet Monkey (Cercopithecus aethiops)

•**Körpermerkmale:** Kopf-Rumpf-Länge 40–65 cm, Schwanz 55–75 cm, Gewicht 2,5–7 kg, Fell vorwiegend hellgrau bis gelbgrün, Gesicht schwarz und von einem weißen Stirnstreifen umrahmt. Männchen mit blauem Hodensack, Penis und Aftergegend hellrot.

•**Fortpflanzung & Entwicklung:** Nach etwa 160 Tagen Tragzeit in der Regel ein Jungtier von 300–400 g. Geschlechtsreife mit zwei Jahren, Lebenserwartung bis 30 Jahre.

•**Nahrung:** Gras, Früchte, Knospen, Blüten, Blätter, gelegentlich Insekten.

•**Lebensraum & Lebensweise:** Bewohner offener Wälder und angrenzender Savannen, oft in der Nähe menschlicher Siedlungen, häufig auf dem Boden, aber nie weit entfernt von Bäumen, auf die sie sich bei Gefahr (durch Leoparden oder Adler) zurückziehen. Verbreitung in ganz Afrika südlich der Sahara mit Ausnahme des tropischen Regenwalds und der Wüste. Gruppen von 10–60 Tieren mit mehreren Männchen. Reviergröße bis zu 1 km^2.

•**Bestand & Situation:** Sehr häufig, nicht gefährdet.

•**Beobachtungsmöglichkeiten:** In allen Savannengebieten anzutreffen, regelmäßig auch an Camping sites und Lodges.

Diadem-Meerkatze – Blue Monkey (Cercopithecus mitis)

•**Körpermerkmale:** Etwas schwerer und gedrungener als die Grüne Meerkatze, dunkleres Fell („Blue Monkey"), weißer Kehlfleck („Diadem"). Zahlreiche Unterarten.

•**Fortpflanzung & Entwicklung:** wie Grüne Meerkatze.

Nahrung: wie Grüne Meerkatze.

•**Lebensraum & Lebensweise:** Stärker ans Baumleben gebunden, kleinere Verbände.

•**Bestand & Situation:** Seltener als Grüne Meerkatzen, aber nicht gefährdet.

•**Beobachtungsmöglichkeiten:** Eher in Waldgebieten (Arusha- und Manyara-Nationalpark), bei weitem nicht so häufig wie die Grüne Meerkatze.

Niedere Affen – Stummelaffen – Colobus Monkeys

Mit einem gekammerten Magen auf Verzehr und Verdauung von nährstoffarmen Blättern spezialisiert, daher vorwiegend im Regenwald Zentralafrikas anzutreffen, einige Arten auch in Bergwäldern Ostafrikas (in Tansania gut zu beobachten an den Flussläufen im Saadani-Park und im Selous-Wildschutzgebiet sowie in den Bergwäldern am Mt. Meru/Arusha National Park). Es sind zwei Arten von schwarzweißen **Guerezas** (Mantelaffe, *Colobus guereza,* und Bärenstummelaffe, *Colobus polykomos*) sowie in Ruanda, im Westen Tansanias und in anderen ostafrikanischen Randgebieten des Regenwaldes **Rote Stummelaffen** *(Procolobus badius)*. Eine Unterart von diesen (Rotkopf Guereza) lebt im Jozani Forest auf Sansibar.

Halbaffen

Von den diversen Familien der Halbaffen (zerebral „noch nicht so weit" wie die „echten" Affen) gibt es **nur eine in Ostafrika:** die Galagos oder Buschbabys. Die meisten sind Bewohner des dichten Waldes. Der Senegalgalago hat den lichten Savannenwald erobert und ist nachts in Bäumen unterwegs.

Senegalgalago – Bushbaby (Galago senegalensis)

•**Körpermerkmale:** 150–450 g, Körper höchstens 19 cm, Schwanz rund 30 cm lang. Hinterbeine sehr kräftig für eine hüpfende Fortbewegung, Augen und Ohren groß.

•**Fortpflanzung & Entwicklung:** Tragzeit 120–145 Tage, meist ein Jungtier (selten zwei), Geschlechtsreife ab ½ Jahr, Lebenserwartung ca. 15 Jahre.

- **Nahrung:** V.a. Insekten und Baumsäfte.
- **Lebensraum & Lebensweise:** Ausschließlich nachtaktiv, Einzelgänger, vorwiegend am Rand von Wäldern und in der Baumsavanne. Tagsüber Schlaf in Baumhöhlen.
- **Bestand & Situation:** Recht häufig, nicht gefährdet; Feinde insbesondere Eulen und Schleichkatzen.
- **Beobachtungsmöglichkeiten:** Galagos sind nur nachts mit Hilfe starker Scheinwerfer in Bäumen zu entdecken, da ihre lichtempfindlichen Augen das Licht stark reflektieren. In Tansania (selten) zu beobachten sind die Unterarten Udzungwa-, Usambara- und Sansibargalago.

Nagetiere

Die meisten **Hasen** und Nagetiere (zwei verschiedene Säugetierordnungen) sind klein und nachtaktiv, sodass sie nur selten zu sehen sind. Regional häufig sind **Hörnchen** (Erd- und Buschhörnchen im Osten und Süden des Kontinents, Rotschenkelhörnchen und andere in den Regenwäldern Zentral- und Ostafrikas).

Kaphase – Cape Hare (Lepus capensis)

Sehr ähnlich dem europäischen Feldhasen, nur selten tagsüber zu sehen, da vorwiegend dämmerungs- und nachtaktiv. Bevorzugter Lebensraum sind offene, grasige Ebenen mit verstreutem Buschwerk. Ähnliche, verwandte Arten sind **Crawshay's-Hase** *(Lepus crawshayi)*, **Buschhase** *(Lepus saxatilis)* und der **Buschmannhase** *(Bunolagus monticularis)*. Während der Crawshay's-Hase im gesamten subsaharischen Afrika anzutreffen ist, kommen letztere nur in der Kap-Provinz Südafrikas vor.

Springhase – Spring Hare (Pedetes capensis)

Im östlichen Afrika von Kenia bis Südtansania weit verbreitet. Einschließlich des langen, buschigen Schwanzes 70–90 cm groß, 3–4 kg schwer, ein echtes Nagetier (nicht verwandt mit Hasen), ausschließlich nachtaktiv, in kleinen Kolonien in selbst gegrabenen Höhlen lebend, sehr sprungkräftig mit langen Hinterbeinen (wie ein kleines Känguru), nachts mit Scheinwerfern zu beobachten.

Erdhörnchen – Ground Squirrel (Xerus rutilus)

Im östlichen Afrika unter allen Nagetieren am häufigsten zu sehen, da es tagaktiv ist (seinen buschigen Schwanz verwendet es wie einen Sonnenschirm). Lebt in kleinen Gruppen in Buschsavannen. Im gesamten Nordosten Tansanias sowie in Kenia und Uganda häufig anzutreffen.

Buschhörnchen (Rotbauch) (Paraxerus palliatus)

Lokal häufig (im Küstenvorland von Kenia und Tansania). Verhältnismäßig kurzer, buschiger Schwanz. Dem Borstenhörnchen

cl-t14 Foto: cl

Erdhörnchen

sehr ähnlich. Lebensraum sind die Baumsavanne und lichte Wälder. Ausschließlich tagaktiv. Tansania: Neben den im Selous Game Reserve weit verbreiteten **Streifen-Buschhörnchen** *(Striped Bush Squirrel)* kommen die **Berg-Buschhörnchen** *(Tanganyika Mountain Squirrel)* in den Eastern Arc Mountains häufig vor.

Stachelschwein – Porcupine (Hystrix cristata & africaeaustralis)

50–90 cm lang und bis 27 kg schwer, dank der langen, schwarzweiß geringelten Stacheln (umgewandelte Haare) unverkennbar, aber kaum zu sehen, da ausschließlich nachtaktiv und die Tage in Höhlen verschlafend. In Tansania sind beide Hauptarten häufig: **Gemeines Stachelschwein** *(Crested Porcupine)* sowie **Südafrikanisches Stachelschwein** *(Southafrican Porcupine)*.

Schuppentiere

Eine der ältesten und ungewöhnlichsten Säugetierordnungen mit Arten in Afrika und Asien, die mit den südamerikanischen Gürteltieren (an die sie ein wenig erinnern) nicht verwandt sind und statt der gürtelartigen Hornringe als Körperschutz tannenzapfenartig angelegte Hornschuppen tragen.

Die „Big Five" Afrikas

Ein Safari-Höhepunkt ist es, die „Big Five" in freier Wildbahn zu sehen. Gemeint sind der **Löwe,** der **Leopard,** der **Büffel,** der **Elefant** und **eine der beiden Nashornarten** (s.u.). In einigen Gebieten wird noch auf „Big Seven" (plus Gepard und Giraffe) und in Südafrika sogar auf „Big Nine" (Breit- und Spitzmaulnashorn sowie Wildhund) erweitert.

Pangolin – Pangolin (Manis temminckii)

Einschließlich des kräftigen Schwanzes fast 1 m lang und 15 kg schwer, nachtaktiv, Ernährung vorwiegend von Ameisen und Termiten, deren Baue sie mit ihren kräftigen Krallen aufreißen. Äußerst selten zu sehen, da trotz des Panzerschutzes sehr scheu und verborgen lebend.

Raubtiere

Raubtiere gehören zu den attraktivsten Säugetieren des Schwarzen Kontinents. Eine **Safari** ist für viele Teilnehmer erst erfolgreich, wenn der erste Löwe gesichtet wurde. Kaum weniger attraktiv sind Leoparden und Geparde, Hyänen und Schakale. Selten zu sehen sind die kleineren Katzen (wie Serval, Wildkatze, Karakal) und die vorwiegend nachtaktiven Schleichkatzen und Marder, nicht vertreten in Afrika sind Bären und Kleinbären.

Katzen

Mit den Großkatzen Löwe und Leopard und diversen Kleinkatzen von Gepard bis Wildkatze ist Tansania ein ausgesprochenes „Katzen-Land".

Löwe – Lion (Panthera leo)

● **Körpermerkmale:** Einschließlich des knapp 1 m langen Schwanzes 250–300 cm lang, 80–105 cm hoch und bis 250 kg schwer (etwa gleich groß wie der Sibirische Tiger), Männchen mit Backen- und Halsmähne,

Löwin

Schwanz mit dunkler Quaste, Jungtiere gefleckt wie Leoparden.

● **Fortpflanzung & Entwicklung:** Tragzeit 100–115 Tage, zwei bis vier (ausnahmsweise bis sieben) Jungtiere von ca. 1300 g Geburtsgewicht, Säugezeit etwa ein halbes Jahr, Geschlechtsreife mit drei (Weibchen) oder fünf bis sechs Jahren (Männchen), Lebenserwartung selten über 15 Jahre, in Zoos teilweise viel länger.

● **Nahrung:** Vorwiegend größere Huftiere (Zebras, Antilopen, Büffel, gelegentlich Giraffen und junge Elefanten, Flusspferde oder Nashörner).

● **Lebensraum & Lebensweise:** Als einzige Katze im Rudel (zwei bis über 30 Tiere) mit ein bis mehreren Männchen lebend, vorwiegend in der offenen Savanne, auch in Halbwüsten und lichten Wäldern. Reviergröße bis zu 400 km^2.

● **Bestand & Situation:** In einigen Gebieten Afrikas (äußerster Norden und Süden) ausgerottet, ansonsten v.a. in großen Schutzgebieten mit reichem Wildbestand nicht bedroht. Jungtiere durch Leopard, Hyäne und Wildhund gefährdet, erwachsene nur durch den Menschen.

● **Beobachtungsmöglichkeiten:** Zwar sind Löwen vorwiegend dämmerungs- und nachtaktiv, doch suchen die Tiere beim Ruhen kein Versteck (nur Sonnenschutz) und sind deshalb in Nationalparks früher oder später zu entdecken. Einzelne Tiere sind aber auch bei Tag unterwegs.

Leopard – Leopard (Panthera pardus)

● **Körpermerkmale:** Gesamtlänge 155–270 cm (davon 60–95 cm Schwanz), Schulterhöhe von 50–75 cm, Gewicht 30–85 kg (also deutlich kleiner als der Löwe, v.a. aber schlanker und weniger kräftig gebaut), auffallende, sehr variable Rosettenmusterung,

np002 Foto: pr

np003 Foto: pr

Schwärzlinge („Schwarze Panther") in der Natur äußerst selten.

- **Fortpflanzung & Entwicklung:** Nach 90–105 Tagen ein bis sechs (in der Regel zwei bis vier) Jungtiere von 500–600 g, die mit 2½–4 Jahren geschlechtsreif und 15–20 Jahre alt werden.
- **Nahrung:** Kleine bis mittelgroße Huftiere (in Afrika vorwiegend Antilopen), Affen und Vögel.
- **Lebensraum & Lebensweise:** Einzelgänger, vorwiegend dämmerungs- und nachtaktiv, aber manchmal auch bei Tag unterwegs. Fast in allen Lebensräumen von Regenwald bis Wüstenrand, von Gebirge bis Flachland, in ganz Afrika (sowie in großen Teilen Asiens von der Türkei bis Sibirien und Java), selbst in Vororten von Großstädten (z.B. Nairobi/Kenia) und dort unter anderem Haushunde jagend.

Gepard

- **Bestand & Situation:** Weit verbreitet und stellenweise nicht selten, trotz Verfolgung durch den Menschen (wegen seines schönen Pelzes und seiner „Schädlichkeit" für Haustiere) höchstens regional gefährdet.
- **Beobachtungsmöglichkeiten:** Von wenigen Stellen abgesehen (v.a. im Seronera-Gebiet in der Serengeti sowie im Bergwald des Mt. Meru) auf Safari nur sehr selten zu sehen, am ehesten bei einer Siesta im Baum.

Gepard – Cheetah (Acinonyx jubatus)

- **Körpermerkmale:** 180–230 cm Gesamtlänge (Schwanz 60–80 cm), 60–80 cm hoch, 30–65 kg schwer (fast so groß wie der Leopard und doch wesentlich schlanker und leichter gebaut), relativ hochbeinig, Krallen nicht einziehbar, helles Fell mit unregelmäßigen Flecken. Jungtiere einfarbig gelbgrau mit langer Rückenmähne.
- **Fortpflanzung & Entwicklung:** Nach 90–95 Tagen werden ein bis fünf Jungtiere von 250–280 g geboren. Geschlechtsreife mit

2½–3 Jahren, Lebenserwartung kaum über 15 Jahre.

• **Nahrung:** Vorwiegend Gazellen und andere kleine Huftiere, Hasen und Vögel.

• **Lebensraum & Lebensweise:** Einzelgänger, doch können Junge bis zu zwei Jahre bei der Mutter bleiben und zwei oder drei Brüder eine Jagdgemeinschaft bilden. Streifgebiete bis zu einer Größe von 100 km². Um seine überragende Schnelligkeit (bis über 100 km/h) ausspielen zu können, braucht der Gepard offene Lebensräume (Gras- und Buschsavanne) und gute Sicht (ist deshalb im Gegensatz zu allen anderen Katzen tagaktiv).

• **Bestand & Situation:** Selbst in Schutzgebieten geringe Bestände und bedroht, da das Erbgut eine sehr geringe Variabilität aufweist und Inzuchtdefekte auftreten. Neben dem Menschen (der dem Geparden oft als „Viehräuber" nachstellt) sind alle Raubtiere (Löwe, Leopard, Wildhund, Hyänen, Schakale) v.a. für junge Geparde gefährlich und können den nicht sehr wehrhaften Jägern die Beute streitig machen.

• **Beobachtungsmöglichkeiten:** Wo der Gepard noch relativ häufig vorkommt (in den Kurzgrassavannen im Serengeti-Ngorongoro-Ökosystem, z.B. im Ndutu-Gebiet), ist die Chance gut, ihn zu sehen, da der Sprinter tagsüber auf Jagd geht.

Serval – Serval (Leptailurus serval)

• **Körpermerkmale:** Länge 70–100 cm, Schwanz mit 30–40 cm verhältnismäßig kurz, relativ hochbeinig (45–65 cm) und doch leicht (7–18 kg). Fell strohfarben mit kleinen schwarzen Flecken und Bändern. Kopf schmal und spitz, Ohren groß.

• **Fortpflanzung & Entwicklung:** Ein bis drei (selten fünf) Jungtiere nach 2½ Monaten Tragzeit, mit ca. zwei Jahren erwachsen, Lebenserwartung etwa 20 Jahre.

• **Nahrung:** Vorwiegend Kleinsäuger (Mäuse) und Vögel.

• **Lebensraum & Lebensweise:** Bewohnt Busch- und Grasland, meist einzeln, Reviere bis 10 km².

• **Bestand & Situation:** In den Savannen Afrikas weit verbreitet und nicht bedroht.

• **Beobachtungsmöglichkeiten:** Die scheue Kleinkatze ist mit viel Glück zu sehen (z.B. im Ngorongoro-, Arusha- und Serengeti-Park).

Hunde – Dogs

Die Hundeartigen (v.a. die Schakale) sind häufiger zu beobachten als Vertreter anderer Raubtier-Familien.

Afrikanischer Wildhund – African Wild Dog/ Cape Hunting Dog (Lycaon pictus)

• **Körpermerkmale:** 60–80 cm hoch, 75–100 cm lang (plus 30–40 cm Schwanz) und 17–36 kg schwer. Farbe sehr variabel: unregelmäßige gelbe und weiße Flecken im dunklen Fell, stets weiße Schwanzspitze, sehr große, runde Ohren, lange Beine.

• **Fortpflanzung & Entwicklung:** zwei bis 16 (!) Junge mit 200–300 g nach 60–80 Tagen Tragzeit. Geschlechtsreife mit ca. 1½ Jahren, Lebenserwartung 10–12 Jahre.

• **Nahrung:** Vorwiegend mittelgroße bis große Huftiere (bis zu Gnu- und Zebragröße).

• **Lebensraum & Lebensweise:** In hoch organisierten Rudeln von durchschnittlich etwa zehn Tieren in großen Streifgebieten lebend, v.a. in der Savanne und in offenen Wäldern.

• **Bestand & Situation:** Stark bedroht durch Bejagung (als „Schädlinge"), Lebensraumverlust und Seuchen (z.B. Hundestaupe).

• **Beobachtungsmöglichkeiten:** Da die Bestände überall (z.B. auch in der Serengeti) stark abgenommen haben, sind Begegnungen mit den „Hyänenhunden" (der frühere Name) ausgesprochen selten. Relativ häufig noch im Selous Game Reserve in Tansania und immer wieder im Piaya-Gebiet nördlich der Ngorongoro Conservation Area.

Schakale – Jackals

Alle drei Arten der fuchsähnlichen Schakale kommen im östlichen Afrika vor. Die Tiere sind Einzelgänger, die überall dort auftauchen, wo es Essbares zu holen gibt, also an Müllhalden und am Riss großer Raubtiere (insbesondere Löwen).

• **Körpermerkmale:** Gesamtlänge 100–140 cm (Schwanz 25–35 cm), Schulterhöhe ca. 40 cm, Gewicht 8–15 kg, Grundfärbung gelb- bis graubraun, langer, spitzer Kopf, verhältnismäßig kurzbeinig.
• **Fortpflanzung & Entwicklung:** Drei bis sechs Junge mit ca. 200–250 g nach neun Wochen Tragzeit, erwachsen mit knapp zwei Jahren, Lebenserwartung 12–14 Jahre.
• **Nahrung:** Vorwiegend Kleinsäuger (Mäuse) und Vögel, Insekten, Früchte, gerne auch „Abfälle" von großen Raubtieren.
• **Lebensraum & Lebensweise:** Tag- und nachtaktiv, meist einzeln, manchmal auch in Paaren und Familientrupps, Savanne und lichter Wald.
• **Bestand & Situation:** Häufig, nicht bedroht.
• **Beobachtungsmöglichkeiten:** Regelmäßig zu sehen, v.a. am „Kill" von Löwen.

Schabrackenschakal – Blackbacked Jackal (Canis mesomelas)

Ost- und Südafrika, gekennzeichnet durch schwarzen Sattel auf dem grauen bis silberfarbigen Fell, häufig.

Streifenschakal – Sidestriped Jackal (Canis adustus)

Östliches und südliches Afrika außer Kap-Provinz, gekennzeichnet durch dunkle Streifen an den Flanken und weißes Schwanzende, seltener als der Schabrackenschakal.

Goldschakal – Common Jackal (Canis aureus)

Nur im nördlichen Ostafrika (bis Norden Tansanias, z.B. Serengeti), golden, rotgelbes Fell ohne Marken, kleiner als die beiden anderen Arten, etwas struppig im Aussehen.

Löffelhund – Bat eared Fox (Otocyon megalotis)

Größe und Aussehen etwa wie Schakale, auffallend große, breite Ohren, kurze, spitze Schnauze, dichtes Fell. Ernährung von Kleintieren und Insekten, meist paarweise und in Familien lebend, relativ häufig, gelegentlich morgens am Bau (nicht selten in alten Termitenstöcken) beim Sonnenbaden anzutreffen, da vorwiegend nachtaktiv.

Hyänen – Hyenas

Von den **vier Arten** sind die Tüpfelhyänen am häufigsten und trotz ihrer vorwiegend nächtlichen Lebensweise nicht selten zu sehen. Streifenhyäne (nur im nördlichen und östlichen Afrika) und Erdwolf sind viel seltener und zudem ausschließlich nachtaktiv. Die Schabrackenhyäne oder Braune Hyäne kommt nur in Namibia, Botswana, Teilen Südafrikas und in Simbabwe vor.

Tüpfelhyäne – Spotted Hyena (Crocuta crocuta)

• **Körpermerkmale:** 150–210 cm lang (Schwanz 25–30 cm), 70–90 cm hoch und 40–65 kg schwer (Weibchen in der Regel größer und schwerer), Rücken abfallend, Ohren rund und verhältnismäßig groß.
• **Fortpflanzung & Entwicklung:** Meist zwei Jungtiere von 1–1,2 kg nach etwa 110 Tagen Tragzeit, Geschlechtsreife mit zwei bis drei Jahren, Lebenserwartung ca. 25 Jahre.
• **Nahrung:** Allesfresser, v.a. Aas (vorwiegend von Löwen, aber auch von anderen Raubtieren, denen sie den Fang zum Teil streitig machen und wegnehmen), aber im Rudel auch selbst Antilopen und Zebras jagend.
• **Lebensraum & Lebensweise:** Einzelgänger, aber auch große Clans mit bis zu 100 Tieren in stark verteidigten Eigenbezirken, vorwiegend nachtaktiv, tags in Erdbauen schlafend, manchmal auch bei Tag unterwegs und nicht selten beim Sonnenbaden und Suhlen in seichten Pfützen zu entdecken.
• **Bestand & Situation:** Recht häufig, nicht gefährdet.
• **Beobachtungsmöglichkeiten:** In fast allen Savannengebieten anzutreffen, am häufigsten im Ngorongoro-Krater, in der Serengeti und im Arusha National Park.

Streifenhyäne – Striped Hyena (Hyaena hyaena)

Geringfügig kleiner und leichter als die Tüpfelhyäne, gekennzeichnet durch schwarze Streifen und Kehlfleck, relativ lange Nacken- und Schultermähne und verlängerte Schwanzhaare sowie verhältnismäßig spitze Ohren. Meist Einzelgänger, doch auch in kleinen Familiengruppen lebend. Recht selten und stellenweise bedroht.

Erdwolf – Aardwolf (Proteles cristatus)

Sehr ähnlich wie Streifenhyäne aussehend, aber deutlich kleiner, schwarze Schnauze kaum behaart. Lebt in Dauerehe in Savannen und ernährt sich v.a. von Termiten, Ameisen und anderen Kerbtieren. Recht selten.

Schleichkatzen

Die meisten Arten sind nachtaktiv und recht klein und folglich nur selten zu beobachten – ausgenommen sind Stellen, die eigens für Nachtbeobachtungen eingerichtet wurden. In der Regel sind Schleichkatzen Einzelgänger. Zwei Arten, **Zwerg-** und **Zebramangusten,** sind aber nicht nur sehr gesellig, sondern außerdem auch tagaktiv, sodass Trupps von ihnen gelegentlich bei der Beutesuche gesehen werden können.

- **Körpermerkmale:** Meist klein, schlank und langgestreckt, zwischen 20 (Zwergmungo) und über 85 cm (Afrikanische Zibetkatze) plus 20–45 cm Schwanz, Höhe 15–45 cm, Gewicht 350 g–20 kg.
- **Fortpflanzung & Entwicklung:** Tragzeit meist knapp zwei Monate, Geburtsgewicht 50–500 g, Geschlechtsreife mit ein bis zwei Jahren, Lebenserwartung 10–15 Jahre.
- **Nahrung:** Vorwiegend Kleintiere wie Insekten, Mäuse, Reptilien, Vögel, aber auch Früchte.
- **Lebensraum & Lebensweise:** Meist Einzelgänger und nachtaktiv in sehr unterschiedlichen Lebensräumen.
- **Bestand & Situation:** Keine Art vom Aussterben bedroht.
- **Beobachtungsmöglichkeiten:** Nur die tagaktiven und geselligen **Zwergmangusten** *(Helogale parvula)* und **Zebramangusten** *(Mungos mungo)* sind gelegentlich zu sehen, wenn ihre Trupps flink und wuselig auf Nahrungssuche unterwegs sind (oder auch wenn sie aus den Termitenbauen, die sie gerne als Höhlen benutzen, herausschauen). Auch der sehr schlanke und lang gestreckte, tagaktive **Rotichneumon** *(Herpestes sanguineus)* mit rotbraunem Fell und schwarzer Schwanzspitze ist manchmal für kurze Zeit zu beobachten, ehe er wieder in einem Dickicht verschwindet.

Zwei nachtaktive Schleichkatzen im östlichen Afrika sind die **Ginsterkatze** (*Genetta genetta,* engl. *Genet*) und die **Zibetkatze** (*Civettictis civetta,* engl. *Civet*). Beide lassen sich oft bei abendlichen und nächtlichen Fahrten sehen.

Marder

Alle Arten der Marder sind nachtaktive Einzelgänger. Am ehesten ist noch der **Honigdachs** (*Mellivora capensis,* engl. *Honey badger*) zu beobachten. Dank seiner „Zweifarbigkeit" (schwarzer Körper, deutlich abgesetzter silbrig-weißer Rücken) und der kräftigen Dachsfigur ist er unverkennbar. Sehr aggressiv, greift selbst Katzen und Großwild wie Büffel und Elefanten an. Selten zu sehen sind die in Afrika lebenden Otter, am ehesten noch der **Kapotter** *(Aonyx capensis),* sowie die nur nächtlich auf Nahrungssuche gehenden Streifeniltisse.

Erdferkel

Eine der ungewöhnlichsten afrikanischen Tiergestalten ist das Erdferkel (*Orycteropus afer*, engl. *Aardvark*), das in Savannengebieten weit verbreitet ist, aber nur selten beobachtet werden kann, wenn es sich nachts auf Nahrungssuche (Termiten und Ameisen) macht. Kennzeichnend sind der kräftige, fast haarlose Körper (schweineähnlich, auch wenn die Tiere gar nichts mit den Borstentieren zu tun haben, sondern in die altertümliche Säugetierordnung der Vorhuftiere gehören), große Ohren, kräftige Grabklauen an den Vorderbeinen. Tagsüber in selbst gegrabenen Erdhöhlen schlafend.

Rüsseltiere

Begegnungen mit Elefanten gehören zu den eindrucksvollsten Erlebnissen einer Afrikareise. Nicht nur, weil sie die **größten Landtiere** sind und mit dem Rüssel ein einmaliges Allzweckorgan haben, sondern auch wegen ihres faszinierenden Sozialverhaltens. Doch es gibt nur wenige Nationalparks, die den Großtieren mit dem riesigen Appetit auf Dauer ausreichend Lebensraum garantieren können. Es ist zu befürchten, dass die Elefanten wie ihre Verwandten, die Mammuts und Mastodons, auf lange Sicht aussterben werden.

Afrikanischer Elefant – African Elephant (Loxodonta africana)

- **Körpermerkmale:** Von der Rüssel- bis zur Schwanzspitze 7–7,5 m lang, Schulterhöhe 2,2–3,7 m, Gewicht bis über 9000 kg – damit das bei weitem größte Landtier. Der Rüssel, der aus Oberlippe und Nase entstand und mehr als 2 m lang sein kann, dient zur Nahrungsaufnahme (beim Trinken werden bis zu 10 l Wasser angesaugt und dann in den Mund gespritzt), zum Tasten, Riechen, Ergreifen von Gegenständen, zur Kommunikation (gegenseitiges Berühren, aber auch Schlagen) und Lautgebung. Die Stoßzähne, die bei den Bullen deutlich größer sind als bei den Kühen (Rekordmaße über 3 m), sind umgewandelte Schneidezähne mit offener Wurzel, können also lebenslang wachsen. In jeder Kieferhälfte ist jeweils nur ein Mahlzahn von Backsteingröße im Einsatz. Der nächste Zahn schiebt von hinten nach (horizontaler Zahnwechsel). Die Fußsohlen bedecken zusammen eine Fläche von mehr als 1 m^2. Unter den Zehen- und Mittelfußknochen fängt

np005 Foto: pr

Elefanten, die größten Landtiere

ein mächtiges Bindegewebspolster den Druck von einigen Tonnen ab. An den Zehenspitzen befinden sich vorne fünf, hinten drei flache, hufartige Hornnägel.

- **Fortpflanzung & Entwicklung:** 22 Monate Tragzeit, ein Jungtier (ganz selten zwei) von 90–135 kg. Säugezeit bis über zwei Jahre, Geschlechtsreife ab sieben bis acht Jahren, Lebenserwartung 50–70 Jahre.
- **Nahrung:** Gras, Zweige, Blätter, Früchte, Rinde, Wurzeln, Knollen – bis zu 200 kg am Tag.
- **Lebensweise und Lebensraum:** Aktiv „rund um die Uhr", Mutterfamilien als Grundeinheit, Männchen in eigenen Gruppen oder Einzelgänger, Eindringen in Weibchenrudel nur, wenn ein Tier empfängnisbereit ist. Lebensraum von Halbwüste und Grassavanne bis tropischer Regenwald.
- **Bestand & Situation:** In ganz Afrika (Schwerpunkt Zentralafrika) leben noch rund 600.000 Tiere, doch wurden sie in den vergangenen Jahrzehnten wegen ihres Elfenbeins gnadenlos bejagt, und v.a. schwindet ihr Lebensraum drastisch – die Aussichten sind selbst bei konsequentem Schutz wegen des großen Nahrungs- und Raumbedarfs der Tiere schlecht.
- **Beobachtungsmöglichkeiten:** Berühmte Nationalparks mit Elefanten sind Manyara, Tarangire, Selous und Ruaha. Der Bestand in der Serengeti ist in den letzten Jahren stark gewachsen, besonders im Norden in Richtung kenianischer Grenze. Ebenfalls bekannt aus vielen Dokumentationen sind die großen Herden und gewaltigen Bullen im Amboseli-Ökosystem, die auf tansanischer Seite in der Enduimet WMA gut zu sehen sind.

np004 Foto: pr

Schliefer

Die murmeltierähnlichen Schliefer wurden früher als Verwandte der Elefanten angesehen, doch haben genauere Untersuchungen gezeigt, dass sie eher mit Pferden und anderen Unpaarhufern verwandt sind. Die auf Felsen lebenden Klipp- und Buschschliefer sind regelmäßig zu beobachten, die ausschließlich nachtaktiven Baumschliefer bekommt der Afrikabesucher nur mit ihren knarzenden Rufen zu hören.

Klippschliefer – Rock Hyrax (Procavia capensis)

- **Körpermerkmale:** 45–44 cm lang, schwanzlos, 15–25 cm hoch, 2–5,5 kg schwer, gedrungener Körper und kurze Beine (mit nagelförmigen kleinen Hufen), Fell kurz und dicht. Geschlechter äußerlich kaum zu unterscheiden.
- **Fortpflanzung & Entwicklung:** Tragzeit sieben bis acht Monate, ein bis vier Junge von 200–250 g. Geschlechtsreife mit 1½–2 Jahren, Lebenserwartung 9–14 Jahre.
- **Nahrung:** Pflanzlich (Gras und Laub).
- **Lebensraum & Lebensweise:** Tagaktiv (Nahrungsaufnahme v.a. morgens und abends), Zusammenleben in Familiengruppen (ein Männchen mit einem bis mehreren Weibchen), in felsigem Gelände bis über 4000 m Höhe, hervorragende Kletterer (vorwiegend auf Felsen, aber auch auf Bäumen).
- **Bestand & Situation:** Weit verbreitet und nicht gefährdet.
- **Beobachtungsmöglichkeiten:** Überall in felsigem Gelände (besonders in der Serengeti) anzutreffen und recht auffallend.

Busch- und Steppenschliefer sind in Aussehen und Lebensweise sehr ähnlich, dagegen sind die **Baumschliefer** *(Dendrohyrax spec.)* ausgesprochen nachtaktiv und nur ausnahmsweise zu sehen, wenn sie aus ihrer Schlafhöhle in Bäumen schauen.

Unpaarhufer

Von den **drei Tierfamilien** sind Pferdeverwandte (mit drei Zebraarten und dem Wildesel) und Nashörner (mit Breit- und Spitzmaulnashorn) in Afrika vertreten, während Tapire nur in Asien und Südamerika vorkommen.

Zebras – Zebras

Vier der sechs Einhufer-Arten sind auf dem afrikanischen Kontinent zu Hause. Nur eine, das **Steppenzebra** (verschiedene Unterarten), ist nicht gefährdet. Das im Norden Kenias lebende Grevy-Zebra ist sehr selten geworden, das im Süden des Kontinents beheimatete Bergzebra vom Aussterben bedroht. Im südlichen Afrika wird v.a. die Hauptunterart des Steppenzebras, das Burchell-Zebra, angetroffen, in Ostafrika eher das Grant- oder Böhm-Zebra.

Steppen-Zebra – Burchell's Zebra (Equus quagga)

- **Körpermerkmale:** Einschließlich Schwanz (50 cm) ca. 3 m lang und 125–135 cm hoch und etwa 300 kg schwer, schwarze Streifen auf weißem Grund im Norden, mit Zwischenstreifen und gelblicherem Grund im Süden, vom Körper kontinuierlich auf die Beine übergehend, an Beinen und Rumpf verringert.
- **Fortpflanzung & Entwicklung:** Ein Jungtier von 30 kg nach einem Jahr Tragzeit, Geschlechtsreife mit zwei Jahren, Lebenserwartung 20 Jahre.
- **Nahrung:** Fast ausschließlich Gras.

Steppen-Zebra-Herde

• **Lebensraum & Lebensweise:** Familienverbände von einem Hengst mit mehreren Weibchen, in Grasländern von Ost- bis Südwestafrika.
• **Bestand & Situation:** Insgesamt häufig, nur stellenweise selten oder gar bedroht.
• **Beobachtungsmöglichkeiten:** Fast in allen Nationalparks des Savannengebiets anzutreffen.

Nashörner – Rhinos

Keine andere Säugetierordnung ist stärker vom Aussterben bedroht, da die Hörner auf dem chinesischen und südostasiatischen Pharmamarkt (z.B. Potenzmittel) sowie im Mittleren Osten (dort als Dolchgriffe, v.a. im Jemen) immer noch stark gefragt sind. Die Nashorn-Wilderei wird von Mafia-ähnlichen Banden organisiert.

Spitzmaulnashorn – Hook-lipped Rhino (Diceros bicornis)

• **Körpermerkmale:** Einschließlich des (ca. 60 cm langen) Schwanzes knapp 4 m lang, 1,55 m hoch und 1,5 t schwer, mit zwei Hörnern, vorderes bis über 1 m lang.
• **Fortpflanzung & Entwicklung:** 450 Tage Tragzeit, ein Junges von ca. 50 kg, mit vier (Weibchen) bis acht Jahren geschlechtsreif, Lebenserwartung ca. 40 Jahre.
• **Nahrung:** Blätter und Zweige von Sträuchern, auch Kräuter und Gräser, Aufnahme sehr selektiv mit verlängerter Oberlippe.
• **Lebensraum & Lebensweise:** Einzelgänger, nur Mütter mit Jungen längere Zeit zusammen, tag- und nachtaktiv vorwiegend im Busch.
• **Bestand & Situation:** Sehr bedroht durch starke Wilderei.
• **Beobachtungsmöglichkeiten:** Nur noch an wenigen Stellen zu sehen, in Tansania z.B. in der Serengeti, im Selous Game Reserve und im Ngorongoro-Krater.

np006 Foto: pr

cl-t18 Foto: cl

Breitmaulnashorn – Square-lipped Rhino (Ceratotherium simum)

Deutlich größer und schwerer (bis 3 t), oft in kleinen Herden (ein Bulle mit mehreren Kühen), vorwiegend in reiner Grasflur lebend und Gräser weidend. Früher auch im östlichen Afrika heimisch, inzwischen nahezu komplett ausgerottet.

Breitmaulnashorn

Paarhufer

Mit Warzenschweinen, Flusspferden, Giraffen und v.a. zahlreichen Hornträgern (Büffel und Antilopen) ist diese Tiergruppe bei Safaris bei Weitem am häufigsten zu sehen und am kennzeichnendsten.

Flusspferde und Schweine

Zwei Gruppen von Säugetieren, die höchstens entfernt miteinander verwandt sind. Zwei Flusspferdarten: **Großflusspferd** über weite Teile Afrikas südlich der Sahara verbreitet, das viel kleinere **Zwergflusspferd** nur in kleinen Restbeständen im Westen des Kontinents. Flusspferde sind mit Abstand für

die meisten durch wilde Tiere bedingten Todesfälle in Afrika verantwortlich und sollten daher niemals unterschätzt werden.

Flusspferd – Hippo (Hippopotamus amphibius)

- **Körpermerkmale:** Massiger, walzenförmiger Körper bis 450 cm Länge (Schwanz 35 cm) und 165 cm Höhe, bis über 3000 kg schwer. Kopf riesig, Mund tief gespalten und weiter aufzureißen als bei jedem anderen Säugetier. Haut sehr dick, glatt und weitgehend haarlos, Ohren und Nasenlöcher zum Untertauchen verschließbar und mit Augen auf einer Ebene liegend.
- **Fortpflanzung & Entwicklung:** Tragzeit ca. acht Monate, ein Jungtier von 50 kg, Geschlechtsreife mit vier bis sechs Jahren, Lebenserwartung (im Zoo) bis über 50 Jahre.
- **Nahrung:** Vorwiegend Gräser, die bei nächtlichen Landgängen geweidet werden.
- **Lebensraum & Lebensweise:** Tagsüber vorwiegend im Wasser, nachts an Land, kleine bis sehr große Gruppen, starke Bullen mit Paarungsterritorium.
- **Bestand & Situation:** An manchen Stellen (z.B. in Ägypten, wo es früher vorkam) ausgerottet oder selten geworden, in manchen Reservaten sehr zahlreich.
- **Beobachtungsmöglichkeiten:** „Hippo-Pools", an denen oft Hunderte von Flusspferden eng gedrängt die Tage verbringen, gibt es in vielen Nationalparks des südlichen und östlichen Afrika (in Tansania z.B. im Ngorongoro-Gebiet und in der Serengeti).

Drei von neun Schweine-Arten (ohne die amerikanischen Pekaris) kommen in Afrika vor. Nur das Warzenschwein ist regelmäßig im Grasland zu sehen.

Flusspferde

Warzenschwein – Warthog (Phacochoerus aethiopicus)

• **Körpermerkmale:** Einschließlich des (35–50 cm langen) Schwanzes 140–200 cm lang, 65–85 cm hoch und 50–150 kg schwer, verhältnismäßig großer Kopf mit großen Ausbuchtungen („Warzen") über und unter den Augen sowie am Unterkiefer, riesige (bis 60 cm lange) Eckzähne. Haut mit Ausnahme meist heller langer Haare an Rücken, Hals und Unterkiefer fast nackt.

• **Fortpflanzung & Entwicklung:** Tragzeit etwa 5½ Monate, ein bis vier (manchmal bis acht) Jungtiere von 450–900 g. Recht lange Abhängigkeit von der Mutter, Geschlechtsreife mit 17–19 Monaten, Lebenserwartung knapp 20 Jahre.

• **Nahrung:** Im Gegensatz zu allen anderen Schweinen keine Allesesser, sondern Gras und Kräuter weidend, kaum nach Wurzeln, Rhizomen und Kleintieren wühlend.

• **Lebensraum & Lebensweise:** Mutterfamilien mit 1–2 Weibchen, manchmal mit den Vätern, in kleinen Gruppen, vorwiegend tagaktiv in Grassavannen.

• **Bestand & Situation:** Relativ häufig, nur Löwe als gefährlicher Feind (erfolgreiche Verteidigung gegen alle anderen Raubtiere).

• **Beobachtungsmöglichkeiten:** In allen Grasgebieten Afrikas regelmäßig anzutreffen.

Das **Buschschwein** (*Potamochoerus porcus,* engl. Bushpig) ist zwar in ganz Afrika weit verbreitet, doch bekommt man die nachtaktive, scheue und im dichten Busch lebende Art kaum zu sehen, am ehesten noch am public campsite am Ngorongoro-Kraterrand oder bei der Miriakamba-Hütte im Arusha National Park.

Lange Giraffenhälse ...

... bestehen aus **nur sieben Halswirbeln,** wie bei uns Menschen auch! Ein einziger Giraffen-Wirbel kann allerdings bis zu 35 cm lang sein! Aus diesem Grund sind ihre Hälse auch **nicht sehr dehnbar.** Das Putzen am Hals mit Zähnen und Zunge ist nicht möglich. Zecken scheinen dies zu wissen und haften sich vorzugsweise an den Hals. Da hilft dann nur noch Scheuern an Baumstämmen. Und trotzdem scheinen die Hälse zu kurz zu sein, denn beim Wassertrinken müssen Giraffen ihre langen Vorderläufe spagatartig spreizen, um besser an das Wasser heranzukommen!

Giraffen – Giraffes

Zwei Arten dieser langhalsigen typischen Afrikaner gibt es: die im Savannengürtel weit verbreitete Giraffe (bis zu acht verschiedene Unterarten) und ihre nur in einem verhältnismäßig kleinen Gebiet des Kongo-Regenwalds lebende Waldgiraffe, das **Okapi** *(Okapia johnstoni).* Die in Tansania lebende Unterart ist die **Maasai-Giraffe** *(Giraffa camelopardalis tippelskirchi),* in Kenia gibt es daneben die **Uganda-** und die **Netzgiraffe.**

Giraffe – Giraffe (Giraffa camelopardalis)

• **Körpermerkmale:** Bis knapp 5 m hoch (Vorderbeine deutlich länger als Hinterbeine, Hals gut 2 m und trotzdem wie bei fast allen Säugetieren nur aus 7 Wirbeln bestehend), Schwanz ca. 1 m, Gewicht 550 kg (kleine Weibchen) bis annähernd 2000 kg, kennzeichnendes Fleckenmuster (unterschiedlich bei den bis zu acht Unterarten), mit Fell überzogene Knochenzapfen (zwei bis fünf) bei beiden Geschlechtern.

Giraffe

np008 Foto: pr

- **Fortpflanzung & Entwicklung:** In der Regel ein Jungtier von ca. 100 kg nach 450-465 Tagen Tragzeit. Geschlechtsreife mit vier bis fünf Jahren, Lebenserwartung 25 Jahre.
- **Nahrung:** Blätter und junge Triebe von Bäumen (v.a. Akazien), die mit den sehr beweglichen Lippen und der langen Zunge vorsichtig zwischen Dornen herausgepflückt werden.
- **Lebensraum & Lebensweise:** Gesellig in Gruppen sehr unterschiedlicher Größe und ständig wechselnder Zusammensetzung (ohne feste Verbände), recht große Streifgebiete in Baumsavannen- und Buschgebieten.
- **Bestand & Situation:** Relativ häufig, da nur wenig bejagt, Feinde sind höchstens Löwen, die sich aber vor den mächtigen Hufschlägen erwachsener Tiere, mit denen auch Kälber erfolgreich verteidigt werden, hüten müssen.
- **Beobachtungsmöglichkeiten:** In allen Savannengebieten mit guten Baum- (Akazien-) Beständen zu sehen.

Hornträger

Neben den bekannten Hornträgern Schaf, Ziege und Rind gibt es die nicht genau definierte Gruppe der „Antilopen", die in Afrika mit einem Dutzend Unterfamilien in zahlreichen Arten sehr vielfältig vertreten ist. **Hornträger gehören zu den am häufigsten gesehenen Tieren in Ostafrika.**

Ducker – Duiker

14 Arten, von denen die meisten im tropischen Regenwald oder zumindest in sehr dichtbewachsenen Buschgebieten leben, deshalb kaum einmal von Afrikareisenden zu sehen. Ausnahme ist der Kronenducker, der südlich der Sahara weit verbreitet und in der Buschsavanne und in lichten Wäldern gelegentlich zu beobachten ist, in Bergwäldern daneben auch der Rotducker (*Cephalophus natalensis,* engl. *Red Duiker,* gut zu sehen im Arusha National Park).

Kronenducker – Bush Duiker (Sylvicapra grimmia)

- **Körpermerkmale:** Etwa rehgroß (rund 1 m lang, 45–60 cm hoch und 10–20 kg schwer), hellbraun bis -grau. Böcke mit 8–18 cm langen, spitzen Hörnern, Weibchen meist ohne, kennzeichnend der lange Stirnschopf.
- **Fortpflanzung & Entwicklung:** Ein Jungtier von 1,3–2,1 kg, Tragzeit 7–7½ Monate, Geschlechtsreife ca. mit einem Jahr, Lebenserwartung ca. 12 Jahre.
- **Nahrung:** Vor allem Blätter von Büschen, z.T. Früchte und Samen, auch Jungvögel.
- **Lebensraum & Lebensweise:** Paarweise oder einzeln in Buschgebieten (nicht in reiner Grassavanne und im dichten Wald).
- **Bestand und Beobachtungsmöglichkeiten:** Weit verbreitet, nicht bedroht, trotzdem nur selten zu sehen.

Im tansanischen Küstenvorland und auf der Insel Sansibar ist auch der **Blauducker** (*Cephalophus monticola,* engl. Blue Duiker) häufig. Vom Aussterben bedroht ist der auf Sansibar endemische **Adersducker** (*Cephalophus adersi,* engl. Ader's Duiker).

Böckchen

Häufiger als Ducker sind im Dornbusch die zierlichen Dikdiks und auf Felsen die Klippspringer zu beobachten, stellenweise auch die Stein- und Bleichböckchen.

Kirk-Dikdik – Kirk's Dikdik (Madoqua kirki)

- **Körpermerkmale:** Sehr klein und zierlich (44–75 cm lang, 35–45 cm hoch, 2,5–6,5 kg schwer), pfeffer- und salzfarben, Nase verlängert, nur Männchen mit (bis 12 cm langen) spitzen Hörnern.
- **Fortpflanzung & Entwicklung:** Ein Jungtier von 0,5–0,6 kg Gewicht, Tragzeit 5–6 Monate, erwachsen mit knapp einem Jahr, Lebenserwartung kaum über zehn Jahre.
- **Nahrung:** Vorwiegend Blätter von Sträuchern, Knospen, Kräuter, Gräser, sehr geringer Wasserbedarf.

- **Lebensraum & Lebensweise:** Einzeln oder paarweise (wahrscheinlich in lebenslanger Einehe) in dichtem Busch lebend, streng territorial.
- **Bestand und Beobachtungsmöglichkeiten:** In seinem verhältnismäßig kleinen Verbreitungsgebiet nicht selten und lokal häufig zu beobachten. Ähnliches gilt für die anderen (vier) Arten.

Klippspringer – Klipspringer (Oreotragus oreotragus)

- **Körpermerkmale:** Ähnlich wie Dikdiks, doch etwas größer und im Körperbau kräftiger, extreme Zehenspitzengänger, Voraugendrüsen noch auffallender als bei Dikdiks.
- **Fortpflanzung & Entwicklung:** Tragzeit sieben Monate, Geburtsgewicht ca. 1 kg, Geschlechtsreife mit einem Jahr, Lebenserwartung etwa 15 Jahre.
- **Nahrung:** Gräser, Kräuter, Blätter, auch Flechten, Blüten und Früchte.
- **Lebensraum & Lebensweise:** Paarweise auf und in der Nähe von Felsen (Einzelfelsen ebenso wie Gebirgsblöcke) lebend, Territorien klein, höchstens 10 ha um den „Heimatfelsen".
- **Bestand und Beobachtungsmöglichkeiten:** In passendem Felsgelände nicht selten und leicht zu beobachten, da oft auf den höchsten Felserhebungen stehend. In Tansania besonders gut zu sehen im Norden der Serengeti. Gefährdet durch Leoparden und Adler.

Steinböckchen *(Raphicerus campestris)* und **Bleichböckchen oder Oribis** *(Ourebia ourebi)* sind in Größe und Aussehen ähnlich wie Klippspringer, doch klettern sie nie wie diese auf Felsen. Steinböckchen sind rötlich-ocker und leben als Einzelgänger im Buschland, Bleichböckchen sind fahlgelb, leben als Einzelgänger oder in kleinen Gruppen und bevorzugen große Grasflächen. Oribis sind nur gelegentlich zu beobachten (regelmäßig z.B. im Mkomazi National Park), Steinböckchen sind im südlichen Afrika regional häufig.

Moschusböckchen *(Neotragus moschatus)*: Gehört zur Familie der Zwergantilopen und hat in Afrika sein größtes Verbreitungsgebiet im Osten Tansanias. Die im Englischen als Suni bezeichnete Antilope erreicht ein Gewicht von 4–6 kg.

Waldböcke

Drehhornantilopen werden diese mittelgroßen bis sehr großen Antilopen der Grassavanne (Elenantilope), Baumsavanne (Kudus, Buschbock, Nyalas) und des Sumpfes (Sitatunga) genannt wegen ihrer korkenzieherartig gedrehten Hörner, die beide Geschlechter oder auch nur die Männchen tragen können. Das schönste Schraubengehörn von annähernd 180 cm Länge haben die Großen Kudus.

np009 Foto: pr

Kirk-Dikdik

● **Körpermerkmale:** Neben dem Korkenzieher-Gehörn gekennzeichnet durch weiße Abzeichen in Gesicht und Streifen oder Fleckenmuster am Körper. Männchen können anders gefärbt sein als die Weibchen (Buschbock: Bulle kastanienbraun, Kuh rotbraun, Elen: Bulle graubraun, Kuh rötlich), aber auch recht verschieden aussehen (beim Nyala haben die Männchen eine sehr lange Bauch- und Halsbehaarung fast ohne Abzeichen, während die Weibchen kurzhaarig und rotbraun mit weißen Streifen sind). Elenantilopen-Bullen können bis zu 1000 kg wiegen, dagegen sind Buschböcke nur 25–60 kg schwer. Schulterhöhe liegt zwischen diesen beiden Extremen bei 180 bzw. nur 100 cm.

● **Fortpflanzung & Entwicklung:** Tragzeit zwischen 6 und 9½ Monaten, meist nur ein Jungtier, zwischen 3,2 und 35 kg. Geschlechtsreife mit ein bis zwei Jahren, Lebenserwartung 12–25 Jahre.

● **Nahrung:** Vorwiegend Blätter, Knospen, Triebe von Sträuchern, aber auch Wasser- und Sumpfpflanzen (Sitatunga) bzw. Gräser und Kräuter (Elen).

● **Lebensraum & Lebensweise:** Von einzelgängerisch (Buschbock) bis zu gemischten Trupps (bis 50 Tiere bei Elen) in mehr oder weniger deckungsreichem Gelände (Busch, Wald, Sumpf), fast alle mit verhältnismäßig großen Verbreitungsgebieten.

● **Bestand & Situation:** Keine der Arten vom Aussterben bedroht, Bestände stellenweise stark reduziert (häufig noch im Selous Game Reserve und Ruaha-Nationalpark). Jede Art ist in dem einen oder anderen Reservat mit einiger Sicherheit zu beobachten.

In Tansania gibt es fünf Arten: **Buschbock** (*Tragelaphus scriptus*, engl. *Bushbuck*), **Sitatunga** (*Tragelaphus spekei*, engl. *Sitatunga*), **Kleiner Kudu** (*Tragelaphus imberbis*, engl. *Lesser Kudu*) **Großer Kudu** (*Tragelaphus strepsiceros*, engl. *Greater Kudu*) und **Elenantilope** (*Taurotragus oryx*, engl. *Eland*).

np010 Foto: pr

Rinder

Von den zwölf Rinderarten der Erde ist eine Art (mit zwei Unterarten) in Afrika weit verbreitet: der Afrikanische oder Kaffernbüffel.

Afrikanischer Büffel – Cape/African Buffalo (Syncerus caffer)

- **Körpermerkmale:** Gesamtlänge 300–450 cm (Schwanz 70–110 cm), Schulterhöhe 100–170 cm, Gewicht 250–700 kg, Fellfarbe schwarzbraun bis rotbraun oder rot (Rotbüffel des Regenwalds), Hörner unterschiedlich groß, bei Bullen meist an der Stirn zusammengewachsen zu einer Platte, große, zumeist an den Rändern und im Innern stark behaarte Ohren.
- **Fortpflanzung & Entwicklung:** Tragzeit knapp ein Jahr, meist ein, selten zwei Jungtiere von 55–60 kg, Geschlechtsreife mit ca. fünf Jahren, Lebenserwartung bis 25 Jahre.
- **Nahrung:** Gräser und Kräuter, aber auch Blätter von Bäumen und Sträuchern.
- **Lebensraum & Lebensweise:** Kühe und Jungtiere mit einigen Bullen in teils riesigen Herden von bis zu 1000 Tieren, ältere Bullen Einzelgänger, in Savannen und Waldland in ganz Afrika, nie weit von Wasser.
- **Bestand & Situation:** Trotz Bejagung sehr gute Bestände, v.a. in den Nationalparks in Südafrika, Botswana und Simbabwe.
- **Beobachtungsmöglichkeiten:** Fast in allen Reservaten können einzelne Büffel oder auch riesige Herden beobachtet werden.

Kuhantilopen

Mit sieben Arten gehört die Gruppe der Kuhantilopen zu den Charaktertieren der afrikanischen Savanne. Besonders häufig sind die im gesamten östlichen und südlichen Afrika verbreiteten **Streifengnus** (*Connochaetes taurinus*, engl. *Blue Wildebeest*) (über eine Million allein in der tansanischen Serengeti). Regelmäßig beobachtet werden im östlichen Afrika auch zwei Unterarten der Kuhantilope *(Alcelaphus buselaphus)*, die **Ostafrikanische Kuhantilope** oder **Kongoni** (*A. b. caama*, engl. *Kongoni*) und die **Lichtensteins-Kuhantilope** *(A. b. lichtensteini)*. Hinzu kommt die **Leierantilope** oder **Topi** (*Damaliscus lunatus topi*, engl. *Topi*). **Weißschwanzgnus** *(Connochaetes gnou)* und **Blessböcke** *(Damaliscus dorcas)* sind nahezu ausgerottet worden und kommen heute nur noch in wenigen südafrikanischen Reservaten und Farmen vor.

Afrikanische Büffel

- **Körpermerkmale:** Relativ groß (Länge 170–320 cm inkl. Schwanz, Schulterhöhe 85–145 cm, Gewicht 60–290 kg), verhältnismäßig derbe („kuhähnliche") Gestalt, mehr oder weniger große Köpfe, nicht übermäßig lange (maximal 80 cm), nach innen und hinten gebogene Hörner bei beiden Geschlechtern. Geschlechtsunterschied bei allen sowohl in Größe als auch in Färbung gering.
- **Fortpflanzung & Entwicklung:** Tragzeit 7½–8½ Monate, ein Jungtier von 7–18 kg, Geschlechtsreife mit ca. zwei Jahren, Lebenserwartung etwa 20 Jahre.
- **Nahrung:** Gräser und Kräuter.
- **Lebensraum & Lebensweise:** Meist in Gruppen von 5–30 Tieren (Großverbände bis über 1000 bei Streifengnus) in Grassavanne lebend, Bullen meist territorial (Streifengnus nur kurz in der Fortpflanzungszeit). Jungtiere „Nestflüchter", die der Mutter vom ersten Tag an folgen können.
- **Bestand & Situation:** Recht große Gesamtbestände aller drei im östlichen Afrika lebenden Arten, nur stellenweise durch Jagd oder Lebensraumverlust selten geworden.
- **Beobachtungsmöglichkeiten:** Die drei Arten **Hartebeest** *(Alcelaphus buselaphus)* – in Ostafrika mit dem sehr langgesichtigen, verhältnismäßig hellbraunen Kongoni –, **Leierantilope** *(Damaliscus lunatus)* – in Ostafrika das etwas kleinere Topi mit dunklerer Grund-

färbung und schwarzen Partien im Gesicht, an Vorderbeinen und Schenkeln – und v.a. das **Streifengnu** *(Connochaetes taurinus)* mit Riesenscharen im Serengeti-Ökosystem (inkl. Masai Mara in Kenia und Ngorongoro in Tansania) sind überall dort anzutreffen, wo es großflächige Grassavannen (mit oder ohne Baum- und Buschbestand) gibt.

Pferdeböcke

Eine Unterfamilie mit einigen der stattlichsten Antilopen, von denen drei Arten stellenweise auch in Ostafrika vorkommen: **Ostafrikanische Oryxantilope** (*Oryx beisa,* engl. Oryx), **Pferdeantilope** (*Hippotragus equinus,* engl. Roan Antelope) und **Rappenantilope** (*Hippotragus niger,* engl. Sable Antelope).

• **Körpermerkmale:** Stattliche Antilopen von 230–330 cm Gesamtlänge (inkl. Schwanz von 70 cm) und 110–160 cm Schulterhöhe sowie 150–300 kg Gewicht. Hörner bei beiden Geschlechtern, bei Pferdeantilopen relativ kurz (max. 100 cm), nach hinten gebogen, mit Ringen, bei Rappenantilopen bis 165 cm lang und halbkreisförmig nach hinten geschwungen, bei Oryxantilopen bis 120 cm lang, gerade, dünn und sehr spitz. Nur bei Rappenantilopen deutlicher Geschlechtsunterschied (Männchen schwarz mit weißem Bauch, Weibchen kastanienbraun), Pferdeantilopen graubraun mit schwarzer Gesichtsmaske, Oryx eher grau mit schwarzweißen Zeichnungen im Gesicht, am Bauch und an den Beinen sowie einem recht langen Quastenschwanz.
• **Fortpflanzung & Entwicklung:** Tragzeit 8½–10 Monate, ein Jungtier von 9–18 kg Gewicht, Geschlechtsreife mit zwei bis drei Jahren, Lebenserwartung ca. 20 Jahre.
• **Nahrung:** Gräser und Kräuter, kaum Laub. Oryx kann lange ohne Wasser auskommen.
• **Lebensraum & Lebensweise:** Für gewöhnlich Haremsgruppen, manchmal auch größere gemischte Verbände von bis zu 60 Tieren. Baum- und Buschsavanne bei den Pferde- und Rappenantilopen, Kurzgrassavanne und Halbwüste, selten auch Baumsavanne bei Oryxantilopen.
• **Bestand und Beobachtungsmöglichkeiten:** Nirgends häufig, aber keine Art bedroht. Begegnungen eher selten. Beste Chancen für Oryxantilopen in den Salei Plains im Serengeti-Ngorongoro-Grenzgebiet sowie im Süden des Tarangire-Parks und im Westen der Enduimet WMA. Rappenantilopen lassen sich in den Selous und Saadani Game Reserves beobachten.

Ried- und Wasserböcke

Von den zehn Arten dieser Unterfamilie ist nur der eigentliche Wasserbock weit verbreitet und häufig anzutreffen. Die Riedböcke sind zwar recht weit verbreitet, aber nur gelegentlich zu sehen. Die Gras- und Moorantilope gibt es nur an bestimmten Stellen, dort aber nicht selten.

• **Körpermerkmale:** Mittelgroße bis große Antilopen von 130–250 cm Länge (Schwanz 10–45 cm), 70–130 cm Schulterhöhe und einem Gewicht zwischen 20 (Rehbok) und 250 kg (Wasserbock). Hörner (zwischen 30 und 100 cm lang) meist leicht nach vorne gekrümmt. Geschlechtsunterschiede in den meisten Fällen nicht sehr ausgeprägt.
• **Fortpflanzung & Entwicklung:** Tragzeit 7–9½ Monate, meist ein Jungtier von 4–13 kg, Geschlechtsreife mit ein bis zwei Jahren, Lebenserwartung 10–18 Jahre.
• **Nahrung:** Vorwiegend Gräser, weniger Kräuter, Riedböcke und Moorantilopen auch Wasserpflanzen und Schilf.
• **Lebensraum & Lebensweise:** Alle Arten mehr oder weniger an Wasser gebunden, Riedböcke am wenigsten, Moorantilopen sehr ausgeprägt. Meist in kleinen Trupps (Riedböcke) oder gemischten Gruppen (Wasserböcke), Grasantilopen aber auch in Männchengruppen bis 600 und Weibchenverbänden bis 1000 Tieren.
• **Bestand und Beobachtungsmöglichkeiten:** Sehr häufig und in fast allen Nationalparks des östlichen Afrika anzutreffen ist der **Wasserbock** *(Kobus ellipsiprymnus)* mit sei-

npd011 Foto: pr

Impala-Böcke

nen beiden Unterarten Defassa- und Ellipsen-Wasserbock. Weit verbreitet, aber selten zu sehen sind der **Riedbock** *(Redunca redunca),* im Savannengürtel südlich der Sahara von Senegal bis Tansania, sowie der **Große Riedbock** *(Redunca arundinum),* von Tansania bis Südafrika. An wenigen Stellen sehr zahlreich vertreten ist die **Grasantilope,** auch Kob-Wasserbock genannt *(Kobus kob),* z.B. in den Nationalparks von Uganda, aber auch in Sambia. Das **Puku** *(Kobus vardoni)* kommt in den Überschwemmungsgebieten im Kilombero Valley in Südtansania häufig vor.

Schwarzfersenantilope

Die im östlichen und südlichen Afrika wohl häufigste Antilope wurde früher zu den Gazellen gestellt. Heute steht die Art in einer eigenen Unterfamilie.

Impala – Impala (Melampus aepyceros)

- **Körpermerkmale:** Rehgroß (Gesamtlänge 150–200 cm, Schulterhöhe 75–95 cm, Gewicht 40–80 kg), Böcke mit einem prächtig geschwungenen und relativ großen (bis annähernd 100 cm langen) Gehörn, ansonsten beide Geschlechter ähnlich: rotbraune Grundfarbe mit hellem Bauch und schwarzen Abzeichen an Kopf, Hinterteil und Fersen („Schwarzfersenantilope"), Schwanz buschig mit weißer Unterseite.
- **Fortpflanzung & Entwicklung:** Tragzeit 6½–7 Monate, ein Jungtier von 4–5,5 kg, Geschlechtsreife mit einem Jahr, Lebenserwartung ca. 15 Jahre.
- **Nahrung:** Gräser, Laub, Blüten, Früchte.
- **Lebensraum & Lebensweise:** V.a. im Buschland, sehr gesellig in Haremsstruktur: ein Bock mit bis zu 50 (selten sogar 100) Weibchen, Junggesellenverbände bis 30 Tiere.
- **Bestand und Beobachtungsmöglichkeiten:** Im ganzen Verbreitungsgebiet von Kenia bis Südafrika sehr häufig und überall dort zu beobachten, wo es reichlich Nahrung in offenem Buschland gibt.

Gazellen

Eine recht einheitliche Unterfamilie der Antilopen, von der es neben einem Dutzend Arten in Afrika und Arabien auch vier in Asien gibt.

- **Körpermerkmale:** Verhältnismäßig klein (Gesamtlänge 110–200 cm, Schulterhöhe 60–100 cm, Gewicht 15–75 kg), Hörner nur bei Männchen oder auch bei beiden Geschlechtern (dann aber die der Weibchen deutlich kleiner), der Geschlechtsunterschied ist meist nicht sehr ausgeprägt. Farbe vorwiegend hellbraun mit hellerem Bauch und mehr oder weniger stark ausgeprägten schwarzen Abzeichen an der Seite und/oder am Hinterteil.
- **Fortpflanzung & Entwicklung:** Tragzeit fünf bis sieben Monate, ein (bei einigen Arten auch zwei oder drei) Jungtiere von 2–5 kg Gewicht, Geschlechtsreife mit ein bis zwei Jahren, Lebenserwartung ca. 15 Jahre.
- **Nahrung:** Vorwiegend Gräser und Kräuter, doch einige auch auf Laub, Knospen und Blüten von Sträuchern spezialisiert.
- **Lebensraum & Lebensweise:** Von Halbwüste und offener Grassavanne bis Buschland, jede Art mit anderen Ansprüchen, meist in kleinen Gruppen, doch auch in gemischten Herden bis zu 700 Tieren.
- **Bestand und Beobachtungsmöglichkeiten:** Alle Gazellen haben verhältnismäßig begrenzte Verbreitungsgebiete. Die drei vorwiegend in Ostafrika lebenden Arten sind stellenweise häufig zu sehen: die **Thomson-Gazelle** (*Gazella thomsoni*, engl. *Thomson's Gazelle*) nur östlich des Victoria-Sees in Kenia und Tansania (im Serengeti-Ökosystem sehr zahlreich), die **Grant-Gazelle** (*Gazella granti*, engl. *Grant's Gazelle*) ebenfalls in diesen beiden Ländern, mit insgesamt größerem Verbreitungsgebiet, aber nie ganz so zahlreich, die **Giraffen-Gazelle** (*Litocranius walleri*, engl. *Gerenuk*) nur noch in der Enduimet Wildlife Management Area.

Vögel (Binnenland)

Von weit über 1000 Vogelarten im östlichen Afrika sollen nur die auffallenden und für „normale" Safari-Touristen interessanten vorgestellt werden.

Strauß

Von diesen Laufvögeln gibt es in Afrika nur eine Art.

Afrikanischer Strauß – Ostrich (Struthio camelus)

Bis 2,5 m hoch (größter lebender Vogel), Männchen schwarz und weiß mit auffallender Hals- und Beinfarbe (blaugrau oder rot), Weibchen und Jungvögel graubraun. Weit verbreitet in offenem Grasland wie im Busch. Regelmäßig in fast allen Reservaten des östlichen Afrika anzutreffen. Männchen an Brut und Aufzucht der Jungen sehr aktiv beteiligt. Nahrung: Viele Teile von Pflanzen (Blätter, Früchte), aber auch Insekten, Reptilien und andere Kleintiere. Für gewöhnlich monogam, aber auch ein Hahn mit zwei oder drei Hennen. 15–20 Eier (etwa 15 cm lang, 12 cm dick) in einem Gelege, Brutdauer ungefähr 40 Tage.

Afrikanischer Strauß

Pelikane und Kormorane

Zu dieser Gruppe gehören **drei am Wasser lebende Vogelfamilien,** die sich von Fischen ernähren, beim Fischfang aber ganz unterschiedliche Methoden anwenden: „Netzfang“ (Herausschöpfen mit großem Schnabel) beim Pelikan, Ergreifen einzelner Fische mit dem Hakenschnabel beim Kormoran, „Speeren“ der Beute mit dem spitzen Schnabel beim Schlangenhalsvogel.

Rosa- und Rötelpelikan (Pelecanus onocrotalus u. Pelecanus rufescens)

Sehr große weiße Wasservögel (Länge 130–180 cm, Flügelspannweite annähernd 3 m) mit kurzen Beinen und Schwimmflossen, ziemlich langen Hälsen und sehr großen Schnäbeln. Weiß, in der Brutzeit schwach lachsfarbig (Rosapelikan) bzw. blassgrau (Rötelpelikan) in der Grundfärbung, recht gesellig vor allem in der Brutzeit, fangen Fische mit Hilfe ihres riesigen Schnabels und eines stark dehnbaren „Kehlsacks“ als Wasser- und Fischbehälter. In ganz Afrika an Küsten und Seen anzutreffen.

Zwei Kormoran-Arten sind im östlichen Afrika regelmäßig an fischreichen Seen und Flüssen anzutreffen: der **Weißbrustkormoran** *(Phalacrocorax carbo)* (Länge knapp 1 m) und die **Riedscharbe** *(Phalacrocorax africanus)* (bis 60 cm). Farbe schwarzbraun mit weißen Partien oder dunkelbraun. Schwanz der Riedscharbe sehr lang.

Schlangenhalsvogel (Anhinga rufa)

Sehr lang gestreckt (91 cm), dünner, langer Hals mit 24 Wirbeln. Mit dem spitzen, dünnen Schnabel werden Fische aufgespießt. Erwachsene Vögel mit kastanienbraunem Hals, Jungvögel wesentlich blasser.

Pelikane, Kormorane und Schlangenhalsvögel brüten oft in mehr oder weniger großen Kolonien auf dem Boden oder auf trockenen Bäumen.

Die Tierwelt Ostafrikas

np012 Foto: pr

Reiher

Verhältnismäßig große, **schlanke Stelzvögel** mit langem, spitzem Schnabel, meist an flachen Gewässern, in Sümpfen, gelegentlich auch auf Grasflächen auf der Suche nach Fischen, anderen Wassertieren, Insekten und auch Mäusen und anderen Nagern. Brut meist in großen Kolonien auf Bäumen.

Grau- und Schwarzkopfreiher (Ardea cinerea und Ardea melanocephala)

90–100 cm lang, graues, stellenweise weißes Gefieder, beim etwas kleineren Schwarzkopfreiher schwarzer Kopf und Hals. Graureiher meist am Wasser, Schwarzkopfreiher häufiger auch in Grasland anzutreffen.

Goliathreiher (Ardea goliath)

Mit 140–155 cm der größte Reiher, Kopf, Hals und Unterseite kastanienbraun. Der ähnliche **Purpurreiher** ist viel kleiner und hat eine schwarze Kappe.

Neben dem rund 90 cm hohen **Silberreiher** *(Egretta alba)* (erkennbar an der Größe, dem gelben Schnabel und schwarzen Füßen) gibt es noch drei andere, deutlich kleinere weiße Reiherarten: **Mittelreiher** *(Egretta intermedia)* (rund 65 cm hoch, schwarze Beine, gelber Schnabel), **Seidenreiher** *(Egretta garzetta)* (55–60 cm, schwarzer Schnabel, schwarze Beine, gelbe Zehen) und **Kuhreiher** *(Ardeola ibis)* (50–55 cm, in der Brutzeit Krone, Brust und Rücken leicht beige, sonst ganz weiß, Schnabel und Beine gelblich oder fleischfarben). Kuhreiher begleiten gerne große Weidetiere (Elefanten, Büffel) und fangen von deren Füßen aufgescheuchte Heuschrecken, sitzen aber auch zum Insektenfang gerne auf den Huftieren (auch Hausrindern). Die etwa gleich großen **Rallenreiher** *(Ardeola ralloides)* sind beige-braun, zeigen im Flug aber ihre völlig weißen Flügel.

Nachtreiher (Nycticorax nycticorax)

Etwa 60 cm hoch, verhältnismäßig gedrungen, schwarzweiß, Jungvögel braun. Hauptsächlich nachtaktiv, tagsüber ruhig am Rande der Gewässer stehend.

Glockenreiher (Egretta ardesiaca)

Bis 66 cm hoch, gedrungen, dunkelgrau mit gelben Zehen. Tagsüber am Rand von Gewässern auf Nahrungssuche, lokal verbreitet (z.B. Chobe National Park in Botswana).

Mangrovenreiher (Butorides striatus)

Mit ca. 40 cm deutlich kleiner, grünschwarzer Kopf und Rücken, Unterseite grau.

Gewöhnlich in eine eigene Vogelfamilie wird der **Hammerkopf** *(Scopus umbretta)* gestellt, der Ähnlichkeiten mit Reihern und Störchen zeigt. 55–65 cm hoch, dunkelbraun, mit auffallender Haube und relativ klobigem Schnabel. Lebt an kleinen Flüssen und Bächen und baut in großen Bäumen ein riesiges (bis über 1 m Durchmesser) Kugelnest aus Zweigen, Schilf und anderem Pflanzenmaterial. Drei bis sechs Eier, die etwa drei Wochen bebrütet werden, Jungvögel bleiben ca. sieben Wochen in ihrer Bruthöhle. Nahrung: Wasserinsekten, Krebse, Würmer, Fische, Amphibien.

Störche und Ibisse

Neben dem europäischen **Weißstorch,** der im europäischen Winter in Süd- und Ostafrika als Zugvogel (= lokaler Sommergast) anzutreffen ist, gibt es Storchenarten, die häufig **(Marabu),** regelmäßig **(Nimmersatt, Sattelstorch)** oder selten **(Klaffschnabel)** zu sehen sind. Scheu und zurückgezogen in den Sümpfen lebt der **Schuhschnabel.**

Sattelstorch (Ephippiorhynchus senegalensis)

Mit rund 170 cm Höhe der größte und wegen seiner auffälligen Färbung (schwarzweiß mit rot-schwarz-gelbem Schnabel und roten Fersengelenken) auch der schönste und prächtigste aller Störche. Gewöhnlich paarweise in der Nähe von Gewässern anzutreffen, auf der Suche nach Reptilien, Amphibien, Mäusen und anderen Kleintieren.

Neben dem europäischen **Schwarzstorch** *(Ciconia nigra)*, der nur selten als Sommergast im östlichen Afrika zu sehen ist, gibt es drei andere vorwiegend schwarze oder dunkelbraune Störche, die alle etwa 80–90 cm hoch sind: **Wollhalsstorch** *(Ciconia episcopus)* („wolliger" weißer Hals, Schnabel dunkel mit rötlicher Spitze, Beine dunkelgrau bis fleischfarben), **Abdimstorch** *(Ciconia abdimii)* (auffallender weißer Bauch, Bronzeschimmer auf dem Rücken, blaues Gesicht, ähnlich dem Schwarzstorch, aber kleiner und ohne dessen rote Beine und Schnabel) und den **Klaffschnabel** *(Anastomus lamelligerus)* (braunschwarz, Schnabel klafft hinter der Spitze auseinander).

Marabu (Leptoptilos crumeniferus)

Bekanntester und am häufigsten (am Aas, wo er den Geiern Konkurrenz macht, und an Müllhalden) anzutreffender Storch in Afrika, 150–160 cm hoch, schiefergrau mit weißem Bauch, weiße, flaumige Halskrause an der Basis des nackten, fleischfarbenen Halses, Erwachsene mit großem (bis 50 cm langem), luftgefüllten Kehlsack und einer rötlichen Blase im Nacken, Schnabel kräftig. Große Nester auf Bäumen (allein oder in kleinen Kolonien). Nahrung: Aas, Insekten, Reptilien, aber auch Vögel und kleine Säugetiere.

Afrikanischer Nimmersatt (Ibis ibis)

Mittelgroß (95–105 cm) mit vorwiegend weißem Gefieder, Flügel und Schwanz schwarz, Gesicht nackt und rot, kräftiger Schnabel leicht gebogen und gelb, vorwiegend an Gewässern anzutreffen.

Schuhschnabel (Balaeniceps rex)

Einer der scheuesten und seltensten afrikanischen Störche, mit 150 cm relativ groß, aber v.a. durch den klobigen Schnabel mit Hakenspitze auffallend. Gefiederfarbe graublau, Schnabel grün-grau marmoriert, lebt nur an wenigen Stellen Afrikas tief in Papyrussümpfen vom Sudan über Uganda, Kongo, Ruanda, Tansania bis Sambia. In Tansania nur im Moyowosi-Reservat zu beobachten.

Afrikanischer Löffler (Platalea alba)

Ca. 90 cm, ganz weiß, nacktes Gesicht und vorne löffelartig verbreiterter Schnabel, Beine rot (der Europäische Löffler, der als Wintergast in Ostafrika vorkommen kann, hat ein gefiedertes Gesicht und schwarze Beine).

Heiliger Ibis (Threskiornis aethiopicus)

Ca. 75 cm, weißes Körpergefieder, Kopf und nackter Hals sowie Schwanz schwarz, Füße dunkel, nicht nur an Gewässern, sondern auch auf Feldern und in Parks auf Nahrungssuche (Insekten, kleine Wirbeltiere) zu beobachten, lokal häufig.

np013 Foto: pr

Sattelstorch

Hagedasch (Hagedashia hagedash)

Ca. 75 cm, Gefieder graubraun mit metallisch-grünem Schimmer auf Flügeln, lauter, sehr auffallender quäkender Ruf. Relativ häufig an Sümpfen und flachen Gewässern.

Flamingos

Zwei Flamingoarten kommen zum Teil in riesigen Scharen (Nakuru-See Kenias mit bis zu 1,5 Millionen Vögeln, Zigtausende auch am Bogoria-See, vielleicht 30.000 im Ngorongoro-Krater) an Seen in Ostafrika vor. Dabei ist der **Zwergflamingo** immer wesentlich zahlreicher als der etwas größere **Rosaflamingo,** der auch in Südeuropa (Spanien, Südfrankreich, Griechenland) zu sehen ist.

Rosaflamingo (Phoenicopterus ruber)

140–150 cm, weißes Gefieder mit leichtem Hauch von Rosa, Schnabel rot mit schwarzer Spitze. An den Seen des ostafrikanischen Grabens einigermaßen häufig, weiter südlich seltener. Nahrung: vorwiegend kleine Krebstiere und Würmer, die mit dem Sieb am Schnabelrand aus dem Bodengrund geseiht werden.

np014 Foto: pr

Rosaflamingos

Zwergflamingo (Phoeniconaias minor)

Rund 100 cm hoch, Gefiederfarbe viel dunkler, Schnabel karminrot mit schwarzer Spitze. Sehr häufig an ostafrikanischen Seen, zwischen denen er aber über Hunderte von Kilometern hin und her fliegt. Brut nur an wenigen Stellen, z.B. am Lake Natron im Norden Tansanias. Nahrung: Vorwiegend Algen und viel kleinere Nahrungspartikel, die dank des sehr feinen Schnabelsiebs auch von der Wasseroberfläche aufgenommen werden können. Riesige Zahlen im Arusha National Park am Big Momella Lake, auch im Ngorongoro-Krater und Manyara National Park vorkommend.

Enten und Gänse

An den Gewässern des östlichen Afrika ist nur eine Art der Entenvögel regelmäßig anzutreffen und auffallend: die Nilgans. Andere Arten sind seltener und schwerer zu identifizieren.

Nilgans (Alopochen aegyptiaca)

60–70 cm, Gefieder braun bis graubraun mit weißen Schultern, fast immer paarweise an vielen Gewässern (Seen, Tümpeln, Bächen, Flüssen), sehr häufig im gesamten östlichen und südlichen Afrika.

Sporengans (Plectropterus gambensis)

Bis 102 cm, Gefieder schwärzlichbraun mit weißer Bauchpartie, rosaroter Schnabel mit angrenzend rot gefärbtem Kopf, männliche Tiere mit rotem Sporn am Kopf-Schnabel-Übergang. Deutlich größer als die Nilgans. An Wasser gebunden, v.a. in Überschwemmungsgebieten sehr verbreitet (Okavango-Delta in Botswana, Kafue-Sümpfe in Sambia).

Kapente (Anas capensis)

35 cm groß, graubraun marmoriert, mit auffallend rotem Schnabel und hellem Kopf, relativ häufig.

Gelbschnabelente (Anas undulata)

Verhältnismäßig groß (50 cm), graubraun, auffallend gelber Schnabel, recht häufig an Seen und in Sümpfen.

Rotschnabelente (Anas erythrorhyncha)

Etwa gleich groß wie vorige Art (48 cm), grau, auffallend roter Schnabel, streckenweise häufig an Seen und in Sümpfen.

Witwenpfeifente (Dendrocygna viduata)

46 cm hoch, aufrechter stehend als andere Enten und Gänse, Gesicht weiß, Flanken schwarzweiß gemustert, Rücken rötlichbraun, außerhalb der Brutzeit in Scharen von 30 und mehr. Zu erkennen auch an den hellen pfeifenden Rufen.

Glanzgans (Sarkidiornis melanotos)

Ca. 50 cm, auffallend schwarzweiß, Männchen mit schwarzem Höcker auf dem Schnabel, stellenweise häufig.

Greifvögel

Die Fülle der Greifvögel - angefangen von acht Arten von Geiern über eine große Zahl von Adlern, Bussarden, Habichten bis hin zu kleinen Falken - ist überwältigend.

Sekretär (Sagittarius serpentarius)

Etwa 100 cm hoch, ein ans Bodenleben angepasster Greifvogel mit langen Stelzenbeinen, blassgrau, sehr langer Schwanz und auffallende Federhaube, im offenen Grasland Reptilien (insbesondere Schlangen), Nagetiere und große Insekten jagend, einzeln oder paarweise.

Geier

Die häufigsten Geier am Riss von Löwen und anderen sind der **Weißrückengeier** *(Gyps africanus)* (einheitlich braun, weiße Halskrause auf dem Rücken, 80–85 cm) und der **Sperbergeier** *(Gyps ruppelli)* (ebenfalls braun, leicht gestreift, etwas größer). Vereinzelt in Geieransammlungen zu sehen ist der **Wollkopfgeier** *(Trigonoceps occipitalis)* (80–85 cm, mit weißem Hals, sehr dunklem Körper und weißen Flügelspitzen, Schnabel blau und rot). Etwas häufiger, aber meist etwas abseits von den größeren Geiern ist der kleine **Kappengeier** *(Necrosyrtes monachus)* (70 cm, einheitlich dunkelbraun, beigebraune „Haube" aus Flaum, nacktes Gesicht fleischrot) anzutreffen. Sehr selten einzeln zu sehen ist der **Schmutzgeier** *(Neophron percnopterus)* (ca. 70 cm, schmutzig weiß mit gelbem Gesicht und schwarzen Flügel- und Schwanzspitzen). Selten ist die größte Art: der **Ohrengeier** *(Torgos tracheliotos)* (über 100 cm, mit massigem Schnabel, nackter, faltiger Hals und Kopf dunkelrot). Nahrung der Geier: fast ausschließlich Aas großer Tiere, Schmutzgeier auch Straußeneier (die sie mit Steinen knacken) und in der Nähe menschlicher Ansiedlungen auch Müll. Rein vegetarisch ernährt sich der seeadlerartige **Palmengeier** *(Gypohierax angolensis)*, der sehr sporadisch auftritt und zu beobachten ist.

np016 Foto: pr

np015 Foto: pr

Adler

Häufigster und auffallendster Adler des östlichen Afrika (Wassernähe vorausgesetzt) ist der **Schreiseeadler** *(Haliaeetus vocifer)* (75 cm, Kopf, Brust, Rücken und Schwanz weiß, Bauch und Schultern rotbraun, Flügel schwarz, Gesicht und Beine gelb, stets am Wasser, Nahrung: Fische und Wasservögel). Relativ häufig sind **Raubadler** *(Aquila rapax)* (65–75 cm, einheitlich hell- bis dunkelbraun) und **Gaukler** *(Therathopius ecaudatus)* (60–65 cm, sehr kurzer Schwanz, Gesicht und Beine rot, Körpergefieder schwarz und grau, Rücken rotbraun, häufig am Himmel kreisend zu sehen). Gelegentlich zu sehen sind **Schopfadler** *(Lophaetus occipitalis)* (50–55 cm, schwarzbraun, mit langen Schopffedern, oft auf Warte sitzend), **Kampfadler** *(Polemaetus bellicosus)* (75–85 cm, dunkel mit heller, gesprenkelter Brust, leichte Haube), **Kaffernadler** *(Aquila verreauxii)* (75–85 cm, schwarz mit weißen Abzeichen auf dem Rücken, selten in felsigem Gelände, z.B. im Matopos National Park Simbabwes), **Steppenadler** *(Aquila nipalensis)* (75 cm, schwarzdunkel mit orangegelber Schnabelpartie, in der Kalahari lokal häufig) und verschiedene **Schlangenadlerarten.**

Bild li.: Schreiseeadler,
Bild re.: Kronenkranich

Sonstige Greifvögel

Andere relativ häufige und auffällige Greifvögel: **Schwarzer Milan** *(Milvus migrans)* (fahlbraun mit auffallend gegabeltem Schwanz, Schnabel gelb, wohl der häufigste Greifvogel in Afrika, oft auch in Städten zu sehen), **Gleitaar** *(Elanus caeruleus)* (30–35 cm, hellgrau oben, weiß unten, weißer, leicht gegabelter Schwanz und schwarze Schultern, in recht niedriger Höhe über das Grasland fliegend auf der Suche nach Nagetieren), **Schakalbussard** *(Buteo rufofuscus)* (50–60 cm, Oberseite schiefergrau bis fast schwarz, Schwanz rotbraun, Brust fast weiß, Bauch hell, leicht gesprenkelt, häufig auf Telegrafenmasten oder ähnlichen Warten sitzend), **Heller** und **Dunkler Singhabicht** (*Melierax canorus* und *M. metabates*) (50–63 cm, hell- bzw. dunkelgrauer Habicht mit gesperberter Brust und orangeroten Zehen bzw. Schnabelansatz) und die **Afrikanische Rohrweihe** *(Circus ranivorus)* (45–50 cm, dunkel- bis rötlichbraun, niedrig über Sümpfen oder Grasflächen fliegend).

Sonstige Vögel

Hühnervögel

Die meisten Hühnervögel (Frankoline, Perlhühner, Wachteln) sind nur kurz zu sehen und kaum zu bestimmen. Zwei Arten fallen auf und sind leicht von den anderen zu unterscheiden: das **Swainsonfrankolin** *(Francolinus swainsonii)* (knapp 39 cm, mit nackter, auffallend roter Kehle, die häufigste und auffälligste Art, vorwiegend in offenem Buschland) und das **Helmperlhuhn** *(Numida meleagris)* (45–55 cm, schiefergrau mit weißen Flecken, auffallender „Helm" auf dem Kopf, Gesicht blau, oft in kleinen Gruppen in Buschland anzutreffen). Regelmäßig kann auch die **Wachtel** *(Coturnix coturnix)* (18 cm, brauntarnfarben mit kleinen hellen Streifen) beobachtet werden.

Kraniche

Von den weltweit 14 Kranicharten ist nur eine überhaupt nicht gefährdet und als beliebter Parkvogel jedem Kind bekannt: der **Kronenkranich** *(Balearica pavonina)* (gut 100 cm hoch, unverkennbar durch die „Krone" aus goldgelben, borstenähnlichen Federn, die samtartig schwarze Stirn sowie weiße und rote Hautlappen im Gesicht, graues bis schwarzes Grundgefieder mit rotbraunen und weißen Partien an den Flügeln, meist paarweise auf offenen Ebenen, Feldern oder in Sümpfen). Seltener und nur lokal verbreitet ist der **Klunkerkranich** *(Bugeranus carunculatus)* (gut 125 cm, blassgrau mit weißem Hals, langem Schwanz und zwei weißen, gefiederten Anhängseln – „Klunkern" – am Kopf, zwei getrennte Populationen in Äthiopien und vom Süden Tansanias nach Sambia, Nord-Botswana, Simbabwe und Natal in Südafrika).

Rallen

Von den vielen Rallen sind zwei Arten besonders auffallend: das **Kammbläss-**

huhn *(Fulica cristata)* (40–45 cm, sehr ähnlich dem europäischen Blässhuhn, weißer Gesichtsschild sowie in der Brutzeit zwei auffallende rote „Knöpfe" darüber) und das **Purpurhuhn** *(Porphyrio porphyrio)* (46 cm, blauschwarz mit rotem Schnabel und roter Stirn sowie rosa Beinen).

Trappen

Typische Bewohner des offenen Graslandes sind die Trappen. Besonders groß und auffallend ist die **Riesentrappe** *(Ardeotis kori)* (75–105 cm, vorwiegend grau, Rücken und Körper dunkler, kleiner Schopf, bei der Balz durch „Umdrehen" des Gefieders wie ein großer weißer Ball wirkend). Seltener sind drei 55–65 cm große Arten: **Rotschopftrappe** *(Eupodotis ruficrista)* (schwarze Unterseite, rötlich-beiger Schopf), **Gackeltrappe** *(Eupodotis afra)* (schwarzer Bauch und Hals, schwarzer Kopf mit weißem Wangenfleck, braune Flügelpartie, charakteristisch-schimpfender Ruf) und **Schwarzbauchtrappe** *(Eupodotis melanogaster)* (Bauch des Männchens schwarz, des Weibchens blass mit schwarzen Streifen an der Brust). Nahrung aller Trappen: Sämereien, andere pflanzliche Stoffe, Insekten und Reptilien.

Watvögel

Von der großen Zahl an Watvögeln sind drei 25–30 cm große Arten besonders häufig: am Ufer von seichten Gewässern **Spornkiebitz** *(Vanellus spinosus)* (schwarz-weiß, Rücken braun, Kappe schwarz) und **Waffenkiebitz** *(Vanellus armatus)* (schwarz, weiß und hellgrau mit weißer Kappe), an trockenen, vegetationsarmen Standorten in der Savanne Paare vom **Kronenkiebitz** *(Vanellus coronatus)* (Hals und Rücken hellbraun, Bauch weiß, Kopf schwarz mit auffallendem weißen Ring). In den Gewässern sind **Stelzenläufer** *(Himantopus himantopus)*, **Säbelschnäbler** *(Recurvirostra avosetta)* sowie etliche Arten der kleineren **Regenpfeifer** zu sehen. Auf Blättern von Seerosen laufen **Blaustirn-Blatthühnchen** oder **Jacanas** *(Actophilornis africanus)* (25–28 cm, rotbraun, Hals vorne weiß, hinten schwarz, Schnabel und Kopfschild hellblau, extrem lange Zehen, Charaktervogel des Okavango-Deltas, Botswana).

Tauben

Sehr häufig und ständig zu hören sind verschiedene Taubenarten. Die beiden auffallendsten sind **Gurrtaube** *(Streptopelia capicola)* (25 cm, graubraun, schwarzer Ring am Nacken) und **Kaptäubchen** *(Oena capensis)* (ca. 20 cm, dunkelgrau mit weißem Bauch, Männchen mit schwarzem Gesicht, sehr langer, dunkler Schwanz). Besonders attraktiv gefärbt ist die **Grüne Fruchttaube** *(Treron calva)* (30 cm, grün mit gelber Flügelpartie, roter Schnabelansatz und knallrote Zehen, selten).

Papageien

Selten, aber wegen ihrer Popularität zu erwähnen sind die Papageien. Zwei Arten sind noch am ehesten zu sehen: **Goldbugpapagei** *(Poicephalus meyeri)*

(25 cm, graubraun, mit grünem Bauch, gelb an Kopf und Flügelbug, weit verbreitet, aber immer nur stellenweise vorhanden) und **Rosenpapagei** *(Agapornis roseicollis)* (17–18 cm, orange-roter Kopf, sonst grünlich gefärbt, selten und nur lokal in der Baumsavanne und in Galeriewäldern vorkommend).

Eulen und Nachtschwalben

Von drei Uhu-Arten ist am ehesten der **Milchuhu** *(Bubo lacteus)* (60–70 cm, braun-grau, mit heller Brust, Gesichtsfeld weißlich mit schwarzen Seitenstreifen) zu beobachten. Lokal verbreitet ist die ausschließlich nachtaktive, auf Fische spezialisierte, sehr große **Fischeule** *(Scotopelia peli)* (63–65 cm, dunkelbraun mit heller Brust, keine Federohren). Auch tagsüber aktiv ist der **Perlkauz** *(Glaucidium perlatum)* (15–18 cm, dunkelbraun mit hellen Punkten, Brust weiß mit braunen Punkten).

Häufig bei Nachtfahrten zu sehen, aber schwer zu bestimmen sind die verschiedenen Arten von **Nachtschwalben,** die sich vorwiegend von Insekten ernähren, die sie im Flug fangen.

Rackenvögel

Zu den attraktivsten Vögeln Afrikas gehören verschiedene Gruppen der Rackenvögel: neben den eigentlichen Racken die vielen schönen Fischer (Eisvögel) sowie etliche Bienenfresser, Nashornvögel und Hopfe. Am häufigsten zu beobachten ist die **Gabelracke** *(Coracias caudata)* (40–45 cm, Oberseite braun, Rumpf und Kopf ultramarin, Kehle und Brust lila, lange Schwanzspitzen an beiden Seiten). Fast ausschließlich an Gewässern gehen der **Malachiteisvogel** *(Alcedo cristata)* (14 cm, Kopf und Oberseite dunkelblau, Bauch rotbraun, Kehle weiß, Schnabel rot; sehr ähnlich ist der **Zwergfischer,** überwiegend blau gefärbt der **Kobalteisvogel**) und der **Graufischer** *(Ceryle rudis)* (25 cm, schwarzweiß, Schwanz verhältnismäßig lang, sehr häufig an Gewässern) auf die Jagd, dagegen jagt der **Braunkopfliest** *(Halcyon albiventris)* (24 cm, Kopf braun, Rücken schwarz, Oberseite hellblau, Bauch orangebraun, Kehle hell, Schnabel rot) auch in der Savanne Insekten. Darin ähnelt er den diversen Bienenfressern wie **Schwalbenschwanzspint** *(Merops hirundineus)* (22–24 cm, sehr lange, schwalbenartig gegabelte Schwanzfedern, Oberseite grün, Schwanz blau, Kehle gelb mit blauem Streifen, Bauch grünblau), **Karminspint** *(Merops nubicoides)* (33–38 cm, sehr großer, karminfarbener, auffälliger Bienenfresser, Kehle karmin- bis pinkfarben, Kopf türkisblau), **Weißstirnspint** *(Merops bullockoides)* (22–24 cm, Stirn und obere Kehle weiß, untere Kehle rot, Oberseite grün, Schwanz grün) und **Zwergspint** *(Merops pusillus)* (15 cm, Schwanz gerade, Oberseite grün, Bauch braun, Kehle goldgelb – die kleinste Art der Bienenfresser, recht häufig). Häufigste Arten der Hornvögel sind **Rotschnabeltoko** *(Tockus erythrorhynchus)* (42–50 cm, Oberseite schwarzbraun, weiß gesprenkelt, Bauch weiß, Schnabel rot – häufig im trockenen Busch) und **Gelbschnabeltoko** *(Tockus flavirostris)* (45–55 cm, ähnlich wie

Rotschnabeltoko, aber stärker gekrümmter, gelber Schnabel), seltener und nur im Wald anzutreffen ist der **Trompeterhornvogel** *(Bycanistes bucinator)* (60–70 cm, Rücken schwarz, Bauch weiß, Schnabel mit einfachem Aufsatz silbergrau - einer von mehreren großen Nashornvögeln, der vorwiegend in Wäldern vorkommt). Sehr auffallend ist der **Hornrabe** *(Bucorvus abyssinicus)* (105–110 cm, schwarz mit weißen Flügelseiten, Gesicht und Kehle unbefiedert, mit roten und blauen Blasen, auf dem Boden Nahrung suchend). Der **Baumhopf** *(Phoeniculus purpureus)* (38–45 cm, schwarz mit grün-metallischem Schimmer, Schwanz lang und abgestuft, Schnabel rot) streift meist in Familiengruppen umher, der **Wiedehopf** *(Upupa epops)* (25–30 cm, Grundfarbe rötlich, Oberseite schwarzweiß, aufstellbare, schwarz geränderte Federhaube) ist eher ein Einzelgänger.

Spechte und Bartvögel

Spechte sind nur selten zu sehen und genau zu bestimmen, die mit ihnen verwandten Bartvögel schon eher. Lokal häufig und sehr auffallend ist der **Haubenbartvogel** *(Trachyphonus vaillantii)* (22–24 cm, rötlich-gelber Vogel mit dunkler, weiß gefleckter Oberseite und kleiner Haube).

Sperlingsvögel

Die größten und auffallendsten aus der riesigen Schar der Singvögel sind die Raben, von denen es im östlichen Afrika verschiedene Arten gibt. Stellvertretend sei der **Schildrabe** *(Corvus albus)* (45–50 cm, schwarz mit weißer Brust und Rückenpartie, ähnliche Arten mit anderen Mustern von weiß) genannt.

Sonstige

Sehr attraktiv und auch an Besuchereinrichtungen häufig zu sehen sind diverse Arten von Glanzstaren. Am häufigsten sind der **Dreifarbenglanzstar** (*Spreo superbus,* 16–19 cm, Oberseite metallisch blaugrün, Unterseite rotbraun mit weißem Brustband), der **Rotschulterglanzstar** *(Lamprotornis nitens)* (23–25 cm, ganzer Vogel metallisch blaugrün mit rotem Schulterpunkt) und der ähnliche **Grünschwanzglanzstar** *(Lamprotornis chalybaeus)* (21–23 cm), hinzu kommen einige andere blaugrüne Arten mit metallischem Schimmer, von denen der **Riesenglanzstar** *(Lamprotornis australis)* die auffälligste ist.

Auch die **Madenhacker** (häufigste Art Rotschnabel-Madenhacker, *Buphagus erythrorhynchus*) ca. 18 cm, Farbe braungrau mit hellem Bauch, Auge gelb gerandet, Bauch hell - stets auf großen Huftieren nach Insekten suchend) gehören in diese Gruppe.

Auffallend im Aussehen (meist gelbschwarz, aber auch rotschwarz) sind die Webervögel, z.B. **Textor** *(Ploceus cucullatus)* (ca. 18 cm, gelb mit schwarzem Kopf, Nacken braun), **Maskenweber** *(Ploceus vellatus)* (ca. 15 cm, dem Textor sehr ähnlich) oder der eher unscheinbare **Siedelweber** *(Philetairus socius)* (ca. 14 cm, grau, sperlingsartig, markanter schwarzer Kehlfleck, sehr lebhaftes Gezwitscher innerhalb der großen Nester), dessen riesige, in großen Bäumen befestigten Kolonienester unzählige Weberpaare beherbergen (in Trockengebieten charakteristisch). Auffallend grell gefärbt ist der orangeschwarze **Oryxweber** *(Euplectes orix)* (ca. 14 cm, neon-orange mit schwarzem Kopf und schwarzem Bauch).

Überaus attraktiv, aber wegen ihrer schnellen Bewegungen bei Blütenbesuchen sehr schwer zu bestimmen sind die verschiedenen Nektarvögel, z.B. **Bindennektarvogel** *(Nectarinia mariquensis),* ca. 14 cm, Kopfbereich grün schimmernd, Rumpf und Schwanz schwarz, rötlichblaues Bauchband.

Reptilien

Krokodile

Nur eine Art ist auf dem Schwarzen Kontinent an Flüssen und Seen weit verbreitet: das **Nilkrokodil** *(Crocodylus niloticus)* (3–5 m, 500–800 kg).

Schlangen

Überall reichlich vorhanden, nur selten zu sehen, am ehesten noch der **Felsenpython** *(Python sebae)* (4–6 m, z.T. bis 9 m). Zu den gefährlichsten Giftschlangen Afrikas gehören die **Schwarze Mamba** *(Dendroaspis polylepis)* (bis 4 m, olivbraun, gilt als aggressiv, Biss endet in der Regel tödlich), **Speikobra** *(Naja melanoleuca)* (1,2–1,5 m, Grundfarbe graubraun, richtet sich hoch auf, um ihr Gift gegen potenzielle Feinde zu spritzen), **Puffotter** *(Bitis arietans)* (0,6–1,2 m, dick und gedrungen, Grundfarbe grau bis braun mit Streifenmuster, sonnt sich gern auf Wegen und Pfaden, daher kommt es besonders leicht beim Drauftreten zu Bissen, zeichnet für ca. 60% der afrikanischen Schlangenbisse verantwortlich) und **Boomslang** *(Dispholidus typus)* (1,5–2 m, Grundfarbe sehr variabel, in der Regel grünlich, männliche Tiere bisweilen schwarzbraun mit goldfarbenem Bauch, eine Baumschlange, die in Wäldern und Baumsavanne weit verbreitet ist, sehr giftig, aber Bisse selten).

Echsen

Angehörige verschiedener **Echsen-Familien** sind gelegentlich zu sehen: in Häusern die lokale Form des tropischen **Hausgecko** *(Hemidactylus mabouia)* (15–20 cm, hell), an Felsen die **Siedleragame** *(Agama agama)* (20–30 cm, gelblichgrün bis blau mit rotem Kopf), in der Nähe von Flüssen der **Nilwaran** *(Varanus niloticus)* (bis 2 m, grünlich-grau), in Büschen das **Jackson-Chamäleon** *(Chamaeleo jacksoni)* (20–25 cm, Grundfarbe grünlich, aber sehr variabel).

Von den Schildkröten ist nur eine Art häufig zu sehen: die **Panther-Schildkröte** *(Geochelone pardalis)* (max. 70 cm, graubraun mit „Panther-Flecken“).

np059 Foto: jg

Tansanias Natur und Klima

np022 Foto: pr

tan101 Foto: pr

Gnu-Migration in der Serengeti

Gepard in den Weiten der Serengeti

In Nationalparks gelten viele Vorschriften

Naturraum

Tansania ist das **Land der Seen, Berge und Savannen** und einer **vielseitigen Tier- und Pflanzenwelt.** Weltbekannte Nationalparks wie die Serengeti und das Schutzgebiet um das Ngorongoro-Kraterhochland weisen die größte zusammenhängende Population an Wildtieren in Afrika auf. Insbesondere der Bestand an Löwen, Geparden, Leoparden und Gnus ist einzigartig und lockt jährlich Hunderttausende von Besuchern in die endlosen Weiten dieser nordtansanischen Savannen. Das Selous Game Reserve, das zweitgrößte Wildschutzgebiet Afrikas und mit der höchsten Elefantenpopulation überhaupt, ist so groß wie ganz Dänemark und erstreckt sich über den noch in weiten Teilen unerforschten Süden des ostafrikanischen Staates.

Zudem liegen in Tansanias Grenzen zwei der vier höchsten Berge des Kontinents: der 4566 m hohe Mt. Meru und der **5895 m** hohe, schneebedeckte **Mt. Kilimanjaro,** das **„Dach Afrikas".** An der Westgrenze des Landes bildet die tiefste Stelle des längsten und zweitgrößten Sees Afrikas, des **Tanganyika-Sees,** mit fast 700 m unter dem Meeresspiegel den **„Boden Afrikas".**

Zwischen diesen beiden Superlativen liegen weitere spektakuläre Naturlandschaften: Im Nordwesten reicht über die Hälfte des größten afrikanischen Sees, des **Lake Victoria,** in das tansanische Staatsgebiet hinein. Im Süden grenzt das Land über eine weite Strecke an den drittgrößten See des Kontinents, den Lake Nyasa, besser bekannt als Malawi-See. Diese Lage führt dazu, dass Tansania über die **größte Wasseroberfläche Afrikas** verfügt, zu der neben den zahlreichen anderen kleinen Seen im Innern auch die großflächigen Küstengewässer zwischen den Inseln Sansibars und dem Festland gezählt werden. Die **Inseln Sansibar, Pemba und Mafia** sind die drei größten an der ostafrikanischen Küste und gehören allesamt zu Tansania. Sie sind Teil einer langen Riffbarriere zwischen der Küste und den Tiefen des Indischen Ozeans. Die azurblauen Gewässer mit ihren traumhaften Korallengärten rund um die Inseln bieten eine der artenreichsten Unterwassertier- und -pflanzenwelten überhaupt (mehr dazu im Kapitel zu Sansibar).

Im Innern des Landes ragen gewaltige Vulkanberge aus den Ebenen, die alle ein Produkt der afrikanischen Grabenbruchaktivitäten sind. Die **Bergregionen** stehen in unmittelbarer Verbindung zu den regionalen Klimaverhältnissen. Als „Wolkenfänger" verzeichnen sie höhere Niederschlagswerte, der höheren Lage wegen herrschen mildere Temperaturen, und die vulkanischen, mineralhaltigen Böden bieten beste Voraussetzungen für eine ganzjährige Landwirtschaft. Diese vorteilhaften Bedingungen äußern sich auch in der Bevölkerungsverteilung. Hohe Populationsdichten verzeichnen die regenreichen und fruchtbaren Hügel- und Berglandschaften, etwa die immergrüne Kagera-Region im äußersten Nordwesten des Landes, die Hänge des Kilimanjaro-Massivs, die Usambara- und Uluguru-

Berge, die südlichen Highlands und das Makonde-Plateau an der Grenze zu Mosambik. Aber auch die **flachen Gebiete entlang der Seen,** v.a. rund um den Lake Victoria und an einigen Stellen des Tanganyika- und Nyasa-Sees, sowie an der Meeresküste weisen hohe Bevölkerungszahlen auf. Diese ungleiche Verteilung war bisher zum Vorteil der afrikanischen Tierwelt. Viele Gebiete lassen eine dichte Besiedlung auch gar nicht zu, etwa aufgrund zu geringer Niederschlagswerte und der wenig mineralhaltigen Böden, wie z.B. in den Ebenen des östlichen Rift Valley und der großen Maasai-Trockensavanne (Maasai-Steppe). Auch der **Miombo-Wald** (s.u.), der über 30% des Landes im Westen und Süden bedeckt, ist wegen der von der Tsetse-Fliege übertragenen Schlafkrankheit für Mensch und Vieh nicht nutzbar. Wildtiere sind dieser Krankheit nicht ausgesetzt und besitzen dadurch große Rückzugsareale vor den Menschen. Auch an die klimatischen Bedingungen des Rift Valley und der Maasai-Trockensavanne ist ein Teil der afrikanischen Tierwelt angepasst, die sich nicht nur auf die dortigen Nationalparks Manyara, Tarangire und Ruaha beschränkt. Saisonal finden **Migrationsbewegungen** zu außerhalb liegenden Weideflächen statt, die den Tieren von der Bevölkerung, in diesem Fall den Maasai, kaum streitig gemacht werden. In anderen Regionen sind jedoch in den letzten Jahren wegen des rapiden Bevölkerungsanstiegs Problemzonen speziell entlang der Nationalparks und Game Reserves entstanden (vgl. hierzu „Abholzung und Wilderei").

Geografie

Tansania liegt südlich des Äquators zwischen dem 1° und 12° südlicher Breite, womit die Nord-Süd-Ausdehnung rund 1200 km beträgt, was in etwa auch der West-Ost-Ausdehnung entspricht.

Acht Staaten grenzen an Tansania: im Norden Kenia und Uganda, im Westen Ruanda, Burundi und der Kongo und im Süden Sambia, Malawi und Mosambik. Nur der Kongo und Sudan haben in Afrika mehr Staaten als Nachbarn.

Seen und Flüsse markieren viele der natürlichen Grenzlinien Tansanias; die Grenzziehung ist kolonialen Ursprungs. Der Victoria-See trennt auf breiter Fläche Uganda von Tansania, der große Kagera River – als der „Schwarze Nil" der Hauptzufluss des Victoria-Sees – bildet die Grenze zu Ruanda. Burundi trennen die Flussoberläufe des Ruvubu und Malagarasi von Tansania. Die Westgrenze zum Kongo verläuft durch den Tanganyika-See, der zusammen mit dem Kalambo River auch einen Abschnitt der Sambia-Grenze bildet. Einer der Zuflüsse des Lake Nyasa (Malawi-See), der Songwe River, sowie der See selbst trennen Malawi von Tansania, und schließlich stellt der Ruvuma-Strom fast die komplette Grenze zu Mosambik dar. Lediglich die Grenze zu Kenia ist eine typische Kolonialgrenze, wie sie von den damaligen Mächten in vielen Regionen Afrikas ohne Rücksicht auf ethnische Zusammengehörigkeiten am Zeichenbrett ausgehandelt wurden.

Tansania ist, wie auch der gesamte Großraum Ostafrika, durch **großflä-**

tan087 Foto: jg

chige Plateaus gekennzeichnet, die in unterschiedlichen Höhenlagen das Landschaftsbild, aber auch das Klima bestimmen. Verantwortlich dafür ist eine Landmasse, die vornehmlich aus Gneis und Granit besteht und im Zeitalter des Tertiär vor 35–40 Millionen Jahren ungleichmäßig angehoben wurde und daraufhin in Schollen zerbrach, die heute eben jene Plateaus bilden. Die endgültige Herausbildung der berühmten und markanten Landschaftsformen, darunter das gewaltige Massiv des Kilimanjaro, das imposante Ngorongoro-Kraterhochland und der Tanganyika-See, ist den Aktivitäten des afrikanischen Grabenbruchsystems zuzuschreiben.

Geomorphologisch lässt sich Tansania in etwa folgende Landschaftsformen einteilen:

Inseln und Küstenvorland

Das Küstenvorland am Indischen Ozean ist eine schmale Zone von etwa 50–200 km Breite. Das **Flachland** ist durch nur leicht zerschnittene Terrassen gekennzeichnet und besteht aus **Korallenkalken,** die lehmig und auch sandig beschaffen sind. Das Gebiet lag in der Jurazeit unter Meeresspiegelniveau und hat sich über eine Lagunenlandschaft, von der heute noch die sichtbaren korallenhaltigen Flussmündungsbuchten *(creeks)* zeugen, in Jahrmillionen von Jahren zu einem zusammenhängenden Küstenvorland entwickelt. Im Verlauf dieses **Hebeprozesses** formten sich auch Korallenriffschollen, und aus dem Ozean tauchten als Inselarchipele Sansibar, Pemba und Mafia auf. Wie viel tiefer das Land einmal lag bzw. wie viel höher der Meeresspiegel einmal war, lässt sich an den terrassenartigen Erhebungen in einigen Kilometern Entfernung landeinwärts gut erkennen. Hier deuten die korallenhaltigen Hänge auf frühere Korallenriffe hin, die vom Ozean umspült waren.

Die Brandung an der Küste ist aufgrund der vorgelagerten Riffe verhältnismäßig schwach, der Gezeitenhub beträgt rund 3 m. Dennoch gräbt sich der Ozean an einigen Stellen ins Landesinnere und ganze Strandabschnitte verschwinden. Grund hierfür ist die Abholzung der Mangrovenwälder, die zuvor mit ihrem dichten Wurzelwerk das Watt und den vorgelagerten Strand „festhielten".

Das östliche Plateau

Dem ca. 800 km langen Streifen des Küstenvorlandes folgt landeinwärts ein leichter Höhenanstieg in ein **flaches Hügelland.** Dieses anschließende Plateau teilt sich in eine nordöstliche Rumpffläche und in ein **südöstliches Tiefland** mit durchschnittlichen Höhen zwischen 200 und 600 m, welches sich bis nach Mosambik erstreckt. Hier ragen einzelne Inselberge und die knapp 1000 m hohe Bruchscholle des Makonde-Plateaus aus der Ebene. Das südliche Tiefland wird westlich, nach der Senkungsebene des nur 250 m hohen und sumpfigen Kilombero Valley, von der kristallinen Bergkette der über 2000 m hoch aufsteigenden **Southern Highlands** begrenzt. Diese Barriere schiebt sich wie ein Keil zwischen das südöstliche Tiefland, das zentraltansanische Plateau und die nordöstliche Rumpffläche. Diese besondere Reliefgestaltung Südtansanias behinderte lange Zeit die wirtschaftliche und verkehrstechnische Entwicklung. Zwar ließen die guten Naturhäfen, wie Kilwa, Lindi und Mikindani, das heutige Südosttansania an den frühen Handelskontakten mit Arabern und Persern teilhaben, doch stellte die Hochland-Randstufe der Southern Highlands mit ihren steil aufragenden Escarpment-Wänden ein nicht zu überwindendes Hindernis zum südlichen Zentral-Tansania dar. Sie wurde daher im Norden und Süden umgangen, und erst mit dem Bau der Ta-Za-Ra-Eisenbahn in den 1970er Jahren gelang es, mit Hilfe zahlreicher Brücken und Tunnels das Iringa-Hochland frontal anzugehen.

Der nördliche Teil des östlichen Plateaus, die **nordöstliche Rumpffläche,** geht westlich in die große, knapp 1000 m hoch gelegene Maasai-Trockensavanne (Maasai-Steppe) über und weist hohe Gebirgszüge wie die Nguru Mountains, Usambara Mountains, Pare Mountains und Lossogonoi Mountains auf, allesamt Ergebnisse der afrikanischen Grabenbruchaktivitäten.

Das afrikanische Grabenbruchsystem

Das afrikanische Grabenbruchsystem erstreckt sich vom Roten Meer durch Äthiopien bis zum Sambesi-Fluss in Mosambik, wobei nach neuesten Forschungen ein zweiter Vorsatz noch wei-

Kanu-Safari auf dem Lake Manyara

ter südwestlich bis in das Damaraland von Namibia verlaufen soll. Der ca. **4500 km** lange „Riss in der Erdkruste" legt die Vermutung nahe, dass sich der östliche Teil Afrikas in ferner Zukunft vom großen Kontinent abtrennen wird, ähnlich wie dies vor Millionen von Jahren mit Madagaskar geschehen ist.

Entstanden ist der Grabenbruch durch gewaltige unterirdische Kräfte, die vor rund 18 Millionen Jahren begannen und die Erdkruste aufspalteten, wobei die aufgerissenen Erdteile mit in den Riss sanken und geschmolzenes Gestein in vulkanischen Eruptionen an die Oberfläche drang. Noch heute ist dieser Prozess nicht abgeschlossen, wie zahlreiche tätige und halbtätige Vulkane sowie heiße Quellen beweisen, die große Mengen Natriumcarbonat ausspeien und viele Seen im Grabenbruch in alkalische Gewässer oder ätzende Soda-Seen verwandeln.

Betrachtet man eine Karte von Tansania, lässt sich diese Naturgewalt an der langen Kette der nicht-alkalischen Seen Albert, Edward, Kivu, Tanganyika und Malawi eindrucksvoll nachvollziehen,

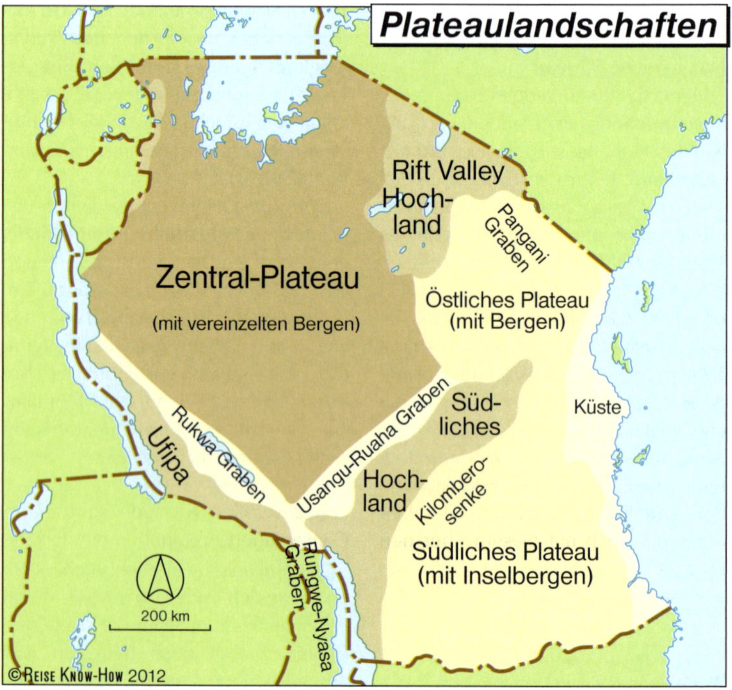

ein Abschnitt, der gemeinhin als **zentralafrikanischer Grabenbruch** (Central oder auch Western Rift Valley) bezeichnet wird und die kulturelle und sprachliche Barriere zwischen Ost- und Zentralafrika markiert. Beim Prozess des Auseinanderdriftens sind hier gigantische Gräben entstanden, an deren Rändern sich große Bergketten erhoben. Am Malawi-See sind die fast senkrecht vom Seeufer über 2000 m aufragenden **Livingstone Mountains** ein eindrucksvolles Beispiel für diese gewaltigen Erdkräfte, die einst im östlichen Afrika wüteten. Die tiefste Stelle des Grabenbruchs liegt jedoch im Norden des über 1400 m tiefen **Tanganyika-Sees.** Hier ragen auf kongolesischer Seite die Monts Mitumba 2500 m in die Höhe, was einen fast 4000 m tiefen Graben ergibt und damit die größte Schlucht aller kontinentalen Schluchten – die Vorstellung, dieser Graben wäre nicht durch den Tanganyika-See aufgefüllt, ist schwindelerregend.

Im Norden Kenias gabelt sich ein weiterer Riss vom großen Grabenbruch ab: das **Ostafrikanische Rift Valley.** Dieser östlichere Zweig, der das kenianische Hochland eindrucksvoll durchschneidet, zieht sich, von kleinen Unterbrechungen abgesehen, durch das zentrale Tansania und trifft im Bereich der Southern Highlands bei den Bergen Mbeyas wieder auf den zentralafrikanischen Ast, wo er sich mit diesem über den **Nyasa-Graben (Malawi-See)** nach Süden fortsetzt. Damit ist Tansania das einzige afrikanische Land, welches sowohl vom zentral- als auch vom ostafrikanischen Grabenbruch gezeichnet ist.

Hinzu kommt, dass das östliche Rift Valley in Tansania nicht nur aus einem Graben besteht, sondern mehrere Verästelungen unterschiedlicher Ausprägung aufweist. Auch hier deuten Seen auf den Verlauf des Rift Valley hin, alkalische Seen, die jedoch im Gegensatz zu denen im zentralafrikanischen Grabenbruch sehr flache und saisonal in ihrer Größe variierende Gewässer sind. Von der kenianischen Seenkette (Nakuru, Elementaita, Naivasha und Magadi) setzt sich im Norden Tansanias der **Hauptzweig des Rift Valley** über **Natron-, Manyara-See** und die zwei **Balangida-Seen** bis zu den Bahi Swamps zwischen Manyoni und Dodoma fort. Versetzt beginnt dann südöstlich der Hauptstadt die Bruchstufe des Fufu Escarpment, die südwestwärts entlang der knapp 100 m hohen Bruchstufe des **Ruaha-Grabens** bis zu den Bergen der Mbeya Range verläuft und auf den **Rukwa-Nyasagraben** stößt.

Die deutlichste Ausprägung verzeichnet das ostafrikanische Rift Valley jedoch im Norden, wo einige Grabenwände bis zu 1000 m steil abfallen. Hinzu kommt, dass hier mächtige Vulkanberge aus dem „Grabenboden" ragen, wie der Mt. Hanang, Mt. Gelai oder der „Gottesberg der Maasai", der **Ol Doinyo Lengai** – der **letzte noch aktive Vulkan des Rift Valley.**

Im Bereich der heutigen Ngorongoro Conservation Area haben die vulkanischen Aktivitäten an der Bruchstelle des Rift Valley ein riesiges Kraterhochland entstehen lassen (der berühmte Ngorongoro-Krater befindet sich hier!), von dem in südwestlicher Richtung der **Eya-**

si-Graben durch den gleichnamigen See entlang der Irembe-Bruchstufe bis zum Wembere Swamp zwischen Tabora und Singida reicht (vgl. auch bei der Ngorongoro Conservation Area: „Entstehung des Kraterhochlandes").

Ein dritter, kaum sichtbarer Zweig ist der sogenannte **Pangani-Graben,** der vom **Kilimanjaro** (zur Geografie siehe Kapitel zum Kilimanjaro) über die kristalline Bergkette der Pare Mountains und Usambara Mountains reicht. Hier haben sich durch stärkere Heraushebung einzelner Schollen an den Grabenflanken Rumpfberg- und Hügelländer entwickelt, **Gebirgsformationen,** die bereits zum östlichen Plateau gezählt werden und allesamt höher als 2000 m liegen: Nguru, Uluguru, Kibriani, Rubeho, Udzungwa und Mahenge Mountains.

Das zentraltansanische Plateau

Das zentraltansanische Plateau ist eine **mächtige Granitplatte,** welche sich vom östlichen Grabenbruchzweig bis zum Rukwa- und Tanganyikagraben erstreckt. Die Hochebene liegt durchschnittlich auf knapp 1200 m Höhe und reicht vom Norden Ugandas bis zu den Bergen Mbeyas im Süden. In der Mitte dieses Plateaus erstreckt sich eine riesige, aber nicht sehr tiefe Senke, die das Auffangbecken einer Vielzahl von Flüssen und Bächen der innerostafrikanischen Region bildet: der 1134 m hoch gelegene **Victoria-See.** Im Osten des „afrikanischen Mittelmeeres" umfasst diese geologische Einheit auch die Savannen und Flussläufe der **Serengeti.** Westlich des Victoria-Sees ragen Schollenbergländer wie das Kamachumu-Plateau aus der Hochebene, die über die Western Rift Valley Highlands der Staaten Burundi und Ruanda zum zentralafrikanischen Grabenbruch übergehen.

Südlich des Victoria-Sees beginnt schließlich eine weite trockene Ebene, im Swahili **Nyika** genannt, die kaum Erhebungen aufweist und auf der sich endlose Buschsavannen und flächendeckende Trockenwälder erstrecken. Diese Ebene umfasst im Westen die großen Sumpf- und Seengebiete entlang des Moyowosi- und Malagarasi-Flusses und reicht im Südosten bis zu der Ruaha-Bruchstufe und im Südwesten bis zu dem großen Rukwa-Graben, der knapp 300 m tiefer verläuft und sich von den Sumpfebenen des Katavi National Park bis zu den Poroto Mountains südlich von Mbeya erstreckt. Auf der anderen Seite des Grabens erhebt sich die durchschnittlich 1800 m hohe Rumpfscholle des **Ufipa-Plateaus,** die an der Westgrenze Tansanias am Lake Tanganyika 1000 m abfällt.

Südlich der Ruaha-Bruchstufe beginnt das Iringa-Hochland als Teil der Southern Highlands, eine an ihrem östlichen Rand stark zerschnittene Rumpffläche. Diese neigt sich leicht westwärts und fällt über eine kleinere Bruchstufe in die Usangu Flats im Südteil des Ostafrikanischen Grabens ab. Daran schließen sich die mächtigsten Erhebungen im Süden Tansanias an, wie die fast 3000 m hoch aufgewölbten Schollen der **Kipengere Range,** und Vulkanberge, wie der Mt. Rungwe (2960 m) im Nyasagraben.

Vegetationsformen

Das Spektrum der tansanischen Vegetationsformen reicht von den Extremen der **Wüste bis zum ewigen Eis** der Kilimanjaro-Gletscher. Unter dem Begriff Wüste ist jedoch keine riesige Sandfläche zu verstehen, sondern die tansanische Wüste beschränkt sich auf die alpine Wüste aus Lavageröll, die sich auf dem Kilimanjaro in über 4000 m Höhe zwischen den Gipfeln Kibo und Mawensi erstreckt. Hier wachsen nur noch vereinzelt Flechten. Die besonderen afroalpinen Vegetationsformen des Kilimanjaro, die von tropischem Regenwald über Riesenlobelien bis zu Heiden und Hochmooren reichen und an schottische Landschaften erinnern, werden im Kapitel zum Mt. Kilimanjaro National Park eingehend beschrieben.

Den Charakter einer **Halbwüste** hat in Tansania höchstens das nördliche Rift Valley im Bereich des Lake Natron, doch können auch hier die seltenen Regenfälle die Landschaft in eine grüne Savanne verwandeln.

Mehr als zwei Drittel des Landes sind von riesigen **Trockenwäldern und Savannen** überzogen. Dabei bilden die Trockenwälder die Übergangszone zwischen den Savannen und den dichten, geschlossenen **tropischen Bergregenwäldern** in den Nationalparks Gombe und Mahale am Lake Tanganyika sowie im Udzungwa Mountains National Park.

Höhere Niederschläge als in der Savanne und kürzere Dürrezeiten bewirken den verstärkten Wuchs der Baumarten des Trockenwaldes, wovon insbesondere die *Isoberlinia* und die *Brachystegia* das Landschaftsbild bestimmen. Die Brachystegia heißt auf Swahili *miombo*, woraus sich der charakteristische Name **„Miombo-Wald"** für diese Art von Waldflächen ableitet. Der Baumbestand erreicht Höhen von bis zu 15 m und ist teilweise sehr licht, der Boden ist mit flächendeckenden Gräsern und Buschwerk überzogen – eine Landschaftsform, die oft auch als Baumsavanne bezeichnet wird, wobei diese eher andere Baumarten meint. Der Miombo-Wald erstreckt sich hauptsäch-

tan089 Foto: jg

Sanje Waterfalls (Udzungwa Mountains National Park)

lich über den Westen und Süden des Landes, auf der vorderen Umschlagkarte des Buches gut zu erkennen.

Die eigentlichen **Savannenlandschaften** haben im wesentlichen **zwei Erscheinungsformen:** Die wirklich offenen und oft schier endlosen Graslandschaften bilden die **Kurzgras- und Langgrassavannen,** wobei es auch eine Übergangsform von mittelhohen Gräsern gibt, deutlich erkennbar in der Serengeti (vgl. dort); die zweite Form sind die **Baumsavannen.**

Der wohl typischste Savannenbaum ist die Akazie. Besonders die **Schirmakazie** *(Acacia drepanolobium),* mit ihrer brettflachen Baumkrone, den weit ausladenden und schattenspendenden Ästen mit geringem Laubwerk und spitzen weißen Dornen, gilt als Wahrzeichen der ostafrikanischen Savannenlandschaften. Ein anderer oft zu sehender Vertreter dieser Baumart ist die **Fieberakazie** mit ihrer gelblichen Rinde, benannt nach dem Umstand, dass Forscher in früheren Zeiten beim Schlaf unter diesem Baum kurze Zeit später Malaria-Fieberschübe bekamen – die Männer hatten schlichtweg nicht realisiert, dass die Bäume von Moskitos als Habitat bevorzugt wurden ... In den regenärmeren Savannen wächst hauptsächlich die **Flötenakazie** mit ihren sehr dornigen Ästen. An den spitzen Dornenzweigen wachsen kugelförmige Hohlräume, die wie aufgeplatzte Tischtennisbälle aussehen und ein beliebtes Zuhause der afrikanischen Schwarzen Ameise sind, die extrem flink sein kann und deren Bisse ordentlich weh tun. Seinen Namen – im Englischen auch „Whistling Thorntree" genannt – verdankt der Baum dem pfeifenden Geräusch, das verursacht wird, wenn der Wind durch die hohlen Astkugeln weht.

Während der großen Trockenzeit (Juni bis Oktober) brennt die Sonne die Savannen aus, und die Gräser und Bäume liegen nur noch in einem staubigen, gelbbraunen Kleid. Das Wild konzentriert sich auf wenige übrig gebliebene Wasserlöcher, da es in den verdorrten Weiten der Savannen nur geringe Überlebenschancen hat. Die Akazienbäume meistern solche Trockenperioden mit Hilfe sehr langer Wurzeln, die bis ins Grundwasser reichen. Andere Bäume wie der berühmte **Affenbrotbaum** – auch als **Baobab** bekannt (vgl. entsprechenden Exkurs) – speichern das wertvolle Wasser in ihrem dicken Stamm. Mit dem Einsetzen der ersten Regenzeit wird die zuvor trostlos wirkende staubige Landschaft nach nur wenigen Tagen von jungen gelbgrünen Gräsern überzogen. Allmählich schmücken sich dann auch die Sträucher und Bäume wieder mit einem farbigen Blätterkleid, und die Savanne beginnt schließlich in einem satten Grün zu leuchten.

Savannen, die hohe Niederschlagswerte verzeichnen oder in einer großen Senke liegen, die ganzjährig von Flüssen gespeist wird, wie im Westen der Serengeti, werden auch als **Feuchtsavannen** bezeichnet. Mehrere Baumarten bestimmen hier das Landschaftsbild. Neben einem großen Bestand an Akazien wachsen in den Feuchtsavannen **Borassus-Palmen,** deren kerzengerader Stamm sich nach obenhin verdickt und dessen Palmblätter eine buschige Baumkrone bilden. Auch der sogenannte **Leberwurstbaum** *(Kigelia Africana)* ist ein häufiger Vertreter der Feuchtsavanne. Der lustige Name, im Englischen „Sausage Tree", kommt von den wurstartigen Schotenfrüchten, die wie beim Metzger von der Stange (Ast) hängen. Bis zu einem halben Meter lang können die pelzigen „Leberwürste" werden. Gegessen werden sie nicht, doch die Rinde findet in der traditionellen Medizin Verwendung. Besonders dicht treten all diese Baumarten entlang der Flussläufe auf, die die Savannen durchschneiden - eine Erscheinungsform, die **Galeriewald** genannt wird und ein Habitat für zahlreiche Antilopenarten ist, aber auch das Jagdgebiet der Leoparden.

Bei den Savannen, die im Allgemeinen keine sehr hohen Niederschlagswerte verzeichnen, spricht man von **Trockensavannen** oder **Dornenbuschsavannen.** Die Region im nördlichen Rift Valley und die gesamte „Maasai-Steppe" entsprechen diesem Typ. Der Begriff der Steppe hat sich hier seit den ersten Forschungsreisenden etabliert, trifft jedoch nur für die trockenen Graslandschaften in den Außentropen zu. In den Innentropen spricht man von Trockensavannen. Die Dornenbuschsavanne beschreibt die vegetationsreichere Form der Trockensavanne und ist meist von trockenresistenten **Euphorbienbäumen** bewachsen, einer 6–10 m hohen Baumart der Wolfsmilchgewächse, die an große Kakteen erinnert und auch *Candelaberbaum* genannt wird.

Eine Erinnerung an die Zeit des Sklavenhandels, als jährlich Zehntausende von Afrikanern von arabischen Sklavenhändlern an die Küste „getrieben" wurden, sind die zahlreichen **Mangobäume** im Land. Viele von ihnen stammen von Fruchtkernen, die die Araber weggeworfen hatten. Besonders an den alten Handelsstützpunkten an der Küste, im Innern sowie am Tanganyika-See und überall dort, wo einst die Karawanen entlangzogen, prägen Mangobäume das Bild. Selbst Mangoalleen sind noch auszumachen, angelegt als Schattenspender für die langen Fußmärsche. Neben den wohlschmeckenden und Energie spendenden Früchten liefert der Mangobaum auch gutes Bau- und Brennholz.

Zwei der schönsten Bäume und in Tansania in vielen Gebieten zu bewundern sind der lila blühende **Palisanderbaum,** *Jacaranda Tree (Jacaranda mimosifolia)* genannt, und der leuchtend rote **Flammenbaum,** *Flamboyant Tree (Delonix regia),* deren Blüten an einigen Stadt- und Ortsstraßen ein leuchtendes Dach bilden und gerade dann mit ihren auffallenden Farben der Natur Schönheit schenken, wenn diese während der Trockenzeit triste und staubig wirkt.

In den Hochlandregionen des Südens und in den Usambara-Bergen dominieren **Kiefern** und **Eukalyptusbäume.** Ganze Landschaften ähneln hier eher dem Thüringer Wald oder dem Allgäu. Besonders das Gebiet von Sao Hill im Südlichen Hochland wird mit Kiefern aufgeforstet, um Holz zur Papierherstellung zu gewinnen. Die Eukalyptusbäume, mit hellgrauer Rinde und langen Blättern, wurden während der englischen Zeit zu Aufforstungszwecken in höher gelegenen Gebieten eingeführt, doch nimmt diese Baumart anderen Bäumen und Pflanzen im Umfeld sämtliche Mineralstoffe weg. Das hat dazu geführt, dass ganze Landstriche, wie im Distrikt von Njombe, von Eukalyptusbäumen übersät sind.

Mit zunehmender Küstennähe und auf den tansanischen Inseln bestimmt meist nur noch eine Baumart die Szenerie: die **Kokospalme.** Andere Bäume der Küste sind **Tamarinde.**

Die bei Meereswind angenehm rauschenden **Palmen** säumen nicht nur weiße Sandstrände und spenden Schatten für Badetouristen. Die tansanische Bevölkerung zieht vor allem wirtschaftlichen Nutzen aus den hoch wachsenden tropischen Palmen. Das Fruchtfleisch der Kokosnuss wird roh gegessen, die Milch getrunken (in Sansibar als „Dafu" bekannt und ein beliebter Durstlöscher). Oder aus dem weichen Inneren wird Kopra zur Verarbeitung von Fetten, Ölen und Seife gewonnen. Mit den Blättern der Pflanze werden Dächer gedeckt und vielfältige Flechtwerke (Körbe, Hüte, Matten) hergestellt. Und aus dem von abgeschnittenen Fruchtstielen tropfenden Saft wird Palmwein gewonnen. Dieser kann je nach Alter unterschiedlich stark sein und ist besonders im Westen Tansanias, wo entlang des nördlichen Abschnitts des Tanganyika-Sees ebenfalls viele Palmen wachsen, bei Feierlichkeiten ein sehr beliebtes Getränk.

Die Inseln Sansibar und Pemba sind noch mit großen Plantagenflächen von **Nelkenbäumen** überzogen, aber auch Vanille und andere **Gewürz- und Fruchtbäume,** die von Übersee eingeführt wurden, prägen das Bild der Inseln (vgl. im Kapitel zu Sansibar).

Zu den charakteristischsten Bäumen am Meeresufer zählen in Tansania die bis zu 5 m hoch wachsenden **Mangroven.** Diese festigen mit ihren langen und üppigen Wurzeln den Küstenrand und verhindern so, dass Schlammbänke und Stranddünen von den Wogen des Ozeans weggespült werden. Es gibt insgesamt an die dreißig verschiedenen Mangrovenarten, die vor allem bei der einheimischen Bevölkerung wegen ihres harten Holzes als Bau- und Brennmaterial sehr beliebt sind. Aus der Rinde wird eine Gerbsäure gewonnen, die zum Färben von Leder verwendet wird. Der Bestand an Mangrovenwäldern ist besonders groß in Buchten und in landeinwärts verlaufenden Meeresarmen *(creeks)* und an Küstenabschnitten, wo sie vor starker Brandung geschützt sind.

Eine Pflanze, die nicht gerade beliebt ist und deren Bestand am Victoria-See lange Zeit katastrophale Ausmaße angenommen hatte, ist die **Wasser-Hyazinthe.** Das Ausmaß des Wucherungspotenzials verdeutlicht die Tatsache, dass die Ausläufer einer Pflanze im Laufe weniger Monate eine Wasseroberfläche von mehreren 100 m² bedecken können.

Klima

Tansania unterliegt insgesamt **äquatorialen Klimabedingungen,** die jedoch wegen der topografisch stark variierenden Landschaftsformen sehr unterschiedliche Ausprägungen haben können. Insbesondere die Regionen an den Bruchstufen des afrikanischen Grabenbruchsystems, wo sich auf nur wenigen Kilometern Entfernung Höhenunterschiede von mehr als 2000 m auftun, weisen unterschiedlichste Klimaverhältnisse auf. Dies macht sich nicht nur durch **mildere Temperaturen bei zunehmend steigender Höhe** bemerkbar, sondern auch durch unterschiedliche Niederschlagswerte. An den steilen Hängen der Gebirgszüge und der Grabenbruchwände entstehen Steigungsregen; Wolken bilden sich, nehmen Feuchtigkeit auf und entladen sich, während sie die natürlichen Barrieren überwinden. Alle Bergregionen Tansanias unterliegen diesem Phänomen, wobei sich die Regen und Wind zugewandten Hanglagen (Luv-Seite) gegenüber den im Regenschatten liegenden Hängen (Lee-Seite) und den anschließend folgenden Trockenwäldern und Trockensavannen deutlich unterscheiden. Bis auf die Bergregionen des Gombe und Mahale Mountains National Park am Lake Tanganyika erhalten alle Gebirgszüge und tektonischen Bruchstufen Tansanias an ihren westexponierten Seiten („Wetterseite") mehr Regen. Für diesen Effekt sind die vorwiegend in westlicher Richtung wehenden Ostwinde verantwortlich, die aus den Monsunwinden über dem Indischen Ozean resultieren und das Klima besonders entlang des ostafrikanischen Küstenvorlands bestimmen. Von Oktober bis Februar herrscht der **Nordost-Monsun Kaskazi,** der die kleine Regenzeit (November, Dezember) mit sich bringt. Danach bestimmt der **Südost-Monsun Kusi** das Klima und ist verantwortlich für Tansanias große Regenzeit (Mitte März bis Juni). Diese fällt stärker aus, da die Winde große Wassermassen über dem südlichen Indischen Ozean aufnehmen. Die Unterteilung in zwei Regenzeiten verwischt jedoch im Südwesten Tansanias. Hier sind die Niederschlagswerte von November bis April insgesamt hoch.

Typisches **schwül-heißes, tropisches Klima** herrscht nur im **Küstenvorland** und auf den Inseln. Hier betragen die mittleren Lufttemperaturen zwischen 24 und 31 °C, und die relative Luftfeuchtigkeit liegt zwischen 70 und 85%. Ähnliche Verhältnisse herrschen im Innern Tansanias nur an den Ufern des Tanganyika-Sees und im nördlichen Rift Valley. Ansonsten gehört das nördliche Tansania, trotz seiner größeren Nähe zum Äquator, eher zu den kühleren Regionen des Landes. Die höheren Lagen der Städte Arusha und Moshi und selbst die Savanne der Serengeti können während der **kühlsten Monate des Jahres (Juli/August)** sehr milde Temperaturen aufweisen. In dieser Zeit steht die Sonne über dem nördlichen Wendekreis, der Einfallswinkel der Sonnenstrahlen und damit auch die Intensität ist dann am geringsten. Richtig kalt und teils auch frostig wird es in diesen Sommer-

● *Mittlere tägliche Maximum- und Minimumtemperaturen °C*
■ *Regenmenge pro Monat in mm*

Dar es Salaam

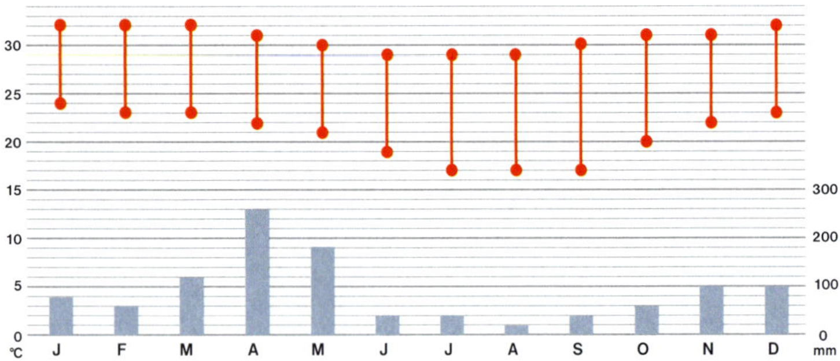

Sansibar

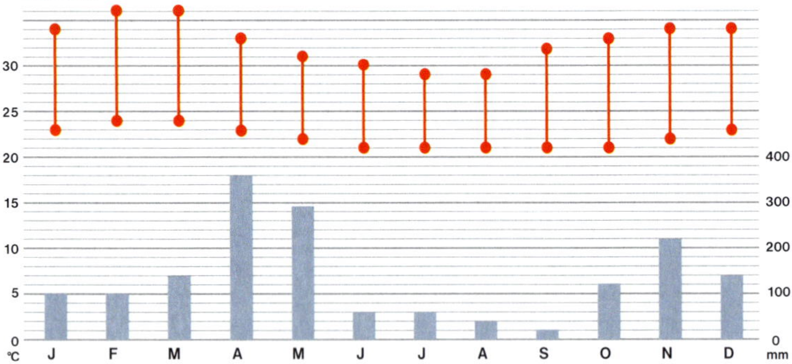

Arusha

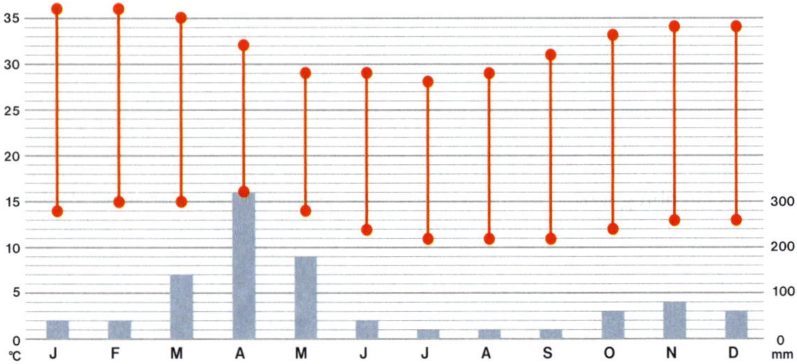

monaten im Ngorongoro-Kraterhochland, wo man sich in den Nächten nach wärmendem Kaminfeuer sehnt. Das Klima lässt sich mit dem mitteleuropäischen Herbst vergleichen und gilt insbesondere auch für die Usambara-Berge und die Southern Highlands. Im Süden auf den Hochebenen der Kipengere Range kann es in dieser Zeit sogar zu Schneeverwehungen kommen. Ansonsten fällt nur auf dem Kilimanjaro ab 5000 m Höhe regelmäßig Schnee.

Das Klima auf dem großflächigen zentraltansanischen Plateau ist trotz der durchschnittlichen Höhe von 1200 m eher warm, jedoch wesentlich trockener als an der Küste. Auch die Regenzeiten fallen hier wesentlich schwächer aus, die trockenste Region Tansanias liegt westlich der Hauptstadt Dodoma mit nicht einmal 500 mm Regen pro Jahr.

Demgegenüber sorgt nur wenige 100 km nördlich der große **Victoria-See** für **ganzjährige Niederschlagswerte,** auch außerhalb der eigentlichen Regenzeiten. Neben der westlichen Serengeti (Western Corridor) ist besonders die Westseite des Sees von viel Regen betroffen. Über der großen Wasserfläche, fast so groß wie Österreich, bewirkt die intensive Sonneneinstrahlung die Verdunstung großer Wassermengen, die sich zu Wolken formen und östlich, vor allem aber westlich des Sees wieder abregnen.

Aufgrund der regional unterschiedlichen Klimabedingungen kann für Tansania nicht von einer **„besten Reisezeit“** gesprochen werden. Die regenfreien und etwas kühleren Sommermonate sind entlang der Küste sicherlich die angenehmsten, der Großteil der Serengeti ist jedoch dann recht tierarm. Auch das Ngorongoro-Kraterhochland und die Besteigung des Kilimanjaro können extrem frostig werden! Für den Norden sind die Monate Januar bis Mitte März klimatisch, aber auch hinsichtlich der blühenden Vegetation und dem damit verbundenen Tierreichtum ideal.

Was hat das Wetter mit einer Safari in Tansania zu tun?

Die Regen- und Trockenzeiten bestimmen den Rhythmus in der Pflanzen- und Tierwelt zwischen Gedeihen und Eingehen, zwischen Zu- und Abwanderung. Kippt das **empfindliche Klimasystem,** fällt Regen aus und kommt es zu Trockenperioden. Dann herrscht ein zäher Existenzkampf um Leben und Tod. Das ökologische Gleichgewicht von Angebot und Nachfrage in der Ernährungskette der Tierwelt reagiert sehr sensibel auf klimatische Veränderungen. Wasser bedeutet nicht nur Leben, vielmehr steht es für große Tierpopulationen und Artenreichtum der Flora und Fauna – die besten Voraussetzungen für eine großartige, tierreiche Safari in Tansania!

Wild- und Naturschutz

„The Survival of our wildlife is a matter of grave concern to all of us in Africa. These wild creatures, amid the wild places they inhabit, are not only important as a source of wonder and inspiration, but are an integral part of our natural resources and of our future livelihood and well-being", sprach der weitsichtige Präsident *Julius Nyerere* kurz nach der Unabhängigkeit 1961 in seinem in Arusha vorgestellten „Manifest des afrikanischen Sozialismus". Nyerere war in seiner Amtszeit einer der großen Fürsprecher und Initiatoren für die Errichtung der vielen Wild- und Naturschutzgebiete Tansanias.

Tansanias Nationalparks sind der Größe nach:

- Ruaha National Park
- Serengeti National Park
- Mikumi National Park
- Tarangire National Park
- Katavi National Park
- Mkomazi National Park
- Mahale Mountains National Park
- Saadani National Park
- Kitulo National Park
- Mt. Kilimanjaro National Park
- Udzungwa Mountains National Park
- Manyara National Park
- Rubondo Island National Park
- Arusha National Park
- Gombe Stream National Park

Insgesamt sind fast **250.000 km² der Staatsfläche** (entspricht der Größe der Bundesrepublik Deutschland vor der Wiedervereinigung) dem Natur- und Wildschutz gewidmet. Allein die **Nationalparks und Game Reserves** (Wildreservate) nehmen knapp 20% der Landesfläche ein. Mit diesem Prozentsatz hat Tansania die Führungsrolle auf dem afrikanischen Kontinent inne.

Nationalparks

Die Nationalparks stehen unter absolutem Natur- und Wildschutz und dienen ausschließlich touristischen Belangen und der zoologischen/biologischen Forschung und sollen für künftige Generationen als ein Stück unangetasteter Natur erhalten bleiben.

Die Verwaltung der Nationalparks obliegt der Organisation **TANAPA (Tansania National Parks Authority),** die ihren Sitz in Arusha hat und in großem Maße von Entwicklungshilfe und Geldspenden aus der westlichen Welt abhängig ist, denn die Einnahmen aus dem Tourismus decken die Verwaltungskosten nicht annähernd, und auch aus der Staatskasse in Dar es Salaam fließen kaum Gelder. Vor allem Nationalparks in der Größenordnung des Serengeti-Parks hätten ohne ausländische Unterstützung nie erhalten werden können. Sehr aktiv, nicht zuletzt wegen des Gründungsvaters der Serengeti, *Bernhard Grzimek,* ist die „Zoologische Gesellschaft Frankfurt", die in vielen Nationalparks und Game Reserves mit technischer Hilfe rund um die Uhr im Einsatz ist. Seither, vor allem aber wegen der wachsenden Besucherzahlen, können die nördlichen Parks zunehmend auf eigenen Füßen stehen, wobei mögliche Überschüsse sofort in die Verwaltungskassen der noch unterentwickelten Parks im Süden und Westen fließen.

Während die Besucherzahlen für die nördlichen Parks in den 1990er Jahren stark angestiegen sind, werden die südlichen Schutzgebiete aufgrund ihrer unzureichenden Infrastruktur noch nicht in gleichem Maße aufgesucht. Aus diesem Grund wurden die **Eintrittsgebühren** für alle Nationalparks weiter erhöht. Seit 1. Juli 2006 liegen die Eintrittsgebühren für die Serengeti bei 50 US-Dollar, für den Kilimanjaro bei 60 $ und für die Ngorongoro Conservation Area bei 50 $ pro Tag und Person zzgl. einer Kratergebühr von 200 $ pro Fahrzeug, während für alle übrigen Parks die Gebühren bei 35 $ liegen und für die südlichen Parks bei 25 $. 100 bzw. 80 $ Eintritt werden für die Nationalparks Gombe und Mahale Mountains verlangt.

Alle übrigen Details zu Tierwelt, Preisen, Anreise, Besuchszeit, Unterkünften und Camping, Pistenverhältnissen, Fotografier- und Wandermöglichkeiten sind den Kapiteln zu den einzelnen Nationalparks zu entnehmen. **Informationen** sind auch erhältlich bei:

- **TANAPA**
P.O. Box 3134, Dodoma Road, Arusha
Tel. (027) 2503471, 2504082
www.tanzaniaparks.com

Marine Park und Reserve

Seit 1995 zählt Tansania mit dem **Mafia Island Marine Park** seinen ersten maritimen Nationalpark. Pläne für weitere Meeresparks liegen bereits vor. Vor allem die kleinen Pemba und Sansibar vorgelagerten Inseln Misali und Chumbe sind dafür vorgesehen. Bereits als Schutzgebiet deklariert ist auch der zukünftige **Mnazi Bay Marine Park** an der Grenze zu Mosambik.

Informationen über die weitere Entwicklung von maritimen Schutzgebieten erhält man bei der Division of Fisheries in Dar es Salaam, welche dem Ministry of Natural Resources und Tourism untersteht:

- **Division of Fisheries**
P.O. Box 2462, Ardhi House, 6. Stock
Kivukoni Front, Tel. (022) 21120117-8
Fax (022) 2110352
marineparks@raha.com
- **Marine Parks & Reserves**
P.O. Box 7565, Olympic Street, Plot 950
Upanga West, Dar es Salaam
Tel. (022) 2150621, 2150420
www.marineparkstz.com

Conservation Area

In Tansania gibt es seit 1959 diese Sonderform eines Nationalparks. Das Modell hat inzwischen in der ganzen Welt Schule gemacht. Es handelt sich um den Versuch, die Interessen von Menschen, im Falle der **Ngorongoro Conservation Area** die der Maasai, mit den Erfordernissen eines Nationalparks unter einen Hut zu bringen. So dürfen im Ngorongoro-Kraterhochland die Maasai (und nur diese) mit ihrem Vieh leben – inmitten der unter striktem Schutz stehenden afrikanischen Tierwelt. Die Ngorongoro Conservation Area wird wie ein Nationalpark behandelt (Gebühren und Verhaltensregeln entspre-

015 Foto: lars

014 Foto: lizard

Reptilien

Auch **Echsen, Schlangen und Krokodile** kann der Safari-Tourist zu Gesicht bekommen. In Tansania wie auf dem gesamten Kontinent kommt nur eine Krokodilart an Flüssen und Seen vor: das Nilkrokodil. Reichlich vorhanden, aber nur selten zu sehen ist der Felsenpython. Die Boomslang-Schlange lebt in Wäldern und der Baumsavanne und ist sehr giftig. Von den **Schildkröten** ist nur eine Art häufig zu sehen: die Panther-Schildkröte.

Links oben: Felsenpython,
unten: Panther-Schildkröte;
rechts oben: Nilkrokodil,
unten: Boomslang

013 Foto: faraj

016 Foto: eric

chen den Parks des „Northern Tourist Circuit“) und kann für viele Parks in Afrika, die an ihren Grenzen erhöhtem Bevölkerungsdruck ausgesetzt sind, als Beispiel einer sachgerechten Lösung dienen (mehr hierzu im Exkurs „Die Entstehung der Ngorongoro Conservation Area“).

Game Reserve

Die Game Reserves unterliegen ähnlichen Schutzbestimmungen wie die Nationalparks, stehen aber in beschränktem Maße der Nutzung durch Menschen zur Verfügung, wobei eine Besiedlung nicht gestattet ist. Häufig dienen die Game Reserves als Puffergebiete zwischen Nationalparks und den Siedlungsflächen der ländlichen Bevölkerung – eine Schutzfunktion, die in den letzten Jahren besonders für das Ökosystem der Serengeti enorm wichtig geworden ist.

Die Wildreservate werden, mit Ausnahme der **Game Reserves Selous, Mkomazi** und **Lukwila Lumesule** (im Süden am Ruvuma-Fluss), nicht für fototouristische Zwecke genutzt. Der Großteil der Wildreservate dient dem professionellen Jagd-Tourismus mit Devisen bringenden ausländischen Kunden, hauptsächlich von der arabischen Halbinsel, aus Nordamerika und aus einigen Staaten Nordeuropas. Viele ausländisch geführte Jagdunternehmen operieren hier abseits der Öffentlichkeit. Seit die nationale Jagdbehörde Tanzania Wildlife Cooperation (TAWICO) privatisiert wurde, bekommen die Jagdunternehmen ihre Konzessionsgebiete, die Abschussquoten und die Festlegung der Trophäenpreise über das **Wildlife Division (WD),** welches dem Ministry of Tourism und Natural Resources untersteht. 50% der Jagdeinnahmen bleiben bei der Wildlife Division. Doch meist fließen die Gelder in fragwürdige Töpfe und Taschen innerhalb des Ministeriums. Mit einer neuen Wildschutz-Politik will man nun diesen Missstand beheben – ein Teil des nationalen Kampfes gegen Korruption und Zweckentfremdung von Geldern.

Über die Möglichkeit, auch als nichtjagender Tourist diese Game Reserves besuchen zu können, werden Sie jeweils im Reiseteil informiert.

Derzeit hat Tansania **26 Game Reserves** in folgenden Bezirken *(districts):*

- Selous: Kilombero, Rufiji, Morogoro, Kisarawe, Liwale, Ulanga, Kilwa, Tunduru, Songea
- Rungwa: Chunya, Manyoni
- Biharamulo: Biharamulo, Muleba
- Maswa: Bariadi, Meatu
- Ugalla: Mpanda, Urambo, Tabora
- Rukwa: Mpanda, Chunya
- Burigi: Muleba, Biharamulo, Ngara
- Ibanda: Karagwe
- Rumanyika: Karagwe
- Moyowosi: Kibondo, Kasulu
- Kigosi: Kahama, Urambo
- Grumeti: Serengeti
- Ikorongo: Serengeti
- Muhesi: Manyoni
- Pande Forest: Kinondoni
- Kijereshi: Magu
- Kimisi: Biharamulo
- Kipengere-Mpanga: Iyayi
- Msanjesi: Masasi
- Kizigo: Manyoni
- Luafi: Sumbawanga
- Usangu: Mbeya, Madibira
- Lukwila Lumesule: Masasi
- Swagaswaga: Kondoa
- Mkungonero: Kondoa
- Lukwati: Chunya

Das **Game Reserve Department** der Wildlife Division hat seinen Sitz in Dar es Salaam auf einem Grundstück namens **Ivory Room** an der Pugu Road (P.O. Box 25295, Tel. (022) 2866376, 2866064).

Game Controlled Area, Wildlife Management Area und Forest Reserve

Als vierte Form der Natur- und Wildschutzgebiete sind die sog. **Game Controlled Areas (GCA),** die Wildlife Management Areas (WMA) und die Forest Reserves zu nennen. Die WMAs und die GCAs dürfen von Menschen genutzt werden. Für die Besiedlung, die Jagd, das Sammeln von Holz und Weidewirtschaft müssen bei den örtlichen Distriktverwaltungen Lizenzen eingeholt werden, was in der Praxis jedoch kaum stattfindet, und Kontrollen gibt es auch so gut wie keine. Auch Jagdunternehmen bekommen in den GCAs feste Abschussquoten und Jagdreviere als Konzessionsgebiete zugeschrieben, in denen sie sich auch ungern von jemandem stören lassen. Grenzen jedoch sind bei den GCAs nicht abgesteckt, jeder darf diese Jagdkontrollgebiete frei durchfahren. Derzeit gibt es 34 Game Controlled Areas.

Bei den **Wildlife Management Areas** wird versucht – ähnlich wie im Falle der Ngorongoro Conservation Area –, das Schutzkonzept eines Nationalparks mit den Interessen der vor Ort lebenden Menschen zu vereinen. Ziel ist ein System, das ein Gebiet unter strengen Naturschutz stellt, ohne dabei die im Verhältnis zur Gebietsgröße geringe Population umzusiedeln, sondern die ansässigen Menschen zu Naturschützern und Verwaltern des eigenen Gebietes zu machen. Die bisherige Praxis jedoch zeigt, dass die meisten Bewohner vor Ort mit den teils sehr reglementierten Aufgaben überfordert sind. Auch fehlen in fast allen Gebieten – die meisten grenzen an Nationalparks – die nötigen Einnahmen, um das Konzept tragfähig zu machen. Bisher haben sich nur wenige Safari Lodges oder Camps in Wildlife Management Areas entwickelt. Lediglich entlang der westlichen und östlichen Grenzen der Serengeti sowie in der Enduimet Wildlife Management Area am Fuße des Kilimanjaro haben Safariunternehmen Camps errichtet.

Im Falle der **Forest Reserves** handelt es sich hauptsächlich um letzte Bergregenwälder, die hinsichtlich des Klimas und als ökologische Wasserspeicher bedeutsam sind. Fast jedes größere Gebirge in Tansania über 2000 m Höhe besitzt solche montanen Waldgürtel in den Gipfelregionen, die vor allem als „Wolkenfänger“ höhere Niederschlagsmengen verzeichnen. Die fruchtbaren Berghänge werden von der wachsenden Bevölkerung immer intensiver genutzt, die Waldgrenze wird dabei überschritten, und ein unkontrolliertes Abholzen bleibt nicht aus. Nur in manchen Bergregionen ist es gelungen, ein Stück weit solche ökologisch empfindlichen Wälder mit ihrer inselartigen und zum Teil endemischen Flora und Fauna vor weiteren Eingriffen zu schützen. Seit Längerem sind hier die ganz im Westen befindlichen Regenwälder im Gombe und Mahale Nationalpark, die naturräumlich zum großen Kongobecken gehören, unter Schutz gestellt. Doch außer den protected forestzones in den nördlichen Nationalparks Arusha, Manyara (Marang Forest) und Kilimanjaro sowie in der Ngorongoro Conservation Area wurde im östlichen Tansania bisher erst ein Bergregenwald unter nationalen Schutz gestellt, der Udzungwa Mountains National Park. Darüber hinaus bieten zunächst nur das **Amani Nature Trail Forest Reserve** in den östlichen Usambaras und das **Magamba Forest Reserve** bei Lushoto mit ihren ausgeschilderten Wanderwegen Besuchern die Möglichkeit, einen Eindruck von diesen kühlen Bergwäldern außerhalb der Nationalparks zu bekommen.

Weitere geschützte Forest Reserves mit Wanderwegen, die nicht in Bergen liegen, sind die letzten tropischen Wälder von **Jozani** und **Ngozi** auf Sansibar und Pemba sowie die Urwälder **Pugu** und **Pande** nahe Dar es Salaam und der **Zaraninge Forest** bei Saadani.

Für den Erhalt der Wälder setzt sich die NGO **Tanzania Forest Conservation Group (TFCG)** ein, welche zweimal jährlich die Publikation „The Arc Journal" veröffentlicht und ihre landesweiten Naturschutzprogramme schildert (TFCG, P.O. Box 23410, Dar es Salaam, Tel. (022) 2780737, www.tfcg.org).

Abholzung und Wilderei

Wegen ausgelaugter Böden und aufgrund des Populationsanstiegs reichen vielerorts die bisherigen Ackerflächen nicht mehr zur Versorgung mit Grundnahrungsmitteln aus. Der Feldbau rückt daher immer näher an die Wälder heran, die diesem schließlich zum Opfer fallen. Es wird geschätzt, dass Tansania auf diese Weise **3000–4000 km² Waldfläche pro Jahr verliert** und nur 200 km² wieder aufgeforstet werden. Das Abholzen wird weitergehen, denn 96% des landesweiten Energiebedarfs werden mit Holz gedeckt. Auch in Städten mit Stromversorgung schätzt man, dass etwa 85% der Einwohner ihre Küchen mit Holzkohle betreiben. Elektrische Kochplatten können sich die wenigsten leisten. Allein in den letzten 25 Jahren hat sich der Holzbedarf auf 62 Millionen m³ verdoppelt. Speziell Gebiete wie die Mwanza- und Shinyanga-Region leiden an flächenhafter Abholzung. Zum Problem der Oberflächen-Erosion gesellen sich aufgrund der immer länger werdenden Transportwege explodierende Holzpreise. Ein Sack Holzkohle kostet in Mwanza mittlerweile 24.000 TSh, für manche Familien ein ganzer Wochenlohn. Anderswo zahlt man für die gleiche Menge ein Drittel.

In den letzten Jahrzehnten sind gerade die bis dahin verschonten **Miombo-Wälder** bevorzugte Gebiete für den Feldanbau geworden. Die wirtschaftliche Nutzung dieser Wälder, die noch über 30% der Landesfläche bedecken, gestaltet sich jedoch schwierig. Die Tsetse-Fliege (Überträgerin der Schlafkrankheit!) macht den Wald für Mensch und Vieh zu einem extrem lebensfeindlichen Umfeld und wäre nur durch großflächige, ökologisch desaströse Rodungen wirksam zu vertreiben. Daher

tan091 Foto: jg

gehen nur Honigsammler in den Wald und hängen in den Bäumen ihre Bienenkörbe auf, und Frauen schlagen das Unterholz als Brennmaterial aus den Wäldern. Hinzu kommt, dass der „Miomboboden" nicht sehr ertragreich ist und mineralienarm. Für die meisten Anbauprodukte fallen zudem die Niederschläge im Allgemeinen zu niedrig aus. Dennoch sind viele Menschen auf neue Böden angewiesen, und so entstehen immer mehr Rodungsinseln: Dabei schlagen die Bauern die Bäume in Kniehöhe ab, verbrennen das Holz, und die Asche wird als Dünger über die Beete gestreut. Erste Ernten sind meist Kassava, Hirse und Mais, doch nach drei bis vier Jahren lässt die Fruchtbarkeit des Bodens nach, und die Felder müssen aufgegeben und neue Waldstücke gerodet werden. Die brachliegenden Flächen überzieht im Laufe der Jahre ein schützendes Dickicht, und nach zehn bis fünfzehn Jahren sind wieder größere Bäume herangewachsen. Doch eine komplette Regeneration der ursprünglichen Waldvegetation dauert sechzig bis einhundert Jahre. So ist an dieser Stelle festzuhalten, dass die Tsetse-Fliege – Feind der Tiere und Menschen – gleichzeitig letzter Garant für den Erhalt des Waldes ist.

Das Vorrücken der Menschen engt natürlich auch die Rückzugsgebiete der Wildtiere ein. Die Wilderei ist dabei

Strand im Rubondo National Park

np021 Foto: pr

tan092 Foto: jg

ebenso unkontrollierbar wie das flächenhafte Abholzen und das Anlegen neuer Felder.

Zu Problemgebieten im Interessenkonflikt von Natur- und Wildschutz einerseits und dem wachsenden Bedarf der Menschen nach Acker- und Weideflächen andererseits sind in letzter Zeit verstärkt die **Randbereiche der Nationalparks und Game Reserves** geworden. Hiervon sind weniger die trockeneren Schutzgebiete des Rift Valley betroffen, etwa die Nationalparks Tarangire, Ruaha und Katavi. Im Grabenbruch sind derzeit nur im Manyara-Nationalpark die natürlichen Migrationspfade der Tiere im Norden und Süden durch verstärkte Ansiedlungen bedroht – z.T. auch eine Folge des unkontrollierten Tourismusgewerbes.

Die weitaus größeren Problemzonen befinden sich derzeit jedoch an den Westgrenzen der Serengeti und auch im Süden des Selous Game Reserve. Hier kommt es verstärkt zur Wilderei: Die wachsende Bevölkerung ist auf Fleisch als Grundnahrungsmittel angewiesen, speziell im Westen der Serengeti, wo nicht zuletzt aufgrund des immer fischärmer werdenden Victoria-Sees die Menschen auf Wildbret angewiesen sind. Um der Wilderei entge-

Bild li.: Reiher,
Bild re.: Buschbock-Weibchen

Flusspferde und Krokodile
am Ruaha River

genzuwirken, sind Abschussquoten für die ländliche Bevölkerung festgelegt worden, eine Lösung, die bislang beide Seiten zufrieden gestellt hat. Die zunehmende Nähe der menschlichen Ansiedlungen zu den Wildtieren hat vermehrt **Schäden auf den Feldern** zur Folge, etwa wenn Gnuherden auf ihrem Migrationszyklus an Dörfern vorbeiziehen oder Elefanten sich im Süden des Selous auf Maisfeldern bedienen. Zudem wächst auch die Gefahr, dass sich **Krankheiten** vom Vieh der Bauern auf die Wildtiere übertragen; so hat eine Hundestaupe vor einigen Jahren 1000 Löwen in der Serengeti das Leben gekostet.

Einige hundert Menschen fallen pro Jahr Tieren zum Opfer. Ursächlich hierfür sind weniger Löwen und Giftschlangen, sondern Krokodile, Flusspferde, wütende Elefanten, Leoparden etc. Tansania wird in den nächsten Jahrzehnten verstärkt mit der Problematik der **Koexistenz von Mensch und Tier** konfrontiert werden: Einerseits muss der Bevölkerung Sinn und Zweck der Einrichtung von Nationalparks vermittelt werden, andererseits gilt es, die Lebensgrundlagen der Menschen zu garantieren. Hier kann westliche Entwicklungshilfe einen wesentlichen Beitrag leisten.

● Nähere **Informationen** zu Wild- und Naturschutzmaßnahmen außerhalb von Nationalparks/Game Reserves bekommt man bei der **WCST (Wildlife Conservation Society of Tanzania)** in der Garden Avenue/Dar es Salaam (P.O. Box 70919, Tel. (022) 2112518, Fax 2124572, www.wcstarusha.org). Mehrmals jährlich erscheint bei der Organisation die kleine Publikation „Miombo“.

np019 Foto: pr

tan106 Foto: jg

Tansanias Nationalparks

np024 Foto: pr

np025 Foto: pr

Landschaft im Arusha National Park

Baobab mit Termitenhügel

Grant-Gazellen

Northern Safari Circuit

Northern Safari Circuit

Arusha

Die **Tourismus-Hauptstadt Tansanias** liegt in 1450 m Höhe **am grünen Fuße des** prachtvoll anzusehenden Vulkanbergs **Mt. Meru (4566 m).** Das Klima ist angenehm mild. In der Stadt lassen sich Safaris jeglicher Art in alle Teile des Landes organisieren. Aber vor allem durch die zentrale Lage inmitten der nördlichen Nationalparks („Northern Safari/Tourist Circuit") stellt Arusha mit weit über 200 Safariveranstaltern den optimalen Ausgangsort für Besuche in die nahe gelegenen Parks und Trekking-Touren dar. Auch für die Besteigung des Kilimanjaro bietet die Stadt professionelle Bergsteiger-Unternehmen (genau wie Moshi). Übrigens bezeichnet „Arusha" nicht nur die Stadt selbst, auch die umliegenden Orte Ngaramtoni, Mbouda, Tengeru und Usa River gehören zum Einzugsgebiet der Stadt. Speziell in der ruhigeren Umgebung von Tengeru und Usa River befinden sich einige Hotels und Lodges für internationale Safari-Gäste.

Seit 1998 macht Arusha von sich reden als das **„Genf von Afrika",** da hier das internationale UN-Tribunal tagt, das die Verantwortlichen des Ruanda-Genozids von 1994 richten soll. Das völkerrechtlich schwierige und langwierige Verfahren wird aufgrund der langen Dauer und der horrenden Kosten immer fragwürdiger. Etwa 1000 Bediensteте der UN oder vor Ort Angestellte sind mit der gerichtlichen Aufbereitung des ruandischen Völkermordes beschäftigt. Als Besucher kann man bei einer Tribunal-Sitzung zuschauen. Nach letzten Ankündigungen soll das Tribunal noch bis mindestens 2013 dauern.

Auch regional-politisch gewinnt die Stadt an Bedeutung: als **Verwaltungs-Hauptstadt der East African Community (EAC),** der ostafrikanischen Wirtschaftsgemeinschaft. Die Staatschefs aus Uganda, Kenia, Tansania, Ruanda und neuerdings Burundi treffen sich regelmäßig in der quirligen Stadt am Mt. Meru, um nach dem Vorbild der EU die wirtschaftliche und politische Zusammenarbeit in Ostafrika voranzutreiben.

Arusha ist nach Dar es Salaam die am schnellsten wachsende Stadt Ostafrikas und mit mittlerweile über **400.000 Einwohnern** Hauptstadt der gleichnamigen großen Verwaltungsregion. Zudem ist es das Landwirtschaftszentrum des sehr fruchtbaren Umlandes. Hauptanbauprodukte im Norden der Stadt, an den Hängen des Meru, sind vor allem Kaffee, Bananen, Mais und vereinzelt auch Tee. Im Westen der Stadt liegen große Weizen-, Mais- und auch Kaffeefelder, die z.T. noch aus der Ujamaa-Zeit stammen und heute Privatunternehmen mit westlichen Investoren unterstehen. Der Markt der Stadt bietet daher ein sehr reichhaltiges Angebot.

Einen Namen hat sich die Großregion Arusha auch mit dem **Export von Blumen** (in erster Linie Rosen) und Saatgut gemacht. Diese Landwirtschaftsindustrie, vorwiegend in europäischer Hand (hauptsächlich Holländer), bietet viele Arbeitsplätze und breitet sich im Osten der Stadt in Richtung Tengeru, Usa River und bis zu den nahe gelegenen Hängen des Kilimanjaro aus. Allabendlich wird der große Bauch einer Fracht-Boeing 747 von KLM mit Rosen und Samen für den europäischen Verteiler in Amsterdam vollgeladen.

Die südwestlichen Flanken des Meru werden aufgrund der mineralisch sehr fruchtbaren Vulkanböden extensiv zur Landwirtschaft von den hier lebenden **Arusha-Maasai** und vom Volk der Meru genutzt. Bei den Arusha handelt es sich um eine Maasai-Splittergruppe, die Mitte des 19. Jahrhunderts aus den trockeneren Regionen des Rift Valley hierher zog und als Ackerbauern tätig wurde. Nach anfänglichen Kämpfen mit den Meru um Ländereien übernahmen sie deren Techniken der Feldwirtschaft. Sie fühlen sich jedoch weiterhin als Maasai, was in Kleidung und Lebensstil außerhalb von Arusha noch zum Ausdruck kommt. Die Arusha-Maasai, die in der Stadt selbst wohnen, sind nahezu alle christlich und teils auch sehr stolz auf den Ursprung ihrer Glaubensbekehrung – die vor über 100 Jahren hier aktiv gewordene Leipziger Missionsgesellschaft. Die evangelische Diözese der Stadt wird angeführt von einem Maasai, den man „Bishop" nennt!

Industrie und Ausbildungsstätten Arushas hinken dem touristischen Stellenwert der Stadt hinterher. Viele der Betriebe und Fabriken leiden unter altmodischen oder reparaturbedürftigen Anlagen. Joint Ventures mit ausländischen Unternehmen sind für viele die letzte Rettung, eine Möglichkeit, die in den letzten Jahren vor allem von südafrikanischen Investoren wahrgenommen wurde. Die einst verrottete Brauerei produziert heute mit moderner süd-

tan010 Foto: jg

Der Norden Tansanias – ein Bilderbuch-Afrika

Der Norden Tansanias ist das „Bilderbuch-Afrika" schlechthin. Nirgendwo sonst auf dem afrikanischen Kontinent liegen derart spektakuläre „Natur-Highlights" so dicht beieinander. Das Paradies erstreckt sich von den schier endlosen Savannen der **Serengeti,** dem „Garten Eden" eines jeden Afrika-Zoologen, über die raue **Oldupai-Schlucht,** eine Wiege der Menschheit, bis hin zu dem über 3000 m hohen Ngorongoro-Hochland und seinem weltberühmten, 600 m tiefen und bis zu 20 km breiten Hauptkrater, in dem eine vielfältige Tierwelt lebt – der **Ngorongoro-Krater** im Land der Maasai wurde von Prof. *Grzimek* als „achtes Weltwunder" betitelt.

Um das Ngorongoro-Gebiet und die sich nahtlos anschließende Serengeti in ihrer ganzen Schönheit zu erhalten, bedarf es eines intensiven Wild- und Naturschutzprogramms, das ohne Hilfe aus dem Ausland vom Staat Tansania allein nicht zu bewerkstelligen wäre. *Grzimeks* Beitrag zur Schaffung des großen Serengeti-Ngorongoro-Ökosystems ermöglicht heute Menschen aus aller Welt, jenen Teil des ursprünglichen Afrika zu erleben, welcher ein Synonym ist für endlose Weiten, Bilderbuchsavannen und eine grenzenlose, faszinierende Tierwelt. **„Die Serengeti darf nicht sterben"** – das ist nicht nur *Grzimeks* Leitsatz im gleichnamigen Buch und Film gewesen, sondern steht heute auch als Hauptmotiv hinter der Arbeit der Tanzania National Parks Authority (TANAPA), die u.a. in großem Maße von der Zoologischen Gesellschaft Frankfurt unterstützt wird.

Östlich des Ngorongoro-Kraterhochlandes mit seinen märchenhaften Urwäldern und milden Temperaturen schließt sich etwa 1500 m tiefer das in Nord-Süd-Richtung verlaufende, trocken-heiße **East African Rift Valley** an, wo sich Grabenbruchseen und imposante Vulkanberge finden, wie Mt. Hanang, Mt. Kerimasi, Mt. Gelai usw. Einer Wüstenoase gleich sticht am Fuß der Grabenbruchkante der grüne **Lake Manyara National Park** hervor, der durch seine pinkfarbenen Flamingos und die auf Bäume kletternden Löwen in ganz Ostafrika bekannt wurde. Südlich des flachen alkalischen und meist wasserarmen Manyara-Sees erstreckt sich bis weit in die Maasai-Trockensavanne hinein der große **Tarangire National Park** mit seinen gewaltigen Baobab-Bäumen.

Im Norden des Rift Valley, am Südende des ebenfalls flachen und salzhaltigen **Natron-Sees,** thront einsam der mächtige, 2878 m hohe und noch aktive Vulkankegel des **Ol Doinyo Lengai,** der „Berg Gottes" der Maasai.

Dieser nördliche Teil Tansanias ist auch die **Heimat der Maasai,** eines der wohl faszinierendsten Völker Afrikas, die bis heute ihre althergebrachte Tradition des Nomadenlebens größtenteils bewahrt haben. Seit ein paar Jahrhunderten leben sie im Einklang mit jener grandiosen Wildnis, in der ihre Viehherden seit jeher Seite an Seite mit Zebras, Gnus, Büffeln und anderen stolzen Tieren der Savanne grasen.

Doch auch bei den Maasai haben Naturschutzmaßnahmen und wachsende Touristenzahlen ihre Spuren hinterlassen. Aus den Nationalparks Serengeti, Manyara und Tarangire ausgewiesen und im Ngorongoro-Schutzgebiet auf Areale beschränkt, die ihnen zugewiesen wurden, sind mittlerweile auch viele Maasai „gezwungen", am Tourismus zu verdienen. Für Safariunternehmen sind die stolzen Krieger mit ihren Speeren ein willkommenes, attraktives „Show-Element" im Rahmen ihrer Tour-Programme in den nördlichen Parks; die Rundfahrt wird als **Northern Safari Circuit** vermarktet.

Das „afrikanische Paradies auf Erden" lockt **jedes Jahr über 300.000 Menschen** aus aller Welt an – und alle sind aufgerufen, ihren Beitrag zu leisten, damit die (scheinbare) Idylle Bestand hat! Viele kommen für eine „Park-zu-Park-Safari", um die **Big Five** der afrikanischen Tierwelt (Löwe, Leopard, Nashorn, Büffel und Elefant) in freier Wildbahn zu erleben. Doch die Zeiten sind vorbei, als noch Hunderte von Nashörnern und einige Tausend Elefanten das Serengeti-Ngorongoro-Ökosystem bevölkerten. Die Wilderei hat den Tierbestand drastisch dezimiert, das Nashorn ist fast ausgestorben, nur noch wenige Tiere haben einen letzten Lebensraum im Ngorongoro-Krater.

Doch dieser spektakuläre Teil des nördlichen Tansania ist nur die eine Seite dieser traumhaften Natur-Medaille. Östlich der Stadt **Arusha,** der **Safari-Metropole Tansanias,** erhebt sich fast 5000 m aus der Ebene das sagenumwobene, schneebedeckte Bergmassiv des **Mt. Kilimanjaro.** Der **mit 5895 m höchste Berg Afrikas** stellt seinen Nachbarn, den **Mt. Meru** mit seinen immerhin **4566 m** und damit vierthöchster Berg des Kontinents, gänzlich in den Schatten. Der Kilimanjaro, der „Gipfel der Freiheit" genau auf halber Strecke zwischen Kairo und Kapstadt, zieht Jahr für Jahr Tausende von Bergsteigern in seinen Bann, die die Kibo-Bergspitze des Fast-Sechstausenders erklimmen und dann auf dem höchsten Punkt Afrikas, dem Uhuru Peak, stehen.

Im Nordwesten des gigantischen Bergs erstrecken sich die geschichtsträchtigen Hemingway-Landschaften des Amboseli-Ökosystems. Kaum ein anderes Afrika-Bild ist bekannter als jenes, das große Elefanten eingerahmt von Schirmakazien und einem schneebedeckten Kilimanjaro am Horizont zeigt. Eine Oscar-nominierte Kulisse, die auch dem Hollywood-Klassiker „Hatari" mit *Hardy Krüger* Erfolg brachte und heute als **Enduimet Wildlife Area** Tansania-Urlaubern eine tolle Safari garantiert.

Blick auf den Krater des Ol Doinyo Lengai

afrikanischer Technik, bei den Lebensmittelbetrieben hat sich die Lage auch gebessert. In der großen KILTEX-Textilfabrik, die viele Jahre lang den Stadtfluss Themi mit ungeklärten Abwassern verpestete, wurde die Arbeit eingestellt. Eines der größeren Unternehmen ist die Reifenfabrik Sameer Tyre, die knapp 1000 Arbeitsplätze sichert. Außerdem werden seit dem Besuch des früheren US-Präsidenten *George W. Bush* im Westen der Stadt im großen Stil Moskitonetze zur Malaria-Bekämpfung im Land gefertigt.

Von den **Handwerksbetrieben** richten sich viele nach touristischen Bedürfnissen: Die Produktion von Souvenirartikeln und Kfz-Betriebe, die die Unmengen von Safariwagen in der Stadt warten, geben vielen Stadtbewohnern Arbeit. Auch bei den unzähligen Safariunternehmen finden die Menschen als Schreibkraft, Fahrer, Koch, Führer, Camp-Organisator, Vermittler usw. eine Anstellung.

Geschichte

Für die deutschen Kolonialherren war es schwierig, diesen Teil des Landes unter Kontrolle zu bringen. Die verfeindeten Völker der Arusha und Meru verbündeten sich im Kampf gegen die weißen Eindringlinge. Mit der Ermordung lutherischer Missionare 1896 begann die deutsche Schutztruppe einen mehrere Jahre dauernden Kampf, bei dem vor allem in zwei großen Schlachten einige Hunderte Meru und Arusha den Tod fanden. Um die neue Vormachtstellung eindrucksvoll zu untermauern, baute man 1899 ein Fort, welches nach den Arusha benannt wurde.

Die **Meru,** die sich ursprünglich Varwa nannten und nicht mit den Meru in Kenia verwandt sind, wanderten im 18. Jahrhundert von den Usambara-Bergen her ein. *Varwa* bedeutet in ihrer Sprache, damals als Kirwa bekannt, „die Hinaufgestiegenen". Traditionell waren sie in Clans aufgeteilt, und die Clan-Chefs unterstanden einem Mangi (Herrscher). Die siegreichen Deutschen erhängten den Mangi in aller Öffentlichkeit und ernannten einen neuen, treu ergebenen Herrscher, den sie Sultan tauften. Das Fort etablierte sich als **Sitz der 1. Schutztruppen-Kompanie Deutsch-Ostafrikas,** und das langsam heranwachsende Örtchen Arusha wurde Bezirksamtssitz. Ab 1902 kamen vermehrt Missionare (die erste und heute noch stehende Kirche im nördlichen Stadtteil Ilboru ist aus dieser Zeit) und deutsche Siedler sowie südafrikanische Buren, die in einem großen Wagentreck ab der Südspitze Afrikas den Kontinent halb durchquerten und sich an den Hängen des Mt. Meru niederließen. Während die Buren direkt im Norden des Berges den Ort „Kampfontein" gründeten (existiert heute nicht mehr), besetzten vornehmlich Deutsch-Russen aus dem Kaukasus und Wolga-Deutsche die fruchtbareren Hänge im Süden. 1906 wurde der Militärposten von Arusha zur Bezirksnebenstelle von Moshi erhoben. Die im gleichen Jahr von Hauptmann a.D. **August Leue** am

Das ehemalige deutsche Fort in Arusha

Südhang des Mt. Meru gegründete Siedlung wurde „Leudorf" bzw. Leganga genannt. Im gleichen Jahr ließ sich auch die legendäre deutsche Siedlerin **Margarete Trappe** im Südosten des Berges nieder, ein Gebiet, das heute zum Arusha National Park gehört. Die sagenhafte Geschichte dieser Frau und die Entwicklung von der Kolonialzeit bis nach dem 2. Weltkrieg rund um den Mt. Meru wurde 2006 in einem empfehlenswerten Roman („Die weiße Jägerin") verarbeitet (s.u.).

Arusha entwickelte sich damals nur langsam, das benachbarte Moshi zog mehr Siedler an und hatte durch seine Bahnanbindung mit Tanga einen höheren kolonialen Stellenwert. Erst 1913 erreichte Arusha den Status eines selbstständigen Bezirksamtes.

Im 1. Weltkrieg musste Arusha bereits 1916 gegen die aus Kenia anrückenden Engländer aufgegeben werden, und der Bau einer geplanten Bahnlinie von Moshi über Arusha durch die Serengeti nach Musoma am Victoria-See konnte nicht realisiert werden.

Während der englischen Mandatszeit gab man dem Meru-Mangi einen Teil seiner politischen Befugnisse zurück. Arusha entwickelte sich ab 1930, als die Briten die Anbindung an die Moshi-Tanga-Eisenbahn fertiggestellt hatten, zu einem bedeutenden Handelszentrum für den Kaffee-Export der weißen Farmer und lokalen Kleinbauern. 1951 bewirkte ein Beschluss des britenfreundlichen Mangi die mit Waffengewalt durchgesetzte Vertreibung von über 3000 Meru-Bauern von den nordöstlichen Hän-

tan023 Foto: jg

gen des großen Berges – burische Farmer benötigten zusätzliche Anbauflächen. Besonders im Gebiet des Ortes Ngare Nanyuki ließen sich viele südafrikanische Farmer nieder. Heute sind hier nur noch Reste alter Häuser zu sehen. Bei Ol Donyo Sambu an der Nairobi-Straße erinnert ein großes Burendenkmal an alte Zeiten (s.u.).

Die Bedeutung Arushas wuchs insbesondere Ende der 1960er Jahre durch die Ernennung zur **Verwaltungshauptstadt der East African Community** (s.o.). Aus dieser Zeit stammt das größte **Kongresszentrum** (AICC) des Landes, in dem auch das UN-Ruanda-Tribunal tagt (s.o.).

Stadteinwärts befinden sich auf der Insel im Kreisverkehr der Kaloleni/Makongoro Road das **Mwenge-Denkmal** und das **Arusha Declaration Museum,** hinter den Bäumen in Richtung Stadium Road. Beide erinnern an die 1967 von Präsident *Nyerere* verabschiedete Arusha-Deklaration, die als „Manifest des afrikanischen Sozialismus" gilt.

Die heutige Stadtbevölkerung ist ein bunter Völkermix aus Maasai, Arusha, Meru, Chagga und vielen anderen, die vom aufstrebenden Arusha angezogen werden.

Stadtbesichtigung und Sicherheit

Arusha selbst hat keine besonderen Sehenswürdigkeiten aufzuweisen. Die meisten Reisenden nutzen die Stadt nur zur Organisation von Safaris und Bergwanderungen. In der Umgebung von Arusha lassen sich interessante Sehenswürdigkeiten aufsuchen, Spaziergänge und Begegnungen mit der Kultur des Meru-Volkes realisieren usw. (s.u.).

Auch sollte man es nicht versäumen, den großen **Markt** und die **Geschäftsstraßen** im westlichen Stadtteil zu besuchen (der Naura River gilt als Trennlinie zwischen der West- und der weitläufigeren und wohlhabenderen Osthälfte Arushas).

Das **ehemalige deutsche Fort** am Ende der Boma Road hatte seinen Baubeginn 1899. Genau hundert Jahre später wurde es mit EU-Geldern komplett restauriert und nahezu in den Originalzustand zurückversetzt. Was einst der erste Bau und Mittelpunkt Arushas war, soll jetzt wieder (in kultureller Hinsicht) der attraktive Nabel der Stadt werden. Ein Gebäude beherbergt, wie schon zuvor, das **Naturhistorische Museum.** Der zentrale Bau mit Wachturm veranschaulicht eindrucksvoll die ersten Kolonialjahre am Mt. Meru, den Baubeginn der Boma und zeigt Bilder aus den Gründerjahren der Stadt. Mehr Information zur Boma online unter www.ntz.info/gen/n01218.html#03543.

Durch die Boma hindurch liegt rechter Hand, in Richtung Fluss, das **Via Via Café,** ein ruhiger Ort für einen Imbiss am Nachmittag bzw. für ein kühles Bier bei guter Musik in den Abendstunden sowie Informationszentrum für kulturelle Touren.

Das Spazierengehen in Arusha kann sehr nervig werden, wenn Ihnen an jeder Straßenecke ein Schwarztausch, Souvenirs oder die angeblich preisgünstigste aller Safaris angeboten werden. Versuchen Sie, es gelassen zu nehmen (vgl. dazu auch den Exkurs über die „Flycatcher“)!

Arusha ist auch nicht mehr die kleine, verschlafene Stadt, die sie noch vor zwanzig Jahren war. Der Dollar-Tourismus, die steigende Bevölkerungszahl und die sehr hohe Arbeitslosigkeit prallen in der Stadt aufeinander. Die **Kriminalität** ist hoch: Spaziergänge bei Dunkelheit sind eine potenzielle Gefahr, tagsüber sollte man sich im Bereich des Marktes und der Busstation vor Taschendieben in Acht nehmen. Im Innenstadtbereich sind Wertsachen fehl am Platz. Wer sich aber umsichtig verhält, sollte keine Probleme bekommen.

Touristeninformation

- Die Broschüre „Tanzania Official Accommodation Guide“ ist beim **Tanzania Tourism Board** an der Boma Road oberhalb des Clock Tower erhältlich und äußerst nützlich! Auch gute allgemeine Informationen zu Hotels in ganz Tansania (www.hotelstanzania.com). Im Tourism Board bekommen Sie auch alle Infos bzgl. kultureller Ausflüge im Rahmen der Cultural-Tourism-Programme.
- Zwei Türen weiter befindet sich das **Büro der NCAA** (Ngorongoro Conservation Area Authority). Hier erhält man Lektüre, eine anschauliche Relief-Darstellung des Ngorongoro-Hochlandes und Auskunft über das Gebiet. Ansonsten sehr dürftige Beratung.
- **www.arushanet.com**
- **www.arushatimes.co.tz**
- **www.arusha-guide.com,** Website, die eine touristische Hilfestellung geben will.

Unterkunft

Arusha und Umgebung bieten für jeden Geschmack und Geldbeutel eine Vielzahl von Hotels, Lodges, Guest Houses und auch gute Campingplätze. Generell sind die Unterkünfte, die im ruhigeren östlichen Teil der Stadt oder außerhalb an den herrlich grünen Hängen des Mt. Meru **nahe des Ortes Usa River** liegen, vorzuziehen.

Hotels/Lodges außerhalb

Die folgenden Hotels/Lodges verfügen nahezu alle über Fahrzeuge für Stadtfahrten und Flughafen-Transfers.

- **Mount Meru Game Lodge**
Tel. (027) 2553643, www.mountmerugamelodge.com. An der Moshi-Straße, 20 km von der Stadt entfernt. Die traditionsreiche Unterkunft strahlt den Charme kolonialer Jagdvergangenheit aus. Hervorzuheben sind der Service mit guter Küche sowie die Ruhe und Freiheit des afrikanischen Busches. Die schöne Gartenanlage verfügt über ein großes Freilaufgehege rund um ein Wasserloch, an dem Antilopen, Zebras, Büffel und Vögel beobachtet werden können. In einem Gehege werden kranke Tiere gepflegt. Die Zimmer der Lodge sind in rustikal gestalteten Bungalows im Blockhausstil untergebracht und bieten zum Teil direkten Blick auf die Tiere im Garten. DZ ab 300 $ mit Vollpension. Die Lodge liegt hinter dem Ort Usa River links an der Hauptstraße (Verkehrslärm!).
- **Moivaro Coffee Lodge**
P.O. Box 11297, Tel. (027) 2553242, Fax (027) 2553243, www.moivaro.com. Unterkunft im Stil einer alten Kaffeefarm, 7 km von Arusha entfernt. Schön in die Natur integrierte Anlage mit tollem Blick auf den Mt. Meru. Die Zimmer sind im Bungalow-Stil gehalten und liegen nett verteilt. Die Einrichtung ist geschmackvoll, Service und Freundlichkeit sind lobenswert, das Essen gut, der kleine Pool reicht zur Abkühlung. Übernachtung mit Frühstück ab 230/340 $.
- **Mountain Village Serena Hotel**
Tel. (027) 2553049, www.serenahotels.com. Die in afrikanischen Bungalows angelegte ehemalige Kaffeefarm befindet sich wunderschön auf einer Anhöhe am Rand des Duluti-Kratersees und wird von der Hotelkette Serena geführt. Zimmer mit Frühstück ab 210/270 $ für EZ/DZ mit Frühstück. Die Lodge liegt 1 km rechts der Arusha-Moshi-Hauptstraße (ausgeschildert), der Abzweig erfolgt 9 km hinter dem Novotel.

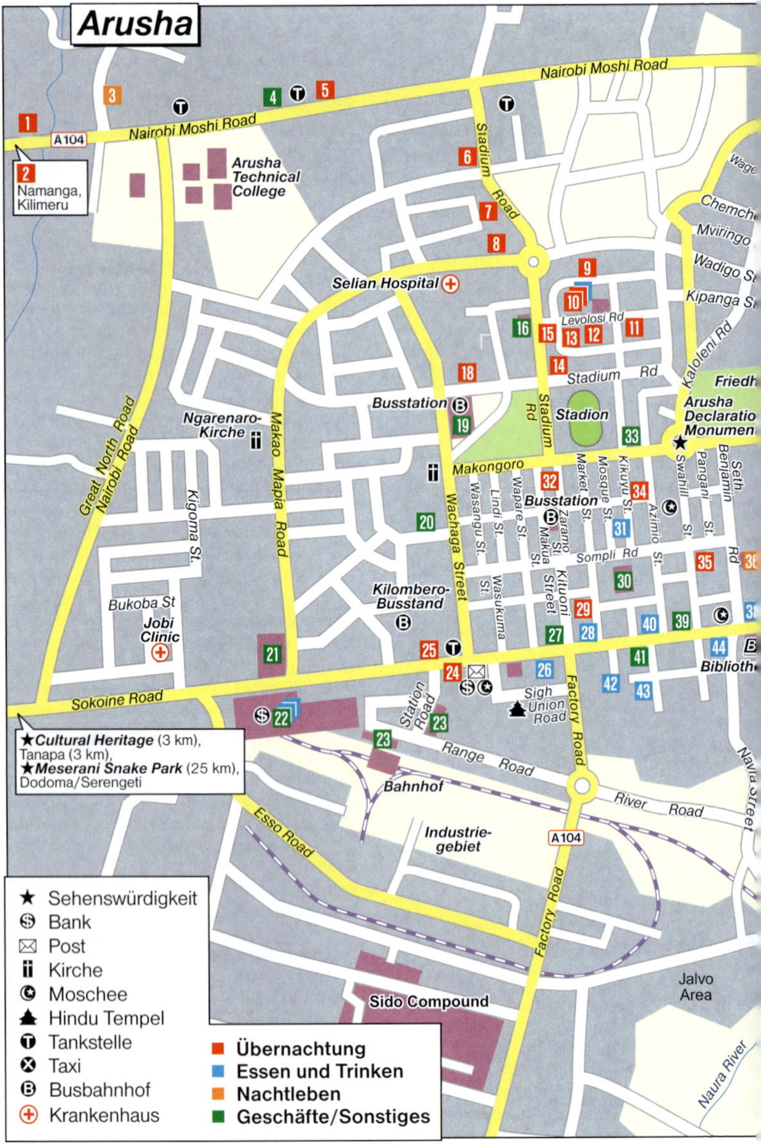
Arusha
Nairobi Moshi Road
A104
Namanga, Kilimeru
Arusha Technical College
Stadium Road
Selian Hospital
Levolosi Rd
Stadium Rd
Busstation
Stadion
Stadium Rd
Kaloleni Rd
Arusha Declaration Monument
Ngarenaro-Kirche
Makao Mapia Road
Great North Road
Nairobi Road
Kigoma St.
Makongoro
Wasangu St.
Lindi St.
Wapare St.
Busstation
Makua St.
Zaramo St.
Market St.
Mosque St.
Kikuyu St.
Azimio St.
Swahili St.
Pangani St.
Seth Benjamin Rd
Sompli Rd
Wachaga Street
Kilombero-Busstand
Wasukuma St.
Kituoni Street
Bukoba St
Jobi Clinic
Sokoine Road
Station Road
Sigh Union Road
Factory Road
Bibliothek
Cultural Heritage (3 km), Tanapa (3 km), Meserani Snake Park (25 km), Dodoma/Serengeti
Range Road
Bahnhof
River Road
Esso Road
Industriegebiet
A104
Navia Street
Factory Road
Jalvo Area
Sido Compound
Naura River
Wage
Chemch
Mviringo
Wadigo St
Kipanga St
Friedh
Sehenswürdigkeit
Bank
Post
Kirche
Moschee
Hindu Tempel
Tankstelle
Taxi
Busbahnhof
Krankenhaus
Übernachtung
Essen und Trinken
Nachtleben
Geschäfte/Sonstiges

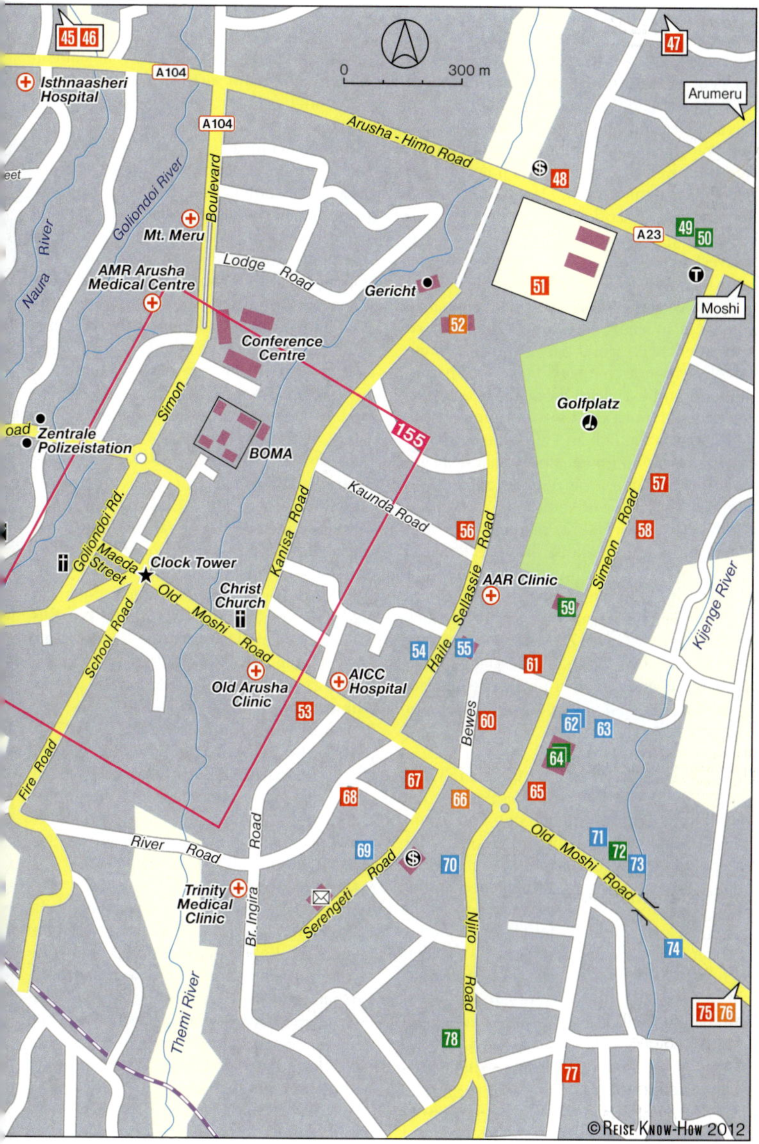
45 46
47
A104
Isthnaasheri Hospital
0 300 m
Arumeru
Arusha - Himo Road
48
A23
49 50
51
Boulevard
Goliondoi River
Naura River
Mt. Meru
Lodge Road
AMR Arusha Medical Centre
Gericht
Moshi
52
Conference Centre
Golfplatz
Simon
Zentrale Polizeistation
155
BOMA
Kaunda Road
57
58
Kanisa Road
56
Goliondoi Rd.
Maeda Street
Clock Tower
Haile Sellassie Road
AAR Clinic
Simeon Road
Christ Church
Old Moshi Road
59
Kijenge River
School Road
54
55
61
Old Arusha Clinic
AICC Hospital
53
Bewes
60
62
63
64
Fire Road
67
68
66
65
River Road
Road
71
72
73
69
70
Old Moshi Road
Trinity Medical Clinic
Br. Ingira
Serengeti Road
Njiro Road
74
Themi River
75 76
78
77

•Ngare Sero Mountain Lodge
Box 425, Tel. (027) 2553638, (0713) 512138, www.ngare-sero-lodge.com. Traumhaftes altes deutsches Farmhaus mit neun Zimmern in kolonialem Stil. Die Lage mit Sicht auf den Kilimanjaro und an einem kleinen Forellen-See mit Angelmöglichkeiten im großen Garten ist umwerfend, der Service unter der Familie *Leach* sehr familiär. Das Essen ist fürstlich und nur für Lodge-Gäste reserviert. Ab 75/250 $ p.P. mit Vollpension.

•Rivertrees
P.O. Box 235, Tel. (027) 2553894, (0713) 339873, www.rivertrees.com. Die ehemalige Farm liegt an einem bewaldeten Flusslauf, wo sich Meerkatzen, Buschbabys und eine bunte Vogelwelt heimisch fühlen. Die deutsche Betreiberin und exzellente Köchin *Martina Gerken* schenkt ihren Gästen viel Aufmerksamkeit und das Gefühl, zu Hause zu sein. Die insgesamt neun Zimmer sind im alten Stil gestaltet, der Kamin im großen Wohnzimmer spendet an kühleren Abenden Wärme, bei Erzählungen über die bevorstehenden oder abgeschlossenen Safaris. Im weitläufigen Garten lässt sich schön verweilen, ob in der Sonne am Swimmingpool oder mit einem Buch am Fluss. Übernachtung mit Frühstück ab 155/195 $ EZ/DZ. Zu erreichen ist Rivertrees über die Moshi Road, direkt gegenüber der Meru Game Lodge erfolgt rechts die Einfahrt, nach 300 m links und am ersten Tor rechts.

•Arumeru River Lodge
P.O. Box 46, Usa River, Tel. (027) 2553573, Fax (027) 2553574, info@arumerulodge.com. Wundervoll und ruhig gelegene Lodge (40 Betten) 2 km vor Usa River 700 m südlich der Hauptstraße (ausgeschildert). Deutsche Eigentümer/Management, gemütliche Zimmer in Doppel-Bungalows. Das Interieur ist sehr geschmackvoll, die Lage des Hauptgebäudes und der Zimmer garantiert freie Ausblicke in Richtung Mt. Meru und bei schönem Wetter auf den Kilimanjaro. Der Service ist zuvorkommend, die Küche gut. Flughafen- sowie Stadt-Transfers werden organisiert. EZ ab 135 $, DZ ab 210 $ (jeweils mit Frühstück).

•Lake Duluti Lodge
P.O. Box 17076, Tel. (0759) 356505, www.lakeduluti.com. Diese Lodge am Kraterrand des Lake Duluti schmiegt sich architektonisch gelungen in die hügelige Landschaft. Die 2010 eröffnete Lodge will neue Maßstäbe in Service und Küche setzen. 18 Einzelchalets, Swimmingpool, Internet, Airporttransfer, Boutique. Preise auf Anfrage.

•Shangazi House
Tel. (0786) 452859, (0754) 744044, shangazihouse@cybernet.co.tz. Shangazi liegt an der Momella Road zwischen Usa River und Arusha National Park. Es ist eine sehr feine und intime Adresse mit dem Flair eines alten Plantagenhauses. Gäste haben die Wahl zwischen nur vier Chalets. Großer Garten mit Swimmingpool, zuvorkommendes Personal und gute internationale Küche. Das Anwesen wird geführt von der griechischen Eigentümerin *Lela Mavroudis.*

Hotels/Lodges im Nahbereich

•Karama Lodge
Old Moshi Road, Tel. (0754) 475188, www.karama-lodge.com. Die wahrscheinlich stilvollste und ruhigste Unterkunft im Stadtrandbereich von Arusha. Karama ist nur 4 km vom Clock Tower entfernt, eingebettet in viel Grün mit herrlicher Aussicht auf den Mt. Meru. Die rustikale kleine Lodge liegt an dem Suye Hill, die Zeltzimmer sind auf Stelzen gebaut. EZ/DZ 87/118 $ mit Frühstück.

•Ilboru Safari Lodge
P.O. Box 8012, Tel. (0754) 270357, (0784) 270357, www.ilborusafarilodge.com. Herrliche Lage am dicht besiedelten Hang des Mt. Meru, nur 3 km vom Stadtzentrum entfernt. Die kleine, tansanisch geführte Unterkunft ist ein wirklich erholsamer Ort mit gutem Service. EZ/DZ 83/99 $ mit Frühstück.

•Arusha Coffee Lodge
Tel. (027) 2544521, 2506143, www.elewana.com. Am Westrand von Arusha in einem ehemaligen Kaffee-Estate. Hervorzuhebende Unterkunft unter indischem Management. Weitläufige Anlage zwischen Kaffeesträuchern. Übernachtet wird in Bungalows, ein zentrales Haupthaus bietet schöne Aufenthaltsatmosphäre, die Küche ist sehr gut.

•Kimemo Farm Cottages
Tel. (0789) 575555, (0756) 575555, www.kimemocoffee.com. Herrlich inmitten einer al-

Übernachtung

1 Manor
2 Kilimeru Campsite (5 km)
5 Eland Motel
6 Prima
7 Florida Guesthouse
8 Palm Inn
9 Mashele
10 Casablanca, Levolosi
11 Monje's
12 Hanang
13 Kitundu
14 Annexe
15 Golden Rose
18 Miami Beach Guesthouse
24 Arusha Backpacker's Hotel
25 Millenium Lodge
29 Pallson's
32 Amazon
34 Kilimanjaro Villa
35 Arusha by Night
45 Ilboru Safari Lodge (2 km)
46 Masai Safari Hotel (1 km)
47 L'Oasis Lodge Hotel (6 km)
48 Serena Hotels (Büro)
51 Mt. Meru
53 Kibo Palace
56 Büro von Babu's Camp
57 Kempinski Hotel
58 Seventy-Seven
60 Le Jacaranda
61 Bay Leaf Hotel
65 Impala
67 African Tulip
68 and-Beyond-Büro
75 Masai Campsite (2 km)
77 Victoria House

Nachtleben

3 Triple "A" Disco
36 Crystal Disco
52 Gymkhana Club
66 Old Greek Club
76 Masai Disco

Essen und Trinken

10 Pizzarusha
22 Restaurants
26 Internetcafé
28 Mc Moody's
31 Khan's
38 Chinese
40 Dolly's Patisserie/ Internetcafé
42 Amar
43 Ice Cream Parlour
44 Internetcafé
54 Pizzeria
55 Blue Heron Café
62 Herbs & Spices, Picasso Restaurant
63 Pizzeria
69 Mandarin Chinese
70 Maharadja Restaurant
71 Heart to Heart Club
73 Dragon Pearl Chinese Restaurant
74 Stiggy's

Geschäfte/Sonstiges

4 Bosch
16 Sunny Safaris
19 Shopping Centre
20 Ranger Safaris/TUI
21 Kilombero-Markt
22 Shoprite Supermarket
23 Autowerkstätten
27 Optiker
30 Zentraler Markt
33 Chemo-Apotheke
37 Safaris East Africa
39 Voda Shop
41 Takim's H&T
49 Supermarkt Mini
50 Philipps
59 KK Security
64 Kijenge Supermarket, Kodak Photolab
72 Lespurd Tours
78 Mr. Price

ten Kaffeefarm im Westen der Stadt nahe dem Club TGT gelegen. Sehr schöner Stil im alten kapholländischen Design. Sehr gute Küche.

•Snow Crest Hotel
Tel. (027) 2543100/5, www.snowcresthotel.com. Neueres Hotel mit viel Protz und mehr Schein als Sein. Der Service kann mit dem Marketing nicht mithalten. Nicht unbedingt die Art von Hotel, weswegen man nach Afrika kommt.

Hotels in der Stadt

•Mount Meru Hotel
www.mountmeruhotel.com. Das größte und früher als Novotel geführte Hotel der Stadt wurde renoviert und unter südafrikanischem Management im November 2010 wiedereröffnet. Das modernste Hotel Arushas bietet alle Annehmlichkeiten. Die große Anlage direkt am Rand des Golfplatzes ist trotz zentraler Lage eine Oase der Ruhe. Besonders die Zimmer „hinten raus" in Richtung Golf-Wiesen sind zu bevorzugen. Zimmerkategorien: 108 Standard Queen, 30 Standard Twin, 6 Deluxe, 4 Presidential Suites, allesamt natürlich klimatisiert und mit WiFi. Das Mount Meru hat vier Restaurants, Cafés und Boutiquen. Ein großer Pool und ein Spa bieten viel Erholungswert. Airport-Shuttles möglich. Ab 160/190 $ EZ/DZ.

•East African All-Suite Hotel & Conference Centre
Old Moshi Road, Corridor Area, Tel. (027) 2050075, www.eastafricahotel.com. Dieses sehr geschmackvoll eingerichtete Hotel mit gutem Service besitzt ausschließlich Suiten. Die Preise beginnen ab 115 $ für eine Einzelsuite.

•The African Tulip
Tel. (027) 2543004/5, www.theafricantulip.com. In diesem neuen, sehr zentral gelegenen Boutique-Hotel wird man als Gast gut empfangen. Die Dekoration ist ein Gemisch aus afrikanisch-festländischen und sansibarischen Elementen, der Garten lädt zum Verweilen ein. Ab 190/230 $ EZ/DZ.

•Bay Leaf Hotel
Tel. (027) 2543055, www.thebayleafhotel.com. Die derzeit beste Adresse in der Vijana

Essen und Trinken
- 17 Pepe Restaurant
- 18 Laangano Restaurant
- 19 Everest Chinese Restaurant
- 42 Discovery Club
- 46 Afro E Internetcafé

Geschäfte/Sonstiges
- 4 Ethiopian Airlines, KLM/Precision Air
- 5 Multi Choice Safaris
- 7 Bobby Safaris
- 9 540 Air
- 13 Buchhandlung
- 14 Air Tanzania
- 15 Tanganyika Film & Safari/ Coastal Travel
- 16 Michelin-/BF-Reifen
- 21 TFA
- 22 Mac's Patisserie
- 23 Photocopy Shop
- 25 Fuji-Fotostudio
- 26 Clock Tower Supermarket
- 27 Gulf Air, Buchhandlung
- 29 Safari Makers
- 30 Curio Shops
- 31 Shoestring Safaris, Hoopoe Safaris
- 32 The Craft Shop
- 33 Meat King (Metzger)
- 34 AA Computers
- 35 Simba Safaris
- 36 Tropical Trekking
- 37 Friseur (Herren)
- 38 Toyota
- 39 Emslies/Air Excel
- 40 Juwelier
- 41 State Travel
- 43 Supermarkt
- 44 DHL
- 45 Savannah Tours
- 47 Happy Sauvages (Metzger)
- 48 Apotheke
- 50 Maasai-Markt, Curio Shops
- 51 Friseursalon Ali

Nachtleben
- 28 House of Wine

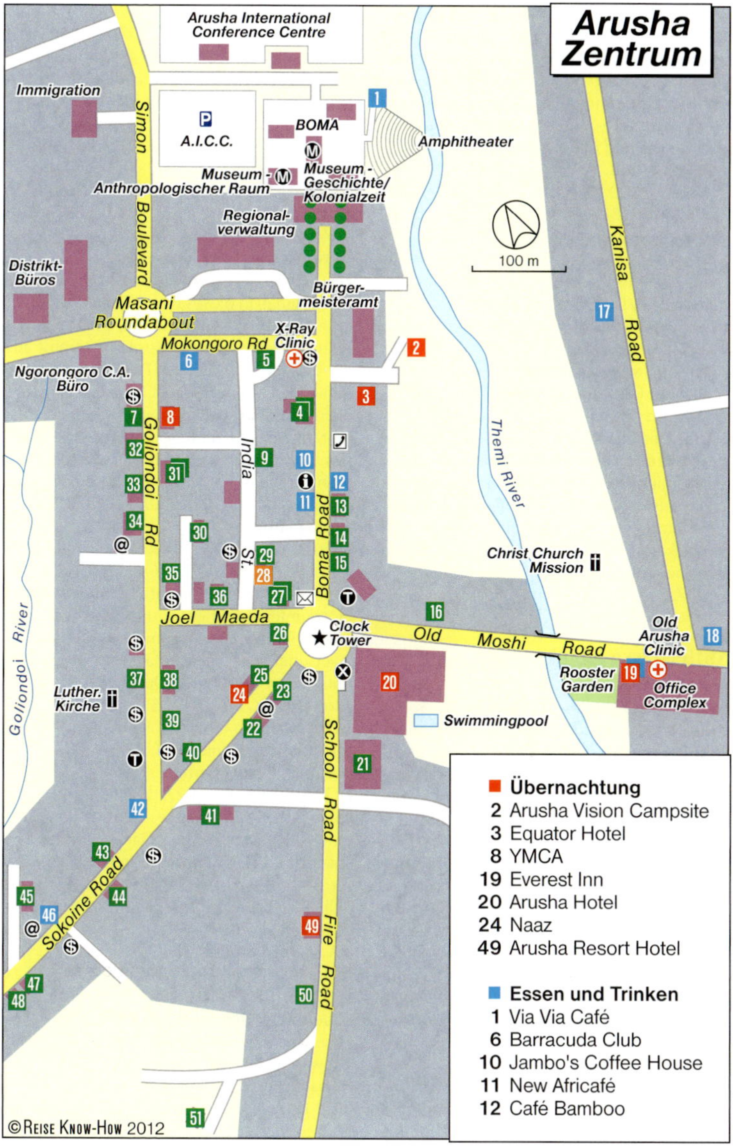
Arusha Zentrum
Arusha International Conference Centre
Immigration
A.I.C.C.
BOMA
Amphitheater
Museum - Anthropologischer Raum
Museum - Geschichte/ Kolonialzeit
Regional-verwaltung
Distrikt-Büros
Bürger-meisteramt
Masani Roundabout
Simon Boulevard
Mokongoro Rd
X-Ray Clinic
Ngorongoro C.A. Büro
Goliondoi Rd
India St.
Boma Road
Kanisa Road
Themi River
100 m
Christ Church Mission
Joel Maeda
Clock Tower
Old Moshi Road
Old Arusha Clinic
Rooster Garden
Office Complex
Swimmingpool
Luther. Kirche
Goliondoi River
School Road
Fire Road
Sokoine Road
©Reise Know-How 2012
Übernachtung
2 Arusha Vision Campsite
3 Equator Hotel
8 YMCA
19 Everest Inn
20 Arusha Hotel
24 Naaz
49 Arusha Resort Hotel
Essen und Trinken
1 Via Via Café
6 Barracuda Club
10 Jambo's Coffee House
11 New Africafé
12 Café Bamboo

Road nahe des Impala Hotel in der Kategorie „Klein, aber fein". Ein echtes „Unique"- oder „Boutique"-Hotel, ohne dass es sich diesen Beinamen extra geben muss. Hervorragende Küche, zuvorkommendes Personal. Die beste Adresse für alle, die es nett und privat mögen, zentral und mit gutem Service.

•Impala Hotel
P.O. Box 7302, Tel. (027) 2543082/7, Fax (027) 2543088/9, www.impalahotel.com. Eines der besseren Hotels mit europäischem Niveau, zentral gelegen, eigenes Reisebüro, zwei sehr gute Restaurants (indisch und italienisch). EZ/DZ 90/110 $.

•The Arusha Hotel
P.O. Box 88, Tel. (027) 2507777, Fax 2508889, www.thearushahotel.com. Sehr zentral am Uhrturm gelegen, schöne Gartenanlage am Themi River, Pool nur für Hotel-Gäste. Das älteste Hotel der Stadt ist renoviert worden, der alte Charme von früher wurde mit der Modernität eines internationalen Hotels verbunden. Im Untergeschoss lädt die Hatari Bar, dekoriert mit Postern und Filmplakaten, zu einem Drink ein. Reichhaltiges und gutes Buffet über die Mittagszeit. EZ/DZ ab 200/240 $ mit Frühstück.

Mittelklasse-Hotels

•Le Jacaranda
Tel. (027) 2544624, (0784) 986116, www.chez.com/jacaranda. Angenehmes kleines Hotel in ruhiger grüner Lage. Das Essen ist gut, eine Minigolf-Anlage steht für Gäste zur Verfügung. Zimmer ab 45/55 $ mit Frühstück.

•Hotel Equator
Boma Road, Tel. (027) 2508409, equator@ars.bol.tz. Das Hotel wurde renoviert und ist durch seine sehr zentrale Lage eine gute Basis für Reisende. Der Service ist zuvorkommend, die Preise fair, das Essen gut. Leider besitzt das Equator keinen Pool, doch ist der Garten ein schöner Ort, um nachmittags die Füße hochzulegen. EZ/DZ 80/100 $ mit *full breakfast*.

•L'Oasis Lodge
Sekei-Gebiet, Tel. (027) 2507089, www.loasislodge.com. 22 Zimmer, EZ/DZ mit Frühstück ab 79/97 $.

•Golden Rose Hotel
P.O. Box 361, Tel. (027) 2507959, 2508861, Fax (027) 2508862, www.goldenrosehotel.com. Im Norden der Stadt unweit der Busstation, typischer Kasten-Bau, doch sehr angenehme Zimmer mit Dusche und WC, Internetzugang. Zimmer ab 30/40 $ die Nacht.

•Briston Hotel
Tel. (027) 2504618, bristonhotel@yahoo.com. Sauber, angenehm, guter Service. EZ/DZ ab 35/40 $ mit Frühstück.

•Everest Inn
Tel. (0784) 255277, everesttzus@yahoo.com. Kommt man in dieses Hotel/Restaurant, fühlt man sich sofort willkommen, geradezu daheim. Der chinesische Besitzer stammt aus der bergigen Gegend am Fuße des Himalaja, daher der Name Everest, der ihn an seine Heimat erinnert. Das ausgezeichnete Restaurant serviert natürlich chinesische Speisen, doch auch europäische Gerichte kommen auf den Tisch. EZ/DZ/Dreierzimmer mit Frühstück 40.000/50.000/65.000 Tsh.

•Naaz Hotel
Sokoine Road, P.O. Box 1060, Tel. (027) 2502087, Fax (027) 2506484, www.arushanaaz.net. Bewährtes, sehr zentral gelegenes Hotel unter indischer Leitung nahe des Clock Tower. Die 20 Zimmer im ersten Stock sind zweckmäßig und geschmackvoll eingerichtet und haben Bad (heiße Duschen)/WC/Moskitonetze. EZ/DZ 40/55 $ mit Frühstück. Das Hotel hat auch eine Autovermietung. Sicherer Parkplatz im Innenhof.

•Arusha Resort Hotel
P.O. Box 360, Tel. (027) 258333, www.arusharesorttz.com. Große, zentral gelegene Hotelanlage mit großem Garten und Kinderspielplatz. Die Unterbringung reicht von DZ für 50 $ bis zu Apartments mit Küche für Selbstversorger. Kein sehr gutes Preis-/Leistungsverhältnis!

•A.M. Investment '88
P.O. Box 10045, Tel. (027) 2507873, Fax 2507816. Sauber und guter Service, da noch neueren Datums, indisches Restaurant. Etwas abseits, die Zimmerpreise von 40/60 $ sind ein wenig zu hoch.

•The Outpost
P.O. Box 11520, Tel./Fax (027) 2548405, www.outposttanzania.com. Beliebte Unter-

kunft unter australischer Leitung, sehr ruhige Lage mit familiärer Atmosphäre. EZ/DZ 52/70 $ mit Frühstück. Denselben Besitzern gehört in Tanga das hübsche Fish Eagle Point, eine durchaus empfehlenswerte Unterkunft direkt am Meer inmitten von Küstenwald. Auch Organisation von Safaris.

Preiswerte Unterkünfte

- **Arusha Backpacker's Hotel**

Sokoine Road, Tel. (027) 2504474, (0773) 377795, www.arushabackpackers.co.tz. Die beliebteste Adresse unter Rucksackreisenden in Arusha. Hier treffen sich viele und tauschen Informationen aus. Zimmer ohne Bad/WC, mit heißen Duschen (sauber) separat, 24-Std.-Internetservice, Wäscheservice, nette Leute, Restaurant auf der Dachterrasse mit Blick auf das Gewusel von Arusha und den Mt. Meru.

- **Weitere preiswerte Unterkünfte** bekommt man ab 12.000–15.000 Tsh für ein Zimmer mit Frühstück, die meisten mit eigener Dusche/WC. Zimmer ohne Dusche/WC bzw. ein Bett in einem Schlafsaal kosten in der Regel +/- 10.000 Tsh pro Nacht mit Frühstück. Folgende Unterkünfte, die sich zu einem Großteil in der Gegend von Mrina Annex/Shivers Night Club befinden (nicht weit von der Busstation), sind zu empfehlen: Giraffe Hotel, Monje's A, B und C, Rift Valley, Mashele, Starlight (weiter nördlich nahe der Ampel zur Moshi Road). Alle bieten einen Wäscheservice von Hand an.

Camping

Es gibt im Umland von Arusha eine Anzahl guter Campingplätze. Im Durchschnitt kostet die Übernachtung dort 7 $ p.P. Besonders zu empfehlen sind folgende Plätze:

- **Masai Campsite**

P.O. Box 6130, Tel./Fax (027) 2548299, masaicamp@tropicaltrails.com. Einer der besten Zeltplätze in Arusha (3,5 km vom Uhrturm), Treffpunkt von Globetrottern und Overlandern. Restaurant und Bar sind sehr beliebt, das Essen reicht von mexikanisch über italienisch bis zu kräftigen Burgern. Die große, grüne Anlage besitzt saubere Wasch- und Toilettenanlagen (heiße Duschen), Kinderspielplatz, Volleyballfeld usw. Der schottische Besitzer leitet zudem das Safariunternehmen **Tropical Trails,** spezialisiert auf Trekking-Touren (Kilimanjaro, Meru, Monduli und Ngorongoro) und Camping-Safaris in den Parks.

- **Arusha Vision Campsite**

Tel. (027) 2502894. Die superzentrale, aber dennoch ruhige, grüne Lage am Themi River ist optimal. Der Zeltplatz wirkt nicht sehr einladend, zudem sind die Platzverhältnisse etwas beengt, große Fahrzeuge werden es hier schwer haben.

- Die **Club Africo Campsite** in Richtung Moshi (2 km hinterm Mount Meru Hotel rechts) ist relativ unbekannt.
- **Am Lake Duluti** befinden sich zwei Zeltplätze, einer davon mit kleinem Guest House (ab 12.000 Tsh pro Nacht). Die Lage ist traumhaft ruhig und idyllisch, die Wiese bietet reichlich Platz. Tel. (0754) 373977, *Godfrey.*
- **Am Meserani Snake Park** kann ebenfalls gezeltet werden, allerdings liegt der Platz 20 km westlich der Stadt.
- 5 km außerhalb in Richtung Nairobi liegt sehr schön am Hang (ausgeschildert) und mit weitem Blick in Richtung Monduli Berge die **Kilimeru Campsite.**

Restaurants

In und um Arusha gibt es für jede Geschmacksrichtung etwas. In den oben genannten Unterkünften kann man zum Teil sehr gut essen gehen. Empfehlenswert sind u.a. das Restaurant der Arusha Coffee Lodge, die indische Küche im Impala Hotel und die internationalen Gerichte im Mt. Meru Hotel.

- **New Africafé**

Beliebtes und sehr gemütliches Café/Restaurant zwischen Boma und Clock Tower. Burger, guter Kaffee, guter Service.

- **Herbs & Spices**

Zufriedenstellende äthiopische Küche an der Moshi Road, serviert in traditionellen Korbschalen, gegessen wird mit der Hand, auch vegetarische Speisen. Zu dem beliebten Restaurant gehört auch ein kleines Hotel für Leute mit schmalem Geldbeutel (18.000 Tsh pro Nacht).

•Picasso

Tel. (0756) 448585. Beliebtes Restaurant und Café einer Südafrikanerin etwas oberhalb vom Impala Hotel. Frische Salate, hervorragende Torten/Kuchen usw. Sehr empfehlenswert!

•Onsea House

Eines der besten Restaurants mit belgischem „Chef de haute cuisine" mit der wahrscheinlich besten Weinauswahl. Außerhalb von Arusha in Richtung Moshi (4 km, ausgeschildert). Es empfiehlt sich eine Reservierung unter Tel. (0784) 833207.

•Bay Leaf

Kleines Hotel. Sehr gutes Restaurant (geführt von einer Südafrikanerin) mit absolut empfehlenswerter Küche. Ruhige Lage mitten in Arusha. Tisch reservieren unter Tel. (027) 2543055.

•Dragon Pearl Restaurant

Hervorragendes chinesisches Restaurant an der Moshi Road, noch vor dem Kijenge Stream. Der Besitzer *Loui* ist zuvorkommend, es lässt sich schön im Garten sitzen oder im Speisesaal essen. Derzeit wohl die beste chinesische Küche in Tansania, allerdings auch recht teuer.

•China-Restaurants

Einfache chinesische Speisen bekommt man im **Arusha Chinese Restaurant** im ARCU-Gebäude und im **Everest Restaurant** (s.a. Hotel Everest Inn weiter oben) an der Old Moshi Road unweit vom Clock Tower.

•TANDOOR

Tel. (027) 2502618. Gutes indisches Restaurant mit Tandoori-Küche.

•Khan's

Beliebtes Straßenlokal einer Werkstatt. Da, wo tagsüber auf dem Bürgersteig geölt und geschraubt wird, stehen nach einmal Wassereimer umkippen und kurzem Schrubben am Abend Tandoori Grills und ein Salat- und Soßenbuffet – empfehlenswert!

•Pizzarusha

Beliebtes Restaurant unter Rucksackreisenden. Das Essen ist gut, international und preiswert. 2010 umgezogen, liegt nun an der T-Kreuzung Levolossi Road.

•African Queen

Nettes, originelles Restaurant, schräg gegenüber vom Levolosi Guest House. Preiswertes einheimisches Essen.

•Pic Nic

Vergleichbar mit dem African Queen. Nette, zuvorkommende Bedienungen. Beim Kitundu Hotel.

•Mc Moody's

Modernes Fast-Food-Lokal ohne besondere Note, tagsüber beliebt unter Backpackern und bei Lonely-Planet-Publikum.

•Chicken King

Fast-Food-Kreationen rund ums Huhn, jeweils ein Restaurant im Conference Center und an der Goliondoi Road.

•Eine Vielzahl von einfachen und billigen Restaurants, Imbissläden und Straßenständen befindet sich im Bereich des Marktes und bei den Guest Houses nördlich vom Stadion.

Restaurants im Shoprite-Komplex

•Stiggbucks

Gute Mittagsküche mit Salaten und Snacks.

•Ciao Gelati

Die beste Eisdiele im Norden Tansanias, auch mit guter Mittagsküche für den großen und kleinen Hunger. Ciao gehört der Schweizerin *Beate* und ist ein örtlicher Treffpunkt. Empfehlenswert! Hier gibt es auch sehr gute Pralinen und das beste Schwarzbrot in Arusha!

•RAW

Dieses relativ neue Stehrestaurant bietet alles, was gesund ist: von frischen Fruchtsäften über leckere Kuchen bis zu vollen Mahlzeiten. Tel. (0784) 652260, *Annelies van Beest „Mthema"*, annelies@raw-ltd.com.

Cafés und Snacks

•Ciao Gelati, s.o.

•Jambo's Coffee House

Gutes kleines Café gegenüber vom Bamboo. 2010 wurde renoviert.

•Via Via Café

Von Belgiern geführtes Café in ruhiger Lage neben der Boma. Hier bekommt man sogar Croque Monsieur sowie Pasta und Steaks.

Das Ambiente am alten Fort und zum Tal des Themi River hin ist sehr schön – ein guter Ort, um mal eben der quirligen Stadt zu entkommen. Empfehlenswert. Im Via Via kann man übrigens auch ein interessantes kulturelles Erlebnis buchen: *Fred* bringt seinen Gästen bei, wie man Trommeln (Ngoma) baut, wie man sie spielt und wie man dazu tanzt!

- **Picasso,** s.o.
- **Blue Heron**
Beliebtes Café in der Haile Selassie Road.
- **Hot Bread Bakery**
Liegt am Clock Tower und ist beliebt unter Reisenden, bietet frische Säfte, süße und vegetarische Teigtaschen *(pies)*, Weißbrot und gute Früchtekuchen. Möglichkeit, E-Mails zu empfangen/verschicken.
- **Dolly's Partisserie**
Sauber, nett, empfehlenswerter Ort zum Einkehren, wenn man gerade downtown ist. Mit Internetcafé.
- Im Garten vom **New Arusha Hotel** lässt es sich tagsüber angenehm weilen, Postkarten schreiben und geruhsam Kaffee oder ein Bier trinken. Allerdings ein bisschen teuer!
- **Rooster Garden**
Drei große Bars, makuti-überdachte Sitzgelegenheiten im Garten. Beliebter Ort, um tagsüber zentral und in schattiger Lage den Durst zu löschen. Serviert einfache Gerichte (Chips, Omelettes, nyama choma usw.). Wochenends Disco.

Nachtleben

Bars und Casino

- Beliebte **Bars und Treffpunkte** abends unter Europäern sind an Wochenenden der **Old Greek Club** an der Ecke Old Moshi Road/Serengeti Road, das **Via Via Café** bei der Boma, das **Masai Camp** und der **Meserani Snake Park. Rooster** und **Silver City** sind insbesondere an Wochenendabenden gut besuchte Lokale mit überwiegend afrikanischem Publikum.
- **Spielcasino** im **New Arusha Hotel.**

Kinos, Discos und Tänze

- Die **Kinos** in Arusha sind oft geschlossen, einzig das Metropol Cinema zeigt ältere Hollywood- sowie indische Schnulzenfilme. Arushas erstes Kino auf internationalem Niveau liegt außerhalb vom Stadtkern in Njiro im Village Supermarket Complex.
- Die wahrscheinlich beste **Disco** Arushas ist das **Colobus** in der Kijenge Area (Billardtische, Spielmaschinen, Fast Food; Disco Fr und Sa). Weitere Lokale mit Musik und Tanz sind das **Masai Camp,** die **Empire Sport's Bar** im Shoprite-Komplex und die **Lovely Lady** neben dem Backpacker's Hotel, wo es gutes Essen und Live-Musik gibt.

Krankenhäuser/Ärzte

- **AMR Arusha Medical Centre**
Haile Selassie Road, Tel. (027) 2501593-4. Zufriedenstellende Adresse! Gut für Stuhl- und Blutuntersuchungen bei bakteriellen Erkrankungen oder Malaria. Wenden Sie sich an *Dr. Chamba*.
- **Selian Hospital**
2008 eröffnetes, sehr modernes Krankenhaus in der Stadt. Gut ausgebildete nationale wie internationale Ärzte sind hier tätig. In dringenden Fällen nach *Dr. Jacobsen* (US-Amerikaner) fragen.
- **Isthna Asheri Clinic**
Sokoine Road, Tel. (027) 2502320.
- **AICC Hospital & Dental Clinic**
Tel. (027) 2508131. Relativ sauber und noch empfehlenswert (24-Stunden-Service).

Apotheken

- **Im AICC-Gebäude und an der Sokoine Road,** z.B. **Moonas Pharmacy** östlich des Goliondoi River, gut ausgestattet und mit kompetenter Beratung.
- **Chemo Pharmacy,** Makongoro Road.

Polizei/Notfall

- Die zentrale Polizei-Station hat ihren Sitz an der **Makongoro Road, Tel. 999.**
- Bei Notfällen, etwa dem Abhandenkommen von Reisedokumenten, sollte der deutsche Honorarkonsul benachrichtigt werden. Adresse siehe unter „Sonstiges".

Mietwagen

Die Anmietung eines Geländewagens ist teuer. Eine bessere Alternative bieten die meisten Safariveranstalter, bei denen man Geländewagen plus Fahrer mieten kann. Damit tragen Sie keine Verantwortung für evtl. auftretende technische Probleme, Diebstahl, Unfälle etc. Doch auch hier müssen Sie mit mind. 150 $ pro Tag rechnen und sind für sämtliche Buchungen und Ausrüstungsgegenstände selber zuständig. Die Gesamtkosten überschreiten meist den Preis, der für eine organisierte und sehr gute Safari bei einem Reiseveranstalter zu zahlen ist.

- Zu empfehlen sind z.B. TDI 110 Land Rover von **Fortes Safaris,** P.O. Box 1364, Tel. (027) 2503439, Fax (027) 2508002, arushafortes@habari.co.tz. Ab 120 $ pro Tag ohne Fahrer und Spritkosten, ab 150 $ mit Fahrer und inkl. Spritkosten. Ich empfehle Ihnen – allein schon aus Sicherheits- und Verständigungsgründen – letztere Option. Fortes besitzt auch ein Büro in Mwanza, sodass man die Wagen nach einer Ngorongoro-/Serengeti-Tour am Viktoria-See abgeben kann.

Kommunikation

Post

- Die **Hauptpost** befindet sich **am Clock Tower,** Nebenstellen sind im Conference Centre und im Westteil an der Sokoine Road.
- Das **DHL-Büro** in der Uhuru Road erreicht man unter Tel. (027) 2506749.
- Fracht versenden kann man mit **Kühne & Nagel,** Tel. (027) 2509917, info.arusha@kuehne-nagel.com.

Telefon

Telefonieren und Faxen (international) können Sie vom Telephone House an der Boma Road. Telefonkarten sind hier erhältlich. Am besten ist es jedoch, sich eine tansanische SIM-Karte zu besorgen und direkt vom eigenen Handy aus zu telefonieren.

Internet

Internetzugang besteht **an fast jeder Straßenecke.** Im Stadtplan sind einige Internetcafés vermerkt (IC). Zu empfehlen sind die Cafés an der India Street und an der Sokoine Road, allesamt recht preiswert (ca. 1000 TSh pro Std., So geschl.). Teuer ist es in den Hotels, speziell im Impala. Das Internetcafé im Conference Centre (Kilimanjaro Wing) hat bis 21 Uhr geöffnet, Sa nur bis 17.30 Uhr.

Einkaufen

Lebensmittel

- **Shoprite Supermarket**
Die große südafrikanische Supermarktkette hat einen großen Laden in Arusha, an der Sokoine Road stadtauswärts linker Hand. Das Angebot ist mit dem in einem großen deutschen Supermarkt zu vergleichen, wenn auch nicht ganz so hochwertig und vielseitig (leider etwas teurer als in den kleinen Lebensmittelgeschäften).
- **Clock Tower Supermarket**
Reichhaltiges und günstiges Angebot direkt am Clock Tower. Empfehlenswert.
- **Modern Supermarket**
Neben dem Naaz Hotel, gute Auswahl an Konservenprodukten. Ideal, um sich für die anstehende Safari einzudecken.
- **Meat King**
Südafrikanischer Metzger an der Goliondoi Road. Auch Käse und lokale Bio-Marmeladen sind erhältlich. Alles in toller Qualität und absolut empfehlenswert!
- **Village Market**
Befindet sich in Njiro. Teuer, aber gut.
- **Pick'n'Pay**
Liegt auf dem Weg nach Njiro. Ebenfalls teuer und gut.
- Für frisches Gemüse und Obst ist in jedem Fall der **zentrale Markt** zu empfehlen. Hier befinden sich auch noch kleinere Lebensmittelläden. Vorsicht vor Taschendieben!

Souvenirs und Bücher

- Bücher (Bildbände, Infohefte zu den Nationalparks, Karten usw.) und Souvenirs werden Ihnen auf der Straße **zwischen Boma Road/**

Clock Tower und Goliondoi Road ständig von Straßenverkäufern angeboten. Die Auswahl ist riesig: Schnitzereien, Batiken, Speere, Messer, Maasai-Schmuck, Tiertrophäen, Keramikwaren usw. sind zu kaufen. Handeln Sie um den Preis! Ein guter Souvenir-Laden ist **Arusha Gallery** in der India Street.

- Der **Curio Masai Market entlang der Fire Road** ist die andere zentrale Adresse. Hierher hat man all die kleinen Straßen-Curio-Shops versetzt. Das Angebot ist riesig, vor allem Maasai-Souvenirs, Anhänger, Schmuck, Ketten, Schnitzereien, Bilder usw.
- Der Souvenir- und Buchladen **Kase Book Shop** an der Boma Road, der auch eine kleine Filiale an der Joel Maeda Road hat, verfügt über die umfangreichste Auswahl an Literatur.
- Auch werden Sie die Möglichkeit haben, **Trophäen** zu ersteigern, für die Sie jedoch ein offizielles Ausfuhrdokument benötigen. Auch sollten Sie abwägen, ob Sie z.B. wirklich ein Straußenei brauchen – ihr Kauf führt nur dazu, dass Maasai weitere Nester plündern und neues Leben verhindern.
- Sehr zu empfehlen ist das **Cultural Heritage,** 4 km Richtung Ngorongoro. Hier bietet sich eine sehr große Auswahl an Souvenirs; zusätzlich kann man im Garten die verschiedenen traditionellen Hüttenformen einiger tansanischer Volksgruppen bewundern. Eine Besichtigung ist in jedem Fall empfehlenswert, man hat hier wesentlich mehr Ruhe als an den Ständen der Innenstadt (Taxi erforderlich). Das Cultural Heritage bietet ebenfalls gute Qualität im Bereich **Schmuck.** Die Auswahl aus mit Tanzanit-Edelsteinen gefertigten Schmuckgegenständen ist hier gut. Auch Bücher und eine große Auswahl an Bildbänden sind hier zu finden.
- Andere **Juweliere** befinden sich entlang der großen Sokoine Road, u.a. empfehlenswert ist **Isle of Gems** in der Seith Benjamin Road, Tel. (027) 2500566, (0713) 210633, isleofgems@yahoo.com. Zu erwähnen sind in diesem Kontext die Swala Gem Traders. Anscheinend war der Vater der Familie und Gründer des Unternehmens jener, der das Tansanit als erster Tiffany's vorstellte. Auch die Juweliere im Arusha Hotel und im African Tulip Hotel sind sehr empfehlenswert.

Geld

- **Banken** befinden sich am Clock Tower (NBC), entlang der Sokoine Road (Stanbic), an der Goliondoi Road (Standard Chartered Bank) sowie etwas abseits vom Stadtkern in der Serengeti Road (Barclay's Bank). Die beiden erstgenannten sollte man meiden, die beiden letzteren verfügen über **Geldautomaten,** die VISA und MasterCard annehmen, oft funktioniert aber nur VISA. Einzig bei Barclay's lässt sich am Automaten auch mit der Maestro-/EC-Karte abheben. Der Kurs in den vielen **Forex-Büros** im Zentrum sowie im Bereich des Golden Rose Hotel ist nur geringfügig besser. Der Kurs für Traveller-Schecks ist niedriger als beim Tausch von Bargeld.
- Gewechselt wird auch **in den meisten Hotels,** der Kurs ist jedoch lausig.
- Eine **Tanzania Postal Bank** (Western Union) befindet sich in der Sokoine Road neben dem Shanghai Restaurant (P.O. Box 15100, Tel. (027) 2544528, 2503193, tpb.arusha@africaonline.co.tz).

Veranstalter von Safaris

Die meisten Safari-Veranstalter haben ihre Büros im Conference Centre oder im Zentrum zwischen Boma und Goliondoi Road.

- **Abercrombie & Kent**
P.O. Box 427, Tel. (027) 2508347, Fax (027) 2508273, www.abercrombiekent.com. Hochwertige Safaris, eines der renommiertesten und mittlerweile preislich attraktiven Unternehmen, das hauptsächlich mit Lodges und noblen Zeltcamps arbeitet. A & K fliegt Kunden auch direkt in die Parks zu den Camps des Tochterunternehmens Sanctuary Lodges. Büro am Njiro Hill, Plot 11/1. In Deutschland Informationen und Buchungen bei TCC in Büdingen (Tel. 06048-950505, Fax 06048-950464, www.tcc-network.de).
- **Active Tanzania Adventures**
Tel. (0787) 209787, (0784) 605785, www.activetanzania.com. Tansanisch-österreichisches Management, das auf deutschsprachige Bergsteiger und Safari-Touristen eingestellt ist. Besteigung des Kilimanjaro (alle

Routen), Mt. Meru, Ol Doinyo Lengai mit starker Betonung von persönlichem Service und Teamgeist zwischen Einheimischen und Besuchern auf dem gemeinsamen Weg. Safaris in allen Preislagen, kulturelle Touren (Kolo-Felsmalereien, Hadzabe-Buschmenschen am Lake Eyasi, Maasai in den Monduli-Bergen), Sansibar (Mafia, Pemba). Engagiert, preiswert und zuverlässig. Gute Fahrzeuge und Ausrüstung. Büro im Golden Rose Arcade Centre, 2. Stock (neben Golden Rose Hotel). Empfehlenswert!

- **Leopard Tours**

P.O. Box 1638, Tel. (027) 2508441-3, Fax (027) 2504131, www.leopard-tours.com. Sehr professionelle Firma, Safaris aller Art, Service und Komfort sind vom Feinsten. Das Büro befindet sich beim Impala Hotel.

- **Matembezi Tours**

Guter Service in allen Preislagen. Das Büro befindet sich im Gebiet von Sakina, Tel. (0784) 933013, info@matembezi.co.tz.

- **African Environment Safaris**

Sehr empfehlenswertes Unternehmen auf höchstem Niveau, vor allem auf Bergbesteigungen spezialisiert, allerdings auch sehr hohe Preise. Kontakt unter www.africanenvironments.co.tz.

- **Tanzania Private Select Safaris**

Mit diesem Unternehmen erleben Sie „Jenseits von Afrika“ live! Das Unternehmen bietet tailor-made Safaris für jedes Portemonnaie und hat sich auf deutsche Gäste spezialisiert. Neben Bergbesteigungen, Safaris in den Nationalparks und Kulturerlebnissen im nördlichen Teil Tansanias gibt es auch Safaris im südlichen, noch relativ unentdeckten Teil des Landes! P.O. Box 2340, Arusha, Tel. (027) 250488, (0754) 480955, www.tpssl.com.

- **Ranger Safaris**

P.O. Box 9, Tel. (027) Tel. 2503023, Fax (027) 2508205. Etwas gehobeneres Unternehmen mit sehr großem Angebot. Das Büro befindet sich im Conference Centre (Ngorongoro Wing).

- **Simba Safaris**

P.O. Box 1207, Tel. (027) 2503509, 503600, Fax (027) 2508207, simbatours@hotmail.com. Standard-Safaris im Northern Circuit, kleines, effizientes und bewährtes Unternehmen. Führt nur Lodge-Safaris (Serena-Hotelkette) durch, Drei-Tages-Tour ab 540 $ p.P., egal ob zwei oder sechs Leute im Auto sitzen. Auch lange Kilimanjaro-Touren sind im Angebot.

- **Summits Africa**

Tel. (0682) 513010, www.summits-africa.com. Eines der besten Bergsteiger-Unternehmen des Landes. Professionelle Ausrüstung, sehr gut geschulte Bergführer. Nicht ganz billig, aber die Investition lohnt sich.

- **Dorobo Safaris**

P.O. Box 2534, Tel. (027) 2503255, dorobo @habari.co.tz. Amerikanisches, umweltengagiertes Unternehmen, welches anspruchsvolle Zelt-Safaris und Trekking-Touren organisiert. Auch weniger besuchte Regionen wie das Yaida Valley und der Lake Eyasi sind im Programm. 180–240 $ p.P. und Tag.

- **Bobby Safaris**

Tel. (027) 2500020-1, 2503490, Fax (027) 2508176, www.bobbytours.com. Bewährtes Unternehmen, das schon länger auf deutschsprachige Safari-Touristen eingestellt ist. Angeboten werden kombinierte Camp- und Lodge-Safaris im Northern Circuit. Gute Fahrzeuge und Camping-Ausrüstung. Eine 5-Nächte/6-Tage-Camping-Safari für 2 Personen kostet ab 900 $ p.P.

- **Roy Safaris**

P.O. Box 50, Tel. (027) 2502115, 2508010, Fax (027) 2508892, www.roysafaris.com. Safari-Anbieter mit seriösem Management, gute Wagen mit Funkverbindung und freundlichen, kompetenten Fahrern. Die Semi-Luxury-Camping-Version liegt bei etwa 200 $ p.P. bei zwei Personen.

- **Topi Reisen**

Tel. (0732) 971574, (0784) 544444, www.topi-reisen.com. Wie der Name schon sagt, wird hier u.a. auch deutsch gesprochen, bzw. das kleine und preiswerte Unternehmen mit Sitz in der Nähe des Impala-Kreisverkehrs hat viel Erfahrung mit deutschsprachigen Reisenden. Der sympathische Besitzer *Richard Mardai* stellt Ihnen gute Touren im nördlichen Tansania zusammen.

- **Laitolya Tours & Safaris**

P.O. Box 7319, Tel. (027) 2502984, Fax (027) 2508439, laitolya@habari.co.tz. Park-Safaris und Besteigung des Kilimanjaro. Manager *Joachim Minde* gibt sich große Mühe und hat Erfahrung mit deutschen Reisenden.

Flycatcher –
Tricks und Machenschaften der Safari-Vermittler

Ein Problem, mit dem viele unabhängig Reisende in Arusha konfrontiert werden, sind die sogenannten Flycatcher: **Jugendliche und junge Männer,** die sich Touristen als Vermittler/Organisator von Hotels/Safaris anbieten und dafür von vielen Reiseunternehmen/Unterkünften Provisionsgelder bekommen. Manche von ihnen nennen sich „Marchinger", da sie ständig in Bewegung sind, auf der Suche nach „Kunden" (nicht zu verwechseln mit den „Wamachinga", Jugendliche und Männer, die mit Bauchläden und Tafeln, bestückt mit den kleinen Dingen des täglichen Bedarfs, an Straßen und Plätzen stehen). Flycatcher arbeiten mit allen Mitteln und Tricks und das **oft mit äußerster Penetranz.** Wer am Busbahnhof von Arusha oder am Kilimanjaro Airport ankommt, wird regelrecht „überfallen". Von allen Seiten wird probiert, Ihnen irgendeine Visitenkarte zuzustecken, sofort sollen Sie für ein Hotel/Safariunternehmen gewonnen werden. Wenn Sie noch keine konkrete Planung getroffen haben und Ihnen die Belagerung nicht auf die Nerven geht, kann dieser „Service" auch nützlich sein, speziell wenn man abends ankommt, sich nicht auskennt und nicht lange nach einer Unterkunft suchen möchte. Oft einigen sich die Flycatcher untereinander, wer Sie zum Hotel abschleppen darf (vgl. zu der Thematik auch „Die richtige Organisation einer Safari").

Wenn Sie aber schon genau wissen, wo Sie unterkommen, bzw. sich selber die Lokalitäten aussuchen möchten, rate ich Ihnen, dies nicht groß preiszugeben, und auch nicht, den Weg zu erfragen, da man Ihnen sonst die abenteuerlichsten Geschichten aufbinden wird: „Das ist belegt/restlos ausgebucht", „das existiert nicht mehr", „das heißt jetzt so und so, ich werde es Ihnen zeigen", „zufällig arbeite ich da", „ich weiß was viel besseres/billigeres" usw. usf. – das Repertoire ist wirklich fast unbegrenzt, und das meiste entspricht nicht der Wahrheit!

Für viele Reisende, die aus Freundlichkeit und/oder Unerfahrenheit nachgeben, wird die Sache oft zum **Alptraum!** Sind die vermittelten Unterkünfte oft noch einigermaßen akzeptabel, so entpuppen sich die Safari-Operators sehr oft als eine einzige Katastrophe, denn gerade die amateurhaften „Low-budget-Unternehmen" sind in ihrem Existenzkampf auf Flycatcher und deren Kundenfang angewiesen.

Das Phänomen der Flycatcher ist **genauso einfach zu verurteilen wie zu erklären:** Die landesweite Arbeitslosenrate in der Altersgruppe, aus der sich die Flycatcher rekrutieren, liegt weit über 30%. Die Tourismusindustrie in der Stadt verheißt einen Job. Viele aber gehen leer aus und versuchen als Flycatcher ihr Glück auf der Straße. Die Bezahlung und damit die Lebensgrundlage ergibt sich aus der Zahl der geköderten Touristen, und so ist der Kampf um den fremden Besucher zu einer Art Plage für die Stadt und ihre Besucher geworden. Man muss die Situation der Flycatcher verstehen, darf sich aber auch nicht ausnutzen lassen! Geben Sie also deutlich zu erkennen – sachlich und mit dem gebotenen Nachdruck, nicht aber wutentbrannt und mit Gewaltandrohung –, wenn Ihnen die Sache zu sehr auf den Wecker geht!

Wissenswertes zur Organisation einer Safari vor Ort

Wer vor Ort eine seriöse Safari buchen möchte, sollte sich hierfür mindestens zwei bis drei Tage Zeit nehmen und die einem interessant erscheinenden Anbieter persönlich aufsuchen. Die Gestaltungsmöglichkeiten sind, was Art, Dauer und Kostenaufwand betrifft, sehr vielseitig, ein Vergleich der unterschiedlichen Safari-Veranstalter ist nur empfehlenswert.

Die meisten Unternehmen bieten sogenannte **Package-Tours im Northern Tourist Circuit** an. Hierzu gehören die **National Parks Arusha, Manyara, Tarangire, Serengeti sowie das Ngorongoro-Gebiet.** Viele der Safaris dauern zwischen drei und sieben Tagen und beschränken sich hauptsächlich auf die westlich von Arusha liegenden Parks. Eine typische Drei- bis Vier-Tages-Tour ist z.B. Tarangire/Manyara/Ngorongoro. Wer die Serengeti mit im Paket haben möchte, sollte allein hierfür mindestens zwei Tage veranschlagen, da der Anfahrtsweg länger und der Park natürlich wesentlich größer ist. Wer in die Serengeti will und aus Kostengründen nur drei Tage unterwegs sein möchte, sollte nur einen der anderen Parks mit dazunehmen, da sonst sehr viel Zeit mit Herumfahren verbracht wird und man nur selten längere Zeit an einem Ort bleiben kann, um Landschaft und Tierwelt zu genießen. Gängige Eintages-Touren sind Tarangire oder Arusha National Park.

Setzen Sie sich Präferenzen! Wer möglichst viele Tierarten auf einmal sehen möchte, wird im Ngorongoro-Krater fündig. Doch die Ökologie des Kraters ist aufgrund des hohen Besucherandrangs sehr belastet. Wem daher der grandiose Blick vom Kraterrand in die riesige „Schüssel" ausreicht, und wer mehr auf unberührte Wildnis setzt, mit einer ebenso artenreichen, wenn auch nicht immer ganz so nah erfahrbaren Tierwelt, wird **je nach Jahreszeit** in der Serengeti oder im Tarangire auf seine Kosten kommen. Während in der Serengeti, die im wesentlichen durch ihre endlosen Weiten und malerischen „Kopjes" (Granit-Felshügel) besticht, von Mitte Juni bis Mitte November der Großteil der Tiere sich weit im Norden des Parks sammelt, lockt der Tarangire ab Juli mit einer reichhaltigen Tierwelt. Von November bis April weisen in der Regel alle Parks gute Tierbestände auf.

Außerhalb der Parks gelegene Sehenswürdigkeiten, wie der Vulkanberg Ol Doinyo Lengai, die Seen Eyasi und Natron und die Kolo-Felsmalereien, können ebenso Bestandteil einer Safari sein.

Schließlich bieten einige Unternehmen auch **kombinierte Wander- und Fahrzeugtouren** an, bei denen man z.B. ein paar Tage durch die Monduli Mountains oder das Ngorongoro-Hochland wandert und anschließend noch den ein oder anderen Park mit dem Fahrzeug besucht.

Welche Art von Safari?/Kosten

Eine Safari kann entweder als **Lodge- oder** als **Camping-Safari** durchgeführt werden. Dies hängt zum einen vom Geldbeutel ab (ein Lodge-DZ in den Parks liegt bei ca. 350 $) und andererseits vom Anspruch an Komfort und Qualität der Übernachtung.

Die Lodges bieten natürlich jeglichen wünschenswerten Hotel-Komfort, ihre Lage in den Parks verspricht grandiose Aussichten. Am oberen Ende der Preisskala steht andBeyond, eine Luxus-Lodge- und Campkette mit südafrikanischem Management, die Voll-

tan011 Foto: pr

pension-Preise ab 600 $ verlangt. Die zwei anderen Hotelfirmen, die preislich etwa bei der Hälfte liegen, sind „Serena" und „Sopa" mit ihren eindrucksvollen Baustilen. Besonders die Sopa Lodge am Ngorongoro-Krater liegt einsam schön, die Sonnenuntergänge über dem Kraterrand sind ein Genuss.

Zelten spart nicht nur Geld (über 100 $ pro Tag), es ist vor allem auch eine einmalige Erfahrung: „allein" in der afrikanischen Wildnis, den Blick auf das Lagerfeuer gerichtet, die Ohren weit offen und wachsam der grandiosen Geräuschkulisse der afrikanischen Nacht lauschend ...!

Ausrüstung benötigt man nicht, bei einer Zelt-Safari wird alles einschließlich Schlafsack gestellt, sogar ein Koch ist mit von der Partie, um Sie mit leckeren Gerichten unter freiem Sternenhimmel zu verwöhnen. Bei den Billig-Unternehmen kann es dabei schon mal vorkommen, dass das Zelt nicht gerade der Renner ist (Moskitonetz und/oder Reißverschluss kaputt) und das Essen aus Plastiktellern auch nicht immer das Gelbe vom Ei.

Beim Camping bieten sich aber auch **Alternativen**. Die „Campsites" in den Parks liegen bei 30 $ p.P.; wer auch hier Kosten sparen möchte, findet unmittelbar vor den jeweiligen Parks (außer Serengeti) Zeltplätze, die etwa 10 $ pro Nacht kosten. Von der Ausstattung her sind diese meist recht gut, doch der nächtliche Nervenkitzel eines brüllenden Löwen oder einer kichernden Hyäne bleibt aus. Die außerhalb liegenden Zeltplätze werden hauptsächlich von den Billig-Safariveranstaltern genutzt.

Am anderen Ende der Preisskala liegen die **Special Campsites** und die **Tented Camps,** ein Kompromiss aus Lodge-Komfort und „authentischem" Zelten. Diese Orte werden hauptsächlich von den gehobeneren Unternehmen genutzt. Bei den Special Campsites in den Parks (50 $ p.P.) wird Ihnen auch ein Zelt aufgestellt, doch in der Regel ist dies größer und bietet mit richtigen Matratzen/Liegen einen besseren Komfort. Die Tented Camps liegen preislich beim Zwei- bis Vierfachen und befinden sich nicht alle in den Parks, aber dennoch in sehr schöner Lage.

Die insgesamt anfallenden Kosten richten sich jedoch nicht nur nach Art der Unterkunft, sondern auch nach der **Größe der Gruppe.** Allein oder zu zweit muss man mehr zahlen, als wenn man sich einer Gruppe anschließt. In einigen populären Unterkünften Arushas gibt es regelmäßig Aushänge unter Reisenden, die noch jemanden suchen, meist erfahren Sie aber bei den Safariveranstaltern, wo man sich welcher Gruppe anschließen kann. Bei Geländewagen ist eine Vierer-Gruppe ein guter Kompromiss zwischen Kostenreduzierung und noch ausreichendem Sitzkomfort. Etwas günstiger wird es bei Mini-Bussen, die Platz für sieben oder mehr Fahrgäste haben. Eine größere Gruppe bedeutet aber auch mehr Stress: Nicht jeder kann gleichzeitig zur Dachluke herausschauen, und das Land-Rover-Safari-Feeling ist auch nicht gegeben.

Die billigsten **Tagespreise** liegen bei Camping-Safaris mit Parkaufenthalten zwischen 120 und 150 $ p.P. bei einer Gruppe von ca. vier Leuten; wer mehr Professionalität und Komfort wünscht, zahlt bis zu 500 $ am Tag. Die Preise enthalten Fahrzeugkosten, Benzinkosten, Verpflegung, Parkgebühren usw. Am Ende der Reise sind je nach Zufriedenheit Trinkgelder für Fahrer und Koch selbstverständlich. Cash-Zahlung erfolgt vor Antritt der Reise, Kreditkarten werden nur bei den renommierten und teuren Unternehmen akzeptiert, doch sind die Zahlungsbedingungen wesentlich schlechter, Kommissionen von 7–15% sind die Regel.

tan104 Foto: jg

Welches Unternehmen?/Worauf man achten muss

Bei der Vielzahl von Safariveranstaltern in Arusha ist die Auswahl groß, und die Chance, dass man in ein bis zwei Tagen in einem Geländewagen in Richtung Parks unterwegs ist, ist sehr hoch. Doch **Vorsicht!** Wer möglichst preiswert und ohne großen Aufwand eine Safari organisiert, läuft Gefahr, in einer Rostlaube von Auto zu enden, mit einem Fahrer, der ein Nashorn nicht von einem Flusspferd unterscheiden kann. Viele der Billig-Safariveranstalter sind zudem aus den Parks verbannt; welche dies aktuell sind, erfahren Sie im TTB-Büro (Tanzania Tourist Board) an der Boma Road. Hier sind in einer „Black List" die zu meidenden Unternehmen aufgeführt, wobei diese Liste längst nicht alle enthält bzw. aufgrund irgendwelcher Machenschaften Unternehmen aufführt, die eigentlich eine gute Arbeit machen. Zudem ändern einige Veranstalter mit schlechtem Ruf ständig ihren Namen und geben sich als völlig neues, innovatives Unternehmen aus. Auch sind die Empfehlungen, die man im TTB-Büro erfährt, selbst mit Vorsicht zu genießen, denn auch hier bekommt der ein oder andere Mitarbeiter Vermittlungsprovision ...

Von den „Flycatchern" auf den Straßen (vgl. entsprechenden Exkurs weiter unten) werden Sie mit Billigangeboten und allerlei Versprechen zugeschüttet. Trauen Sie nicht nur der Visitenkarte, suchen Sie das jeweilige Büro auf, um sich einen Eindruck von der Professionalität und Seriosität zu verschaffen. Eine Reihe von täuschend solide auftretenden Anbietern sind nämlich nur Briefkastenfirmen, die Sie zu einer Anzahlung überreden mit dem (falschen) Versprechen, dass am nächsten Morgen die Safari beginnt. Haben Sie eine gesunde Portion Misstrauen: Das Ihnen gezeigte (schöne) Büro hat manchmal mit dem Unternehmen gar nichts zu tun, oder im Falle einer eher schäbigen Adresse bekommt man gesagt, dass gerade renoviert werde oder dass es im Büro einen fürchterlichen Brand gegeben habe – vielleicht stimmt der Tourist ja aus Mitleid dem Angebot zu!

Stellen Sie in den Büros möglichst viele Fragen zur Organisation, der geplanten Route, Kilometerbegrenzung, evtl. Extrakosten, und machen Sie sich ein Bild über die „Outdoor-Kenntnis" des Unternehmens. Viele unseriöse Büros sind nämlich aufgrund mangelnder Safari-Erfahrung gar nicht auf beratende Kundengespräche eingestellt! Erkundigen Sie sich vorher, welche Besuchszeiten in den jeweiligen Parks die besten sind: So können Sie die Versprechungen vieler Tour-Operators beurteilen, dass Sie garantiert Tiere sehen werden, „da gerade in dieser Saison und weil ... und im Übrigen ..." usw. Lassen Sie sich auch Bilder, Karten, Prospekte zeigen, kurz: **Nehmen Sie sich Zeit, bevor Sie einen Entschluss fassen!**

Wie auch immer Sie sich entscheiden, leisten Sie keine Vorauszahlung, bevor Sie nicht am Morgen der Abfahrt das Auto gesehen, sich vom Zustand überzeugt haben und die festgelegte Anzahl der Mitfahrenden Ihnen auch sympathisch erscheint. Achten Sie darauf, dass nicht kurz vor Abfahrt noch Personen dazugesteckt werden, die die Safari zu einem Konserventrip der beengten Art machen!

Um möglichen Unannehmlichkeiten und dem Verlust von Reisezeit vor Ort aus dem Weg zu gehen (insbesondere bei Regressansprüchen), empfehle ich, eine Safari eher in Europa über einen Veranstalter zu buchen. Dieser unterscheidet sich preislich kaum von Veranstaltern in Tansania (aufgrund von Veranstalter-Netto-Preisen). Zudem sind Sie über das heimische Reiserecht abgesichert.

Ich wünsche Ihnen viel Erfolg und „Safari Njema" („Gute Reise")!

Weitere Safariveranstalter mit billigen bzw. preiswerten Touren und relativ gutem Ruf:

- **Sunny Safaris**
Col. Middleton Road, Tel. (027) 2508184, www.sunnysafaris.com. Vielfältiges Angebot aller in Nord-Tansania möglichen Lodge-Safaris. Keine speziellen Programme, aber gut durchgeführter Safari-Standard im unteren bis mittleren Preissegment.
- **Easy Travel**
Boma Road, Tel. (027) 2503929, Fax (027) 2507322.
- **Kilimanjaro Crown Bird Safari**
India-Street, Tel. (0744) 281316, Jalala1@Yahoo.com. Bietet sowohl Safaris als auch alle gängigen Bergbesteigungen an.
- **Safari Express Adventure**
Dieses neue Unternehmen hat sich auf Kunden mit niedrigem Budget spezialisiert. Besteigung des Kilimanjaro, Safaris, Cultural Tours. Das Büro befindet sich in der Indian Street. Tel. (0784) 281316, www.safariadventuretza.com, E-Mails an *Mr. Jalala A. Ndossa.*

„Cultural Tourism Programme" – die Safari-Alternative

Die niederländische Organisation SNV mit Sitz in Arusha hat den Aufbau eines alternativen Tourismuskonzepts gefördert und begleitet. Im Rahmen des Programms werden lokale, des Englischen mächtige Führer auserkoren, die in ihren Heimatdörfern für Touristen Wanderungen von einem halben bis zu mehreren Tagen mit verschiedenen Schwerpunkten anbieten. Das Hauptinteresse gilt dabei natur- und kulturbezogenen Themen, Besuchern soll ein **Einblick in den unverfälschten Alltag in Tansania** vermittelt werden. Hier bewegt man sich hinter der Kulisse des üblichen Safari-Geschehens, getrennt von luxuriös reisenden Nationalpark-Touristen.

Beginnend im nördlichen Tansania, hat die Organisation anfangs eine überschaubare Zahl von Örtlichkeiten angeboten und die Entwicklung vor Ort selbst mitbetreut und teilfinanziert. In Zusammenarbeit mit lokalen Gemeinden in der Randlage von Nationalparks und abseits der gängigen Touristenrouten wurden Aufenthaltsprogramme für Besucher erarbeitet, welche selbst bzw. mit öffentlichen Verkehrsmitteln anreisen. **Gemeinden oder Familien** soll auf diese Weise ein **Nebenverdienst** durch den Tourismus ermöglicht werden (für Bildung, Infrastruktur usw.). Leider stehen dann doch hie und da Einzelinteressen im Vordergrund, und zu geplanten Zukunftsinvestitionen kommt es nicht immer. Auch werden die Projekte ständig mehr, eine Betreuung und Kontrolle ist kaum noch möglich. Dennoch: Fast alle Ausflugsziele sind zu empfehlen, egal ob in einem Maasai-Dorf Kultur und Traditionen zu erfahren sind oder ob man durch Wälder am Mt. Meru, Kilimanjaro oder in den Usambara-Bergen stiefelt – erlebnisreich und authentisch sind die Touren in jedem Fall. Und nicht zuletzt liegen die Kosten in einem normalen Rahmen, sodass die Programme eine gute Alternative bilden zu den teils sehr kostspieligen Park-Safaris.

Die Angebote im Rahmen des Cultural Tourism Programme werden hauptsächlich von **Rucksackreisenden** wahrgenommen, denn mancherorts wird einfach und lokal übernachtet, z.T. mit Familien in entlegenen Dörfern gekocht und gegessen – eben so, wie Tansania sich hinter dem Vorhang seiner Touristen-Attraktionen präsentiert.

Nachfolgend eine **Liste der Ausflugsziele.** Die **SNV-Verwaltung** hat ihren Sitz in Arusha, Tel. (027) 2503842/3, www.info.jep.com/culturaltours; hier können Sie auch die folgenden Touren buchen. Infobroschüren bekommt man im Tourist-Information-Büro an der Boma Road.

tan012 Foto: jg

Kaffern- bzw. Afrikanischer Büffel

Das **Tanzania Cultural Tourism Programme** arbeitet stets neue Touren aus. Kontakt: *Mrs. Mary P. Lwoga,* Cultural Tourism Coordinator, Boma Road, P.O. Box 2348, Arusha, Tel. (027) 2050025, (0754) 420258, www.tanzaniaculturaltourism.com.

Vorsicht! In letzter Zeit haben selbst ernannte „Cultural Tourism Guides" unehrliche Geschäfte mit Touristen gemacht. Bei Interesse für eines der Ausflugsziele wenden Sie sich nur an die genannten Kontaktadressen oder an einen Safari-Veranstalter.

Im Nahbereich Arusha/Mt. Meru

•Ng'iresi oder **Ilkiding'a**

Geführte Wanderungen am Fuße des Mt. Meru mit Einblick in die Kultur der Arusha-Maasai und des Volkes der Meru (Besuch eines traditionellen Heilers). Halber bis ganzer Tag. Sehr empfehlenswerte Ausflugsziele, die einen mit der Kultur von Arusha vertraut machen. Für Ilkiding'a (7 km nördlich von der Ilboru Junction gelegen) wende man sich an Tel. (0713) 520264 oder (0784) 520264, enmasarie@yahoo.com.

•Mkuru Camel Project

U.a. wird geboten: ein Besuch im Kamelcamp am Fuße des Mt. Meru und eine Einführung in das Leben der Kamele, Kamelsafaris, Vogelbeobachtungstouren zu Fuß usw. Tel. (0784) 472475, (0784) 724498, www.mkurucamelsafari.com.

•Mulala

Das für einen Arusha-Ausflug wohl am meisten zu empfehlende Programm. Beim Dorf Mulala lassen sich eine lokale Käse-Produktionsstätte und Felder der Meru besichtigen. Wanderungen auf den Lemeka Hill, zu Quellen und zu der Agabe Women Group, einer Bauern-Kooperative der Frauen, wo man Einblick in die Arbeitsweise und den Alltag des Meru-Volkes bekommt. Essen und Getränke können gekauft werden, auch campen lässt sich hier, ein einfacher Toiletten-/Waschraum steht zur Verfügung. Tel. (0784) 499044, (0784) 747433, www.agapetourism.com.

•Kioga

9 km außerhalb von Arusha im Dorf Itulelei (Faraja Farm) beginnt diese Tour am Hang des Mt. Meru und gibt Einblick in die Kultur der Arusha-Maasai. Die interessanteste Tour, die hier angeboten wird, ist eine Wanderung in die Waldhänge des Meru entlang der Schlucht des Navuru River. Neben dem kulturellen Austausch mit seinem Guide erlebt man auch eine atemberaubende Natur. Am Ende der Schlucht erwartet einen der fast 80 m hohe Sapuk-Wasserfall.

•Tengeru

Tengeru liegt 13 km von Arusha entfernt in Richtung Moshi. Auf einem Ausflug dorthin bekommt man u.a. einen Einblick in die Kultur des Meru-Volkes, besucht das Dorf Patandi und die Häuser von dessen Einwohnern, sieht Farmen, Viehzucht und den Prozess der Kaffeeherstellung. Auch ein Kirchenbesuch am Sonntag ist möglich sowie eine einheimische Theateraufführung, die um ein Lagerfeuer stattfindet. Tel. (0754) 960176, (0756) 981602, (0764) 557748, www.photosynthesiscom.com.

•Matunda ist ein kulturelles Programm, in dem u.a. Einblicke in die Meru-Kultur geboten werden, die reiche tropische Vegetation am Fuße des Meru besichtigt wird, auf Wunsch in die traditionelle Heilkräuterkunde eingeführt wird etc. Tel. (0787) 482966, (0732) 978134, www.teacematunda.org.

•Ng'iresi

Dieses Dorf befindet sich 7 km von Arusha entfernt an den Hängen des Mt. Meru. Es wird bewohnt von autochthonen, sesshaften Maasai-Bauern und bietet Einblick in deren Kultur. Tel. (0754) 476079, (0754) 320966, lotisareyo@yahoo.com.

•Oldonyo Sambu

Dieser Ort ist bekannt für seinen Markt, Maiko Market genannt. Man besucht auch traditionelle Maasai-Bomas, einen traditionellen Heiler und ein Zentrum, in dem man Maasai-Frauen bei der Herstellung von Ornamenten bewundern kann. Tel. (0784) 663381, (0784) 694790, thomaslaoi@yahoo.co.uk.

•OSOTWA Cultural Tourism Initiatives

OCTI ist ökologisch ausgerichtet, doch bekommt man auch einen Einblick in die Kultur der Maasai: Besuch einer Boma, eines traditionellen Heilers, eines uralten Baumes, an dem die Maasai bereits seit 300 Jahren beten usw. Tel. (0754) 960505, (0756) 346739, www.osotwacbco.org.

Im Nord-Maasailand/Rift Valley

- **Monduli Juu**

1- bis 4-tägige Wanderungen in Bergregenwäldern und Hochsavannen im Nahbereich von Arusha, grandiose Aussichten auf das Rift Valley, Einblick in das Leben des sesshaften Volks der Arusha-Maasai, Einführung in die Herbalmedizin der Maasai u.v.m. Zu erreichen über den Distriktort Monduli (eine Stunde Fahrzeit mit dem Dala Dala), von dort weiter zu dem Bergort Monduli Juu. Sehr empfehlenswerte Wanderungen, schöner Ausflug! Tel. (0786) 799688, (0787) 756299, www.monduli-juu.org.

- **Longido**

Wanderungen in Maasai-Begleitung auf den 2647 m hohen Mt. Longido, 80 km nördlich von Arusha. Dieser Berg lässt sich an einem Tag besteigen. Zunächst reist man nach Longido, dem gleichnamigen Dorf am Fuße des Berges. Beim Longido Cultural Office wird man vorstellig und einem der kleinen Guest Houses zugewiesen, bevor es dann am Morgen des nächsten Tages sehr früh auf den Gipfel geht (knapp 1000 Höhenmeter sind zu bewältigen). Wer auf eigene und gute Bergkost für unterwegs Wert legt, sollte diese von Arusha mitbringen, in Longido gibt es nur Wasser, Cola und Kekse zu kaufen. Wer fit ist, schafft den Berg an einem Tag, sodass man abends wieder in Longido übernachtet. Grandiose Aussicht auf das Nord-Maasailand und bei klarem Himmel auf den gewaltigen Kilimanjaro. Für alle, die sich mehr für das Leben der Maasai interessieren, gibt es auch Besuche in der Boma und Spaziergänge in der nahen Umgebung. Tel. (0787) 855185, (0715) 855185, touryman1@yahoo.com.

- **Mto wa Mbu**

Die Aktivitäten umfassen Wanderungen (in Begleitung) zu einem kleinen See mit Wasserfall, die Besteigung des Balaa Hill oder den Besuch von Farmern, Maasai-Frauen-Kooperativen und landwirtschaftlichen Entwicklungsprojekten. Tel. (0784) 606654, (027) 2539303, www.motwambuculturaltourism.org, www.mtoculturalprogramme.tripod.com.

- **Ganako Karatu**

Dieser Ort liegt auf dem Weg zum Ngorongoro-Krater. Man kann hier eine Wanderung durch den Hochlandwald des Ngorongoro unternehmen, eine Kaffeeplantage besuchen und die Kultur der Iraqw-Menschen in den Dörfern um Karatu kennen lernen. Interessant und zu empfehlen. Tel. (0787) 451162, (0754) 031531, (0767) 612980, ganaculturaltour@yahoo.com.

- **Ilkurot**

Ilkurot befindet sich 20 km westlich von Arusha. Hier besucht man eine Maasai-Boma mit traditionellen Häusern, einen heiligen Baum, an dem die Maasai in einem speziellen Ritual Opfer bringen. Es gibt eine traditionelle Maasai-Mahlzeit, und bei längerem Aufenthalt kann man auch eine Kamel- oder Eselsafari machen. Hier ist es auch möglich, eine kurze Einführung in die Sprache der Maasai zu bekommen. Tel. (0784) 459296, (0713) 332005, kinyorllomon@yahoo.com.

- **Karatu Iraqw**

Auf dieser Tour lernen Sie die Kultur der Iraqw, des in Karatu einheimischen Volkes, kennen, u.a. durch Dorftouren und Wanderungen (die auf Wunsch auch auf die Völker der Hadzabe und Datoga am Lake Eyasi ausgedehnt werden können), mit traditionellen Iraqw-Mahlzeiten und Informationen zu Waffen, Kleidung etc. Tel. (027) 2534556, (0754) 341710, (0755) 063642, www.geocities.com/sandemutraditional.

- **Engaruka**

Ausflug zu den Ruinen von Engaruka Juu (siehe das Kapitel Rift Valley) und Wanderungen in den Grabenbruchhängen im Rift Valley. Tel. (0787) 228653, (0754) 507939, engaruka@yahoo.com.

- **Mt. Hanang/Babati**

Aufenthalt im südlichen Rift Valley nahe des Ortes Babati. Interessanter Kulturkreis, Berge und Kraterlöcher, traditionelle Heiler und Einbaum-Touren mit Fischern auf dem Lake Babati. Für Aktive gibt's die Besteigung des Mt. Hanang (s.a. dort). In Babati wendet man sich an das Kahembe's Guest House. Tel. (0784) 397477, (0655) 397477, (0767) 393479, www.kahembeculturalsafaris.com.

Am Kilimanjaro

- **Marangu** und **Mamba**

Mamba und Marangu liegen im Kilimanjaro-Gebiet und haben beide sowohl außergewöhnlich schöne Natur als auch eine vielseitige Kultur zu bieten. Auf einem Ausflug hierher kann man Wasserfälle, eine einzigartige Flora und die Hänge des Kilimanjaro bewundern sowie wertvolle Einblicke in die Lebensweise des am Kilimanjaro heimischen Chagga-Volkes gewinnen. Tel. (0754) 818273, (0754) 038265, (0753) 604865, marvellouscreation@mallcity.com, joenyaki@yahoo.com.

● **Machame**
Machame ist ein Ort in den Berghängen am Kilimanjaro und Ausgangsbasis für die Machame-Route zur Besteigung des Berges. Im Ort und im Nahbereich werden geführte Spaziergänge unternommen. Interessante Begegnungen mit der Kultur und Geschichte der Chagga stehen dabei im Mittelpunkt. Tel. (027) 2753885, (0754) 494924, (0784) 347369, mushijonas@yahoo.com.

● **Kisangara**
Hier in Kisangara, 62 km südöstlich von Moshi, können Sie an Workshops teilnehmen: Teppichknüpfen, Ziegelbrennen, Brauen von einheimischem Bier. Sie erhalten die Möglichkeit, eine Sisal-Fabrik zu besuchen, eine Gewürztour zu machen, traditionelle Mahlzeiten zu kochen u.v.m. Tel. (027) 2757789, (0754) 487193, (0784) 347746, gracemsafiri @yahoo.com.

● **Kilimanjaro Coffee Tour**
Diese interessante eintägige Tour bietet Einblick in die lokale Kaffeeproduktion, aber auch in das kulturelle Leben des Chagga-Volkes. Auf dem Weg erlebt man auch die einmalig schöne Landschaft an den Hängen des Kilimanjaro. Tel. (0784) 793969, (0784) 517995, www.kahawashamba.co.tz.

In den Pare- und Usambara-Bergen

● Die **nördlichen Pare-Berge** befinden sich 50 km südlich von Moshi. Usangi ist das Herz dieser Berge und ebenfalls das Zentrum der örtlichen Wirtschaft. Kleine Fabriken produzieren hier Ziegel, Öfen, Töpferware und Kleidung. Manche Familien brauen nach traditionellen Methoden Bier in ihren Hinterhöfen. Jeden Mo und Do wird ein bunter Markt abgehalten, auf dem die Bauern aus dem Umland ihre Ernte verkaufen. Tel. (027) 2757924/27, nelsonkangero@hotmail.com.

● Die **südlichen Pare-Berge** befinden sich 150 km südlich von Moshi. Man geht steile Hänge entlang durch dichten tropischen Wald, durch die Dörfer der Pare-Menschen in die Mbaga-Hügel. Im Dorf Mbakweni kann man einen traditionellen Heiler kennenlernen und lokale Brauereien besichtigen, während auf dem weiteren Weg die natürlichen Höhlen von Mlamba und Chabaru eine Attraktion sind. Tel. (0754) 852010, (0788) 607388, www.tonalodge.org.

● **West** oder **East Usambara Mountains**
Zum empfehlenswerten Kulturprogramm zu den Usambaras zählen sowohl wunderschöne Wanderungen durch dichten Wald, über kleine Flüsse und vorbei an Wasserfällen als auch die Begegnung mit der Landwirtschaft und dem Töpferhandwerk der Wasambara-Menschen. Tel. (0784) 449311, (0784) 423917, www.usambaratravellers.com.

An der Küste

● **Pangani**
Pangani, ca. 50 km südlich von Tanga, ist reich an historischen Denkmälern und Gebäuden, die an die Zeiten arabischen, deutschen, indischen und britischen Einflusses erinnern. Vor der Küste sind schöne Korallenriffe zu entdecken, in denen sich ein vielfältiges tropisches Unterwasserleben abspielt. Tel. (0715) 489129, (0713) 935335, www.panganitourism.com.

Im Süden

● Von der Stadt Mbeya aus lassen sich zahlreiche sehr interessante Ausflüge tätigen (mehr dazu dort). An dieser Stelle sei nur die eindrucksvolle Tour im Rahmen des Cultural Programme erwähnt, bei der man u.a. den Ngozi-Kratersee besucht, den Mbozi-Meteoriten und die natürliche Brücke in Kiwira sowie einen Eindruck vom traditionellen Leben der Menschen in Mbeya bekommt. Tel. (0754) 463471, (0714) 437643, (0767) 437643, sisikwasisitours@hotmail.com.

● **Chilunga**
Bei dieser Tour geht es in das 195 km westlich von Dar es Salaam gelegene Morogoro, das flankiert wird von den wunderschönen Uluguru-Bergen. Wandertouren im Wald mit vielen Vogelarten, Wasserfällen und wunder-

schönen Ausblicken werden ergänzt durch Einblicke in das Dorfleben der Lugulu-Menschen inkl. traditionellem Essen und Trinken, Tanz und einer Einführung in deren Kunsthandwerk. Tel. (023) 2613323, (0754) 477582, (0713) 663993, www.chinacotz.org.

• **Rungwe**
Vulkanische Berge, Kraterseen und grüne Hügel in Kombination mit Teetouren und der Erkundung der Kleinstadt Tukuyu. Kontakt: Rungwe Tea & Tours, Tel. (025) 2552489, (0784) 293042, www.rungweteatours.com.

Die nördlichen Destinationen können auch über Safari-Unternehmen der mittleren Preisklasse unternommen werden (siehe Angebot oben), welche in dem Fall Wagen mit Fahrer (Zelte und Koch bei Bedarf) stellen, vor allem aber als Transporteur und Organisator vor Ort zur Verfügung stehen.

Weitere Ausflüge

Ferner sind im Nahbereich folgende Ausflugsziele lohnenswert. Diese werden nicht über Tanzania Cultural Tourism Programme koordiniert.

Meserani Snake Park

Tel. (0713) 400458. Wer sich für **Schlangen und Reptilien in professioneller Haltung** interessiert und einen schönen Nachmittag in freundlicher Atmosphäre verbringen möchte, ist bei diesem von der südafrikanischen Familie Bole geleiteten Anwesen genau richtig. Der Eintritt beträgt 5 $, das Essen und die Drinks sind gut, die große rustikale Bar ist ein **beliebter Treffpunkt von Globetrottern** und in der Region Arusha lebenden Experten/Farmern/Jägern usw. Die Besitzer organisieren ein- und mehrtägige **Kamel-Safaris in die nahen Monduli Berge.**

Der Park liegt hinter dem kleinen Ort Kisongo an der Starße nach Dodoma, 25 km von Arusha entfernt, und hat täglich geöffnet.

Duluti Crater Lake

Der herrliche, kleine **grüne Kratersee** liegt nur 13 km vom Zentrum Arushas entfernt, umgeben von dichtem Wald. Baden ist aufgrund von Bilharziose nicht möglich. Am See befindet sich der hauptsächlich von Indern besuchte Lake Duluti Club mit schönem **Zeltplatz** (2000 TSh p.P.), akzeptablen Duschen/WCs und einfachem Essen. Paddelboote für 3000 TSh stehen zur Verfügung.

Anfahrt: Fahren Sie vom Mt. Meru Hotel in Richtung Moshi, nach 9 km zweigt rechts eine Piste ab, auf der Sie nach 1,5 km den See erreichen.

Reiten

• **Makoa Farm – Adventure Horseback Holidays**
P.O. Box 203, Moshi, Tel. (075) 312896/7, www.makoa-farm.com. Herrlich gelegene Reitfarm am Fuße des Kilimanjaro, auf halbem Weg zwischen Arusha und Moshi. Das Unternehmen gehört dem deutsch-ungarischen Pärchen *Elisabeth* und *Laslo*. Die Makoa Farm ist ein ehemaliges Landhaus aus der Kolonialzeit und liegt erhaben schön mit toller Aussicht auf die südlichen Maasai-Ebenen sowie auf den Gipfel des Kilimanjaro. Mit schönen Zeltbungalows dient Makoa als Basis für Tages-Reitsafaris oder auch für Ausflüge anderer Art wie Besuche bei den Chagga-Bauern, eine Fahrt zu heißen Quellen (hier kann auch hingeritten werden). Zu den Besonderheiten von Makoa zählen jedoch die mehrtägigen Reit-Safaris mit Begleitteam und Zelten. Diese Touren werden vor allem im Masailand zwischen Kilimanjaro, Mt. Meru und der Grenze zu Kenia angeboten.

Arusha National Park

Lohnenswerter Tagesausflug, nur 30 km von Arusha entfernt (s.u.).

Sonstiges

Honorarkonsul der Bundesrepublik Deutschland

• **Ulf Kusserow,** Msumbi Estate Ltd., P.O. Box 15066, Arusha, Tel./Fax (027) 2508022, (0754) 789603, kusserow@habari.co.tz. Öffnungszeiten: Mi 10–12 und Do 16–18 Uhr. Bei Notfällen telefonisch kontaktieren. Das Büro des deutschen Honorarkonsuls befindet sich nicht mehr bei Shoprite, sondern außerhalb von Arusha in Richtung Tarangire. Auf der großen Asphaltstraße in Richtung Westen, nach dem Arusha-Flugfeld erscheint nach etwa 1 km rechts die International School of Moshi - Arusha Campus. Ab da noch 10 km weiter, bis direkt hinter einer Brücke der Abzweig rechts zum Msumbi Estate führt. Nicht sehr einfach zu finden.

Behörden

- Das Büro von **TANAPA (Tansania National Parks Authority)** befindet sich an der Sokoine Road am Stadtausgang rechter Hand (nach dem Cultural Heritage). Hier bekommt man aktuelle Infos zu den Parks (Statistiken, Park-Broschüren usw.). Infos auch unter Tel. (027) 251930 und tanapa@yako.habari.co.tz.
- In Arusha befindet sich auch der Sitz der **Tanzania Wildlife Corporation (TaWiCo)**, deren Leitlinien „Protection, Conservation & Preservation of Wildlife" nur auf dem Papier gut klingen. P.O. Box 1144, Tel. (027) 2508830, Fax (027) 2508239. Die Organisation besitzt an der Boma Road ein Geschäft, in dem Trophäen, Felle und andere „tierische" Souvenirs erstanden werden können.

- Die **Einwanderungsbehörde** (Immigration Office) zur Verlängerung von Visa befindet sich in einem Hinterhof am Simon Boulevard.

Rund ums Auto

- **KFZ-Werkstätten:** Eine Bosch-Vertretung für Diesel & Autoelectric Services befindet sich an der Nairobi Road neben dem Eland Hotel, Tel. (027) 2508825, 2503660. Für Service und Autoreparaturen ist die Werkstatt TFSC von *Manfred Lieke* gegenüber dem Cultural Heritage zu nennen. Hier ist man vor allem spezialisiert auf Land Rover, Land Cruiser sowie Mercedes-Geländewagen. Schräg gegenüber von TFSC, also neben Cultural Heritage, ist eine weitere gute Service Station für Diesel-Einspritzpumpen. Toyota-Land-Cruiser-Ersatzteile sind bei Denso am Station erhältlich, Land Rover bei CMC und Sameer, Mercedes bei TFSC oder Adson Motors in Njiro. **Reifen** sind bei Manjis BP Service Station in der Stadt zu bekommen, an der Agip-Tankstelle am Clock Tower sowie bei der Michelin-Vertretung an der Old Moshi Road schräg hinter der Oryx-Tankstelle.
- Seriöse **Kfz-Versicherungen** bekommt man bei Jubilee Insurance im AICC-Gebäude oder bei Alliance Insurance im 1. Stock der Standard Chartered Bank.

Verkehrsverbindungen

Innerhalb der Stadt/ Flughafen-Transfer

Taxi-Stände befinden sich **im Zentrum** beim Clock Tower (New Arusha Hotel), bei Philips, beim Impala Hotel sowie in vielen anderen Stadtgebieten (Golden Rose Hotel, Cultural Heritage, Joel Maeda Street). Taxis im Stadtbereich kosten 2000–5000 TSh. Taxis sind ebenfalls **am Kilimanjaro Airport** bei der Ankunft internationaler Flüge vorzufinden. Ein Taxi bis Arusha kostet 50–80 $, je nach Fahrziel. Bei Ankunft mit nationalen oder innerostafrikanischen Fluggesellschaften wie 540 und Precision Air stehen Airport-Busse kostenfrei für Arusha-Transfers zur Verfügung, auch für Fahrten zum Flughafen bieten diese Fluggesellschaften Transfers von den jeweiligen Stadtbüros aus an.

Mit dem Flugzeug

International ist Arusha über den 50 km entfernten **Kilimanjaro International Airport (JRO)** erreichbar. Von Europa fliegen Condor (wöchentlich), KLM (täglich) und Ethiopian Airlines (über Addis Abeba). Die Büros der Airlines liegen an der Boma Road.

Die **privaten Fluggesellschaften** (außer Precision Air) nutzen fast ausschließlich den kleinen Arusha-Flugplatz im Westen der Stadt an der Dodoma Road.

- **Precision Air**

Büro in der Boma Road, Tel. (027) 2506903/ 7635/7319, Fax (027) 2508209, www.precisionairtz.com. Folgende Orte werden angeflogen: Dar es Salaam, Seronera (Serengeti), Nairobi, Mwanza, Mombasa, Bukoba, Sansibar, Kigoma und Tabora (die letzten nur saisonal ab Dar es Salaam).

020 Foto: lange

017 Foto: tschui

Raubtiere

Eine Safari beginnt für viele Teilnehmer erst dann, wenn der erste Löwe gesichtet wurde. Doch auch andere, kleinere Raubtiere sind eine **Attraktion,** z.B. Hyänen, Schakale und der Afrikanische Wildhund. Nicht nur in Tansania selten zu sehen ist der Serval, eine scheue Kleinkatze. Geparden hingegen kommen häufig vor, v.a. im Serengeti-Ngorongoro-Ökosystem.

Links oben: Gepard, unten: Serval; rechts oben: Tüpfelhyäne, unten: Afrikanische Wildhunde

018 Foto: ludmila

019 Foto: hedrus

•Regional Air
Büro im CMC Building an der Sokoine Road, Tel. (027) 2502541/4477/8536-8, (0784) 285753, (0754) 285754, Fax (027) 2504164, www.regional.co.tz. Fliegt hauptsächlich von Arusha Airport/Kilimanjaro Airport in Richtung Serengeti (Manyara, Seronera, Grumeti), Klein's Airstrip), feste Flüge an allen Wochentagen. Im Verbund mit Air Kenya besteht Verbindung von Kilimanjaro nach Nairobi. Charterflüge möglich!

•Coastal Travel
Büro an der Boma Road und am Arusha Flughafen, Tel. (027) 2500343, 2500087, (0741) 530730, (0754) 317808, www.coastal.cc. Die in Dar es Salaam ansässige Fluggesellschaft bietet ein weitreichendes Netz von Flugverbindungen. Tägliche Flüge zwischen Arusha und Dar es Salaam bzw Sansibar. Ebenfalls täglich Aursha – Ruaha und Arusha – Seronera – Mwanza – Kigali. Arbeitet im Verbund mit Regional Air, was folgende Verbindungen an einem Tag zulässt: Serengeti – Arusha, dann weiter nach Dar es Salaam und schließlich noch Transfer in den Selous oder nach Mafia.

•Air Excel
Büro in der Goliondoi Road, über der Exim Bank, Tel. (027) 2548429, 2501595-7, (0754) 211227, www.airexcelonline.com. Kleines, aber effizientes Unternehmen, das den nahezu täglichen Pendel zwischen Arusha, Tarangire, Manyara, Kusini (Süd-Serengeti) und wieder zurück nach Arusha macht. Charterflüge möglich.

•Northern Air
Tel. (027) 2208059, (027) 2208060, (0744) 288857, northernair@habari.co.tz.

•540
Blue Plaza Building, India Street, Tel. (0783) 540540, (027) 2545211, www.fly540.com. Kenianische Fluggesellschaft mit einem Büro in der India Street. Flüge nach Nairobi und Dar es Salaam.

Busse/Shuttles

•Arusha ist mit den wichtigsten Städten Tansanias und auch Nairobi durch tägliche **Shuttle-Busse** verbunden. Ein Plan mit den Abfahrtszeiten ist im Tanzania Tourism Board beim Clock Tower erhältlich.

•**Vom zentralen Busbahnhof** fahren Busse zu fast allen Zielen. Den besten Service und die besten Busse bietet im Moment Dar Express, gefolgt von Mtei Coach und Ngorika. Dar Express und Mtei Coach haben ihre eigene Abfahrtsstation ganz in der Nähe der zentralen Busstation, während alle übrigen Gesellschaften von der zentralen Busstation abfahren. Fahrkarten sind direkt an der Abfahrtsstelle erhältlich. Ins nahe gelegene Moshi verkehren fast stündlich Mini- und mehrmals am Tag Großbusse ab 2000 TSh.

•**Nach Dar es Salaam** verkehrt täglich morgens ab 6 Uhr (letzter Bus um 11 Uhr) der Scandinavia Bus Service. Fahrkarten kosten 28.000 TSh. Ab 22.000 Tsh kann man auch die ebenfalls guten Busse von Mtei Coach und Ngorika benutzen. Die zentrale Busstation, von der die Ngorika-Busse abfahren, sowie die nahe gelegenen Abfahrtsstellen von Dar Express und Mtei Coach sind alle in der Umgebung der meisten Budget-Hotels und daher für deren Gäste besonders leicht zu erreichen. Die Strecke nach Dar es Salaam ist lang, und obwohl es Passagiere hie und da schaffen, nach Ankunft in Dar es Salaam noch die letzte Fähre nach Sansibar zu erreichen, besteht dafür keinerlei Garantie.

•Täglich fahren Busse der Gesellschaften Falcon/Tawfique, Akamba und Spider via Nairobi **nach Mwanza,** 50.000 Tsh die Fahrt, Abfahrt um 15 Uhr. Akamba fährt zudem täglich **nach Kampala** (Abfahrt ebenfalls 15 Uhr), während Falcon/Tawfique Mo, Mi und Sa nach Kampala fährt (Abfahrt wiederum 15 Uhr). Die Fahrt nach Kampala kostet zwischen 60.000 und 65.000 TSh.

•**Nach Tanga** fahren täglich Busse von Ngorika, Tashrif Bus, Simba Video Coach, Kizota und AIR Bus für 15.000 TSh, Abfahrt zwischen 8 und 10.30 Uhr. Es gibt auch Busse (Tashrif Bus), die täglich via Tanga **nach Mombasa** fahren, Abfahrt 8.30 Uhr, 20.000 Tsh. Nach Mombasa kann man auch via Moshi (Perfect, Rakibu Bus) täglich um 7 Uhr fahren, 13.000 TSh.

•**Nach Bukoba** fährt Mo, Mi und Sa ein Bus von Tawfique/Falcon via Nairobi, 75.000 Tsh, Abfahrt um 15 Uhr.

•**Nach Moshi** verkehren beinahe stündlich Busse, 2500–3000 TSh.

- **Zum Ngorongoro** kommt man mit Maasai Bus oder Ngorongoro Crater oder Kuringe Bus für 7000 TSh. Täglich Abfahrten zwischen 8 und 10 Uhr.
- **Nach Tabora** fährt von Mi bis Sa N.B.S. um 6 Uhr morgens, 35.000 TSh.
- Kimoto und Coastline fahren via Serengeti **nach Musoma,** Abfahrt 6.45 Uhr, 32.000 TSh.
- Hood Bus fährt **nach Mbeya** (51.000 TSh, Abfahrt 5 Uhr, täglich), Morogoro (auch Islam Bus und Abood Bus, Abood fährt an der gleichen Stelle wie Dar Express ab; täglich zwischen 6.30 und 7 Uhr, 16.000–20,000 TSh) und Iringa (Hood Bus, täglich um 5 Uhr, 38.000 TSh).
- Born City und Mtei Bus fahren täglich **nach Singida,** 15.000 TSh, Abfahrt zwischen 6.30 und 7.30 Uhr.
- **Nach Karatu** kommt man für 6000 TSh mit Dar Express.
- **Lushoto** ist von Arusha aus mit Fasaha oder Chakito täglich erreichbar, 16.000 TSh, Abfahrt um 6 Uhr.
- **Dodoma** ist täglich erreichbar mit einem der folgenden drei Busse: Shabiby, Urafiki Bus oder Champion Bus, 27.000 TSh, Abfahrt um 5.45 Uhr.

Für die Frühbusse sollten Sie am Vortag die Fahrkarten besorgen, die Verkaufsbüros an der Busstation schließen zwischen 19 und 20 Uhr.

Arusha National Park

Der Park

Der, seit 2006 um das Doppelte vergrößerte, Nationalpark liegt einmalig schön **zwischen den Gipfeln des Mt. Meru und Kilimanjaro.** Mit nunmehr ca. 300 km² bietet dieser bislang verkannte Park eine sehr große Vielseitigkeit. Wie ein **Nordtansania en miniature** lockt der Park mit spektakulären Landschaftsformen und einer artenreichen Flora. Das im Vergleich zum Umland nahezu ganzjährig grüne Gebiet bietet trotz seiner geringen Ausmaße drei voneinander unterscheidbare markante Naturräume:

Den **Ngurdoto-Krater,** auch als **„kleiner Ngorongoro"** betitelt, die riesige und permanent wildreiche Waldlichtung **„Little Serengeti",** eine Seenplatte, wie sie für den bekannten ostafrikanischen Graben typisch ist und auch der gigantisch in den Himmel ragende Mt. Meru, der seinem großen Gegenüber Kilimanjaro fast ebenbürtig ist, wenn jahreszeitlich Schnee sein Haupt bedeckt.

So ist der erloschene Vulkan **Mt. Meru** die allgegenwärtige Haupterscheinung des Parks und mit **4566 m** der **zweithöchste Berg des Landes** und vierthöchste des Kontinents. Von Süden aus gesehen hat der Meru die typische Erscheinungsform eines Vulkankegels. Vom Osten bietet sich jedoch ein völlig anderer Anblick. Die hier eingestürzte Bergflanke und der im Inneren des Kraters aufragende Eruptionskegel bezeugen die intensive Vulkantätigkeit, die dem Bergmassiv seine gegenwärtige Form verliehen hat. Wanderungen im Bergregenwald oder gar die 3–4 tägige Besteigung des Meru sind besonders lohnenswert. Für viele ist der Meru eine gute Vorbereitung auf den Kilimanjaro.

Die zweite Region bildet der bewaldetere Südost-Teil vom Lokie Swamp und seinem Gegenüber dem Frischwassersee Longil über die Waldlichtung Ngongongare Springs bis zum eindrucksvollen Ngurdoto-Krater mit seiner tierreichen, sumpfigen Caldera und seinen steilen Kraterwänden. Heimat von Waldelefanten, bunten Turaco Vögeln und verspielten Affenarten in den Baumwipfeln des immergrünen Regenwaldes.

Östlich der Hauptstraße, die den Park vom Ngongongare Gate bis zum Momella Gate durchläuft, erstreckt sich die zunächst hügelige und von meist niedrigem Baumbestand gekennzeichnete Landschaft mit vereinzelten Freiflächen, auf denen sich ständig zahlreiche Tiere aufhalten. Daran anschließend und in großen Tälern und Mulden gelegen beginnt das sumpfige, vogelreiche Gebiet der sieben **Momella-Seen.** Die meiste Zeit des Jahres hält sich hier eine Heerschar von Flamingos und Zugvögeln auf. Ein besonderes Erlebnis ist es, die Seen mit dem Kanu zu erkunden (s.u.).

Doch haben die Momella-Seen auch eine historische Anziehungskraft. Momella war, bevor es 1967 in den Arusha National Park einverleibt wurde, bekannt als **Momella Farm,** welche sich bis zum Ngare Nanyuki River erstreckte und **Heimat der legendären Margarete Trappe** (1885–1957) und ihrer Familie war – eine resolute und von den Einheimischen sehr verehrte Frau, deren Leben und heldenhafte Geschichte 50 Jahre nach ihrem Tod in Form von Romanen, Fernsehbeiträgen und auch als Spielfilm gewürdigt wurde.

1959 drehten in Momella **Hardy Krüger** und **John Wayne** den Hollywood-Klassiker „Hatari". *Hardy Krüger* verliebte sich schließlich in Momella und kaufte von den *Trappes* die Farm, die er dann über zehn Jahre besaß (s. Exkurs weiter unten).

Landschaftsentstehung und Geschichte

Die Landschaftsformen im Bereich des Parks sind ein **Ergebnis der Grabenbruchaktivitäten** im östlichen Zweig des Rift Valley. In der Hauptentstehungsphase des großen Erdrisses vor 20 Millionen Jahren verschafften sich im Bereich des heutigen Mt. Meru und Ngurdoto-Kraters die inneren Erdenergien „Luft" und stießen heiße Magma an die Erdoberfläche. Während der Ngurdoto-Vulkan bei seiner Entstehung nur wenig Festmaterial ausstieß und schließlich in sich zusammenfiel (er war wahrscheinlich einst 3000 m hoch), formte sich der Meru zu einem imposanten Vulkankegel, der in seiner größten Form über 5000 m hoch war. Durch eine natürlich entstandene Blockade im Mittelschlot (vermutlich war der Krater mit Wasser gefüllt) **explodierte vor etwa 250.000 Jahren** die gesamte Westflanke des Vulkanberges – eine Eruption, die zur heutigen Gestalt des Mt. Meru geführt hat. Das weggesprengte Material und die auslaufende Lava formten den Ostteil des Parks bis zu den Momella-Seen, die in den abgekühlten Mulden der neuen vulkanischen Bodenschicht entstanden. Weitere, schwächere Ausbrüche folgten und ließen den in der Mitte des großen Kraterrandes wachsenden Aschekegel entstehen. Die letzte Eruption fand etwa 1879 statt, der kleine Lava-Strom an der Nordwest-Flanke des inneren Kegels zeugt noch von dieser letzten Aktivität. Heute ist der Meru – von ein paar Dampflöchern abgesehen – ein toter

Vulkanberg mit einer einmaligen Szenerie für Natur- und Bergsteigerfreunde.

Hervorgegangen ist der Park aus einer Rinderfarm, die 1907 von der Siedlerfamilie *Trappe* (s.u.) als Ngongongare gegründet worden war. 1960 entstand auf *Bernhard Grzimeks* Initiative hin der Ngurdoto Crater National Park, der sieben Jahre später, um der unkontrollierten Abholzung entgegenzuwirken, mit der Einbeziehung des Mt. Meru, der Momella-Seen und damit auch der zweiten *Trappe*-Farm, Momella, zum Arusha National Park umgetauft wurde.

Als Besucher des Parks lässt sich heute auf diesen **historischen Spuren wandeln.** Tief im Ngongongare Urwald steht die Ruine des ersten *Trappe*-Farmhauses, das zweite *Trappe*-Haus aus den 1920er Jahren ist heute, gut erhalten, das Resthouse der Nationalparkverwaltung. Hier sind auch **Margarete Trappes Grab** sowie die Gräber ihrer Kinder *Rolf* und *Ursula*. In der Momella Lodge, von *Hardy Krüger* erbaut, befindet sich das Original des Kamins, an dem *John Wayne* in „Hatari" einen doppelten Whisky trank. Ein Kinoplakat von 1960 zeugt noch heute davon. Von *Hardy Krügers* Ausbau seiner Momella Farm sind heute noch der alte, halb zusammengefallene Schlachthof und die Fleischverarbeitungsanlagen zu bewundern. Seine ehemaligen Wohnhäuser bilden heute die Hatari Lodge.

2006 sind die **Forest Reserves** von Ngaramtoni, North Meru, Mweka und Ngurdoto dem Nationalpark zugeteilt worden. Seither sind die gesamte Westflanke des Mt. Meru, Teile der Süd- und Nordflanke sowie der Waldgürtel am Außenrand des Ngurdoto-Kraters Nationalpark-Gebiet. Eine längst überfällige Maßnahme, da die örtlichen Verwaltungen der Forstreservate nicht die Stärke hatten, gegen die illegale Abholzung anzukämpfen.

Durch Park und Tierwelt

Ein Eintritts-Gate befindet sich bei Ngongongare, 7 km vom Momella-Abzweig entfernt, an der Straße zwischen Arusha und Moshi. Hier sind Eintrittsgebühren für den Nationalpark zu entrichten. Diese Maßnahme wurde getroffen, um die entlang der ehemals öffentlichen Durchfahrtsstraße liegende winzige Savanne **Serengeti Ndogo** („kleine Serengeti"), auf der sich regelmäßig Büffel, Warzenschweine, Giraffen und Zebras aufhalten, vor zu großem inoffiziellen Besucherandrang zu bewahren.

Beim ehemaligen **Ngurdoto Gate** informiert das sehr überschaubare Ngurdoto Museum (Toiletten- und Waschräume) mit ausgestopften Vögeln über die interessante Vogelwelt des Naturschutzgebietes.

Am Museum rechts, erreichen Sie nach 1,5 km Fahrt durch dichten Wald – Heimat der akrobatischen Colobusaffen und der olivfarbenen Paviane – den Rand des **Ngurdoto-Kraters.** Die Straße, die nicht mehr ganz herumführt, bietet eine Reihe schöner Aussichtspunkte, bei denen man das Fahrzeug verlassen darf, um von kleinen Lichtungen herrliche Blicke in den Krater zu bekommen. Empfehlenswerte **Aussichtspunkte** sind **Mihindu, Mountain View** und **Buffalo Point,** von denen bei klarer Sicht auch der Kilimanjaro in der Ferne zu bewundern ist, und der **Leitong Viewpoint** an der mit 1853 m höchsten Erhebung des Kraterrandes. Hier fällt die steile Wand knapp 400 m tief bis zum Kraterboden ab. Das letzte Stück (etwa 100 m den Berg hinauf) muss jedoch gelaufen werden. Das Wasserloch und die große Sumpffläche im Innern sind die Heimat von Büffeln und gelegentlich auch Elefanten und Giraffen. Die Elefanten werden im ganzen Park allgemein seltener, sie reagieren sehr empfindlich auf zu nahe Siedlungen, wie sie zunehmend dichter an der östlichen Parkgrenze entstehen. In den Wäldern am und im Ngurdoto Krater gibt es daher nur noch eine sich permanent aufhaltende Gruppe von etwa 50 Elefanten, welche allerdings nicht immer zu sehen ist.

Deutlich zu erkennen sind die zahlreichen Wildpfade an den Kraterwänden, die selbst von den eleganten Giraffen genutzt werden können. Ein Abstieg zum Kraterboden ist nicht erlaubt, ein Fernglas ist daher für die 3 km große „Caldera" erforderlich. Die Umrundung mit dem Geländewagen ist nicht mehr möglich.

Zu den typischen **Baumarten** des Ngurdoto-Gebietes gehören der Würge-Feigenbaum (Swahili: *mfumu*) mit seinen wild wachsenden Luftwurzeln, der Wilde Mango *(mwowosa),* Dattelpalmen *(mikindu)* und der Ostafrikanische Olivenbaum. Letzterer *(Olea hochstetteri)* wird bis zu 20 m groß, seine ovale, etwa 1 cm lange Frucht ist im Wachstum grün und reif lila. Ihr Geschmack ist dann süß-säuerlich. Aus der Frucht lässt sich kein Olivenöl pressen.

Nordwestlich schließen sich die **Seneto Pools,** die kleinen **Seen Longil** und **Ngongongare Springs** und die **Lokie Swamps** an. Dieses Gebiet lockt bei genügend Wasser zahlreiche Tiere zur Tränke. Wasserböcke, Büffel und Warzenschweine sind häufig zu beobachten. Beim Viewpoint am grün schimmernden Longil, der auch in der Trockenzeit mit Wasser gefüllt ist, zeigen sich hin und wieder auch Flusspferde. Aussteigen verboten.

Die offenere Ebene von **kambi ya fisi** („Ort der Hyänen") ist nur selten ein Gebiet, in dem sich auch tatsächlich Hyänen beobachten lassen. Anders als in den übrigen Nationalparks müssen die Hyänen im Arusha selber jagen, Löwen gibt es keine im Park, und die selten zu sehenden Leoparden bringen ihre Beute auf Bäume in Sicherheit, unerreichbar für Hyänen. Löwen bevorzugen offenere Savannen-Areale, die Landschaft des Parks entspricht nicht ihrem natürlichen Habitat. Zwar wandern ab und zu Löwen in der Trockenzeit von Norden her ein, doch bleiben sie in der Regel nur für kurze Zeit.

Die Landschaft der **sieben Momella-Seen** lässt sich besonders gut vom erhöhten **Aussichtspunkt Boma la megi** bewundern. Die typischen Schirm-Akazien und die hier häufig weilenden Giraffen geben ein schönes Bild. Bei wolkenlosem Himmel ragt hinter den Seen der majestätische Kilimanjaro aus der flimmernden Ebene.

Die nicht besonders tiefen **Momella-Seen** (Big Momella, Small Momella, Rishateni, Tulusia, Lekanoiro, Kusare und Kekhotoito) sind sehr salzhaltig und daher als Tränke für die Tiere ungeeignet. Fische kommen in den Gewässern kaum vor. Die Seen werden von unterirdischen Quellen gespeist, deren Mineralgehalt von See zu See variiert, weswegen jede Wasseroberfläche in einem anderen Farbton schimmert. Der unterschiedliche Mineraliengehalt wird auch von den **zahlreichen** hier vorkommenden **Vogelarten** registriert. So bevorzugen die Zwergflamingos mit ihren gänzlich dunkelroten Schnäbeln eher die algenreicheren Gewässer, während in unmittelbarer Nachbarschaft die Rosa-Flamingos Gewässer mit reichlich Krustentieren aufsuchen. Die Momella-Seen sind besonders **zwischen Oktober und April,** wenn **Zugvögel** aus den europäischen Breiten sich zu den heimischen Artgenossen gesellen, ein sehr lebhafter und farbenfroher Ort. Insgesamt verzeichnet der Arusha Park **über 400 Vogelarten.** Weitere Wasservögel im Bereich Momella sind Pelikane, Reiher, Störche, Nilgänse, Schreiseeadler, Kronenkraniche, Hammerköpfe, Hornvögel u.v.m.

Einige Viewpoints ermöglichen auch hier das Aussteigen, fahren Sie aber im Uhrzeigersinn um die Seen.

In den **Westteil des Parks** führt vom Momella Gate eine Piste (Southern Route) südlich um den Tulusia Hill (2002 m) herum und hinauf auf 2600 m in die offene, hufeisenförmige Kraterschüssel des **Mt. Meru** hinein. Für die Piste ist ein 4WD-Auto erforderlich, besonders das letzte Drittel der Strecke ist extrem steinig, teils matschig und sehr steil. Der Abschnitt vom Kitoto Viewpoint bis zur Miriakamba Hut ist nur mit Sondergenehmigung der Parkverwaltung befahrbar.

Vom Gate beginnend erfolgt nach 500 m der Abzweig zu den kleinen **Tululusia Waterfalls,** die Piste führt jedoch nicht ganz heran, ein paar hundert Meter muss man zu Fuß und nur in Begleitung eines Rangers zurücklegen. Büffel halten sich auch in diesem Teil des Parks auf, ein Ranger kann Ihnen am Gate zur Verfügung gestellt werden (Kostenpunkt 20 $).

Ein beeindruckendes Wunder der Natur ist der **Fig Tree Arch,** ein großer Würge-Feigenbaum, der in seinem Stamm ein Loch aufweist, durch das man mit dem Auto hindurchfahren kann. Nach ca. 5 km, kurz vor der Wasserfurte durch den Jekukumia-Bach, gelangt man zu zwei Picnic-Points in der Nähe der eindrucksvollen **Maio Waterfalls.** Die Weiterfahrt ist sehr beschwerlich und verlangt fahrerisches Können. Besser und umweltfreundlicher ist es, diesen Teil des Parks zu Fuß zu erkunden, die artenreiche Bergvegetation mit Feigen, afrikanischen Olivenbäumen und der wacholderverwandten Zeder African Pencil lässt sich so auch intensiver genießen.

Lodges und Berghütten

- **Hatari Lodge**

Tel. (027) 2553456/7, (075) 2553456, Fax (027) 2553458, www.hatarilodge.com. Die einst privaten Wohnhäuser von *Hardy Krüger* und dessen Farmverwalter bilden das Herz einer liebevollen Lodge am Rande des Arusha National Park vor der Kulisse des Kilimanjaro. Unter dem Namen „Hatari" begrüßt das

© Reise Know-How 2012
Namanga
Oldonyowas
Kisimiri Juu
2000
Oldonyo Sambu
Lemongo
Bur Monument
3000
189
Little Meru
3820
3500
Saddle Hu
Ash Cone 3667
Njeku Campsite
Olkokola
Big Meru
4566 Socialist Peak
Wasserfall
3500
Sanbasha
Timpolo
Olmotonyi
1500
Kimunyak
Oldonuosapuk
Wasserfall
Ngaramtoni
Otmuringaringa
Kioga
Ilkirevi
Nkoarisambu
Oloirien
Ilkidin'ga
Olelgeruro
Saitabau
Kivuvulu
Bangata
Ngateu
Kimemo Farm Cottages
TGT
Arumeru River Lodge
Mountain Village Serena Hotel
Sakina
Sanawari
Arusha Coffee Lodge
TANAPA Headquarter
Arusha
Arusha Airport
Cultural Heritage
Moivaro Coffee Lodge
Onsea House
Lake Duluti Lodge
Duluti-Kratersee

Arusha National Park
Hotel
Campingplatz
Sehenswürdigkeit
Ruine
Ranger Post
Parkgrenze
Fußpfad
Landebahn
Sumpf
0
5 km
Mkuru
Ngabobo
Sanya Juu
Uwiro
1500
Kisimiri Chini
Ngarenanyulri
Lendoyia
Momella "B"
Lekanoiro Lake
Tulusia Lake
Small Momella Lake
Big Momella Lake
Hippo Pool
Miriakamba Hut
Hatari Lodge
Kusare Lake
Momella Gate
Kusare RP
Miririni
Wasserfall
Momella Lodge
El Kekhotoito Lake
Kinanda RP
Momella
Campsites
Fig Tree
Maio-asserfall
Nkoasenga
Leguruki
Mgonda Rest House
Nagy Dam
Seneto RP
Leitong View Point
Privater Aussichtspunkt
Ngurdoto Forest
Mweka Rest House
Old Trappe Ruins
Ngongongare Springs
Glades
1500
Ngurdoto Crater
Kingori
Ngurdoto
Mountain View
Buffalo Point
Rhino
The Rock
Mihindu Viewpoint
Meru Mbega Lodge
Mulala
Ngongongare Gate
ongoro
Kilinga
Colobus Mountain Lodge
Kiboko Lodge
Meru Simba Lodge
Nkoenekoti
Ngurdoto Lodge
oaranga
Meru View Lodge
Ngurdoto Crater Lodge & Golf Course
Sakila
Ngare Sero Lodge
MaMo Restaurant
Polizei
Maji ya Chai
Dik Dik Hotel
Mt. Meru Game Lodge
CMC Autowerkstatt
Makumira
Usa River
Rivertrees Country Inn
Usa Plaza
Kili Flora
Old Moshi Rd.
Usa
Kia, Flughafen, Moshi

tan013 Foto: jg

Das ehem. Wohnhaus von Hardy Krüger, heute die Hatari Lodge und Wohnort des Autors

deutschsprachige Team unter der Leitung der Familie *Gabriel* (*Jörg Gabriel* ist Autor des vorliegenden Reiseführers) nicht nur Nostalgiker aus der Filmszene und Safari-Romantiker. Hatari verfügt über neun Zimmer, alle mit eigenem Kamin und großem Bad. Das älteste Farmhaus bildet den zentralen Aufenthaltsbereich. Hier befinden sich der große Wohn- und Essraum, wo die Gäste mit schmackhaften Gerichten verwöhnt werden und Unterhaltung und Insidertipps vor dem Kaminfeuer geboten bekommen. Einen ergreifenden Ausblick auf den Kilimanjaro hat man von der Frühstücksterrasse, eingerahmt von wohl duftenden Akazienbäumen. Direkt an die Terrasse anschließend breitet sich die Momella-Lichtung aus, eine Feuchtsavanne mit Wasserlöchern. Hier weiden fast täglich Büffel und Wasserböcke, wühlen Warzenschweine nach Knollen, promenieren zahlreiche Giraffen bis vor die Türschwellen der Lodge. Jahreszeitlich lassen sich Elefanten blicken, bei nächtlichen Flughafentransfers nach der Ankunft mit KLM werden oft Leoparden und Hyänen gesehen. Hatari bietet Tierbeobachtungsfahrten mit gut geschulten Guides an. Mit offenen Geländewagen werden halbtägige und ganztägige Pirschfahrten zum Ngurdoto-Krater, zum Meru-Krater auf über 2500 m Höhe – jeweils mit kombinierter Wanderung – sowie Touren zu den Momella-Seen angeboten. Kanutouren und geführte Wanderungen stehen ebenfalls auf dem Programm. Hatari ist auch eine ideale Basis für Kilimanjaro- und Meru-Bergsteiger. Der Preis für eine Übernachtung mit Vollpension liegt bei 280 $ p.P. Für längere Aufenthalte gibt es ermäßigte Paketpreise, zum Beispiel in Verbindung mit Condor als komplettes Wochenprogramm. Empfehlenswert! Hatari betreibt auch das exklusive Shu'mata Camp in der Enduimet Wildlife Area (s.u.).

„Hatari“ – Hardy Krügers ehemalige Farm in Afrika

1959/60 wurde im damaligen Tanganyika der **Hollywood-Klassiker „Hatari“** gedreht. Neben *John Wayne* in der Hauptrolle spielte der junge deutsche Blondschopf *Hardy Krüger* einen professionellen Tierfänger. Mit Willis-Jeeps und abenteuerlich umgebauten Dodge-LKWs rasten die beiden über die offenen Savannen am Lake Manyara und im Ngorongoro-Krater, um Nashörner, Giraffen und andere Großsäugetiere mit Lassos und Schlingen für die Zoos in aller Welt einzufangen. Der Film steht für eine Zeit, als die heute tabuisierte **Tierfängerei** noch ein großes Geschäft für raubeinige Helden war.

Für *Hardy Krüger* war der mehrmonatige Aufenthalt für die Dreharbeiten Anlass, seine gerade beginnende und viel versprechende Hollywood-Karriere vorübergehend an den Nagel zu hängen und sich eine Existenz in Afrika aufzubauen. Gepackt vom „Afrika-Bazillus“, verwendete er jeden freien Tag zwischen den Dreharbeiten für die Suche nach einer Farm. Er klapperte sämtliche zum Verkauf stehende Farmen zwischen Kilimanjaro und Serengeti ab, doch Momella hatte längst sein Herz erobert: „Ich habe den Garten Eden gesehen. (...) Das Bild, das ich sah, wird mich mein Leben lang begleiten. Hellgrüne Seen, von sanften, saftgrünen Hügeln umrahmt. Dahinter die unendlich scheinende gelbe Massai-Steppe, über der sich in majestätischer Breite die waldbedeckten Flanken des Kilimanjaro erheben. Und über allem der ewige Schnee, das Eis des Kibo.“ (aus: „Meine Farm in Afrika“ von *Hardy Krüger,* Lübbe Verlag.) Mit dem Kauf der Momella Farm verwirklichte er sich einen Kindheitstraum – den Besitz eines Bauernhofes, nur eben in Afrika. Über 12 Jahre lang war Momella sein Zuhause, seine Kinder sind hier aufgewachsen.

Auf Vorschlag des damaligen Premierministers und späteren Präsidenten *Nyerere* wurde auf dem Farmgelände **1960 Hardys „Buschhotel“ Momella Lodge gegründet.** Anfangs klein und beschaulich, erwies sich die Investition schon bald als erfolgreich. Mit dem Bau des internationalen Flughafens Kilimanjaro nahmen auch größere Flieger aus Europa Kurs auf Tansania. Besonders aus Deutschland kamen Gäste für einen Besuch in den Arusha National Park. Die deutsche Chartergesellschaft Air Atlantis schickte *Krüger* nicht nur viele Gäste, sondern investierte auch in den Ausbau der Lodge. Momella war zu einer festen Größe in jedem Safari-Programm in Tansania geworden.

Parallel zur Lodge konzentrierte sich *Hardy Krüger* auf den Ausbau seiner Farm. Er errichtete die bis dato modernste **Fleischverarbeitungsfabrik** in Tansania, importierte sämtliche Anlagen und Geräte zur Herstellung von Wurstwaren aus Deutschland, selbst einen deutschen Schlachtermeister hatte er angestellt.

Frustriert von den sozialistischen Reformen *Nyereres* und dem rapiden Rückgang an Touristen gab *Krüger* Anfang der 1970er Jahre schweren Herzens seinen Traum von einer Farm in Afrika auf und zog sich nach Deutschland und später in die USA zurück. Die Fleischfabrik wurde dem Zerfall überlassen, die von *Krüger* eingeführten technischen Geräte aus Deutschland verrotteten mangels Wartung. Heute vermittelt die Anlage die beklemmende Stimmung eines Geisterschlosses. Im Dunkeln quietschen die in Saarbrücken gefertigten Kühlraumtüren, Kinder der in den Räumen und Hallen wohnenden Ranger-Familien des Arusha National Park spielen mit Hebeln und Schaltern. Von „Mr. Hardy“ weiß keiner mehr was.

Seit 2004 verbinden die neuen Pächter der Hatari-Lodge, *Marlies* und *Jörg Gabriel,* den **Zauber der alten Zeiten mit modernem Komfort, Service und touristischen Angeboten.** Von der Lodge aus können Gäste in Begleitung auch die alte Fleischfabrik besichtigen. Mehr zur Lodge unter dem Punkt „Lodges und Berghütten“. Der Spielfilm „Hatari“ ist als DVD erhältlich.

•Momella Wildlife Lodge
Tel. (027) 2553480, Fax (027) 2508264, lions-safari@safariestal.com. Drehort des Kinoklassikers „Hatari" (Gefahr), später die bekannte Lodge von *Hardy Krüger*. Die herrliche Lage am grünen Nordrand des Parks und der traumhafte Blick auf den Kilimanjaro zeichnen die in die Jahre gekommene Lodge aus. Die Unterbringung erfolgt in einfachen Bungalows. Momella kann 140 Personen aufnehmen, doch steht das Anwesen die meiste Zeit über leer. EZ ab 85 $, DZ ab 115 $, jeweils mit Frühstück. Dreierzimmer und Suiten ab 185 $.

•Meru View Lodge
Tel. (0784) 419232, (0784) 805259, www.meru-view-lodge. Außerhalb der Parkgrenze schön gelegene Unterkunft mittleren Standards, deutsches Management, herzliche und familiäre Atmosphäre. Im schön angelegten Garten verteilt gemütliche Bungalows mit kleinen Terrassen. Aufgrund des wachsenden Dorfes rundherum ist der Blick auf den Meru nicht mehr ganz so frei. Das Essen ist lecker und reichhaltig. Meru View hat viel Bergsteigerpublikum. Zur Entspannung steht ein Pool bereit. Nach Absprache sind Fahrten in die Stadt sowie sehr interessante Exkursionen in der Umgebung der Lodge möglich. Gutes Preis-/Leistungsverhältnis.

•Ngurdoto Lodge
Kleine deutsch geführte Privat-Lodge im familiären Plantagenstil nur 1 km vom Ngurdoto Gate entfernt. Sieben angenehme Zimmer mit Zugang zum Garten versprechen viel Erholung und Komfort. Das Haupthaus mit Terrasse im 1. Stock ermöglicht tolle Ausblicke auf den Mt. Meru. Der Service ist sehr zuvorkommend. Geführte Touren in den Park werden ebenso angeboten wie die Möglichkeit, ein paar Village walks im Umfeld zu unternehmen. Zu kontaktieren über die Meru View Lodge (s.o.), allerdings höhere Preise. Empfehlenswert!

•Meru Simba Lodge
Tel. (0784) 344004, www.meru-simba-lodge.com. Meru Simba verfügt über acht einzeln stehende Doppelbungalows und liegt direkt an der Südgrenze des Arusha National Park. Als Gast schaut man direkt in den Busch des hügeligen Bergvorlandes. Oft kommen Girafen und sogar Elefanten vorbei. Der Blick auf den Meru besonders am frühen Morgen ist eine Augenweide. Das ist dann aber auch schon alles, was dem Gast geboten wird. Im Servicebereich ist man noch am Üben ... EZ 80 $ p.P., DZ 110 $ p.P., jeweils mit Frühstück, Vollpension kostet 110/170 $ EZ/DZ.

•Meru Mbega Lodge
Neuere Lodge direkt an der Grenze des Arusha-Nationalparks. Der Eigentümer betreibt auch die oben erwähnte und direkt nebenan gelegene Meru Simba Lodge.

•Kiboko Lodge
www.kibokolodge.com. Ein Vorzeigeprojekt der in Makumira ansässigen Watoto Foundation. Erwachsen gewordene Straßenkinder haben mit Hilfe ihrer holländischen Patenorganisation eine einfache, aber liebevoll betreute Lodge aufgebaut. Die ehemaligen Straßenkinder wirkten am Bau der Lodge mit und haben nach viel Training nun die verantwortungsvolle Aufgabe, die Lodge zu leiten.

•Colobus Mountain Lodge
Tel. (027) 2553632, www.colobusmountainlodge.com. Mit einem großen und imposanten Schild wird direkt vor dem Nationalpark auf diese Lodge hingewiesen. Leider reichen Service, Lage und Atmosphäre nicht an die Erwartungen heran, welche das Schild evtl. weckt. Eine christliche Ausbildungsstätte, die vor der Lodge drei Stockwerke hoch errichtet wurde, verstellt die Sicht auf den Kilimanjaro. Schön liegen dagegen die Doppelbungalows im Garten mit Blick auf den Meru. Hie und da wird auch noch gebaut (seit Jahren!). Colobus ist jedoch für Camper eine empfehlenswerte Adresse, da die einzige außerhalb und im Vergleich zu den hohen Kosten im Park eine gute Preisalternative.

•Park Resthouse
Das ehemalige *Trappe*-Wohnhaus ist heute eine einfache Unterkunft der Parkverwaltung, nur für Selbstversorger (Kochstelle vorhanden). Die Übernachtung kostet 30 $ p.P. + 35 $ Parkgebühr (Anmeldung am Main Parkgate).

Fig Tree Arch, ein Wahrzeichen des Arusha National Park

tan102 Foto: jg

tan103 Foto: jg

Blick von der Hatari Lodge in die Momella-Ebene

- **The Schimann Family**
Tel. (0787) 248666, www.schimann.info. Nettes Gästehaus eines deutsch-tansanischen Pärchens, zwei gut ausgestattete Zimmer für max. 3 Personen.

- **Mt. Meru Mountain Huts,** zwei Berghütten für Bergsteiger.

Camping

Im Park befinden sich **vier Campsites,** wo man auf Anfrage Feuerholz bekommt. Wasserversorgung und einfache Toiletten sind auf allen Plätzen vorhanden; Kosten **pro Person 30 $.** Die Nächte im Arusha National

Park können recht kühl werden, ein Thermo-Schlafsack ist daher ratsam.

Anreise und Besuchszeit

Der Park ist mit einem Fahrzeug von Arusha und Moshi denkbar einfach zu erreichen, mit öffentlichen Verkehrsmitteln tägl. mit dem Urio Bus um 14 Uhr von der Kilombero Busstation über Momella nach Ngare Nanyuki. Die Straße entlang der Nordseite des Mt. Meru zum Park ist in einem gutem Zustand, der Abschnitt Momella bis zur Namanga-Arusha-Straße lässt sich in einer guten Stunde Fahrzeit bewältigen. Regelmäßigen Bus- oder Dala-Dala-Verkehr gibt es auf dieser Strecke nicht.

Beste Besuchszeit für den Arusha National Park ist von Ende November bis Anfang April. Die Pisten im Park sind bis auf die Bergstraße am Mt. Meru das ganze Jahr über passierbar.

Besteigung des Mt. Meru

Der Aufstieg zum **Gipfel Meru Summit** (4566 m) ist nur durch den Park möglich. Der Verlauf der Parkgrenze am Höhenrücken der schroffen Caldera entlang lässt vermuten, dass man auch ohne Parkgebühren vom Süden oder Westen den Berg erklimmen könnte. Diese Alternativ-Routen sind aber strikt verboten, auch wenn sie in Reiseführern oder von Safariveranstaltern angepriesen werden. Die Parkverwaltung reagiert hier sehr empfindlich, und deftige Geldstrafen sind das Mindeste, mit dem man rechnen muss.

Die Meru-Besteigung ist wegen Wildtieren in der unteren und mittleren Waldzone nur mit bewaffneten Park Rangers möglich. Eine Wanderung zum Gipfel und wieder zurück zum Momella Gate dauert im Schnitt vier Tage. Wer zusätzlich den Wasserfall beim Njeku Viewpoint besichtigen möchte, sollte vier Tage einkalkulieren. Erfahrene Bergsteiger, denen es nur um die Bezwingung des höchsten Gipfels geht, schaffen die gesamte Tour auch in drei Tagen. Doch sollte man den Meru nicht unterschätzen, bei zu schnellem Aufstieg besteht auch hier die Gefahr einer Höhenkrankheit (vgl. beim Kilimanjaro), und in der Zeit von April bis August kann der Abschnitt zwischen Saddle Hut und Meru Summit aufgrund von Eis und Schnee relativ gefährlich werden. Eine gute Zeit ist daher von Ende September bis März, wobei im November und Dezember mit Regen und Schnee zu rechnen ist. In der großen Regenzeit von April bis Mitte Juni ist von einem Aufstieg abzuraten.

Der Weg bis zum Gipfel verlangt eine gute körperliche Verfassung und Kondition, die letzten 1000 m sind recht steil, und durch die dünnere Luft sind Lungen und Beinmuskeln sehr beansprucht. Kletterkünste sind nicht erforderlich.

Organisation, Ausrüstung und Kosten

Im Gegensatz zum Kilimanjaro ist die Besteigung des Meru noch selbst organisierbar. Am **Momella Gate** bekommen Sie einen bewaffneten Park Ranger zugeteilt und wenn nötig auch Träger *(porters)*, die aus den an den Park angrenzenden Dörfern kommen, sodass auch die lokale Bevölkerung vom Park profitiert. Die Tragelast eines Trägers liegt zwischen 15 und 20 kg, inklusive dessen eigenem Essen und Kleidung. Die Eintrittsgebühren von 1500 TSh pro Porter und die Kosten für deren und des Rangers Verpflegung müssen Sie übernehmen (je nach Aufwand abzusprechen). Weitere **Kosten,** die direkt und noch vor Aufstieg am Gate gezahlt werden müssen, sind:

- **35 $ pro Tag Parkgebühren** (5 $ bei 5- bis 16-Jährigen)
- 40 $ Rescue Fee
- 20 $ pro Nacht Hüttengebühr
- 20 $ pro Tag und Person Ranger-/Führerkosten
- Etwa 6000 TSh pro Tag für einen Porter
- Park Commision Fee 5 $ pro Gruppe
- Am Ende der Tour sind **Trinkgelder** von etwa 15 $ pro Tag und Person für den Ranger üblich, für die Träger 10 $.

An **Ausrüstung** benötigen Sie einen Rucksack, Wanderschuhe, warme Kleidung (wetterfeste Hose, Windjacke, dicke Socken, Handschuhe etc.), Kochgeschirr, Wasserflasche (besser zwei), Sonnenschutz und Taschenlampe.

Trinkwasser ist das ganze Jahr über am Lenganassa-Bachlauf nahe der Miriakamba Hut erhältlich, die Quelle an der Saddle Hut führt in den Trockenmonaten kein Wasser.

Ein Zelt werden Sie kaum brauchen, die **72 Betten in der Miriakamba Hut** und die **48 Betten in der Saddle Hut** sind selten alle belegt. Die meisten verfügen über einfache Matratzen, eine Iso-Matte ist aber empfehlenswert. Sehr wichtig ist ein guter Thermo-Schlafsack. Auf den Hütten bekommen Sie kein Essen, das müssen Sie vorher in Arusha besorgen. Insgesamt sollte man für die Organisation ein bis zwei Tage Zeit einplanen, ein Ranger ist selten sofort abkömmlich, und die Träger sowie deren Ausrüstung müssen auch erst arrangiert werden. Eine **Vorausbuchung** am Tag zuvor am Momella Gate ist sinnvoll.

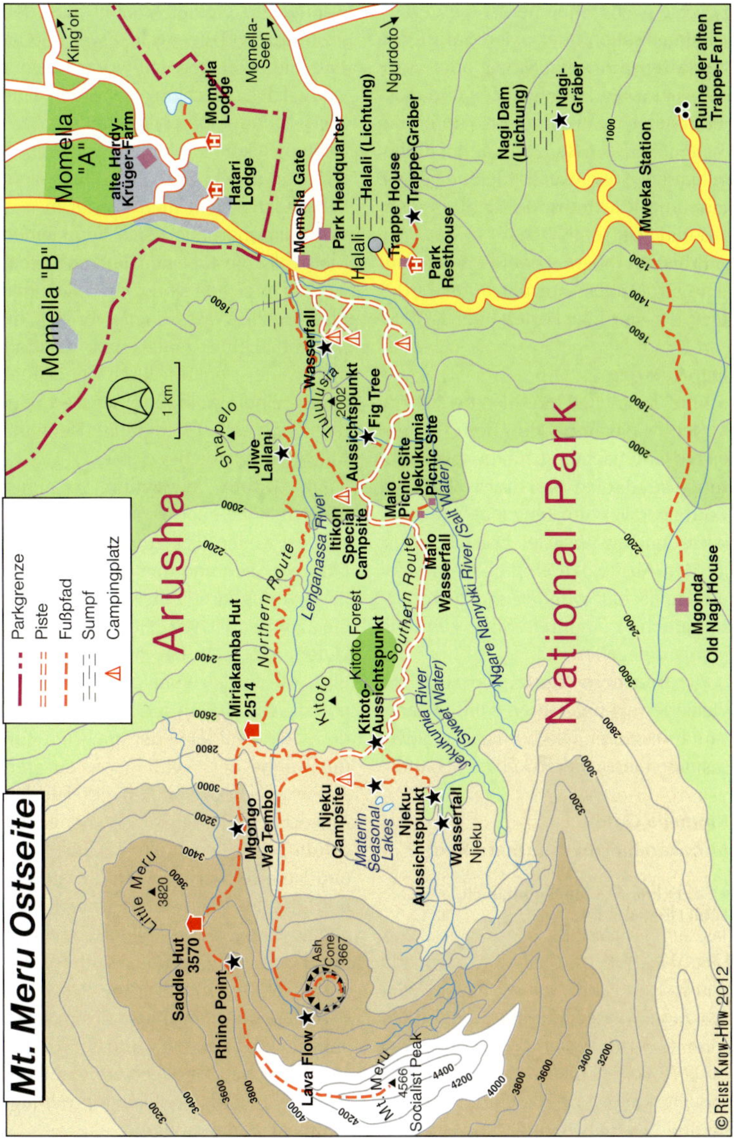
Mt. Meru Ostseite
Parkgrenze
Piste
Fußpfad
Sumpf
Campingplatz
1 km
Arusha
National Park
Momella "A"
Momella "B"
alte Hardy-Krüger-Farm
Hatari Lodge
Momella Lodge
King'ori
Momella-Seen
Momella Gate
Park Headquarter
Halali
Halali (Lichtung)
Ngurdoto
Trappe House
Trappe-Gräber
Park Resthouse
Nagi Dam (Lichtung)
Nagi-Gräber
Ruine der alten Trappe-Farm
Mweka Station
Mgonda Old Nagi House
Wasserfall
Tululusia 2002
Aussichtspunkt Fig Tree
Shapelo
Jiwe Lallani
Itikon Special Campsite
Lenganassa River
Maio Picnic Site
Jekukumia Picnic Site
Maio Wasserfall
Ngare Nanyuki River (Salt Water)
Southern Route
Northern Route
Kitoto Forest
Kitoto
Kitoto-Aussichtspunkt
Jekukumia River (Sweet Water)
Miriakamba Hut 2514
Njeku Campsite
Materin Seasonal Lakes
Njeku-Aussichtspunkt
Wasserfall
Njeku
Mgongo Wa Tembo
Little Meru 3820
Saddle Hut 3570
Rhino Point
Ash Cone 3667
Lava Flow
Mt. Meru 4566 Socialist Peak
©Reise Know-How 2012

Wesentlich bequemer ist die gesamte Organisation über einen **Safari-Veranstalter** in Arusha, Moshi oder Europa: Man verliert weniger Zeit und muss sich um nichts zu kümmern. Führer und Träger, gutes Essen auf den Hütten, Schlafsäcke und warme Kleidung sowie Hin- und Rücktransport sind in einem „Meru-Paket" enthalten.

Preislich müssen zwei Personen für eine Drei-Tages-Tour mit 860–1000 $ rechnen, vier Tage kosten über 1200 $.

Der Aufstieg

Vom Momella Gate bis zur 2514 m hohen Miriakamba Hut, dem Ort der ersten Übernachtung, führen **zwei Routen.** Die direkte **Northern Momella Route** parallel zum Lenganassa River ist kürzer und etwas steiler. Diese Route ist für den Abstieg zu empfehlen, da hier die Landschaft offener und beim Heruntergehen eine freie Sicht zum Kilimanjaro gegeben ist.

Die **Southern Route,** die auch mit Geländewagen gefahren werden kann, ist interessanter. Die herrliche Waldvegetation bietet zudem kühlen Schatten.

Momella Gate – Miriakamba Hut (Southern Route)

- **Ca. 11 km, 4–5 Std. Fußmarsch, 1000 Höhenmeter**

Der Weg führt zuerst über den und dann parallel zum Ngare Nanyuki River („braunes Wasser" in der Sprache der Maasai). Man passiert die Ausläufer der 2002 m hohen Tulusia Hills, was in der Sprache der Meru „Wachtposten" bedeutet. Nach etwa einer Stunde durch waldreiches Gebiet erreicht man den bizarren **Fig Tree Arch:** Zwei Bäume sind hier von den Luftwurzeln einer Würgefeige umschlungen worden. Eine Viertelstunde später kommt man zur Lichtung Itikoni, wo hin und wieder Büffel oder Buschböcke zu sehen sind. Schließlich taucht man wieder in den Wald ein und nähert sich den kleinen Maio Falls, die auf einem kurzen Seitenweg zu erreichen sind. Den Jekukumia River (letzte Wasserquelle vor der Miriakamba-Hütte) hinter sich, wandert man weiter bergauf durch den Kitoto Forest, einen Waldgürtel, dessen Bäume Epiphyten, Orchideen, Flechten, Moose und Farne bewachsen.

Am **Kitoto Viewpoint** in über 2500 m Höhe angekommen, offenbart sich ein weiter Blick zurück bis auf die Momella-Seen und den Kilimanjaro. Je nach verfügbarer Zeit kann man von hier zum südlichen Njeku Viewpoint laufen, wo sich ein hervorragender Blick auf die gleichnamigen Wasserfälle und die ca. 1400 m senkrecht abfallende Kraterwand (eine der höchsten Calderawände der Welt!) sowie auf den Aschekegel in der Mitte bietet. Für den Abstecher sind zwei Stunden nötig. Von **Kitoto** geht es noch ein Stück bergauf, und Sie erreichen den Meru-Kraterboden, wo der Wald durch Strauchwerk abgelöst wird und die Miriakamba Hut nur noch 45 Minuten erntfernt ist. Noch vor der Überquerung des saisonal fließenden Lenganassa River zweigt links ein Weg zur **Ash Cone** ab. Für diesen Abstecher benötigen Sie eine Sondergenehmigung des Direktors der tansanischen Parkverwaltung.

An der Miriakamba Hut angekommen, zeigt Ihnen der Caretaker die Schlafräume, Kochstelle und Toiletten.

Miriakamba – Saddle Hut – Little Meru

• Ca. 4 km, 3–5 Stunden Aufstieg, 1300 Höhenmeter

Von Miriakamba führt der Weg durch einen dichten Wald mit Moosen und Bartflechten – ein Gebiet, das Topela Mbogo („Büffelsümpfe") genannt wird – zum 2–3 Stunden entfernten Viewpoint Mgongo wa Tembo („Elefantenrücken") auf etwa 3200 m Höhe. Der Aufstieg erfolgt zum Teil über Treppenstufen an den steilen und glitschigen Abschnitten. Vom Viewpoint bietet sich ein herrlicher Blick in den großen, aufgesprengten Krater. Mit etwas Glück sind hier auch die flinken Klippspringer-Antilopen zu sehen, die sich gerne in diesem alpinen Vegetationsgürtel aus Riesenheidebüschen aufhalten.

Zur **3570 m hohen Saddle Hut** sind es dann noch 1–2 Stunden, und wer noch Lust, aber vor allem Kraft verspürt, sollte noch den einstündigen Abstecher zum **3820 m hohen Gipfel des Little Meru** machen. Besonders am späten Nachmittag, wenn die Sonne über dem Rift Valley im Westen zu sinken beginnt und die Vulkanberge nur dunkle Silhouetten sind, ist der Ausblick vom Little Meru ein Genuss.

Saddle Hut – Meru Summit – Miriakamba Hut/Momella Gate

• 4–6 Stunden, 1000 Höhenmeter

Die letzten 1000 m bis zum Gipfel sind die anstrengendsten, aber wer auf dem Gipfel des vierthöchsten Berges Afrikas ankommt, erlebt einen sagenhaften Ausblick. Wichtig ist nur, dass der **Aufstieg** schon **nachts** begonnen wird, um mit dem Sonnenaufgang den Meru Summit zu erreichen, da diese frühe Morgenzeit meist nebel- und wolkenfrei ist und gute Aussichten garantiert. Besonders der Moment, wenn die Sonne hinter dem Kilimanjaro-Massiv aufsteigt und die große Ebene dazwischen langsam orange-rot zu leuchten be-

np026 Foto: pr

Blick auf den Mt. Meru

ginnt, lässt alle Anstrengungen in Vergessenheit geraten. Um dieses Szenario vom Gipfel bewundern zu können, muss man schon gegen 2 Uhr morgens mit Taschenlampe losmarschieren. Wer jedoch länger schlafen will und trotzdem einen spektakulären Sonnenaufgang erleben möchte, kann dies auch am 45 Minuten entfernten **Rhino Point,** muss aber in Kauf nehmen, dass der Rest des Aufstiegs wärmer wird und die Sicht eventuell nachlässt. In jedem Fall ist genug Wasser mitzunehmen.

Vom Meru Summit können Sie entweder direkt bis zum Momella Gate zurücklaufen (6–8 Stunden) oder bei der Miriakamba Hut (4–5 Stunden) noch einmal Station einlegen und den Berg langsam „ausklingen" lassen. Ich empfehle Ihnen Letzteres, schon allein um Ihren stark belasteten Knien eine Pause zu gönnen!

Enduimet Wildlife Management Area/ West-Kilimanjaro

Zwischen den Berggiganten Meru und Kilimanjaro erstreckt sich nördlich bis zum kenianischen Amboseli-Nationalreservat **traditionelles Maasailand,** eine tierreiche Savannenlandschaft, die schon in Hollywood-Filmen wie „Magambo" (mit *Gregory Peck*) und „Hatari" (mit *John Wayne* und *Hardy Krüger*) oder jüngst *Iris Berben* in „Afrika, mon amour" als Kulisse diente. Es handelt sich um ein Stück Afrika im Schatten des Kilimanjaro, das noch unberührt und fernab des bisherigen Tourismusgeschehens eine authentische Tansania-Erfahrung ermöglicht. Das Gebiet reicht von den Foothills westlich des Kilimanjaro bis zur großen Asphaltstraße zwischen Arusha und Nairobi und ist im Volksmund als West-Kilimanjaro bekannt. Schöner könnte das Landschaftsbild aus dem idealtypischen Afrika-Band auch nicht sein: Kurzgrassavannen mit jagenden Geparden, Pfannenlandschaften mit großen knorrigen Akazien-Bauminseln und am flimmernden Horizont wandernde Maasai-Krieger mit dem endlosen Busch verschmelzend. Bis weit nach Kenia hinein existiert hier eine grenzübergreifende Tierwelt rund um das **Amboseli-Ökosystem,** auf tansanischer Seite auch als Sinya bekannt. Wie zu vorkolonialen Zeiten lebt hier ganz selbstverständlich afrikanisches Großwild im Einklang mit Maasai und deren Viehbestand.

Seit 2010 steht der größte Teil dieser Region als **1800 km² großes Wildverwaltungsgebiet** Enduimet Wildlife Management Area unter Schutz. Ein Zusammenschluss von neun Maasai-Siedlungen und deren Weidegründen bildet den Kern der Schutzzone. Dem Modell der Ngorongoro Conservation Area folgend, üben sich auch hier die örtlichen Village Councils der Maasai in Wildschutzmanagement. Noch sorgen viele Natur- und Wildschutzorganisationen (AWF, WWF usw.) für Beratung und Finanzierung von außen, doch hoffen die Maasai vor Ort, dass die Einnahmen aus dem Tourismus bald ausreichen, um die Verwaltungskosten zu decken und aus dem Überschuss die Bildungs- und Gesundheitsinfrastruktur ausbauen zu können. Dass das Wild in der Region ihr „Sparstrumpf" für die Zukunft ist, haben sie längst erkannt. Auch die vor Ort ansässigen Camps bieten Unterstützung in Form von Wildschutzprojekten (z.B. das Shu'mata Camp).

Unterkunft

• Shu'mata Camp
www.shumatacamp.com. Hier stehen sechs große Safarizelte auf dem kleinen Berg Nessuandet inmitten der großen Savannenlandschaft der Enduimet WMA, alle weit auseinander liegenden Zeltzimmer dem greifbar nahen Kilimanjaro zugewandt. Shu'mata ist ein Kunstwerk mit endlosem „Out-of-Africa-Feeling". Das Wort Shu'mata bedeutet himmlisch. Hoch oben auf dem Nessuandet schweift der Blick weit in die Ferne, dem Baumeln der Seele sind hier keine Grenzen gesetzt. Der Wohnstil im Camp, ein Mix aus Maasai- und Hemingway-Elementen verbunden mit künstlerischen Besonderheiten, hat dem Camp erst jüngst einen Platz in der Zeitschrift „Schöner Wohnen" beschert. Original Silberbesteck, Omas Kaffeeservice und viel Harmonie in der Betreuung durch ein exzellent geschultes Team aus Maasai und Angehörigen anderer Völker Tansanias geben dem Camp eine unverwechselbare Note. Große Zelte mit stilvoll angemauerten Bädern und Open-air-Duschen liegen am Hang und haben große Panorama-Fenster mit Blick auf die Savannenlandschaft. Neben der hervorragenden Küche fehlt es auch nicht an Kleinigkeiten wie dem fast schon obligatorischen Hemingway-Lagerfeuer-Whiskey (natürlich Single Malt ...). Auf Tierbeobachtungsfahrten geht es hier mit offenen Wagen durch die Baum-Savanne und endlose Pfannenlandschaften, werden entlegene und noch traditionelle Maasai-Dörfer besucht. Auch Fuß-Safaris und Nacht-Pirschfahrten werden angeboten. Die Tierwelt ist gewaltig: riesige Elefantenbullen, Herden von Zebras, Gnus, Kudus und Thomson-Gazellen, die seltenen Gerenuks (Giraffen-Antilopen) sowie Löwen, Geparden und anderes Raubwild. Shu'mata Camp wird oft in Kombination mit der Hatari Lodge angeboten bzw. gehört den gleichen Besitzern (siehe beim Arusha National Park). Der Preis für Vollpension mit allen Aktivitäten und Wildlife- bzw. Konzessionsgebühren beginnt bei 550 $ p.P.

• Elerai Tented Camp
www.tanganyikawildernesscamps.com. Am Ostrand und am ansteigenden Fuß des Kilimanjaro liegend, gehört dieses auch als Kambi ya tembo bekannte Camp mit 16 Zeltzimmern zur großen Lodgekette Tanganyika Wilderness. Von einer Anhöhe genießt der Gast fulminante Ausblicke auf die Enduimet WMA. Das hauptsächlich von Spaniern und Amerikanern besuchte Camp bietet wie Shu'mata geführte Pirschfahrten in offenen Safari-Jeeps. Die Zelte sind groß und gemütlich eingerichtet, zum Teil jedoch etwas nah beinander. Das Essen ist gut und reichlich, der Service rund um den sympathischen Manager *Silvester* sehr zuvorkommend. Vollpension inkl. aller Aktivitäten und Gebühren kostet 475 $ p.P.

• Ndarakwai Ranch & Camp
www.ndarakwaicamp.com. Ndarakwai liegt am Rande einiger Maasai- und Chagga-Siedlungen etwa 12 km südlich der Enduimet WMA. Die ehemalige Rinderranch hat der englische Besitzer *Peter Jones* seit dem Jahr 2000 verbuschen lassen und viele Zäune zum angrenzenden und wildreichen offenen Maasailand niedergerissen. Mit mittlerweile 14 großen und authentisch strohüberdachten Safari-Zelten kommen Besucher in den Genuss einer Ranch-Safari. Mit offenen Fahrzeugen können viele Tiere beobachtet werden. Ein künstliches Wasserloch lockt jahreszeitlich große Elefantenherden an, und mit geschulten Maasai-Rangern werden interessante Walking-Safaris durchgeführt. Das Camp befindet sich in grüner Tallage, ein Ausblick über die Weiten Afrikas ist nur im Rahmen der Pirschfahrten möglich.

Tarangire National Park

Der Park

Der Tarangire National Park, 1970 aus ehemaligen Kolonial-Jagdrevieren hervorgegangen, hat sich zu einem beliebten Besucherziel entwickelt und ist besonders in den Sommermonaten ein Park, der Erlebnisse garantiert. Die Tierwelt in dem rauen und streckenweise einsam wirkenden Park ist sehr artenreich, nicht zuletzt wegen der gewaltigen Größe des Parks, die in etwa der Fläche Luxemburgs entspricht.

Von den nördlichen Parks lassen sich hauptsächlich hier und in der angrenzenden Maasai-Trockensavanne **Lesser-Kudus** und die in Tansania seltenen **Beisa-Oryx-Antilopen** (Spießböcke) beobachten. Zudem ist im Tarangire die **größte Elefantenpopulation des Nordens** zu finden. Allerdings werden seit 2010 wieder viele der Großsäuger entlang der Parkgrenzen wegen ihres Elfenbeins gewildert, nachdem die Wilderei seit den 1990er Jahren etwas zurückgegangen war und die Tiere nicht mehr so scheu wie früher reagierten. Speziell an Elefanten lässt (ließ?) sich nah heranfahren.

Auch die **Landschaft** des Tarangire unterscheidet sich von den anderen Parks durch große, saisonale **Sumpf- und** endlose **Baumsavannen.**

Die durchschnittliche Höhenlage des Parks beträgt 1150 m, die östliche Grenze markieren der Boundary Hill und die Ngahari Hills, im Nordosten bilden der **Burungi-See** und die knapp 1400 m hohen Sangaiwe Hills einen Teil der Parkgrenze. Die Niederschläge sind im Tarangire nicht so ergiebig wie im Ngorongoro-Gebiet, der Park unterliegt mehr den trockeneren, zentraltansanischen Klimabedingungen. In der Dry Season sinkt die Luftfeuchtigkeit auf nur 30% und bringt die weiten Ebenen zum Flimmern. Doch nicht nur klimatisch, sondern auch landschaftlich verschafft der Park einen guten Eindruck von den endlosen Weiten der sich anschließenden Maasai-Trockensavanne.

Das **Herz des Parks** bildet der **Tarangire River,** dessen Quellen in den Mkonga Hills bei Kondoa liegen und der den Park von Süden nach Norden durchläuft und westlich in den abflusslosen, saisonalen Burungi-See mündet.

Diese Lebensader bestimmt die unterschiedlichen Landschaftsformen des Parks, und die Wassermenge des Gewässers ist ausschlaggebend für die **Migrationsbewegungen** der Tiere innerhalb des **Tarangire-Ökosystems** (hierzu gehören die östlich angrenzenden Game Controlled Areas Lolkisale, Simanjiro und die private **Tarangire Conservation Area** sowie die südlich angrenzende Mkungonero Game Controlled Area, welche in den nächsten Jahren den Status eines Game Reserve bekommen soll).

In einem bis zu 5 km breiten Band zieht sich am Tarangire-Fluss eine flache und teils sumpfige Savanne mit Borassus-Palmen und verschiedenen Akazienarten entlang. Schwillt der Fluss in den Regenzeiten an, tritt er an einigen Stellen über seine Ufer und setzt großflächige Graslandschaften unter Wasser. Diese **sumpfigen Flächen** mit ihren klebrigen Black Cotton Soils (schwarztonige Erde) werden **„mbuga"** genannt. Um den Vegetationsgürtel in den Flussniederungen besser zu schützen, hat man die Zeltplätze von den Ufern weg an andere schöne Orte verlegt.

Sehr große Sumpfflächen, die nicht vom Tarangire gespeist werden, liegen im Südwesten des Parks und sind selbst bei Trockenheit nur mit Vorsicht zu überqueren. Die großen Sumpfflächen von **Silale, Larmakau** und **Nguselororobi** werden von Bachläufen aus den angrenzenden Ngahari Hills und von dem **Gosuwa River** aus den Sambu- und Lolkisale-Bergen gespeist. Besucher des Tarangire sind meist in den Trockenmonaten unterwegs, wenn vielerorts das Wasser bereits versickert ist und die Tiere am besten entlang der Wasserstellen zu beobachten sind.

Das übrige Landschaftsbild beherrschen die Baumsavanne und die markanten, inselartigen Erhebungen der Tarangire, Kitibong und Haidadunga Hills. Dominierend sind auch hier Schirm- und Flötenakazien sowie die besonders in den Regionen **Matete** und **Lemiyon** – dem Nordost-Sektor des Parks – dicht beieinander stehenden **Baobabs** (Affenbrotbäume). Dieses Gebiet gehört zu den landschaftlich schönsten, viele Tiere lassen sich hier beobachten.

Auf der Westseite des Tarangire, verbunden durch die Engelhard-Brücke, liegen die als **Burungi** und **Kitibong** bekannten Zonen, wo herrliche Schirmakazien stehen und die beliebte Aufenthaltsgebiete von Büffeln und Spießböcken sind – eine vom großen Besucherstrom meist verschonte Ecke des Parks, wo auch das schöne Swala Camp eingerichtet ist. Die am Südende des Parks liegende Region **Mkungonero** wird nur selten besucht, die Pisten sind hier teilweise sehr schlecht, und das Wild ist auch noch nicht so sehr an Fahrzeuge gewöhnt.

Tierwelt/ Migrationsbewegungen

Zusätzlich zu den oben genannten Tierarten leben im Tarangire-Park auch Elen-Antilopen, Gnus, Zebras, Impalas, Strauße, Giraffen, Grant-Gazellen, Wasserböcke, Dikdiks, Löwen, Leoparden, Geparden, Hyänen, Flusspferde (Lamarkau Swamp), Warzenschweine, Paviane, Mangusten und Klippschliefer.

Eine Besonderheit des Parks ist die auf Bäume kletternde **Pythonschlange,** die aufgrund ihrer „Baumrinden-Tarnung" selten zu erkennen ist (schon oft gesehen worden in den Akazien entlang des Silale Swamp).

Nashörner sind schon länger nicht mehr gesehen worden, man geht davon aus, dass die Hörner der letzten Tiere Dolchgriffe in arabischen Ländern zieren ...

Dagegen ist der Nashornvogel ein weit verbreiteter Vertreter der **Tarangire-Vogelwelt,** zu der auch Reiherarten, Frankoline, Purpurhühner, Ibisse, Pelikane, Milane, Adler, Geier und Graukopflieste zählen.

Der Tarangire ist jedoch kein klassischer ganzjähriger Tierpark, sondern aufgrund des das ganze Jahr über Wasser führenden Tarangire-Flusses ein

Wild-Sammelgebiet in den Trockenmonaten. Wenn die Bachläufe und Wasserlöcher in der Maasai-Trockensavanne versanden und auch im Rift Valley im Bereich des Manyara National Park die Grassavannen austrocknen, zieht der Tarangire die Tierherden an. In der Regel beginnt diese **Migrationsbewegung** im Juli und erreicht im Oktober/November ihren Höhepunkt. Ab Dezember, wenn die kleine Regenzeit einsetzt, bringen Gnus und Zebras ihre Jungen zur Welt, ein Erlebnis, dem oft beizuwohnen ist.

Zu Beginn des Jahres verlassen dann wieder einige Tiere den Park hauptsächlich gen Osten und Süden, nur noch wenige Tiere wandern auch ins nördliche Rift Valley (Mto Wa Mbu und Lake Natron Game Controlled Areas). Im April/Mai, wenn die große Regenzeit das Gras der Savannen wieder zum Wachsen bringt, verteilt sich das Wild noch weiter im südlichen Maasailand. Die einzigen Tiere, die fast immer zurückbleiben, sind Kudus, Impalas, Oryx, Grantgazellen und Giraffen.

Die Tarangire-Migration ist somit – im Gegensatz zur Serengeti-Migration, die größtenteils innerhalb des eigenen Ökosystems bleibt und mehr einem kreisrunden Zyklus gleicht – eine **Zu- und Abwanderungsbewegung.**

Anreise und im Park unterwegs

Wer die Absicht hat, bei einem der Ranger Posts den Park zu verlassen, muss dies zuvor beim Main Gate anmelden. Der Park ist auch mit dem **Flugzeug** über fünf Landepisten zu erreichen, meist wird jedoch die Landepiste beim Kuro-Rangerposten angeflogen. Die **Parkgebühren betragen 35 $** pro Tag und 40 $ pro Fahrzeug (bei nicht-tansanischem Kennzeichen).

Der Tarangire wird mit dem **Auto** erkundet. Nur die exklusiven Camps wie Swala oder Oliver's dürfen in Begleitung eines Rangers **Fuß-Safaris** durchführen (nur für Camp-Gäste). Die Camps außerhalb an der östlichen Parkgrenze bieten ebenfalls die Pirsch zu Fuß an. Das beste Wegenetz befindet sich in der nördlichen Hälfte und lässt sich auch nach Regen gut befahren, ein Allradwagen ist dennoch empfehlenswert. Die südlichen Tracks (Wege) sind dagegen sehr schlecht und werden hauptsächlich von Rangern genutzt, zudem werden Sie hier nicht viel mehr sehen als im Norden.

Eine neue Art, den Tarangire zu erleben, ist aus der Luft. Die Firma Adventure Aloft hat **Heißluftballons** im Einsatz, die täglich bei Sonnenaufgang während der Hochsaison entlang der Ostgrenze des Parks schweben. Ein grandioses Erlebnis, allerdings mit Preisen ab 500 $ p.P. auch ein tief greifendes für die Geldbörse! Zu buchen über alle Lodges und Camps im Park.

Beste Besuchszeit

Beste Besuchszeit sind die Monate **Juli bis November,** wenn die meisten Tiere entlang des Tarangire River verteilt und die Pisten zudem trocken und gut befahrbar sind. Zwischen den Regenzeiten (Februar und März) ist die südliche-

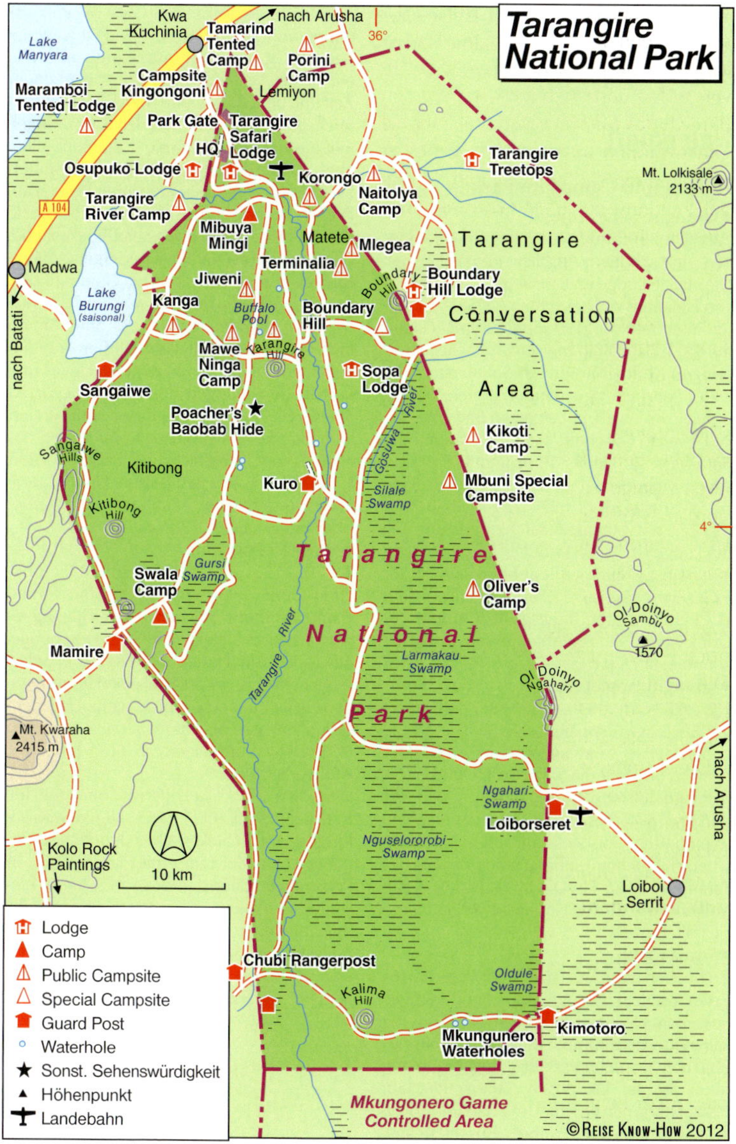
Tarangire National Park
Lake Manyara
Kwa Kuchinia
nach Arusha
36°
Tamarind Tented Camp
Porini Camp
Campsite Kingongoni
Lemiyon
Maramboi Tented Lodge
Park Gate
Tarangire Safari Lodge
HQ
Osupuko Lodge
Tarangire Treetops
Korongo
Naitolya Camp
Mt. Lolkisale 2133 m
A 104
Tarangire River Camp
Mibuya Mingi
Matete
Mlegea
Tarangire
Madwa
Terminalia
Boundary Hill
Boundary Hill Lodge
Lake Burungi (saisonal)
Jiweni
Kanga
Buffalo Pool
Boundary Hill
Conversation
nach Batati
Mawe Ninga Camp
Karangire Hill
Sopa Lodge
Sangaiwe
Area
Poacher's Baobab Hide
Kikoti Camp
Sangaiwe Hills
Kitibong
Gosuwa River
Kuro
Mbuni Special Campsite
Silale Swamp
Kitibong Hill
4°
Tarangire
Gursi Swamp
Swala Camp
Oliver's Camp
Ol Doinyo Sambu
1570
National
Mamire
Larmakau Swamp
Tarangire River
Ol Doinyo Ngahari
Mt. Kwaraha 2415 m
Park
Ngahari Swamp
Loiborseret
nach Arusha
Kolo Rock Paintings
10 km
Nguselororobi Swamp
Loiboi Serrit
Lodge
Camp
Public Campsite
Special Campsite
Guard Post
Waterhole
Sonst. Sehenswürdigkeit
Höhenpunkt
Landebahn
Chubi Rangerpost
Kalima Hill
Oldule Swamp
Mkungunero Waterholes
Kimotoro
Mkungonero Game Controlled Area
©Reise Know-How 2012

re Hälfte des Parks oft von Tsetse-Fliegen befallen, die einen Game Drive ganz schön vermiesen können.

Unterkunft

Lodges und Camps im Park

- **Tarangire Safari Lodge**

Herrliche, leicht erhöhte Lage am Tarangire River mit schönem Ausblick auf das Flusstal. Die älteste Lodge im Park liegt inmitten eines von Elefanten viel besuchten Gebiets. Mitunter kommt es vor, dass die großen Dickhäuter durch das Camp marschieren. Die Unterbringung erfolgt in großen Safarizelten, die leider sehr nah beieinander stehen, und in Bungalows jeweils mit eigenem Bad/WC (solar beheizte Duschen). Gutes Restaurant mit Bar, Terrasse, kleiner Pool und Generatorstrom. Zu buchen über Serengeti Select Safaris in Arusha, Tel. (027) 2544752, (0784) 202777, www.tarangiresafarilodge.com, Tel. der Lodge (027) 2531447. Die Übernachtung in einem Zeltzimmer liegt bei 85/105 $ für EZ/DZ mit Frühstück. Die Bungalows sind etwa 10% teurer. Tagesgäste/Camper für Drinks und Mittag-/Abendessen sind willkommen (15 $ p.P.).

- **Tarangire Sopa Lodge**

Tel. (027) 2500630, 2506886, Fax (027) 2508245, www.sopalodges.com. Die größte Lodge im Park wirkt aufgrund der Architektur nicht so urig wie die Safari Lodge und bietet nicht gerade den besten Komfort und nur durchschnittliches Buffet-Essen, aber einen sagenhaften Ausblick auf eine saisonale Überschwemmungsebene eines Zulaufs des Tarangire River. EZ/DZ ab 260/380 $ mit Vollpension, in der Nebensaison halbieren sich die Preise.

- **Swala Camp**

Zu buchen über Arusha, Tel. (027) 2509816/7, www.sanctuarylodges.com. Ein Camp wie aus einem Hemingway-Roman, allerdings mit viel modernem Pomp. Swala liegt abseits des üblichen Besucherverkehrs und bietet mit neun absolut luxuriösen Safarizelten (auf Holzplattformen errichtet, mit Bad und Toilette stilvoll integriert) wahres Busch-Feeling. Am Rande der saisonalen Gursi Swamps inmitten von Schirmakazien und gewaltigen Baobabs ist die große Attraktion von Swala ein kleines Wasserloch, welches von jedem Zelt und dem Restaurant- und Aufenthaltsbereich gut eingesehen werden kann. Regelmäßige Tränke für große Elefantenbullen, aber auch Löwen und Leoparden statten Swala in den Abendstunden ihren Besuch ab. Die Umgebung von Swala ist auch der beste Ort um die seltenen Beisa-Spießböcke zu beobachten. Swala verfügt über eigene offene Fahrzeuge mit professionellen Guides und ist das einzige Camp im Park, welches Fuß-Safaris unter bewaffneter Leitung durchführen darf. Allabendlich sitzt man unter grandiosem Sternenhimmel um ein Lagerfeuer und lauscht den Klängen der Nacht, bevor im Speisezelt das 3- bis 5-Gänge-Menü serviert wird. Empfehlenswert. Der Komfort und das Erlebnis haben natürlich ihren Preis: 630/485 $ p.P. (VP) in der Hauptsaison/Nebensaison inklusive sämtlicher Aktivitäten und Tierbeobachtungsfahrten.

- **Mawe Ninga Camp**

Tel. (027) 2502460, (075) 4305383, zu buchen über www.tanganyika.com. Tented Camp im nordwestlichen Teil des Tarangire-Nationalparks auf einem kleinen Felsenhügel etwa 9 km vom Haupttor entfernt. Der Stil ist recht natürlich, sodass Sie keinen überragenden Luxus, aber echtes Buschgefühl in einem Camp mit persönlichem Service erwarten dürfen. Etwas überteuert, ab 325 $ p.P.

- **Oliver's Camp**

Wird über die Asilia Lodges vermarktet, Tel. (027) 2502799, (075) 5763338, www.asilialodges.com. Schickes, aber dennoch naturnahes Luxus-Zeltcamp mit Platz für nur 16 Personen im Südosten des Parks. In der einsamen Gegend werden Wanderungen mit bewaffneten Rangern angeboten. Abends beim Dinner wird die afrikanische Tierwelt erklärt. Der gesamte Service mit Vollpension liegt bei 550 $ p.P.

Elefanten vor dem Swala Camp
im Tarangire National Park

Lodges und Camps außerhalb

• Tarangire Treetops
Tel. (027) 2500630, 2506886, Fax 2508245, www.elewana.com. Innovative und beeindruckende Lodge in der Tarangire Conservation Area. Insgesamt 20 Zimmer als Baumhäuser, teils in Baobab-Bäume integriert, stehen zur Verfügung. In luftiger Höhe und mit herrlichem Blick über das Dach der Baumsavanne nächtigt der Gast unter Baumkronen, nach außen hin abgetrennt durch Zeltjalousien und Moskitonetze über den Doppelbetten. Aufgrund der Lage außerhalb des Parks inmitten von Maasailand sind zahlreiche Aktivitäten wie Pirschfahrten und Fuß-Safaris möglich. Übernachtung ab 360/480 $ EZ/DZ mit VP. Empfehlenswert, allerdings müssen für Pirschfahrten im Park größere Anfahrtswege in Kauf genommen werden.

• Tarangire River Camp
Gehört zur Kette von Mbali Mbali Lodges and Camps, http://mbalimbali.com/camps. Das Camp liegt in einer sehr schönen Region am Nordwestrand des Parks, unmittelbar am Tarangire-Fluss und unweit vom Lake Burungi. Das rustikale Zeltcamp bietet einen schönen Blick über den Tarangire River und ist in seiner Umgebung reichlich wild. Jedes Zelt hat en-suite-Badezimmer mit Toilette.

• Naitolya Camp
Tel. (075) 4470447, www.tarangireconservation.com. Kleines Camp im Norden der Tarangire Conservation Area mit halb aufgemauerten Bungalows und viel Zeltleinen – stil- und geschmackvoll. Im Vordergrund steht die Zusammenarbeit mit den Maasai-Kommunen. Es werden Besuche in traditionellen Maasai-Dörfern angeboten sowie Fuß-Safaris. Pirschfahrten im Park werden ebenfalls unternommen. Service und Verpflegung sind gut, erreichen aber nicht das Niveau der oben beschriebenen Camps.

• Boundary Hill Lodge
Diese Lodge wird ebenfalls von East African Safaris (Naitolya Camp) verwaltet und vermarktet. Die Lage und die Aussicht sind traumhaft. Nach Westen hin erstreckt sich der Park, im Osten breitet sich die Tarangire

tan024 Foto: jg

tan039 Foto: pr

Der Baobab (Affenbrotbaum)

Ein typischer und oft bestaunter Baum der Trockensavanne ist der tonnenförmige, auch als Affenbrotbaum bezeichnete Baobab *(Adansonia digitata)* mit seinen länglichen Schotenfrüchten. Im Swahili heißt er „Mbuyu". Viele Ortschaften in Ostafrika nennen sich daher auch „Mbuyuni", was so viel wie „beim Baobab" bedeutet.

Die getrockneten Blätter sind für Menschen essbar und enthalten viel Provitamin A (Beta-Carotin), die fasrigen Rinden werden von manchen Volksgruppen in langen Streifen herausgeschnitten und zur traditionellen Web- und Seilherstellung verwendet. Aus den Schalen der Kerne im Innern der länglichen Schotenfrüchte (sehr reich an Vitamin C) wird vereinzelt auch eine Art Paste gestampft, die zum Kochen dient. Schon 2500 v.Chr. war die Frucht in Ägypten als „bu hobab" bekannt.

Einige Baobabs haben auch ausgehöhlte Stämme, die gerne von Fledermäusen bewohnt werden, welche nachts die Blüten der Bäume bestäuben.

Einer alten afrikanischen Geschichte zufolge wird die dickbauchige Form des Baumes folgendermaßen erklärt: Als Gott die Welt erschaffen hatte, glich der Baobab jedem anderen Baum. Doch damit war der Baobab nicht zufrieden und verlangte ständig von seinem Schöpfer Veränderungen, die ihn aus der Menge seiner Artgenossen herausheben würden. Er wollte unbedingt der größte und schönste aller Bäume sein. Zornig über die Unzufriedenheit des Baobabs und dessen ständige Nörgelei riss Gott daraufhin den Stänker aus der Erde, und um ihn ruhig zu stellen, steckte er ihn umgekehrt wieder hinein. Seitdem ragen, wie es scheint, nicht seine Äste, sondern seine Wurzeln in den Himmel.

Baobab-Bäume werden oft als heilig angesehen: „Kila shetani na mbuyu wake" (Swahili für „Jeder Geist hat seinen Baobab").

An der ostafrikanischen Küste stehen einige der ältesten Baobabbäume des Kontinents mit einem Alter von fast 2000 Jahren. Diese alten Exemplare erreichen leicht einen Stammdurchmesser von 7–10 m und über 20 m Höhe. Das sehr weiche, gewebeartige Holz kann wie ein Schwamm Unmengen von Wasser speichern. Bei besonders großen Exemplaren wurden schon Mengen von ca. 20 m^3 festgestellt.

Conservation Area aus. Die Anfahrtswege zu den interessanten Gebieten im Ökosystem bleiben daher in einem erträglichen Rahmen.

- **Maramboi Tented Lodge**

www.tanganyikawildernesscamps.com. Das Camp von Tanganyika Wilderness Camps liegt westlich der Hauptstraße nach Dodoma. Die Lage ist wunderbar mit vielen Borassus-Palmen. Von hier lassen sich wundervolle Sonnenuntergänge über dem Manyara Escarpment beobachten. Vom Camp aus besuchen Gäste den Tarangire sowie den Manyara National Park. Die Zeltzimmer sind groß und schön eingerichtet, das Essen ist reichlich, aber qualitativ nur durchschnittlich.

Camping

- **Außerhalb** des Parks, zwischen dem Ort Kwa Kuchinia und dem Main Gate, befindet sich die **Campsite Kingongoni** (wenig Schatten/eingezäunt/Bar/kleine Zimmer ab 12 $). Das Zelten kostet 10 $ p.P.
- **Im Park** befinden sich – je nach Saison – mehrere Zeltplätze für Selbstversorger, die als **public campsites** bezeichnet werden und 30 $ p.P. kosten (auf Wunsch auch mit Brennholz). Schön gelegen ist der Platz beim Boundary Hill.
- Der Tarangire bietet zudem zahlreiche **special campsites** für 50 $ p.P. Diese liegen wunderschön, meist nah an Wasserläufen und sind exklusiv nur für eine Gruppe. Die Plätze sind jedoch oft von Safariveranstaltern belegt, die im Voraus ihre Lieblingsstellen buchen. Fragen Sie jedoch am Gate, oft ist noch ein Platz frei. Oder zu buchen über das TANAPA-Büro in Arusha (siehe dort).

Manyara National Park

Der Park

Der 1960 gegründete Manyara ist der **einzige Rift-Valley-Nationalpark im Norden Tansanias.** Wo in früheren Zeiten die Jeeps von *Hardy Krüger* und *John Wayne* über die Ebenen rund um den See rasten, um für den Dreh des Hollywood-Klassikers „Hatari" Tiere einzufangen, erinnert heute eine Tafel am Eingang des Parks an die raubeinigen Filmhelden aus vergangenen Tagen. Eingekeilt zwischen der ca. 400 m hohen und an einigen Stellen senkrecht abfallenden Grabenwand und dem sodahaltigen Lake Manyara erstreckt sich das Schutzgebiet über ca. 35 km und ist durchschnittlich nur 4 km breit. Mehr als zwei Drittel des Parks werden von dem 950 m hoch gelegenen, abflusslosen See eingenommen, der saisonal für Heerscharen von pink schimmernden **Flamingos** Heimat ist. Nur das Südende vom Lake Manyara liegt außerhalb der Parkgrenze und wird von großen Sumpfflächen bestimmt, an deren Rändern das Volk der Mbugwe Feldbau betreibt. Im Norden trennt ein Elektrozaun die Tiere des Parks von den Bewohnern des Ortes Mto Wa Mbu. In den Monaten August bis November ist der Lake Manyara meist zu zwei Dritteln ausgetrocknet, die Uferlinie ist dann weit zurückgewichen und die Zahl der Flamingos gering. Große Migrationsbewegungen bei den anderen Tierarten des Manyara sind jedoch selten. Die großen Flüße führen ganzjährig genug

026 Foto: manu

022 Foto: proma

025 Foto: stef

Bunte Vogelwelt

Über 1000 Vogelarten sind im östlichen Afrika anzutreffen, darunter viele unscheinbare Arten, die der Safari-Tourist in Tansania kaum wahrnehmen wird, aber natürlich auch farbenprächtige und exotische Vögel, die auch in riesigen Ansammlungen auftreten können wie z.B. Rosaflamingos an Gewässern.

Diese Doppelseite:
links oben: Gabelracke (li.), Seidenreiher (re.), unten: Rosaflamingos; rechts oben: Schuhschnabel, unten: Goliathreiher

Nächste Doppelseite:
links oben: Riesentrappe, unten: Marabu (li.), Kronenkranich (re.); rechts oben: Dreifarbenglanzstar, unten: Rotschnabeltoko

024 Foto: jearu

021 Foto: dirkr

029 Foto: barantza

023 Foto: gator

030 Foto: pale

027 Foto: kasal

028 Foto: eco

Wasser an die Trinkstellen, und die Vegetation entlang der Flussläufe (z.T. auch Galeriewälder) spendet reichlich Schatten und Futter. Zudem schränken das Farmland im Süden und der Ort Mto Wa Mbu Wanderbewegungen zunehmend ein.

Der **Name des Parks** stammt von dem Maasai-Wort *Emanyara,* das eine Euphorbienart beschreibt, die von dem Nomadenvolk als Zaun oder Schutzwall für ihr Vieh genutzt wird. Der klebrige Saft aus den Zweigen ist giftig und auf keinen Fall mit den Augen in Kontakt zu bringen.

Von den **zahlreichen Flüssen und Bächen,** die vom Mbulu- und Ngorongoro-Hochland das Escarpment in tief eingeschnittenen Schluchten hinunterfließen und -fallen, um sich im See zu vereinen, sind besonders der Mto Wa Mbu River (auch Simba genannt) im Norden und die Flüsse Msasa, Ndala und Endabash im Westen für die äußerst artenreiche Flora und Fauna des Parks verantwortlich. Hinzu kommt, dass Wolken, die sich über dem Rift Valley bilden, sich beim Aufstieg an der Grabenwand abregnen. Diese höheren Niederschlagswerte als die im nur wenige Kilometer entfernten Tarangire-Gebiet und die stark anschwellenden Flüsse tragen besonders in der Regenzeit dazu bei, den Manyara in eine sumpfige und regenwaldmäßige Oase im sonst überwiegend trockenen und staubigen Rift Valley zu verwandeln. Fällt die Regenzeit besonders heftig aus, tritt der See über seine Ufer und überschwemmt stellenweise die zentrale Parkstraße. Auch die Flussdurchfahrten sind dann mit dem Auto nicht mehr möglich, in dieser Zeit kann der Park oft nur bis zum Ndala River ausgekundschaftet werden. In der Trockenzeit speichert der Grundwasserwald zwischen Parkeingang und Mikundu River das Wasser in seinem dichten Wurzelwerk und verhindert den vollständigen Abfluss in den flachen See und die damit vebundene großflächige Verdunstung. Zudem wird das Waldgebiet von kristallklaren Quellen gespeist, deren Ursprung im Ngorongoro-Hochland liegt. Durch poröse, vulkanische Gesteinsschichten fließt das Wasser unterirdisch über mehrere Kilometer, bis es schließlich am Fuße der Manyara-Grabenwand wieder aufsprudelt.

Während der **Grundwasserwald** mit seinen über 30 verschiedenen Baumarten (z.B. Sykomorenfeigen, Mahagoni, gewaltige Tamarindbäume, Akazien, Leberwurstbäume) und Bodengewächsen wie Zyperngras, Bodenkresse und buschigen Hibiskuspflanzen die Atmosphäre eines feuchtheißen und von betörenden Grillengeräuschen durchdrungenen tropischen Urwaldes hat, bestimmt im übrigen Parkgebiet die **Baumsavanne** das Landschaftsbild. Verstreut wachsen große Baobab-Bäume, und am Lauf des Endabash River mischen sich Feigen und Palmen unter die sonst vorherrschenden Akazien.

Zu Beginn der 1980er Jahre war jedoch der Bestand vieler Bäume stark gefährdet. Die über der ökologischen Verträglichkeit liegende **Elefantenpopulation** (etwa 500) im Park führte zur Zerstörung vieler Akazien und anderer begehrter Bäume durch die Dickhäuter.

Der Manyara wies in dieser Zeit die höchste Elefantendichte Afrikas auf. Als Gegenmaßnahme umzäunte man zahlreiche bedrohte Bäume. Doch das Wüten der Wilderer ließ die Elefantenzahl auf ca. 200 Tiere sinken. Experten sind sich einig, dass sich die Parkverwaltung nicht sonderlich gegen das illegale Abschlachten zur Wehr setzte, doch zumindest hat sich die Vegetation seitdem wieder regenerieren können.

Tierwelt und Sehenswertes

Bekannt ist der Park für seine **Löwen, die auf Baumästen dösen.** Lange Zeit war der Manyara zusammen mit dem Queen Elizabeth National Park in Uganda der einzige Ort Afrikas, wo dieses atypische Verhalten beobachtet werden konnte. Mittlerweile jedoch lässt sich diesem Verhalten etwa ebenso oft in der Serengeti oder im Ngorongoro-Krater beiwohnen.

Wissenschaftler haben für dieses Verhalten verschiedene Theorien. Im Manyara scheint wohl die Flucht vor den bodennahen Tsetse-Fliegen den König der Tiere auf die Bäume zu treiben (v.a. das südliche Parkgebiet ist von Tsetse-Fliegen verseucht). Als Thron bevorzugt er große Akazien mit weit ausladenden und möglichst waagerecht zum Boden verlaufenden Ästen. Ranger und Safariwagen-Fahrer kennen die etwa 20 bis 30 beliebten Bäume des Parks. Mit ein bisschen Geduld lässt sich sehr oft ein Baum mit Löwen finden, vor allem im zentraleren und offeneren Teil des Manyaras.

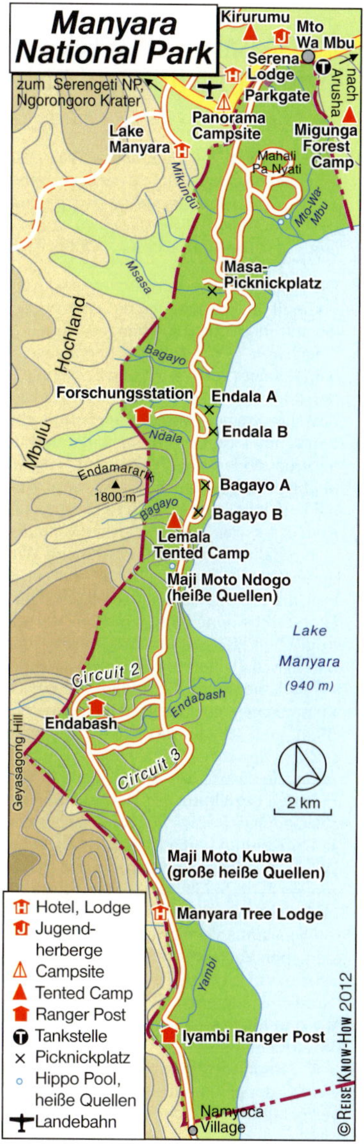

Die Maasai – Afrikas bekanntes Volk zwischen Tradition und Moderne

von *Thomas Schrör*, Ethnologe, Freiburg

„From the farm, the tragic fate of these disappearing Masai tribe on the other side of the river could be followed from year to year. They were fighters who had been stopped fighting, a dying lion with his claws clipped, a castrated nation. Their spears had been taken from them, their big dashing shields even, and in the Game Reserves the lions followed their herds of cattle." Isak Dinesen, „Out of Africa"

Die Maasai (Massai gesprochen) sind weit über die Grenzen Afrikas hinaus bekannt und berühmt für ihre nomadische Lebensweise als Viehhüter in der Savanne und für ihre Krieger mit ihren roten Umhängen, denen Stolz und Selbstverherrlichung oft mit einem Hauch von Romantik zugeschrieben werden. Filme und Bücher transportieren dabei oft das Bild eines vom Untergang bedrohten Stammes, der vergangenen Zeiten angehört. In der Tat mehren sich in den letzten Dekaden die Stimmen auch von den Maasai selbst, dass ihre Kultur in der jetzigen Form nicht überleben kann. Die Einschränkung ihres Lebensraumes durch Nationalparks und durch Landnahmen von Agrarkonzernen und ackerbauenden Nachbargruppen werden dabei als Hauptursache angeführt. Bis zum heutigen Zeitpunkt haben die Maasai allerdings entgegen allen Prognosen an ihren zentralen kulturellen Werten und Normen festhalten können, auch wenn sich ihre Lebensform in verschiedenen Bereichen veränderte.

Ihre **halbnomadische Lebens- und Wirtschaftsweise** ist geprägt von täglichen Wanderungen mit ihren Viehherden auf der Suche nach Wasser und guten Weidegründen im Umkreis ihrer langjährigen Siedlungen. Das Maasailand weist in seiner naturräumlichen Erscheinung eine bemerkenswerte Vielfalt auf. Von semi-ariden Savannen bis zu tropischen Höhenstufen mit immergrünen Bergwäldern existieren kleinräumlich große ökologische Unterschiede, die das Wanderverhalten bestimmen.

Alle Lebensbereiche sind im Wesentlichen von den Rindern als dem dominierenden Kulturelement geprägt. Es ist nicht übertrieben, dass sich bei vielen Maasai alles ums Vieh dreht. Vieh stellt für sie nicht nur einen ökonomischen Wert dar. Auch im religiösen Bereich, in den sozialen Beziehungen, in der materiellen Kultur, in der mündlichen Überlieferung, in der Medizin und Hygiene sowie allgemein im täglichen Leben manifestiert sich die **enge Beziehung der Maasai zum Vieh.** Milch ist das Hauptnahrungsmittel der Maasai. Gegrilltes Fleisch, früher nur zu bestimmten Anlässen auf dem Speiseplan, wird heute in Dorfzentren und auf Märkten angeboten und ist das beliebteste Essen bei Jung und Alt. Auch andere Änderungen sind zu konstatieren: Ackerbau, Handelsaktivitäten, Migration in die Städte, um beispielsweise Nachtwächter (askari) zu werden, Arbeit in einer christlichen Gemeinde oder in der Verwaltung sind keine Seltenheit mehr für die Maasai.

Die Maasai wanderten von Norden her ein und erreichten Anfang des 18. Jahrhunderts den Raum des heutigen Tansania. Ihr mythisches Ursprungsland „Engirr ee Kerio" scheint mit einer steil abfallenden Hügelkette im Süden des Lake Turkana im heutigen Nordkenia identisch. Ihre größte Verbreitung um 1850 erstreckte sich vom jenem See bis zum Kiteto-Gebiet im heutigen Tansania, 1100 km in Nord-Süd- und 300 km in Ost-West-Richtung.

In Tansania leben gegenwärtig ca. 120.000 pastorale Maasai, die sich in sieben territoriale Gruppen unterteilen. Die Zuordnung zu einer Gruppe wird durch den Geburtsort festgelegt und mit der Initiation und der Eingliederung in das Altersklassensystem be-

tan040 Foto: pr

stätigt. Die verschiedenen Clans verteilen sich auf das gesamte Maasai-Gebiet und besitzen heute nur noch geringe Bedeutung. Jede Gruppe unterteilt sich wiederum in lokale Einheiten. Sie verfügen sowohl über Trocken- als auch Regenzeitweiden, permanente und temporäre Wasserstellen, sodass sie bei ihren saisonalen Wanderungen in normalen Zeiten nicht auf die Ressourcen anderer Lokaleinheiten angewiesen sind. Als kleinste und für die alltäglichen Belange bedeutendste politische Einheit werden sie von einem Ältestenrat, „engigwana", geleitet, der durch die parallel existierende nationale Administration zunehmend an Entscheidungsgewalt verliert.

Das **Altersklassensystem der Männer** ist zentraler Bestandteil des sozialen Lebens der Maasai. Geschlechterbeziehungen werden durch die Zugehörigkeit zu einer Altersklasse geregelt. Kein Maasai kann ohne Mitgliedschaft in einer Altersgruppe ein soziales Leben führen. Von der Jugendzeit bis zum hohen Alter werden aufeinanderfolgende Altersklassen von allen Mitgliedern durchlaufen. Jungen werden durch die Initiation und der damit verbundenen Beschneidung zum Krieger, „moran" (wörtlich: Beschnittener). Die „e-unoto-Zeremonie" markiert den Übergang von der jüngeren zur älteren Kriegerzeit. Endgültig mit der „olngesher-Zeremonie" steigt man auf in die Altersklasse der „junior elders", und ohne weitere Zeremonie geht man einige Jahre später in den Status des „senior elder" über. Die Beschneidung findet nicht für alle an einem bestimmten Tag statt, sondern sie wird in der „offenen" Beschneidungsperiode, die mehrere Jahre dauert, einzeln vollzogen. In der darauf folgenden „geschlossenen" Beschneidungsperiode darf keine Beschneidung durchgeführt werden. In der offenen Beschneidungsperiode vergrößert sich die Zahl der Krieger kontinuierlich. In der geschlossenen Periode warten dagegen die unbeschnittenen Jungen ungeduldig auf den Beginn der Beschneidungsperiode. Sie werden die Krieger herausfordern, Verbote, die für sie als unbeschnittene Jungen bestehen, überschreiten, um so den elders klarzumachen, dass sie bereit sind, die Aufgaben der Kriegerklasse, die bis zu Beginn der Kolonialzeit auch die Verteidigung umfassten, in der Maasai-Gesellschaft zu erfüllen.

Als unbeschnittene Knaben wird den Jungen früh die Aufgabe des Viehhütens übertragen. Sie dürfen mit den Mädchen keine gemeinsamen Treffen organisieren und unterstehen dem Vater in all ihren Aktivitäten. Mit der Kriegerzeit verändert sich ihr Leben. Sie dürfen sich mit unbeschnittenen Mädchen treffen und Beziehungen mit ihnen eingehen. Viele Krieger leben zumindest für einige Monate in dem eigens für sie errichteten Kral, der „emanyata", und können sich so der Autorität des Vaters entziehen. Maasai-Krieger haben die Möglichkeit, zu den verschiedenen Festen zu wandern – sie sind ständig unterwegs: „Enkong'u naipang'a eng'en" – „It is the eye which has travelled that is clever". Krieger dürfen kein Fleisch essen, welches von einer Frau oder von Mädchen gesehen wurde. Die relative Autonomie der Krieger und ihre Aktivitäten, die des öfteren Konflikte mit den Behörden provozieren – Auseinandersetzungen mit Nachbargruppen, die verbotene Löwen- oder Büffeljagd – werden hauptsächlich durch die Autorität der „junior elder" in Grenzen gehalten. Die sogenannten „olpiron", die eine Art Patenschaft mit den neuen Kriegern eingehen, unterweisen die unbeschnittenen Jungen, die zukünftigen Krieger, in ihre Rechte und Pflichten und sind für verschiedene Zeremonien verantwortlich. Sie sind die Übermittler von traditionellem Wissen; sie lehren den Maasai die Werte und Normen ihrer Gesellschaft. Auch die Religion der Maasai mit dem Glauben an einen Gott, „engai" – mit dem heiligen Berg „Oldoinyo l'Engai" als Sitz Gottes im Herzen des Maasailandes –, wird ihnen in dieser Zeit nahegebracht.

Die „elders" haben ein Interesse an dem Erhalt der Kriegerklasse, nicht nur weil sie eine erzieherische Komponente besitzt und die Maasai in allen Bereichen auf das Leben in der Maasai-Gesellschaft vorbereitet. „Elders" sind es, die die politische Führung innehaben – nur derjenige, der sich über Jahre im Sinne der Maasai-Kultur bewährt, kann eine Machtposition erlangen –, und sie sind es auch, die als einzige heiraten dürfen. Mit der Verkürzung der „moran-Zeit" wären die Krieger potentielle Konkurrenten in ihren angestammten politischen und sozialen Sphären. In den letzten Jahren heiraten allerdings schon ältere Maasai-Krieger, wenn sie die finanziellen Erwartungen der Brauteltern erfüllen können. Dies ist ein erstes auffälliges Zeichen für die nachlassende Autorität der älteren Maasai und für den schleichenden Verlust einer Kultur bewahrenden sozialen Institution.

In den letzten Jahren wurden die Krieger mehr und mehr als Viehhüter, insbesondere bei den saisonalen Wanderungen, für die Übermittlung von Nachrichten und andere Dienste eingespannt, ohne dass sich die Attraktivität dieses Lebensabschnittes dadurch verringert hätte. Die meisten Krieger leben gegenwärtig in dem Gehöft ihres Vaters. Der Kriegerkral, „emanyata", der noch vor hundert Jahren für viele Jahre Bestand hatte und den Kriegern eine gemeinsame Heimat bot, war und ist massivem Druck von der Kolonial- bzw. nationalen Regierung ausgesetzt, die in ihm eine militärische, unkontrollierbare Gefahr sah bzw. sieht. Die Abhängigkeit vom Vater ist groß. Er überträgt seinen Söhnen Vieh zunächst zum Hüten und später für ihre eigene Herde. Ohne Vieh kann keine Heirat geschlossen werden, da ein Brautpreis verlangt wird.

Das Altersklassensystem regelt auch die Geschlechterbeziehungen der Maasai-Gesellschaft. Ein Maasai-Mann kann mehrere Frauen heiraten. Die Männer- und **Frauenwelt** lassen sich – abgesehen von Liebesbeziehungen und Heirat – als zwei voneinander getrennte Welten beschreiben. In frühen Jahren wird das Mädchen auf ihr Leben als Mutter und Ehefrau vorbereitet. Nach ihrer Beschneidung im Alter von 11–15 findet die schon Jahre im voraus geplante Heirat statt. Die Arbeitsbelastung der Frauen hat durch die Aufnahme von Ackerbau und den vermehrten Konsum der Nahrungsmittel Mais und Gemüse enorm zugenommen. Die Suche nach Feuerholz, das Melken der Kühe, die Herstellung von Perlenschmuck und die Verzierung von Kalebassen für den Verkauf an Touristen, Handelsaktivitäten, um Mais und Gemüse einzukaufen und Arbeiten auf dem Feld werden in der Regel von der Frau geleistet. Sie ist traditionell auch für den Bau ihrer Hütte aus Lehm und Kuhdung zuständig. Einige Selbsthilfeorganisationen der Maasai versuchen daher in den letzten Jahren, insbesondere Arbeitserleichterungen für die Maasai-Frauen zu schaffen.

Schätzungsweise 22.000 **Maasai** lebten zur Zeit der vorletzten Jahrhundertwende **in Deutsch-Ostafrika.** Die Kolonialregierung erwartete von ihnen erheblichen Widerstand bei der militärischen und administrativen Formierung der Kolonie. Ihre Vorstellungen schwankten zwischen den Vieh raubenden, gefürchteten Kriegern, dem „Schrecken der ostafrikanischen Steppe", und offener Bewunderung für die stolzen, militärisch organisierten „edlen Wilden". Schon 1885 schrieb der Forschungsreisende *Joseph Thomson:* „Es waren prächtige Vertreter ihrer Rasse, weit über 2 m hoch, und von einer wilden aristokratischen Würde in ihrem Benehmen, die mich mit Bewunderung erfüllte."

Als die Deutschen die nördliche Region ihrer Kolonie in Besitz nahmen, dezimierte eine grassierende Pockenepidemie und Rinderpest Anfang der 1890er Jahre die Maasai-Bevölkerung und die Zahl ihrer Rinder. Hinzu kam eine lang anhaltende Dürre, sodass ganze Landstriche sich in menschenleere Einöden verwandelten. Nach kleineren Kämpfen 1894 und 1897–99, in denen die Maasai den deutschen und den Chagga-Truppen unterlagen, wurde 1906 ein **Reservat** südlich der Arusha-Moshi-Linie eingerichtet. Die fruchtbareren nördlich gelegenen Regionen Monduli, Loliondo und Ngorongoro sollten für Siedler freigegeben werden. Mit mindestens 4000 km² war dies der bedeutendste Weidelandverlust in historischer Zeit. Mit Ausnahme des deutschen Farmers *Siedentopf,* der im Ngorongoro-Krater siedeln durfte, wurden allerdings Siedlungsgenehmigungen nur in stadtnahen Bereichen vergeben. Dass es die Regierung mit der Etablierung eines Reservates ernst meinte, beweisen die Deportationen von Maasai aus dem Moshi-Bezirk in das Reservat und die brieflichen Auseinandersetzungen zwischen der Behörde und Siedentopf, der Maasai für die Arbeit auf seiner Plantage einsetzen wollte. Die Maasai stellten für die deutsche Regierung in erster Linie ein Sicherheitsproblem und kein mögliches Wirtschaftspotenzial dar. So konzentrierte man sich auf die für Plantagen geeigneten, klimatisch verträglicheren Regionen und war einzig darauf bedacht, dass die Maasai nicht die Siedleraktivitäten beeinträchtigten. Eine Politik der Isolation nahm hier ihren Beginn, der von Seiten der Maasai auch nicht entgegengewirkt wurde. Plantagenarbeit, Straßenbau, Kopf- und Hüttensteuer, die in Bargeld beglichen werden mussten, luden nicht dazu ein, an den „Segnungen der Zivilisation" teilhaben zu wollen. Die Missionare, die den Hauptteil der Bildungsarbeit leisteten, bevorzugten dicht besiedelte Regionen wie das Kilimanjaro-Gebiet als Standorte und konnten keine Kontakte zu der Maasai-Bevölkerung aufbauen.

Nach dem 1. Weltkrieg und der Übertragung der deutschen Kolonie an die Briten wurde 1926 ein – dieses Mal britisches – „Masai-Reservat" eingerichtet, das im Gegensatz zum deutschen Gebiet nahezu den gesamten nördlichen Lebensraum aus der Zeit kurz vor der Kolonisierung einschloss. Damit war aber keineswegs eine Garantie für den Schutz vor Landnahmen verbunden. Weiße Siedler und die Regierung bedienten sich: Die Sanya Plains und das Umland von Monduli gingen den Maasai verloren.

Von einer anderen Seite sahen sich die Maasai einer weitaus größeren Gefahr der Landnahme und damit einer Bedrohung ihrer für die pastorale Wirtschaftsweise lebensnotwendigen Mobilität ausgesetzt: dem **Wild- und Naturschutz.** Das Jahr 1951 markiert den Beginn einer Wildschutzpolitik, die mit ihren Restriktionen für die ansässige Bevölkerung spürbare Konsequenzen hatte. Bis dahin war das Nebeneinander von Wildschutz und menschlichen Aktivitäten akzeptiert worden und funktionierte auch, besonders weil die Maasai kein Wild essen. Das Verbot von 1954, Ackerbau in der Region Serengeti-Ngorongoro zu betreiben, führte zu massiven Protesten.

In der sozialistischen Ära Tansanias wurde von staatlicher Seite versucht, die nationale Einheit, politische Kontrolle und ökonomische Anbindung aller Gruppen an die nationale Wirtschaft herzustellen. Daten über die Maasai zu erhalten, ist seitdem mit großen Schwierigkeiten verbunden. In tansanischen Statistiken dürfen ethnische Unterscheidungen seit 1967 nicht mehr vorgenommen werden. Mit einer offenen Erklärung, dass ihre traditionelle Kleidung eine Schande für den modernen Staat Tansania sei, wurden die Weichen für das Verhältnis zwischen Maasai und Regierung gestellt. Alle sozialen Dienstleistungen, auch die Busbenutzung, wurden bis auf weiteres traditionell Gekleideten verweigert. „Elders“ durften während des Tages keine Tücher als Umhang tragen; ocker gefärbte Kleidung war für jedermann verboten. Die 100-Shilling-Note mit der Abbildung eines Maasai-Kriegers wurde abgeschafft. In bezug auf ihr Weideland konnten die Maasai nicht mit Unterstützung durch die Regierung rechnen. Ihre oft nur saisonal genutzten Weiden mit bis dahin gültigen traditionellen Landrechten waren einer Landbesetzung ausgesetzt. Großfarmen drängten die exportorientierten und großflächigen Agrofarmen ins Maasailand. National Agriculture and Food Corporation (NAFCO), Tanzania Breweries Ltd. (TBL) etc. okkupierten riesige Flächen Land, ohne teilweise eine Eintragung ins Grundbuch vorgenommen zu haben: Das Land gehöre ja dem Staat. Das „Villagization-Programme“ im Maasailand, „operation imparnati“, sollte die Maasai zur Sesshaftwerdung und zum Ackerbau bringen. Mit dem Programm sollten auch soziale Dienstleistungen und Schulen in das Maasailand hineingetragen werden. In zwei Jahren sollten alle Maasai in den sozialistischen Ujamaa-Dörfer untergebracht werden. Gewaltsame Umsiedlungen, verbunden mit dem Abbrennen heimatlicher Krale, konnten auch nach ei-

tan026 Foto: jg

nem Jahr nur 2000 Maasai in ihre neuen Dörfer zwingen. Auf wirtschaftlicher Ebene wurde mit dem von den USA mit 23 Millionen Dollar unterstützten „Masai Livestock and Range Management Project“ von 1970–1980 der Versuch gestartet, das Maasailand an die nationale Ökonomie anzubinden. Es war das bisher finanziell größte Entwicklungsprojekt im Maasailand. Zu Beginn waren die Erwartungen groß: „Range“ wurde zu einem magischen Wort für die Maasai – eine Kriegerklasse nannte sich sogar danach –, und anfangs waren sie durchaus bereit, mit den Entwicklungshelfern zusammenzuarbeiten. Als ein klassisches Beispiel für ein misslungenes Entwicklungsprojekt für Nomaden endete es 1980.

Die fehlende Akzeptanz von lokalem Wissen auf Seiten der Regierung und die mangelhafte Kooperation mit den Maasai ist ohne Zweifel auch übertragbar auf andere erfolglose Projekte der Regierung, z.B. in der Bildungspolitik. Das Curriculum passte sich in keinster Weise den lokalen Bedingungen an – der pastoralen Lebensweise sollte ja gerade durch die Schule ein Ende bereitet werden. Die im Vergleich zu anderen Regionen niedrige Zahl an Schulen und das katastrophale Unterrichtsniveau waren für die fehlende Attraktivität der Schulbildung im Maasailand verantwortlich. Gleichzeitig setzte sich Bildung als das Hauptkriterium für sozialen Aufstieg in ganz Tansania durch. Weder in der Einheitspartei bzw. in Verwaltung und Politik noch in der Wirtschaft konnten einflussreiche Stellungen ohne Bildungsqualifikationen erworben werden. Die Schulsituation im Maasailand machte die Maasai somit zu Außenseitern im nationalen Wettbewerb.

Die Vergabe von privaten Landtiteln fällt in die Zeit des Strukturanpassungsprogrammes von 1986. 200 bis 2500 Acre große Farmen wurden hauptsächlich an Privatpersonen und Agarkonzerne vergeben. Eine noch größere Anzahl von Anträgen liegt bereits vor. Korrupte Maasai-„elders“, die sich durch Landverkäufe bereichern, unterstützen die ohnehin schon dramatische Entwicklung der Verringerung der Landflächen. Nur einer von vielen Skandalen war der „Kauf“ eines riesigen Jagdgebietes durch die Königsfamilie Saudi-Arabiens im Norden des Maasailandes. Proteste der Maasai blieben ungehört. Mit der Strukturanpassung war auch der Versuch einer Steigerung der Agrarexporte verbunden: Cash-crop-orientierte Betriebe, insbesondere mit dem Anbau von Bohnen, drängen neben ackerbauenden Nachbarethnien verstärkt ins Maasailand.

Der Teufelskreis von eingeschränkten Weideflächen und wenigen Wasserresourcen nimmt seinen Lauf: Kühe auf kleineren Flächen mit quantitativ und qualitativ sich verringerndem Futterpotenzial produzieren eine bedeutend geringere Menge an Milch und können sich weniger gut regenerieren. Die Folge ist eine höhere Anfälligkeit für Krankheiten. Kühe müssen zusätzlich gekauft werden, um die Familie mit Milch zu versorgen. Zusätzlich wird der Kleinviehbestand aufgestockt, um bei einem Verkauf der Schafe und Ziegen andere Nahrungsmittel auf dem Markt zu erwerben. Die vermehrte Anzahl der Kühe sowie des Kleinviehbestandes verringert wiederum die Weidefläche pro Tier, was wiederum zur flächenhaften Zerstörung der Grasflur führt.

Auch der **Tourismus** wird als eine ökonomische Alternative in Betracht gezogen. Die Herstellung von Souvenirs von Maasai-Frauen in Heimarbeit wird als Erwerbsquelle immer mehr genutzt. Der für sie bekannte bunte Perlenschmuck ersetzte in den letzten Jahrzehnten des 19. Jahrhunderts die traditionellen Metallringe und -spiralen; einzelne Maasai-Sektionen entwickelten jeweils typische Farbkombinationen, die sie voneinander unterschieden. Heute werden die Perlen auch bei der Anfertigung von Gürteln, Handtaschen etc. verwendet. Die Schwierigkeit der Vermarktung durch Zwischenhändler, die zu Niedrigstpreisen einkaufen, wird teilweise durch Direktverkauf an den Touristenrouten oder in den dafür vorgesehenen Maasai-Siedlungen umgangen. Maasai-Krieger stehen an den Touristenstraßen und können gegen Bezahlung abgelichtet werden. Um möglichst exotisch zu wirken, ist es gleichgültig, ob Frauenhalsschmuck als Kopfschmuck von den Kriegern getragen wird. Verkaufsfördernd werden Maasai-Krieger in Souvenirgeschäften engagiert. Mit Körperbemalung und nacktem Oberkörper stehen sie als Lockvögel vor den Eingängen. Maasai-Masken, die es in der Maasai-Kultur nie gegeben hat, werden in allen Größen angeboten. Maasai-Figuren mit Zebra-Musterung, handliche Speere, die für den Transport im Flugzeug geeignet sind („airport art") und auch die Vorführung traditionellen Lebens mit Tanzveranstaltung in Maasai-Kralen sind kein Garant für den Erhalt der Maasai-Kultur. Sie stehen vielmehr für den Versuch, an den Einnahmen durch den Fremdenverkehr, der ohne die „Vermarktung" der Maasai in Ostafrika nicht denkbar wäre, zu partizipieren. Die ambivalente Haltung der Regierung gegenüber den Maasai manifestiert sich dabei in dem Druck zur Anpassung an die nationale Entwicklung und gleichzeitig in dem Versuch, die traditionelle Kultur für die Touristen zu konservieren. In den Nationalparkbehörden oder in der Ngorongoro Conservation Area sind nur 10% der Arbeiter Maasai. Ohne adäquate Bildung scheinen sich für die Maasai keine Chancen im Wettbewerb um Arbeitsplätze und Marktvorteile mit anderen Tansaniern zu ergeben. Inwiefern die Maasai-Krieger an den Straßen oder in den Städten entwurzelt werden oder sich ihnen neue Wege für ihre Zukunft eröffnen, muss - allerdings ohne größere Hoffnungen - noch abgewartet werden.

Die Zulassung von Oppositionsparteien, von kritischen Medien und von lokalen Organisationen sind Merkmale pluralistischer Tendenzen in Tansania, die auch den Maasai neue Möglichkeiten des Engagements eröffnen. **Nichtstaatliche lokale Initiativen** (NGO), die bis in die 1980er Jahre von der Regierung verboten waren, wurden als offiziell registrierte Organisationen anerkannt. Ausländische Geldgeber, die bisher hauptsächlich mit dem Staat kooperierten, sahen in den NGOs Partner für basisorientierte Entwicklungsprojekte und unterstützten ihre Aktivitäten. 1998 existieren sieben größere NGOs. Ihre Mitglieder sind in der Mehrheit akademisch gebildete Maasai und in geringerem Maße Maasai-„elders". Sie fordern Landrechte, Wasserversorgung, Naturschutz, eine Verbesserung der Situation der Frauen, Schulbildung und „politische Selbstbestimmung". Zwei Punkte sind in diesem Zusammenhang von Bedeutung. Erstens waren die Maasai-NGOs bisher nicht in der Lage, aus eigener Kraft - mit der Unterstützung der Bevölkerung - Projekte durchzuführen: Solange kein Kapitalfluss vom Norden stattfindet, konnten keine Aktivitäten erfolgreich sein. Das bedeutet für die NGOs, dass sie Ziele und Ideen mit den derzeitigen Kriterien der Geldgeber abstimmen müssen. Naturschutz und Rechte der Frauen müssen deshalb besonders hervorgehoben werden. Zweitens können sich in den 1990er Jahren Allianzen zusammenfinden, die es vor der Zeit der NGOs nicht gegeben hat. Innerhalb der Maasai brachte die „Maa-Conference" 1991 verschiedene historisch verfeindete Untergruppen der Maasai zusammen. Gerade Ende der 80er Jahre waren NGOs, die nur eine ethnische Gruppe repräsentierten, erheblichem politischem Druck ausgesetzt.

Auf internationaler Ebene partizipieren die Maasai-NGOs von Kenia und Tansania an den jährlich stattfindenden Konferenzen der Vereinten Nationen in Genf. Die Teilnahme ist insofern von Bedeutung, als sie dort auf Probleme ihres Volkes aufmerksam machen können und möglicherweise die externen Geldgeber dazu bringen können, Druck auf die tansanische Regierung auszuüben. Die Maasai sind weit über die Grenzen Ostafrikas hinaus auch durch den internationalen Tourismus bekannt und berühmt geworden für ihre nomadische Lebensweise als Viehhüter der ostafrikanischen Savanne. Vielleicht ist es eine Chance, dem Ziel einer von den Maasai selbst bestimmten Entwicklung näher zu kommen. Die Maasai kämpfen dafür und sagen: „Meitore tung'ani Engai" - Gott bestimmt das Schicksal der Menschen.

Die **Elefantenpopulation** des Manyara ist weiterhin mit die dichteste in Afrika; beliebter Aufenthaltsort ist der dichte Grundwasserwald, in dem auch häufig Wasserböcke, Buschböcke, Anubis-Paviane, Grüne Meerkatzen und die schwarzarmigen **Diadem-Meerkatzen** beobachtet werden können. Leoparden und Zibetkatzen sind im dunklen Unterholz seltener auszumachen. Zwischen Wald und See führt eine Schleife zu **Mahali pa Nyati,** dem „Platz der Büffel", einer herrlichen Graslichtung, wo jedoch nicht immer Büffel vorzufinden sind. Weiter in Richtung See erreicht man die **Hippo Pools** am Mto Wa Mbu River. Hier suhlen und kühlen sich große **Flusspferdfamilien,** bevor sie in der Abenddämmerung „Landgang" haben und die Nacht mit Grasen verbringen. Viele Wasservögel gesellen sich zu den schnaufenden und prustenden Kolossen. Das Aussteigen aus dem Auto ist hier erlaubt, zu nah sollte man sich jedoch nicht an das Spektakel heranwagen. Um näher an den See zu gelangen, bieten sich weiter südlich bessere Stellen, um die riesigen Schwärme der Groß- und Zwergflamingos, Pelikane, Reiherarten, Kormorane, Störche und Nilgänse im ufernahen Bereich beim Picken von Nahrung und bei der Flügelsäuberung vom klebrigen Soda zu beobachten. Einige Zufahrtswege zum Wasser sind je nach Jahreszeit gesperrt.

Die **reichhaltige Vogelwelt** zählt etwa 400 Arten. Ein kleines Museum beim Eingang vermittelt einen Eindruck von der immensen Vielfalt der Farben, Größen und Formen. Kennzeichnend für den Park sind insbesondere Nashornvögel, die fast überall anzutreffen sind. Doch auch größere Vertreter wie Strauße, Geier und Schreiseeadler lassen sich mitunter sehen.

Zwölf Arten von **Fledermäusen** sollen im Manyara-Park beheimatet sein.

In den offeneren Baumsavannen südlich des Msasa River zeigen sich häufig Impalas, Giraffen, Dik Diks, Zebras, Warzenschweine, Schakale, Klippspringer, Mungos, aber auch alle anderen **Tiere,** die sonst vornehmlich im Grundwasserwald leben. Dem Park fremd sind Geparden, Grant- und Thomsongazellen. Die letzten Nashörner sind Wilderern zum Opfer gefallen.

Südlich des Bagayo River führt die Piste über eine leichte Anhöhe am Fuße des Escarpment entlang, von wo sich ein guter Rundumblick auf die Weiten des Manyaras öffnet.

Sehenswert sind die **heißen Quellen Maji Moto Kubwa.** Diese befinden sich ganz am Südende des Parks und sind je nach thermaler Aktivität im Erdinnern 60–80°C heiß – ideal, um Eier zu kochen ... Der schwefelhaltige Dampf enthält auch das Edelgas Helium. Die kleinen heißen Quellen Maji Moto Ndogo liegen im mittleren Teil des Parks, sie sind aber recht unscheinbar. Ihre Temperatur liegt bei etwa 40°C.

Anreise und beste Besuchszeit

Der Manyara National Park ist nur über die Piste von Mto Wa Mbu zu erreichen, beim südlichen Rangerposten Iyambi ist die Einfahrt in den Park nicht möglich, es sei denn, Sie haben dies vorher beim Main Entrance Gate im

np027 Foto: pr

Norden angemeldet. Zudem ist die Piste entlang der Grabenwand in Richtung Manyoca bzw. Magara kaum noch zu befahren. Für kleine Flugzeuge gibt es bei der Serena Lodge eine Landebahn.

Am Gate sind für den **Eintritt 35 $** p.P. und Tag zu entrichten plus 40 $ für Fahrzeuge mit nicht-tansanischem Kennzeichen.

Viele Löwen tummeln sich im Park

Der Manyara kann das ganze Jahr über besucht werden, **ideal ist es zwischen den Regenzeiten** (Dezember bis März) und im Juni/Juli, wenn die Savanne und die Blüten der Bäume in vollem Saft stehen. In den Regenmonaten sind die Flussdurchfahrten über den Ndala und Endabash River für Fahrzeuge so gut wie unmöglich, auch viele der kleinen Nebenpisten, die von der zentralen Parkstraße wegführen, sind dann unbefahrbar. Dafür zieht der Park in dieser

Zeit viele **Flamingos** an. In der Trockenzeit teilen sich die Schwärme oft und fliegen zu den Seen Natron, Eyasi oder Balangida. Außerdem ist dann die Uferlinie des Sees um einige hundert Meter zurückgewichen, und die Flamingos weit draußen im teilweise nur knöcheltiefen See sind über der flimmernden Fläche kaum auszumachen.

Lodges und Tented Camps

Aufgrund der manchmal nervenden Tsetse-Fliegen, aber mehr noch wegen der grandiosen Aussicht liegen fast alle der gehobeneren Unterkünfte außerhalb des Parks oben auf der Grabenwand, wo oft angenehme Hangwinde Kühlung spenden. Im Park selbst befindet sich nur die Manyara Tree Lodge von Conservation Corporation Africa (CCA).

- **Manyara Tree Lodge**
Einzige exklusive Unterkunft im Park selbst, liegt herrlich am Südende nahe des Aray River, wo Grabenwand und Seeufer nur wenige Dutzend Meter auseinander liegen. Die am Hang und in Baumwipfel integrierten Baumhäuser stehen hauptsächlich auf Stelzen und bieten alle eine tolle Aussicht auf den See. Die Einrichtung, das Essen und der gesamte Safariservice inkl. Gamedrives und Wanderungen mit professionellen Guides sind äußerst exklusiv (450 $ p.P. in der Nebensaison bis 650 $ p.P. in der Hauptsaison).
- **Manyara Serena Lodge**
P.O. Box 2551, Tel. (027) 2504058, Fax (027) 2508282, www.serena.com. Anspruchsvolle Lodge neueren Datums mit herrlichem Ausblick über das Rift Valley. 67 Zimmer mit Moskitonetzen in verteilt angelegten Bungalows, Service und Essen sind vom Feinsten, die Architektur orientiert sich an afrikanischen Bauformen und gibt der eigentlich großen Lodge einen privaten Charakter. Vollpension ab 255/345 $.
- **Lake Manyara Hotel**
P.O. Box 877, Tel. (027) 2502711-2, Fax (027) 2508221. Etwas älteres Hotel mit typischem Safari-Flair, schöner Gartenanlage und Pool. Die Aussicht ist gigantisch, von der Terrasse können Sie mit dem Fernglas im etwa 700 m tiefer gelegenen Park einzelne Tiere ausmachen. Im hervorragenden Restaurant werden frische Farmprodukte aufgetischt. Die Zimmer sind im afrikanischen Stil eingerichtet. Übernachtung mit Frühstück ab 145 $.
- **Kirurumu Tented Lodge**
www.kirurumu.com. Weiter im Norden, oberhalb des Escarpment liegende Luxus-Zelt-Lodge, die zu Hoopoe Adventure Tours (siehe bei Arusha) gehört. Die rustikale und naturverbundene Atmosphäre, die schön gelegene Bar mit Ausblick in die Weiten des Grabenbruchs und die großen grünen Safarizelte mit dem gewohnten Hotel-Service tragen zum „Jenseits-von-Afrika-Flair" bei. Kein Massenbetrieb, viel Ruhe und Freundlichkeit erwarten den Besucher, in der Nähe befinden sich Höhlen. 165 $ kostet das EZ, 235 $ das DZ (mit Frühstück).
- Weitere gute und oft genutzte Unterkünfte sind das **Eunuto Retreat** und das **Migunga Tented Camp.**

Camping

- **Kurz nach dem Parkeingang** befinden sich linker Hand im schattigen Wald **Bandas** und ein **Campingplatz.** Die Bandas bieten lediglich Betten mit Matratzen, einen Leinenschlafsack und ein Moskitonetz (wichtig!) sollte man dabeihaben. Die Anlage mit WCs, Grillplatz und Wasserversorgung gehört zum Park, die Übernachtung kostet daher in den Hütten und für das **Zelten 30 $** + 35 $ Parkgebühren.
- **Im Park** befinden sich unweit des Bagayo River die **Special Campsites Bagayo A** und **B,** die jeweils 50 $ p.P. kosten. Feuerholz, sanitäre Anlagen und Wasser sind hier nicht vorhanden. Auch ist eine Vorausbuchung über das Nationalparkbüro TANAPA in Arusha nötig.
- Ansonsten bieten die Campsites **bei Mto Wa Mbu** preiswerte Alternativen.

Ngorongoro Conservation Area

Die Ngorongoro Conservation Area **(N.C.A.)** ist ein Wild-Schutzgebiet mit Nationalpark-Status, in dem ca. **56.000 Maasai** im Einklang mit der ostafrikanischen Tierwelt leben. Die Viehherden des Nomadenvolkes wandern in den Savannen durch Tausende von grasenden Gnus, Zebras und Büffeln. Das respektvolle Miteinander von Mensch und Wild ist einmalig auf der Welt, noch dazu in einer grandiosen Landschaft, die von den östlichen Savannen der Serengeti über Wanderdünen, tiefe Schluchten, Sümpfe, Wasserfälle bis hin zu Riesenkratern, Vulkanbergen, montanen Urwäldern und einer grünen Hochsavanne reicht, welche an die frostigen Highlands von Schottland erinnert. Der Eindruck drängt sich auf, diese weltweit unvergleichliche Naturvielfalt habe für das biblische Paradies Modell gestanden. Die über 8200 km² messende N.C.A., die von der 1050 m hohen Uferlinie des Lake Eyasi bis zum 3648 m hohen Mt. Lolmalasin reicht, ist daher auch bereits seit 1978 ein Teil des **UNESCO-Weltnaturerbes.**

np064 Foto: jg

Am Eingang zur Conservation Area

Ngorongoro-Krater

Das unumstrittene Juwel dieser Landschaft ist der 16 x 20 km große Ngorongoro-Krater, die **größte nicht mit Wasser gefüllte Caldera der Welt,** die in etwa **halb so groß wie der Bodensee** ist. Im Mittelpunkt des Hochlandes gelegen, ist der fast 600 m tiefe Krater (der Kraterrand liegt durchschnittlich auf 2300 m Höhe) Heimat einer großartigen Tierwelt. Alles, was Rang und Namen hat unter den Wildtieren Ostafrikas – außer Maasai-Giraffen, Topis und Impalas (sie können die steilen Kraterwände nicht bezwingen) –, ist im Ngorongoro versammelt, auch die **Big Five** der afrikanischen Tierwelt: **Löwe, Nashorn, Elefant, Büffel** und **Leopard.** Je nach Jahreszeit zählt man 15.000 bis 25.000 Tiere, davon allein über zwei Drittel Gnus, Zebras, Büffel und Gazellen. Die große Anzahl von Grasfressern auf verhältnismäßig kleinem Raum bedingt die große Population der **Ngorongoro-Löwen.** Mehrere Rudel, die zusammen über 100 *Simbas* (Swahili für Löwen) zählen, machen den Krater zu einem der dichtest besiedelten Löwengebiete Afrikas. Fast jeder Besucher wird den „König der Tiere“ zu Gesicht bekommen, oft hat man sogar das

Glück, eine ganze Pirschjagd in freier Wildbahn mit zu verfolgen – die absolute Krönung einer Safari!

Durch die kesselartig „eingeschlossene" Tierwelt wirkt der Ngorongoro wie ein **gigantischer Zoo,** jedoch mit dem besonderen Unterschied, dass hier nicht die Tiere, sondern die Besucher (über 200.000 im Jahr) in ihren Fahrzeugen hinter „Gittern" sitzen.

Den ersten europäischen Forschern und Siedlern, die um die vorletzte Jahrhundertwende vom Rand in die gewaltige Schüssel blickten, verschlug es die Sprache, wie auch fünfzig Jahre später Prof. *Grzimek* keine Worte fand; sicher war er sich nur, dem achten Weltwunder gegenüberzustehen. Was für ein überwältigendes Gefühl mussten die deutschen Brüder *Siedentopf* verspürt haben, wenn sie morgens bei einer Tasse Kaffee von der Terrasse ihrer 1907 erbauten Farm aus das Farmland – den gesamten Ngorongoro-Krater – überblickten. Immer noch zeugen Mauerreste am Kraterboden von jenem kolonialen Privatbesitz. Heute wohnt niemand mehr auf dem Kraterboden, auch die Maasai nicht, die allerdings, je nach Saison, ihre Viehherden die steilen Kraterwände rauf und runter treiben, wenn im Umland das Wasser knapp wird und der Großteil der Ngorongoro-Tiere jenseits der Kraterwände auf Nahrungssuche ist. Dann tummeln sich ihre Kühe zwischen den anderen grasenden Tie-

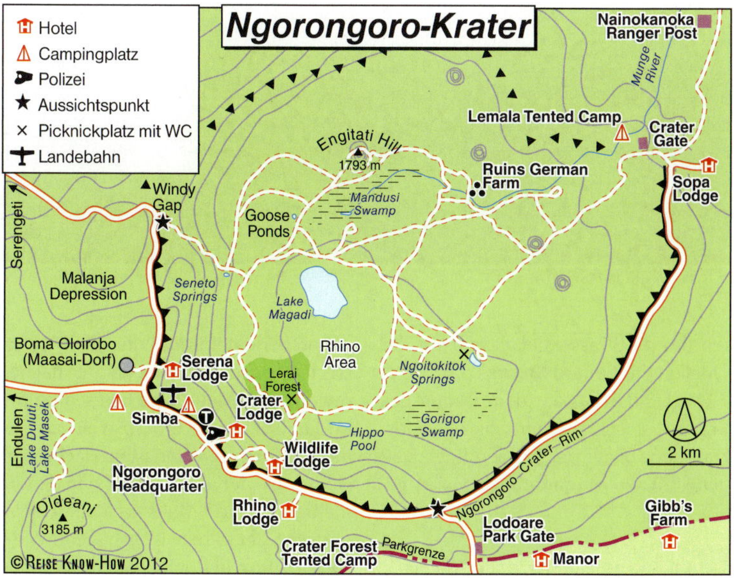

np065 Foto: pr

ren um die Wasserstellen entlang der Quellen der **Seneto Springs.**

Die Landschaft auf dem Boden des Kraters ist ein eigener Mikrokosmos. Das Herz bildet der je nach Regenzeit gefüllte **Lake Magadi** (auch Makat genannt, bedeutet Soda) der mit 1722 m die tiefste Stelle ausmacht. Der flache, nur etwa ein Meter tiefe See schrumpft in der Trockenzeit oft so weit zusammen, dass eine wüstenartige Fläche entsteht, aus der die Winde den Staub mehrere hundert Meter weit aufwirbeln und die Sicht trüben. Ist genügend Wasser da, grünt die umliegende Savanne,

Der Lake Magadi im Herzen des Kraters

in der regelmäßig große Gnu-Herden grasen. Das sodahaltige Wasser des Sees wird dann zur Nahrungsquelle einer Vielzahl von Flamingos. Gespeist wird der kleine Magadi über den im Olmoti-Krater entspringenden **Munge River,** der im Nordosten die Kraterwand hinunter fließt und an seinem Unterlauf die großflächigen **Mandusi Swamps** entstehen lässt. Das immer wasserreiche Sumpfgebiet zieht regelmäßig viele Tierarten an, der große Pool in seiner Mitte wird von Flusspferden eingenommen. Vor allem aber Wasservögel, wie Nilgänse, Kormorane, Rosapelikane, Ibisse und Reiherarten, halten sich in den sumpfigen Gräsern auf; von November an werden sie auch von eurasischen Zugvögeln, insbesondere von Schwalben und Störchen, angeflogen. Insgesamt zählt die Ngorongoro Conservation Area dann knapp 400 Vogelarten. Einen herrlichen Überblick über dieses moorige Gebiet und den gesamten Nordteil des Kraters verschafft der nahe gelegene, etwa 70 m hohe **Engitati Hill,** der in Begleitung eines Rangers bestiegen werden kann.

Im Süden des Kraters erstreckt sich das große Waldgebiet des **Lerai Forest,** welcher in weitere **Hippo Pools** übergeht. Der Wald mit seinen weit ausladenden Fieberakazien (erkenntlich an der gelben Rinde), an dessen Rand oft Marabus, Büffel und Löwen zu beobachten sind, ist der bevorzugte Aufenthaltsort von Elefanten, Elenantilopen und Leoparden. Die **Fieberakazie** verdankt ihren Namen der Malaria, da der Baum hauptsächlich in sumpfigen Gebieten wächst, wo die Anopheles-Mücke, Überträgerin der Krankheit, am häufigsten vertreten ist.

Bei einer Waldlichtung befindet sich ein schattiger **Picknick-Platz** (mit WC), ein schöner Ort zum Ausspannen.

Aus dem Wald heraus führt die nur zur Auffahrt vorgesehene Kraterpiste den Hang hinauf und trifft auf die Arusha-Serengeti-Hauptstraße.

Die **Ngoitokitok Springs** im östlichen Kraterteil bieten den zweiten schönen Picknick-Ort, wo das Fahrzeug ebenfalls verlassen werden darf – doch Vorsicht: Achten Sie auf Ihr Butterbrot, pfeilschnelle Milane (Greifvögel) stürzen ohne Ankündigung wie ein Blitz vom Himmel und reißen Ihnen den Bissen aus der Hand! Der kleine See wird von einer unterirdischen Quelle gespeist. Die Vogelwelt ist dieselbe wie an den Mandusi Swamps. Gen Norden erstreckt sich dann eine weite Savanne, in der oft Riesentrappen, Strauße, Nashörner und auch Geparden anzufinden sind. Schließlich gelangt man wieder an den Munge River, wo die Ruinen der ehemaligen deutschen Farm liegen. Hier schließt sich der Kreis, und in Richtung Osten schlängelt sich die Sopa-Road (in beide Richtungen befahrbar) die Kraterwand empor.

Zum Ausklang des Tages und der Fahrt durch den Ngorongoro bietet es sich an, auf der Terrasse einer der auf dem Kraterrand liegenden Lodges einen „Sundowner" zu schlürfen und nochmals den Blick über den Krater schweifen zu lassen.

Die Northern Highlands – die Krater Olmoti und Empakai

Das nordöstliche Ngorongoro-Gebiet wird von der großen Hochland-Savanne der **Balbal Depression** eingenommen. Im Westen und Norden dieser von Maasai besiedelten Hochebene ragen die **Kratermassive Olmoti** und **Empakai** sowie die **3407 m hohe Erhe-**

tan015 Foto: jg

bung des Jäger Summit aus der Landschaft, während sich östlich zum Rift Valley hin abgrenzend der große Waldgürtel des **Northern Forest Reserve** an der Oberkante des Escarpment erstreckt. Hier ragen der „Uhlig-Gipfel" (3572 m) und der **„Hettner-Gipfel" des Mt. Lolmalasin** in die Höhe, mit 3648 m Tansanias dritthöchster Berg. Am Massiv selbst liegen Maasai-Bomas (permanente Hüttensiedlungen).

Im äußersten Nordosten markieren der **2621 m hohe Vulkanberg Kerimasi** und die Maasai-Siedlungen Kapenjiro und Naiyobi die Grenze des N.C.A. zur Loliondo Game Controlled Area.

Das in den Sommermonaten **in den frühen Morgenstunden kühle Gebiet** (um 5°C) wird von den Maasai als *o'lhoirobi* bezeichnet („kaltes Hochland"), die deutschen Kolonialisten nannten es „Winter-Hochland der Riesenkrater". Zudem fallen im Ngorongoro-Hochland etwa 1500 mm Niederschlag pro Jahr, doppelt so viel Regen wie in den gerade mal 30 km westlich liegenden Salei Plains.

Direkt nördlich vom Ngorongoro steigen die dicht bewaldeten Hänge bis zum über 3000 m hohen Rand des **Olmoti-Kraters** empor. Seine höchste Erhebung liegt im Süden der Caldera und beträgt 3099 m. Sein Durchmesser liegt bei ca. 5 km, der 100–200 m tiefer liegende Kraterboden ist beliebtes Weideland der Maasai, die sich hier harmonisch mit Elenantilopen und Büffeln arrangieren. Der Olmoti ist aber vor allem ein großes Auffangbecken, in dem der **Munge River** entspringt, durch die im Osten aufgerissene Kraterwand als **Munge Waterfall** gut 70 m in ein Tal fällt und schließlich 12 km südlich die Kraterwand des Ngorongoro hinunterfließt. An seinem Oberlauf liegt der Maasai-Ort **Nainokanoka,** in dem ein paar Shops das Notwendigste (Batterien, Kekse, Sodas usw.) verkaufen. Ein paar Kilometer nördlich liegt linker Hand der Olmoti-Rangerposten, von wo man mit einem Führer (20 $) auf den Kraterrand steigen oder zur Schlucht mit den Wasserfällen laufen kann (1–2 Stunden). Auch das Innere des Kraters kann mit einem Ranger erkundet werden.

Wer bis zum westlichen Kraterrand marschiert und den Blick in die trockenheißen **Mamen Plains** schweifen lässt, bekommt einen guten Eindruck von den völlig konträren Vegetations- und Klimaverhältnissen innerhalb der Ngorongoro Conservation Area. Die kühlen Kraterhänge des Olmoti sind von einem märchenhaften, tiefgrünen Urwald umgeben, während die etwa 1800 m tiefer gelegenen sandigen Mamen Plains sich fast völlig im Regenschatten befinden und den größten Teil des Jahres wie eine trostlose Halbwüste wirken.

Der etwas größere **Empakai-Krater,** dessen höchster Punkt bei **3231 m** liegt, unterscheidet sich durch einen dichten Wald auf dem 1000 m tiefer gelegenen Kraterboden. Im Innern liegt ein ganzjährig gefüllter, im Durchmesser etwa 3 km großer See. Dieser ist im Gegensatz zu den anderen flachen So-

Flamingos im Ngorongoro-Krater

np028 Foto: pr

Vom Aussterben bedroht: das Nashorn

daseen im Norden Tansanias 85 m tief. Sein giftgrünes alkalisches Wasser zieht permanent große Scharen von Zwergflamingos an.

Es besteht die Möglichkeit, über einen tunnelförmigen Waldpfad zum Kratersee zu laufen (vom Kraterrand hin und zurück 5–7 Stunden). Ein bewaffneter Ranger (in Nainokanoka zu organisieren) ist wegen der Büffel im Wald Pflicht. Für die Umrundung des Kraterrandes (32 km; mit dem Fahrzeug nicht mehr möglich) ist ein voller Tag zu veranschlagen. Vom Nordrand bietet sich ein weiter Blick auf die Vulkanberge Kerimasi und Ol Doinyo Lengai.

Das Gebiet der Northern Highlands liegt abseits der Touristenströme, der Wildbestand ist durch die vielen Maasai-Bomas und ihre Viehherden gering. Dieser Teil der N.C.A. besticht durch klassische afrikanische Hochlandschaft, die dank einer kontrollierten Agrarnutzung bis heute ihre Ursprünglichkeit bewahrt hat. Eine Fahrt hierher muss am Entrance Gate oder beim Park Headquarter angemeldet werden.

Entstehung des Krater-Hochlandes

Die riesigen Krater und die teilweise über 3000 m hohen Vulkanberge des Ngorongoro-Hochlandes gehen in ihrer Entstehungsgeschichte **über 15 Mio. Jahre** zurück. Während der Bildung des heutigen Rift Valley, als der große Riss im Kontinent entstand, türmten sich riesige Vulkane auf, die bei ihren Ausbrüchen das Umland mit mächtigen Lavaschichten bedeckten. Die in dieser Zeit aktiven Feuerspeier waren der **Makarot, Sadiman** und **Oldeani.** Ihre Kraterkegel sind heute kaum noch erkennbar, Erosion hat sie in den letzten 3 Mio. Jahren zu flach ansteigenden, gerundeten Bergen geformt.

Die ganz großen Eruptionen fanden jedoch wesentlich später statt. Vor 2,5 Mio. Jahren ragte der massive **Ngoron-**

Wenn Nashörner Namen haben

Wenn Nashörner Namen wie *Vicky, Bahati, Amina, Maggy* oder *Fausta* tragen, dann klingt das zunächst drollig, doch steckt dahinter die traurige Bilanz einer hemmungslosen Wilderei, die dazu geführt hat, dass das Nashorn eine **vom Aussterben bedrohte Tierart** ist. Noch vor etwa dreißig Jahren zählte das Serengeti-Ngorongoro-Ökosystem über 1000 Spitzmaul-Nashörner („Diceros bicornis michaeli"). Heute, wo 13 Tiere der ostafrikanischen Unterart des Schwarzen Nashorns im Ngorongoro-Krater leben – der Bestand in der Serengeti liegt bei sieben –, können Ranger und Tierforscher mit geschultem Auge die verbliebenen Kolosse namentlich unterscheiden.

Da wäre zum Beispiel *John,* der mit über 20 Jahren älteste und mächtigste Bulle des Ngorongoro. Er gewinnt in der Paarungszeit jeden Machtkampf und kann sich sein „Objekt der Begierde" frei aussuchen. Da es jedoch einen großen Überschuss an männlichen Tieren gab und der erschreckend niedrige Bestand zum Überleben der Art zu gering war, wurden 1997 für *John, Richard, Mikidadi* und *Papagena* die zwei Weibchen *Phantom* und *Tandy* aus Südafrika eingeflogen, die jedoch erst einmal stiften gingen, bevor sie sich ihrer Aufgabe der Fortpflanzung widmeten.

Von den fünf Nashornarten unserer Erde sind in diesem Jahrhundert die drei asiatischen und das Schwarze Nashorn fast völlig ausgerottet worden. Nur das in Südafrika lebende **Weiße Nashorn (Breitmaul-Nashorn)** ist mit einem Bestand von rund 6000 Tieren dem allgemeinen Genozid entgangen.

Das **Nasenhorn** steht auf dem Schwarzmarkt (offiziell ist der Handel längst verboten) mit bis zu 20.000 $ pro kg nach wie vor hoch im Kurs. Ob als prestigeträchtige Dolchscheide eines Yemeniten oder als Potenz steigerndes Mittel in Ostasien – das Horn, das aus dem gleichen Material besteht, das Haare und Fingernägel bildet, bleibt ein begehrter „Rohstoff". Wilderer lassen sich selbst durch hohe Gefängnisstrafen nicht von ihrem schändlichen Tun abhalten.

Ähnlich wie man im kenianischen Nairobi National Park viele der letzten frei lebenden Nashörner Kenias zusammengebracht hat, um Sie intensiv vor der weiteren Ausrottung zu schützen, bildet heute der überschaubare Ngorongoro-Krater die letzte „Arche Noah" der Black Rhinos im Norden Tansanias.

Mittels Sender verfolgen Zoologen, Tierärzte und Ranger die Wanderungen der Tiere. Nur so lassen sie sich ständig bewachen, bei Dunkelheit eskortieren sogar häufig Nachtpatrouillen die grauen Kolosse.

So bleibt zu hoffen, dass die Nachkommen von *John* und *Phantom* oder von *Mikidadi* und *Tandy* in eine sichere Zukunft schauen können und dass ihre Nachfolger eines Tages keine Namen mehr benötigen, wenn möglicherweise auch wieder außerhalb des Ngorongoro-Kraters eine sichere Heimat zu finden ist.

goro-Vulkan über die Ebene und füllte sie mit Lava. Doch sein großer Kegel, von dem vermutet wird, dass er einst so groß wie der Kilimanjaro war, brach schließlich in sich zusammen und formte die zweitgrößte Caldera der Welt (nur der Mono Lake/USA ist noch größer). An seinem Rand und im Kraterboden stießen schließlich noch kleinere Kegel empor, die stark erodierten Hügel im Innern des Ngorongoro zeugen noch von dieser letzten Aktivität. Die **Calderen Olmoti** und **Empakai** entstanden kurze Zeit später nach dem gleichen Prinzip.

Doch die inneren Erdaktivitäten gingen weiter. Die Bruchstufe vom Lake Natron über den Lake Manyara bis zum Malbadow Escarpment sank weiter ab und der **Kerimasi** entstand an dieser Grabenbruchkante. Man vermutet, dass sein letzter Ausbruch die ganze Region unter Asche begrub und alles menschliche Leben auslöschte. Der mittlerweile erloschene Kerimasi ist jedoch nicht zu einer Caldera zusammengesackt.

Damals entstand auch der **Ol Doinyo Lengai,** der als einziger noch aktiver Vulkan der Beweis für die fortdauernde Rissbildung in der afrikanischen Kontinentalplatte ist.

Oldupai Gorge/Laetoli Footprints – Wiege der Menschheit

Das **ostafrikanische Rift Valley** ist für Wissenschaftler schon seit langem der **„Katalog" der Menschheitsgeschichte:** In der Afar-Senke im Norden Äthiopiens wurden „Lucy" (3,5 Mio. Jahre) und der 4,4 Mio. Jahre alte Arditipicus Ramides („die Schöne") ausgegraben; weiter südlich sind das Turkana-Becken in Kenia und eben die Ngorongoro Conservation Area bedeutende prähistorische Fundstätten. Die letzten Fossilfunde aus Afar vom Februar 1998 sollen sogar bis zu 6 Mio. Jahre alt sein.

Die im Westen der N.C.A. gelegene 55 km lange **Schlucht von Oldupai** markiert das südliche Ende dieser prähistorischen Linie und gilt dabei als **„Grand Canyon der Evolution".** In Tausenden von Jahren hat der saisonal fließende Oldupai River (der Name kommt von dem Maasai-Wort für eine hier wild wachsende Sisalpflanze) einen bis zu 100 m tiefen Graben geschaffen, der insgesamt sechs Ablagerungsschichten verschiedener Erdzeitalter freigelegt hat.

Noch während der deutschen Kolonialzeit fand der nach Schmetterlingen suchende *Prof. Kattwinkel* in einer der untersten Ablagerungen ein Skelett, das in Europa für Diskussionen sorgte, wollte man doch nicht glauben, dass unsere Ahnen „dunkle" Afrikaner waren. Kaiser *Wilhelm* ließ daraufhin eine Expedition unter dem Berliner Professor *Reck* entsenden, der jedoch nur Faustkeile und Knochen früherer Tierarten fand und die Frage nach der Herkunft des Menschen nicht klären konnte. Weitere deutsche Suchaktionen verhinderte der 1. Weltkrieg. Erst in den 30er Jahren führte das britische Anthropologen-

Ein Guide gibt Erläuterungen zur Ngorongoro Conservation Area

Ehepaar **Mary und Louis Leakey** eine erneute Untersuchung in der Oldupai Gorge durch. Bei einer Safari fanden sie eine Fülle von Steinwerkzeugen, die von der Erosion freigelegt worden waren. Über 25 Jahre forschten sie nach den Spuren der Menschen, die einst diese Faustkeile und steinernen Speerspitzen hergestellt und benutzt hatten. Erst am 17. Juli 1959 fand Mary Leakey einen halben Schädel eines über 2 Mio. Jahre alten „Nussknackermenschen" der Gattung *Australopithecus*. Sie tauften diesen **Boisei,** nach dem britischen Geschäftsmann *Charles Boisei,* der die *Leakeys* finanziell unterstützt hatte. *A. Boisei* und der zwei Jahre später gemachte Fund eines *Homo Habilis* („geschickter Mensch") mit anderthalbfach größerem Gehirnvolumen entflammten im gesamten ostafrikanischen Grabenbruch einen neuen Run auf der Suche nach der Wiege der Menschheit.

1978 schließlich machte *Mary Leakey* einen weiteren spektakulären Fund, etwa 40 km südlich von Oldupai. Mit der Entdeckung der **Laetoli Footprints** bekam die Wissenschaft eine bis dahin einzigartige Momentaufnahme aus der Evolutionsgeschichte. Die Fußabdrücke dreier Vormenschen der Gattung *Australopithecus afarensis* (wahrscheinlich Vater, Mutter und Kind) wurden auf **3,7 Mio. Jahre** datiert. Die Körpergröße der Erwachsenen wird auf 1,20–1,50 m geschätzt. Dass sich die Fußabdrücke erhalten konnten, ist einer Folge von Zufällen zu verdanken. Nach dem Ausbruch des heute erloschenen Makarot-Vulkans gingen die drei Vormenschen

np066 Foto: jg

über eine noch nicht ganz abgekühlte Ascheschicht. Die Sonne brannte ihre Abdrücke fest, bevor kurze Zeit später ein weiterer Ausbruch erneut die Landschaft mit vulkanischer Asche bedeckte und die Fußspuren dadurch bis in die heutige Zeit konserviert wurden.

Die 23 m lange Strecke bestätigte die Vermutung der zwar aufrechten, aber leicht gebeugten Haltung unserer Vorfahren. Ähnlich wie beim Fußabdruck des heutigen Menschen ist deutlich ein großer Zeh in einer Linie mit den anderen zu erkennen sowie eine diagonale Spanne zwischen Ferse und Ballen. Auffallend, so Wissenschaftler, ist der etwas tiefere Eindruck entlang der Fuß-Außenkante, ähnlich wie bei Fußspuren von aufrecht, leicht gebeugt und o-beinig laufenden Schimpansen.

Leider ist ein Besuch der Laetoli Footprints derzeit nicht möglich, man musste sie wieder zudecken, da Winde sie zu erodieren begannen. Für ein Museumshaus mit luftdichtem Glaskasten fehlen noch die Mittel.

Gipsabdrücke der Laetoli Footprints sind jedoch **im Museum an der Oldupai Gorge** zu begutachten, zusammen mit Steinwerkzeugen aus den unterschiedlichen Erdzeitaltern und Fossilfunden tierischer Skelette (Riesengiraffe mit Hörnern, Vorläufer der heutigen Fleischfresser mit gewaltigen Reißzähnen, Wildschweine von der Größe eines Nashorns etc.). Die Schädelknochen von *Boisei* sind dagegen im National Museum von Dar es Salaam ausgestellt, im Oldupai Museum befindet sich nur eine Kopie. Der Eintritt kostet 5000

tan016 Foto: pr

TSh, kundige Mitarbeiter des Museums halten auf Wunsch Vorträge, interessant sind die großen Schautafeln und Ausstellungskästen in den kleinen Museumsräumen.

Der **Besuch der Schlucht** selbst gestaltet sich weniger interessant. Diese kann zu Fuß oder mit dem Fahrzeug erkundet werden, in jedem Fall müssen Sie in Begleitung eines Museumsangestellten sein. In der Schlucht sind die jeweiligen Fundstätten für Besucher nicht markiert. Nur an der Stelle, wo der Schädel des *Australopithecus boisei* gefunden wurde, erinnert ein Sockel mit Messingtafel an die *Leakeys*.

Der Boden besteht aus Lava/Basalt und ist über 2 Mio. Jahre alt. Die darauf liegende unterste Asche/Ton-Schicht („Bed I") lässt einen See wie den heutigen Manyara vermuten, dessen Wasserspiegel ständig schwankte und die alkalische Tonart formte, die sich ideal für die Konservierung des *Australopithecus* und des *Homo habilis* erwies.

Während „Bed II" (1,7–1,1 Mio. Jahre) mehr sandigen Ton beinhaltet, deutet die dritte rote Schicht auf ein extremes Klima vor knapp 1 Mio. Jahre hin. Es sind Ablagerungen von den Ausbrüchen des Makarot-Vulkans, in denen Fossilien des *Homo erectus* und die ersten präzise gearbeiteten Faustkeile gefunden wurden. Die obersten Schichten („Bed IV", „Masek" und „Ndutu Beds") sind einige hunderttausend Jahre alt

Zebras im Ngorongoro-Krater

und gaben Knochen und Zähne von über 150 Tierarten frei, selbst Reste von Mahlzeiten, Siedlungsformen und Zeugnisse von Behausungen wurden hier gefunden. In dieser Zeit wurde die Schlucht geformt.

Die Forschung und Suche in der Schlucht gehen weiter. Der letzte spektakuläre Fund Anfang 2003 war ein 1,8 Millionen Jahre alter Oberkieferknochen eines Nussknackermenschen am bislang weniger erforschten Westhang der Schlucht.

Shifting Sands

Die etwa 50 m lange und ca. 5 m hohe Düne ist ein **Produkt der Aufhäufung vulkanischen Aschestaubs,** die nach den Ausbrüchen des 60 km entfernten Ol Doinyo Lengai hierher geweht wurde. **Die Sicheldüne wandert** durch konstante Ostwinde durchschnittlich 17 m pro Jahr **gen Westen.** Bei leichtem Windgang lässt sich beobachten, wie Sandkorn für Sandkorn von der windzugewandten Seite über den Kamm „hüpft" und sich am Dünenrücken wieder ablagert. Ein Prozess, der sich millionenfach wiederholt und so die ganze Düne zum „Wandern" bringt. In der Regenzeit ist sie jedoch „festgepappt" und steht still. Viel Niederschlag fällt in dieser Region jedoch nicht, sodass eine Vegetationsschicht die Düne noch nicht überwachsen konnte, um sie endgültig zu verankern. Betonmarkierungen mit Jahreszahlen, im östlichen Umfeld in unterschiedlichen Abständen gesetzt, geben Aufschluss darüber, wie schnell die Düne wandert.

Die Entstehung der Ngorongoro Conservation Area

Die Einzigartigkeit des Serengeti-Ngorongoro-Ökosystems wurde schon früh erkannt; bereits von 1921 an war das Gebiet als „Game Preservation Reserve" ausgewiesen. Jahrhundertelang war diese riesige Wildnis unbesiedelt, die Maasai zogen mit ihren Viehherden erst vor gut 150 Jahren in das üppige Weidegebiet, bevor schließlich die Europäer folgten. Das erste Auto durchquerte 1920 die Savanne. Sein Besitzer, ein *Mr. Simpson* aus den USA, erlegte auf seiner ersten Auto-Safari fast 100 Löwen. Sie galten damals als gefährliches Ungeziefer, mehr nicht.

Der Gedanke eines effektiv geschützten Nationalparks kam erst 1940 auf, doch dauerte es noch bis **1951,** bis die **Serengeti als erster Nationalpark Tansanias** eröffnet werden konnte.

Den semi-pastoralen Maasai wurde bis 1954 Zeit gegeben, ihr Gebiet, welches von der östlichen Serengeti über das gesamte Ngorongoro-Hochland reichte, zu verlassen. Die stolzen Nomaden reagierten heftig und gewannen zudem die Sympathien lokaler Distriktverwaltungen. Die britische Mandatsregierung bemühte sich, den Konflikt schnell und ohne weiteres Aufsehen zu beenden, um nicht noch die nationale Unabhängigkeitsbewegung unnötig zu stärken. Ein „White Paper" von 1956 schlug die Aufsplitterung in drei kleine Nationalparks vor, den heutigen „Western Corridor" der Serengeti, den Ngorongoro-Krater sowie den Empakai. Der Rest sollte zur Besiedlung und für den Ackerbau freigegeben werden.

Doch diesmal reagierte das Ausland. Europäische und amerikanische Natur- und Wildschützer (u.a. *Grzimek*) protestierten, und ein internationales Team von Experten reiste ein, um sich der Angelegenheit anzunehmen.

1959 wurde der große Park in zwei Gebiete aufgeteilt. Der bis dahin als „Western Serengeti" bekannte Teil blieb als Serengeti National Park erhalten, für die östliche Hälfte sah man das Modell „Conservation Area" vor, eine Art Nationalpark mit beschränkter Landnutzung nebst bedingungslosem Schutz von Tierwelt und Natur. Die Maasai akzeptierten den Beschluss, obwohl viele von ihnen die Serengeti verlassen mussten.

Die versprochenen Gegenleistungen blieben nur von kurzer Dauer. Man bohrte Wasserlöcher und baute zusätzliche Dämme, doch versandeten diese mangels Wartung nur kurze Zeit später. Auch einige Weideflächen wurden nacheinander für Maasai geschlossen, und schließlich mussten Ende der 1970er Jahre auch die Bomas (Maasai-Siedlungen) im Ngorongoro-Krater geräumt werden. Selbst die Viehherden durften nicht mehr zum Kraterboden hinunter getrieben werden. Sämtliche ackerbauliche Landnutzung wurde ebenso verboten. Nyereres Ujamaa-Politik machte auch vor dem Ngorongoro nicht Halt: Auf dem westlichen Kraterrand entstand ein großes Dorf - die heutige Touristen-Boma Oloirobi. Diese schlechten Bedingungen für die Massai verbesserten sich erst wieder im Laufe der 1980er Jahre, als erstmals ein einflussreicher Maasai in der Verwaltung der Conservation Area mitwirkte.

Heute dürfen wieder in kontrolliertem Maße Viehherden in den Ngorongoro und in den Olmoti getrieben werden, und der Ackerbau ist für einige permanent siedelnde Maasai auch wieder genehmigt worden. Doch schon ist das ökologische Gleichgewicht wieder gefährdet, denn der zunehmende Viehbestand beginnt gebietsweise die Vegetation stark zu beanspruchen.

Unterkunft

Aufgrund der begrenzten Zahl an Unterkünften auf dem Kraterrand selbst gibt es viele Unterkünfte im Umfeld von Karatu, manche umittelbar am Rand der Ngorongoro Conservation Area mit nur kurzen Fahrwegen zum Eingangstor. Besucher können so fast genauso früh in den Krater fahren wie diejenigen, die auf dem Kraterrand selbst unterkommen. Informationen zu Lodges und Hotels außerhalb im Abschnitt zu Karatu (s.o.).

Lodges am Ngorongoro-Krater

- **Crater Lodge**

Tel. (027) 2548549/8038, www.andbeyond-africa.com. Die seit den 1930er Jahren bestehende Lodge präsentiert sich in einem Stilmix aus allen Epochen des Abendlandes – „Versailles meets Maasai". Das Management und damit auch der exklusive Service liegen in südafrikanischer Hand (CCA). Die Terrassen bieten eine tolle Aussicht auf den Krater. Übernachtung mit Vollpension ab 955 $ das DZ inkl. aller Getränke und Fahrten im Ngorongoro-Gebiet (Low Season 690 $). Immerhin gibt es da noch eine Badewanne mit Rosensträuchern und Blick in den Krater ...

- **Ngorongoro Sopa Lodge**

Tel. (027) 2506886, www.sopalodges.com. Liegt abseits der Haupttouristenroute an der Ostseite des Kraters, der über eine eigene Piste erreicht werden kann. Die fast 2400 m hoch gelegene Unterkunft bietet angenehmen Komfort. Spektakuläre Sonnenuntergänge über dem Ngorongoro sind zu sehen. Die etwas betagten DZ bieten Heizung, ein riesiges Bad mit Warmwasserversorgung und ein wandgroßes Fenster mit Panorama-Blick in den Krater. Eine Bar mit Swimmingpool liegt direkt am Kraterrand in einem märchenhaften Urwald. Vollpension ab 330 $ p.P.

- **Ngorongoro Wildlife Lodge**

www.hotelsandlodges-tanzania.com. Lodge in wunderbarer Lage am Kraterrand mit grandioser Aussicht. Der vom sozialistischen „Charme" noch nicht ganz befreite Betonbau bietet 75 einfache, zweckmäßige und geheizte Zimmer. In der Lounge mit Kaminfeuer werden in der Hochsaison regelmäßige kulturelle Vorführungen abgehalten, die Aussichtsplattform (mit Fernrohr) erhebt sich unmittelbar über dem Kraterrand. Das Buffet-Essen ist gut und vielseitig, der Service einwandfrei. Umgeben von dichtem Wald mit Vogelgezwitscher kostet die Übernachtung 165/235 $ das EZ/DZ mit Vollpension, während der Low Season (März bis Juni) bis zu 40% weniger.

- **Ngorongoro Serena Lodge**

Tel. (027) 2504058, www.serena.com. Schöne Lodge der Agha-Khan-Hotelkette. Rustikaler Safaribau aus Naturstein und Holzmaterialien. Unterkunft für große Pauschalgruppen aus Italien, Deutschland usw. Das Buffet-Essen im Panorama-Restaurant für 15 $ ist für die Mittagspause bei einer Kraterbesichtigung ideal. Die Doppelzimmer sind geräumig und im afrikanischem Stil. Übernachtung mit Frühstück während der Hochsaison 225/355 $ EZ/DZ, von Mitte März bis Mai bis zu 50% weniger.

- **Ngorongoro Lemala Tented Camp**

Tel. (027) 2548966, www.lemalacamp.com. Das einzige fast ganzjährig geführte Zeltcamp am ruhigen Nordrand des Kraters. Große Safarizelte mit Gasöfen für kalte Nächte am Rande eines Märchenwaldes. Sehr schöner Platz und exklusives Ngorongoro-Erlebnis, da weit weg von den großen Lodges am Südrand. Hier kann man auch während der Hochsaison den Massen entgehen. Eine große Tafel im Aufenthaltszelt bringt die Gäste und deren Erlebnisse des Tages zusammen. Hoher Preis, aber empfehlenswert!

- **Rhino Lodge**

Tel. (0762) 359055. Die mit Abstand günstigste Unterkunft ist auch die mit Abstand einfachste. Zimmer im Jugendherbergsstil mit vielen unmotivierten Angestellten. Als Unterkunft nur dann zu empfehlen, wenn es zu viel regnen oder zu kalt sein sollte, um zu campen.

Lodges am Lake Ndutu

- **Ndutu Safari Lodge**

Tel. (027) 2537014, www.ndutu.com. Herrliche Lodge inmitten der Serengeti Plains am Lake Ndutu. Zwischen malerischen Schirmakazien bieten große Bungalows mit insgesamt 80 Betten eine gute Safari-Atmosphäre. Generatoren liefern Strom, das Essen ist gut. Übernachtung mit Frühstück 185/290 $ EZ/DZ. Empfehlenswert.

● **Lake Masek Lodge**
www.tanganyikawildernesscamps.com. Sehr stilvolle Zeltlodge am Lake Masek. Eine tolle Aufenthaltsterrasse bietet einen guten Blick auf den See. Die Zeltzimmer stehen alle auf einer Holzplattform und haben en-suite-Bad (mit Badewanne!). Schöne Einrichtung im modernen Afric-Chic-Stil. Die Küche ist gut und reichhaltig. Während der Migrationszeit ein guter Standort, um auf Pirsch zu gehen.

Camping

Das Campen im Krater ist nicht mehr gestattet. Jedes Zelten ist **beim Lodoare Gate anzumelden.** Wer exklusiv (= alleine auf einem Platz) campen möchte (die sogenannten Special Campsites), sollte dies in Arusha zuvor gebucht haben (Informationsbüro an der Boma Road), da eine Special Campsite am Loduare Gate nicht immer garantiert werden kann. Die Public Campsites, für alle und ohne Voranmeldung zugänglich, kosten **30 $,** die Special Campsites **50 $** p.P. Wasserversorgung ist meist nicht vorhanden, die Plätze bieten lediglich Plumpsklos.

● Am südlichen Kraterrand befinden sich **drei Campsites:** eine Public und zwei Special. Unweit der Ngorongoro Crater Lodge liegt die **Nyati Campsite** in einem schönen Waldgebiet (leider kein Ausblick in den Krater selbst), die zweite Public ist als **Simba A Campsite** bekannt (Toiletten und Duschen haben nicht immer Wasser und sind sehr heruntergekommen!) und bietet einen herrlichen Blick in den Krater. **Nördlich der Sopa Lodge** liegen drei Special Campsites (Tembo A & B und Lemala) in einem Akazienwald nahe des Munge River. Lemala wird ganzjährig von der gleichnamigen Safarifirma belegt.

● Alle weiteren Zeltplätze in der N.C.A. sind Special Campsites. Eine liegt im nördlichen Hochland **am Fuße des Olmoti-Kraters** (Nainokanoka genannt), eine bei der Maasai-Boma **Bulati** in der Balbal Depression, eine auf dem **Nordrand des Empakai-Kraters** und eine direkt an der Grenze zu Loliondo bei der Maasai-Boma **Naiyobi.** Weitere zwölf Special Campsites befinden sich am **Lake Ndutu,** im Umkreis der Ndutu Lodge. Als Individualreisender ist es sehr schwer, in einer dieser Special Campsites unterzukommen. Die Buchung ist oft nur über einen Safari-Veranstalter in Arusha möglich.

Anreise und Gebühren

Die N.C.A. kann über **zwei Landepisten** (am Südrand des Ngorongoro-Kraters sowie nahe der Ndutu Safari Lodge) mit dem Flugzeug erreicht werden. Die Hauptanfahrtsstraße verläuft von Arusha über Mto Wa Mbu. Wer mit dem Fahrzeug von Loliondo einreisen möchte, muss sich beim Naabi Hill Gate melden und die **Eintrittsgebühr von 50 $ pro Tag** entrichten. Für Fahrzeuge mit nicht-tansanischem Nummernschild müssen 30 $ pro Tag gezahlt werden. Jede Fahrt in den Ngorongoro-Krater kostet **200 $ Crater Fee** pro Fahrzeug. Es werden **nur noch halbtägige Kraterfahrten** zugelassen, also entweder vormittags oder nachmittags. Ab 16 Uhr werden bei Windy Gap keine Fahrzeuge mehr in den Krater gelassen. Fahrzeuge müssen um 17 Uhr den Kraterboden verlassen und sich auf den Weg nach oben machen. Wer es nicht rechtzeitig schafft, steht vor runtergelassenem Schlagbaum und muss eine deftige Strafe zahlen.

Beste Besuchszeit

Die N.C.A. kann das ganze Jahr über besucht werden, in der großen Regenzeit sind jedoch viele Pisten im Hochland sehr schlammig und kaum zu befahren, dann können schon mal die Straßen in den Krater gesperrt sein.

Ideal ist sicherlich die Zeit von **Dezember bis Mitte März,** dann hat die kleine Regenzeit der Savanne wieder Leben eingehaucht, und die Migration der Tiere befindet sich im Westen der N.C.A. auf ihrem Höhepunkt. Auch im Ngorongoro-Krater ist der See gefüllt und viele Tiere sind zurückgekehrt.

Wandern im Ngorongoro-Hochland – Fuß-Safaris mit Buschleuten und Maasai

Durch den besonderen Status als Conservation Area bietet das Ngorongoro-Hochland eine Vielzahl von Wandermöglichkeiten und für Trekking-Ambitionierte Gipfelbesteigungen auf die großen Vulkanberge. Einzige Ausnahme bildet der Ngorongoro-Krater selbst, dieser darf nur mit einem 4WD-Wagen besucht werden. In Begleitung eines Rangers, einiger Maasai und bei manchen Wanderungen auch mit Hadzabe-Buschleuten bieten die ein- bis mehrtägigen Wanderungen die Möglichkeit, nicht nur eine der grandiosesten Landschaften Afrikas zu Fuß zu erkunden, sondern auch „Bestandteil" ihrer Tierwelt zu werden. Dies wird besonders dann zu einem gewaltigen Erlebnis, wenn man im Frühjahr in den westlichen Savannen mitten durch die Migration läuft. Die gängigste Route beginnt am Nordrand des Ngorongoro-Kraters, führt über die Krater Olmoti und Empakai durch die Akazienlandschaft von Pembe ya Swala bis ins Rift Valley zum Fuße des Ol Doinyo Lengai und dauert mindestens drei Tage. Für die Umrundung/Begehung der jeweiligen Krater sind nochmal ein bis drei Tage hinzuzurechnen. Gezeltet wird auf Special Campsites nahe Maasai-Bomas.

Der ganz große Trek dauert neun bis zwölf Tage und führt vom Rangerposten Endamagha am Eyasi-See den Mt. Oldeani hinauf, über das gesamte Hochland und bis nach Ngaresero am Lake Natron.

Spezialisiert auf kombinierte Wander- und Geländewagen-Safaris im Ngorongoro-Serengeti-Gebiet sind die in Arusha ansässigen Anbieter Summit Africa, TPSS und Bobby Camping. Wanderungen können aber auch auf eigene Faust arrangiert werden, verlangen jedoch je nach Dauer einen großen Organisationsaufwand. Wer mit dem eigenen Fahrzeug unterwegs ist, kann entweder am Park Headquarter oder in Nainokanoka einen Ranger und je nach Bedarf Maasai mit Eseln anheuern. Ein- bis zweitägige Fußmärsche (über den Sadiman-Höhenrücken und evtl. bis auf den Gipfel des Makarot, die westliche Umrundung des Ngorongoro-Kraters oder der Abstieg in den Olmoti-Krater) können in der Regel sofort unternommen werden. In jedem Fall müssen Sie sich erst eine Genehmigung beim Lodoare Entrance Gate oder sogar im Headquarter einholen. Das gilt vor allem auch dann, wenn ihre Wanderung außerhalb der N.C.A. beginnt. Wer vom Ol Doinyo Lengai mit Maasai in die N.C.A. wandert, muss sich zunächst mit seinem Permit am Empakai Rangerpost melden. Eventuell erteilt Ihnen auch das Ngorongoro-Büro in Arusha an der Boma Road eine Genehmigung, sodass nicht extra deswegen zum Headquarter in der N.C.A. gefahren werden muss.

Die **Kosten** im Falle einer **Selbstorganisation** belaufen sich pro Tag auf 50 $ N.C.A.-Gebühren, 20 $ Rangerbegleitung, 20 $ pro Maasai und Esel sowie 40 $ für Special bzw. Walking Campsites.

Denken Sie bei der Ausrüstung (Kleidung/Schlafsack) an die extremen Temperaturschwankungen zwischen dem heißen Rift Valley und dem nachts sehr kalten Hochland.

Die von der Ngorongoro-Verwaltung herausgegebene Broschüre mit Karte und Routen verschafft einen guten Überblick über die vielzähligen Möglichkeiten. Leider ist die kleine Karte ungenau und einige der eingezeichneten Routen existieren gar nicht. Einzige präzise Karte und GPS-geeignet (leider keine Routen eingezeichnet) ist derzeit nur die Ngorongoro-Conservation-Area-Karte des Harms-IC-Verlages.

Die Monate Juni bis Oktober sind ebenfalls eine gute Zeit, am Kraterrand und im Hochland ist es dann jedoch wesentlich kühler und ein dicker Pullover kann auch tagsüber nötig sein.

Sonstiges

- In allen Lodges befinden sich kleine **Souvenirläden** für Postkarten, Lektüre und Andenken. Auch **Geld** lässt sich **tauschen,** jedoch zu einem schlechteren Kurs als in Arusha.
- **Telefonieren** ist mittlerweile von allen Lodges möglich. Mobil-Telefon-Empfang ist nur am Ngorongoro-Krater gegeben, im Westen in Richtung Ndutu besteht ebenfalls Empfang. Internet ist in allen Lodges möglich.

Serengeti National Park

Der Park

Serengeti – unzählige Tierreportagen, nicht zuletzt Vater und Sohn *Grzimek* mit ihrem Film/Buch „Die Serengeti darf nicht sterben", haben dafür gesorgt, dass der Name zum Inbegriff für die endlosen Tiersavannen Afrikas wurde. Außerhalb der Grabenbruchzone im Osten des Victoria-Sees gelegen, ist die Serengeti der **zweitgrößte Nationalpark des Kontinents.** Die grenzenlose Schönheit des **14.763 km²** großen Schutzgebietes (entspricht in etwa der Fläche von Schleßwig-Holstein) ist kaum in Worte zu fassen. Der bereits 1951 gegründete und damit älteste Nationalpark Tansanias ist das Herz eines gewaltigen Ökosystems, dessen artenreiche Tierwelt nirgends auf der Welt ihresgleichen hat. Die Serengeti bietet z.B. die höchste Konzentration an frei lebenden Raubtieren. Daher zieht der Park der Superlative auch **weit über 150.000 Touristen pro Jahr** an.

Nach der Abtrennung des Ngorongoro-Gebiets zu einer eigenen Schutzzone kam 1959 auf Drängen *Prof. Grzimeks* der Nord-Sektor bis zur kenianischen Grenze hinzu, wodurch eine Verbindung zum Masai Mara National Park geschaffen wurde. Dadurch konnte das charakteristischste Element der Serengeti bewahrt werden – die **jährliche Wanderung** (Migration) **von etwa 1,5 Mio. Tieren** (vgl. entsprechenden Exkurs weiter unten). Dieser Einzigartigkeit verdankt der Park auch seinen Status als **UNESCO-Weltnaturerbe.**

Zusammen mit den im Osten angrenzenden Schutzgebieten Loliondo Game Controlled Area und Ngorongoro Conservation Area sowie mit dem Maswa Game Reserve im Südwesten und den Grumeti und Ikorongo Game Reserves im Nordwesten umschließt das **Serengeti-Ökosystem** eine **Fläche von der Größe Hollands.** Für das Überleben der Serengeti sind diese Schutzgebiete an den Parkgrenzen besonders wichtig, da die Tiere auf ihren natürlichen Wanderungen das eigentliche Parkgebiet verlassen. Ohne diese Pufferzonen wären die Tierrouten von Siedlungen und Feldern unterbrochen und das ökologische Gleichgewicht gefährdet. Die touristisch nur z.T. zugänglichen Game Reserves sind jedoch bei der angrenzenden Bevölkerung umstritten (s.u.).

Seit 2010 weltweit thematisiert wird der geplante **Serengeti Highway** (s.a. in der Karte zum Park). Dieses sehr umstrittene Vorhaben könnte den Natio-

T_305 Foto: jg

nalpark massiv gefährden. Eine Südumfahrung der Serengeti halten viele Experten für wesentlich sinnvoller.

Bevor der erste Europäer *Oscar Baumann* 1882 die Serengeti durchwanderte, lebten nur vereinzelte Gruppen wie die Ikoma, Dorobo und Maasai in dem riesigen Gebiet. Von dem Maasai-Wort *siringet* („große Weite, endlose Ebene") leitet sich der Name der Serengeti ab.

Die Landschaften des Parks

Die Serengeti erstreckt sich von etwa **1150 m** Höhe nahe der **Ufer des Victoria-Sees** bis zu den **2155 m hohen Lobo Hills** im Nordosten des Parks. Viele kleine Hügel und Bergketten durchziehen die Serengeti, die bekannten endlosen Savannen beschränken sich auf einige Gebiete, die dem Lake Victoria zugewandt sind, und auf den weiten Südosten, die **Serengeti Plains.** In dieser fast baumlosen Savanne, die mit der westlichen Ngorongoro Conservation Area einen zusammenhängenden Naturraum bildet, herrschen weite Kurzgrasflächen vor. Für Geparden ist diese Ebene mit den flachen Gräsern ein ideales Jagdterritorium.

Aus der brettflachen Ebene ragen bizarre **Kopjes** heraus. Diese gigantischen Granitfelsen sind Urgesteine, die einst unter der Erdoberfläche lagen. Die sie umgebenden Böden sind im Verlauf von Jahrmillionen durch Wind und Re-

Bernhard Grzimek und Sohn Michael Ende der 1950er Jahre

035 Foto: erwinf

037 Foto: ury

Die große Wanderung

Die Serengeti ist der wildreichste Nationalpark der Welt. 3 Millionen Wildtiere tummeln sich auf dem fast 15.000 km² großen Gebiet, davon sind allein etwa zwei Drittel Gnus, Zebras und Thomson-Gazellen, die an der jährlichen **Migration** teilnehmen, einem über das Jahr verteilten Wanderzyklus, der sich nach Naturbedingungen und Regenzeiten richtet.

Links oben: Zebras und Gnus,
links und rechts unten: Streifengnus;
rechts oben: Thomson-Gazellen

036 Foto: one

038 Foto: jabbs

gen abgetragen worden, sodass die großen Felsen allmählich zum Vorschein kamen. Viele dieser Findlinge werden durch Temperaturschwankungen zwischen Mittagshitze und nächtlicher Kälte gespalten und vom Wind zusätzlich blank und rund geschliffen. In den Kopjes und um sie herum wachsen meist Büsche und Bäume, ein idealer Platz für Klein- und Kriechtiere wie Klippschliefer, Dikdiks, Mangusten und Giftschlangen (Speikobra, Puffotter). Aber auch Löwen dösen mit Vorliebe auf den Felsen oder liegen an ihren schattigen Seiten. Der Name „Kopjes" wurde von burischen Siedlern eingeführt und ist das Afrikaans-Wort für „kleine Köpfe". Zu den landschaftlich schönsten Felsinseln in den Serengeti Plains gehören die **Simba, Barafu, Gol** und **Moru Kopjes.** Bei letzteren befinden sich etwa 100 Jahre alte **Felsmalereien von Maasai.** Die Zeichnungen zeigen die typischen Maasai-Schutzschilde und jagende Figuren. Die Moru Kopjes sind zudem ein beliebter Nistplatz der großen Kaffernadler.

In den Serengeti Plains liegen auch die einzigen Seen des Parks. Der größte, der **Lake Ndutu,** liegt im Oberlauf der Oldupai Gorge an der Grenze zur Ngorongoro Conservation Area (s.o.). Etwa 20 km weiter nordwestlich, auf der anderen Seite der Wasserscheide, lässt die Savanne den **Mbalageti River** entstehen. In seinem Oberlauf bilden sich während der Regenzeit die drei kleinen **Seen Ngorono, Kaslya** (beide auch als „Hidden Valley" bekannt) und **Magadi.** Dann tummeln sich zahlreiche Wasservögel an ihren baum- und buschreichen Ufern. In den Trockenmonaten versickert jedoch oft das gesamte Wasser, und auch der Mbalageti River schrumpft zu einem Rinnsal. In dieser Zeit wirken dann die Serengeti Plains wie eine trostlose Steppenlandschaft.

Das **Herz der Serengeti** ist das etwa 1500 m hoch gelegene **Seronera Valley.** Hier herrschen hauptsächlich mittellange Gräser und Langgrassavannen vor, in denen viele Akazienbäume die Vegetation prägen. Zahlreiche Hügelketten wie die **Banagi, Nyaraswiga** und **Ngare Nanyuki Hills** und auch bizarre Kopjes ragen zudem aus der nach Regenfällen saftig tiefgrünen Landschaft heraus. Durch die im Norden dieses Gebietes zusammen fließenden **Flüsse Orangi, Nyabogati, Ngare Nanyuki** (diese entspringen in der Loliondo Area) und **Seronera** entsteht ein dichtes Netz von herrlichen Galeriewäldern. Mächtige Feigen, Akazien, Palmen und *Sausage Trees* (Leberwurstbäume) säumen die Flussufer. Regelmäßig sind hier Wasser- und Riedböcke, Impalas, Paviane und oft auch Leoparden zu beobachten. Grunzende und planschende Flusspferde kommen dagegen weiter nördlich in den **Retima Hippo Pools** am Zusammenfluss des Seronera River mit dem Orangi River besonders häufig vor. Zudem ist das Seronera Valley für seine **großen Löwenbestände** berühmt. Auch auf Bäumen dösend (wie im Manyara National Park), sind die Tiere hier fast immer zu Gesicht zu bekommen.

Der **Norden** der Serengeti besticht durch **hügelige Baumsavanne** mit einer Vielzahl von saisonalen Bach- und

Flussläufen. Hier sind besonders der **Grumeti,** der **Bologonja** und der **Mara River** Lebensadern, die Landschaft und Tierzahl bestimmen. Alle drei Flüsse führen das ganze Jahr über Wasser und sind von dichten Galeriewäldern gesäumt, die zahlreiche Tiere anlocken. An der Nordostgrenze erstrecken sich die großen Hügelketten Mogogwa, Lobo und Longossa, die höchsten Erhebungen des Parks. Zwischen ihnen liegen die **Ngare Naronja Springs,** die das Quellgebiet des tierreichen **Gaboti River** sind.

Das Flusssystem der gesamten Serengeti gehört bereits zum großen Auffangbecken des Victoria-Sees. Der Park erstreckt sich daher auch bis zum großen Binnenmeer Afrikas in dem als **Western Corridor** bezeichneten Gebiet. Hier fließen durch großflächige und ebene Langgras-Savannen die Flüsse Grumeti und Mbalageti in den Speke Gulf des Victoria-Sees. Zwischen diesen galeriebewaldeten Lebensadern der westlichen Serengeti erheben sich markant die Nyamuma, Varicho und Simiti Hills sowie mehrere kleine Inselberge. Das Gebiet liegt in der klimatischen Einflusszone des Victoria-Sees und verzeichnet daher auch außerhalb der Regenzeiten regelmäßig Gewittereinbrüche. Die jährlichen Niederschlagsmengen sind hier doppelt so hoch wie im Osten des Parks. Auch der Boden ist im Western Corridor anderer Natur. Die hier vorkommende schwarztonige Erde, die sich bei Regen in ein sumpfiges Moor verwandelt, ist allgemein als **Black Cotton Soil** bekannt; ein Vorwärtskommen mit dem Auto ist oft unmöglich. Aus diesem Grund sind im Western Corridor auch nur wenige Pisten angelegt, und die Besucherzahl ist eher gering. Der Grumeti River ist vor allem wegen seiner großen Nilkrokodile bekannt, die sich hier auf den Sandbänken sonnen. Entlang seiner Galeriewälder sind oft Elenantilopen anzutreffen. Besonders lohnend ist der Besuch des Western Corridor in den Monaten Juni/Juli, wenn der Boden trocken und befahrbar ist und die Migration über den Grumeti River übersetzt.

Tierwelt

Mit ungefähr **3 Mio. größeren Säugetieren** ist die Serengeti der **wildreichste Nationalpark der Welt.** Davon sind allein etwa zwei Drittel Gnus, Zebras und Thomson-Gazellen, die an der jährlichen Großwanderung teilnehmen (siehe Exkurs weiter unten). Doch auch die Populationen der über 50 weiteren Tierarten sind umfangreich.

Die große Attraktion aber sind die Raubkatzen. Für etwa **3000 Löwen,** ca. **300 Geparden** und schätzungsweise **400–700 Leoparden** ist die Serengeti ein Jagd-Dorado. Ebenfalls zahlreich vertreten sind Grantgazellen, Impalas, Leierantilopen, Kuhantilopen, Büffel, Warzenschweine, Hyänen, Elen-Antilopen, Giraffen, Nilkrokodile, Strauße und – vor allem im Norden des Parks – Elefanten. Die Dickhäuter waren nie so richtig heimisch in der Serengeti, die angrenzende Bevölkerung drückte sie jedoch in den Park. Ihr Bestand schrumpfte aufgrund der Wilderei in den 1980er Jahren auf ein Fünftel, heu-

np029 Foto: pr

te sind es wieder über 3000 Tiere. Fast ausgerottet sind das Schwarze Nashorn (vgl. „Wenn Nashörner Namen haben") und der Afrikanische Wildhund. Ein rund um die Uhr bewachtes Gebiet mit derzeit 27 **Nashörnern** sind die Moru Kopjes bzw. ihre Umgebung. Hier sind zahlreiche Ranger im Einsatz, um die mit Sendern versehenen Tiere zu überwachen. Verlässt ein Nashorn das über GPS-Koordinaten festgelegte Gebiet, wird es wieder in die Felslandschaft getrieben. Auf Pirschfahrten in den Moru Kopjes können Besucher die seltenen Tiere zu Gesicht bekommen. Das kleine Michael Grzimek Museum gibt Einblick in die Arbeit des Projekts.

Zebras und Hartebeest-Kuhantilopen

Zudem sind in der Serengeti zu sehen: Oryx (Spießbock, wenn auch selten), Oribis (Bleichböckchen), Buschböcke, Wasser- und Riedböcke, Topis, Kongonis, Erdwölfe, Kudus, Klippspringer, Dikdiks, Flusspferde, Gerenuk, Ducker, Serval- und Ginsterkatzen, Schakale, Paviane, Honigdachse, Mungos etc.

Mit rund **500 Vogelarten** bietet die Serengeti auch für Ornithologen viel Sehenswertes. Besonders Greif- und Aßvögel sind an den Standorten der Gnus und Gazellen zu beobachten: Raubadler, Kurzschwanzadler, Kampfadler, Schreiseeadler, Lämmergeier, Kappengeier, Ohrengeier usw. Auch viele Flamingos (saisonal am Lake Magadi) bekommt man zu Gesicht sowie Trappen, Falken, Bussarde, Reiherarten u.v.m. Wer für die Vogelwelt größeres Interesse verspürt, sollte auf jeden Fall ein passendes Handbuch dabeihaben.

Wilderei und Bevölkerungsdruck

Trotz der verbesserten Schutzmaßnahmen (etwa Verdoppelung des Ranger-Personals, paramilitärische Ausrüstung mit russischen Kalashnikovs und ausgedienten Bundeswehranzügen) bleibt die Wilderei ein großes Problem im Serengeti-Ökosystem. Immerhin ist die schonungslose Trophäenwilderei seit Ende der 1980er Jahre durch das Verbot des Elfenbein- und Nasenhornhandels und den Verkaufsstopp von gefleckten Katzenfellen stark zurückgegangen. Der **Anstieg der Bevölkerung** im Umkreis des Parks hat jedoch die **Fleischwilderei** zunehmen lassen.

Im Westen der Serengeti wohnen etwa 5 Mio. Menschen, die für einen Problemdruck hinsichtlich der Grenzgebiete zum Park sorgen. Unzureichende Grenzmarkierungen in den Game Reserves Ikorongo, Grumeti und Maswa haben zur Folge, dass die Bevölkerung zum Fallenstellen und Jagen, zum Sammeln von Honig und Holz in die Reserves eindringt und auch ihre Viehherden in den Trockenmonaten zu den Wasser führenden Flüssen treibt. Sogar neue Dörfer und Felder entstehen. Aus diesem Grund musste das Maswa Game Reserve bereits viermal verkleinert werden. Um den Bedürfnissen der Bevölkerung entgegenzukommen, wurde das sogenannte „Pufferzonen-Konzept" erarbeitet, das den Dörfern offizielle Jagdquoten genehmigt, zudem wird ein Teil der Einnahmen aus dem Tourismus den Dörfern zugeführt. Damit werden Projekte unterstützt, etwa der Bau von Schulen, kleinen Kliniken, Wasserdämmen, Brunnen, Straßen etc.

„Steep" nennt sich das **Naturschutzerziehungsprogramm** (kofinanziert von der EU), das insbesondere Kinder und Jugendliche ansprechen soll und diesen kostenlose Serengeti-Lernaufenthalte ermöglicht. Ziel ist es, neue Generationen dauerhaft an den Naturschutzgedanken heranzuführen.

25% der Einnahmen aus den in den Game Reserves stattfindenden Jagdsafaris gehen an die umliegenden Dörfer.

Man verspricht sich von den Maßnahmen ein besseres Verständnis für die Notwendigkeit der Erhaltung der Wildtierbestände und eine Einbindung der Bevölkerung in den Naturschutz. Wie lang das Modell Bestand haben wird, ist ungewiss. Der demografische Druck lässt nicht nach, der Bedarf an Acker- und Weideflächen wird also weiter steigen.

Touristeninformation

- Ein **Tourist Center** bei Seronera ist in Zusammenarbeit mit der Zoologischen Gesellschaft Frankfurt entstanden. Ausstellungsräume, Schautafeln und Tierfilme geben Einblick in die Flora und Fauna und informieren über das Serengeti-Ökosystem. Ein **Shop** führt kühle Getränke und Chips, aber auch Souvenirs, T-Shirts und Filme für den leeren Fotoapparat. Der Besuch des Centers lohnt sich!

Serengeti National Park
Seronera Valley
©Reise Know-How 2012
Nairobi
Fig Tree Camp
Talek River
Sekenani Gate
Mara Sopa L.
Wasso
Ole Melepo Gate
Sand R.
Keekorok Lodge
Talek Gate
Sand River Gate
K E N I A
Mara Serena Lodge
Masai Mara
Mara River
Olakira Camp
Sayari Camp
Nyamalumbwa Hills
Kuka Hills
Mogogwa Hills
Klein's Camp
Lobo Hills
2155
Longossa
Loliondo Game Controlled Area
Lobo Lodge
Bologonja Park Gate
Batakupess Hills
Bologonja River
Lemala Camp
Nomad Camp
Mara Bridge
Kogatende
geplanter Serengeti Highway
Ndasiata Hills
Migration Camp
Plain
Tagora
Mbuzi Mawe
Yangugu
Kichwa Tembo
Bush Tops Camp
Isuria Escarp.
Mara River
Mugumu
Grumeti River
Ikorongo Game Reserve
Ikoma Park Gate
Bilila Kempinski
Mapito Tented Camp
Sasakwa Hill Lodge
Grumeti Reserve
Kirawira Research Post
Grumeti River Camp
Ruwada Plain
Kirawira Luxury Camp
Grumeti River
Ndabaka Gate
Musoma
Bunda
Victoria See
46
5
39
Ikoma, Lobo
Dikdik
Pimbi
Ngiri
Tumbili
2 km
Seronera
Serengeti Research Centre
Serengeti Tourist Centre
Seronera
Soit Modison
Wandamu River
Naabi
Nyameja River
Serena Lodge
Seronera Lodge
Seronera Lodge Dam
Kerr's Dam
Songole
Sopa, Moru Kopjes
Western Corridor
Serena Lodge
Mukoma

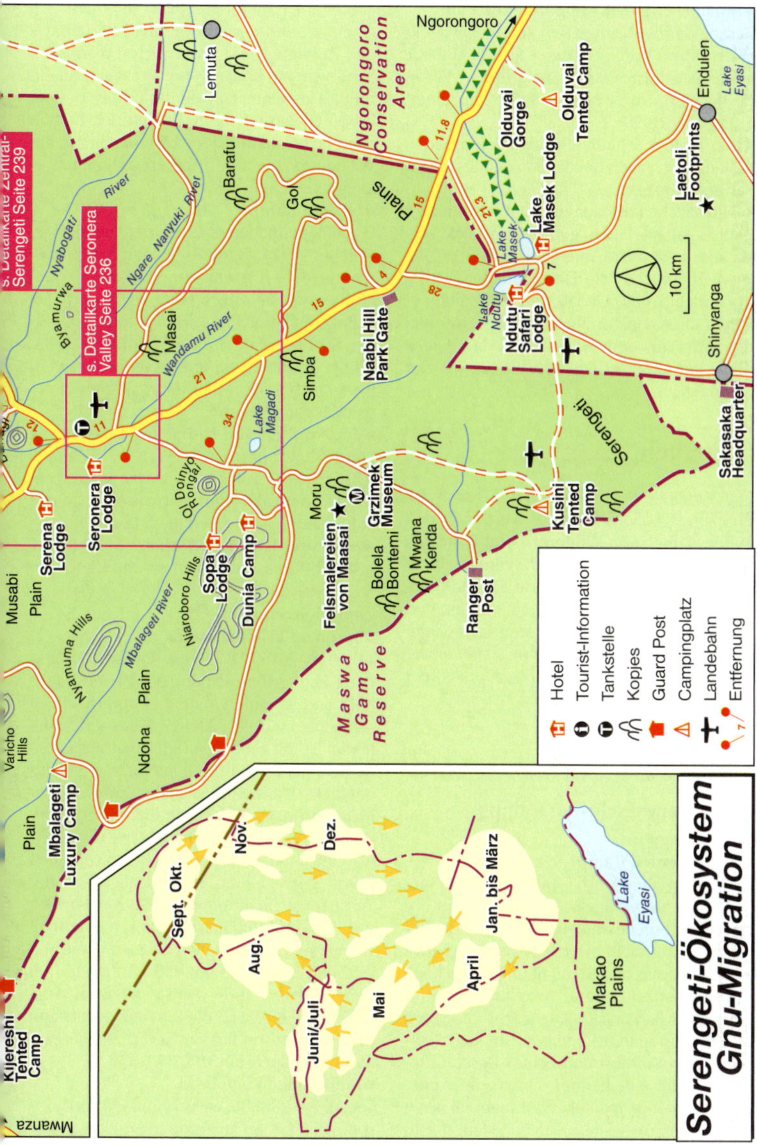
s. Detailkarte Zentral-Serengeti Seite 239
s. Detailkarte Seronera Valley Seite 236
Ngorongoro Conservation Area
Maswa Game Reserve
Ngorongoro
Lemuta
Barafu
Gol
Plains
Olduvai Gorge
Olduvai Tented Camp
Lake Masek Lodge
Lake Masek
Lake Ndutu
Ndutu Safari Lodge
Laetoli Footprints
Endulen
Lake Eyasi
Shinyanga
Sakasaka Headquarter
Naabi Hill Park Gate
Simba
Masai
Wandamu River
Ngare Nanyuki River
Nyabogati River
Byamurwa
Seronera Lodge
Serena Lodge
Lake Magadi
Ol Doinyo Rongai
Moru
Grzimek Museum
Felsmalereien von Maasai
Bolela Bontemi
Mwana Kenda
Kusini Tented Camp
Serengeti
Ranger Post
Sopa Lodge
Dunia Camp
Niaroboro Hills
Mbalageti River
Nyamuma Hills
Musabi Plain
Ndoha Plain
Varicho Hills
Plain
Mbalageti Luxury Camp
Kijereshi Tented Camp
Mwanza
10 km
Hotel
Tourist-Information
Tankstelle
Kopjes
Guard Post
Campingplatz
Landebahn
Entfernung
Serengeti-Ökosystem Gnu-Migration
Sept. Okt.
Nov.
Dez.
Jan. bis März
Aug.
Juni/Juli
Mai
April
Makao Plains
Lake Eyasi

- **Michael Grzimek Memorial Museum**
Bescheidenes Museum (ein Raum!) versteckt in den Moru Kopjes gelegen. Es gibt Einblick in das Nashorn-Schutzprojekt (s.o.). Wer in der Region unterwegs ist, sollte hier einen Stopp einlegen.
- Informative Schautafeln und kleine Shops befinden sich auch bei den Park Gates Naabi Hill und Ndabaka.
- Detaillierte **Parkkarten** zur Orientierung gibt es nicht. Einen guten Überblick verschafft die gemalte Serengeti-Karte von *Giovanni Tombazzo*. Die Eintragungen sind jedoch nicht exakt. Genau und GPS-geeignet ist nur die Karte zur Ngorongoro Conservation Area aus dem Harms-IC-Verlag. Diese deckt jedoch nur den südöstlichen Teil der Serengeti ab.

Sicherheit

Die nördliche Serengeti und das östlich angrenzende Loliondo-Gebiet wurden in den 1990er Jahren von **Wilderern und Banditen** heimgesucht, es kam auch vereinzelt zu Überfällen auf Touristenbusse. Das tansanische Militär hat den Schmugglerbanden und Wilderern (viele aus Kenia) den Garaus gemacht. Die Region ist wieder als sicher einzustufen und wird auch vom Fremdenverkehr uneingeschränkt genutzt.

Unterkunft

Lodges und Exclusive Camps

Süd-Serengeti:

- **Kusini Tented Camp**
Zu buchen über Arusha, Tel. (027) 2508346, www.sanctuarylodges.com. Kusini liegt abseits des Besucherverkehrs im Süden der Serengeti, eingebettet in die Mambi ya Miwa kinyeba Kopjes und ist mit neun absolut luxuriösen Safarizelten (auf Holzplattformen errichtet, mit Bad und Toilette stilvoll integriert) eine herausragende Unterkunft. In Kusini verschmelzen Komfort und echtes Busch-Camping-Gefühl miteinander. Durch die Abgeschiedenheit ist man als Gast hier viel allein im Park unterwegs, fern von den Hauptbesucherströmen in der zentralen Serengeti. Auf einem großen Kopje hinter dem Restaurant- und Aufenthaltszelt lassen sich romantische Sundowner in Kissen genießen, während die oftmals im nahen Umfeld des Camps befindlichen Löwen mit ihrem Brüllen den Beginn der Nacht ankündigen. Übernachtung mit Vollpension und allen Tierbeobachtungsfahrten ab 465 $ p.P.
- **Olakira Camp**
Ein semi-permanentes Camp der Luxusklasse, welches seinen Standort je nach Saison zwischen Ndutu (Dezember bis März) und dem Norden der Serengeti (Juni bis November) verlagert. Gut geführte Touren und erstklassiger Service sind in diesem nur acht Zelte großen Camp zu erwarten. Empfehlenswert, wenn auch teuer! Mehr Informationen unter www.asilialodges.com.
- Zur **Ndutu Safari Lodge** und **Lake Masek Lodge** siehe N.C.A.
- Zwischen Dezember und März werden besonders **am Lake Ndutu** viele mobile Camps aufgebaut, u.a. von Serengeti under Canvas (andBeyond), Lemala Ndutu, Matembezi, Leopard Tours, Ranger Safaris und Zara.

Zentral-Serengeti:

- **Seronera Wildlife Lodge**
Tel. (027) 2502711-2, www.hotelsandlodges.com. Die schöne Parklodge liegt etwas erhöht und ist mitten in eine Gruppe von Felsen gebaut (Kopjes). Dem israelischen Architekten ist mit Hilfe vieler Holzmaterialien eine bemerkenswerte Einbindung in die Natur geglückt. Die Felsen sind das Zuhause der bizarren Agama-Eidechsen und vieler Klippschliefer (engl. *Hyrax*). Die Bar zwischen Felswänden mit dekorativen Malereien vermittelt pures Safari-Feeling, der Ausblick von der Terrasse ist phänomenal – ein idealer Ort, um bei einem kühlen Getränk der vorbeiziehenden Gnu-Migration beizuwohnen. Service und Essen sind gut, die 75 Zimmer mit Bad/WC haben große Fenster mit Blick in die Ebene. Die Preise für die Zimmer variieren, in der Hauptsaison kosten EZ/DZ/Dreierzimmer mit Vollpension 185/250/330 $.
- **Bilila Lodge Kempinski**
Tel. (0778) 888888, www.kempinski.com/de/serengeti. Große Luxuslodge im Herzen der

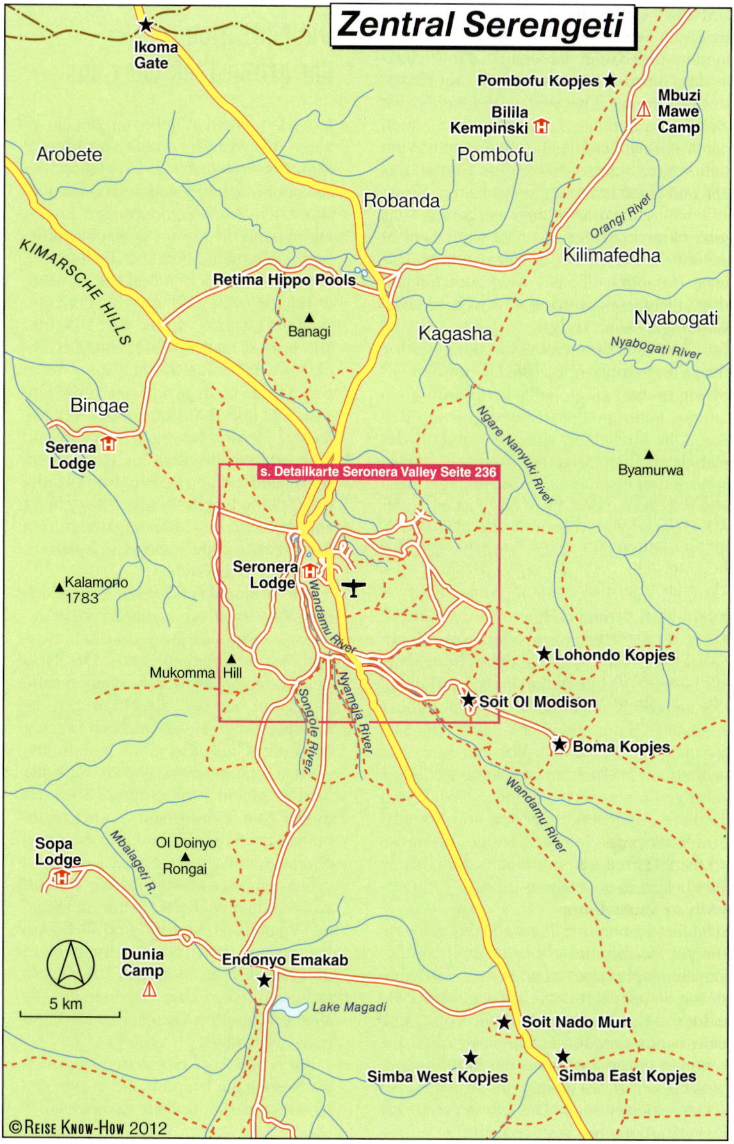
Zentral Serengeti
Ikoma Gate
Pombofu Kopjes
Mbuzi Mawe Camp
Bilila Kempinski
Arobete
Pombofu
Robanda
Orangi River
Kilimafedha
KIMARSCHE HILLS
Retima Hippo Pools
Banagi
Kagasha
Nyabogati
Nyabogati River
Bingae
Serena Lodge
Ngare Nanyuki River
Byamurwa
s. Detailkarte Seronera Valley Seite 236
Seronera Lodge
Kalamono 1783
Wandamu River
Mukomma Hill
Lohondo Kopjes
Soit Ol Modison
Songole River
Nyamoja River
Boma Kopjes
Wandamu River
Sopa Lodge
Mbalageti R.
Ol Doinyo Rongai
Dunia Camp
Endonyo Emakab
5 km
Lake Magadi
Soit Nado Murt
Simba West Kopjes
Simba East Kopjes
©Reise Know-How 2012

Serengeti. Die Corporate-Welt hat nun auch im Busch Einzug gehalten. Die Zimmer sind modern und haben nur wenig Safari-Charakter, die Terrasse mit Restaurant sorgt für Urlaubsstimmung. Das sehr gute Essen kennt viele internationale Kochrichtungen. Auch der Weinkeller und die Bar lassen keine Wünsche offen, ebenso das Fitness Center, das Spa und die Business-Räumlichkeiten. Für einen Moment könnte man vergessen, das man mitten in der Serengeti ist, wäre da nicht der tolle Ausblick auf das Wasserloch (Zebras, Elefanten, Impalas usw. zum Greifen nah!). Empfehlenswert, aber nicht ganz billig!

- **Serengeti Sopa Lodge**

Tel. (027) 2506886, www.sopalodges.com. Lodge im Betonburg-Baustil. Die großen DZ wirken etwas betagt, jedes verfügt über ein riesiges Panoramafenster und eigenen Balkon. Die Aussichten speziell während der vorbeiziehenden Migration sind spektakulär, Service und Essen gut. Ein Swimmingpool ist ebenfalls vorhanden. Die Lodge ist ein guter Ausgangsort zur Erkundung der Galeriewälder des Mbalegeti River, zum Besuch der Moru Kopjes und des Magadi-Sees. Übernachtung mit Vollpension für 285/395 $.

- **Serengeti Serena Lodge**

Tel. (027) 2504058, www.serena.com. Schöne Lodge im Park in gemauertem Bungalow-Stil, bemüht um Integration in die Landschaft. Der angeblich afrikanische Stil ist aber eher imaginärer Natur und ähnelt Bauten der Maja-Kultur in Südamerika. Von der hervorragenden, leicht erhöhten Lage in der zentralen Serengeti bieten sich schöne Ausblicke auf Savannen und Berge. Service und Komfort besser als in der Seronera Lodge. Vollpension für 290/395 $ in der Hochsaison, bis zu 40% billiger in der Nebensaison.

- **Mbuzi Mawe Camp**

Wunderschön in den Tagora Plains gelegen. Für Wildbeobachtungsfahrten sind alle Regionen des Parks gut zu erreichen. Von Mbuzi lässt sich das Seronera-Gebiet genauso wie das Lobo-Gebiet gut im Rahmen von Game Drives erkunden. Das Camp bietet 25 Luxuszelte auf Holzplattformen mit hervorragendem Blick über die Weiten der Serengeti. Ab 400 $ mit Vollpension. Das Camp gehört zur Serena-Gruppe (www.serena.com).

Die Migration – der große Trek der Gnus

Jedes Jahr findet in der Serengeti ein gigantischer **Wanderzyklus von etwa 2 Mio. Tieren** statt, der als „Migration" bezeichnet wird. Während den nordamerikanischen Bison-Wanderungen im 19. Jahrhundert der Garaus gemacht wurde, ist die Serengeti-Migration die letzte intakte und vor allem natürliche Massenwanderung von Wildtieren auf der Erde.

Über 1,4 Mio. Gnus, fast 300.000 Thomson-Gazellen, über 200.000 Zebras sowie einige zehntausend Topis nehmen an dem in Phasen verlaufenden, weit über 1000 km langen Trek teil. Riesige Herden bewegen sich langsam grasend in mehreren Kilometer langen, schlangenförmigen Reihen. Eine Wanderung, die in wechselseitiger Beziehung zur Natur und in Abhängigkeit zu den Regenzeiten steht – ein in sich harmonierendes Ökosystem.

Am Anfang des Jahres, nach der kleinen Regenzeit, versammeln sich zunächst die großen Gnu- und Zebraherden in den Serengeti Plains. Das Gras der großen Savanne steht dann in saftigem Grün, und der Lake Ndutu und die Oldupai Gorge bieten reichlich Wasser. Tausende Gnukälber und Zebrafohlen werden jetzt geboren, und die Savanne wird zu einem flimmernden Meer von über 1 Mio. Grasfressern – ein phänomenales Naturschauspiel, begleitet von ohrenbetäubendem Geblöke.

Die Jungtiere können bereits drei bis fünf Minuten nach der Geburt auf eigenen Beinen stehen, dann sind sie bevorzugte Beute von Hyänen, Raubadlern und Schakalen. Die etwa 100 km/h schnellen Geparden bevorzugen die kleinen Thomson-Gazellen oder Gnu- bzw. Zebrafohlen.

Bis in den April hinein bewegen sich die Herden nur langsam und grasen systematisch die südöstliche Savanne ab.

Der **Beginn des großen Marsches** setzt dann meist im **Mai** nach den langen Regenfällen ein, wenn die Serengeti Plains sich nicht mehr schnell genug regenerieren können und der Nachwuchs zur Wanderung kräftig genug ist. Allen voran trotten die Gnus in Richtung Western Corridor zu neuen, grünen Grasflächen und frischen Wasserstellen. In nur 4–6 Tagen findet ein Massenexodus statt, der eine leere Ebene hinterlässt. Nur alte und kranke Tiere können bei der „Main-Migration" nicht mithalten und werden zur leichten Beute von Raubkatzen und Hyänen.

Der Trek erreicht oftmals eine Länge von über 40 km und verläuft zweigeteilt südlich und nördlich entlang des Mbalageti River und durch die Seronera Area.

Während der Wanderung entstehen Gruppierungen, es ist die Zeit, in der sich die ersten Gnu-Böcke ihren Harem zusammensuchen. Zusätzlich wird Staub aufgewirbelt, wenn die Männchen mit ihren Hörnern beim Abstecken ihrer Territiorien zusammenknallen.

Im **Mai/Juni** sammeln sich dann einige Hunderttausend Gnus südlich des Grumeti River, bevor das erste große Spektakel des „River-Crossing" stattfindet. In dieser Zeit setzen die Topis ihren Nachwuchs in die Welt und trennen sich etwas von der Migration ab. Im Juni/Juli, wenn die nahrhaften Gräser für die Gnus im Western Corridor knapp werden, ist das Wasser des Grumeti River zur Überquerung flach genug, um die Wanderung gen Norden fortzusetzen. Dies ist die Stunde der Nilkrokodile. Im seichten Wasser lauernd, schnappen sich die gewaltigen, teils über 5 m langen Reptilien ein Gnu nach dem anderen. Für die „Drachen der Serengeti" ist es das alljährliche, so ein Wissenschaftler, „Thanksgiving-Dinner" ...

Bis September ziehen nun die Herden langsam Richtung Norden durch die Grumeti und Ikorongo Game Reserves sowie durch die Seronera und westliche Lobo Area und überqueren den Mara River. Auch hier stehen wieder einige Gnus und Zebras auf dem Speiseplan der bereits wartenden Krokodile. Schließlich sammeln sich Hunderttausende von Gnus im kenianischen Masai Mara National Park, wo sie sich bis zum Einsetzen der kleinen Regenzeit Anfang November aufhalten.

Innerhalb von einem Monat wandern dann die Herden in zügigem Tempo über zahlreiche, durch die ersten Regenfälle angeschwollene Flüsse etwa 300 km zurück nach Süden. Diesmal werden ihnen die Oberläufe des Mara River und des Grumeti River zum Verhängnis. Nicht nur die Krokodile bringen den Tod, sondern auch das tiefere Wasser lässt einige panisch reagierende Tiere ertrinken und flussabwärts treiben. Manche verstauchen oder brechen sich auch die Beine an den steilen Uferböschungen, schleppen sich dann noch über eine kurze Distanz hin und werden schnell zur einfachen Beute für Raubkatzen und Aßfresser.

Verlaufen die Regenzeiten wie gewohnt, endet die im Uhrzeigersinn stattfindende Migration zur Jahreswende wieder in den südöstlichen Serengeti Plains.

np067 Foto: jg

tan017 Foto: jg

Nord-Serengeti:

• Lobo Wildlife Lodge

Tel. (027) 2502711-2, Fax 2508221, tahifin@habari.yako.co.tz. Die zweite Traditionslodge in der Serengeti liegt wunderschön zwischen großen Felsbergen und ist wie die Seronera mit viel Beton und Holz gebaut. Die über vier Stockwerke elegant in die Natur integrierte Lodge dürfte eine der schönsten des Landes sein. Die Unterkunft wird ebenfalls von TAHI gemanaged. Durch die Lage im Norden der Serengeti sind herrliche Ausblicke auf vorbeiziehende Elefanten- und Büffelherden möglich, zudem ist das in den Fels am Hang gebaute Schwimmbad ein herrlicher Ort zum Faulenzen. Wer sich weniger Touristenrummel wünscht, ist hier genau richtig. Preislich wie Seronera.

Gnus auf Wanderschaft

• Migration Camp

Das luxuriöseste Camp der Elewana-Campkette. Idyllische Lage am Fuß der Ndasiata Hills am Oberlauf des Grumeti River. Die riesigen Luxuszelte mit großen seitlichen Öffnungen sind stilvoll in die raue Umgebung integriert. Vom Swimmingpool hat man Ausblick in die Ebene, der kulinarische Service ist hervorragend. Eine gut sortierte Bücherei beantwortet jede Frage zu Flora und Fauna Ostafrikas. Alle Game Drives werden von erfahrenen Guides durchgeführt. Der Luxus hat jedoch ab 350/550 $ Vollpension auch seinen Preis. Infos unter www.elewana.com.

• Sayari Camp

Dieses Camp liegt von allen am nördlichsten und sollte besucht werden, wenn die Gnu-Migration am Mara-Fluss stattfindet. Sayari ist das Pendant zum Olakira Camp (s.o.). Eleganter Luxus mit dem Charme der frühen Safarizeit und hervorragender Küche in einem der landschaftlich schönsten und vom Massentourismus noch verschonten Gebiete. Exklusivität, die ihren Preis hat. Als Gast erreicht man das Camp meist mit dem Flugzeug. Es wird betrieben von Asilia Lodge und Camps, Infos unter www.asilialodges.com.

- **Serengeti Bushtops**
Tel. (020) 2137862, www.orion-hotels.net. Neues Camp in einsamer Lage mit weitem Ausblick auf das Mara-Tal. Das auf Stelzen errichtete Camp wird perfekt gemanaged, bietet internationalen Standard mit einer Küche auf hohem Niveau. Die Zeltzimmer sind großzügig mit riesiger Terrasse und Mini-Privatpool. Stilvoller und zuvorkommender Service. Sehr gut geschulte Guides führen Gäste im Park. Empfehlenswert!
- **Jahreszeitliche Camps** in der Mara-Fluss-Region werden von Nomad Tanzania, Lemala Camps und Serengeti under Canvas (andBeyond) betrieben.

West-Serengeti:

- **Grumeti River Camp**
Tel. (027) 2548549/8038, www.andbeyond-africa.com. Sehr schöne Lage an einem Seitenarm des Grumeti River im Western Corridor. Unterbringung in zehn Safarizelten, jedes ausgestattet wie König Salomons Schlafzimmer. Fürstlich ist auch die Bedienung. Die großflächige Anlage mit Schatten spendenden Akazien und Feigenbäumen mitsamt Pool bietet viel Ruhe und ist ein idealer Ort, um dem River-Crossing der Tiere bei der Migration beizuwohnen. Dank der direkten Lage am Fluss lassen sich hier zahlreiche Flusspferde und viele andere Tiere beobachten.
- **Kirawira Luxury Camp**
Tel. (027) 2504058, www.serena.com. Absolutes Luxus-Camp der Serena-Gruppe im Holzstil an einem Hügel unweit des Grumeti River im Western Corridor. 25 „Out of Africa"-Zelte mit privatem, angemauertem Bad/WC. Essen und Service sind geradezu majestätisch – der Preis für Vollpension mit 435/660 $ ebenfalls (beinhaltet jedoch Schuheputzen, Wäsche, Pirschfahrten usw.). Hervorragender Ort, um die Juni/Juli-Migration zu beobachten. Das Camp zählt zu den „Small Luxury Hotels of the World".
- **Mbalageti Luxury Lodge**
Mbalageti befindet sich in den gleichnamigen Plains ganz im Westen der Serengeti und ist besonders während der Sommermonate empfehlenswert, wenn sich die Gnu-Migration im Western Corridor aufhält und die Flussüberquerung angeht. Die Lage auf der Anhöhe sowie die Unterbringung in den sehr angenehmen Chalets sind okay. Infos unter www.mbalageti.com.
- **Soroi Serengeti Lodge**
Tel. (022) 2130553, (0732) 978879, http://mbalimbali.com/camps. Lodge auf einer Anhöhe im Western Grumeti. 13 DZ und fünf Luxuschalets versprechen eine erholsame Unterbringung. Besonders die Chalets mit ihren Terrassen in luftiger Höhe erlauben eine faszinierende Fernsicht über die Weiten der Serengeti. Der Pool ist gelungen in die Landschaft integriert, gute Küche!

Luxusunterkünfte außerhalb

- **Klein's Camp**
Tel. (027) 2548549/8038, www.andbeyond-africa.com. Liegt im Nordosten außerhalb des Parks. Großes Private Sanctuary der südafrikanischen Firma andBeyond Conscorp. Acht luxuriös ausgestattete Rundhütten in wunderschöner Lage an den Kuka Hills. Die Zimmer wirken einladend. Das private Ambiente mit halb offener Bar und eine echte Safari-Feuerstelle machen diesen Ort zu einem Tipp. Eleganz und „money doesn't matter" werden großgeschrieben und zelebriert. Zur Abkühlung steht ein kleiner Pool bereit, zudem sind Fuß-Safaris und Nachtfahrten mit professioneller Begleitung möglich. Das Camp ist am besten mit dem Flugzeug zu erreichen. Ab 450/550 $ EZ/DZ, mit Vollpension, versteht sich ...
- **Singita Grumeti Reserves**
Sasakwa Hill Lodge, Sabora Tented Camp, Faru Faru Lodge: Drei Luxus-Unterkünfte im Grumeti Reserve angrenzend an die Serengeti betrieben von der erfahrenen und bekannten Safari-Luxusfirma Singita aus Südafrika. In Sachen Unterkunft hat Singita mit diesen drei Exklusivangeboten die Messlatte in Tansania noch einmal ein ganzes Stück höher gelegt. Wer sich eine Unterbringung mit allen Aktivitäten und Vollpension über 1000 $ p.P. leisten kann, sollte sich diese Erfahrung nicht entgehen lassen. Ein Erlebnis!

Mittelklasse-Unterkünfte außerhalb

- **Mapito Tented Camp**
Tel. (0732) 975210, (0784) 864626, www.mapito-tented-camp.com. Gutes, sehr stilvolles Camp in einer Serengeti-typischen Savannenlandschaft. Ca. 12 km vom Serengeti Park Gate entfernt. Das Camp verfügt über zehn große Safarizelte mit feinen en-suite-Badezimmern. Fürs leibliche Wohl ist bestens gesorgt. Der Manager kommt aus Österreich.
- **Buffalo Luxury Camp**
Tel. (027) 2553863, www.buffaloluxurycamp.com. Camp eines in Arusha ansässigen Safariunternehmens. Es liegt am Berg 4 km außerhalb des Klein's Gate. Die 15 großen Chalets sind am Berg verteilt und bieten eine gewaltige Aussicht auf die ewigen Weiten der Serengeti.
- **Speke Bay Lodge**
Tel. (028) 2621236, Fax 2621237, www.spekebay.com. Außerhalb der Serengeti an den Ufern des Lake Victoria 15 km vom Ndabaka Gate, 125 km von Mwanza entfernt. Ruhige, liebevolle Unterkunft mit Einblick in die traditionelle Fischerei der Sukuma; Zeltübernachtungen (Bad/WC getrennt) für 25 $ (single), 35 $ (double), Bandas (mit Bad/WC) für 75/90 $ und 105 $ bei Dreierbelegung. Über das sympathische holländische Management lassen sich Mountainbike-Touren und Ritte in den nahen Masambi Hills und Kanufahrten mit lokalen Einbäumen auf dem Victoria-See organisieren.
- **Serengeti Stop Over**
Tel. (027) 2537095, serengetiso@yahoo.com. Smarte, einfache Unterkunft mit Bandas und einem Zeltplatz, 1 km südlich vom Ndababa Gate. Die Unterbringung in einer Banda liegt bei 30 $ p.P. mit Frühstück, Zelten kostet 7 $. Schöne Anlage. Wild ist jahreszeitlich auch zu sehen.
- **Serengeti Tented Camp**
Rustikales, einfaches Buschcamp nahe des Fort Ikoma. Das Camp besteht aus großen, komfortablen Safarizelten, die Bedienung ist freundlich, das Essen zufrieden stellend. Über das Camp können zahlreiche Ausflüge organisiert werden, auch Nacht-Tierbeobachtungsfahrten und interessante Fuß-Safaris. Ab 150 $ p.P. mit Vollpension. Infos unter www.moivaro.com.

Camping

In der Serengeti gibt es reichlich Plätze zum Campen. Dabei wird zwischen Public und Special Campsites unterschieden.

- Die **Special Campsites** kosten 50 $ p.P., sind exklusiv nur für eine Personengruppe nutzbar und bieten weder Wasser noch sanitäre Anlagen. Zudem muss man sich für diese Art der Zeltplätze vorher bei der Parkverwaltung in Arusha anmelden. Special Campsites finden Sie bei Seronera, Naabi Hill (zwei), Rongai, Lobo und Kirawira (jeweils zwei). Beim Lake Ndutu und am Orangi River sind weitere exklusive Plätze vorhanden.
- Die **Public Campsites,** von denen es sechs bei Seronera, zwei bei Kirawira, eine zwischen Ndabaka Gate und Lake Victoria und eine bei Lobo gibt, kosten 30 $ p.P.
- **Günstige** und sehr schöne **Campsites** befinden sich außerhalb des Western Corridor beim Kijereshi Tented Camp sowie bei der Unterkunft Serengeti Stop Over; Kosten pro Person 5 bzw. 7 $ (mit Dusche/WC).

Essen und Trinken

- Beim Naabi Hill Gate und in Seronera gibt es zwei **kleine Läden,** wo jedoch nicht sonderlich viel an Lebensmitteln erstanden werden kann (zudem teuer). Wer also mehrere Tage in der Serengeti campen möchte, sollte sich in Arusha oder in Mwanza Vorräte anschaffen.
- Für **Camper** besteht die Möglichkeit, in den Lodges (nicht in den Camps) für etwa 25 $ p.P. an Mittagsbuffets und Abendessen teilzunehmen.

Sonstiges

- **Tankstellen** befinden sich beim Tourist Center in Seronera, bei der Lobo Lodge (beide hohe Preise) und in Bunda (21 km nördlich vom Ndabaka Gate). Eine weitere Tankstelle gibt es in Ikoma. Bei den anderen Lodges/Camps wird Ihnen bei Spritproblemen nur ungern weitergeholfen, da hier die Versorgung ebenfalls knapp ist.

- Zudem befinden sich in Seronera eine **Post,** eine **Kfz-Werkstatt** und eine **Notfallklinik** (Dispensary).
- In allen Lodges führen kleine **Souvenirläden** Postkarten, Lektüre und Andenken. Auch Geld lässt sich tauschen, jedoch zu einem schlechteren Kurs als in Arusha.
- **Telefonieren** ist mittlerweile von allen Lodges möglich, nur die Camps sind weiter über Funk mit der Außenwelt verbunden. Mobiltelefonempfang besteht in der Serengeti in vielen Gebieten.
- **Filme und Batterien für Fotoapparate** gibt es in den Souvenir-Shops der Lodges, am Naabi Hill Gate oder im Visitor's Center.

Anreise und Gebühren

- Die Serengeti kann mit dem **Flugzeug** über Landepisten bei Seronera, Kusini, Lobo, Migration oder Klein's Camp, Grumeti und Kogatende erreicht werden (Fluggesellschaften siehe bei Arusha). Es bestehen Verbindungen von Arusha, Mwanza und seit neuestem auch von Ruaha. Die Verbindungen sind so aufgebaut, dass Anschlussflüge nach Dar es Salaam oder Sansibar möglich sind.
- Die Einreise über den kenianischen Masai Mara National Park ist nur für Residents mit tansanischem Nummernschild am Auto möglich. Die Einfahrt vom Loliondo-Gebiet über das Klein's Gate ist möglich, wegen der Abgeschiedenheit sind zwei Fahrzeuge empfehlenswert.
- Die **Hauptanreiseroute** erfolgt über die Ngorongoro Conservation Area und über den Western Corridor/Lake Victoria (s.u.).
- Der Aufenthalt in der Serengeti kostet **50 $ pro Tag,** ein **Geländewagen 30 $,** ein Unimog/Lkw 150 $ (jeweils bei nicht-tansanischem Kennzeichen). Für Fahrzeuge mit tansanischem Kennzeichen sind 10.000 TSh zu entrichten.

Beste Besuchszeit

Die Serengeti lässt sich **das ganze Jahr über** besuchen. Stattliche Mengen an Wildtieren lassen sich eigentlich jederzeit im Seronera Valley beobachten. Dennoch ist die Zeit von August bis November im Allgemeinen nicht ergiebig, der Park wirkt stellenweise wie leergefegt – eine Folge der Migration. Am besten für einen Aufenthalt eignen sich dann der Norden und Westen des Parks sowie die zentrale Serengeti.

Richten Sie Ihre **Safariplanung nach der großen Wanderung!** Die Serengeti Plains sind von November/Dezember bis März/April am interessantesten, der Western Corridor/Grumeti River erst ab Mai/Juni. Während der großen Regenzeit (Mitte März bis Mitte Mai) sind die Ebenen zum Teil völlig durchnässt, nur die Hauptrouten des Parks sind dann einigermaßen befahrbar, die Black Cotton Soil im Western Corridor bekommt „Camel-Trophy-Charakter". Dort helfen dann nur noch starke Nerven und eine taugliche Off-road-Ausrüstung.

np030 Foto: pr

In der Serengeti bekommt man auch viele Geier zu sehen

Moshi und Mt. Kilimanjaro National Park

Die **Kleinstadt Moshi** ist für viele **Ausgangsbasis, um den 5895 m hohen Mt. Kilimanjaro zu besteigen.** Der wohl bekannteste Berg Afrikas liegt gänzlich auf tansanischem Staatsgebiet und gehört nicht – wie oftmals angenommen – zu Kenia. Das Kilimanjaro-Gebiet bildet einen kontrastreichen Gegensatz zu den westlich gelegenen Nationalparks. Die sehr bevölkerungsreiche Region bietet neben einer faszinierenden Berglandschaft mitsamt ihrer üppigen Flora viele Einblicke in das Leben des **Chagga-Volkes** und deren Alltag. Ortschaften und Waldgebiete am Fuße des großen Bergmassivs geben viel Gelegenheit, mehr über Tradition und Kultur der Chagga zu erfahren, Wasserfälle und Seen zu besuchen oder eintägige Wanderungen im Nationalpark zu unternehmen.

Moshi und Mt. Kilimanjaro National Park

Moshi

Moshi, eine Stadt mit ungefähr **200.000 Einwohnern,** ist ein Industrie- und Dienstleistungszentrum am Fuße des höchsten Berges Afrikas und Hauptstadt der Verwaltungsregion Kilimanjaro. Doch trotz der unmittelbaren Nähe zum Kilimanjaro ist die Stadt weniger vom Tourismus berührt als Arusha.

Moshi ist ein **attraktiver und freundlicher Ort.** Vieles wirkt renovierungsbedürftig, trägt aber gerade dadurch zum Charme dieser typischen ostafrikanischen Kleinstadt bei.

Bei klarem Himmel bilden die weit in denselben ragenden Gipfel Kibo und

Mawensi eine gigantische Kulisse, an der man sich stundenlang von einer der Hotel-/Restaurantterrassen aus ergötzen kann. Leider ist der Kilimanjaro viele Tage im Jahr von Wolken verhangen. Mit einer Höhe von durchschnittlich **900 m ü.NN** ist Moshi keine kühle Bergstadt, im Gegenteil: Tagsüber kann es sehr **heiß und schwül** werden.

Moshi ist zusammen mit dem 39 km entfernten Bergort Marangu Ausgangsbasis für die Besteigung des Kilimanjaro. Beide Orte bieten gute Unterkünfte zu verschiedenen Preisklassen, die besten Hotels liegen jedoch in Moshi. Zur besseren Akklimatisierung ist allerdings Marangu wegen seiner Höhenlage von durchschnittlich 1700 m vorzuziehen. Die Auswahl an Ausflügen im Rahmen des Tourism Cultural Programme (siehe bei Arusha) ist in Moshi größer.

tan122 Foto: jg

Der Clock Tower in der Innenstadt von Moshi

Geschichte und Sehenswertes

Moshi ist eine der jüngsten Städte Tansanias. Ihren Aufstieg verdankt die Stadt dem Bau der **Usambara-Eisenbahn,** die 1912 das damalige Dorf erreichte, das als Marktort des Umlandes für die Chagga und deutschen Siedler von Bedeutung war. Sitz der Bezirksverwaltung und der Schutztruppe war allerdings in jenen Tagen das am Berg gelegene Moshi im Reich eines Chagga-Herrschers. Da jedoch die Bahn aus technischen Gründen nicht den Berg hinauf gebaut werden konnte, beließ man den Endpunkt der Gleise in der Ebene und baute einen großen Bahnhof. Der entstehende Ort hieß zunächst „Neu-Moshi", in britischer Zeit aber wurde die schnell heranwachsende Kleinstadt zu einem bedeutenden Umschlagplatz für den Kaffeeexport, und so wurde aus dem ursprünglichen Moshi „Old Moshi".

Die Stadt hat durchaus **britischen Charakter.** Die typische Dreiteilung in das Villenviertel der Weißen, ein Handelszentrum der indischen Minderheit und die angrenzenden Townships der afrikanischen Bevölkerung ist in Moshi deutlich zu erkennen.

Die Chagga – das Volk am Kilimanjaro

Die Chagga bewohnen schon seit einigen Jahrhunderten die grünen Hänge des Kilimanjaro und gehören mit etwa einer halben Million Menschen zu den **größten Volksgruppen des Landes.** Wann sie sich hier niederließen, ist nicht genau geklärt, sie verdrängten jedenfalls das einst hier jagende Pygmäenvolk der Wakonyingo. Auch die im Westen des Kilimanjaro gefundenen 2000 Jahre alten Fragmente von Steinschalen und Tongeschirr können nicht einer bestimmten Gruppe zugeordnet werden. Die Chagga-Bauern haben sich die Fruchtbarkeit der Vulkanböden und das feuchte Klima zunutze gemacht und eine Agrarwirtschaft entwickelt, die Viehzucht und Bodenkulturen vereinigt. Auf dem großen Berg werden Rinder und Ziegen gezüchtet. Früher weidete das Vieh sogar im Innern der Strohhütten, um vor den Raubzügen der Maasai in Sicherheit zu sein. Kriege bei Sanya Juu mit dem Nomadenvolk aus der Ebene waren an der Tagesordnung, erst die deutschen Kolonialherren setzten den Streitigkeiten mit scharfen Gesetzen ein Ende.

Die Bananenpflanzungen und Kaffeefelder an den Berghängen werden durch ein sehr **komplexes Kanalsystem** bewässert. Sämtliche Gebirgsbäche werden angezapft, stellenweise wird das Wasser durch ausgehöhlte Baumstämme über Täler geleitet, kreuzt Fußpfade und Straßen. Die Bananenstauden stammen ursprünglich aus dem Südosten, wobei zwischen zwei Kultursorten unterschieden wird: den aromatischen Obstbananen, die reif gegessen werden, und den unreif geernteten, großen Mehl- oder Kochbananen, die zur Essenszubereitung verwendet oder zu dem regionalen Bier „mbege" vergoren werden, dass vor allem anlässlich von Festen getrunken wird. Bananen sind das Grundnahrungsmittel der ländlichen Chagga und können das ganze Jahr über geerntet werden. Als Ragout mit Fleisch zubereitet werden sie zu „ntori", einem sehr beliebten Gericht.

Auch Getreide wird von den Chagga angepflanzt, wie die zu Beginn des 20. Jahrhunderts eingeführte Maispflanze und Eleusine, eine aus Äthiopien stammende Kamingrasart. Maniok, Süßkartoffeln und rote Bohnen vervollständigen die Palette an landwirtschaftlichen Produkten.

Die fruchtbaren Süd- und Ostflanken des Kilimanjaro haben viele Menschen angezogen und zu einem **enormen Anstieg der Bevölkerung** geführt. Einzelne, deutlich voneinander getrennte Dörfer und ungenutzte Freiflächen gibt es schon seit langem nicht mehr. Zwischen den Bananenstauden und den Kaffeesträuchern stehen dicht an dicht Tausende kleiner Wohnhäuser – *shambas* genannt, die meisten inzwischen gemauert oder aus Brettern zusammengenagelt – und reihen sich bis an die Grenze zum Nationalpark. Die Wohndichte mit stellenweise über 1000 Menschen pro Quadratkilometer hat urbanen Charakter.

Die Chagga genießen **gemischtes Ansehen.** Bei den einen als skrupellose „Businessmen" verschrien, nur mit den geschäftstüchtigen Indern zu vergleichen, sind sie bei anderen Volksgruppen für ihren hohen Bildungsstand und ihren Beitrag zur nationalen Wirtschaft hoch angesehen. Die Chagga sind sich ihrer Position bewusst. Sie führen ihren wachen (Lebens-)Geist auf die Aura des Kilimanjaro zurück; diese lasse sie auch sehr alt werden. Tatsache ist, dass viele Chagga, vornehmlich Männer, ein Alter von über 100 Jahren erreichen. Mir selber sind 107 und 104 Jahre alte *wazees* (Swahili für ältere/weise Männer) begegnet – sie hatten sogar noch Taufscheine deutscher Missionare aus der vorletzten Jahrhundertwende!

An die **deutsche Zeit** erinnern nur ein kleines Bankgebäude (heute Kilimanjaro Bank) und das große, gut erhaltene Bahnhofsgebäude im maurisch-wilhelminischen Stil im Osten der Stadt.

Außer religiösen Bauwerken (Tempel, Moscheen, Kathedralen) bietet Moshi kaum Sehenswertes. Die **lebhafte Innenstadt** rund um den Markt und in den Händlergassen ist jedoch einen Spaziergang wert.

Unterkunft

Hotels

- **Key's Hotel**
Tel. (027) 2752250, Fax 2750073. Moshis vermutlich bestes Hotel in ruhiger Lage in einem alten Kolonialgebäude mit Blick auf den Mawensi-Gipfel des Kilimanjaro. Freundliche Atmosphäre, Zimmer in Bungalow-Form mit Bad/WC und heißem Wasser, schöner Garten mit Pool, rustikale Bar, Tanzabende. Über das Management können Kilimanjaro-Besteigungen gebucht werden. Übernachtung mit Frühstück 85 $ für „single" und „double".
www.keys-hotels.com
- **Impala Hotel**
Tel. (027) 2753443-4, Fax 2753440. Das Schwester-Hotel des guten Impala Hotel in Arusha, allerdings kleiner und (noch) weniger besucht. Die Lage am Rand von Shanty Town bietet wenig Aussicht. Die Zimmer sind sehr geschmackvoll und mit viel Holz eingerichtet, mit schönen Bädern und garantiert heißem Wasser. Wer bei der Unterbringung auf höchsten Komfort Wert legt, ist hier an der richtigen Adresse. Ein Doppelzimmer kostet ab ca. 100 $ mit Frühstück.
impala@africaonline.co.tz
- **Panama Hotel**
Sauberes Hotel mit angenehmer Atmosphäre im Herzen von Moshi, Tel. (0763) 290768.
www.panamahoteltz.com
- **Sal-Salinero Hotel**
Tel. (027) 2752240, Fax (027) 275074, Lema Road/Shanty Town.
- **Horombo Lodge**
Old Moshi Road, Tel. (027) 2750134. Saubere und sichere Zimmer (self contained), ab 30.000 TSh das DZ mit Frühstück. Von Reisenden empfohlen.
horombolodge@kilionline.com
- **Kilemakyaro Mountain Lodge**
Tel. (027) 2751224, (0744) 264845. Lodge im Norden von Moshi an der Mweka Road auf einer ehemaligen Teeplantage. Das Hauptgebäude stammt noch aus der Kolonialzeit. Leider fehlt den Zimmern in Bungalow-Form eine entsprechende Atmosphäre, sie sind aber zweckmäßig eingerichtet und bieten genügend Platz. Das Essen ist international und gut, der Service bemüht sich. Kilemakyaro ist im Nahbereich von Moshi wahrscheinlich die lohnenswerteste Unterkunft für Anspruchsvolle. Übernachtung ab 70/90 $ für EZ/DZ mit Frühstück. kyaro@habari.co.tz
- **Snow View Hotel**
In Bomang'ombe Town an der Hauptstraße Moshi – Arusha, 15 Min. Fahrt vom Kilimanjaro-Flughafen entfernt, Tel. (027) 2758178. Blick auf den Kilimanjaro, modernes Gebäude, recht einladend. EZ/DZ 40/50 $.
www.snowviewhotel.com
- **Lutheran Uhuru Youth Hostel**
Tel. (027) 2754084, Fax (027) 2753518. Etwas außerhalb, ruhig in einem schönen Park gelegen, sauber, freundlich, empfehlenswert! Deutscher Geschäftsführer (Diakon *Martin Fajardo*), 60 Zimmer in diversen Preisgruppen, EZ mit Frühstück ab 40.000 TSh, DZ ab 45.000 TSh. Dafür kosten manche Mahlzeiten nur 3000 TSh; kein Alkohol!
uhuruh@africaonline.co.tz
- **Bristol Cottages Kilimanjaro**
Rindi Lane, Tel. (027) 2755083, Tel./Fax (027) 2753745. Der Slogan „Country comfort in the Middle of the Town" passt zu dem Anwesen. Angenehme Cottages mit Klimagerät und heißen Duschen in Gartenlage, freundlicher Service und gutes Essen (international). Zentrale Lage nur wenige Meter von der Busstation. Faires Preis-Leistungsverhältnis, EZ/DZ für 60/75 $ mit Frühstück.
www.bristolcottages.com
- **Leopard Hotel**
35F, Market Street, Tel. (027) 2750884, Fax (027) 2751261. Das Hotel macht einen sehr

sauberen und freundlichen Eindruck und ist sehr geschmackvoll eingerichtet, alle Zimmer haben Klimagerät, eingebaute Dusche und WC, Sat-TV, Telefon und Minibar. EZ/DZ 40/50 $, sehr faires Preis-Leistungsverhältnis. www.leopardhotel.com

• Kilimanjaro Tourist Inn
Tel. (027) 2733252, Fax (027) 2752748, kkk-marealle@yahoo.com. Nettes Hotel in angenehmer Lage an der Kilimanjaro Road, 3 km vom Zentrum. EZ/DZ mit Bad/WC für 30 $, was etwas übertrieben ist.

Preiswerte Unterkünfte

Die folgenden Unterkünfte liegen alle um die 15.000/20.000 TSh (EZ/DZ) mit Frühstück und Dusche/WC im Zimmer.

• Buffalo Hotel
Tel. (027) 2753736, Fax (027) 2750551. Vor kurzem renoviert und weiterhin günstig. Sehr sauber, relativ freundlich, Zimmer (alle mit Moskitonetz) mit Gemeinschaftsbalkonen rundum und gutem Kilimanjaro-Ausblick. Übernachtung mit Frühstück: DZ ab 10.000 TSh ohne eigenes Bad/WC, ab 20.000 TSh mit Bad/WC. Für Moshi gutes und preiswertes Essen, Bar mit Sat-TV.
buffalocompanyltd@yahoo.com

• Hill Street Accomodation
Hill Street, neben The Coffee Shop. Nur fünf Zimmer (drei DZ mit Balkon und Blick auf den Kilimanjaro). Essen kann man in der Unterkunft nicht.

• Kilimanjaro Backpacker's Hotel
Mwanzi Road, Tel. (027) 2755159 *(Ben)*. Alle Zimmer ohne Dusche/WC. EZ/DZ 12/20 $, Schlafsaal 10 $ pro Nacht.

• Royal Crown
Direkt an der Hauptstraße nach Osten. Die Zimmer haben Moskitonetze und WC/Dusche (warmes Wasser ist zu bestellen). Das Restaurant bietet recht passable indische und internationale Speisen.

• Coffee Tree Hotel
Tel. (027) 2755040. Das Hotel liegt äußerst zentral (KNCU-Building) und bietet große, schon etwas in die Jahre gekommene Zimmer mit Moskitonetz – manche Gäste ziehen bereits nach einer Nacht wieder aus. Den-

■ Übernachtung
1 Lutheran Hostel
2 Kilimanjaro Tourist Inn Hotel
3 Sal-Salinero Hotel
8 Key's
9 Sengia G.H.
10 Rombo Cottage
11 Royal Crown Hotel
13 YMCA
22 Horombo Lodge
23 Coffee Tree Hotel
27 Moschi
28 Philip Hotel
30 Bristol Cottages
36 Hill Street Accomodation
39 Buffalo Hotel
40 New Castle
41 Kindoroko
44 Leopard
45 Grenado
46 The Kilimanjaro Coffee Lounge Bed & Breakfast
47 Da Costa Guesthouse
48 Kilimanjaro Backpacker's Hotel
50 Serengeti
51 Silva Motel

■ Essen und Trinken
4 El Rancho Restaurant
5 Glacier Inn
12 Golden Shower
14 Spice Garden
15 Gentleman's Club
19 Chrisburger
23 Coffee Tree
33 Sahara Snacks
42 Amir's
43 Salzburger Steakhouse
46 The Kilimanjaro Coffee Lounge

■ Geschäfte/Sonstiges
6 Santy Tour
7 Mr. Price Supermarket
16 Forex-Büro
18 Apotheke
20 Kili Air
21 Akaro Tours
23 Forex-Büro
24 Souvenirs/Ladies Boutique

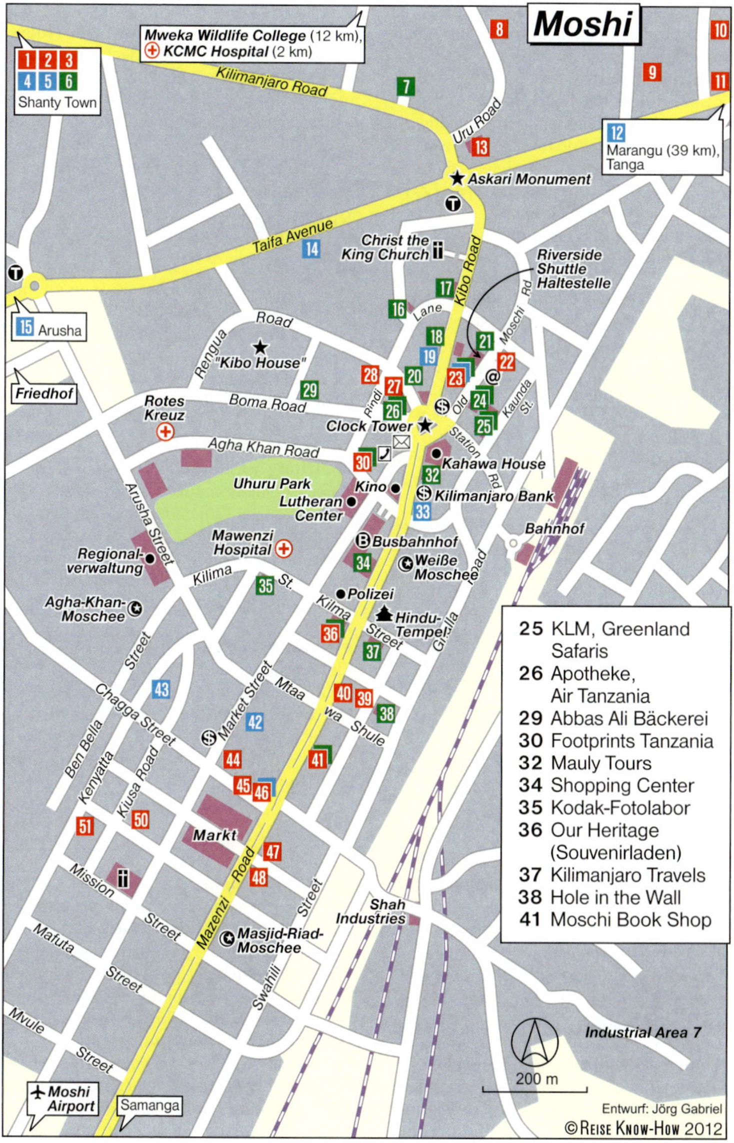
Moshi
Mweka Wildlife College (12 km),
KCMC Hospital (2 km)
1 2 3
4 5 6
Shanty Town
Kilimanjaro Road
7
8
9
10
11
Uru Road
13
12
Marangu (39 km),
Tanga
Askari Monument
Taifa Avenue
14
Christ the
King Church
Kibo Road
Riverside
Shuttle
Haltestelle
Moshi Rd
15 Arusha
Road
Lane
16
17
18
19
20
21
22
23
24
25
Rengua
"Kibo House"
Friedhof
28
27
26
29
Rindi
Old
Kaunda St.
Rotes
Kreuz
Boma Road
Clock Tower
Station Rd
Agha Khan Road
30
Kahawa House
32
Uhuru Park
Kino
Kilimanjaro Bank
Lutheran
Center
33
Bahnhof
Arusha Street
Mawenzi
Hospital
Busbahnhof
Regional-
verwaltung
Kilima St.
35
34
Weiße
Moschee
road
Agha-Khan-
Moschee
Polizei
Kilima
Street
Hindu-
Tempel
Gi...lla
36
37
Street
43
Mtaa
Market Street
40
39
38
Chagga Street
42
wa
Shule
Ben Bella
Kenyatta
44
41
Kiusa Road
45
46
51
50
Markt
47
Mazenzi Road
48
Mission
Street
Street
Shah
Industries
Mafuta
Street
Masjid-Riad-
Moschee
Swahili
Mvule
Street
Industrial Area 7
200 m
Moshi
Airport
Samanga
Entwurf: Jörg Gabriel
©REISE KNOW-HOW 2012
25 KLM, Greenland Safaris
26 Apotheke, Air Tanzania
29 Abbas Ali Bäckerei
30 Footprints Tanzania
32 Mauly Tours
34 Shopping Center
35 Kodak-Fotolabor
36 Our Heritage (Souvenirladen)
37 Kilimanjaro Travels
38 Hole in the Wall
41 Moschi Book Shop

noch: Das Restaurant in der 4. Etage serviert eine Vielzahl von Gerichten (indische, chinesische, kontinentale Küche).

- **The Kilimanjaro Coffee Lounge Bed & Breakfast**

Dieses beliebte Café mit Internetzugang, das vorwiegend von Europäern besucht wird, hat auch vier Zimmer zu vermieten, allerdings (vorläufig) ohne Dusche und WC. EZ/DZ 20/25 $, Tel. (0754) 610892.
kili.coffeelounge@gmail.com

- **Kindoroko Hotel**

Tel. (0752) 377795. Hotel mit gutem Service. Nicht alle Zimmer verfügen über Bad/WC, sie sind jedoch sehr sauber, der Service ist zudem freundlich. Das Essen gehört zu den besten der Stadt, die Aussicht von der abends geöffneten Roof-Bar auf den Kilimanjaro ist wunderschön. EZ/DZ 25/35 $, Familienzimmer 50 $ mit Frühstück, Halbpension und Vollpension möglich. Das im Haus befindliche Bergsteigerunternehmen (Kilimanjaro Crown Birds, kili.crown@eoltz.com) ist für Budget-Traveller durchaus empfehlenswert. Das Hotel bietet (teuren) Internet-Zugang.
www.kindorokohotels.com

- **Grenado Hotel**

Tel. (027) 2750905. Einfaches, gegenüber dem Markt liegendes Hotel mit DZ (Dusche/WC) und Restaurant mit landestypischer Küche. Übernachtung ab 12.000 TSh ohne Dusche/WC, ab 15.000 TSh mit Dusche/WC, ab 20.000 TSh mit Klimagerät.

- **Rombo Cottage Hotel**

Tel. (027) 2752112. Etwa 1 km Fußmarsch vom Zentrum entfernt (ausgeschildert), liegt das Rombo Cottage Hotel sehr schön. Kleine Zimmer. Restaurant und Bar sind vorhanden, ebenso ein bewachter Parkplatz. DZ mit Bad/WC/Moskitonetz/Deckenventilator; es kann schon mal laut sein.

- Die **Guest Houses im südlichen Stadtteil** sind nicht zu empfehlen.

Camping

- **Honey Badger Lodge and Campsite**

Zu empfehlen, einer der gepflegtesten Campingplätze. Schöne Aussicht auf den Kilimanjaro. Infos unter www.hbcc-campsites.com.

- Ansonsten muss man zum Zelten nach Marangu ausweichen oder **The Farm House** aufsuchen, etwa 25 km westlich in Richtung Arusha. Am Abzweig zum Bergort Machame rechts, dann nach 200 m links in eine Piste einbiegen, bis man nach weiteren 600 m das Grundstück linker Hand erreicht. Sehr schöne Lage, heiße Duschen, Bar, Swimmingpool.

Restaurants

- **El Rancho**

Hervorragendes indisches Restaurant mit Gartenanlage außerhalb vom Stadtkern. Folgen Sie der Kilimanjaro Road Richtung International School Moshi, vorher rechts (Schild!). Abends ist ein Taxi ratsam.

- **Panda Chinese Restaurant**

Lema Road. Sichuan-Küche, die traditionell sein soll, es aber nicht ist.

- **Salzburger Café/Steak House**

Café/Restaurant an der Kenyatta Street. Gehört einem Tansanier, der in Österreich studiert hat und absoluter VW-Käfer-Fan ist. Die Speisen sind international, gut und preiswert, nur die Salzburger Sahnetorte reißt einem die Zähne aus – hingehen und ausprobieren ... Schräge Atmosphäre!

- **Chrisburger/Pub Alberto**

Kleines, sehr einfaches Restaurant an der Kibo Road mit guten indischen Snacks (Samosas, Veg-Burgers usw.) und Kleingerichten. Allein schon die frischen Fruchtsäfte sind einen Besuch wert. Guter Ort für mittags oder zwischendurch.

Cafés und Bars

- **The Coffee Shop**

Von der anglikanischen Kirche betriebenes Café mit Kuchen und Gebäcken. Serviert wird vor allem frischer Kilimanjaro-Kaffee, der auch abgepackt gekauft werden kann. Die Snacks und warmen Gerichte sind gut und preiswert, bis 20 Uhr geöffnet.

- **Kilimanjaro Coffee Lounge**

Nettes Café (vorwiegend von Europäern besucht), in dem man gemütlich online gehen kann und eine reiche Auswahl an Kaffee, Milk Shakes, Fruchtsäften und Mahlzeiten hat. Sehr empfehlenswert! Das Café verfügt auch über vier kleine Zimmer (s.o.).

● **Glacier Inn**
Schön im Villengebiet von Moshi am Anfang der Lema Road gelegen. Altes Hauptgebäude aus kolonialen Tagen mit einem großen Biergarten. Beliebter Treffpunkt vor allem für Rastafaris.

● **Gentleman's Club**
An der Straße nach Arusha am Ortsausgang. Gleicher Besitzer wie Salzburger Café, beliebter Wochendtreffpunkt der betuchten Tansanier, gute Küche, es kann etwas lauter werden. Der Service ist langsam.

● **New Bamboo Bar**
Typische afrikanische Kneipe mit unterhaltsamem Publikum gegenüber dem KNCU-Gebäude.

● **Kibo House Coffee Shop**
Etwas heruntergekommener Laden, welcher einst im Kaffee-Boom die erste Adresse für eine frisch gebrühte Kilimanjaro-Tasse war. Ältere Chagga erzählen sich hier gerne Geschichten von jener Zeit.

Krankenhäuser

● Das schon betagte **Kilimanjaro Christian Medical Center (KCMC),** Tel. (027) 2754377, im Nordwesten von Moshi an der Mweka Road bietet gute Fachkompetenz, wenngleich kompliziertere oder weiterführende Untersuchungen hier teilweise nicht durchgeführt werden können. Beim KCMC sind seit Jahren immer wieder deutsche Ärzte in unterschiedlichen Bereichen beschäftigt. Als Tourist bzw. Non-Resident besteht jedoch eine administrative Hürde für eine Untersuchung: Zunächst müssen 50 $ für die Eröffnung einer *file* (Akte) bezahlt werden, dann kann es vorkommen, dass man lange auf eine Sprechstunde/Behandlung warten muss – speziell, wenn man nach einem der deutschen Ärzte im Krankenhaus verlangt.

● Alternativen sind das **Mawenzi Hospital** im Zentrum, das jedoch keinen guten Ruf genießt. Das **Hospital von Kibosho** (etwa eine halbe Stunde Fahrt) ist eher zu empfehlen. Auch hier sind immer wieder deutsche Ärzte befristet tätig.

Apotheken

● Eine Apotheke *(duka la madawa)* befindet sich im KNCU-Gebäude, eine weitere, gut sortierte an der Kibo Road.

Polizei

● Die zentrale Polizeistation liegt hinter dem Busstand.

Verkehrsverbindungen

Innerhalb der Stadt/Taxis

Für die Innenstadt werden Sie kaum ein Taxi benötigen. Für Ausflüge zu den Bergorten des Kilimanjaro stehen gern Taxi-Fahrer zur Verfügung – handeln Sie jedoch vorher einen Preis aus. Der **Flughafen-Transfer** kostet je nach Tageszeit 30–50 $ (TSh). Taxis befinden sich ständig im Bereich des Clock Tower.

Mit dem Flugzeug

● International wie national kann Moshi über den 35 km entfernten **Kilimanjaro International Airport** erreicht werden (mehr siehe bei Arusha).

● Ab **Moshi Airport** ist die Fluggesellschaft Kili Air tätig. Auch Charterflüge im Norden Tansanias und zur Küste können organisiert werden. Zu erreichen unter: Tel./Fax (027) 2750523, Tel. (0787) 710710, www.kiliair.com. Büro in der AMEG Lodge.

Busse

Wie von Arusha kann man auch von Moshi in fast alle Landesteile mit dem Bus fahren. Fast stündlich starten Busse von der großen Busstation im Zentrum **nach Arusha** (mit Dala Dala ab 2000 TSh). **Nairobi, Marangu, Mombo** und **Tanga** werden mehrmals am Tag angefahren. Zu empfehlen sind die Bus-Unternehmen Dar Express, Mtei Coach und Ngorika. Die Fahrt nach Dar es Salaam kostet ab 20.000 TSh p.P. Anmerkung: Flycatcher versuchen, Sie in andere, weniger gute Busse zu setzen ...

Auch nach **Manka, Lushoto** und Mlao in den **Usambara-Bergen** gibt es fast täglich Busverbindungen.

Busse **nach Mombasa, Dar es Salaam** (7 Std.), **Morogoro, Iringa** und **Mbeya** fahren von 7–11 Uhr morgens im Stundentakt. Ungefähre Preise siehe bei Arusha.

Sonstiges

- Der **zentrale Markt** von Moshi bietet ein sehr reichhaltiges Angebot an Obst und Gemüse.
- Am Clock Tower befindet sich die **National Bank of Commerce,** an der Mawenzi Road die **Kilimanjaro Bank,** in der Rindi Lane eine **Standard Chartered Bank** mit einem Geldautomaten, der VISA akzeptiert. Auch einige **Forex-Büros** gibt es im Zentrum der Stadt.
- Am Clock Tower sind zudem noch die **Post** (ein **International Telephone House** ist angegliedert), eine Tankstelle und das **Immigration Office** (Einwanderungsbehörde zur Verlängerung des Visums) im Kibo-House.
- Das **DHL-Büro** erreicht man unter Tel. (027) 2754030.
- An der Rengua Road liegt ein Büro der Fluggesellschaft **KLM.**
- Ein **Damen-Friseur** befindet sich im alten Liberty Hotel an der Station Road.
- **Kfz-Werkstätten** für Toyota und Nissan sind in der Rindi Lane.
- Eine **gute Karte** findet man online unter www.ismoshi.org/MapMoshi.htm.

Internet

Mailen und Surfen ist in Moshi im Stadtzentrum und über manche Hotels möglich. Zu empfehlen ist besonders die **Kilimanjaro Coffee Lounge,** wo man gemütlich bei Kaffee und Kuchen online gehen kann (s.o.).

Geschäfte und Souvenirs

- Der **Aleem's Supermarket** an der Boma Road hat eine sehr gute Auswahl an Lebensmitteln (auch Wurst und Käse). Ebenfalls zu empfehlen sind der etwas abseits vom Zentrum gelegene Shop **Mr. Price** an der Kilimanjaro Road oder der kleine Einkaufsladen **Hole in the Wall** gegenüber vom Buffalo Hotel. Hier können Sie sich bestens für Ihre Safari eindecken (Konserven, Käse, Nudeln, Soßen, Rotweine etc.). Ebenso gut, aber etwas teurer ist ein weiterer Inder-Laden neben The Coffee Shop.
- Für Brot und Backwaren sei die **Bäckerei Abbas Ali** an der Boma Road genannt.
- Ein **Foto-Geschäft** findet sich in der Kilima Street.
- Ein guter **Buchladen** befindet sich im Kindoroko Hotel.
- Ein guter **Souvenirladen** ist **Our Heritage** neben The Coffee Shop. Das Geschäft gehört Shah Industries, die zu den professionellsten Souvenirherstellern des Landes gehören. Wunderschön verarbeitete Lederartikel, Korbwaren, Makonde-Schnitzereien, Möbel, Schmuck usw. werden hauptsächlich von Körper- und Sehbehinderten hergestellt. Eine Besichtigung der Werkstatt ist möglich (fragen Sie im Laden nach einem Termin).
- Moderner gibt sich die **Africadabra Souvenirs Shop & Ladies Boutique** an der Old Moshi Road.

Safari- und Bergsteigerunternehmen

Die Auswahl an guten Bergsteigerunternehmen ist in Moshi klein. Eine sechstägige Kilimanjaro-Tour kann zum Erlebnis, aber auch ein einziges Fiasko werden. Meiden sie daher die kleinen Büros hinter der Kilimanjaro Bank, denn sie haben nicht den allerbesten Ruf. Auch das Unternehmen Kilimanjaro Travel Service ist für eine Bergbesteigung nicht unbedingt empfehlenswert.

Vorsicht vor den vielen Flycatchern auf der Straße! Viele haben keine Lizenz und vom professionellen Bergsteigen erst recht keine Ahnung. Wer auf Nummer Sicher gehen will, sollte sich für ein paar Dollar mehr in die Hände eines erfahrenen Unternehmens begeben, die auch in Arusha oder in Marangu am Fuße des Kilimanjaro sitzen. Insgesamt wird man in Moshi weniger belästigt (noch!) als in Arusha, sodass Reisende hier mehr Ruhe zur Organisation einer Safari bzw. Bergbesteigung finden.

Folgende Unternehmen sind für Safaris in die Nationalparks, Ausflüge in die Berghänge oder für die Besteigung des Kilimanjaro nennenswert:

● **Afromaxx**
Tel. (075) 5879915. Deutsch-tansanisches Bergsteiger-Unternehmen direkt vor Ort am Fuße des Kilimanjaro. Es werden individuell und in kleinen Gruppen Bergtouren auf den Kilimanjaro angeboten. Ein trainierter Bergführer und ein eigens für Bergküche ausgebildeter Koch sind ebenso selbstverständlich wie die gute Vorbereitung im Vorfeld. Afromaxx besitzt im Herzen von Moshi ein Basecamp. Hier übernachtet man vor und nach der Besteigung auf einem privaten Wohngelände in Bungalows im Garten. Zur Erholung der müden Beine steht ein Pool zur Verfügung. Preise auf Anfrage.
www.afromaxx.com

● **Akaro Tours (T)**
Tel. (027) 2752986, (0744) 272124, Fax (027) 2752249. Büro im NSSF House, Ground Floor, Old Moshi Road. Junges, sehr engagiertes Unternehmen. Der Besitzer *Ally Ibrahim* führt in Tagesausflügen kleine Gruppen in die Berghänge des Kilimanjaro, vermittelt Einblick in das traditionelle Leben der Chagga, unternimmt Spaziergänge entlang der Parkgrenze im montanen Waldgürtel (Msinge Forest) und zeigt Ihnen die schönsten Wasserfälle (z.B. Kuringe Waterfalls, 70 m) mit herrlichen Pools zum Picknicken. Je nach Gruppengröße/Ausflugsdauer kostet das Vergnügen 30–80 $. Wer einen Tag Zeit hat, sollte sich diesen Ausflug nicht entgehen lassen! Ebenfalls zu empfehlen sind die Kilimanjaro-Besteigungen über die Marangu- (5 Tage ab 570 $ p.P.) oder Machame-Route (ab 600 $). Zudem werden viertägige Touren in die nördlichen Pare-Berge, zum Mt. Meru sowie in die Nationalparks angeboten (Camping-Safari ab 85 $ p.P. und Tag, 180 $ bei Übernachtungen in Serena Lodges).
www.akarotours.com.

● **Footprints Tanzania Ltd.**
Dieses im April 2010 gegründete Unternehmen ist auf Bergbesteigungen spezialisiert, organisiert aber auch Safaris u.v.m. Hohe Qualität ist bei Footprints eine Selbstverständlichkeit. Büro in den Bristol Cottages, Tel. (027) 2753705, Fax (027) 2753745.
www.footprintstanzania.com

● **Kilimanjaro Guides Tours & Safaris**
Rengua Road, Tel. (027) 2750120, Fax (027) 2751220. Vielseitiges und bewährtes Unternehmen, welches Bergbesteigungen, Park-Safaris und Sansibar-Touren organisiert. Zu empfehlen ist der angebotene Tagesausflug zum Lake Chala für 25 $ bei mindestens drei Personen. Die Kilimanjaro-Besteigung verläuft über die Marangu-Route und dauert fünf Tage. Kostenpunkt ca. 700 $ inkl. aller Serviceleistungen.

● **Mauly Tours & Safaris**
Mawenzi Road, Tel. (027) 2750730, Fax (027) 2753330. Omanisch-tansanisch geführtes Unternehmen, gute Standard-Safaris (Camping oder Lodge) in die Nationalparks ab 95 $ p.P. sowie Kilimanjaro-Besteigungen (Marangu- und Machame-Route).
www.glcom.com/mauly

● **MEM Tours and Safari Ltd.**
Kaunda Street (bei Kinabo Engineering), Tel. (027) 2754574, Fax (027) 2754788. Akzeptable Agentur mit Kili-Besteigungen, Park-Safaris und Trekking-Touren mit Lasteseln („Maasai-Steppe").

● **MJ Safaris, AfriGalaxy Tours** und **Kilimanjaro Travel Services** (kilitravel@eoltz.com) bieten Kili-Besteigungen an sowie Nationalpark-Camping-Safaris.

● **ZARA International**
Tel. (027) 2754240, Fax (027) 2753105. Einer der größten Veranstalter für Kilimanjaro-Besteigungen in allen Preis- und Ausstattungssegmenten. ZARA ist Ausstatter für Globetrotter Select bei München und sorgt für eine reibungslose Organisation. Empfehlenswert – bei Buchung über Globetrotter Select.
zara@form-net.com

Mt. Kilimanjaro National Park

Seit 1973 steht der Mount Kilimanjaro unter nationalem Schutz. Der **höchste Berg Afrikas** präsentiert sich als die Krone der imposanten Naturlandschaften Tansanias. Das sagenumwobene, an seiner Basis **60 km mächtige Massiv** ragt fast 6000 m aus der Ebene und ist bei gutem Wetter sogar vom 250 km entfernten Nairobi sichtbar. Der Riese mit drei Gipfeln, seit 1989 **UNESCO-Weltnaturerbe,** ist der größte freistehende Berg der Erde. An seiner westlichen Flanke erhebt sich spitz die **Shira Ridge,** mit dem **3962 m** hohen **Johnsell Point.** Fast 30 km entfernt ragt im Osten der zerklüftete Felsberg **Mawenzi (5149 m)** in die Höhe. Zwischen ihnen thront der mächtige, von unendlich vielen Bildern bekannte **schneebedeckte Kibo,** ein breiter und flacher Kratergipfel, in dessen Mitte sich der kreisrunde **Reusch-Krater** befindet. Die höchste Spitze des Kibo markiert der **Uhuru Peak** („Freiheitsspitze", **5895 m**) auf dem Südwest-Grat des äußeren Kraterrandes, so benannt seit der Nacht zur Unabhängigkeit Tansanias. Noch bis 1961 hieß dieser höchste Punkt im Himmel Afrikas, genau auf halber Distanz zwischen Kairo und Kapstadt, „Kaiser-Wilhelm-Spitze".

Die Herkunft des Namens „Kilimanjaro" ist nicht geklärt. *Milima* bedeutet im Swahili Berg. *Njaro* könnte vom Chagga-Wort *jyaro* (Karawane) stammen, da auch während der arabischen Sklaven- und Elfenbeinzeit das Massiv als „Berg der Karawanen" bekannt war. Auch das frühere Maasai-Wort „Wasserberg" hat seine Erklärung. *Njoro* ist die Maasai-Bezeichnung für Quelle bzw. Wasser, was auf die zahllosen Wildbäche anspielt, die ganzjährig vom Berg herunterfließen.

Geologische Entstehung

Der Ursprung des Kilimanjaro hängt mit der Entstehung des Rift Valley zusammen. Auf der Schnittstelle wichtiger tektonischer Linien nordwestlich des Pare-Gebirges und östlich der Vulkane des Rift Valley – Ngorongoro, Ol Doinyo Lengai, Kitumbeine, Monduli-Berge, Mt. Meru – begann sich vor 1,5 Millionen Jahren ein mächtiges, vulkanisch aktives Gebirge zu formen, welches im Laufe der Entwicklung drei unterschiedliche Kegel entstehen ließ: Shira, Kibo und Mawenzi. Als erster erlosch der **Shira** vor etwa 500.000 Jahren. Er fiel bei seinem letzten Ausbruch in sich zusammen und hinterließ zunächst eine große Caldera („Krater"), ähnlich dem heutigen Ngurdoto-Krater im Arusha National Park. Der weiterhin ausbrechende Kibo füllte den Shira mit Lava aus, zerstörte seinen Nordrand und überdeckte ihn bei seinem letzten großen Ausbruch vor rund 350.000 Jahren fast gänzlich. Von der einstigen Kraterschüssel, die wahrscheinlich einen Durchmesser von ca. 6 km hatte, zeugt heute nur noch die Shira Ridge als ehemalige Kraterwand. Von der Wand breitet sich das große **Shira Plateau** bis zum Kibo aus, aus dem noch der letzte Eruptionskegel **Cone Place (3840 m)** herausragt und wo Bachläufe den Engare Nairobi River bilden.

Der **Mawenzi** erlosch etwa zur gleichen Zeit wie der Shira. Erosion hat die Erscheinung des Gipfels seitdem stark verändert. Sein klassischer Vulkankegel ist längst abgetragen, nur noch der stark zerklüftete Lavaschlot ist zu erkennen. Mit dem Kibo verbindet ihn heute die als **The Saddle** bezeichnete **4300 m hohe Hochebene,** eine alpine Wüste mit wahllos herumliegenden Lavabrocken - eine „Mondlandschaft", die in Afrika einzigartig ist.

Vor 100.000 Jahren erreichte der **Kibo-Gipfel** eine Höhe von fast 6000 m. Mehrere heftige Eruptionen, gefolgt von Eiszeiten, gaben ihm seine heutige Form. Der Kibo ist ein **schlummernder Vulkan,** über dessen 2,3 km breiten und stellenweise fast 200 m tiefen Krater sich bisweilen ein starker Schwefelgeruch ausbreitet. Noch 1889 berichtete der **Erstbesteiger Hans Meyer,** dass riesige Schollen Gletschereis den Krater bedeckten, heute ist er nur noch eine große Lavawüste mit kleinen, übrig gebliebenen Eisschichten. In der Mitte der Caldera liegt der flach ansteigende, 150 m hohe **Eruptionskegel Reusch-Krater,** dessen Durchmesser 800 m beträgt. Aus seinem Inneren entweichen noch Fumarole („Gasaushauchung"), und wie von einem Zirkel gezogen, öffnet sich in seiner Mitte das kreisrunde, über **100 m tiefe Kraterloch Ash Pit,** in das jedoch nicht abgestiegen werden kann.

Auf dem Kibo-Gipfel übernachtet nur, wer über große Bergsteigererfahrung verfügt.

Geschichte und Park-Maßnahmen

Dass der wuchtige Berg einen festen Platz in der Geschichte Afrikas einnimmt, ist angesichts der Mythen, die ihn umgeben, und der Erzählungen von Forschungsreisenden nicht verwunderlich. Die erste schriftliche Erwähnung stammt von dem Spanier *de Encisco,* der 1519 vom portugiesisch besetzten Mombasa berichtete: „Westlich dieser Hafenstadt befindet sich der äthiopische Berg „Olympus", der außergewöhnlich hoch ist und hinter dem sich die Mondberge, die Quellen des Nils, befinden."

Als der deutsche Missionar **Johannes Rebmann am 11. Mai 1848 als erster Europäer** das schneebedeckte Haupt Afrikas erblickte, sorgte dies in Europa für endlosen Diskussionsstoff. Renommierte Geografen protestierten vehement gegen die Behauptung, dass es unter der sengenden Sonne des Äquators einen Berg mit Schneekuppe geben könne. Sie verspotteten die Berichte der Reisenden, die wohl unter „Halluzinationen" leiden müssten, zudem, ausgeplündert und von Malaria befallen, nicht einmal den Hauch eines Beweises erbringen konnten. Auch die Karte, die der Reisende *von der Decken* (der immerhin eine Höhe von 4200 m erreichte) 1862 der Fachwelt präsentierte, vermochte nicht zu überzeugen.

Mit über siebzig Trägern setzte der Leipziger Geograf **Hans Meyer** nach mehreren Fehlversuchen in Begleitung des österreichischen Alpinisten **Ludwig von Purtscheller** schließlich von Sansibar aus zum entscheidenden Vorstoß an. Am 6. Oktober 1889 war es endlich soweit: Sie standen auf dem höchsten Punkt Afrikas, dem „Dach" des Kontinents, den Meyer „Kaiser-Wilhelm-Spitze" nannte. „Kein König hat je Königsgewänder königlicher getragen als dieser König der afrikanischen Berge", schilderte Meyer seinen Eindruck einige Jahre später.

Der Berg blieb weiterhin ein Magnet für europäische Reisende, die mit Erzählungen und Bildern den **Mythos Kilimanjaro** erst richtig schufen. *Ernest Hemingways* Erzählung „Schnee am Kilimanjaro", Filme, Volkslieder und Geschichten der Chagga und Maasai haben den Berg weltweit berühmt gemacht. Ob Drachenflieger, Mountainbiker oder sogar ein spanischer Motorradfahrer – der Gipfel lockte viele Abenteurer an. 1979 beging *Reinhold Messner* die bisher schwierigste Route an der Breach Wall über die Eisdecke des Diamond-Gletschers.

Viele denken übrigens, der „Kili" liege in Kenia. Vielleicht auch deswegen, weil eine Geschichte, ausgelöst durch *Karen Blixens* Out-of-Africa-Roman, viele Artikel- und Reiseführerschreiber annehmen ließ, dass der große Riese ursprünglich in Kenia lag und dass ihn Königin *Victoria* Kaiser *Wilhelm* zum Geburtstag schenkte, da auch er einen schneebedeckten Gipfel in seiner Kolonie haben wollte – eine romantische Geschichte, die jedoch falsch ist. Bei der deutsch-britischen Grenzziehung in Ostafrika ging es um handfeste **Gebietsansprüche:** Beide Nationen wollten Mombasa als wichtigen Handelshafen gewinnen. Der britische Grenzvorschlag sah Mombasa in ihrem Territorium und eine „Halbierung" des Kilimanjaro vor und beinhaltete einen großen Teil des Viktoria-Sees bis zum Speke Gulf. Beim endgültigen Grenzbeschluss verzichtete Deutschland auf Mombasa, gewann dafür den größeren Teil des großen Binnenmeeres bis zu 1° südlicher Breite und bekam schließlich den Kilimanjaro in seiner vollen Größe zugesprochen. Die Grenzziehung ist bis auf den heutigen Tag gültig.

Die ersten Bemühungen, die obere Bergregion vor dem bedingungslosen Abholzen der Chagga zu schützen und die verbleibende Tierwelt vor dem Aussterben zu bewahren, begannen unter den Briten, die **bereits 1921 ein Forest Game Reserve** ausriefen. 1993 musste jedoch das mittlerweile in einen Nationalpark umbenannte Schutzgebiet von 2700 Höhenmetern auf die 1820-m-Linie erweitert werden, um dem massiven Bevölkerungsdruck der Chagga entgegenzuwirken.

Zudem ist der Berg **in Aktivitätszonen untergliedert** worden. Eine „Verwaltungszone" umfasst die Hauptquartiere und Wachposten des Parks. Die Hauptaufstiegsroute Marangu gilt bis zum Gipfel als „Obere Wanderzone", und der Zugang zu dieser Route wird auf 10.500 Bergsteiger pro Jahr begrenzt. Die Bergsteigerrouten Machame, Shira, Lemosho, Umbwe, Mweka und Rongai sind die „Untere Wanderzone" und für eine Höchstzahl von 3000 Bergsteigern pro Jahr ausgebaut. So zumindest die Vorgaben, halten tut sich daran keiner.

Wie Kibo und Mawenzi voneinander getrennt wurden

Einer alten Chagga-Geschichte zufolge lebte einst ein Mann namens „Mlai“ am Fuße des Berges. Mlai gab eines Tages sein Land auf und beschloss über den Berg zu wandern und sich auf der anderen Seite niederzulassen.

Auf dem Weg entdeckte er am Hang eine Kuhherde, doch gelang es ihm nicht, das Vieh einzutreiben, um es mit auf den Weg zu nehmen. Er suchte Rat bei einer alten Frau, die ihm einen Stab gab, mit dem er eine der Kühe führen sollte, die anderen würden dann ohne weiteres folgen.

Das funktionierte tatsächlich, und so wanderte er samt Vieh bis zu den zusammenliegenden Gipfeln des Kibo und Mawenzi. Doch die wollten ihn nicht durchlassen! Mlai ging mit seiner Herde zurück zu der Frau und klagte: „Der Kibo lässt mich nicht durch!“ Das alte Weib wickelte Zauberpulver in große Bananenblätter ein und sagte ihm: „Wenn Du bei dem Kibo angelangt bist, dann werfe dieses Pulver an seine Felsen, und er wird sich in zwei Teile spalten und Dich und Deine Herde durchlassen. Blick' Dich nicht nach dem Kibo um, sonst wird der Felsen wieder zusammengehen“.

Mlai nahm das Zauberpulver und führte die Viehherde mit seinem Stab zum Kibo, der ihn abermals nicht durchließ. Er nahm das Bananenblatt und blies das Zauberpulver auf den Felsen. Der Kibo und der Mawenzi begannen zu zittern und wurden getrennt! Mlai überquerte den Berg, drehte sich nicht um und stieg mit seiner Herde hinab. So wurden der Kibo und der Mawenzi zu den beiden Gipfeln, die wir heute sehen.

Mawenzis verbeulter Kopf

Einem Chagga-Märchen zufolge begab sich eines Tages Mawenzi, als diesem die Feuerstelle ausgegangen war, zu Kibo und bat ihn um Feuer. Kibo gab ihm Feuer und auch von seinem leckeren Essen. Mawenzi genoss die Gastfreundschaft und warf auf seinem Heimweg das Feuer weg und kehrte zu Kibo und dessen Delikatessen zurück. Das Feuer wäre ihm ausgegangen, berichtete er. Der gutmütige Kibo bewirtete ihn wieder und schickte ihn erneut mit Feuer auf den Weg. Mawenzi, immer noch gierig, warf erneut die Fackel weg und kehrte abermals zu Kibo zurück, um Feuer zu erbitten. Doch diesmal wurde Kibo zornig, nahm seinen Knüppel und schlug Mawenzi mit aller Wucht auf den Kopf. Seit diesem Tag – so die Legende – hat der Mawenzi-Gipfel seine zerbeulte und zerklüftete Form.

tan022 Foto: jg

Zudem gibt es „eintägige Wanderzonen" auf dem Shira Plateau und im Bereich Marangu. Alle Gebiete des Kibo und des Mawenzi, die über 4500 m Höhe liegen, sind als „Bergsportzone" ausgewiesen. Neben einer „Kulturschutzzone" für die Chagga sind alle anderen Teile des Parks als „Wildniszone" eingestuft und für Wanderer gedacht, die die Nähe zur Natur und nicht so sehr den Erfolg einer Gipfelbesteigung suchen.

Abenteuersportler (Mountainbiker, Paraglider usw.) sind seit der Parkvergrößerung von 1993 auch nicht mehr zugelassen.

Klima und Besteigungszeit

Das Klima des Kilimanjaro unterliegt einem ganz eigenen Rhythmus. Das **extreme Tageszeitenklima** lässt Tage zu Sommer und Nächte zu frostigen Wintern werden. Wie der gesamte Norden Tansanias profitiert auch der Kilimanjaro von zwei Regenzeiten.

Die Temperaturen am Berg umfassen **tropische** (am Fuß) **bis arktische Dimensionen** (in Gipfelhöhe). Generell gilt, dass pro 200 m die Durchschnittstemperatur um 1 °C abnimmt.

Im unteren Waldgürtel herrscht äquatoriales, feuchtes Klima mit hohen Niederschlagswerten von über 2000 mm im Jahr. Dieser Wert nimmt mit zunehmender Höhe rapide ab, und Regen wird von Schneefall abgelöst.

Januar bis März gelten als die wärmsten Monate, im April, Mai regnet es sehr heftig, und die Sicht ist nicht allzu gut. Erst ab Juni wird es in der unteren Zone etwas kühler, und die Zeit bis September ist vor allem beim Marsch durch den feuchten Regenwald sehr angenehm. Zudem ist es die Zeit, wenn der Himmel ab 3000 m absolut klar ist und man schöne Blicke auf den Kibo bekommt. Ab Ende September wird es zunehmend wärmer, und leichte Wolken ziehen in den oberen Regionen auf. Die November-Dezember-Regen haben den Vorteil, dass sie meist nur kurz und heftig auftreten und somit die staubige Luft reinigen und immer wieder glasklare Aussichten auf den oft mit viel Schnee bedeckten Kibo freigeben.

Bestiegen werden kann der Kibo das ganze Jahr über, wobei die heißen und regenreichen Monate von Mitte März bis Mai sich nicht empfehlen.

Die fünf Vegetationsstufen des Kilimanjaro

Das Ökosystem des Kilimanjaro ist einzigartig auf der Welt. Von den drei 5000ern des Kontinents umfasst der Berg die **größte Alpinstufe Afrikas.** Aufgrund der sehr extremen klimatischen Bedingungen hat sich die Flora im Laufe des Evolutionsprozesses auf spektakuläre Weise angepasst und nur hier vorkommende Pflanzenarten herausgebildet.

Der Berg wird **in fünf Vegetationsgürtel unterteilt:** Jeder ist im Durchschnitt etwa 1000 m mächtig, und jeder für sich bildet eine eigene kleine Welt. Jede Zone unterliegt dem jeweiligen Zusammenspiel der Faktoren Temperatur (Frost), Höhe, Niederschlag, Sonnenintensität, Bodengüte.

Gerade dort, wo der Boden jede Nacht gefriert, ist es für die Pflanzen nicht einfach, Wurzeln auszubilden. Nur den widerstandsfähigen Gräsern, Moosen und Flechten kann das extreme Klima wenig anhaben.

Kolline Stufe (800–1800 m)

Die unteren, außerhalb des Parks liegenden hügeligen Flanken mit ihren vulkanisch fruchtbaren Böden, die von zahlreichen Gebirgsbächen gespeist werden, sind heute Anbauflächen für Plantagen und Kleingrundbesitzer und dienen zudem als Weideland. Lediglich die Nord- und Westhänge, die etwas im Niederschlagsschatten liegen, haben ihre ursprüngliche Vegetation von Wildsträuchern und Tiefland-Waldflächen beibehalten.

Montane Stufe (1800–2800 m)

Die auch als **Bergwaldstufe** bezeichnete Vegetationszone besteht aus einer üppigen und dichten Waldformation, die einem tropischen Regenwald (Steineiben, Feigenbäume) gleicht. Viele der über 2000 Pflanzen- und Baumarten sind nur hier heimisch, wie auch ihre Namen (etwa *Macaranga kilimandscharica*) verraten. Moose, metergroße Farne und lang herunterhängende Bartflechten vermitteln das Bild eines typischen, stellenweise dunklen Märchenwaldes. Weit verbreitet ist hier zudem das Springkraut, genannt *Impatiens kilimanjari*. Ab einer Höhe von 2500 m erscheint auch die *Scenecio johnstonii*, eine der drei heimischen Riesenkreuzkrautarten des Kilimanjaro.

Heidelandstufe (2800–4000 m)

In dieser Zone beginnt die **Steppenheidevegetation mit Riesensenecien** (Kreuzkraute), die zum Teil mit Flechten umwickelt sind. Die hier am häufigsten anzutreffenden Pflanzenarten sind *Erica arborea* und *Philipia excelsa*, die eine Höhe von 3 m erreichen können. Die eigentliche Heidelandschaft (Moorland) beginnt bei ungefähr 3200 m und ist von Lobelien und Senecien (auch Schopfbäume genannt) durchsetzt. Sie sind die einzigen Blütenpflanzen in dieser Höhe, die dank eines Tricks der Evolution den klimatischen Bedingungen

tan084 Foto: jg

Ansicht des Kilimanjaro

standhalten. Die bis zu 3 m hohe Lobelie ist eine Fettpflanze aus der Gattung der Glockenblumengewächse und heißt am Kilimanjaro *Lobelia deckenii*. Sie ist die erste Pflanze, die morgens ihr Blätterkleid öffnet, wenn die Sonnenstrahlen den angefrorenen Boden erwärmen. Der Kälte trotzt die Pflanze durch einen Stoff, den sie produziert und der wie ein Frostschutzmittel wirkt. Da es in dieser Höhe keine Insekten zur Bestäubung gibt, erledigen die kleinen metallic-grünen, langschnäbligen Nektarvögel diese Aufgabe.

Neben den sehr kleinen Kreuzkrautarten dieser Höhe beginnen um die 4000-m-Marke die Riesenkreuzkraute die Heide zu dominieren, von denen sich zwei Arten unterscheiden lassen: die bis zu 5 m hohe *Scenecio kilimanjari* mit ihren grellgelben Blättern und die etwas dunklere *Scenecio cottonii*. Mit ihren schalenförmigen Blättern können die Pflanzen Regen- und Tauwasser lange halten, was für ihr Gedeihen wichtig ist, denn ab 3500 m Höhe fällt bereits deutlich weniger Niederschlag.

Alpine Stufe (4000–5000 m)

Die klimatischen Bedingungen in der als Hochland-Steinwüste bezeichneten Zone – das Knappwerden von Wasser und fruchtbarem Boden, eine hohe Verdunstungsrate durch intensive Bestrahlung, vor allem aber die hohen Temperaturschwankungen von tagsüber bis zu 40°C und nachts unter 0°C – stehen einer vielfältigen Flora im Wege. Hauptsächlich **Moose, Flechten und Grasbüschel** sind anzutreffen. Vereinzelt wachsen auch kleine Kreuzkrautpflanzen und Strohblumen. Eine Besonderheit ist die *Arabis alpina,* eine Art afrikanisches Edelweiß, die unserer geschützten Bergblume ähnlich sieht.

Ab der Höhe des Saddle kommt pflanzliches Leben nur noch selten vor. Obwohl diese alpine Wüstenlandschaft viele Tage im Jahr in dichtem Wolkennebel liegt, fällt hier mit ca. 250 mm der geringste Niederschlag Tansanias.

Nivale Stufe (über 5000 m)

In der **Gipfelzone** sind die Kälte so intensiv (um die -10°C) und der Sauerstoffgehalt so gering, dass nur noch die **Flechten** und die widerstandsfähigste **Strohblumenart** *Helichrysym newii* überleben können. Zudem fällt hier fast nur noch Schnee und kein Regen mehr.

Der Gipfel des Mawenzi hat schon lange keinen Gletscher mehr, sondern ist nur von gelegentlichen Schneeverwehungen bedeckt, und auch die großen Eisflächen am Kibo schrumpfen unaufhaltsam. Vor allem die kleinen **Gletscher,** wie der Ratzel, Rebmann und Decken, verlieren zunehmend an Größe. Auch die letzten großen Gletscher, wie die Eastern, Northern und Southern Icefields, sind stark bedroht. Klimatologen befürchten, dass die zunehmende Brandrodung in den Baum-Savannen Ostafrikas sowie die Belastung durch hohe CO_2-Emissionen die ohnehin schon belastete Atmosphäre weiter aufheizen. Zudem bewirkt der immer stärker aufgewirbelte Staub der Ebenen – Folge großflächiger Erosionen –, dass die Luft nachts nicht mehr so schnell abkühlt und die Froststunden weniger werden. Schließlich wirken Millionen von Staubpartikeln wie Vergrößerungsgläser und reflektieren brennende Sonnenstrahlen auf die Gletscheroberflächen und das schwarze, sich aufheizende Lavagestein. Man geht davon aus, dass das arktische Eis am Äquator spätestens Mitte des 21. Jahrhunderts verschwunden sein wird.

Tierwelt

Der Kilimanjaro birgt, fast vollkommen abgeschnitten von der Außenwelt, eine inselartige Tierwelt. Es finden kaum Ab- und Zuwanderungen statt, lediglich die Giraffen, Löwen und die kleine Population von **Elefanten** (etwa 150) verlassen hin und wieder die östlichen und nördlichen Waldhänge in Richtung Amboseli. Der Großteil der Tierwelt des Kilimanjaro lebt im Waldgürtel, doch wurden auch schon Löwen und sogar Elefanten auf dem Shira Plateau gesichtet, wo sich fast das ganze Jahr über **Elenantilopen** aufhalten. Aber auch in noch höhere Lagen haben sich schon größere Säugetiere gewagt. *Reusch* fand 1926 bei seiner Besteigung des Kibo einen am Gletscher erfrorenen Leoparden (heute Leopard Point genannt), am Gipfel des Mawenzi wurde sogar einmal ein Büffelskelett entdeckt. 1962 begleiteten fünf **Hyänen** über mehrere Stunden eine Gruppe von Bergsteigern bis zu den Gletschern auf über 5000 m Höhe.

Leoparden sind heute rar und werden nur noch äußerst selten gesehen. Die Chance, Affenarten wie Meerkatzen und Paviane zu Gesicht zu bekommen, ist dagegen größer. Am Kilimanjaro lebt eine eigene **Unterart der Weißkehl-Meerkatze.** Ihr fehlt der sonst so typische weiße Kehlfleck. Der Kilimanjaro-Guereza ist eine Unterart der Schwarzweißen **Stummelaffen,** deren Bestand sich nach hemmungsloser Fellwilderei wieder erholt hat.

Weitere Säugetiere sind das Waldschwein, Nagetierarten wie Mäuse und Hochland-Ratten und die folgenden **Antilopenarten:** Buschbock, Klippspringer, Busch-, Abbot's- und Roter Ducker und Suni-Zwergböcke. Da der Wald aber meist sehr dicht ist, bekommt man kaum eines der Tiere zu Gesicht.

Unter den **Vögeln** sind vor allem Hartlaub's Turakos, Bussarde, Adler und Raben gelegentliche Begleiter beim Wandern durch die unteren Zonen.

Die Besteigung des Kilimanjaro

Die Besteigung kann **nur in Begleitung eines ausgewiesenen Führers** und mit offiziellen Trägern erfolgen. Zudem ist seit den neuen Bestimmungen aus dem Jahr 1993 auch die selbst organisierte Tour nicht mehr möglich, **jede Besteigung muss über ein Bergsteiger-/Safari-Unternehmen arrangiert werden.**

Der Kilimanjaro ist einer der wenigen Berge dieser Größenordnung, der auch von Nicht-Bergsteigern erklommen werden kann. Fast alle Routen erfordern nicht Seil-Kletterei, sondern nur eine gute Fitness/Vorbereitung und eine gesunde Portion Optimismus. Ob jung (Kinder unter 10 dürfen nur bis zur Mandara Hut) oder alt, der Fast-Sechstausender kann von allen in Angriff genommen werden, die keine gesundheit-

033 Foto: pale

034 Foto: ping

Adler und Geier

Die Fülle der **Greifvögel** – Geier, Adler, Bussarde, Habichte, Falken usw. – ist in Tansania überwältigend. Am häufigsten am Riss von Löwen und anderen Tieren zu sehen sind Weißrückengeier und Sperbergeier. Ein auffallende und mächtige Erscheinung ist der Schreiseeadler, der im Gegensatz zu Schlangenadlern auch oft zu beobachten ist.

Links oben: Schreiseeadler,
unten: Schlangenadler;
rechts oben und unten:
Weißrücken- und Sperbergeier

031 Foto: proma

032 Foto: beelix

lichen Probleme haben (s.u.). Ausnahmen sind der Mawenzi, dessen Felswände nur für professionelle Alpinisten zugänglich sind, und die Gletscherrouten am Kibo.

Der Erfolg versprechendste Faktor ist Zeit - Zeit, die jeder benötigt, um sich in Höhen zwischen 3000 und 4000 m zu akklimatisieren. Meine persönliche Einschätzung und die vieler anderer Kilimanjaro-erfahrenen Bergsteiger ist, dass man mindestens eine 6-Tage-Tour buchen sollte, am besten noch länger. Eine 5-Tage-Tour ist zwar kostengünstiger, aber eine Qual für den Körper, den Kopf und das Gemüt - auch Todesfälle kommen vor ...

Egal, welche Route man nimmt, eine **Urkunde** für das Erreichen des Uhuru-Gipfels oder des Gilman's Point bekommt man nach dem Abstieg am Mweka oder Marangu Gate.

Wer sich den Kilimanjaro nicht zutraut, aber dennoch einmal Kili-Luft atmen möchte, kann in den sogenannten One Day Walking Zones **Tageswanderungen** unternehmen. Diese sind am Marangu und Londorossi Gate (West-Kilimanjaro) möglich und kosten **pro Person 60 $.** Man wandert in den unteren Berghängen und begeht die ersten Teilstücke der Routen auf den Berg. Vor 17 Uhr sollte man wieder zurück am Gate sein. Ein Führer, der bei der Parkverwaltung akkreditiert ist, muss mit von der Partie sein. Wer fit ist, kommt leicht bis zur Mandara-Hütte und zum Maundi-Krater.

Rundflug über den Kilimanjaro

Für alle, die nicht zu Fuß in die luftigen Höhen des Kilimanjaro steigen wollen, bietet die Fluggesellschaft Kili Air um den Deutschen *Michael Braatsch* Rundflüge an - ein wirklich herrliches, wenn auch bei kleiner Personenzahl kostspieliges Erlebnis!

Gestartet werden kann in Moshi, am Kilimanjaro-Flughafen oder am West Kili Airstrip bzw. von Momella aus. Frühmorgens um 7 Uhr ist die beste Zeit, um den gewaltigen Riesen zu umrunden. Auch können die Rundflüge mit einem Flug über den Mt. Meru und den Arusha-Nationalpark verbunden werden. Kostenpunkt für den Kilimanjaro-Rundflug (je nach verwendetem Flugfeld): ab 450 $ für das Flugzeug.

Über das gleiche Unternehmen werden auch **Tandem-Fallschirmsprünge** in unmittelbarer Nähe zum Berg angeboten, dabei geht es bis auf 13.000 Fuß hinauf; Preis: 390 $ (mehr online unter: www.skydivekilimanjaro.com).

- Zu erreichen ist **Kili Air** unter Tel./Fax (027) 2750523, Tel. (0787) 710710, info @kiliair.com, www.kiliair.com oder über die Hatari Lodge (siehe Arusha National Park).

Bergführer und Träger

Wer über den Berg Kilimanjaro und das Volk der Chagga mehr erfahren möchte, sollte seine **Tour über ein renommiertes Unternehmen buchen** (siehe bei Moshi weiter oben oder auch in den Abschnitten zu Arusha und zum Meru-Gebiet). Diese stellen auch professionelle Führer zur Verfügung.

Neben der Wegweisung hat ein **Führer** auch die Aufgabe (in Verbindung

mit seinem Unternehmen), die je nach Ausrüstung benötigte Anzahl von Trägern zu organisieren und die Verteilung und Verpackung der Ausrüstung zu überwachen; ggfs. übernimmt er auch das Kochen. Auch wenn ein Führer auf der Marangu-Route nicht unbedingt nötig ist (aufgrund des starken „Gegenverkehrs" auf dem 2- bis 4-spurigen Pfad kann man sich gar nicht verlaufen!), so werden Sie auf den anderen Routen auf ihn angewiesen sein, da hier nicht immer ersichtlich ist, wo genau der Pfad langführt. Sind Sie in einer größeren Gruppe (maximal 16), sollten zusätzlich ein oder auch zwei **„Assistance Guides"** (Zweitführer) mit von der Partie sein, damit im Falle einer Höhenkrankheit nicht die gesamte Gruppe umkehren muss, sondern nur der/die Betroffene(n) mit einem der Führer.

Ein Führer ist nicht gleichzeitig Träger, er trägt nur seine eigenen Sachen.

Oft kann ein Führer nicht frei ausgewählt werden, es sei denn, man besteht darauf, was aber Zeit kostet, will man in Marangu, Moshi oder auch anderswo die vom Tour-Operator „angebotenen" Führer kennen lernen. Meist muss man dem Veranstalter vertrauen, dass man einen sympathischen Begleiter bekommt. Doch auch hier gilt die Regel, dass ein Führer dem Ruf des Veranstalters alle Ehre macht – vermeiden Sie also die Billig-Organisation über eines der oftmals schlechten Low-Budget-Unternehmen in Moshi oder Arusha (s.a. „Wissenswertes zur Organisation einer

Camp am Fuß des Kibo-Gipfels

Safari vor Ort"). Sollten Sie auf der einfachen Marangu-Route unterwegs sein, wird dies nicht weiter ins Gewicht fallen, doch bei allen anderen Routen kann ein schlechter Begleiter die Tour vermiesen. Die ausgefalleneren Routen sollten daher auch nur über ein erfahrenes Unternehmen gebucht werden.

Die **Kosten** für einen Führer werden über das Unternehmen, mit dem man bucht, abgewickelt. Sehr gute und renommierte Führer, wie z.B. die vom DAV Summit Club, African Environment, Wilderness Travel oder Afromaxx (alle in Arusha oder Moshi), kosten ihr Geld, was die Gesamtkosten der Tour entsprechend steigen lässt. Zusätzlich sind **Trinkgelder** nach gelungenem Aufstieg von mindestens 25 $ pro Tag und Person für den Führer, von mindestens 15 $ pro Tag und Person für den Koch und von mindestens 10 $ pro Tag und Person für die Träger selbstverständlich. Diese Trinkgelder sollten vor dem Abschied am Mweka oder Marangu Gate gegeben werden, wenn Sie Ihr Zertifikat erhalten, das bestätigt, dass Sie auf dem Kilimanjaro waren.

Es gibt Unternehmen, die behaupten, die Trinkgelder seien im Preis inbegriffen. Dieser Aussage ist kein Glauben zu schenken, denn sie ist unseriös: Die Bergführer, Köche und Träger bekommen von diesen Unternehmen nur einen Bruchteil des Verdienten bzw. Bezahlten und oftmals überhaupt kein Trinkgeld!

Träger benötigen eine Arbeitslizenz und einen jährlichen Fitnesstest. Die aus dem Chagga-Volk rekrutierten jungen Männer haben sich mittlerweile zu einer Art Genossenschaft zusammengeschlossen. Die Höchstlast pro Träger beschränkt sich seitdem auf 15 kg zusätzlich seiner eigenen Verpflegung/Kleidung. Je nach Ausrüstung werden ein bis zwei Träger pro Person benötigt. Wer abseits zeltet, muss wegen des zusätzlichen Schleppens von Zelten, Feuerholz und Wasser mit mindestens zwei Trägern rechnen. Einige Unternehmen sparen hier Kosten und führen ihre Billigtouren mit so wenigen Porters wie nur möglich durch. Zudem wird beim Marsch zum Gipfel oft auf die Tren-

tan020 Foto: jg

Träger am Kilimanjaro

nung zwischen Kunden und Trägerkolonne verzichtet. Sie sollten darauf achten, nicht gemeinsam marschieren zu müssen. Gute Unternehmen teilen eine „Expedition" in Kunden, Führer sowie die jeweils persönlich zugeteilten Träger einerseits und die vorausgehenden Lastenträger und Köche andererseits. So wird gewährleistet, dass Sie am Ende Ihrer Tagesetappe in ein fertiges Camp mit vorbereitetem Essen kommen, dass Sie in einer kleinen Gruppe gehen, um mehr vom Berg zu haben, und dass Sie nicht ständig von den Trägern hinsichtlich irgendwelcher Trinkgeldvereinbarungen, Geschenkvorbestellungen usw. belästigt werden – alles Voraussetzungen für das Gelingen einer Kilimanjaro-Besteigung, welche, wie in letzter Zeit von einigen Bergsteigern bemängelt, nicht in jedem Fall erfüllt werden.

Kosten und Organisation

Die Kosten hängen ab von der Dauer, der Route und vor allem vom gewählten Tour-Unternehmen. Eine **5-Tagestour über die Marangu-Route** mit einem durchschnittlichen Safariveranstalter in Arusha oder Moshi beginnt inkl. aller Nebenkosten bei **ca. 1200 $,** eine stolze Summe, die nicht unbedingt für Reibungslosigkeit und perfekte Organisation steht. Mittelmäßiges Essen, Verzögerung der Träger und, damit verbunden, langes Warten auf Ausrüstungsgegenstände und/oder Essen und/oder trockene Kleidung und/oder Schlafsäcke kommen nicht selten vor. Wer ca. 300 $ mehr drauflegt und sich den Adressen in Marangu oder den empfohlenen Veranstaltern in Moshi anvertraut, geht ein geringeres Risiko ein. Zudem ist darauf zu achten, dass bei den Hütten und Camps am Berg das Wasser abgekocht bzw. desinfiziert wird oder sogar Trinkwasserflaschen im Gepäck der Träger sind. Die Gebirgsbäche sind aufgrund des großen Besucherandrangs mittlerweile alle nicht mehr ganz sauber, Ausnahmen sind die oberen und letzten Wasserstellen.

Sechs Tage über die Machame-Route liegen **zwischen 1200 und 1500 $,** je nach Unternehmen. Die Preise gelten auch für andere Routen wie z.B. Rongai oder Shira.

Zu empfehlende Adressen in Marangu sind das Kibo Hotel, das Marangu Hotel und die Babylon Lodge. Von den bei Moshi und Arusha erwähnten Veranstaltern sind u.a. Summits Africa, Active Tanzania Adventures, Afromaxx, Zara Tours und High Peaks zu empfehlen. Diese gehen auch über die weniger benutzten Routen.

Schutzhütten und Camps

Die **Schutzhütten** am Kilimanjaro sind entlang der Marangu-Route sehr **modern und entsprechen internationalem Bergsteiger-Standard.** Sie sind allesamt bewacht, und die wichtigen, wie Kibo und Horombo, stehen mit dem Tal in Funkverbindung (Mobiltelefon funktioniert auch). Stromversorgung, sogar auf den Toiletten, ist durch Solarenergie gewährleistet. Touristen werden getrennt von Führern und Trägern untergebracht und verfügen auch über eigene sanitäre Anlagen. Die stationären

Die Ausrüstung sollte folgende Dinge umfassen:

- bequeme Wanderhose
- wasser- und winddichte Überhose (Sympatex o.Ä.)
- evtl. lange Unterhose, langärmliges Unterhemd (Thermo!)
- Fleece-Pullover
- wasser- und winddichte Jacke mit Kapuze (mit Innenfutter)
- Handschuhe
- mehrere Paare dicke Socken
- Thermoschlafsack (Komfortbereich mind. bis -5°C)
- Wasserflasche
- evtl. eine Thermoskanne
- Bergsteigergamaschen für die Unterbeine
- zwei Wasserflaschen
- guter Rucksack für persönlichen Bedarf
- Thermotasche für Kamera und Filmmaterial
- evtl. Zelt und Isomatte
- Stirnlampe
- Sturmstreichhölzer
- Taschentücher
- Erste-Hilfe-Kit (s.a. „Höhenkrankheit und Notfall")
- Hut, Kopftuch
- Sonnencreme (Blocker für Nase und Lippen)
- Sonnenbrille
- Stirnband zum Ohrenschutz
- Toilettenpapier
- Wanderstock (oft bekommt man einen guten Bambusstock)

Buchtipps – Praxis-Ratgeber:

- Gunter Schramm **Trekking-Handbuch**
- Rainer Höh **Wildnis-Ausrüstung**
- Rainer Höh **Wildnis-Backpacking**

(alle Bände Reise Know-How Verlag)

Hüttenaufseher verkaufen Sodas, Bier, Kekse, Schokolade usw. Ein Restaurant jedoch gibt es nicht.

Auf einer Höhe von 2700 m befindet sich die **Mandara-Hütte,** eine Gruppe von Holzhäusern in einem Waldgebiet direkt an der Parkgrenze. Der Komplex mit Wasserstelle, von Norwegern erbaut, hat eine Kapazität von 80 Betten, je vier Personen teilen sich ein Zimmer.

Die **Horombo-Hütte** befindet sich auf 3720 m Höhe und weist die gleiche Ausstattung wie die Mandara auf, jedoch mit Platz für 120 Personen.

Die **Kibo-Hütte,** in 4700 m Höhe gelegen, ist eine Steinkonstruktion mit Schlafsälen für etwa 60 Personen und einem großen Speiseraum. Bei diesem Ausgangspunkt zum Gipfel gibt es kein Wasser mehr.

Die **anderen Hütten,** wie Barafu, Baranco, Arrow Glacier, Lava Tower, Moir, Outward Bound, Mawenzi und Mawenzi Tarn, sind nur noch heruntergekommene Wellblechhäuser, die meist von den Trägern und Köchen genutzt werden. Bei diesen Hütten wird daher im Zelt geschlafen. Wasser- und Feuerholzvorrat muss mit dem Bergsteigerunternehmen abgesprochen werden. Das **gesamte Brennholz muss von außerhalb des Parks mitgebracht werden.**

Die als **Camps** ausgewiesenen Stellen verfügen fast alle über einen Wasserzugang nahebei. Es sind Zeltplätze, die an ausgewählten Stellen errichtet worden sind, von denen die meisten nur einfache Plumpsklos und Waschstellen haben. Zusätzlich wird auch auf einigen Routen bei **Caves** (Höhlen) bzw. geschützten Felsvorspüngen übernachtet, von denen die meisten nicht weit von einer Wasserquelle entfernt liegen. Das Schlafen in den Höhlen selber ist nicht mehr gestattet.

Camps und Caves werden hauptsächlich auf den weniger begangenen Routen genutzt (s.u.).

Vorbereitung und Ausrüstung

Auch wenn der Berg ohne Kletterei bestiegen werden kann, sollte man dennoch eine **gute Kondition** haben. Einige Wochen vorher sollten Sie sich mit Laufen, Joggen oder Fahrradfahren für den Aufstieg vorbereiten. Eine gute Übung besteht auch darin, sich an das Wandern mit einem Rucksack zu gewöhnen. Die „dünne" Höhenluft setzt trainierte Lungen voraus, die mit dem geringeren Anteil von Sauerstoff in der Luft klarkommen.

Wer Asthma-, Herz- oder Lungenprobleme hat, sollte von einer Gipfelbesteigung absehen und sich auf die schönen unteren Bergbereiche beschränken. In jedem Fall sollte der Gipfel nicht „mit Gewalt" bezwungen werden, die **Grenzen der eigenen körperlichen Belastbarkeit** sind zu **respektieren.**

Bei der **Ausrüstung** muss man nicht unbedingt in kompletter alpiner Bekleidung erscheinen, was vor allem dann, wenn man nur mit Rucksack im Land unterwegs ist, auch gar nicht möglich ist. Die Safari-Unternehmen stellen die gesamte Ausrüstung (Kochgeschirr mitsamt Essen, gewaschene Thermoschlafsäcke, Zelte, Wanderstöcke usw.).

In jedem Fall anzuraten ist die Mitnahme der **eigenen, eingelaufenen Trekkingstiefel,** denn nichts ist schlimmer, als sich in einem geliehenen Schuh die Füße wund zu laufen. Nützlich ist auch ein **zweites Paar Schuhe** (z.B. Turnschuhe, leichte Wanderschuhe o.Ä.) für den ersten Tag der Besteigung. Gerade wer die Machame-Route angeht, wird auf dem ersten Teil durch den Urwald – je nach vorherigen Regenverhältnissen – mit viel Wasser und Matsch zu kämpfen haben, sodass selbst gute Trekking-Stiefel nicht nur völlig eingesaut werden, sondern womöglich auch voll Wasser laufen – und dann am kühlen Abend in 3000 m Höhe nur schwer trocken zu kriegen sind! Nassklamme Schuhe können einem dann am nächsten Tag die Tour gründlich vermiesen!

Höhenkrankheit und Notfall

Eine Besteigung des Kilimanjaro setzt die Untersuchung bzw. **korrekte (ärztliche) Einschätzung der gesundheitlichen Verfassung** voraus, v.a. bezüglich Diabetes, Lungenproblemen, Asthma und Herzproblemen/Kreislauf/hohem Blutdruck.

Behinderte können die Tour in Angriff nehmen, sofern ihre Behinderung dies erlaubt (z.B. Blinde, Gehörlose, im Gehen leicht Behinderte), müssen aber natürlich berücksichtigen, dass der Aufstieg länger dauern kann.

Bei Bergtouren muss der abnehmende Luftdruck bedacht werden, da mit diesem auch das **Sauerstoffangebot** für den Organismus **sinkt.** Näherungsweise verringert sich der Luftdruck pro 1000 Höhenmeter um 10%. Gedanken-

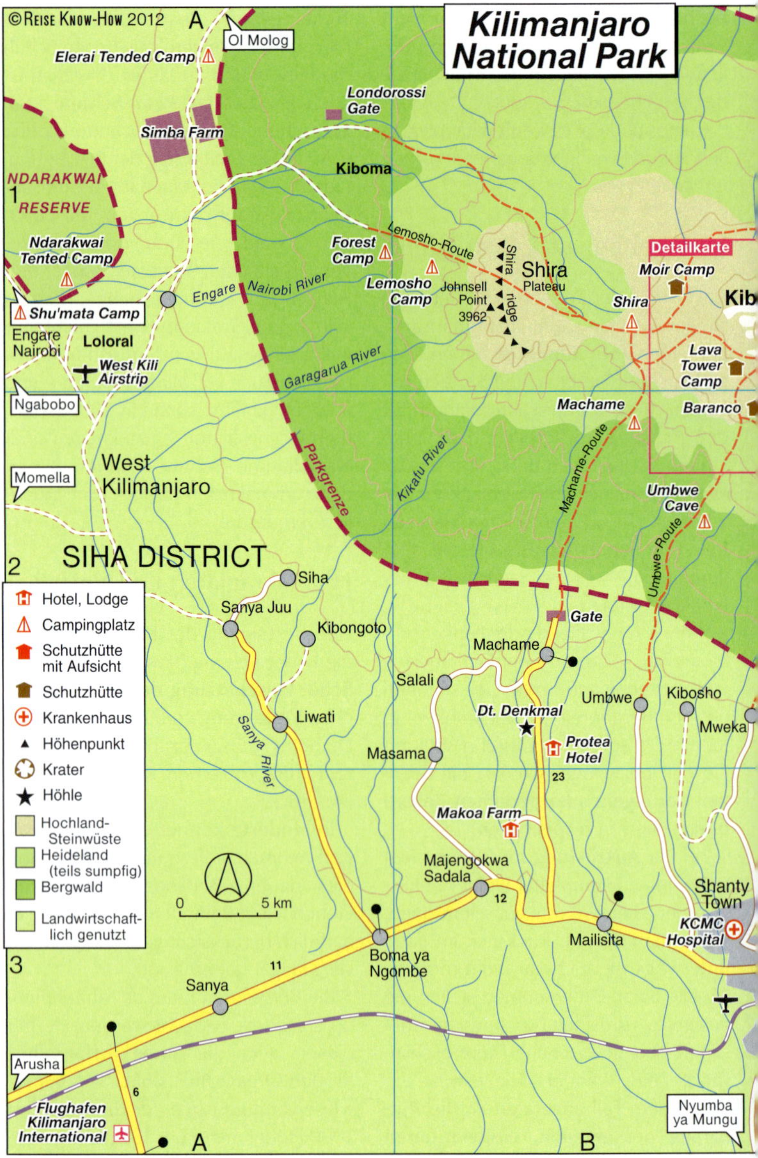

Kilimanjaro National Park
©Reise Know-How 2012
Ol Molog
Elerai Tended Camp
Londorossi Gate
Simba Farm
Kiboma
NDARAKWAI RESERVE
Ndarakwai Tented Camp
Forest Camp
Lemosho-Route
Lemosho Camp
Johnsell Point 3962
Shira ridge
Shira Plateau
Detailkarte
Moir Camp
Shira
Lava Tower Camp
Baranco
Machame
Engare Nairobi River
Shu'mata Camp
Engare Nairobi
Loloral
West Kili Airstrip
Ngabobo
Garagarua River
Momella
West Kilimanjaro
Parkgrenze
Kikafu River
Machame-Route
Umbwe Cave
Umbwe-Route
SIHA DISTRICT
Siha
Sanya Juu
Kibongoto
Gate
Machame
Salali
Umbwe
Kibosho
Mweka
Dt. Denkmal
Liwati
Protea Hotel
Masama
Sanya River
23
Makoa Farm
Majengokwa Sadala
12
Shanty Town
KCMC Hospital
Mailisita
Boma ya Ngombe
11
Sanya
Arusha
6
Flughafen Kilimanjaro International
Nyumba ya Mungu
0 5 km
Hotel, Lodge
Campingplatz
Schutzhütte mit Aufsicht
Schutzhütte
Krankenhaus
Höhenpunkt
Krater
Höhle
Hochland-Steinwüste
Heideland (teils sumpfig)
Bergwald
Landwirtschaftlich genutzt

C
D
Rongai Village
Ol Turesh Springs
KENIA
KAMWANGA FOREST
Nare Moru
Kibou
Rombo
Rongai-Route
TANSANIA
1
Kirongo
Northern Circuit
Höhle
Great Barranco
Kikelewa-Höhlen
3600 m
School Hut
Reusch-Krater
Liebert Valley
Kibo
Usarangai
Mawenzi Tarn
Hans Meyer Peak 5149
The Saddle
Mawenzi
Neuman Tower
Barafu
Southern
Mawenzi
Neumann Valley
Circuit
4000
Kofferberg 3980 m
Mashati
Millenium Camp
3720 m
Horombo
Mrere
3500
Washi Stream
Mweka
Maundi-Krater
3000
2
Rombo Mkuu
Mandara
2700 m
2500
Mua Stream
Marangu-Route
Kisambioni Picnic Site
2000
Keni
Park Gate, HQ, Hostel
1800 m
Stream
Midlant Lodge
Manda
6
3,5
Mountain Resort
Marangu
Mwika
Old Moshi
Camping
Kimochi
1000
Kiboroloni
Mountain Inn
13
Shia
Lake Chala
3
Moshi
23
2
KENIA
7
4
Himo
Holili
Taveta
Tanga
Voi
C
D

losigkeit und Selbstüberschätzung können hierbei große Gefahren heraufbeschwören, auch körperliche Fitness und Klettererfahrung schützen nicht vor der Höhenkrankheit. Daher sollte man sich **langsam an die atmosphärischen Verhältnisse gewöhnen:** für den Aufstieg von Meereshöhe auf 2500 m zwei Tage einplanen, danach für je 500 m Höhenunterschied einen Tag, Höhen über 5000 m sollte der Untrainierte nicht überschreiten.

Zeichen der Höhenkrankheit können bereits ab 2000 m auftreten, ab 3000 m sind sie häufig: Kopfschmerz, Müdigkeit, Übelkeit, Atemnot, Schlafstörung, schneller Puls. Diese Warnzeichen können fälschlich auf Anstrengung und Erschöpfung beim Aufstieg zurückgeführt und deshalb nicht beachtet werden. Dann drohen eine schwere Lungenstörung, die mit Husten und Atemnot bis zum Ersticken führen kann, sowie eine Hirnschwellung, die sich anfangs in Bewegungsstörungen (z.B. unsicheres Gangbild) und Verwirrtheit äußert, dann bis zur Bewusstlosigkeit führt. Grundsätzlich gilt: Jedes Symptom, das vorher nicht bestand, ist als Anzeichen der Höhenkrankheit zu werten.

Vorbeugende Maßnahmen

- **Behutsame Anpassung an die Höhe:** keine Gewalttouren. Gruppen müssen sich nach ihrem schwächsten Glied richten. Ausreichender Schlaf, Ruhephasen einlegen.
- **Schlafplatz** 200 bis 500 m unterhalb der größten erreichten Höhe wählen.
- **Ausgleich des Flüssigkeitsverlustes** (hervorgerufen durch trockene Luft und vermehrte Abatmung): ausreichend trinken, d.h. pro 1000 m Höhe mind. 1,5 Liter zusätzlich.
- **Alkohol unbedingt meiden!**
- **Kleine, häufige Mahlzeiten aus leicht verwertbaren Kohlenhydraten** wie Obst, Marmelade, Haferflocken.
- Vor der Einnahme von Medikamenten zur Vorbeugung sei gewarnt, da sie die Anfangssymptome verdecken und so zu einem weiteren Anstieg mit größeren Risiken verleiten.

Behandlung

Bei den ersten Anzeichen: ausruhen, evtl. hinlegen, zusätzlich trinken, leichtes Schmerzmittel (z.B. *Aspirin*®).

Wenn nach einer Stunde keine Besserung eintritt, ist Abstieg um einige hundert Meter erforderlich. Wer das aus eigener Kraft nicht mehr schafft, wird entweder getragen oder mit einer einrädrigen Bahre ins Tal geschafft. Für diesen Notfall muss jeder Bergsteiger vor Beginn einer Tour die obligatorischen **40 $ Rescue Fee** für ein eigens vorgesehenes **Bergrettungs-Team** zahlen (die Kosten hierfür sind bei den Bergsteiger-Agenturen schon mit einberechnet). Liegt ein ernsthafter Notfall vor, wird man in das KCMC-Krankenhaus nach Moshi eingeliefert, mit dem über Funk/Mobiltelefon Verbindung besteht.

- **Knight Support**
Tel. (075) 4510197, firstarusha@knightsupport.com. Die „First Air Responder" sind eine sehr empfehlenswerte Erste-Hilfe-Leistung, besonders für den Norden Tansanias. Wo die Flying Doctors oft eine wertvolle Stunde oder mehr zu spät sind, sorgt Knight Support für die rechtzeitige Notfallevakuierung. Auch Hubschrauber werden eingesetzt und können selbst in großen Höhen am Kilimanjaro und in entlegensten Gebieten ohne Landepisten fliegen bzw. landen. Diese Zusatzversicherung lässt sich direkt oder über Ihren örtlichen Veranstalter buchen und ist eigentlich Pflicht für alle, die auf den Kilimanjaro klettern. Knight Support hat seine variable Basis zwischen Arusha und Moshi.

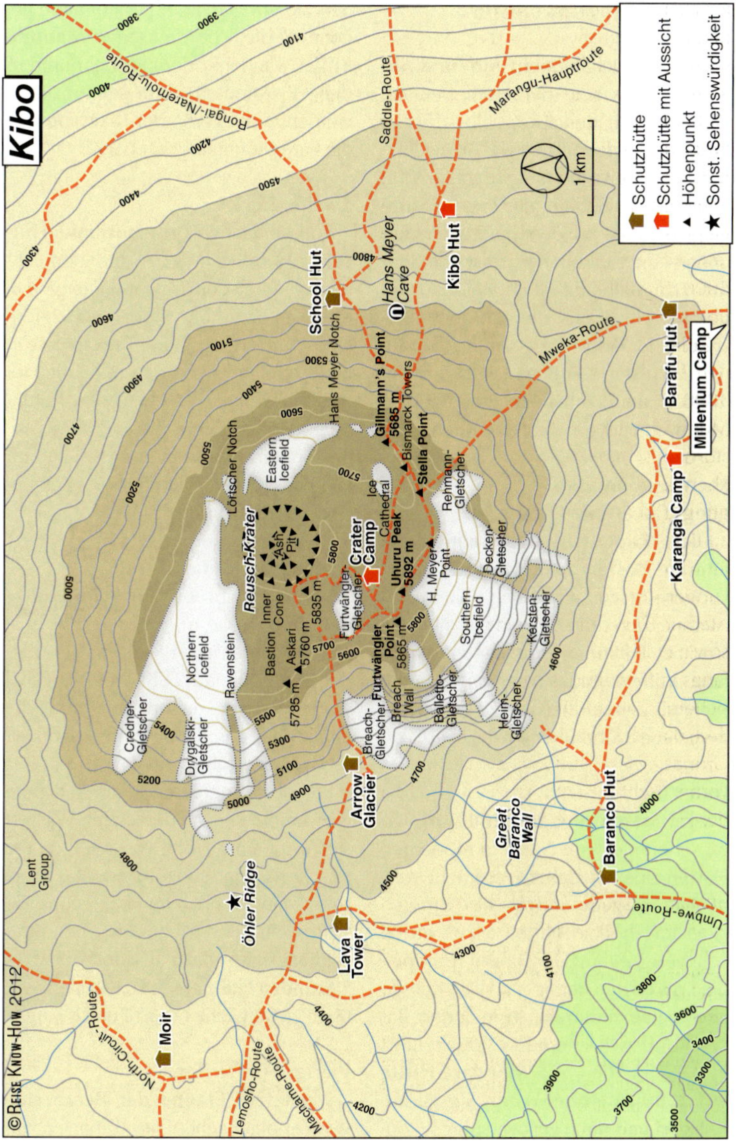
Kibo
Schutzhütte
Schutzhütte mit Aussicht
Höhenpunkt
Sonst. Sehenswürdigkeit
1 km
Rongai-/Naremoru-Route
Saddle-Route
Marangu-Hauptroute
Kibo Hut
School Hut
Hans Meyer Cave
Hans Meyer Notch
Gillmann's Point
5685 m
Bismarck Towers
Stella Point
Rehmann-Gletscher
Decken-Gletscher
Kersten-Gletscher
Heim-Gletscher
Balletto-Gletscher
Southern Icefield
H. Meyer Point
Uhuru Peak
5892 m
Crater Camp
Ice Cathedral
Eastern Icefield
Lörtscher Notch
Reusch-Krater
Ash Pit
Inner Cone
5835 m
Furtwängler-Gletscher
Furtwängler Point
5865 m
Breach Wall
Breach-Gletscher
Bastion
Askari
5760 m
5785 m
Northern Icefield
Ravenstein
Credner-Gletscher
Drygalski-Gletscher
Arrow Glacier
Lent Group
Öhler Ridge
Lava Tower
Great Baranco Wall
Baranco Hut
Umbwe-Route
Karanga Camp
Barafu Hut
Millenium Camp
Mweka-Route
Moir
North-Circuit-Route
Lemosho-Route
Machame-Route
©Reise Know-How 2012

Die Routen zum Gipfel

Von den insgesamt **acht Auf- und Abstiegsrouten** sind derzeit sieben zugänglich. Auf den Kibo selbst führen drei Routen, jedoch ist die Arrow-Glacier-Route seit einem Steinschlag 2006 geschlossen. Zudem gibt es eine **Summit-Route,** die um den Kibo herumläuft und in einen Northern Circuit und Southern Circuit unterteilt ist. Weitere Kletterrouten für Profis, die sich über Gletscher oder über die Wände des Mawenzi zu den Gipfeln wagen wollen, müssen schriftlich beim Headquarter beantragt und genehmigt werden.

Marangu-, Tourist- oder „Coca-Cola"-Route

Diese Route gilt als die **einfachste und am besten ausgestattete,** daher auch die Beinamen (in den Hütten gibt es tatsächlich Cola!). Pro Tag sind höchstens 50 Personen zugelassen, daher sollte früh im Voraus reserviert werden! Mehr als zwei Drittel aller Besucher besteigen den Kibo über diesen Weg.

Erster Tag

Vom **Marangu Gate (1800 m)**, wo oft schon die erste Nacht in modernen Hütten oder in Zelten verbracht werden kann, geht es früh am Morgen langsam hoch, ohne allzu große Schwierigkeiten. Der breite Trampelpfad durch den herrlichen Wald mit seinen uralten Bäumen, gurgelnden Bächen und zwitschernden Vögeln führt in 3–5 Stunden zur **Mandara-Hütte auf 2700 m Höhe.** Wenn Sie gut zu Fuß sind und noch Lust verspüren, können Sie am Nachmittag zum nahe liegenden, dicht bewachsenen **Maundi-Krater** wandern oder ihn sogar umrunden (15 Minuten). Von seinem Rand werden in der Ferne der Lake Jipe und die Pare Mountains sichtbar.

Zweiter Tag

Von Mandara bis **zur Horombo-Hütte (3720 m)** sind es 5–7 Stunden Fußmarsch durch den Waldausläufer und in die erste Zone der Moor- und Heidelandschaft. Ideal ist eine **Tagespause** in Horombo, um sich langsam an die Höhe zu gewöhnen. Ausflüge zum 1 Stunde entfernten **Zebra Rock** (3980 m hohe Klippen) oder zum East Lava Hill am Fuße des Mawenzi können von hier unternommen werden.

Dritter/Vierter Tag

Von Horombo **bis zur Schutzhütte des Kibo** (4703 m) hat man die Auswahl zwischen **zwei Routen:** der oberen Route, die am Fuße des Mawenzi vorbeiführt, und der unteren Route, die direkt über den Saddle und durch kleine Lavakegel führt.

Bei der gängigeren unteren Route wird empfohlen, an der letzten Wasserstelle, auf einer Höhe von 4300 m, die Wasserflaschen aufzufüllen. Das Wasser gilt hier als noch trinkbar, geben Sie sicherheitshalber dennoch Wasserentkeimungsmittel dazu! Bis Kibo ist mit **5–7 Stunden Fußmarsch** zu rechnen, wer oben entlanggeht, braucht etwas länger.

Vierter/Fünfter Tag

Die **letzte Etappe** der Bergbesteigung erfolgt nachts. Der Abmarsch von der Kibo-Hütte **beginnt ab Mitternacht,** da man so den Sonnenaufgang über dem Mawenzi erleben kann. Vor allem aber sind in der Nacht die sonst lose Asche und der Lava-Schotter noch gefroren und lassen sich besser begehen. Der Hang verläuft steil, aber der Pfad ist fest und mit Stirn- oder Taschenlampe gut zu sehen.

Vorbei an der **Hans Meyer Cave,** einem Ort für eine kurze Rast, sind nach etwa 5 Stunden Fußmarsch der Kraterrand des Kibo und der erste Gipfel, der 5685 m hohe **Gillman's Point,** erreicht. Viele begnügen sich mit dem herrlichen Blick in das Innere der Caldera und auf die letzten großen Eisschollen am Rand. Wer noch Kraft verspürt, müht sich noch weitere 1½ Stunden den Grat des äußeren Kraters entlang, vorbei am mittlerweile winzigen Ratzel-Gletscher und den Bismarck Towers bis zum **Uhuru Peak.**

Der **Abstieg** zur Kibo-Hütte dauert etwa 1 Stunde, weitere 4–5 Stunden benötigt man **bis Horombo.**

Letzter Tag

Am fünften bzw. sechsten Tag werden die letzten 28 km bis Marangu in etwa 6–7 Stunden zurückgelegt. Sie können aber auch über eine der Südrouten den Berg verlassen.

Machame-Route

Diese Route führt durch wilde, unberührte Natur und bietet mehr Ruhe als die Marangu-Route. Viele sehen diesen Weg als den schönsten an, was jedoch mittlerweile auch dazu geführt hat, dass mehr und mehr Unternehmen ihre Kunden über diese Route schicken. Machame weist keinen besonderen Schwierigkeitsgrad auf, vorausgesetzt Sie nehmen sich sechs Tage Zeit und der letzte Teil des Aufstieges erfolgt über Barafu Hut und nicht über den **Arrow Glacier.** Einige Unternehmen/Führer bevorzugen nämlich letztere Variante, die es jedoch in sich hat. Sofern Sie nicht über gute bergsteigerische Kenntnisse und Praxis verfügen, rate ich von der Route aus folgenden Gründen ab: Die Arrow Glacier Hut auf 4850 m wird relativ schnell erreicht, sodass wenig Zeit auf der für die Höhenanpassung extrem wichtigen Höhe zwischen 3500 und 4500 m verbracht wird. Schließlich ist der finale Anstieg nahe der fast 1000 m hohen Felswand **Western Breach** steinig und sehr steil, teils auch vereist und glatt. Wer oben auf dem Kraterrand ankommt, darf nicht über den gleichen Weg zurück, sondern muss nach dem Uhuru Peak (wer das nicht schafft, läuft über den Kraterboden zur Ostseite) über die Barafu Hut absteigen. Falls man nun zu zweit oder in einer Gruppe unterwegs ist und jemand den Aufstieg bei Arrows nicht schafft (was durchaus vorkommt), die

tan019 Foto: jg

andere(n) Person(en) aber schon oben ist/sind, wird die Gruppe geteilt, und man sieht sich frühestens nach einem Tag am Mweka Camp wieder. Zu empfehlen, besonders wegen der wichtigen Höhenanpassung, aber auch aufgrund der einmaligen Vegetation im Baranco Valley (Senecien, Lobelien), ist daher die **Route über die Barafu Hut,** die wie folgt aussieht:

Die **erste Etappe** beginnt am Park Gate, 3 km nördlich vom Ort Machame, führt durch einen sagenhaften Waldabschnitt und endet nach einem fünf- bis sechsstündigen Fußmarsch im **Machame Camp (2990 m).** Vom Camp hat man den optimalen Blick auf die Shiraspitzen und den Kibo.

Die **zweite,** 7 Stunden lange **Etappe zum Shira Camp (3840 m)** ist besonders schön. Das dichte Unterholz des Regenwaldes weicht Heide- und Moorlandschaften, und der rechter Hand aufragende Kibo wirkt gewaltig groß. Zudem hat man eine wunderschöne Sicht nach Westen, zu den spitzen Zacken der Shira Ridge und zum weit entfernten Mt. Meru. Am Camp ist ein Tag Akklimatisierungspause ratsam.

Die **dritte Etappe** verläuft durch Geröllwüste und steigt in Richtung der alten **Lava Tower Hut** auf etwa 4000 m an, bevor man dann unterhalb des großen „Lavahügels" (dort ist auch eine kleine Höhle, Abstecher von etwa 45 Minuten) wieder leicht absteigt und nach etwa 2 Stunden die Baranco Hut im gleichnamigen Tal erreicht.

Am vierten Tag wird der große Kibo-Gipfel auf seiner Südseite umgangen (Southern Circuit), man bewegt sich zwischen 3800 und 4100 m. An der Kreuzung mit der Umbwe-Route beginnt dann der leichte Anstieg über einen Höhenrücken, bis nach etwa einer weiteren Stunde die Barafu Hut in ca. 4600 m Höhe erreicht ist.

Hier wird ein paar Stunden geschlafen, bevor es nachts (ca. 2 Uhr) mit Lampen auf sandigem Untergrund dem Stella Point am Kraterrand oder dem Gipfel selbst entgegen geht.

Der anderthalbtägige Abstieg erfolgt wieder zurück über Barafu Hut und dann die Mweka-Route hinunter.

Umbwe-Route

Diese sehr steil angehende Route beginnt entweder im Dorf Umbwe auf 1450 m Höhe oder am Ende einer Parallelroute, die bis 1850 m mit dem Auto befahren werden kann. Entlang des Umbwe Stream geht der Weg mehrere Kilometer durch den sehr eindrucksvollen Regenwald. Da hier nur selten Gruppen entlanggehen, ist der Pfad an manchen Stellen eng und von Vegetation und Wurzeln überwuchert. Das erste Lager wird bei den **Forest Caves (2850 m)** aufgeschlagen, wo das Wasser sehr trüb ist. Von den Höhlen geht es weiter den „Großen Baranco", einen lang gezogenen Bergrücken, entlang, durch Heidelandschaft hindurch und vorbei an zwei weiteren Höhlen, bis man auf das **Baranco Camp (3950 m)** an der Route des Southern Circuit trifft. Das Camp gilt als Basis für Alpinisten, die über die Gletscher des Southern Icefields zum Gipfel klettern. Normal-Wanderer sollten hier jedoch einen Tag Pause einlegen, bevor sie über Barafu

Hut den Aufstieg machen. Der Aufstieg über Arrow Glacier ist nur für erfahrene und physisch fitte Bergsteiger ratsam.

Für die Normal-Wanderer geht es weiter über das **Lava Tower Camp** der Shira- und Lemosho-Route und schließlich entlang dem Arrow-Gletscher zum Uhuru Peak (siehe Anmerkung zum Arrow Glacier oben).

Mweka-Route

Die Mweka-Route ist nur noch für den Abstieg der Machame-, Shira- oder Umbwe-Routen vorgesehen.

Shira- und Lemosho-Route

Beide Routen beginnen beim **Londorossi Gate (2250 m)** an der Westflanke des Berges und vereinen sich auf dem 3600 m hohen Shira Plateau. Die Ausblicke in die weite Ebene in Richtung des kenianischen Amboseli National Park und zu den schroff aufragenden Bergen des Meru und des Longido sind überwältigend.

Während die ursprünglich für Autos angelegte Piste über die Shira-Route einen schnellen Aufstieg zum Plateau ermöglicht, führt die neue Lemosho-Route anfangs noch durch dichten Wald und dann geradewegs auf die steil aufragende Shira Ridge zu, die man dann nördlich umgeht. Kurz zuvor befindet sich am Fuß der ehemaligen Kraterwand das **Shira One Camp (3610 m)**, von dem aus für Kletterer die Möglichkeit besteht, den Johnsell Point oder den Klute Peak zu erklimmen.

Weiter geht ein ganzer Tagesmarsch nur über das weitläufige Plateau bis zum **Shira Camp.** Von hier kann der Trek entweder über die **Moir-Hütte (4200 m)** und den Northern Circuit fortgesetzt werden, oder man geht durch ein riesiges Feld großer schwarzer Lavablöcke über den Shark's Tooth bis zum 4600 m hoch gelegenen Lava Tower Camp. Ab hier verläuft die Route wie die Machame (siehe Beschreibung oben).

Rongai-/Naremolu-Route

Vom Ort Rongai an der kenianischen Grenze im Nordosten des Berges beginnt eine der interessantesten Routen, wobei die Eingangsformalitäten in Marangu erledigt werden sollten. Der Nordhang ist spärlicher bewachsen als die Südhänge, dafür hat man stets freie Sicht in die Weiten der kenianischen Ebene bis hin zur Chyulu Range, einer Kette von Vulkanhügeln am Rande des Tsavo National Park. Auch den langsam näherkommenden Kibo hat man ständig vor Augen. Übernachtet wird auch hier in Zelten in der Nähe der ehemaligen Schlafhöhlen am Climbing und Bread Rock. Auf dem Saddle angekommen, kann man erst eine Schleife entlang den Ausläufern des Mawenzi einbauen, bevor man entweder über das Biwak Camp der **Outward-Bound-Hütte (4750 m)** bzw. School Hut oder über die Kibo-Hütte den Aufstieg zum Gipfel beginnt. Der Abstieg darf nicht zurück über Rongai erfolgen.

Eastern Safari Circuit

Eastern Safari Circuit

Mkomazi National Park

Kaum bekannt „versteckt" sich auf der Ostseite der langen Bergkette Pare-Usambara der 2500 km² große Mkomazi National Park, seit 2006 Tansanias neuester Nationalpark. Hervorgegangen aus dem bereits 1951 gegründeten Game Reserve, dient das Wildreservat als **Pufferzone für den kenianischen Nationalpark Tsavo West.** Die ursprünglich getrennt voneinander verwalteten Mkomazi und Umba Game Reserves haben nun eine gemeinsame Verwaltung mit Headquarter am Zange Gate, nahe des Ortes Same. Mkomazi ist der Name des in den nördlichen, saisonalen Sumpfebenen entspringenden Flusses, welcher weiter südlich in den Pangani fließt. Mkomazi bedeutet in der Sprache der Pare „Wasserquelle". Der Umba River entspringt in den Usambara-Bergen, bildet einen Teil der Südostgrenze des Reserve und mündet in Kenia in den Indischen Ozean.

Das Reservat erstreckt sich im Norden von den Pare Mountains bis zur „Umba-Steppe" im Küstenvorland. Die höchste Erhebung ist der **Kinondo Hill** mit 1230 m im Nordwesten von Mkomazi, im Südosten dagegen geht es bis auf etwa 300 m hinunter. Das wenig besuchte Gebiet bietet eine faszinierende, raue Landschaft, die einen Teil der riesigen **Buschsavannen** des Tsavo-Ökosystems umfasst. Daher weist das Reser-

Landschaft im Mkomazi National Park

vat eine artenreiche, grenzüberschreitende **Tierwelt** auf, darunter Löwen, Geparden, Elefanten, Büffel, Giraffen, Zebras, Grant's- und vor allem Gerenuk-Antilopen mit dem größten Bestand in Tansania.

Die Schönheit dieser Wildnis resultiert aber auch aus den wechselnden Vegetationsformen, die einen deutlichen Übergang von Akazien- und Feigenbäumen der nördlichen Savannen zu den niederen und feuchten Buschwerken des Küstenvorlandes zeigen. Diese vielseitige Flora zieht auch viele **Vögel** an, etwa 400 verschiedene Arten sind bisher registriert worden.

Lange Zeit war Mkomazi nur die vernachlässigte Pufferzone von Tsavo, in der Wilderer und ambitionierte Jäger die wandernden Tiere ins Visier nahmen. Die Maasai nutzten in Trockenzeiten die künstlich angelegten Wasserstellen für ihre Viehherden. Mittlerweile sind jedoch mehr Wildhüter im Einsatz, die Jagd ist reglementiert, und die Maasai dürfen trotz großer Proteste die Weideflächen auch nicht mehr nutzen.

Die Besucherzahlen waren bisher kaum der Rede wert, mit einem neuen Masterplan soll der Tourismus auch hier gefördert werden. Die bisher einzige touristische Unterkunft ist das **Babu's Tented Camp** (s.u.).

Einige Projekte, wie die Einführung des Afrikanischen Wildhundes, und der weitere Ausbau der Infrastruktur werden zur Zeit in Erwägung gezogen. Zur Überwindung der finanziellen Proble-

tan027 Foto: jg

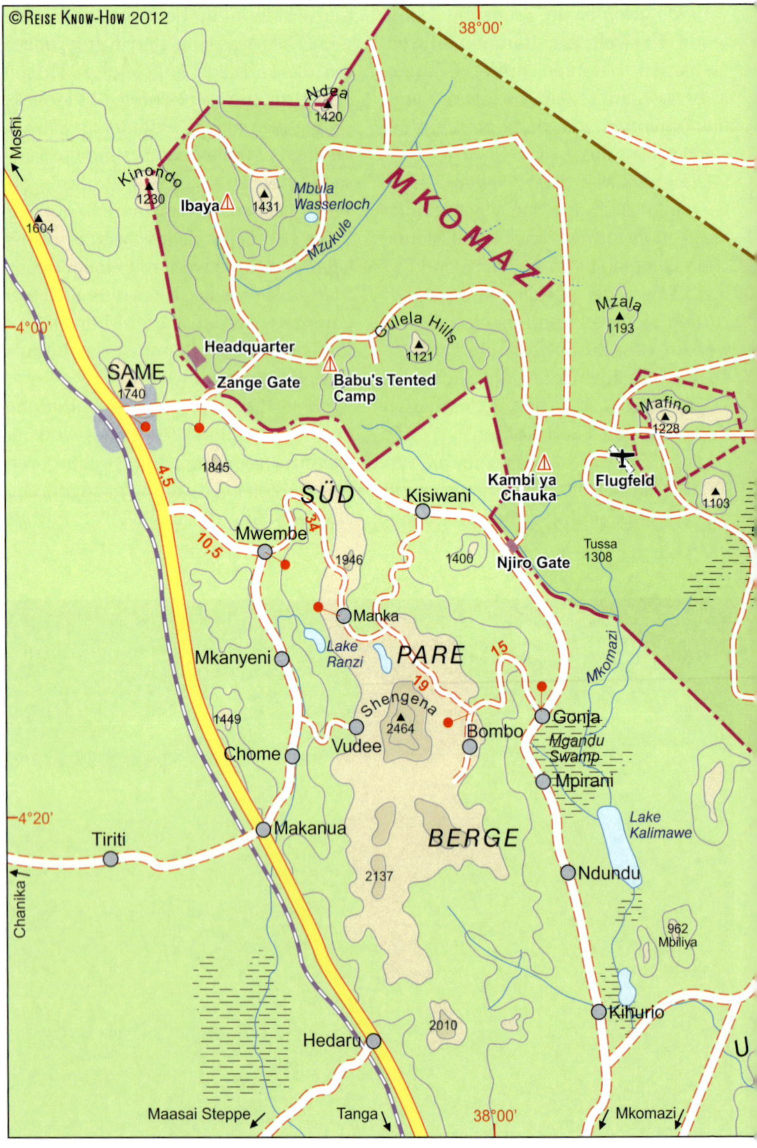
©Reise Know-How 2012
38°00'
Ndea
1420
Moshi
Kinondo
1230
Ibaya
1431
Mbula
Wasserloch
1604
Mzukule
MKOMAZI
Mzala
1193
4°00'
Gulela Hills
1121
Headquarter
SAME
1740
Zange Gate
Babu's Tented
Camp
Mafino
1228
1845
4,5
Kambi ya
Chauka
Flugfeld
1103
SÜD
Kisiwani
34
Mwembe
10,5
1946
1400
Njiro Gate
Tussa
1308
Manka
Mkanyeni
Lake
Ranzi
PARE
15
19
Mkomazi
Shengena
2464
1449
Vudee
Bombo
Gonja
Mgandu
Swamp
Chome
Mpirani
4°20'
Makanua
Tiriti
Lake
Kalimawe
BERGE
Ndundu
2137
Chanika
962
Mbiliya
Kihurio
2010
Hedaru
U
Maasai Steppe
Tanga
38°00'
Mkomazi

Mkomazi
National Park
Staatsgrenze
Nationalpark/
Game Reserve
Rhino Sanctuary (privat)
Sumpf
Campingplatz
6
Entfernung in km
100 km
38°30'
4°00'
4°20'
TSAVO WEST (SOUTH)
NATIONAL PARK
Maore
Wasserloch
NATIONAL
PARK
886
Milimangombe
KENIA
TANSANIA
Karambatu
Kamba
Mbalamu
Mnazi
Kivingo
Mabata
Wasserloch
527
Umba Post
Lelwa
AMBARA
Mtae
2219
BERGE
Lushoto
Tanga
Umba
River

me des Reserve hat sich der britisch-kenianische George Adamson Memorial Fund engagiert. Ein privates **Nashorn-Sanctuary** mit aus Südafrika eingeflogenen Tieren sowie eine **Aufzuchtstation für Wildhunde** wurden errichtet und können auf Anfrage besichtigt werden (mkomazi@wildlifenow.com).

Beste Besuchszeit/ Im Reserve unterwegs

Der Mkomazi National Park lässt sich das ganze Jahr über besuchen, mit Einschränkung während der großen Regenzeit von März bis Mai.

Der **Eintritt** erfolgt über das **Zange Main Gate** und über das **Njiro Gate.** Bei den Ranger Posts im Südosten des Schutzgebietes darf der Park lediglich verlassen werden, jedoch nur nach vorheriger Anmeldung am Zange Gate.

Die Pisten setzen **Vierradantrieb** voraus, Treibstoff ist nur in den Orten Same, Kisiwani und Gonja erhältlich.

Von Babus's Camp aus lässt sich das Gebiet auch **zu Fuß erkunden.** Dies darf nur in Begleitung eines bewaffneten Rangers erfolgen und setzt ein eigenes Fahrzeug voraus. Die Verwaltung am Main Gate vermietet keine Wagen. Im Nordwest-Sektor (Ibaya genannt) befinden sich einige hoch aufsteigende Hügelketten, von denen sich sagenhafte Ausblicke bieten. Bisher bieten nur wenige Safari-Unternehmen eine mehrtägige Tour im Mkomazi an. Das Safari-Erlebnis **„Rhino Hopper"** beinhaltet eine Safari quer durch unberührtes Maasai-Land zum Mkomazi National Park (siehe www.theafricanembassy.com).

Der **Tierbestand** von Mkomazi kann sich mit den Parks im Norden sicherlich nicht messen. Auch sind die Tiere nicht so an Besucher gewöhnt. Dennoch gibt es sehr große Kuhantilopen-, Elan-, Zebra- und Büffelherden. Gute Wildbeobachtungsgebiete sind im Norden des Parks bei Ibaya und im Osten das Maore-Gebiet entlang der kenianischen Grenze. Zudem ist man im Park (noch) nahezu allein unterwegs, in einer Landschaft, die mit endlosen Savannen und bizarren Bergen besticht.

In Moshi bietet u.a. MEM Tours preiswerte Camping-Safaris im Mkomazi National Park an.

Anreise, Unterkunft und Gebühren

- Mkomazi kann von Moshi/Same relativ schnell erreicht werden, auch die Piste, die vom südlich gelegenen Ort Mkomazi in Richtung Njiro Gate führt, ist gut zu befahren. Im Reserve befindet sich auch eine Landepiste für Motorflugzeuge.
- Die **Eintrittsgebühren** betragen **20 $ pro Person und Tag.**
- Bei Ibaya, 12 km nördlich vom Gate, befindet sich ein **Zeltplatz.** Die wahrscheinlich schönste Campingmöglichkeit bietet die Höhe bei **Vitewini,** wo sich herrliche Ausblicke öffnen (allerdings auch sehr windig). Die dritte Campsite heißt **Kambi ya Chauka** und liegt etwa 5 km hinter dem Njiro Gate. Die Plätze bieten weder fließendes Wasser noch Toiletten, **Camping kostet 20 $ p.P.** Ansonsten befinden sich einfache Guest Houses in Same und Kisiwani (s.o.).
- **Babu's Tented Camp,** Tel. (027) 2548840, www.babuscamp.com. Das 2006 errichtete Camp verfügt über fünf luxuriöse Zelte (10 m lang!), die wunderschön unter Baobab-Bäumen entlang der Gulela Hills liegen und einen herrlichen Ausblick auf den Nord-Mkomazi haben. Alle Zelte verfügen über ein mit

dem jeweiligen Zelt verbundenes Badezimmer mit einer Außendusche und Toilette unter dem Sternenhimmel, geschützt durch Palisaden aus Zweigen und Ästen. Die bequemen, großen Betten unterstreichen den gelungenen Stil dieses Camps mit einem sehr serviceorientierten Team. Gehobenere Preisklasse.

- Die **Rangerbegleitung** bei Fußmärschen schlägt mit **20 $** zu Buche.

Saadani National Park

Der Park

Das im Jahr 2000 zum Nationalpark ausgerufene Saadani-Wildschutzgebiet (zuvor Game Reserve) ist eine **Besonderheit an der Ostküste des afrikanischen Kontinents.** Nur hier kann man beobachten (allerdings selten), wie Elefanten, Büffel und auch Löwen bis ans Ufer des Indischen Ozeans treten. Zudem ist hier die nördlichste Population der seltenen **Roosevelt-Rappen-Antilope** in Tansania beheimatet (ca. 200 Tiere). Außerdem besitzt Saadani große Bestände an Giraffen, Büffeln, Gnus, Kuhantilopen (Topi), Elenantilopen, Duckern, Riedböcken, Wasserböcken, Warzenschweinen und Zebras; Leoparden sind hier ebenfalls heimisch, wenn auch seltener zu sehen. Die Galeriewälder entlang der Flüsse bilden den Lebensraum einer **Unterart von Angola-Stummelaffen,** der Palliatus-Schwarzweiß-Guerezas. Wie groß die Tierpopulation wirklich ist, lässt sich bis jetzt noch nicht sagen. Erst wenn der Nationalpark vollends abgesteckt worden ist und effektive Schutzmaßnahmen greifen (mehr Rangerpersonal, ausreichendes Wegenetz, Errichtung weiterer Rangerposten), wird es möglich sein, das Schutzgebiet und seinen Tierbestand zu erfassen. Das Potenzial von Saadani, da sind sich Tierschützer und Verantwortliche von TANAPA (Tanzania National Parks Authority) einig, ist groß. Nicht zuletzt ist Saadani der einzige Tierpark, wo sich eine Tierbeobachtungsfahrt bzw. eine Fuß-Safari mit einem Bad im Indischen Ozean und einem Seafood-Barbeque an einem der vielen herrlichen Sandstrände abschließen lässt.

Der 1148 km² große Nationalpark reicht im Norden von der **Msangazi-Flusslandschaft** (auch Mkwaja North genannt) bis zum Mittellauf des **Wami River** im gleichnamigen, von Mangroven bestandenen Flussdelta; die Nord-Süd-Ausdehnung beträgt etwa 70 km und ist damit mehr als viermal so groß wie im Fall des früheren Game Reserve. Ein mittlerweile umfangreiches Wegenetz, von Wildtieren regelmäßig aufgesuchte Wasserlöcher sowie zahlreiche Sumpf- und Savannengebiete bieten gute Bedingungen für Tierbeobachtungen. In den Flüssen lassen sich erlebnisreiche Boot-Safaris zwischen Krokodilen, Flusspferden und einer für Ornithologen verblüffenden Vogelwelt unternehmen, im letzten intakten **Urwald Zaraninge Forest** können ausgedehnte Spaziergänge unternommen werden.

Seit der Vergrößerung von Saadani verläuft jetzt die Eisenbahnlinie mitten durch den Park.

Der Großteil der **Küstenlinie** liegt nicht innerhalb des Parks, die hier verstreut und einsam gelegenen, kleinen Dörfer leben vom Fischfang und bescheidenem Ackerbau (Reis, Maniok, Bananen usw.). Ausgenommen sind das Wami-Flussdelta – hier reicht die Parkgrenze bis an den Indischen Ozean –, und bei Madete stehen noch etwa 30 km² Küstengewässer unter Sonderschutz. Hier befindet sich eines der letzten Fortpflanzungsgebiete der vom Aussterben bedrohten Grünen Seeschildkröte. Doch an vielen Stellen die Küste entlang breiten sich traumhafte, nahezu menschenleere Strände aus, biegen sich Palmen gen Horizont, da wo die Sonne frühmorgens aus dem Meer taucht. Die vorgelagerten Riffe und bei Ebbe auftauchende Sandbänke laden zu Schnorchel- und Tauchgängen ein. In den Gewässern tummeln sich hin und wieder auch Delphine.

Der Saadani National Park steht in deutlichem **Kontrast zu den Parks im Norden.** Mit der Fülle an Tieren, wie man Sie im Ngorongoro oder in der Serengeti vorfindet, kann der Park nicht konkurrieren. Landschaftlich hat Saadani jedoch seine Reize. Küstentypische Akazien *(Acacia zanzibarica),* Doum- und Borassuspalmen, Mangroven und Sumpfsavannen stehen für echtes Buscherlebnis. Das Küstenvorland präsentiert sich hauptsächlich flach, mit einigen bis zu 300 m hohen Erhebungen im Westen des Parks.

Obwohl unweit von Dar es Salaam und direkt gegenüber von Sansibar gelegen, kommen bisher nur wenige Besucher nach Saadani.

Als Enklave im Park liegt das **Küstendorf Saadani** direkt gegenüber von Zanzibar Town. Der Ort war vom Beginn des 19. Jahrhunderts an, zusammen mit Bagamoyo, Anfang der zentralen Karawanenroute nach Tabora. *Burton* besuchte den Ort, bevor er mit *Speke* seine Entdeckungsreise zum Tanganyika-See startete. Die wenigen hier stationierten Araber lagen jedoch in ständigem Kampf mit dem einheimischen Volk der Doe und konnten daher Saadani nicht so beherrschen, wie dies für Pangani und Bagamoyo der Fall war. Saadani wurde schließlich ganz aufgegeben, und auch während der deutschen Kolonialzeit gab es hier zunächst nur einen Wachtposten. Nach dem Araber-Aufstand (siehe bei Bagamoyo) errichtete die kaiserliche Schutztruppe auch hier ein Fort, das heute als Ruine im Norden des Dorfes zu besichtigen ist. In Richtung Parkverwaltung erinnern Grabtafeln an die einstige deutsche Präsenz. Hinter dem kleinen Markt stehen Mauerreste aus der frühen Araberzeit. Saadani ist heute ein kleines Dorf, das jahrzehntelang von der Teilhabe am Fortschritt ausgeklammert war.

Anreise und Gebühren

Im Saadani-Park befinden sich mehrere Landepisten für **Flugzeuge.** Besonders über die Landebahn beim Saadani Safari Camp fliegen Regional Air (siehe bei Arusha), Coastal Aviation und Tropical Air (siehe bei Sansibar) den Park regelmäßig an.

Mit der bald fertiggestellten **Brücke über den Wami River** ist der Saadani National Park von Dar es Salaam auf

Nördliche Swahiliküste & Saadani National Park
Pangani River
PANGANI
Pangani River Lodge
Ruine (dt. Bastion)
Landebahn
Sisal
Segera
Hanpeni
Tongwe
Kabuko
Mgambo
525 m
Chogo
Kwedikwazo
Sakura
Sakura
MZIWE ISLAND
29
Eisenbahnlinie
Msangazi
1 Emayani
2 Ushongo Beach
3 The Tides
4 Beach Crab Resort
Mkwaja North
Landebahn
8
Mkwaja
Mkata
301 m
Mkwaja South
A Tent with a View Safari Camp
Pande
Sima Bach
Kwamsisi
Kasa Beach Camp
440 m
SAADANI
Madete Turtle Sanctuary
32
INDISCHER
Mligaji
River
Campingplatz
NAT.
Park Head-quarter
Saadani Safari Lodge
dt. Fort (Ruine)
Mvavi River
SAADANI
Manda
9
7
Mkange
Miono
OZEAN
PARK
18
Zaraninge Urwald
Saadani River Lodge
Delta
Old Mandera Mission
KISAMPA WILDNESS AREA
River
Wami Tal
Wami River
Wami
Fähre/Brücke geplant
Kisampa Camp
mögliche Parkerweiterung
Msata
Kiwangwa
Masugulu
Ruvu River Delta
Ras Luale (Lazy Lagoon)
Chalinze
Salzfelder
Kikoko
BAGAMOYO
Kaole Ruinen
Ras Luale Lodge
10 km
Makurunge
Dar es Salaam
©Reise Know-How 2012

tan115 Foto: jg

dem Straßenwege schnell zu erreichen (3–4 Std.). Die Piste, die vom Norden (Pangani) nach Saadani führt, ist nur bei Trockenheit zu befahren und verlangt auch dann einen guten Geländewagen (vgl. oben die Route Pangani – Mkwaja – Saadani).

Die ganzjährig mögliche **Anfahrt** erfolgt am besten über Mandera und Bagamoyo. Die Anreise mit der Eisenbahn ist nicht möglich.

Die Parkgebühren betragen **25 $ p.P. und Tag.**

Der Saadani National Park grenzt an den Indischen Ozean

Beste Besuchszeit

Der Saadani lässt sich außer in den Regenmonaten April bis Mitte Juni **das ganze Jahr über** besuchen. Gut ist die etwas kühlere Zeit zwischen Juni und Oktober, aber auch die anderen Monate eignen sich; nachts lässt es sich gut ohne Klimagerät auskommen, da die Meeresbrise leichte Kühlung gewährt.

Im Park unterwegs

Ein bereits **ausreichendes Wegenetz** macht mit dem Geländewagen die Erkundung fast des gesamten Gebietes möglich (Allrad-Antrieb ist ein Muss!). Bei den Park gates und dem Headquarter gibt es einen Prospekt des Parks mit sehr guter Karte zum Gebiet. Neben den erwähnten **Bootstouren** im Wami-Flussdelta (über Saadani Safari Lodge und Saadani River Lodge) können auch **Fuß-Safaris mit Rangern** unternommen werden (20 $ pro 2- bis 3-stündiger Tour).

Unterkunft

Tented Camps

- **Saadani Safari Lodge**

P.O. Box 40525, Tel./Fax (022) 2151106, Tel. (0713) 555678, www.saadanilodge.com. Gemütliches und sehr verspielt aufgebautes Tented Camp unter englischer Leitung 1 km nördlich vom Fischerort Saadani. 9 Zeltbandas und ein im Makuti-Stil errichtetes Restaurant mit durchschnittlicher Küche (frische Garnelen direkt aus dem Meer) liegen am Strand. Der Sand ist allerdings aufgrund der Nähe zur Mündung des Wami River nicht besonders hell, das Meerwasser ist trüb. Das Camp bietet Touren mit offenen Jeeps im Park oder mit Booten im Wami-Flussdelta an. Die Übernachtung mit Vollpension beginnt bei 300 $ p.P. inkl. Aktivitäten und Parkgebühren.

- **Saadani River Lodge**

Tel. (022) 2773294, www.saadaniriverlodge.com. Nun hat auch Luxus den Weg in den schwül-heißen Busch gefunden. 2011 eröffnet, steht das Camp auf Stelzen im Urwald am Südufer des Wami River. Selbstverständlich sind die Zimmer klimatisiert. Moderner Safari-Retrochic dominiert die Lodge bis hin zum Flatscreen-TV in den Zimmern. Diese bieten dank großer Glasschiebetüren tolle Aussichten auf die Flusslandschaft des Wami, Strandzugang gibt es aber keinen! Die Lodge kann über den Straßenweg von Bagamoyo erreicht werden. Besucher des Parks stehen dann Geländewagen auf der nördlichen Uferseite zur Verfügung. Mit einem Motorboot der Lodge fährt man ein Stück den Fluss entlang, bis man seinen Guide mit Fahrzeug trifft. Bald wird eine Brücke 3 km flussabwärts der Lodge fertig sein.

- **A Tent with a View Safari Camp**

P.O. Box 40525, Dar es Salaam, Tel. (022) 2110507, (713) 323318, Fax (022) 2151106, www.saadani.com. Acht auf etwa 2 m hohen Stelzen gebaute Zeltbungalows liegen verteilt unter großen Palmen. Alle haben eine Terrasse mit Hängematte. Ein offener zentraler Aufenthaltsbereich komplett aus Holz in 3 m Höhe verschafft nicht nur einen tollen Ausblick über das Meer, es bläst auch die Brise vom Ozean durch das ansonsten sehr dichte Buschwerk auf dem Gelände des Camps. A Tent with a View bietet eigene Pirschfahrten und Walking-Safaris im Saadani an und holt Gäste direkt am Mkwaja Airstrip ab. Das Camp liegt 4 km südlich des Ortes Mkwaja. Der Preis für Übernachtung (Vollpension) mit allen Aktivitäten und Parkgebühren liegt bei 355/550 US$ für EZ/DZ.

- **Kisampa Camp**

P.O. Box 23000, Oysterbay, Dar es Salaam, Tel. (075) 4927694, (075) 6316815, www.sanctuary.com. Kisampa ist ein einfaches, aber stilvolles Buschcamp in dem gleichnamigen privaten Wildpark, der im Süden des Saadani zwischen dem Zaraninge Forest und dem Wami River liegt, also etwa 10 km Luftlinie vom Ozean entfernt. Kisampa kann mit dem Fahrzeug oder über einen privaten Airstrip erreicht werden. Weitere Informationen auf Anfrage.

Camping

- **Zelten** kostet **30 US$** p.P. und Nacht. Campingplätze sind über die Parkverwaltung ausgewiesen.

Southern Safari Circuit

Selous Game Reserve

Das Reservat

Das Selous (französisch ausgesprochen) Game Reserve, 1982 von der **UNESCO** zum **Weltnaturerbe** erklärt, ist mit etwa **52.000 km²** das **größte Wildschutzgebiet Afrikas.** Zusammen mit dem nördlich der Ta-Za-Ra-Eisenbahn angrenzenden Mikumi National Park, dem westlichen Udzungwa National Park und der Game Controlled Area der Kilombero-Ebene bildet der Selous ein gigantisches Ökosystem, dass eine Fläche so groß wie Österreich einnimmt.

Dass so ein riesiges Gebiet vom Menschen verschont geblieben ist und sich hier eine Insel natürlichen Afrikas bewahrt hat, ist u.a. der **Tsetse-Fliege** zu „verdanken". Die insbesondere im südlichen Selous vorkommende Fliegenart überträgt auf den Menschen die Schlafkrankheit und auf Rinder die tödliche Nagana-Seuche. Die Wahrscheinlichkeit, im Foto-Sektor (s.u.) eine **Schlafkrankheit** zu bekommen, ist äußerst gering; für Besucher besteht **kein Grund zur Besorgnis.**

Lange Zeit war der Selous nur ein Ziel für Besucher mit gut gefülltem Geldbeutel. Einfache Unterkünfte außerhalb der Reservatsgrenzen machen nun auch kostengünstigere Aufenthalte im Selous möglich.

Ausgangsort für einen Besuch des Selous ist Dar es Salaam. Das Reserve kann **mit dem Geländewagen,** auf Fußmärschen **in Begleitung bewaffneter Ranger (Walking-Safaris)** oder mit dem **Motorboot** erkundet werden. Besonders die Möglichkeit, den Selous auf **Wanderungen** zu erkunden, lässt einen „eins werden" mit der heißen, rauen afrikanischen Natur und deren Tierwelt. Die **Bootsfahrten in dem Labyrinth von Flussarmen und Seen** garantieren abenteuerliche Erlebnisse zwischen Flusspferden und Krokodilen. Der Selous bietet diesbezüglich **keine vorgegaukelte Safari-Atmosphäre:** Keine künstlichen Wasserlöcher an Lodgeterrassen und auch keine Flut von Minibussen, wie etwa in kenianischen Nationalparks, verfälschen hier den Eindruck einer wahrhaft unberührten afrikanischen Natur. Nichts hat sich verändert, seit *Burton* und *Speke* 1857 den Norden des heutigen Selous durchwanderten, auf der Suche nach den mysteriösen Nilquellen im Herzen Ostafrikas – zeit- und endlos präsentiert sich der Selous, Afrikas größte geschützte Wildnis als Teil des Weltnaturerbes.

Der Foto-Sektor

Da der Selous den Status eines Game Reserve hat, ist hier im Gegensatz zu den nördlichen Nationalparks auch die **professionelle Großwildjagd** erlaubt. Für Besucher mit fotografischen Ambitionen ist daher nur das **jagdfreie Gebiet nördlich des Great Ruaha und Rufiji River** zugänglich. Dieser Teil wird meist **Northern** oder **Photographic Sector** genannt. Geplant ist, auch einen Teil, der südlich an den Rufiji angrenzt, zur Nicht-Jagd-Zone zu erklären und für den Tourismus freizugeben.

Das **Herz des Selous Game Reserve** bildet – ab dem Zusammenfluss des Ulanga- und Luwegu-Flusses – **der große Rufiji-Strom.** Nach der Einmündung des Great Ruaha River aus dem gleichnamigen Nationalpark zwängt sich der wasserreiche Rufiji durch eine etwa 8 km lange Schlucht, die **Stieglers Gorge** genannt wird. Hier hat sich der mächtige Strom in Tausenden von Jahren einen 100 m breiten und tiefen Weg durch Granit-Gestein gefräßt. In diesem markantesten Teil des Selous stürzt der Rujiji über die drei großen **Stromschnellen Pangani Rapids, Con-man's Foil** und **Ropeway Rapids** einige Meter hinunter, bevor er die flachen Ebenen des Küstenvorlandes durchfließt und in der Regenzeit großflächig überschwemmt. Die Schlucht wurde nach dem deutschen Forscher *Stiegler* benannt, der in diesem Gebiet Anfang des letzten Jahrhunderts von einem Elefanten zu Tode getrampelt wurde.

Während das Gebiet entlang des Rufiji zwischen der Stieglers Gorge und dem östlichen Mtemere Entrance Gate auf ungefähr 70 m Höhe liegt, ragen im nördlicheren Teil des Reserve ein paar **Berge** aus der sonst nur leicht hügeligen Landschaft auf, etwa der 670 m hohe Mt. Beho Beho und der 754 m messende Mt. Nyamambi. Im fernen Süden des Selous erreichen kleinere Bergketten Höhen bis 1000 m.

Auf dem Fluss selber verkehren keine Schiffe, da der Rufiji in den letzten Jahrzehnten stellenweise sehr versandet ist und daher nur wenig Tiefgang aufweist. Die letzten Dampfschiffe, mit Längen bis zu 50 m, fuhren in den 1930er Jahren die Strecke zwischen Utete und dem Indischen Ozean.

Das Binnendelta der Rufiji-Seen

Der ab der Stieglers Gorge östliche Teil des Rufiji ist die **zentrale Attraktion des Selous,** hier befinden sich auch die noblen Safari-Camps. Nach der Schlucht verbreitert sich der Fluss zu einem **großen Binnendelta,** das aus zahlreichen Inseln, Sandbänken, Seen und Nebenflüssen besteht. Der Grund für diese scheinbar uferlose Ausdehnung ist eine Aufstauung der abfließenden Wassermassen aufgrund sehr geringem Fließgefälle und reichlich Akkumulation und Sedimentation von Erdmaterial, welches der Strom Jahr für Jahr tonnenweise anschwemmt. Bei einem Landeanflug lassen sich zahlreiche Sandflächen und -bänke aus der Luft betrachten. Hinzu kommt, dass der Rufiji-Strom im El-Niño-Jahr seinen Verlauf geändert hat. Diese Verlaufsänderung hat dem Binnendelta des Selous sein vorerst endgültiges Aussehen verliehen. Denn der nun in einem Bogen fließende **Rufiji verbindet die Seen Tagalala, Manze, Nzelakela, Siwandu und Mzizimia miteinander.** Verstärkt durch die dichte Ufervegetation und die Borassus-Palmen stellt dieses riesige Wasserlabyrinth eine undurchdringliche, ungezähmte und geheimnisvolle Wildnis dar. Landschaftlich ist dieser Teil des Selous ein in Ostafrika einzigartiges Gebiet, **vergleichbar mit dem Okavango-Delta in Botswana,** aber mit wesentlich geringeren Besucherzahlen und einem viel spärlicheren Wegenetz, sodass die Atmosphäre des Gebiets noch ursprünglicher ist – für mich persönlich ein letztes Stück „wildes Afrika".

Geschichte und Wildschutz

Das Selous Game Reserve ist eines der ältesten Wildschutzgebiete Afrikas. Hervorgegangen aus mehreren von der deutschen Kolonialverwaltung 1905 gegründeten Tierreservaten, wurde der Selous 1922 von der britischen Mandatsverwaltung errichtet. Bis zu dem Zeitpunkt (und unter älteren Menschen auch noch lange danach) war das Gebiet bei der einheimischen Bevölkerung als *Shamba la bibi* (Grundstück der Frau) bekannt: Es wird gesagt, dass Kaiser *Wilhelm* die hier entstandenen Tierreservate seiner Frau 1910 zum Hochzeitstag schenkte.

Während des 1. Weltkriegs war der nördliche Selous **Schauplatz von Gefechten** zwischen englischen Truppen und dem letzten Rest der kaiserlichen Schutztruppe unter dem Kommando von General *von Lettow-Vorbeck.* Unterhalb der Beho Beho Lodge fand eines der tagelangen Stellungsscharmützel statt. Noch heute sind die Schützengräben der Schutztruppe zu sehen, mit etwas Glück lässt sich sogar noch eine Patronenhülse finden. Am unteren Ende des sog. Beho Beho Battlefield befindet sich das Grabmal von *Frederick C. Selous* (siehe Exkurs).

Im Binnendelta der Rufiji-Seen

Anfang der **1980er Jahre** baute man Pisten in den Selous, denn es ging die Hoffnung um, im Park Ölfunde zu machen. Eingeleitet wurde damit auch das **Jahrzehnt der hemmungslosen Wilderei.** Rohöl wurde keines gefunden, doch das Wegenetz sorgte dafür, dass über 75.000 Elefanten und über 2500 Nashörner abgeschlachtet und abtransportiert werden konnten. 30.000 Elefanten und wahrscheinlich nur 40 Nashörner überlebten die langjährigen Massaker. Der Großteil des Elfenbein- und Nashorn-Schmuggels ging über den Norden Mosambiks, aber auch über tansanische Kanäle. Die Regierung reagierte erst spät und startete Ende der 1980er Jahre die **Offensive Uhai,** in deren Rahmen ganze Militäreinheiten im Süden des Selous stationiert wurden. Auf Initiative der GTZ (Gesellschaft für technische Zusammenarbeit), bezuschusst mit Millionenbeträgen aus Deutschland, wurde das langfristige Projekt der **Wildbewirtschaftung im Selous** ins Leben gerufen. Ziel war es, 41 Dorfgemeinden, die entlang der Reservatsgrenze liegen, mit in den Natur- bzw. Wildschutz einzubinden – eine unabdingbare Notwendigkeit, denn die überwiegend am Existenzminimum lebenden Bewohner waren und sind auf Fleisch als Nahrungsmittel angewiesen. Man gestand ihnen pro Jahr und je nach Tier feste Abschussquoten zu, mit der Auflage, das erlegte Wild – dessen Fleisch in Afrika mit Vorliebe verzehrt wird – nicht zu

tan044 Foto: jg

verkaufen. So sollte der Fleisch- und Fellhandel unterbunden und (Groß-) Händlern von außerhalb die Geschäftsbasis genommen werden. Die Vermittlung der handwerklichen und technischen Fähigkeiten zum Gerben der Felle sollte gefördert werden und allen Beteiligten in und um den Selous beruflichen und ökonomischen Nutzen bringen. Die Wilderei konnte mit diesem Programm zwar nicht vollständig beseitigt werden – dafür ist das Gebiet auch viel zu groß und unüberschaubar –, doch werden heute wieder positive Wachstumsraten bei verschiedenen Tierarten beobachtet und das Projekt insgesamt als erfolgreich bewertet.

Der südliche Teil des Selous ist in **hunting blocks (Jagdblöcke)** aufgeteilt, in denen Jagdunternehmen mit ausländischer Kundschaft auf Trophäensuche gehen. Davon profitiert auch die Regierung, denn manch ausländischer Jäger zahlt bis zu 80.000 Euro für eine Jagdsafari. Im Durchschnitt schießen etwa 200 Jäger 2000 Tiere pro Jagdsaison (1. Juli bis 31. Dezember), was angesichts der Größe des Selous keinen nachhaltigen negativen Effekt auf die Tierbestände hat. Mit einem Teil der Erlöse werden im unerschlossenen Süden des Landes Schulen und Kliniken gebaut und ausgerüstet sowie technische Hilfe finanziert. Die Einnahmen aus dem Trophäen-Tourismus übertreffen die des Foto-Tourismus um das Fünffache, weshalb die Jagd für die Unterhaltung des Game Reserve und den Schutz seiner Tierwelt äußerst wichtig ist, da nur etwa 10.000 Foto-Touristen das Reserve pro Jahr besuchen.

Pflanzenwelt

Etwa **drei Viertel des Selous** und weite Teile bis zu den südlichen Orten Songea, Tunduru und Liwale sind von dichten **Miombo-Trockenwäldern** bedeckt. Der Laub abwerfende Miombo-Baum wird durchschnittlich nur 15 m hoch, das Unterholz in den Wäldern besteht aus Gräsern und Buschwerk, in den wasserreichen Gebieten entlang des Rufiji River wächst auch vereinzelt Papyrus. Der Miombo-Wald ist an lange Trockenzeiten und nährstoffarme Böden angepasst und wird von der einheimischen Bevölkerung bzw. von Rangern innerhalb des Selous gebietsweise abgebrannt, bevor dies am Ende der Trockenzeit oft auf natürliche Weise durch die Sonneneinstrahlung passiert. Dieser Eingriff in den natürlichen Zyklus verhindert, dass nicht die gesamte Vegetationsdecke abbrennt und somit die Regenerationszeit der Pflanzen nicht zu lang wird. Bei vorherigem Abbrennen, wenn viele Pflanzen noch grünen, halten die Brände nicht so lange an, und Klein- und Großtiere bleiben größtenteils verschont und kehren nach kurzer Zeit zurück. Dies ist vor allem für die Honigsammler aus den umliegenden Dörfern wichtig, da die Bienen auf diese Weise nicht für längere Zeit verscheucht werden.

Zu den vorherrschenden **Miombo-Baumarten** gehören der *Brachystegia* und der *Isoberlinia*. Nach der Regenzeit, von Juni bis August, zeigen sich die Miombobäume in ihrer ganzen Pracht. Während die Blätter wachsen, durchlaufen sie die unterschiedlichsten Farbstadien: Braun-, Rot-, Violett- und Gelbtöne folgen aufeinander, bis am Ende ein saftiges Grün erreicht ist.

Im nördlichen Foto-Tourismus-Sektor des Selous erstrecken sich gebietsweise Sumpf- und Graslandschaften, in denen Baumarten wie Affenbrotbäume (Baobab, vgl. Tarangire National Park) Schirm- und Flötenakazien, Ebenholzbäume und die für den Selous charakteristischen **Doum- und Borassus-Palmen** gedeihen. Letztere erreichen eine Höhe von knapp 30 m, der Stamm wird nach obenhin umfangreicher und die Baumkrone sieht aus wie ein buschiger Wedel. Die Borassus-Palme benötigt sehr viel Wasser. Hin und wieder sieht man auch noch Mango-Bäume, die aus der Zeit der Araber Mitte des 19. Jahrhunderts stammen, als von Kilwa Kivinje an der Küste eine Karawanenroute über Kisaki ins Landesinnere führte und die Mangofrucht auf den langen Fußmärschen beliebtes Stärkungsmittel

T_512 Foto: jg

Frederick Courteny Selous

Um die Jahrhundertwende war Frederick C. Selous ein unter Europäern gut bekannter und beliebter Engländer, der zwischen Ostafrika und Kapstadt Großwildjagden veranstaltete. 1908 hatte er sogar die Ehre, eine Trophäenjagd für den amerikanischen Präsidenten *Roosevelt* zu organisieren, da keiner den afrikanischen Busch und seine Gefahren besser kannte als der schon zu Lebzeiten Legendenstatus genießende Selous – **ein britischer Buffalo Bill in Afrika.** Selous diente dem Schriftsteller *Rider Haggard* als Vorbild für seinen Helden „Allan Quatermain" und dessen Abenteuer im Land König Salomons. Im rhodesischen Unabhängigkeitskampf wurde die Anti-Terroristen-Spezialeinheit der kolonialen Regierung „Selous Scouts" genannt.

Nach Ausbruch des 1. Weltkriegs meldete sich Selous im Alter von 63 Jahren bei den „British East African Forces" und kämpfte gegen die deutschen Truppen, bis er am 4. Januar 1917 am Beho Beho River in einem Gefecht mit *Lettow-Vorbeck* und seinen Truppen von einer Gewehrkugel tödlich getroffen wurde. So starb er in der rauen Wildnis, die immer sein Zuhause gewesen war. Sein Grab, zu dem auch eine Piste führt, liegt nahe des Beho Beho. Mit der Errichtung des großen Wildschutzgebietes nach dem Krieg lag nichts näher, als das Game Reserve nach dem beliebten Gentleman und Großwildjäger Frederick C. Selous zu benennen. Ein Name, den auch die junge tansanische Regierung nach der Unabhängigkeit nicht ändern wollte.

war. Aus den damals übrig gebliebenen Fruchtkernen haben sich riesige Schatten spendende Bäume entwickelt.

Tierwelt

Entlang und nördlich des Rufiji ist **eine der artenreichsten Tierwelten Ostafrikas** zu beobachten. Während der nahrungsreichen Regenzeit von November bis Mai leben im Selous fast eine Million Tiere, darunter heute wieder etwa **70.000 Elefanten** – die wahrscheinlich größte zusammenhängende Population des Dickhäuters auf dem Kontinent. Die **Gnu- und Büffelbestände** werden auf etwa **160.000 Tiere** geschätzt, **Zebras und Impala-Antilopen** soll es jeweils etwa **50.000** geben.

Der einst große Bestand an **Spitzmaul-Nashörnern** (hier die im östlichen Afrika noch einzige intakte Population der Unterart des *Diceros bicornis minor)* wird heute nur noch auf knapp 50 Tiere geschätzt, die größtenteils zurückgezogen im Busch leben und daher mit den Leoparden, die hauptsächlich nachtaktiv sind, zu den am seltensten gesehenen Tieren des Selous gehören. Im Norden, wo sich größere Areale offener Savannenlandschaft ausbreiten, sind Tiere seltener zu erblicken. Rappen und Lichtenstein-Kuhantilopen halten sich hauptsächlich in den (nord-)westlichen Miombo-Wäldern auf. Entlang des Rufiji River sind Elefanten, Große Kudus, Wasser- und Buschböcke, Elenantilopen, Büffel, Warzenschweine, Hyänen, Löwen (ca. 4000), Wildhunde und natürlich auch **Flusspferde** (ca. 40.000) und unzählige **Krokodile** zu beobachten. Bei Bootsausflügen tauchen letztere panisch unter die Wasseroberfläche, kommt ihnen das Boot zu nahe.

Das stundenlange Beobachten der Tiere aus allernächster Nähe, wie man es aus den übrigen Nationalparks Ostafrikas kennt, ist im Selous aufgrund der dichten Vegetation und des eingeschränkten Straßennetzes nur bedingt möglich. Die Guides der ansässigen Lodges und Safari-Camps kennen sich jedoch bestens aus, welche Tiere man zu welcher Jahreszeit wo am wahrscheinlichsten zu Gesicht bekommt.

Die **Vogelwelt** ist im Selous besonders reich vertreten (über 400 Arten, darunter sehr seltene). Imposant ist der Afrikanische Schlangenadler, der stundenlang ohne einen einzigen Flügelschlag in gleichbleibender Höhe segeln kann. In Flussnähe sind vor allem die bunten Orixweber, Kuhreiher, Goliathreiher, Pelikane (saisonal), Malachit- und Riesen-Eisvögel zu sehen, während auf den abgestorbenen Stümpfen der Borassus-Palmen Schreiseeadler nach Fischbeute Ausschau halten.

Reisezeit und Klima

Obwohl nicht sehr hoch gelegen und auch relativ nah zur Küste, ist der Selous keinen Extremtemperaturen ausgesetzt. Das Klima wird durch die Regenfälle reguliert, die auch das Farbkleid der Natur und die Aufenthaltsorte der Tiere beeinflussen. Während der großen **Regenzeit von März bis Mai** ist der Selous für Fahrzeuge geschlossen.

In der **trockenen Saison, von Juni bis Oktober,** zieht es die Tiere an die

Seen und Flussufer. Der Himmel ist tiefblau, das Gras trocken, und Gelb ist die Farbe der Jahreszeit. Tagsüber ist es heiß und trocken, nachts kühlt es stark ab, und man muss unter Wolldecken nächtigen – eine empfehlenswerte Besuchszeit.

Von **November bis Februar** ist die Landschaft mit einem satten Grün überzogen, der Himmel hin und wieder bedeckt und manchmal regnet es ein wenig. Die Sonnenuntergänge sind malerisch. Dies ist die beste Zeit für ausgiebige Boot-Safaris, der Wasserstand ist dann höher, es lassen sich Kanäle und Überflutungsebenen erkunden, zu denen während der Trockenmonate kein Zugang besteht.

Im Reserve unterwegs

In der **Hauptregenzeit von März bis Ende Mai ist der Selous** für Selbstfahrer **geschlossen,** auch die Camps nehmen nur selten Buchungen an.

Mit dem Fahrzeug

Das eher kleine Wegesystem entlang der Seen und des Rufiji River lässt sich bei einem zweitägigen Aufenthalt im nördlichen Selous größtenteils abfahren. In jedem Fall müssen Sie ein Auto mit Allradantrieb haben, denn der Regen verschlechtert immer wieder den Zustand der Pisten, und die Ausbesserungen gehen nur langsam voran.

Die **Hauptroute** zwischen dem östlichen Mtemere und dem westlichen Matambwe Entrance Gate (85 km) ist in recht gutem Zustand, die Nebenrouten können dagegen sandig und auch steinig werden. Nördlich des Lake Nzelakela, ca. 25 km von Mtemere entfernt, zweigt rechts eine Piste bis zur Kinyanguru Station an der Ta-Za-Ra-Eisenbahn ab, wodurch sich die Alternative einer nördlichen Rundtour über Matambwe ergibt (hierfür ist ein ganzer Tag einzurechnen). Die Kinyanguru-Piste sollte nur in der Trockenzeit gefahren werden.

Die Beschilderung ist für die Hauptstrecken gegeben, sofern nicht gerade wieder Elefanten die Schilder herausgerissen haben. Landschaftlich sehr schön ist die Schleife zwischen den Seen Nzelakela und Manze sowie weiter in Richtung Beho Beho/Grabmal von Selous. In Richtung Matambwe bzw. Kisaki können vereinzelt Tsetse-Fliegen zur Plage werden.

Von Beho Beho gen Süden werden die Ufer des **Lake Tagalala** erreicht, von wo man zu den **Hot Springs,** auch *Maji Moto* (Wasser, heißes) genannt, am Fuße der Kipalala Hills gelangt.

Geothermale Aktivitäten führen dazu, dass hier fast kochend heißes, schwefelhaltiges Wasser die Erdoberfläche erreicht und über mehrere kleine, von Palmen gesäumte Pools bis zum Lake Tagalala abfließt. Im untersten Becken kühlt das trübe, aber dennoch saubere Wasser ab und lädt zum Baden ein.

Weiter in südlicher Richtung zum Rufiji River wird Kudu-Land durchquert, bis man die sehr steinige und steile Piste entlang des Kidai Hill erreicht. Die Strecke führt zum Sand River Camp, aber nach diesem nicht mehr weiter bis zur Stieglers Gorge.

Bei der Stieglers Gorge wurden 1977 mit der Hilfe Norwegens Pläne für den

040 Foto: gongo

042 Foto: gongo

Selous Game Reserve

Diese und die nächste Doppelseite vermitteln einen Eindruck von der Tierwelt im Selous Game Reserve, die eine der artenreichsten ganz Ostafrikas ist. Mit einer Fläche von 52.000 km² das **größte Wildschutzgebiet Afrikas,** bietet dieses grandiose Ökosystem vielfältige Möglichkeiten zur Tierbeobachtung.

Diese Doppelseite:
links oben: Erdhörnchen, unten: Sattelstorch;
rechts oben: Gelber Babuin (Affe),
unten: Flusspferde

Nächste Doppelseite:
links oben: Spitzmaulnashorn,
unten: Pelikane;
rechts: Großer Kudu

039 Foto: gongo

041 Foto: gongo

043 Foto: otte

044 Foto: trav

045 Foto: binder

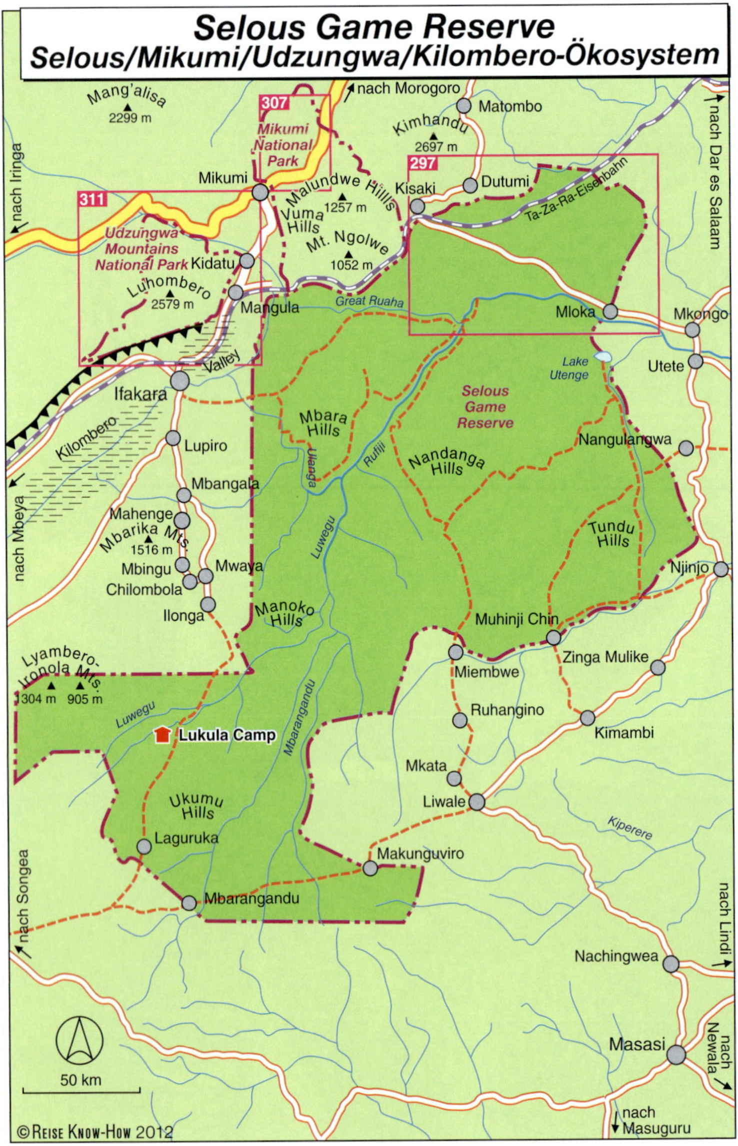
Selous Game Reserve
Selous/Mikumi/Udzungwa/Kilombero-Ökosystem
nach Morogoro
Mang'alisa
2299 m
307
Mikumi National Park
Matombo
Kimhandu
2697 m
297
nach Iringa
Mikumi
Malundwe Hills
1257 m
Kisaki
Dutumi
Ta-Za-Ra-Eisenbahn
nach Dar es Salaam
311
Udzungwa Mountains National Park
Vuma Hills
Mt. Ngolwe
1052 m
Kidatu
Luhombero
2579 m
Mangula
Great Ruaha
Mloka
Mkongo
Valley
Ifakara
Lake Utenge
Utete
Selous Game Reserve
Mbara Hills
Kilombero
Lupiro
Ulanga
Rufiji
Nandanga Hills
Nangulangwa
nach Mbeya
Mbangala
Mahenge
Mbarika Mts.
1516 m
Luwegu
Tundu Hills
Mbingu
Mwaya
Chilombola
Njinjo
Ilonga
Manoko Hills
Muhinji Chin
Lyambero-Ironola Mts.
1304 m
905 m
Miembwe
Zinga Mulike
Luwegu
Ruhangino
Lukula Camp
Mbarangandu
Kimambi
Mkata
Ukumu Hills
Liwale
Kiperere
Laguruka
Makunguviro
nach Songea
Mbarangandu
nach Lindi
Nachingwea
Masasi
nach Newala
50 km
nach Masuguru
© Reise Know-How 2012

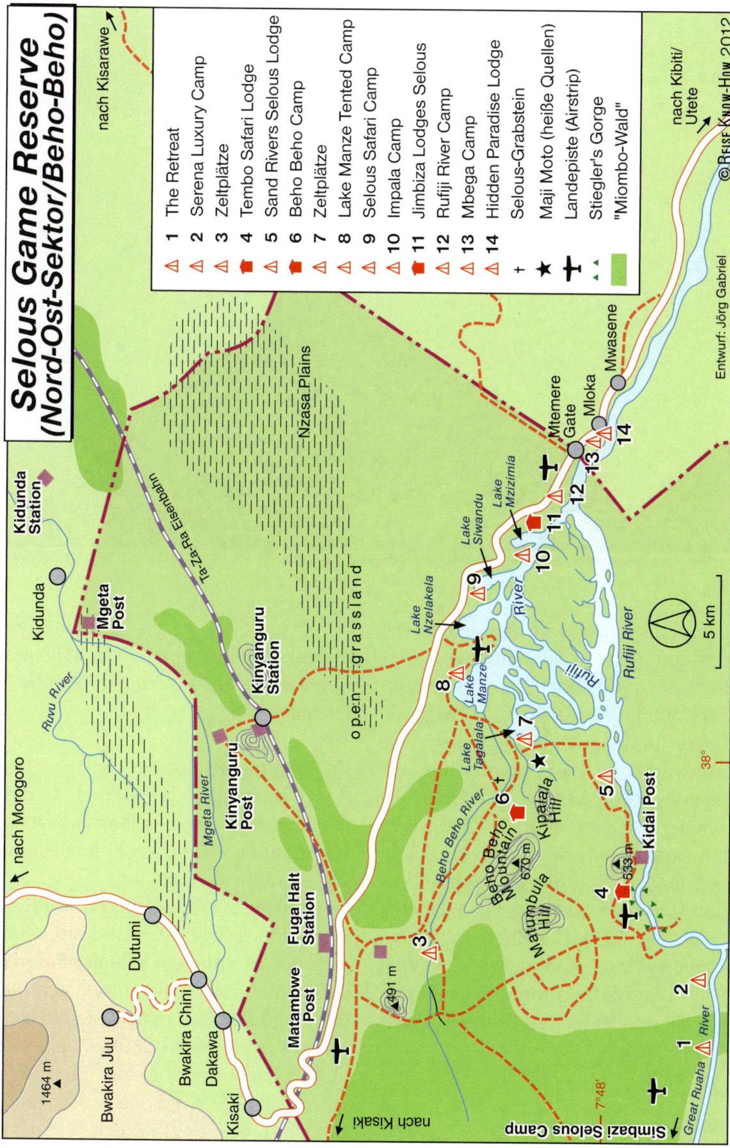
Selous Game Reserve
(Nord-Ost-Sektor/Beho-Beho)
1 The Retreat
2 Serena Luxury Camp
3 Zeltplätze
4 Tembo Safari Lodge
5 Sand Rivers Selous Lodge
6 Beho Beho Camp
7 Zeltplätze
8 Lake Manze Tented Camp
9 Selous Safari Camp
10 Impala Camp
11 Jimbiza Lodges Selous
12 Rufiji River Camp
13 Mbega Camp
14 Hidden Paradise Lodge
Selous-Grabstein
Maji Moto (heiße Quellen)
Landepiste (Airstrip)
Stiegler's Gorge
"Miombo-Wald"
nach Kisarawe
nach Morogoro
nach Kibiti/ Utete
nach Kisaki
Simbazi Selous Camp
Kidunda Station
Kidunda
Mgeta Post
Ruvu River
Mgeta River
Ta-Za-Ra Eisenbahn
Nzasa Plains
open grassland
Kinyanguru Station
Kinyanguru Post
Fuga Halt Station
Matambwe Post
Bwakira Juu
Bwakira Chini
Dutumi
Dakawa
Kisaki
1464 m
491 m
Beho Beho River
Beho Beho Mountain
670 m
Kipalala Hill
Matumbula Hill
533 m
Kidai Post
Lake Tagalala
Lake Manze
Lake Nzelakela
Lake Siwandu
Lake Mzizimia
Rufiji River
Rufiji
River
Great Ruaha River
Mtemere Gate
Mloka
Mwasene
5 km
38°
7°48'
Entwurf: Jörg Gabriel
© Reise Know-How 2012

Bau eines Staudamms erarbeitet, welche nun in die Realität umgesetzt werden sollen – namhafte Naturschutzorganisationen befürchten gravierende Folgen für das gesamte Ökosystem. Aus „norwegischer Zeit" stammt die Seilbahn *(cable car)*, die sich über die Schlucht spannt und Geländewagen mit einem Gewicht von bis zu 2 Tonnen auf die Südseite des Rufiji River transportieren konnte. Die Anlage ist heute zwar noch in Betrieb, Fahrzeuge können jedoch nicht mehr zur anderen Seite befördert werden. Eine Weiterfahrt in den Süden des Selous ist daher nicht möglich.

Lake Nzelakela im Selous Game Reserve

Von der Stieglers Gorge führt eine 40 km lange Piste durch steiniges Miombo-Gebiet bis zum Matambwe Entrance Gate.

Zu Fuß und mit Booten

Das Besondere am Selous ist das hautnahe Erleben der heißen und rauen Natur auf Fußmärschen in Begleitung von bewaffneten Rangern.

Halbtägige **Wanderungen** werden professionell über die Safari-Camps angeboten. Mehrtägige **Wander-Safaris** sollten nur in den kühlen Monaten Juli und August unternommen werden und lassen sich ebenfalls nur über die Safari Camps buchen, wobei hier auch Streckenabschnitte mit Booten und Fahrzeugen zurückgelegt werden.

Bootsfahrten werden von allen Safari-Camps innerhalb des Selous angeboten. Die Lodges und Camps außerhalb dürfen mit ihren Booten (sofern vorhanden) nicht im Selous selbst unterwegs sein. Eine halbtägige Tour für ca. 40 $ pro Person ist ein atemberaubendes Erlebnis und für jeden Individual-Besucher des Selous ein absolutes Muss.

Die früher angebotenen River-Rafting-Touren werden im Selous nicht mehr durchgeführt. Auch Kanu-Safaris sind nicht gestattet.

Anreise

Mit dem Flugzeug

Am schnellsten erfolgt die Anreise – „garniert" mit einer spektakulären Aussicht auf die riesigen Weiten des Selous – mit **regelmäßigen Flugverbindungen ab Dar es Salaam und Sansibar.** Mit Ausnahme der Regenmonate März bis Mai fliegen täglich Turboprop-Maschinen von Dar es Salaam zu den unterschiedlichen Landepisten in der Nähe der jeweiligen Camps. Vom Selous Game Reserve fliegen täglich Maschinen zum Ruaha National Park. Informationen über Coastal Aviation (www.coastal.cc) und Safari Air Link (www.safariaviation.com).

Mit der Eisenbahn

Die **preiswertere Art,** den Selous zu erreichen, ist die Anfahrt mit der **Ta-Za-Ra-Eisenbahn** von Dar es Salaam bis zu den kleinen Bahnhofsstationen Kinyanguru, Fuga oder Matambwe, welche alle bereits im Selous liegen. Auf dem letzten Drittel der Strecke durchfährt der Zug das Reserve, und man sieht vom Zugfenster aus bereits einige Tiere. Bei den Bahnstationen wird man – nach vorheriger Buchung – von einem der Safari-Camps abgeholt. Sie müssen allerdings mit dem **„Ordinary Train"** reisen, da der „Express Train" an den erwähnten Stationen nicht hält. Der Ordinary Train erreicht Fuga nachmittags gegen 15.30 Uhr und kostet etwa 7500 TSh in der 1. Klasse. Der Ordinary Train der Ta-Za-Ra bedient diese Strecke aber nur einmal wöchentlich, am Montag (fährt in Dar es Salaam um 10 Uhr morgens ab) und sollte mindestens eine Woche im Voraus gebucht werden. Mehr Infos siehe unter „Reisen in Tansania" und www.tazara.co.tz.

Mit dem Bus

Für Besucher des Selous mit kleinem Geldbeutel und Bereitschaft zum Abenteuer besteht eine **tägliche Busverbindung zwischen Dar es Salaam und dem Dorf Mloka,** 7 km vom Eingangstor Mtemere entfernt. Busse fahren in Dar von Temeke/Kilwa Road morgens ab 7 Uhr los. Die Fahrt kostet 10.000 TSh und dauert etwa 7–10 Stunden. Diese Alternative der Anreise gilt im Wesentlichen für Besucher (Budget-Reisende) der Safari-Camps Hidden Paradise und Mbega.

Mit dem eigenen Fahrzeug

Zum Selous führen zwei Strecken, die beide bei Regen auf dem letzten Teilstück schlecht zu befahren sind: **Route 1** geht von Dar es Salaam über Kibiti und ist die kürzeste Anfahrt; **Route 2** geht über die Stadt Morogoro, die von Dar es Salaam über eine gute Asphaltstraße in 3 Std. erreicht ist. Von Morogoro bis zum Matambwe Gate (S 7°32'05", E 37°46'01") benötigt man knapp 5 Std. und von dort weiter bis zu den Camps nochmals 2–3 Std. Fahrzeit.

Safari-Camps und Lodges

Innerhalb des Selous Game Reserve

• **Rufiji River Camp**

Das Mittelklasse-Safari-Camp liegt auf einer Anhöhe am Rufiji River mit schöner Aussicht. Die Unterbringung erfolgt in auf Beton errichteten Safari-Zelten mit Moskitonetzen und eigenem Bad/WC. Die Zeltzimmer sind groß und bieten genügend Platz für zwei bis drei Personen. Leider fehlt es dem Camp etwas an Atmosphäre; die Zelte liegen sehr dicht beieinander, bieten aber eine schöne Aussicht auf die Flusslandschaft, das Management ist zuvorkommend und bemüht. Aufgrund der östlichen Lage im Reserve sind die Anfahrtswege zu den zentralen Wildgebieten und interessanten Seen-Landschaften etwas weit. Dennoch, Service und Verpflegung sind gut. Ab 465 $ p.P. Vollpension inkl. aller Gebühren und Pirsch- bzw. Bootsfahrten. Zu buchen über www.tanzaniasafaris.info.

- **Selous Safari Camp**

Das herrlich gelegene Luxus-Camp am Ostufer des Nzelakela-Sees verfügt über 12 sehr stilvolle Safarizelte, die auf Holzplattformen errichtet sind und alle über eine eigene Terrasse verfügen mit Aussicht auf den See in Richtung Sonnenuntergang. Das Interieur der großräumigen Zelte ist sehr chic (im alten Safari-Stil der Kolonialzeit), ein Bad mit Spültoilette ist jeweils integriert. Auf zwei zentral gelegenen Stelzenbauten sind jeweils Restaurant und Bar/Aufenthaltsbereich untergebracht, offen zu allen Seiten mit gutem Blick über die Seenlandschaft. Etwas getrennt von den Zeltzimmern liegt ein Swimmingpool, der in den heißen Mittagsstunden angenehme Abkühlung verschafft. Die Küche von Selous Safari ist vorzüglich, die Guides und Bootsfahrer kennen sich bestens aus. Das Camp mit eigenem Airstrip gehört zur gleichnamigen Kette der Selous Safari Company und betreibt im Ruaha National Park das Jongomeru Camp sowie an der Südküste von Dar es Salaam das idyllische Ras Kutani. Empfehlenswert! Ab 565 $ p.P. Zu buchen über Selous Safari Company, Tel. (022) 2128485, 2134802, www.selous.com.

- **Selous Impala Camp**

Luxus-Zeltcamp mit nur 7 komfortabel eingerichteten Zelten am Ufer des Rufiji-Flusses, mit schöner Aussicht auf den Fluss und das Tierleben. Erfahrenes südafrikanisches Management mit sehr viel Stil und toll durchgeführten Touren mit erfahrenen Guides! Eingeflogene Gäste nutzen den Airstrip beim Mtemere Gate. Übernachtung ab 350 $. Infos über www.selousimpala.com.

- **Lake Manze Tented Camp**

Tel. (022) 2861320, www.lakemanze.com. Im wild- und wasserreichen Herzen des Selous liegt das rustikale einfache Manze Camp, von allen Camps innerhalb des Selous das erschwinglichste. Bootsafaris auf dem Manze-See (viele Krokodile und Flusspferde) gehören neben Bush walks und Game drives (Pirschfahrten) zu den großen Highlights. Die Unterbringung erfolgt in großen Zelten mit Open-Air-Nasszelle. Das Essen ist gut und oft italienisch angehaucht. Motorflugzeuge landen auf dem nahe gelegenen Mbuyu Airstrip.

- **Beho Beho Camp**

Das Camp, das eigentlich eine Lodge ist und nicht am Rufiji liegt, befindet sich unweit der heißen Quellen und des Grabs von *Frederick Selous* und bietet von einer Anhöhe eine gute Sicht über die Baumsavanne des Selous. Die noble Unterbringung erfolgt in 12 aus Naturstein gemauerten großen Bungalows und beginnt preislich bei 750 $ p.P. (all inclusive) zzgl. Parkgebühren. Im Preis enthalten sind alle Safaris (auch mit dem Boot auf dem Lake Tagalala). Zur Abkühlung steht ein kleiner Swimmingpool bereit, von dem sich das Tal gut überschauen lässt. Das Camp verfügt über eine eigene Landepiste (s.o.). Zu buchen über das Oyster Bay Hotel in Dar es Salaam (siehe dort), Tel. (022) 2600352-4, oder direkt über www.behobeho.com.

- **Sand Rivers Selous Lodge**

Luxus-Unterkunft für maximal 16 Personen. Der Preis inkl. vorzüglicher Verpflegung, Parkgebühren, Wanderungen usw. liegt bei 680 $ p.P./Tag. Ausgedehnte Fußmärsche unter Führung sehr erfahrener Guides finden statt, dem Besucher wird auf profesionelle Weise die Wildnis des Selous näher gebracht. Sand Rivers ist bekannt und in der Safari-Szene berühmt. Infos: www.sand-rivers-selous.com. Zu buchen über Nomad Tanzania, Usa River, Arusha, Tel. (027) 2553819-20, 2553829-30, www.nomad-tanzania.com.

- **Kiba Point**

Wird wie die Sand Rivers Selous Lodge von Nomad Tanzania betrieben und bietet exklusiven Platz für eine Familie/Gruppe. Sehr empfehlenswertes Konzept zu entsprechenden Preisen.

- **Selous Serena Luxury Camp**

Tel. (027) 2545555, www.serenahotels.com. Die große und bewährte Lodgekette im Norden Tansanias hat 2010 ihr erstes Camp im Süden des Landes eröffnet. Anders als bei den anderen Unterkünften des Unternehmnes sind hier nur 12 Luxuszelte mit Abstand

Der Afrikanische Wildhund

Eine der absoluten Besonderheiten des Selous ist der Afrikanische Wildhund (engl. *African Wilddog* oder „Painted Wolf", lat. *Lycaon pictus*). In vielen Regionen Afrikas ist der weitläufige Verwandte des Wolfes bereits ausgerottet. Er zählt mittlerweile zu den **seltensten Säugetieren des Kontinents,** mit einem geschätzten Bestand von ca. 3000 Tieren. Davon leben allein im Selous etwa 1000, der bedeutendste Bestand des Kontinents und der letzte intakte im östlichen Afrika. Die Chancen zum dauerhaften Überleben der Art stehen im Selous gut, da den Tieren hier Löwen und Hyänen keine so große Konkurrenz sind wie z.B. in der Serengeti, wo man seit ein paar Jahren kein einziges Exemplar mehr gesichtet hat. Vermutlich hat eine in den angrenzenden Siedlungsgebieten grassierende Hundestaupe die letzten Tiere dahingerafft. Hin und wieder werden im Süden des Tarangire National Park einzelne umherziehende Wildhunde gesehen, doch gibt es dort keine Hoffnung auf einen dauerhaften Bestand. Im Mkomazi-Umba Game Reserve an der Grenze zu Kenia werden Wildhunde in einem großen Schutzgehege gehalten und gezüchtet. Ziel sind neben der Forschung spätere Aussetzungsaktionen in ursprüngliche Wildhundgebiete.

Der Wildhund ist ein ausgesprochenes **Rudeltier,** geführt von Leithunden, ähnlich wie bei Wölfen. Rudel in der Größe von 58 Tieren wurden im Selous schon gesichtet. Mit einer bemerkenswerten Umzingelungs- und Zickzack-Strategie jagen sie ihre Beute, bis diese vor Erschöpfung kaum noch stehen kann, dann erst setzen die tödlichen Bisse ein. Die Zähne des Wildhundes sind leicht nach hinten gekrümmt und wirken wie Widerhaken. In erster Linie werden mittelgroße Antilopen, wie Gnus, Thomson Gazellen, Impalas usw., gejagt, doch wagen sich Wildhunde auch an Elen-Antilopen und sogar ausgewachsene Büffel. Sie fressen selten Aß; was gejagt wird, wird an Ort und Stelle verzehrt. Wildhunde sind auch nachtaktiv, sofern Mondlicht vorhanden ist. Ihr **Jagdverhalten** ist anders als bei Raubkatzen. Eine bestimmte Tageszeit zur Jagd gibt es nicht, so wie sie auch keine geräuschlose Pirsch aus der Deckung benötigen. Ihr schmaler Körperbau und ihre langen Beine machen sie zu sehr ausdauernden Läufern und bis zu 60 km/h schnell. Haben sich Wildhunde einmal ein Opfer ausgeguckt, wird es mit etwa 60%iger Wahrscheinlichkeit auch zur Strecke gebracht. Die Hetzjagd kann manchmal Stunden dauern – wie bei einem Staffelrennen wechseln sich müde werdende Anführer des Rudels mit anderen ab, die im Hintergrund warten. Ist die Beute erlegt, wird oft der Bauch zuerst aufgerissen und das Tier von innen her verspeist. Alle Hunde eines Rudels versuchen dann gleichzeitig, ihren Teil abzubekommen, ohne sich gegenseitig den Platz streitig zu machen – ein bemerkenswertes soziales Verhalten. Ein mittelgroßes Rudel von etwa 15 Wildhunden kann auf diese Weise eine Thomson Gazelle innerhalb von 10 Minuten vertilgen – übrig bleiben Schädel, Haut und Rückgrat.

tan123 Foto: jg

zueinander am Rufiji River aufgebaut. Alles ist sehr stilvoll, der bewährte First-Class-Service Serenas kommt auch hier zur vollen Entfaltung. Nicht gerade billig, aber dafür befindet man sich in einem einsamen Teil des Selous westlich der Stieglers Gorge. Pirschfahrten in guten Geländewagen mit geschulten Guides gehören genauso zum Programm wie Bootsfahrten auf dem Rufiji.

- **Lukula Camp – The Selous Project**

Tel. (0767) 240331, 667760, www.selousproject.com, www.greatplainsconservation.com. Weitab im Süden des Selous am Luwego River. Das Camp der exklusiven Safarifirma Great Plains mit nur 4 Zelten liegt abgeschnitten von der Außenwelt in einem ehemaligen Jagdsektor des Selous. Alles ist bis ins letzte Detail im rustikalen Kolonialstil gehalten: schwere Leinenstoffe, dicke dunkle Holzmöbel, überall Lederverzierungen. Hier ist nichts dem Zufall überlassen, moderner Luxus wird im traditionellen Gewand zelebriert. Professionelle südafrikanische Guides machen den Aufenthalt zu einem besonderen und äußerst privaten Erlebnis.

- **Retreat Selous**

Tel. (0783) 213951, www.retreat-africa.com. Die Lodge liegt auf einem Hügel an der Nordseite des Great Ruaha River in einer sehr einsamen und jahreszeitlich trockenen und wildarmen Region des Selous. Retreat ist sehr luxuriös, alles ist vom Feinsten, die Architektur marokkanisch beeinflusst in Anlehnung an die arabische Handelszeit in Ostafrika. Dem Gast wird viel Raum geboten, man kann auswählen zwischen drei verschiedenen Bereichen der Unterbringung. Die 12 Zelte unter Strohdach verteilen sich vom Berg bis runter zum Fluss: Oben geht der Blick über endloses Afrika, unten ist man in Gesellschaft der im Fluss wohnenden Hippo-Familie. Ein Pool sorgt für Abkühlung. Service und Betreuung sind sehr stilvoll. Flugzeit von Dar es Salaam 1 Stunde.

- **Simbazi Selous – Amara**

Tel. (0784) 747265, (027) 2549600, www.amara-tanzania.com. Luxus-Camp am Great Ruaha River mit Private pools und 12 klimatisierten (!) Safarizelten. Pompöser Hotelstandard mitten im Busch. Nur mit dem Flugzeug zu erreichen.

Außerhalb des Selous Game Reserve

- **Selous Mbega Camp**

Tel. (022) 2650251, (0784) 748888, www.selous-mbega-camp.com, S 07°45.814′, E 038°13.824′. Mbega ist im Swahili die Bezeichnung für die Affenart Schwarzweiß-Guereza (auch Stummelaffe oder Colobus genannt), die regelmäßige Besucher in dem von der deutschen Familie *Heep* geleiteten Buschcamp am Rufiji River sind, nur 1,5 km vom Mtemere Gate entfernt. Die gemütliche, rustikale, einfache Unterkunft ist herrlich in das üppige Grün der Ufervegetation eingebettet. Die von Doumpalmblättern überdachten Zeltbauten auf Pfählen bieten Standard-Komfort in Einzelbetten; jeweils angegliedert ist ein kleines Bad mit Spültoilette. Das Essen ist gut und reichhaltig. Die Übernachtung (Vollpension) kostet 95/135 $ für EZ/DZ, Kinder im Alter zwischen 4 und 12 Jahren zahlen nur den halben Preis. Mbega organisiert alle Safaris in den Selous selbst. Bootsfahrten werden in Zusammenarbeit mit dem Rufiji River Camp durchgeführt. Jede etwa 3-stündige Safari (ob mit dem Geländewagen, zu Fuß oder mit dem Boot) dauert etwa 3 Stunden und kostet 35 $ p.P. Dazu gerechnet werden noch die Parkgebühren von 30 $. Wer mit dem Bus anreist, wird im 4 km entfernten Mloka abgeholt.

- **Hidden Paradise Lodge**

P.O. Box 106072, Dar es Salaam, Tel. (0784) 264864, www.ndorobosafaris.com. Das ehemals einfache Zeltcamp mit Kuppelzelten außerhalb des Selous bei Mtemere hat sich zu einem gehobenen Tented Camp mit Übernachtungspreisen ab 260 $ aufwärts entwickelt. Die Lage am Fluss ist wunderbar. Hidden Paradise bietet 12 Zimmer, die sich entweder in großen Zelten mit schönen Holzfußböden oder in Baumhäusern in den

Das Selous Game Reserve ist bekannt für seine große Elefantenpopulation

Wipfeln der Bäume befinden. Hidden Paradise steht derzeit unter französischem Management; vorzügliche Küche und Service. Jeeps und Boote für Pirschfahrten stehen ebenso bereit wie Transfers zum Flugfeld.

- **Selous Riverside Safari Camp**

Tel. (022) 2128161, (0784) 488700, www.selousriversidecamp.com. Einfache Zelte auf Holzstelzbauten, etwa 6 km vom Mtemere Gate entfernt. Großflächige und offene Ausblicke auf die Flussbiegung. Leider etwas ohne Seele.

- **Jimbiza Lodges Selous**

Tel. (022) 2618057, (0786) 093314, www.jimbizalodges.com. Sehr zu empfehlende rustikale Lodge für Budget-Reisende. Geführt von einem Deutsch-Südafrikaner, bietet Jimbiza Pirschfahrten in offenen Wagen in den Selous an. Die Unterbringung erfolgt in großräumigen und bequemen Safarizelten. In und an einem von Sonnensegeln überspannten Pool lassen sich die heißen Mittagsstunden zwischen den Pirschfahrten genießen. Einfaches, aber gutes Essen, frischer Fisch aus dem Fluss. Camping ab 15 $ p.P. Vollpension in den Zelten ab 150 $ p.P. Aktivitäten werden extra in Rechnung gestellt.

- **Sable Mountain Lodge**

Lodge im Nordwesten, außerhalb der Reserve-Grenze nahe des Mgeta River. 9 rustikale Bungalows mit herrlichem Blick auf die Uluguru-Berge, nett gemachtes Restaurant mit Bar, Pool. Übernachtung pro Person ab 185 $, Selous-Safaris oder andere Exkursionen werden je nach Interesse organisiert. Die Anreise kann bequem mit dem Zug erfolgen, Sable befindet sich unweit der Ta-Za-Ra-Gleise. Zu buchen über: A Tent with a View Safaris, Dar es Salaam, Tel. (022) 2110507, (0713) 323318, www.selouslodge.com.

Camping

Das Zelten kostet **40 $ p.P.** und Nacht. Die Möglichkeit dazu besteht am Lake Tagalala oder nach Absprache auch an anderen Stellen entlang der Seen und Flussarme. Ein Ran-

tan047 Foto: jg

ger muss als Wachperson mit von der Partie sein. Dies kostet dann noch einmal die Kleinigkeit von 20 $. Keiner der ausgewiesenen Zeltplätze verfügt über Duschen, Toiletten oder Trinkwasser.

- Die **günstige Campsite Jukumu** (5 $ p.P.) gibt es eine 2-Stunden-Fahrt entfernt Richtung Morogoro in Kilengezi, dem Scout-Hauptquartier der an das Selous Game Reserve im Norden angrenzenden Wildlife Management Area. Aufgrund der Nähe zu den Angestellten der Station nur bedingt zu empfehlen. Dafür gibt es hier fließendes Wasser und Duschmöglichkeiten.
- Ansonsten lässt sich auch **bei der Jimbiza Lodge** campen (s.o.).

Sonstiges

- Die **Eintrittsgebühren** liegen derzeit bei **50 $ p.P. und Tag.** Kinder zwischen 5 und 15 zahlen 5 $, fürs Camping ebenfalls. Fahrzeuge mit ausländischem Nummernschild werden mit 30 $ pro Tag berechnet, größere Wagen wie Unimogs sogar mit 150 $. Ein Ranger für eine mehrstündige Fußsafari kostet pro Gruppe 20 $. Die Tagesöffnungszeiten sind von 6–18 Uhr.
- Bei **Notfällen** stehen die Safari Camps mit Dar es Salaam in Funkverbindung. Für Camper sind **Lebensmittel** im Reserve nicht zu kaufen. Mahlzeiten bekommt man bei Vorbestellung ab 20 $ im Rufiji River Camp. Ausreichende **Wasservorräte** sind wichtig, denn sauberes Wasser ist im Selous rar. Flusswasser muss auf jeden Fall gefiltert und abgekocht werden.
- **Treibstoff** ist im Selous nicht erhältlich, die Camps geben nur ungern etwas von ihren Reserven ab. Dorftankstellen in Mloka und Kisaki.
- **Angeln** ist nach Erwerb einer Lizenz am Mtemere oder Mtambwe Gate möglich.
- Für **Wanderungen** ist gutes, knöchelbedeckendes Schuhwerk empfehlenswert.
- Für **spezielle Vorhaben** im Selous, ob ausgefallene Walking-Safaris oder Unternehmungen zu Forschungszwecken, wendet man sich zwecks Genehmigung an das Selous Office im „Ivory Room", Nyerere Road (am Chang'ombe-Abzweig auf dem Weg zum Flughafen). Dort an den **Project Manager,** Selous Game Reserve, P.O. Box 25295, Dar es Salaam, Tel. (022) 866064, Fax (022) 861007.
- **Literaturtipp:** Trotz der Größe des Selous Game Reserve existiert kaum Literatur über den Park. In Zusammenarbeit mit der GtZ ist jedoch eine detaillierte, 2002 überarbeitete Infobroschüre mit Farbfotos zum Selous entstanden. Mit Glück erhältlich an den Gates des Parks und in Dar es Salaam, Sansibar und Arusha in Bookshops.

Mikumi National Park

Der Park

Der Mikumi National Park, auch **„Little Serengeti of the south"** genannt, ist seit seiner südlichen Erweiterung der **drittgrößte Nationalpark Tansanias.** Seine südliche Grenze bildet die Ta-Za-Ra-Eisenbahnlinie, auf deren anderer Seite das riesige Selous Game Reserve beginnt. Dadurch bilden diese beiden Wildschutzgebiete ein zusammenhängendes Ökosystem, in dem auch leichte Migrationsbewegungen stattfinden. Ein gemeinsames Wegenetz besteht jedoch noch nicht, überhaupt ist der gesamte südliche Teil des Mikumi-Nationalparks aufgrund seiner sehr hügeligen, dicht bewaldeten und mit Tsetse-Fliegen bewohnten Miombo-Landschaft noch kaum durch Straßen erschlossen. Lediglich der Hill Drive führt vom Tan-Zam-Highway nahe der Mikumi Wildlife Lodge ein Stück südlich in die Vuma Hills. Die Strecke wird zurzeit weiter ausgebaut und soll auch bis zum

Matambwe Entrance Gate im Selous reichen.

Das **Herzstück des Mikumi** sind die großen Savannen in den **Mkata Plains** im Nordwesten des Parks. Diese große Überschwemmungsebene liegt auf einer Höhe von etwa 520 m und wird südöstlich von den miombobewaldeten Ausläufern der Uluguru Mountains, wo gelegentlich Kudus, Rappenantilopen und Guerezas (Schwarz-Weiße Stummelaffen) anzufinden sind, und westlich von den steil aufragenden Rubeho Mountains eingerahmt. In diesem Teil des Parks sind viele Pisten angelegt, auf denen man zu den tierreichen Gebieten an Wasserlöchern, Flussläufen und in den Savannen der Mkata Flood Plain gelangt.

Der Name „Mikumi" wurde dem Park nach der westlich gelegenen Ortschaft am Tan-Zam-Highway gegeben. Mikumi ist das Swahili-Wort für die **Borassus-Palme,** welche an vielen Orten der Ebene wächst. Die Palmenart ist durch ihre bauchige Verdickung im Stamm und durch die buschig runde Baumkrone leicht auszumachen. Weitere typische Baumarten sind Baobabs, Schirmakazien und Tamarindbäume. Zu den pflanzlichen Besonderheiten zählt die Hibiscus-Blume, die vor allem in der Regenzeit mit schönen lilanen und gelben Blüten die Savanne bei Kikoboga zum Leuchten bringt.

Der Park wurde **1964 gegründet,** nachdem die Fertigstellung des ersten Teilabschnitts des Tan-Zam-Highways dazu geführt hatte, dass Tiere im Vorbeifahren aus dem Auto erschossen wurden. Um dem einen Riegel vorzuschieben, reagierte man mit der Einrichtung des Schutzgebietes.

Schon *Burton, Stanley* und *Livingstone* war im 19. Jahrhundert, als sie entlang der Karawanenroute die Mkata-Ebene durchquerten, der große Tierreichtum in dieser Region aufgefallen. Doch im nördlicheren Teil der Ebene verirren sich heute nur noch ein paar Gazellen, ansonsten erstreckt sich hier ein landwirtschaftlich intensiv genutztes Gebiet. Auch um der Ausweitung der agrarischen Nutzung nach Süden entgegenzuwirken, war die Errichtung des Parks die einzige effektive Maßnahme. Selbst die Wilderei hat man heute weitgehend unter Kontrolle.

Das derzeit **größte Problem** stellt der **Tan-Zam-Highway** dar, die große Verkehrsachse zwischen Dar es Salaam und dem Süden des Landes. Die Asphaltstraße halbiert den Park und zerschneidet damit viele natürliche Wildpfade. Durchschnittlich werden drei Tiere pro Tag von Fahrzeugen angefahren oder überfahren. Dabei kommt es zu traurigen Verstümmelungen, auch bei Großtieren wie Elefanten oder Giraffen. Oftmals – sofern Ranger zur Stelle sind – hilft nur noch der Todesschuss. Doch dazu kommt es selten, da viele Fahrer aus Angst vor Strafe die Unfälle nicht melden – die angefahrenen Tiere verenden meist elendig im Straßengraben. Beim Kikoboga Entrance Gate hängen in einem kleinen Ausstellungsraum u.a. Fotos von derartigen Unfällen aus, die einem die Sprache verschlagen.

Große Schilder, die links und rechts der Straße an beiden Enden des Parks auf die **Höchstgeschwindigkeit von 70 km/h** auf den nächsten 50 km hinweisen, werden nicht zur Kenntnis genommen. Große Überlandbusse, die sich untereinander mit den schnellsten Fahrzeiten ständig unterbieten wollen, rasen mit Geschwindigkeiten von über 100 km/h durch den Mikumi. Gelegentlich lauert zwar die Polizei mit Radargeräten hinter einem Baum und verlangt hohe Geldstrafen, doch wie in so vielen Regionen Afrikas sind korrupte Beamte nicht gerade dazu geeignet, die Überwachung effektiv zu gestalten. Schon seit 1999 sind einige Wildwechsel-Bereiche entlang der Strecke mit Speedbumbs versehen – garantiert unbestechlich und überzeugend in der Abschreckung: Ein Achsbruch steht nun mal jeder Geschwindigkeit im Wege!

Die Tierwelt

Der Park ist bekannt für seine großen **Büffelherden** und seine vielen **Elefanten** (etwa 2000). Von den über 9000 Büffeln im Park wurden schon bis zu 1500 in einer einzigen Gruppe gezählt. Beide Tierarten lassen sich fast immer von der Hauptstraße aus beobachten.

Oft zu sehen sind ferner Gnus, Zebras, Elen-Antilopen, Giraffen, Paviane, Impalas, Wasserböcke, Buschböcke, Riedböcke, Hyänen, Warzenschweine, Schakale, Meerkatzen, Mangusten, Schwarzbauchtrappen und Löwen. Seltener dagegen sind Geparden, Leoparden, Afrikanische Wildhunde, Große Kudus, Rappenantilopen und Servalkatzen, da diese vornehmlich in den waldreicheren Regionen im Süden des Mikumi leben und daher schwer auszumachen sind. **Flusspferde** lassen sich jahreszeitlich bei den Hippo Pools am Mkata River beobachten, meist aber sind die Tiere beim Mwanambogo Dam im Nordosten des Parks heimisch. Entlang des kleinen Flusses sind gelegentlich **Nilwarane** (*Monitor Lizard* genannt) zu sehen. Die Echsenart erreicht Körperlängen von bis zu 1,5 m. Das letzte Nashorn wurde 1986 gesichtet, Wilderer haben den Bestand komplett ausgerottet!

Im Park unterwegs

Die Erkundung des Parks im eigenen Fahrzeug ist durch die vielen Wegweiser denkbar einfach. Fragen Sie jedoch am Gate, welche Passagen aufgrund möglicher Überflutungen/Schlammlöcher unpassierbar sind. Gerade der nordöstliche Teil bei Chamgore (bedeutet „Platz der Python") ist oft sehr matschig, Vierradantrieb ist hier in jedem Fall ratsam. Gelegentlich erfahren Sie beim Gate auch, wo sich im Augenblick welche Tiere besonders gut beobachten lassen.

Eine interessante Gegend ist der Bereich entlang der **Hippo Pools am Mkata River.** Hier kann man auf einem dichten Wegenetz in nur kurzer Zeit verschiedenste Tierarten beobachten. Die nördliche Tour zum Chamgore Waterhole und nach Choga Wale lohnt sich insbesondere in der Trockenzeit, wenn hier viele Tiere in den Morgen- und Abendstunden den Fluss als Tränke nutzen. Auf der anderen Seite des Wassers schließt sich die große Überflu-

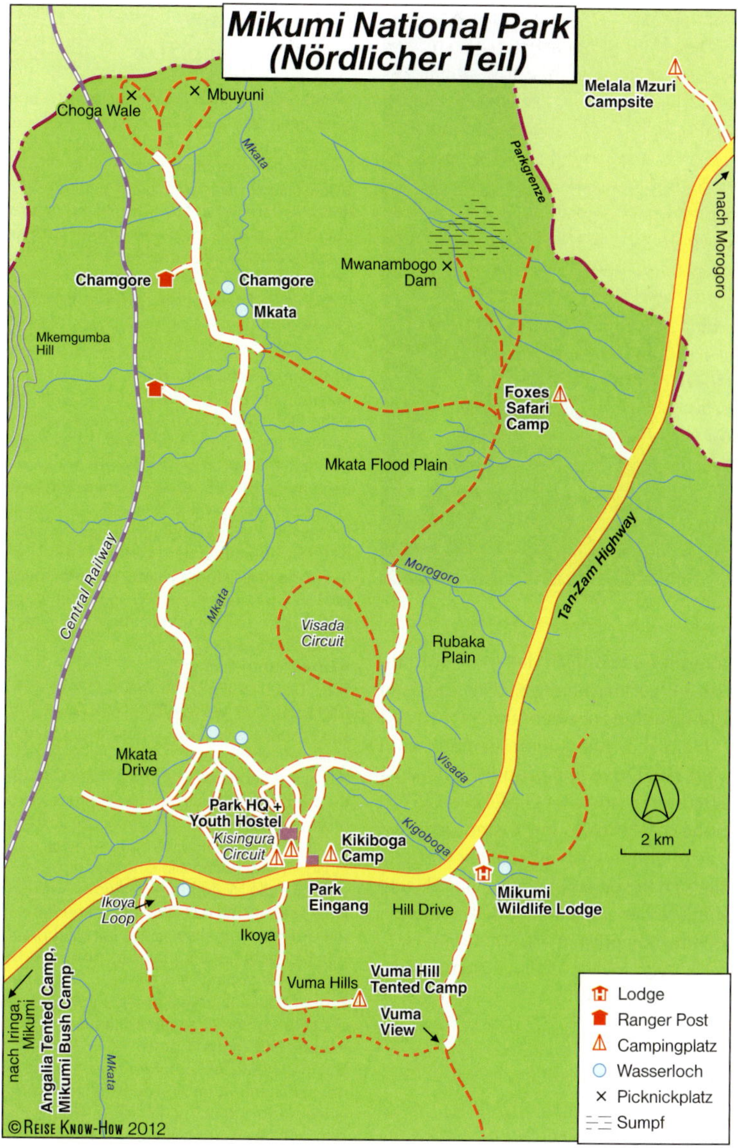
Mikumi National Park
(Nördlicher Teil)
Choga Wale
Mbuyuni
Mkata
Parkgrenze
Melala Mzuri
Campsite
nach Morogoro
Mwanambogo
Dam
Chamgore
Chamgore
Mkata
Mkemgumba
Hill
Foxes
Safari
Camp
Mkata Flood Plain
Tan-Zam Highway
Central Railway
Morogoro
Mkata
Visada
Circuit
Rubaka
Plain
Mkata
Drive
Visada
Park HQ +
Youth Hostel
Kisingura
Circuit
Kikiboga
Camp
Kigoboga
2 km
Mikumi
Wildlife Lodge
Ikoya
Loop
Park
Eingang
Hill Drive
Ikoya
Vuma Hills
Vuma Hill
Tented Camp
Vuma
View
nach Iringa,
Mikumi
Angalia Tented Camp,
Mikumi Bush Camp
Mkata
Lodge
Ranger Post
Campingplatz
Wasserloch
Picknickplatz
Sumpf
©Reise Know-How 2012

tan127 Foto: jg

Mächtiger Elefantenbulle

tungsebene nördlich des Morogoro River an, auf der häufig große Gnu- und Büffelherden zu sehen sind.

Herrliche Aussichten genießt man vom **Hill Drive** in den südlichen Vuma Hills, deren höchster Gipfel der 1257 m hohe Malundwe im Osten ist. Die ganze Ebene kann überblickt werden, die sich besonders in der späten Nachmittagssonne in leuchtenden goldbraunen Farben präsentiert.

Lodges, Camps und Campingplätze

Unterkünfte können an Wochenenden und Feiertagen gut belegt sein, da der Park ein beliebtes Ausflugsziel für Leute aus Dar es Salaam ist. Buchungen können über Reiseveranstalter in Dar es Salaam getätigt werden. Wer hier nur auf der Durchfahrt ist und übernachten will, muss trotzdem Parkgebühren zahlen! Gute Unterkünfte bzw. Campingmöglichkeiten gibt es daher auch außerhalb des Parks, so beispielsweise im nahen Ort Mikumi.

- **Mikumi Kikoboga Camp**

Buchung über Oyster Bay Hotel in Dar es Salaam. Etwa 300 m vom Main Entrance Gate entfernt liegt dieses Camp mit 12 gemütlichen Bungalows, in denen jeweils 2–4 Personen untergebracht werden können. Die Lage in der Savanne vermittelt einem das Gefühl, mitten unter den Wildtieren zu leben, wenn nicht das Brummen der Lkws und Überlandbusse die Idylle stören würde. Übernachtung für 105 $ p.P. inkl. Frühstück und einer Mahlzeit. Das Restaurant und die Bar bieten internationalen Standard.

- **Foxes Safari Camp**

Tel. (0744) 237422, (0748) 237422, Fax (0741) 327706, www.mikumi.net. Das Camp von Fox Safaris liegt etwas abseits der Hauptstraße im Nordosten des Parks. Es ist kreisförmig um einen Hügel herum gebaut und die derzeit beste Adresse, um das Erlebnis Mikumi in vollen Zügen zu genießen. Die Zeltzimmer auf Stelzen stehen in guter Distanz zueinander und bieten alle eine grandiose Aussicht auf die Weiten des Mikumi. Auf dem Hügel selbst sind das Restaurant und die Bar mitsamt Aufenthaltsbereich untergebracht. Von hier geht der Blick bis zum Horizont. Essen und Bewirtung sind sehr gut. Das Camp verfügt über Fahrzeuge, um geführte Tierbeobachtungsfahrten zu unternehmen.

- **Vuma Hill Tented Camp**

Camp in herrlicher, erhöhter Lage am Rande der südlichen Miombo-Laubwälder und mit einem weiten Blick auf die Mkata-Ebene. Die sehr stilvolle Unterbringung erfolgt in auf

Stelzen gebauten Holzplattformen mit Grasbedeckung. Innen sind voll möblierte Zelte gespannt, die viel Komfort und Platz bieten. Ein kleiner Pool, integriert in die Weiten der Buschsavanne, krönt die Anlage. Die Einfahrt zur Lodge befindet sich gegenüber dem Main Entrance zum Park. Vuma Hill ist ebenfalls ein Produkt von Fox Safaris, s.o.

- **Youth Hostel**

Die heruntergekommene **Jugendherberge** beim Park Headquarter hat 48 Betten. Eigenes Bettzeug/Schlafsack und Verpflegung müssen mitgebracht werden. Die sehr einfache Unterkunft kostet immerhin 20 $!

- **Camping:** Im Park befinden sich **drei Zeltplätze für Selbstversorger.** Die lediglich **mit Toiletten und Brennholz** ausgestatteten campsites liegen alle nahe am Main Entrance Gate und unterscheiden sich kaum voneinander. Nur selten werden Fässer mit Wasser aufgestellt. Bringen sie daher ihr eigenes Wasser mit. Weiter im Innern des Parks gibt es auch noch special campsites, die allerdings teuer sind (50 $) und keine Toiletten/Wasserversorgung besitzen.

Ansonsten kann das Zelten im **Tan-Swiss Hotel** empfohlen werden oder im **Mikumi Bush Camp,** da allerdings teurer, dafür mit mehr Buschfeeling.

Das Zelten beim Genesis Motel in Mikumi ist nicht unbedingt zu empfehlen.

Unterkünfte außerhalb des Parks

- **Mikumi Bush Camp**

www.mikumibushcamp.com. Einfaches, sehr rustikales Camp mit großen Igluzelten unter einem aus Holz und Palmwedeln errichteten Sonnendach. 2 km von der Hauptstraße entfernt, zwischen Main Gate und Mikumi.

- **Angalia Tented Camp**

Tel. (0786) 575103, angalia.mikumi@gmail.com. Neues, noch im Aufbau befindliches Camp nahe der Hauptstraße (1 km) direkt am westlichen Parkrand. Von der Hauptstraße ausgeschildert. Fünf Zeltbandas auf einer Stelzenplattform unter spanisch-tansanischem Management. Beliebt unter den nicht so betuchten Residents von Dar es Salaam. Leider kaum Ausblick, und die vorbeirauschenden Lkws stören die Buschruhe.

Anreise und Safariveranstalter

Der Mikumi National Park lässt sich schnell über die asphaltierte Tan-Zam-Highway erreichen (von Dar es Salaam etwa 4–5 Stunden Fahrzeit). Eine Landebahn für Kleinflugzeuge ist in der Nähe des Headquarters (zu Chartergesellschaften siehe bei Arusha und Dar es Salaam).

Fast alle **Safariveranstalter in Dar es Salaam** haben den Park in ihrem Programm und gestalten die Anreise entweder mit dem Auto oder mit kleinen Flugzeugen. Der beste Vor-Ort-Veranstalter ist Foxes Safaris (www.mikumi.net).

Gebühren und Reisezeit

Der Mikumi National Park kann das ganze Jahr über besucht werden. In den Regenmonaten und kurz danach sind jedoch viele Pisten in der sumpfigen Mkata-Ebene unbefahrbar (auch für allradgetriebene Fahrzeuge). Knietiefe „Black Cotton Soil" macht das Durchkommen entlang der anschwellenden Flussläufe unmöglich und schränkt das Erkunden des Parks auf die wenigen Ganzjahrespisten ein. Es empfehlen sich daher die Monate von **Juni bis November als beste Besuchszeit.**

Die **Parkgebühren pro Tag und Person betragen 20 $,** für das eigene **Fahrzeug** bis 2 t müssen **40 $** gezahlt werden, bei höherem Gewicht 150 $ (im Falle eines nicht-tansanischen Kennzeichens). Wer im Park zeltet, muss weitere 30 $ drauflegen.

Udzungwa Mountains National Park

Der Park

Der Nationalpark wurde 1992 vom niederländischen Prinzen *Bernhard* eröffnet. Mit Hilfe des World Wildlife Fund, dessen Mitbegründer der Prinz ist, wurden die östlichen Udzungwa Mountains zum Natur- und Wildschutzgebiet erklärt (mit einer Fläche von 1990 km²), um einen der letzten großen Bergregenwälder in diesem Teil Afrikas zu schützen.

Im **dichten Bergregenwald,** der im Süden von 250 m ü.N.N. bis auf über 2000 m an steilen, oft nebelverhangenen Hängen aufsteigt, zeigt sich eine sehr beeindruckende, vielfältige Urwaldvegetation. Niederschlagsmengen von bis zu 2500 mm im Jahr wurden hier schon gemessen. **Viele** der hier wachsenden **Pflanzen,** darunter auch 30 m hohe **Baumarten, sind endemisch,** d.h. wachsen nirgendwo sonst auf der Welt. Aus botanischer Sicht ist der Park daher ein Paradies, in dem es noch sehr viel zu entdecken gibt.

Ab 2000 m Höhe lässt der dichte Waldbestand langsam nach, und eine montane Baumsavannenlandschaft bedeckt die hügelige Hochebene, von der sich hin und wieder spektakuläre Aussichten bieten. Bei klarem Wetter reicht der Blick bis zu den eindrucksvollen Uluguru Mountains und weit über die Ebenen des Kilombero Valley.

Zahlreiche Bäche und Flüße, die von den hohen Ebenen und Gipfeln die **üppig grünen Täler** hinunterfließen, bilden an vielen Stellen Wasserkaskaden und große Wasserfälle. Die höchsten Fälle sind die **Sanje Waterfalls,** die stufenweise über Kaskaden insgesamt **310 m** ins Tal stürzen. Der oberste Wasserfall misst 70 m, der mittlere 40 m, die untersten Kaskaden 200 m.

Die **höchsten Gipfel** der Udzungwa Mountains im Park sind der **Luhombero** mit **2579 m** in der zentralen Hochebene, der Karenga mit 2244 m Höhe im Nordosten und der Mwanihana, der sich 2150 m hoch erhebt und nur wenige Stunden Fußmarsch vom Mang'ula Gate entfernt liegt.

Der **Park kann nur unter Führung eines Rangers zu Fuß erkundet werden,** es gibt **keine Straßen.** Derzeit sind nur die östlichen Hänge und der Mwanihana Peak mit Fußwegen erschlossen. Auch die anderen Regionen, insbesondere die Hochebenen, sind über mehrtägige Wanderungen zu erreichen.

Die **Parkgebühren** liegen bei **25 $ p.P.** und Tag.

Tierwelt

Die große Attraktion der Udzungwa Mountains sind die zwei Affenarten, die nur hier heimisch sind: der **Uhehe Rotkopf Guereza** (auch Colobus genannt), der sich nur durch eine leicht andere Zeichnung von anderen Rotkopf Guerezas unterscheidet, und der **Sanje-Haubenmangabe** mit seinem punkerartigen Haarkamm auf dem Haupt und dem goldgelben Bauchhaar. Von beiden Primatenarten werden regelmäßig Gruppen beobachtet; die Ranger wissen in der Regel, wo sich welche aufhalten und können den Besucher dort hinführen. Weitere kleine Affenarten sind Schwarzweiße Stummelaffen und Meerkatzen. Auch die **sehr seltene Tigerginsterkatze** *(Forest Genet Cat)* ist im Udzungwa heimisch.

Die Udzungwa Mountains gelten als **einer der artenreichsten Lebensräume für Waldvögel in Ostafrika.** Studien über deren Vielfalt und mögliche endemische Arten sind noch nicht abgeschlossen. Eventuell hängt mittlerweile am Main Entrance Gate eine Liste der bisher wissenschaftlich untersuchten Tier- und Vogelarten.

Auf den baumsavannigen Hochebenen lassen sich gelegentlich **Büffel** und **Waldelefanten** beobachten. Weitere Tiere, die bisher in den oberen Regionen gesichtet wurden, sind Wasserböcke, Buschböcke, Elen-Antilopen, Löwen und auch Leoparden. Generell ist das Erspähen eines dieser Tiere auf-

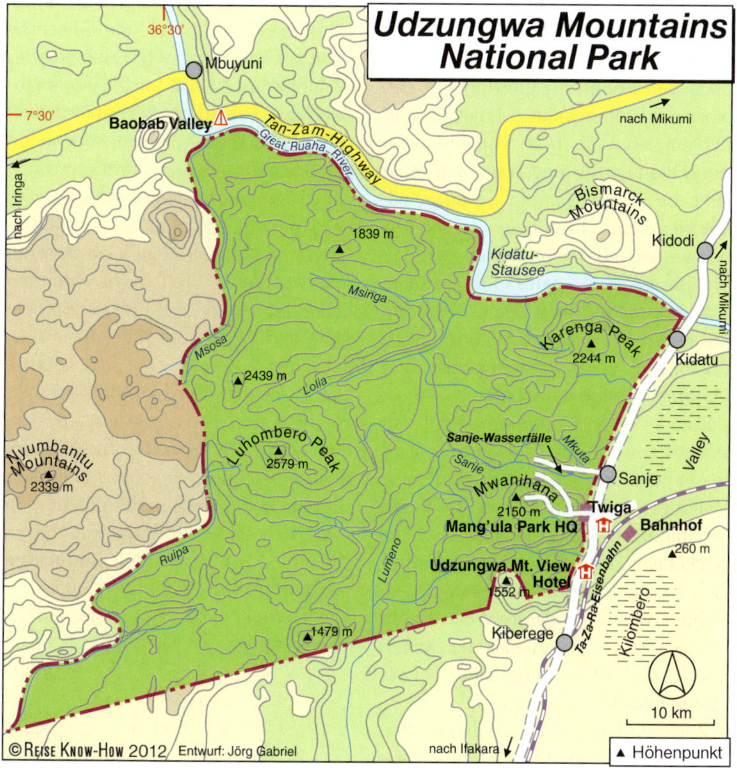

grund des sehr dichten Waldbestandes äußerst schwierig, und sieht man einmal eins, ist es auch schon wieder im Unterholz verschwunden. Der Großteil der Tiere hält sich im Park nur saisonal auf und kommt in der Regel während lang anhaltender Trockenzeiten aus dem nahen Selous Game Reserve oder vom Mikumi National Park.

Zu Fuß unterwegs

Für das Erkunden der Berghänge ist ein **Ranger als Führer Pflicht.** Dieser kostet, egal wie groß die Gruppe ist, 20 $ pro Tag. Offizielle Campingplätze gibt es in den höheren Lagen noch nicht, hier sind die Ranger jedoch flexibel und richten sich nach Ihren Vorstellungen. Auch die Dienste von Trägern können in Anspruch genommen werden. Sollten Sie mehrere Tage in den Bergen verbringen wollen, ist mindestens ein halber Tag für die Organisation einzukalkulieren; die meisten Besucher führen nur ein- bis zweitägige Wanderungen durch. Die gesamte Ausrüstung und Verpflegung sind mitzubringen.

Zum sicheren Gehen empfiehlt sich Wasser abweisendes und gut profiliertes Schuhwerk. Die Wege sind zwar weitgehend befestigt, aber dennoch rutschig bei feuchter Wetterlage.

Denken Sie daran, ihre Kamera auf eine hohe ISO-Zahl einzustellen, da die Lichtverhältnisse, vor allem am Nachmittag, wenn die Osthänge im Schatten liegen, im dichten Waldgebiet nicht immer optimal sind.

Wichtige Information! Zwischen den Dorfgemeinschaften an der Hauptstraße und dem Nationalpark besteht ein **Abkommen hinsichtlich begrenzter Waldnutzung.** Das heißt, neben Touristen und Wildhütern bzw. Forschern dürfen im Udzungwa – anders als in den anderen Nationalparks – auch Angehörige aus den angrenzenden Dörfern in die Waldhänge, um Kräuter und Brennholz zu sammeln (nicht hacken oder sägen!). Mit der Gründung des Nationalparks wurde dieses System mit den Gemeinden regelrecht ausgehandelt, da diese um einen Teil ihrer Existenzgrundlage fürchteten. Die Abmachung bleibt umstritten, die Genehmigung zur eingeschränkten Nutzung der Waldressourcen soll in den kommenden Jahren ablaufen. Bis dahin dürfen Frauen und Kinder an zwei Wochentagen (derzeit mittwochs und samstags) zum Sammeln in die Waldhänge. Für Besucher des Parks hat dies zur Konsequenz, dass z.B. auf dem Sanje Trail bereits seit den frühen Morgenstunden Leute unterwegs sind und damit viele Tiere und Vögel aufschrecken, sodass man nicht viel zu sehen bekommt. Dafür sind die Rufe der Holzsammler zu hören, und man muss den Gruppen, die voll beladen den Berghang hinunterkommen, Platz machen. Das alles wäre nicht der Rede wert, müsste man nicht 40 $ Park- und Rangergebühren zahlen – Fazit: die **Holzsammlertage meiden!**

Der Udzungwa-Park ist bekannt für sein Reichtum an Waldvögeln

Nature Trails (Wanderrundwege)

Sanje/Sanje Circuit

Man fährt vom Mang'ula Gate zum Dorf Sanje an der Hauptstraße in Richtung Mikumi (entweder mit einem der vorbeifahrenden Busse oder in einem Park-Fahrzeug für 10.000 TSh). Die Wanderung dauert etwa 3 Stunden (bis zu den zwei unteren **Sanje-Wasserfällen**). Der Sanje Circuit, der beim Mang'ula Gate beginnt, führt weiter bis zur höchsten Sanje-Kaskade. Der Rundweg dauert ca. 4 Stunden, Essen und genügend Trinkwasser sollten mitgeführt werden.

Campsite Three Trail Circuit

Ganztagestrip für Wanderfreunde. Start beim Mang'ula Gate, Distanz etwa 13 km, Dauer etwa 10 Stunden. Die Sanje-Wasserfälle werden auf diesem Trekk nicht passiert, dafür lassen sich mehr Wild und Vögel beobachten.

Prince Bernhard Trail

Schnuppertour am Mang'ula Gate; etwa 1 km, 40 Minuten Gehzeit. Ein **kleiner Wasserfall** wird besucht, gelegentlich lassen sich Paviane und mit etwas Glück auch Nilvarane sehen.

Mwanihana Trail

Trekking-Tour für Abenteurer. Der Gipfel des 2150 m hohen **Mwanihana Peak** wird bestiegen, mit Glück lassen sich im oberen Berg-Buschland Elefanten, Büffel und Elenantilopen sehen. Der Mwanihana Trail ist mit 38 km an-

np031 Foto: pr

gegeben und dauert zwei Nächte/drei Tage. Komplette Selbstversorgung ist Voraussetzung!

Informationen

Detaillierte Informationen bietet die Homepage des Parks: **www.udzungwa.org.**

Anreise/Unterkunft

- Das Main Entrance Gate des Parks bei Mang'ula ist über eine teils asphaltierte Straße von Mikumi am Tan-Zam-Highway leicht zu erreichen. **Busse und Dala Dalas** fahren regelmäßig die Strecke bis Kidatu und Ifakara. Sagen Sie einfach dem Fahrer Bescheid, dass er Sie direkt beim Abzweig zum Parkeingang herauslässt; dann sind es noch 500 m zu Fuß.
- Eine andere, sehr erlebnisreiche Anreise erfolgt mit dem **„Ordinary Train" der Ta-Za-Ra-Eisenbahn** ab der Hauptstadt Dar es Salaam. Der Zug hält an der **Station Mang'ula,** die etwa 15 Minuten Gehzeit vom Park entfernt liegt. Reist man von Dar es Salaam an, kommt man hier am Abend an und ist auf die Hilfe einer ortskundigen Person angewiesen. Das ergibt sich aber in der Regel schnell.
- Zwischen dem Mang'ula Park Gate und der Bahnstation liegt das **Twiga Hotel.** Die einfache Unterkunft hat zwar kein Lodge-Niveau, müht sich aber, einen guten Service zu bieten. Zimmer mit Dusche und Frühstück liegen bei 20.000 TSh die Nacht. Für Wanderungen im 1 km entfernten Park kann man Lunchpakete bekommen.
- 400 m hinter dem Gate befindet sich das **Udzungwa Mountain View Hotel** (saubere Zimmer mit Deckenventilator, Moskitonetz, WC/Dusche; Frühstück, freundliche Bedienung, ab 15.000 TSh p.P.).
- Die nächsten Unterkünfte finden sich im 20 km entfernten **Kidatu** (landestypische Guest Houses) oder in **Mikumi** am Tan-Zam-Highway. Die gehobeneren Unterkünfte von Foxes Safaris im Mikumi National Park bieten Tagestouren zu den Udzungwas an. Informationen über www.udzungwa.com.
- Es ist nicht vorgesehen, im Park eine moderne Lodge zu bauen. Die einzigen Übernachtungsmöglichkeiten sind zwei wunderschön an Bächen gelegene **Campingplätze** in der Nähe des Main Entrance. Eine Wasserversorgung und Toiletten sind hier installiert, Verpflegung gibt es jedoch nicht zu kaufen. Die eher kleinen Plätze liegen im Wald und können mit dem eigenen Fahrzeug angefahren werden. Camping kostet 30 $ p.P.

Reisezeit

Die **beste Besuchszeit** für den Park ist **Juni bis Oktober** und **Januar bis März.** In den Regenmonaten ist auf vielen Pfaden entlang der Berghänge kein Durchkommen möglich, und der Besuch ist eher eine Tortur, als dass er Vergnügen bereiten würde. Zum Ende der Trockenzeit kann das eine oder andere Großtier gesehen werden.

Ruaha National Park

Der Park

Der seit 2007 durch die Angliederung des Usangu Game Reserve **größte Nationalpark Tansanias** hat sich zu einem der beliebtesten Parks Tansanias entwickelt. Zuvor spielte das aus dem südlichen Teil des Rungwa Game Reserve ausgegliederte riesige Wildschutzgebiet im Süden für den Tourismus des Landes nur eine unbedeutende Rolle. Trotzdem: Weitaus weniger Besucher als in die nördlichen Parks zieht es zu der rauen und wilden Schönheit am **Great Ruaha River.**

Landschaftlich bietet dieses sehr vielseitige Gebiet einen deutlichen Kontrast zu den nördlichen Nationalparks, wenn auch der Fluss und die vielen Baobabs sehr mit dem Tarangire National Park zu vergleichen sind. Der südlichere und kleinere Teil des Parks liegt in einem durchschnittlich 900 m hohen Zweig des **Ruaha Rift Valley.** Oberhalb der bis zu 200 m aufragenden Grabenwand erstreckt sich das größere und waldreichere Gebiet. Hier ragen auch knapp 1800 m hohe Berge, wie der **Mt. Ndanyanya** und der **Mt. Kibirit,** aus der Ebene.

Die Grabenbruchstufe hinunter fallen große Bachläufe – vor allem in den Regenmonaten –, die sich in Tausenden von Jahren ihre Bahnen in das Gestein geschliffen haben. Besonders die so entstandene Schlucht **Mdonya Gorge** ist eine Attraktion des Parks.

Den gesamten Ostteil des Ruaha überzieht eine große **Miombo-Baumsavanne,** in der sich majestätisch Baobabs erheben, Akazien Schatten spenden und vereinzelt Jacaranda-Bäume stehen, die einmal im Jahr mit ihrem lilanen Blütenkleid der ansonsten trockenbraunen Natur deutliche Farbtupfer verleihen. Im Westen ist die Baumvegetation nicht ganz so dicht, doch auch hier erstrecken sich einzelne Baumsavannen. Der felsige und an vielen Stellen sandige **Ruaha-Fluss,** der in der Hehe-Sprache *Lyambangari* heißt, und seine Zuläufe **Mdonya** und **Mwagusi** bilden für die bemerkenswert vielfältige Tierwelt die Lebensadern in diesem sehr trockenen Gebiet, in dem selten mehr als 500 mm Niederschlag im Jahr fallen.

Die wachsende Anziehungskraft verdankt der Park der mittlerweile sehr **guten Straßenanbindung,** einem erweiterten **befestigten Wegenetz** und dem guten Angebot an Lodges und Camps. Dennoch halten sich die Besucherzahlen in einem ökologisch vertretbaren Rahmen. Es bleibt zu hoffen, dass der Ruaha in den nächsten Jahren nicht von unzähligen Safariunternehmen und ihren Fahrzeugkolonnen vereinnahmt wird. Dann hätte der Park sein eigentliches Herz, die Einsamkeit der rauen afrikanischen Wildnis, verloren.

Zusammen mit den nördlich angrenzenden **Game Reserves Rungwa, Kizigo** und **Muhesi** bildet der Park das **Ruaha-Ökosystem.** Die Reserves sind reine Wild- und Naturschutzgebiete, die vor allem bekannt sind für ihre großen Elefantenbestände. Mehrere Rangerposten sind hier mit Unterstützung der Zoologischen Gesellschaft Frankfurt errichtet worden. Insbesondere bereitete der illegale Holzeinschlag große Sorgen. Die **Mninga-Bäume** *(Pterocarpus angolensis),* die mit den Miombo-Bäumen verwandt sind und hier vermehrt vorkommen, waren aufgrund ihres wertvollen Holzes sehr begehrt. Da die Game Reserves Rungwa und Kizigo keine Zäune haben, hat man die Grenzen mit breiten Schneisen durch den Wald markiert. Die sollen die Bevölkerung der umliegenden Dörfer davon abhalten, in die Reservate einzudringen. Der Einsatz hat sich gelohnt, durch die bessere Markierung und Überwachung ist in den letzten Jahren auch die Wilderei stark zurückgegangen.

Rungwa und Kizigo sind derzeit nicht zugänglich für Besucher, und auch der nördlich vom Escarpment liegende Teil des Ruaha, der etwa zwei Drittel des gesamten Parks ausmacht, bleibt Tier- und Naturfreunden größtenteils vorenthalten. Doch ändert das nichts an der Tatsache, dass das für Besucher uneingeschränkt zugängige Gebiet entlang des Great Ruaha River eines der schönsten und interessantesten im gesamten Ökosystem ist. Um dieses dauerhaft und in seinem ganzen Ausmaß zu schützen, wurde im Jahr 2000 ein weiteres Gebiet am Oberlauf des Ruaha zum **Usangu Flats Game Reserve** erklärt: eine weite Schwemmebene, die seit 2007 den Ruaha-Park an seiner Westseite erweitert hat und besonders aus ornithologischer Sicht (knapp 300 Vogelarten) von Bedeutung ist. Das Gebiet war von Überweidung, Abholzung und von Menschenhand gelegten Bränden bedroht.

Entlang des großen Flusses, der sein Quellgebiet bei den Bergen Mbeyas hat und mit einer Länge von 160 km den größten Teil der südlichen Parkgrenze bildet, bieten sich mehrere Möglichkeiten zur Beobachtung von Wildtieren. Regelmäßig sind hier Elefanten, Kudus und Wasserböcke zu sehen. Gerade in den Trockenmonaten, wenn die anderen, kleineren Flüsse kaum noch Wasser führen, zieht der Great Ruaha viele Tiere an. Zu den eindrucksvollsten Stellen des Flusses gehören die **Hippo** und **Crocodile Pools** und die **Nyamakuyu-Stromschnellen** zwischen Brücke und Ruaha River Lodge.

In den vergangenen Jahren trocknete aber auch der Ruaha – bis auf wenige Wasserlöcher – immer wieder aus. Dann drängen sich Krokodile und Flusspferde um die letzten Unterwasserstellen und wühlen dabei viel Schlamm auf. Sobald jedoch die Niederschläge in den Southern Highlands einsetzen, entsteht ein reißender Strom, der meist im April seinen Höchststand erreicht.

Trotz der rauen Bedingungen gedeihen hier an die **1650 verschiedene Pflanzenarten,** die gerade in der Regenzeit den Park mit ihrer Farbenpracht zum Leuchten bringen. Daher ist die Trockenzeit (ab Juni), wenn noch viele Blumen und Bäume ihr Blütenkleid tragen, aber gleichzeitig auch schon alle Wege trocken genug sind, um sie mit Fahrzeugen befahren zu können, eine ideale **Besuchszeit.** Je trockener es im Umland wird (in den Monaten Juli bis Oktober), desto mehr Wild lässt sich entlang des Ruaha sehen. Ab Mitte November setzen dann die ersten Regen wieder ein, doch kann man den Park oft bis Anfang Februar problemlos besuchen. In der Zeit danach braucht man dann in jedem Fall einen Vierradantrieb. Ein Großteil der Wege wurde befestigt und kann in der Trockenzeit **auch mit normalen zweiradgetriebenen Autos** befahren werden.

Vom Klima her kann der Ruaha das ganze Jahr über besucht werden, kühlster Monat ist in der Regel Juli, dann betragen die Temperaturen nachts durchschnittlich 14°C.

Tierwelt

Hier die gesamte Tierwelt aufzuzählen, würde Seiten füllen. Bekannt ist der Ruaha-Park für seine **vielen Elefantenherden** und seinen in Ostafrika einzigartigen Bestand an Großen und Kleinen **Kudus.** Diese sehr eindrucksvolle Anti-

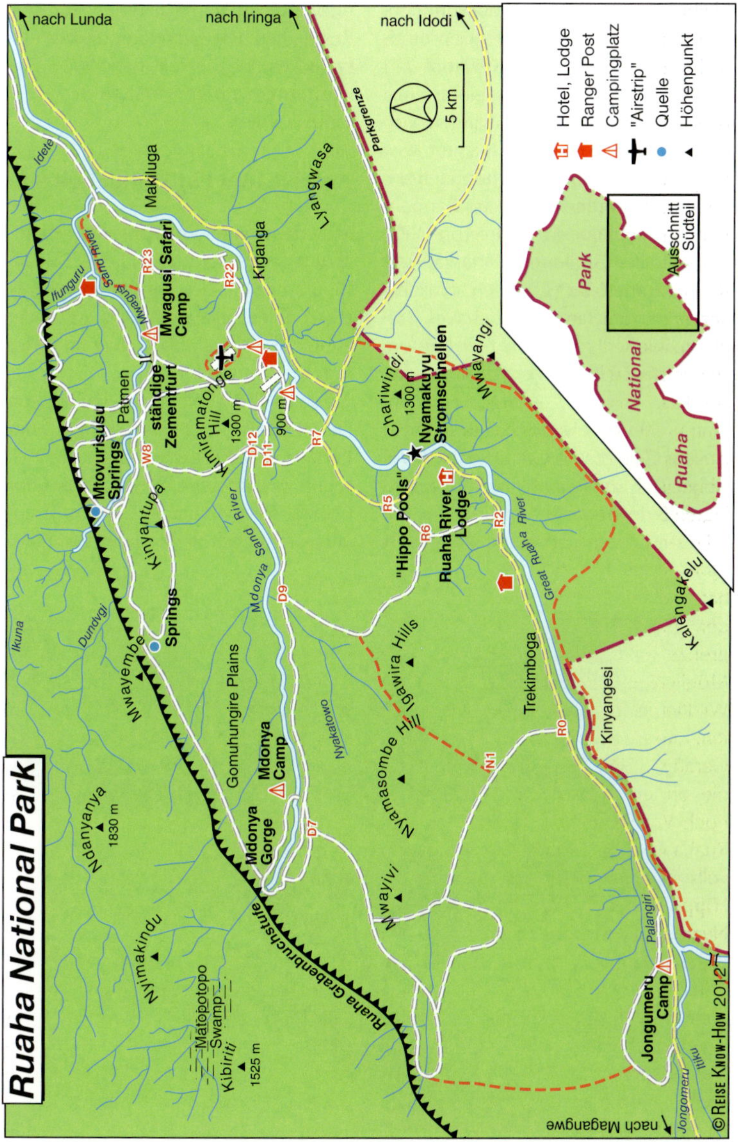
Ruaha National Park
nach Lunda
nach Iringa
nach Idodi
nach Magangwe
Parkgrenze
5 km
Hotel, Lodge
Ranger Post
Campingplatz
"Airstrip"
Quelle
Höhenpunkt
Ruaha
National
Park
Ausschnitt Südteil
Idete
Makiluga
Ifunguru
Sand River
Mwagusi
R23
R22
Mwagusi Safari Camp
Kiganga
Lyangwasa
Patmen
ständige Zementfurt
Kimiramatonge Hill
1300 m
900 m
Mtovurisusu Springs
W8
D12
D11
R7
Chariwindi
1300 m
Nyamakuyu Stromschnellen
Mwayangi
Kinyantupa
Mdonya Sand River
"Hippo Pools"
R5
R6
Ruaha River Lodge
R2
Great Ruaha River
Kalengakelu
Ikuna
Dundugi
Springs
Mwayembe
D9
Igawira Hills
Gomuhungire Plains
Trekimboga
Kinyangesi
Mdonya Camp
Nyakatowo
Nyamasombe Hill
N1
R0
Ndanyanya
1830 m
Mdonya Gorge
D7
Mwayivi
Ruaha Grabenbruchstufe
Nyimakindu
Matopotopo Swamp
Kibiriti
1525 m
Palangiri
Jongumeru Camp
Itiku
Jongomeru
© Reise Know-How 2012

lopenart mit grauem Fell und dünnen, weißen, senkrecht verlaufenden Streifen, mit einer Mähne am Kehlkopf und den imposanten, bis zu zweieinhalb mal gedrehten Hörnern, die Längen von über anderthalb Metern erreichen, lässt sich vielerorts im Park beobachten. Weitere **Besonderheiten** sind Rappen- und Pferdeantilopen, Rudel von Wildhunden, Elen-Antilopen, Defassa-Wasserböcke und Grant-Gazellen (südlichstes Verbreitungsgebiet). Aber auch Büffel, Löwen, Leoparden, Geparden, Mangusten, Zibetkatzen, Buschböcke, Impalas, Giraffen, Zebras, Hyänen, Warzenschweine und Schakale leben in diesem Gebiet. Am Great Ruaha River lassen sich zahlreiche Krokodile und Flusspferde beobachten, und die mit über 450 Arten vertretene **Vogelwelt** (einige Geier- und Adlerarten, Turakos, Reiher, Lerchen, Sekretäre, Gelbschnabeltockos) ist ebenfalls beachtlich. Die Nashörner sind von Wilderern ausgerottet worden.

Anreise und Eintrittsgebühren

Mit dem eigenen Fahrzeug beansprucht die Anfahrt von Dar es Salaam (620 km) über den Tan-Zam-Highway einen vollen Tag. Von Arusha aus ist die Straße über Moshi, Korogwe und Morogoro vorzuziehen.

Coastal Travel bietet regelmäßig von Dar es Salaam und Selous **Flüge zum Park** an sowie dreimal die Woche zwischen Arusha und Ruaha. Infos über Coastal Travel in Dar es Salaam. Ebenfalls fast täglich verbindet die Flugge-

tan147 Foto: jg

sellschaft Safari Air Link (www.safari-aviation.info) den Ruaha mit Selous und Dar es Salaam sowie mit Katavi und Mahale zweimal die Woche.

Die **Parkgebühren** betragen **25 $,** nicht in Tansania zugelassene **Fahrzeuge kosten 40 $, Camping 30 $ p.P.** Beim Park Gate ist ein Faltblatt mit Karte zum Park erhältlich. Die Pisten und Kreuzungen sind gut markiert.

Safaris können über Unternehmen in Iringa, Mbeya und v.a. Dar es Salaam organisiert werden.

Lodges

Luxusklasse

• Jongomero Camp
Das herrlich gelegene Luxus-Camp weitab im Südwestteil des Parks verfügt über 12 sehr stilvolle Safari-Zelte auf Holzplattformen, alle mit eigener Terrasse und Aussicht auf den saisonal versandeten Jongomeru River. Das Interieur der großräumigen Zelte ist sehr chic und im alten Safari-Stil gehalten, ein Bad mit Spültoilette ist jeweils mit integriert. Die Küche von Jongomeru ist vorzüglich, die Guides und sehr sympathischen Manager kennen sich bestens aus. Das Camp gehört zur gleichnamigen Kette der Selous Safari Company und betreibt im Selous Game Reserve das Selous Safari Camp sowie an der Südküste von Dar es Salaam das idyllische Ras Kutani. Empfehlenswert! Zu buchen über Selous Safari Company, Tel. (022) 2128485, 2134802, www. jongomero.com.

• Mwagusi Safari Camp
www.mwagusicamp.com. Sehr schöne Lage mit Borassus-Palmen am Mwagusi Sand River unweit der Grabenbruch-Wand. Das Camp gehört zu den feinsten Safari-Adressen im Süden Tansanias. Das ursprüngliche Safarizelt-Konzept wurde beibehalten, jedoch stehen die Zelte in einem aus Stroh und viel Holz und Naturstein erbauten Überdach mit einer weit vorgezogenen Terrasse mit Blick auf den Mwagusi Sand River. Die Bäder sind alle individuell gestaltet und bieten reichlich Platz. Der zentrale Aufenthaltsraum bietet einen schönen Überblick auf die Wildnis, und die ist hier sehr wildreich! Die Betreuung rund um *Chris Fox* lässt kaum Wünsche offen.

Safari-Standard

• Ruaha River Lodge
www.tanzaniasafaris.info. Vom Entrance Gate 12 km flussaufwärts entfernt liegt diese sehr schön in die Natur integrierte Lodge. Entlang und in der saisonal nur wenig Wasser führenden Flussschleife stehen mehrere aus Natursteinen und Holz gebaute Bungalows. Die Lodge bietet insgesamt 28 Zimmer/Bungalows mit Platz für über 70 Personen. Da sich die Anlage jedoch über ein großes Gebiet erstreckt, ist die Lodge in drei Einheiten unterteilt. Das **Original Camp** mit einer überdachten und auf einer Anhöhe gelegenen Terrasse mit Restaurant und Bar bietet eine herrliche Sicht auf den Ruaha River und die sich dahinter erstreckende Landschaft. Das **River Camp** liegt weiter flussaufwärts und bietet große Doppelbungalows mit einem Restaurant/Aufenthaltsbereich direkt am Fluss, wo sich gerne Elefanten aufhalten. Der dritte Abschnitt der Lodge liegt auf dem zentralen Hügel hinter den beiden erstgenannten Camps und verfügt über große Familien-Bungalows mit grandiosen Aussichten auf die Ruaha-Landschaft. Geleitet von der Familie *Fox,* die seit über 40 Jahren hier ansässig ist, werden Parkfahrten mit eigenem Wagen und Fußsafaris arrangiert. Die *Foxes* besitzen auch in den Nationalparks Mikumi und Katavi Camps sowie im Selous.

• Mdonya Old River Safari Camp
Rustikales Safari Camp mit gutem Preis-Leistungsverhältnis unterhalb der Ruaha Grabenbruchstufe am Ausgang der Mdonya Gorge. Die Betreuung ist sehr zuvorkommend. Zu buchen über Adventure Camps, P.O. Box 3052, Dar es Salaam, Tel. (022) 2861320, www.mdonya.com.

Zebras im Ruaha National Park

np032 Foto: pr

Giraffen am Ruaha River

● Kigelia Camp
www.kigeliacamp.com. Camp mit viel Liebe zu Busch und Natur mit sieben Zelten.

● Tandala Camp
Privat geführtes Safari Camp außerhalb des Parks bei Tungamalenga, unweit der Straße nach Iringa (10 km vom Main Parkgate entfernt). Geführt von dem sympathischen französischen Pärchen *Isabelle* und *Philippe*, der ein Superkoch ist! Elefanten kommen regelmäßig ins Camp, um aus dem Pool zu trinken – ein unvergessliches Erlebnis! Zu buchen über Tandala Tented Camps & Safari, Iringa, Tel. (026) 2703425, Fax 2703424, tandalacamp@yahoo.com, tandala@iwayafrica.com.

● Sunset Mountain Lodge
Nette Lodge mit einfachen Bungalows ca. 15 km außerhalb des Parks an einem Hang

mit toller Aussicht von der Lodge-Terrasse – was für das einfache Essen entschädigt! 85 $ p.P. Vollpension ist etwas zu teuer!

● **Ruaha Hilltop Lodge**
www.ruahahilltoplodge.com. Sehr sympathische Lodge ebenfalls in Hanglage mit toller Aussicht auf die Baumsavannen-Landschaft des Ruaha. Unterbringung in geräumigen Bungalows, Service und Betreuung sind zuvorkommend. Es werden Spaziergänge und Ausflüge zu benachbarten Dörfern unternommen und man bekommt auf sehr natürliche Art und Weise Einblick in die Kultur des Volkes der Hehe. Preise ab 80 $ p.P. Von Budget-Reisenden empfohlen.

Camping

● **Msembe Bandas/Campsite**
Acht einfache Doppelbandas (Bungalows) sowie zwei Familienbandas nahe des Headquarter am Ruaha. Bettzeug, Feuerholz und Wasser sind vorhanden. Etwa 500 m flussabwärts ist ein Campingplatz mit „Plumps-Klos". Beide Übernachtungsmöglichkeiten sind sehr einfach und kosten 20 $ p.P. die Nacht. Ein weiterer sehr schöner Zeltplatz liegt 2 km flussaufwärts. Bandas können über den Park Warden, Ruaha National Park, P.O. Box 369, Iringa, gebucht werden.

● 10 km vor dem Park in dem kleinen Dorf **Tungamalenga** (Idodi) besteht die Möglichkeit, für 8000 TSh p.P. in einer einfachen Herberge (mit Moskitonetzen) zu übernachten, auch Camping ist möglich und damit preiswerter als im Park.

Versorgung

● Beim Park Headquarter befindet sich eine Duka, in der man kühle Sodas und Bier bekommt, aber auch Tee, Zucker, Weißbrot und gelegentlich Marmelade.

● **Diesel** ist ebenfalls beim Headquarter zu erwerben, jedoch etwas teurer als in Iringa.

Western Safari Circuit

Katavi National Park

Der Park

Der seit 1974 bestehende und kaum besuchte Nationalpark liegt **im nördlichen Ausläufer des Rukwa Rift Valley** und wurde auf Initiative der örtlichen Bevölkerung und mit finanzieller und technischer Hilfe der Zoologischen Gesellschaft Frankfurt errichtet. Auch heute unterstützen die Bewohner der Region um Mpanda den Schutz des Wildtierbestandes und waren mit der Vergrößerung des Parks auf 4500 km² im Jahr 1997 einverstanden. Im selben Jahr wurden auch die angrenzenden Game-Reserve-Grenzen neu gesteckt und neue Game Reserves geschaffen, womit jetzt ein geschütztes Ökosystem von über 10.000 km² besteht.

Der Katavi National Park ist hinsichtlich Verständnis und Verhalten der einheimischen Bevölkerung in den Randbereichen von Nationalparks eine von vielen Naturschützern gelobte Ausnahme. Doch gilt es in diesem Fall zu berücksichtigen, dass hier Zahl und Dichte der Anwohner des Parks bei weitem nicht so groß sind wie beispielsweise in den Randgebieten des großen Serengeti-Schutzraumes. Zudem ist das Gebiet innerhalb des Katavi National Park von der die Schlafkrankheit übertragenden **Tsetse-Fliege** bewohnt, die eine Ansiedelung von Mensch und Vieh gar nicht erlauben würde. Für Besucher des Katavi hat dies aber kaum Auswirkungen! Die vor Ort ansässigen Safari-Camps variieren ihre Aufenthalte saisonal, so-

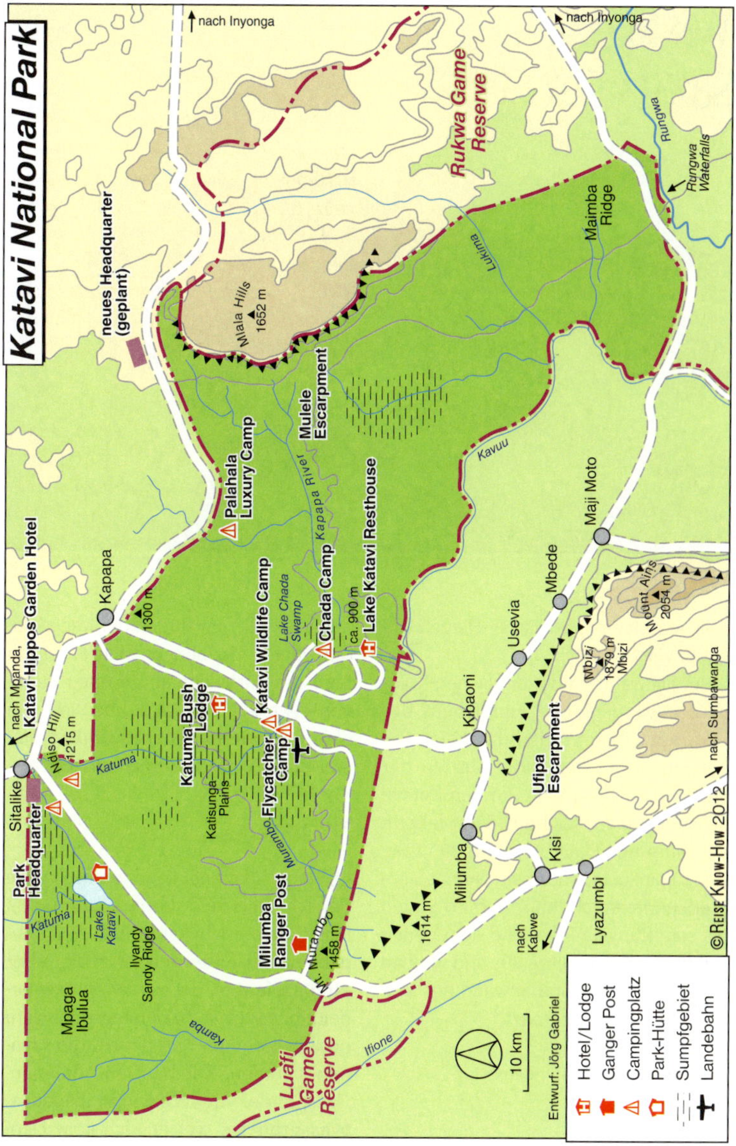
Katavi National Park
nach Inyonga
nach Inyonga
Rukwa Game Reserve
neues Headquarter (geplant)
Mlala Hills
1652 m
Mulele Escarpment
Palahala Luxury Camp
Kapapa River
Lukima
Maimba Ridge
Rungwa
Rungwa Waterfalls
Kavuu
Maji Moto
Mbede
Usevia
Kibaoni
Mount Ains
2054 m
Mbizi
1879 m
Mbizi
Ufipa Escarpment
nach Sumbawanga
Kapapa
1300 m
Katavi Wildlife Camp
Lake Chada Swamp
Chada Camp
ca. 900 m
Lake Katavi Resthouse
nach Mpanda,
Katavi Hippos Garden Hotel
Ndiso Hill
1215 m
Katuma Bush Lodge
Katuma
Sitalike
Park Headquarter
Katisunga Plains
Flycatcher Camp
Murambo
Milumba Ranger Post
Mt. Murambo
1458 m
1614 m
Milumba
Kisi
Lyazumbi
nach Kabwe
Katuma
Lake Katavi
Ilyandy Sandy Ridge
Mpaga Ibulua
Kamba
Luafi Game Reserve
Ifione
10 km
Entwurf: Jörg Gabriel
© Reise Know-How 2012
Hotel/Lodge
Ganger Post
Campingplatz
Park-Hütte
Sumpfgebiet
Landebahn

tan061 Foto: jg

Flusspferde

dass man kaum von Tsetse-Fliegen belästigt wird.

Bereits während der deutschen Kolonialzeit war die große Sumpfebene des Lake Katavi ein Wildschutzgebiet. Bei der Errichtung des Parks kam zu der großen Feuchtsavanne um den Katavi-See auch die östlichere Sumpfebene der Katisunga Plains rund um den Lake Chada hinzu. Das nun seit 1997 neu angrenzende Areal dehnt sich im Süden bis zum Rungwa River und dem neuen **Rukwa Game Reserve** aus und wird im Osten durch die Grabenwand des Mulele Escarpment begrenzt.

Die vor allem während der Regenzeit morastigen Savannen (Black Cotton Soil) des Parks liegen auf einer Höhe von etwa 900 m ü.N.N. und sind von **dichten Miombo-Trockenwäldern** und einzelnen Akazienbäumen umgeben.

Tierwelt

Im Katavi National Park kommen viele der afrikanischen Großtierarten vor. Das Gebiet ist bekannt für seine sehr **großen Büffelherden** und die **über 4000 Elefanten,** die hier leben. Nashörner gibt es keine. Zu den regelmäßig zu beobachtenden Tieren gehören Hyänen, Giraffen, Zebras, Elen-Antilopen, Flusspferde, Krokodile und **Defassa-Wasserböcke,** welche sich vom Ellipsen-Wasserbock durch ein weißes Hinterteil unterscheiden. Seltenere Tierarten, die sonst mehr im südlichen Afrika vorkommen, sind das Puku (eine Moorantilope) sowie Rappen- und Pferdeantilopen. Zudem sind im Park bis jetzt **über 400 Vogelarten** festgestellt worden. Oft lassen sich beim Lake Chada Scharen von **Rosapelikanen** beobachten, die zwischen hier und dem Lake Rukwa ihr **größtes Fortpflanzungsgebiet in ganz Afrika** haben.

Das **Beobachten der Tiere** ist allerdings wegen des Baumbestandes, vor allem aber infolge der hohen Sumpfgräser und des mancherorts dichten Papyrus ausgesprochen schwierig. Hinzu kommt, dass die Tiere hier noch nicht so an Fahrzeuge gewöhnt sind wie ihre Verwandten in den nördlicheren Parks und deswegen oftmals die Flucht ergreifen, wenn sich Autos und Menschen nähern – pure Wildnis eben!

Erkundung des Parks

Es besteht die Möglichkeit, den Katavi National Park mit einem **Geländewagen** zu erkunden. Die Katisunga Plains und der krokodilreiche Katuma River Channel können vom Park Headquarter über Kapimbye angefahren werden. Kurz vor dem Katuma River erreichen Sie den Abzweig zu einem Ranger-Posten und die **Flugzeuglandebahn,** von wo Sie über zwei Pisten zum Lake Chada gelangen. Einen herrlichen Ausblick – mit der Gewähr, eine gute Anzahl von Tieren zu sehen – hat man auch vom Park-eigenen Lake Katavie Resthouse (s.u.) an der Ostseite des Lake Katavi.

Der Ausbau der Wege im neuen östlichen Parkteil wird erst in den nächsten Jahren in Angriff genommen.

Gebühren und Anreise

Der Park ist definitiv einen Besuch wert, denn er ist ein Wildnis-Juwel. Allerdings bringen Anreise und Unterbringung im Park hohe Ausgaben mit sich. Seit 2006 betragen die **Parkgebühren 20 $ pro Tag;** für Fahrzeuge, die nicht in Tansania zugelassen sind, sind 40 $ pro Tag zu entrichten. Kostenfrei sind die zwei Durchgangsstraßen, die mitten durch den Park verlaufen und Mpanda mit Sumbawanga verbinden.

Die **Anreise** zum Park mit einem Fahrzeug ist über den Tan-Zam-Highway von Mbeya über Sumbawanga aus möglich oder über Tabora/Inyonge. Über den Airstrip bei Sitalike im Norden des Parks oder über die Landepiste am Katuma Channel werden die Gäste der Camps zweimal wöchentlich von Arusha aus eingeflogen, in Verbindung mit dem Katavi National Park (www.tanflyco.com, www.zantas.com). Vom Ruaha National Park fliegt Safari Air Link über Katavi nach Mahale (www.safariaviation.info), ebenfalls zweimal pro Woche. Ansonsten bietet sich das Einfliegen mit einer Charterairline an.

Unterkunft

Eine Lodge oder ein Hotel direkt im Park gibt es derzeit nicht. Ein einfaches Hotel außerhalb am Nordrand des Parks ist das **Katavi Hippos Garden Hotel,** Tel. (025) 2820393, www.genesismotel.com. Preis pro Person ab 30 $ mit Frühstück.

Die Camps im Park holen Gäste am Flugfeld ab. Bei zu viel Regen dauert die Anfahrt länger, da dann der Airstrip beim Park Headquarter von Sitalike genutzt wird.

- **Chada Camp**

Im östlichen Teil der Chada-Feuchtsavannen betreibt Nomad Safaris dieses exklusive Camp. Die Lage auf einer Art Halbinsel, die in die saisonale Feuchtsavanne hineinragt, ist einmalig schön. Große knorrige Bäume spenden viel Schatten, das Wild spaziert direkt durchs Camp. Sieben Zelte garantieren einen intimen Rahmen. Gäste werden eingeflogen und im Park von sehr erfahrenen Wildlife Guides auf Pirschfahrten begleitet sowie fürstlich betreut. Das kulinarische Angebot hat hohes Niveau. Die Unterbringung erfolgt in großen Safarizelten mit kolonialem Ambiente. Zu buchen über Nomad Tanzania in Arusha, www.nomad-tanzania.com. Hochpreisig, aber sehr empfehlenswert.

- **Katavi Wildlife Camp**

Tel. +441452 862288, (0713/0754) 237422, www.tanzaniasafaris.info. Neueres und exklusives Camp von Foxes Safari Camps. Acht große Safarizelte auf einer Holzplattform und angemauerte Bäder bieten viel Platz und angenehmen Komfort. Die Lage direkt an der Katisunga Plain und am Chada Channel verspricht sehr viel Wildlife. Der mit Ried bedeckte Hauptbau ist rundum offen und hat eine Empore für mehr Fernsicht. Liebevoller Service und recht gutes Essen sorgen für einen schönen Aufenthalt. Preise ab 375 $ p.P. Vollpension mitsamt Pirschfahrten. In der Nebensaison im Frühjahr etwa 10% Discount.

- **Katuma Bush Lodge**

Tel. (0732) 978879, (022) 2130553, www.mbalimbali.com. Neueres Camp am Rande der Katisunga Plains, das versteckt zwischen Bäumen und Sträuchern liegt. Die Umsetzung der Zeltbauweise auf Holzplattformen kommt auch hier zum Tragen, doch wirkt vieles nur zusammengenagelt. Es fehlt ein wenig „Seele", auch sind die Preise zu hoch gemessen am gebotenen Standard.

- **Flycatcher Katavi Camp**

www.flycat.com. Einfaches, saisonales Zeltcamp in wunderschöner Lage direkt am Katuma River, geöffnet von Juni bis Oktober. Zweckmäßige Einrichtung, gutes Essen, empfehlenswert!

- **Palahala Luxury Camp**

Tel. (027) 2508773, (0784) 266558, (0784) 278639, www.firelightexpeditions.com. Saisonales Zeltcamp in einsamer Lage im Nordwesten des Katavi-Nationalparks am Kapapa River.

- **Lake Katavi Resthouse**

Einfachste Behausung mit zwei Schlafräumen für Selbstversorger. Optimaler Ort, um den kleinen See mit seiner großen Flusspferde-Population und die großen Büffelherden auf den sich dahinter erstreckenden Sikitiko Plains zu beobachten. Wenn Sie hier übernachten wollen (20 $), müssen Sie sich den Schlüssel zum Resthouse beim Park Headquarter beschaffen.

Camping

Im Park sind einige Campingplätze ausgewiesen, gut sind die **Plätze beim Lake Katavi Resthouse** und beim **Lake Chada.** Alle Zeltplätze sind lediglich eine freigeschlagene Wiese. Es gibt keine Waschhäuser/Toiletten, Feuerholz wird nur auf Anfrage von den Rangern zur Verfügung gestellt. Seit 2006 betragen die Campinggebühren 30 $ p.P. und Nacht. Preiswert campen lässt es sich auf dem Grundstück des Hotels **Katavi Hippos Garden** direkt am Nordrand des Parks am Kruma River unmittelbar beim Ort Sitalike. Die einfache Campsite (mit WC und Duschen) kostet 5 $ p.P.; essen kann man im Hotel (nichts Besonderes).

Sonstiges

- **Im Park** lassen sich **keine Lebensmittel** kaufen, und im nahe gelegenen Dorf Sitalike ist auch nicht viel zu erwerben. Bringen Sie daher Ihre gesamte Verpflegung mit. Der Markt in Mpanda hat das Nötigste.

Mahale Mountains

- Auch eine **Treibstoffversorgung** fehlt noch im Park, die nächsten Tankstellen sind in Namanyere und in Mpanda.
- Das jetzige **Park Headquarter** ist am Katuma-Fluss an der Nordgrenze des Parks, etwa 1 km von Sitalike entfernt. Man plant jedoch, dieses in naher Zukunft nach Osten an die Inyonga-Straße zu verlegen.

Mahale Mountains National Park

Der Park

Der Mahale Mountains National Park ist mit über 1500 km² ungefähr dreißig Mal so groß wie der Gombe National Park. Das Schutzgebiet liegt ca. **150 km südlich von Kigoma** und ragt wie eine Halbinsel in den Tanganyika-See. Die Abgeschiedenheit dieses paradiesisch wirkenden Gebietes und seine völlig unberührte Natur geben einem das Gefühl, in einer vergessenen Welt oder gar in einer anderen Zeit zu sein.

Über die gesamte Länge des Parks zieht sich das große **Gebirge der Mahale Mountains.** Die Berge sind ein Produkt des afrikanischen Grabenbruchs. Während die Erdoberfläche im Bereich des heutigen Tanganyika-Sees aufriss und sich spaltete, stießen aus dem Erdinneren am Rande des entstehenden Grabens heiße Magmamassen auf und formten Erhebungen, die sich schnell abkühlten. Eine solche klassische Erhebung sind heute die Mahale Mountains. Der tiefe Graben füllte sich mit Wasser und wurde zu einem See,

tan142 Foto: jg

tan141 Foto: jg

Bärenpavian-Familie

dem Lake Tanganyika. In den über 20 Millionen Jahren seit der Entstehung der Berge haben klimatische Einflüsse wie Regen und Winde durch Erosion ihren Teil zur heutigen Erscheinung der Berge beigetragen. Die dem See zugewandten Berghänge werden von einem dichten immergrünen Regenwald überzogen, der mit reichlich Niederschlägen (2000 mm im Jahr) und Frühnebeln vom See her versorgt wird. An den mittleren Hängen gedeihen hier auch, anders als im Gombe National Park, feucht-tropischer Bergwald sowie dichter Bambusbestand. Im Park soll es über 300 Baumarten geben. Ab 2200 m bedecken dann wieder montane Savannengraslandschaften den Bereich bis zu den Gipfeln. Die im Regenschatten liegende Ostseite der Mahale Mountains wird von einer trockenen Baumsavanne, den Miombo-Wäldern, bedeckt. Die höchsten Gipfel des Gebirgszuges liegen nahe des Ufers im Nordwesten des Parks: Es sind der Mt. Muhensabantu, der Mt. Humo, der Mt. Sisaga und der **Mt. Nkungwe, mit 2516 m höchster Gipfel der Mahale Mountains.**

Einer **Legende** zufolge gab es einmal einen Streit zwischen dem Berg Nkungwe und seinem Sohn, einem niedrigeren Gipfel. Dieser machte seinem Vater das ruhige Leben am See zur Hölle. In einem Kampf setzte sich Nkungwe gegen seinen Sohn durch und schleuderte diesen auf die andere Seite des Sees, wo er heute lädiert liegt und die kongolesischen Berge südlich von Kalemie formt. Nkungwe fiel nach dem anstrengenden Kampf ebenfalls nieder und stellt heute seitlich liegend die Mahale Mountains dar. Im Nordwesten beginnend liegt sein Kopf, der Mt. Nkungwe; der längere Bergrücken des Mt. Sisaga stellt den Teil von Schulter bis Becken dar. Der flachere Südosten des Bergzuges symbolisiert Nkungwes angewinkelte Beine, so als würde jemand zusammengekauert schlafen. Für die Bewohner war eine Besteigung des Mt. Nkungwe lange Zeit undenkbar. Jeder, der den Gipfel bezwingen würde und damit auf Nkungwes Kopf stünde, würde, so die Legende, kurze Zeit danach durch einen Unfall sterben.

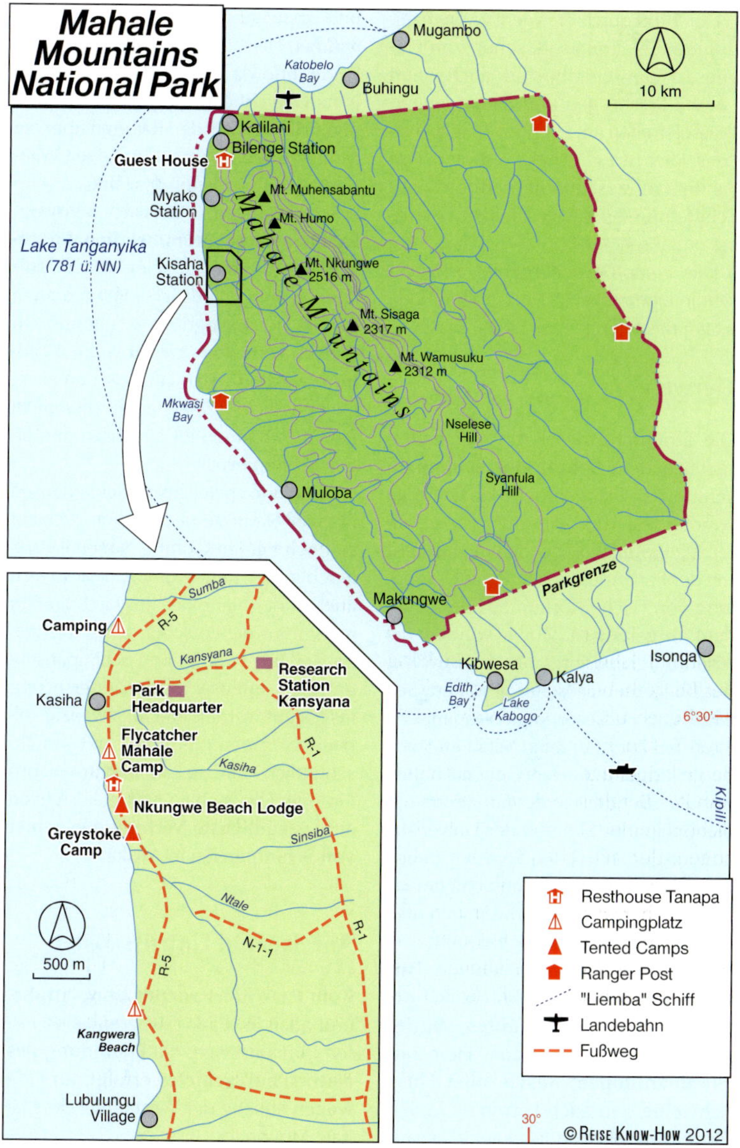
Mahale Mountains National Park
Mugambo
Katobelo Bay
Buhingu
10 km
Kalilani
Bilenge Station
Guest House
Myako Station
Mt. Muhensabantu
Mt. Humo
Mahale Mountains
Lake Tanganyika
(781 ü. NN)
Kisaha Station
Mt. Nkungwe 2516 m
Mt. Sisaga 2317 m
Mt. Wamusuku 2312 m
Mkwasi Bay
Nselese Hill
Syanfula Hill
Muloba
Parkgrenze
Makungwe
Isonga
Kibwesa
Kalya
Edith Bay
Lake Kabogo
6°30'
Kipili
Sumba
R-5
Camping
Kansyana
Research Station Kansyana
Kasiha
Park Headquarter
Flycatcher Mahale Camp
Kasiha
R-1
Nkungwe Beach Lodge
Greystoke Camp
Sinsiba
Ntale
N-1-1
500 m
Kangwera Beach
Lubulungu Village
Resthouse Tanapa
Campingplatz
Tented Camps
Ranger Post
"Liemba" Schiff
Landebahn
Fußweg
30°
© Reise Know-How 2012

Der 1980 durch Präsident *Nyerere* gegründete Nationalpark schützt im Gegensatz zum Gombe-Park auch einen etwa 2 km breiten und 63 km langen Wasserstreifen am Ufer des Tanganyika-Sees. Hier Ist es Fischern verboten, ihre Fangnetze auszubreiten, Boote und Schiffe müssen das geschützte Gewässer umfahren.

Das Hauptbesuchergebiet erstreckt sich in einem etwa 10 km großen Radius um das Bilenge Park Headquarter.

Tierwelt

Die Errichtung des Parks galt hauptsächlich dem **Schutz der Schimpansen.** In den Hängen der Mahale-Berge werden fast 1000 dieser Affen vermutet. Die Population der Schimpansen ist mit der Parkerrichtung und der Umsiedlung von Fischerdörfern aus dem Park stark angestiegen. Zuvor wurden die Affen aufgrund ihres bei der Bevölkerung beliebten Fleisches gewildert. Seit 1961 sind in dieser Region japanische Primaten-Forscher tätig. Mit ihren Studien in dieser isolierten Gegend hatten Sie großen Anteil an der Gründung des Nationalparks. Die von der Universität in Kyoto unterstützten Forscher haben ihre Research Station Kansyana am Fuße des Mt. Nkungwe, unweit vom ufernahen Park Headquarter bei Kasiha.

Neben Schimpansen lebt im Park auch reichlich Großwild. Östlich des Bergmassivs sind **Elefanten, Büffel, Giraffen, Zebras, Kudus, Elen-** und **Pferdeantilopen, Busch- oder Flussschweine** und auch **Löwen** zu finden. Doch bisher haben sich kaum Forscher und Besucher diesem Teil des Parks gewidmet. Es ist ein sehr verbuschtes Gelände, und da man zu Fuß unterwegs ist, auch nicht ganz ungefährlich. Erkundigen Sie sich bei den Rangern über die Möglichkeiten einer mehrtägigen Wanderung in den Ostteil des Parks.

Schimpansen, Paviane, Schwarzweiße und **Rote Stummelaffen, Buschböcke, Mungos** und gelegentlich **Otter** können Sie – mit Glück – im ufernahen Gebiet der Kasoge Area sehen. Auch Buschböcke und **Afrikanische Wildhunde** nähern sich oftmals dem See. Gelegentlich treiben auch Löwen an den Westhängen ihr Unwesen und jagen Schimpansen.

Die Wahrscheinlichkeit, Schimpansen in freier Natur zu beobachten, ist nicht so hoch wie im Gombe National Park. Doch in der Regel tummeln diese sich auch in der Nähe der Research Station herum, wo die Forscher sich seit längerer Zeit mit zwei großen Schimpansengruppen intensiv auseinandersetzen. Insgesamt werden im Park zwanzig solcher Gruppen vermutet mit durchschnittlich fünfzig Schimpansen pro Gruppe. Die Mahale Mountains gelten als das **südlichste Verbreitungsgebiet von Schimpansen in Afrika.**

Anreise und Eintrittskosten

Zum Park führt zurzeit keine Straße, und auch im Park existieren keine Pisten für Fahrzeuge; die **Erkundung des Naturschutzgebietes erfolgt auf Fußwegen** entlang der Westhänge der Mahale Mountains.

Neben dem Einfliegen mit einem privat gecharterten Flugzeug oder im Rahmen einer Flugsafari ist die **Anreise nur mit dem Schiff von Kigoma aus oder mit einem von dort gemieteten Boot** möglich. Chimpanzee Safaris verfügt über große Motorboote, die von Kigoma bis Kasiha etwa 5 Std. benötigen. Durch die lange Anfahrtszeit werden Sie für eine komplette Rundtour mindestens drei Tage benötigen, da nachts ungern gefahren wird. Die momentan günstigste, jedoch anstrengendere Anfahrt kann **mit dem Passagierschiff „M.V. Liemba"** unternommen werden. Dieses verlässt mittwochs um 16 Uhr den Hafen von Kigoma und erreicht – sofern der Fahrplan zeitlich eingehalten wird – zwischen 1 und 2 Uhr in der Nacht das nördlich von den Mahale Mountains gelegene Fischerdorf **Mugambo** (in manchen Karten auch als „Lagosa" eingetragen). Das Schiff kann hier nicht anlegen, Sie müssen sich daher mit einem der Holzboote an Land bringen lassen – Sie brauchen keine Bedenken zu haben, nicht an Land zu kommen, es warten hier ständig Boote auf Passagiere! Die „Liemba" legt auf ihrem Rückweg von Sambia in der Nacht von Samstag auf Sonntag wieder einen Stopp vor Mugambo ein, bevor sie zurück nach Kigoma fährt.

Von Mugambo sind es noch 30 km am Ufer entlang bis **Bilenge, der Hauptstation des Parks.** Die meisten Reisenden lassen sich von einem der Fischerboote bei Sonnenaufgang zu der Station bringen (knapp 2 Std. Fahrzeit). Die andere Möglichkeit besteht darin, einem Pfad entlang des Ufers zu folgen. Sie kommen hier an weiteren kleinen Dörfern vorbei, bis Sie nach etwa 15 km hinter dem Ort Katumbi die Parkgrenze erreichen und nun in regelmäßigen Abständen Camps der Parkverwaltung und von Safariveranstaltern passieren. Sie müssen in jedem Fall bis Kasiha, um sich dort registrieren zu lassen und die **Parkgebühren** zu zahlen (80 $, 30 $ für Jugendliche von 10–16 Jahren, jeweils pro Tag/24 Std.). Spaziergänge und längere Wanderungen müssen stets in Begleitung eines Rangers erfolgen, der 20 $ pro Tag kostet.

Über den **Airstrip** im Norden des Parks werden die Gäste der Camps zweimal wöchentlich von Arusha aus eingeflogen, in Verbindung mit dem Katavi National Park (www.tanflyco.com, www.zantas.com). Vom Ruaha National Park fliegt Safari Air Link über Katavi nach Mahale (www.safariaviation.info), ebenfalls zweimal die Woche.

Reisezeit

Bei den hohen Niederschlagsmengen in der Regenzeit von November bis in den Mai hinein empfehlen sich die übrigen **Trockenmonate als beste Besuchszeit** – vor allem auch, weil sich die Schimpansen oft zwischen Januar und März in die obere Bergregion zurückziehen und man sie nur schlecht auffinden bzw. nahe an sie herankommen kann. Zudem sind die steilen Pfade sehr matschig, weshalb ein Fußmarsch zu einer regelrechten Tortur werden kann. Auch für die **Besteigung des Mt. Nkungwe** sollten die Trockenmonate vorgezogen werden. Führer

049 Foto: edel

048 Foto: damke

Antilopen

Antilopen sind in Tansania mit einem Dutzend Unterfamilien in zahlreichen Arten **sehr vielfältig** vertreten. Sie gehören zu den am häufigsten gesehenen Tieren auf Safari. Übrigens ist die Tiergruppe der „Antilopen" nicht eindeutig definiert, der Oberbegriff ist „Hornträger", zu denen auch Schaf, Ziege und Rind gehören.

Links oben: Buschbock,
unten: Pferdeantilope;
rechts oben: Elenantilope,
unten: Impala

047 Foto: berg

050 Foto: lexan

Schimpansen – unsere nächsten Verwandten

Schimpansen sind die menschenähnlichsten Menschenaffen: Wir teilen über 95% unserer Erbsubstanz mit ihnen. Sie leben in Familiengruppen in Wäldern und Baumsavannen im tropischen Afrika. Aufrecht stehend erreichen die männlichen Tiere eine Größe bis zu 1,70 m, weibliche Artgenossen werden bis zu 1,30 m groß; die Arme sind länger als die Beine. Die als Savannentyp bezeichneten Gombe- und Mahale-Schimpansen sind jedoch kleiner; sie werden 30 bis 40 Jahre alt.

Die lang währende Vermutung, diese Affenart lebe wie ihre asiatischen Verwandten, die Orang Utans, nur kletternd und hangelnd in den Baumwipfeln tropischer Regenwälder, wurde spätestens mit den Forschungsarbeiten von *Jane Goodall* korrigiert. Zwar leben Schimpansen in überwiegend waldreichen Gebieten, doch haben sie hier ein **festgetretenes Wegesystem** und klettern eigentlich nur zum Früchtepflücken, Nestbau und Schlafen auf die Bäume.

Auf dem Boden oder auf dicken Ästen gehen oder laufen die Schimpansen gewöhnlich auf allen vieren, wobei sie das Gewicht ihres Oberkörpers auf die Handknöchel stützen. Am menschlichsten wirken Schimpansen, wenn sie aufrecht gehen, was sie jedoch nicht sehr oft tun. Die wichtigsten Gründe zum Aufrechtlaufen sind das Tragen von Nahrung, aber insbesondere Gefahrensituationen, da die Tiere in dieser Haltung vor dem Feind größer wirken.

Schimpansen sind vorwiegend Pflanzenfresser, verzehren aber auch Insekten wie Termiten. Als Hauptnahrung gelten Früchte, Knospen, Blüten und Blätter. Doch gelegentlich stehen auch Kleintiere wie Rote Kolobusaffen und diverse Jungtiere auf der Speisekarte. Diese werden jedoch nur gejagt, wenn Aussicht auf Erfolg besteht. In den meisten Fällen wird dann das Fleisch zusammen mit Blättern als Beilage verzehrt.

Beim Fressen von Insekten, vor allem von Termiten, benutzen Schimpansen Stöckchen oder Zweige, mit denen sie in Termitenbauten „angeln“. Durch die vielen Gänge der großen Erdhügel stecken die Schimpansen geduldig ihr „Werkzeug“ ins Innere der Termitenkolonie, an dem sich die Termiten festbeißen oder auch nur dranhängen. Nach kurzem Warten werden dann die Stöckchen herausgezogen und genüßlich abgelutscht.

Bis zu 100 Schimpansen können in einer Gruppe leben, wobei diese in mehrere **Familienbünde** aufgeteilt ist und ein größeres Areal einnimmt (10–30 km²). Durch laute Schreie stehen die kleineren Gruppen, die in der Regel vier bis zehn Mitglieder stark sind, in Kontakt. Während die männlichen Schimpansen ihrer Gruppe treu bleiben, wechseln die Weibchen schon einmal die Gruppe und sorgen woanders für Nachwuchs. Generell jedoch bleiben die Familien auf längere Zeit zusammen.

Die Schwangerschaftsdauer beträgt acht Monate, nur äußerst selten werden Zwillinge geboren. Die **Nachkommen** sind etwa nach ihrem neunten Lebensjahr ausgewachsen, hängen aber in der Regel noch ein paar Jahre am Rockzipfel ihrer Mutter.

Die **Gesichter** der Schimpansen können sehr unterschiedlicher Prägung sein. Wissenschaftler, die sich mit einer Gruppe in einem Gebiet länger auseinandersetzen, können problemlos die einzelnen Affen auseinanderhalten: Es kommen sehr helle und sehr dunkle Gesichter vor, es gibt Tiere mit ausgeprägtem Bartwuchs, einige bekommen mit dem Alter auch graue Haare auf dem Kopf oder neigen zur Halbglatzenbildung.

Die meiste Zeit des Tages verbringen Schimpansen schlafend und bei der Körperpflege. Gerade das gegenseitige Entlausen oder Kraulen kann oft stundenlang dauern.

Am Ende des Tages richten die Affen ihre **Schlafnester** her; aus Zweigen und großen Blättern wird die Schlafstätte auf bequemen Ästen eingerichtet. Im Normalfall wird ein

Schlafplatz nur einmal benutzt, doch wenn sich eine Stelle als besonders bequem erwies, wird das Nest auch öfters benutzt.

Schimpansen ähneln uns Menschen mehr als wir denken. Nicht nur, dass sie Werkzeug benutzen und damit jagen, Schimpansen zeigen auch Ansätze lingualer Kommunikation. Ihre Verhaltensarten, etwa das Bestreben, gesellschaftliche Anerkennung zu erringen, oder in gewissen Momenten Freund oder Feind zu sein, ähneln menschlichen Verhaltensmustern. Schimpansen können aber nicht als unsere Vorfahren angesehen werden. Ihre Evolutionsgeschichte ist zwar in etwa so alt wie die unsere, doch entwickelten sie sich in einem völlig anderen Lebensraum wie unsere Vorfahren.

Die größten natürlichen Feinde des Schimpansen sind Leoparden und Löwen, doch wirklich gefährlich ist der Mensch: Die stark anwachsende Bevölkerung Afrikas hat den Lebensraum der Tiere weitgehend eingeengt, hinzu kommt, daß sie in einigen Regionen des Kontinents als kulinarische Delikatesse gehandelt werden und ihr dauerhafter Schutz nur durch Nationalparks gewährleistet werden kann. Ihre ursprüngliche Verbreitung von Westafrika bis in den Süden des Kongo ist im letzten Jahrhundert stark zurückgegangen. Heute gilt der tansanische Mahale Mountains National Park als der südlichste Lebensraum von Schimpansen in Afrika.

tiere_38 Foto: fj

und Träger von Verpflegung und Ausrüstung (die Sie mitbringen müssen) kann Ihnen die Parkverwaltung stellen. Für eine Wanderung zu den höchsten Gipfeln und wieder zurück sollten Sie mindestens drei Tage einplanen.

Unterkunft und Verpflegung

- **Greystoke Camp**
Zu buchen über Nomad Tanzania Safaris in Arusha, www.nomadtanzania.com. Herrlich an einer Bucht gelegen, betreibt Nomad dieses exklusive und teure Camp. Gäste werden eingeflogen und im Park fürstlich betreut. Die Unterbringung erfolgt in großen offenen Bungalows mit Strohüberdachung. Exklusive und privat geführte Wanderungen zu Schimpansen werden unternommen. Mit einem traditionellen Fischerboot geht es zu romantischen Sonnenuntergang-Törns vor der Bergkulisse der Mahale Mountains. Für Safari-Urlauber mit gehobenen Ansprüchen und gut gefüllter Brieftasche sehr empfehlenswert!
- **Nkungwe Beach Lodge**
Tel. (022) 2130501/476, (0754) 786001, Fax (022) 2130487, www.mbalimbali.com. Permanente, komfortable Zelt-Lodge im Nationalpark, die südlich von Kasiha liegt. Jedes Zelt-Zimmer ist geräumig und mit dekorativer Inneneinrichtung und angegliedertem Badezimmer ausgestattet. Die Zelte sind auf Holzplattformen gebaut und haben alle Seeblick und eine eigene Terrasse. Das Camp gehört zum Unternehmen Mbalimbali, das auch in den Parks Gombe und Katavi ganzjährige Tented Lodges betreibt.
- Ansonsten erfolgt die Übernachtung in einem **Guest House bei Bilenge** oder auf dem **Zeltplatz** in der Nähe des Park Headquarter. Beide kosten **20 $ p.P. und Nacht.** Für Ihren Aufenthalt im Park müssen Sie alles, was Sie an **Verpflegung** benötigen, **von Kigoma mitbringen,** da das Guest House lediglich Betten und eine Kochstelle beinhaltet. Wasser zum Waschen und Kochen wird direkt dem glasklaren See entnommen.

Sonstiges

- Bringen Sie eine **Taucherbrille** mit, denn Sie können im Park im ufernahen Bereich unter Wasser Buntbarsche beobachten, die sie bisher nur aus Aquarien kannten.
- **Zum Fotografieren** sind lichtstarke Digitalkameras empfehlenswert, besonders bei der Verwendung von Standardzoom mit nicht sehr hoher Lichtstärke, da die Schimpansen mit ihrem fast schwarzen Fell und der vielerorts dunkle Hintergrund des Waldes nur wenig Kontrast bieten.
- Das Büro des **Mahale Mountains Research Center in Kigoma** ist nicht zuständig für Buchungen, Transportvermittlungen etc. Vielmehr geht es hier um Forschungsarbeit, zu der Ihnen die Leute, die das Büro verwalten, gerne Auskunft geben.

Gombe Stream National Park

Der Park

Der **kleinste und teuerste Nationalpark Tansanias, ca. 20 km nördlich von Kigoma,** erstreckt sich an den Hängen eines Bergzuges am Tanganyika-See. Vom Ufer breitet sich der Park etwa 3–4 km landeinwärts aus und erreicht bei den bis zu 1000 m über dem Wasserspiegel thronenden Gipfeln der feuchtsavannigen Msekela Hills seine westliche Parkgrenze. Die Nord-Süd-Ausdehnung des Parks beträgt ungefähr 15 km. Bereits 1943 wurde Gombe als ein Game Reserve **errichtet, um den tropischen Regenwald und die Schimpansen zu schützen.** Ein paar kleine Fischersiedlungen vom Volk der Jiji mussten aus dem neu gegründeten Naturschutzgebiet in eine andere Region umgesiedelt werden. Doch heute erlaubt die Parkverwaltung den Fischern, die Strände für kurze Zeiträume zu nutzen. Gelegentlich können Sie daher den Fischern bei der Arbeit zuschauen. Diese suchen sich breite, grobsandige Stellen entlang der Ufer, um ihre nächtlichen Fänge (Mgebuka- oder Dagaafische, letztere eine Süßwassersardine) hier tagsüber zu trocknen.

Die unteren Hänge des steil aufragenden Parks sind dicht bewaldet. Grundwasser ist reichlich vorhanden, und die überall an den Hängen herunterlaufenden kleinen Bergbäche sorgen für ein urwaldmäßiges Gedeihen des tropischen Pflanzen- und Baumbestandes. In den oberen Regionen dominiert der Miombo-Wald, ein lichter Trockenwald, selten höher als 15 m, wie er typisch für den südostafrikanischen Raum ist. Die Gipfelregionen bestehen aus montaner Feuchtsavanne.

Gombe kann das ganze Jahr über besucht werden, ideal ist jedoch die **regenarme Zeit von Juni bis Mitte November.**

Bekannt wurde das **Schimpansen-Reservat,** nachdem die Britin **Jane Goodall** (www.janegoodall.org.uk) ab 1960 über ihre Eindrücke von den so menschenähnlichen Affen berichtete. Es gelang der jungen Hobbyforscherin – motiviert und finanziert durch den großen Ostafrika-Paläoanthropologen *Louis Leakey* (vgl. Ngorongoro Conservation Area) –, das Verhalten der Schimpansen aus nächster Nähe zu erforschen. Durch Zufall entdeckte sie die **Vorliebe der Schimpansen für Bananen.** Durch regelmäßige Fütterungen mit dieser Frucht nahe ihres Basislagers gelang es *Goodall,* den Schimpansen ihre Furcht vor Menschen zu nehmen; so konnte sie systematisch über einen längeren Zeitraum eine sehr enge Beziehung zu der Affenart aufbauen. Im Rahmen langwieriger Studien bekam sie einen intensiven Einblick in das Sozialverhalten der Schimpansen. Fasziniert war sie vor allem von deren Gebrauch von Werkzeugen, meist Zweigen und Stöcken, die ihnen hauptsächlich zur Nahrungsmittelsuche und zu Verteidigungszwecken dienten. Die Ergebnisse ihrer Studien publizierte *Goodall* in ihren Büchern „In the Shadow of Man" („Wilde Schimpansen") von 1971 und „Through a window" von 1990. Schließlich wurde im Jahr 1968 aus dem Gombe Reserve ein Nationalpark. Ein zu Beginn der 1990er Jahre stark anwachsender und aus wissenschaftlicher Sicht nicht verträglicher Touristenstrom führte 1994 zu einer drastischen Erhöhung der Parkgebühren auf 100 $ Eintritt pro Tag. Die Maßnahme war insofern wichtig, weil der Park in erster Linie der Forschung dienen soll und nur für einen begrenzten Tourismus ausgelegt ist. Noch heute verbringt *Jane Goodall* viel Zeit im Gombe National Park bei der Erforschung der Schimpansen.

Tierwelt

Neben den Schimpansen bilden die **Paviane** einen weiteren großen Teil der Tierpopulation im Gombe National Park. Auch diese grau-braune Affenart ist seit vielen Jahren ein Objekt der Forschung. Der Anubis-Pavian unterscheidet sich vom Gelben Pavian (Mahale Mountains) durch seinen kräftigeren Körper und sein dunkleres und dichteres Fell. Da die Tiere zum Teil alles fressen, was so an Nahrung rumliegt, sollten Sie zu jeder Zeit die Tür vom Gästehaus und/oder Ihr Zelt gut verschließen. Eine leichte Unachtsamkeit kann schnell dazu führen, dass Ihre nächtliche Unterkunft aussieht wie ein ... Affenstall. Angelockt vom Geruch der Nahrungsmittel stöbern die Paviane alles durch. Hilfreich sind luftdicht verschließende Essensbehälter (Tupperware). Die völlig unscheuen, aber nicht aggressiven Paviane werden mit ihrer ansteigenden Population im Gombe National Park immer mehr zu einer Art **Plage.** Füttern Sie die Tiere unter keinen Umständen, und engen Sie auch nie ihren Fluchtraum ein! Vor allem starren Sie nie einem männlichen Pavian länger in die Augen, denn er kann dies als Herausforderung zum Kampf betrachten – bedenken Sie: Das Gebiss eines Pavians hat die Beißkraft eines Löwen! Folgen sie den Anweisungen der Park Rangers, und Sie werden kaum Probleme mit diesen Tieren haben.

Nur selten werden sich andere Tiere im Park erblicken lassen. Gelegentlich bekommt man ein **Buschschwein** oder einen **Buschbock** zu Gesicht, kleine Raubtiere wie **Zivet- und Ginsterkatzen** nur selten, und die früher noch häufiger vertretenen Waldbüffel scheinen sich gänzlich in andere Gebiete zurückgezogen zu haben.

Neben den Schimpansen sind vor allem die **über 250 Schmetterlingsarten** eine farbenfrohe Attraktion im Park. Wenn Sie Genaueres über diese sehr interessanten Tierchen erfahren wollen, dann bringen sie ein Schmetterling-Handbuch mit, da Sie hier eine einmalige Gelegenheit haben, die verschiedenen Exemplare aus nächster Nähe zu studieren.

Anreise und Eintrittskosten

Zum Park kommt man nur mit Booten. Es gibt keine Straße hierher, Ihr Fahrzeug müssen Sie in Kigoma stehen lassen. Öffentliche Verkehrsmittel in Form von **Lake Taxis** fahren von Zeit zu Zeit von Kigoma über mehrere Stationen bis an die Grenze Burundis. Diese fahren in der Regel gegen 10 Uhr morgens vom kleinen Anlegeplatz bei Kalalangabo 2 km nordwestlich von Kigoma ab und tuckern das Ufer entlang. Nach

USnp003 Foto: pr

Viele Schmetterlinge leben im Park

ein paar Stopps in Fischerdörfern legen die Boote in **Kasekela,** dem **Headquarter des Gombe National Park,** an. Dort werden Sie erst einmal zur Kasse gebeten: **100 $ Eintritt pro Tag** (für Kinder bis 16 Jahre 20 $). Die Bootsfahrt kostet ungefähr 5000 TSh, sofern mehrere Leute an Bord sind. Ein Boot für den ganzen Tag organisieren können Sie in Kigoma in den Hotels Lake Tanganyika oder Kigoma Hilltop für ca. 250 $ oder am Lake-Taxi-Anlegeplatz für 80–120 $ (je nach Bootsgröße und Verhandlungsgeschick). Findet man andere Reisende, mit denen man eine Gruppe bilden kann, reduzieren sich die Kosten. Mit dem eigenen Boot können Sie bei Sonnenaufgang losfahren und sind schneller im Park als mit den Lake Taxis, die mehrmals halten.

Denken Sie an Sonnenmilch und an einen **Sonnenschutz** für Ihren Kopf.

Die Fahrt ist wunderschön, da Sie nach etwa einer Stunde die südliche Parkgrenze bei dem kleinen Dorf Kazinga passieren und sich nun vor Ihnen die steil aufragenden und tiefgrünen Hänge des Kitunda- und Karakihuma-Berges in ihrer ganzen Schönheit präsentieren.

Zu Fuß unterwegs im Park

Mit Ausnahme von Uferspaziergängen darf man den Park nur in Begleitung eines Rangers (20 US$) erkunden.

Etwa 15 Minuten Gehzeit vom Park Headquarter entfernt liegt die **Forschungsstation,** an der sich fast täglich Schimpansen aufhalten. Forscher aus allen Teilen der Welt haben hier in den letzten Jahrzehnten viel Zeit verbracht,

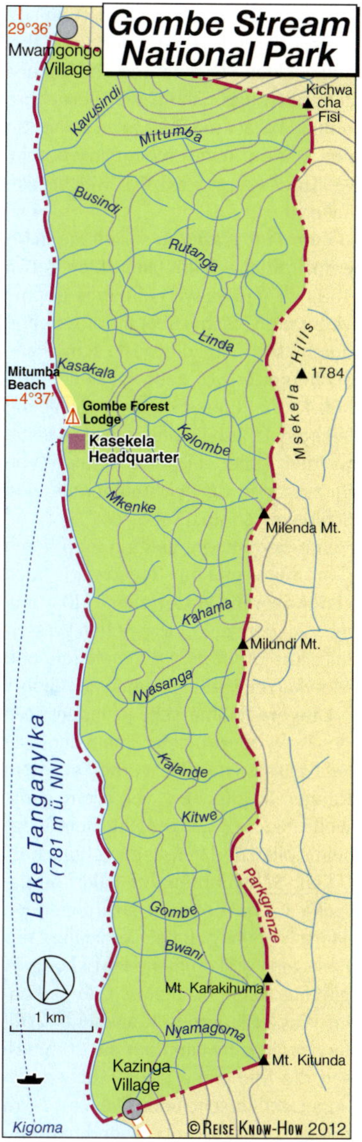

um das Verhalten der Affenart zu studieren. Die mit Fütterungen von Obst angelockten Schimpansen sind äußerst zutraulich und nähern sich Besuchern oftmals bis auf wenige Meter. Sollten an der Station keine Schimpansen sein, weiß der Ranger, wo sich welche aufhalten.

Zum Fotografieren sollten Sie **lichtempfindliche Filme benutzen** (etwa 400 Asa und aufwärts), da die üppige Vegetation nicht überall die Sonne durchlässt und die fast schwarzen Schimpansen vor dem dunklen Unterholz kaum Kontrast bieten, weshalb mit leichten Überbelichtungen gearbeitet werden sollte. Das Verwenden von Blitzgeräten ist bei Aufnahmen von Schimpansen strikt verboten!

Von der Station führt ein Pfad durch den immergrünen Regenwald hoch zum **Kakombe Waterfall** (ca. 20 Minuten). An dem etwa 20 m hohen Wasserfall sind oft Rote Stummelaffen und Meerkatzen in den Bäumen zu sehen.

Längere Fußmärsche in andere Teile des Parks oder zu den Gipfeln der Msekela Hills sollten Sie vorher mit dem Ranger absprechen, vor allem dann, wenn Sie den ganzen Tag unterwegs sein wollen und Verpflegung brauchen.

Das **Schwimmen im Lake Tanganyika** ist nach einem anstrengenden Marsch entlang der steilen Hänge des Parks eine willkommene Erfrischung. Es gibt hier keine Bilharziose oder andere im Wasser lauernde Krankheiten. Unterwassersichtweiten um die 20 m lassen die Mitnahme einer Taucherbrille angeraten erscheinen. Die ca. 2 km nördlich von Kasekela liegende **Mitumba Beach** ist ein herrliches Gebiet zum Sonnen und Schwimmen. Nördlich vom Strand schließt sich ein wunderschönes Tauchgebiet an. Entlang der felsigen Stellen unter Wasser findet man eine hohe Konzentration von Buntbarschen, die an den algenüberzogenen Steinen nagen.

Unterkunft und Verpflegung

- Im Gombe gibt es nur eine Tented Safari Lodge, übernachten kann man auch in dem ufernahen **Hostel** (Gästehaus) beim Park Headquarter (15 Betten). Bettwäsche/Schlafsäcke, Kochgeschirr und insbesondere Verpflegung müssen mitgebracht werden. Die sehr einfache Einrichtung des Hostels weist Küche und Gemeinschaftsbad auf sowie eine gut sortierte Büchersammlung. Die Terrasse ist wegen der neugierigen Paviane vergittert. Wenn Sie Glück haben, können Sie auch schon mal Schimpansen direkt von der Terrasse aus beobachten.
- **Gombe Forest Lodge**
Tel. (022) 2130501/476, (0754) 786001, www.mbalimbali.com. Tented Lodge im Nationalpark an der Mitumba Beach. Jedes Zelt ist geräumig und mit dekorativer Inneneinrichtung und angegliedertem Badezimmer ausgestattet. Die Zelte-Zimmer sind auf Holzplattformen gebaut und haben alle Seeblick und eine eigene Terrasse. Das Camp gehört zum Unternehmen Mbalimbali, welches auch im Mahale Mountains National Park und Katavi National Park ganzjährige Zeltcamps betreibt. Preis: Vollpension 465 $ p.P., 1. Januar bis 15. Februar 350 $.
- **Zelten** lässt sich für 20 $ p.P. entlang des Ufers, an Stellen, die Ihnen die Rangers zeigen. Angeblich braucht man hierfür jetzt auch einen Ranger als Nachtwächter, der weitere 20 $ kosten soll.
- **Lebensmittel** können Sie im Park nicht erwerben, gelegentlich gibt es aber im Headquarter etwas Reis, Sodas oder Bier zu kaufen. Fragen sie einen Ranger.

Rubondo Island National Park

Der Park

Die **Inseln** des Rubondo National Park liegen **im Südwesten des Victoria-Sees.** Die größtenteils bewaldete, hügelige und an einigen Stellen sumpf-savannige Hauptinsel mit einer Länge von ca. 20 km und einer durchschnittlichen Ausdehnung von 5 km kann außer in den großen Regenmonaten das ganze Jahr über besucht werden. Ein Fahrzeug können Sie nicht mit auf die Insel nehmen, im Park wird die Tier- und Pflanzenwelt auf Fußwegen oder von einem Boot aus erkundet. Für größere Distanzen steht auch ein Geländewagen der Parkverwaltung oder vom Rubondo Island Camp zur Verfügung. Trotzdem sollten Sie knöchelhohes, festes Schuhwerk mit im Gepäck haben.

Bereits in deutscher Kolonialzeit zum Tierschutzgebiet erklärt, bekam Rubondo Island 1965 den Status eines Game Reserve, und seit 1977 ist die Insel ein Nationalpark.

Die Tierwelt

Zu den ursprünglichen Tierarten der Insel gehören Flusspferde, Krokodile, Buschböcke und die äußerst seltene **Sitatunga-Sumpfantilope.** Diese verfügt über ausgeprägte Schwimmhäute zwischen ihren weit spreizbaren Paarzehen und ist daher eine sehr gute Schwimmerin. Sie ist mittelgroß, mit langen, geschwungenen Hörnern und einem rotbraunen Fell mit leichten, hellen Zeichnungen. In Tansania ist sie nur auf Rubondo heimisch. Auf Rubondo öfters zu Gesicht zu bekommen sind **Buschbock-Antilopen.** Seltener im Park zu sehen sind Elefanten und Giraffen. Raubkatzen gibt es nicht, was womöglich das gar nicht scheue Verhalten der Antilopen erklärt. Teilweise können Sie sich den Tieren bis auf 10 m nähern, ohne das diese die Flucht ergreifen.

Kleintierarten sind Dik Diks, Meerkatzen, Mangusten, Klippschliefer *(Hyrax).* Auf Rubondo soll es sehr große **Pythonschlangen** geben, die auch schon mal ausgewachsene Buschböcke verschlingen können. Dies soll Sie jedoch nicht von einem Besuch abhalten, da Sie in ständiger Begleitung eines Wildhüters unterwegs sein und aller Wahrscheinlichkeit nach keiner einzigen Schlange begegnen werden.

Rubondo ist ein absolutes **Paradies für Vogelliebhaber:** Annähernd 400 Arten wurden auf den Inseln registriert. Der prächtige Schreiseeadler erreicht hier seine größte Dichte überhaupt.

Ein nicht zu verpassender Höhepunkt ist die vom Rubondo Island Camp organisierte **Boot-Safari** mit Elektromotor in der Mlaga Bay.

Derzeit werden die etwa 40 **Schimpansen** der Insel durch ein Habituierungsprogramm für Besucher zugänglich gemacht.

Anreise

Der einfachste Weg, nach Rubondo zu kommen, ist mit einem kleinen **Flugzeug;** eine Landebahn befindet sich na-

Lake Victoria – das „Meer“ im Herzen Afrikas ist bedroht

Der Lake Victoria oder auch Lake Nyanza, wie er vor der britischen Namensgebung hieß und auch heute noch von vielen Bewohnern am See genannt wird, ist der größte See Afrikas und nach den Great Lakes in Nordamerika der **zweitgrößte Süßwassersee der Welt.** Der Wasserspiegel liegt auf 1134 m Höhe, die tiefste Stelle beträgt lediglich 80 m, und mit einer Fläche von etwa 70.000 km² ist der See fast so groß wie Österreich.

Über die Hälfte des Sees liegt auf tansanischem Territorium, während der nördliche Teil zwischen Uganda und Kenia aufgeteilt ist. Die großen **Flüsse,** die den See von Tansania aus ganzjährig speisen, sind der Mara River, der im Hochland von Kenia entspringt und in seinem Mittellauf durch die Masai Mara und Serengeti fließt, der Grumeti River, welcher ebenfalls seinen Weg durch die Savannen der Serengeti nimmt, und der Kagera River (in früherer Literatur auch der „Schwarze Nil“ genannt) als Hauptzufluss im äußersten Nordwesten des Landes. Die ersten Forscher und Missionare vermuteten die Quelle des Nils im Lake Victoria, heute herrscht jedoch die Ansicht, dass der gesamte Raum von Ruanda und Burundi als das eigentliche Hauptquellgebiet zu betrachten ist und der Kagera River den Oberlauf des Nils bildet. Der Abfluss des Victoria-Sees erfolgt auf ugandischer Seite über den Victoria-Nil in den Weißen Nil bis hin zum Mittelmeer.

Im See selbst liegen zahlreiche faszinierende **Inseln,** die zum Teil sehr dicht besiedelt sind (Ukerewe Island, Ukara Island sowie die Insel Kome); es gibt aber auch menschenleere Inseln mit sehr großem Wildbestand (Rubondo Island und Maisome Island).

Einige Buchten des Lake Victoria tragen heute noch Namen bekannter Forscher und Abenteurer des 19. Jahrhunderts. So ist der Speke Gulf im Südosten des Sees nach dem britischen Entdecker **John H. Speke** benannt, welcher 1858 als erster Europäer die Ufer des großen Binnenmeeres im Herzen Afrikas erreichte und dem See den Namen der englischen Königin gab. *Speke* glaubte damals, die Quellen des Nils gefunden zu haben.

Sieht man von den drei großen Städten Musoma, Mwanza und Bukoba ab, steht (noch) das traditionelle Netzfischen für die Bewohner an den Seeufern im Mittelpunkt des Alltags. Doch der einstige Fischreichtum des Sees hat seit den 1980er Jahren stark abgenommen. Grund hierfür ist allein eine Fischart: 1959 wurde auf ugandischer und kenianischer Seite der Nilbarsch, mittlerweile auch als **Victoria-Barsch** bekannt und von der Bevölkerung „Changu“ genannt, im See eingesetzt. Man ging davon aus, dass die kleineren Fischarten vom Nilbarsch dezimiert werden würden und sich somit größere Fische, wie die bei den Fischern sehr beliebten Tilapias und Furus, Fische aus der Familie der Buntbarsche, vermehren könnten. Doch leider steht auch der Tilapia auf der Speisekarte des Nilbarsches. Zuletzt wurden nur noch acht Fischarten im See gezählt, im Vergleich zu etwa 320 vor dem Einsetzen des Nilbarsches.

Der Nilbarsch selbst wird von den einheimischen Fischern – so weit es noch geht – gemieden, da sich der bis zu 2 m große Fisch nicht auf herkömmliche Weise sonnentrocknen lässt. Doch der Rückgang beim Fang von Tilapias und die immer häufiger in den Netzen zappelnden Nilbarsche ließen der Bevölkerung keine andere Wahl, als sich an den großen und schlecht zubereiteten Fisch zu gewöhnen. Als einzige Konservierungsform hat sich das Räuchern bewährt, wobei sich dies vielerorts aus Mangel an Brennholz nicht längerfristig durchführen lässt.

Die **Fischerei** am Victoria-See hat einen grundlegenden Wandel erfahren: Während sie bis Mitte der 1970er Jahre nur von Kleinfischern und Selbstversorgern betrieben wurde und vor allem Frauen eine Beschäftigung in Verarbeitung und Verkauf der Fische auf den umliegenden Märkten fanden, ist seitdem eine exportorientierte Fisch-Industrie entstanden. Die rapide Zunahme des Nilbarsch-Bestandes eröffnete ganz neue Perspektiven. Mit der Errichtung von Fischfabriken, die den Nilbarsch exportfertig verarbeiten, wurden viele Arbeitsplätze geschaffen, und Kleinfischer konnten die ungewollt gefischten Nilbarsche an die Fabriken verkaufen. Die Kehrseite der Medaille: Ständig zerreißt der große, schwere und starke Fisch die Netze der Fischer, wodurch die Fangmengen deutlich unter das Existenzminimum gerutscht sind. Dadurch fehlt das Geld für den Kauf neuer, ausländischer Netze aus stärkerem Material. Vielen Fischern bleibt nur die Möglichkeit, sich mit ihrem „Know-how" zu Billigstlöhnen in den neuen Unternehmen anstellen zu lassen, die mit modernen Booten die Fischgründe des Sees ausbeuten. So ist der ursprünglich zur Ernährung der heimischen Bevölkerung am Victoria-See eingeführte Barsch heute das Kapital eines neuen Wirtschaftszweiges, der dominiert wird von zugezogenen Neureichen, die ihre Gewinne zu allem Möglichen nutzen, nur nicht zur Reinvestition in die regionale Entwicklung. 70% der gefangenen Viktoria-Barsche werden in EU-Staaten exportiert, weitere große Abnehmer sind Japan, Israel und die USA.

Nicht genug mit diesen negativen Entwicklungen, wird der Lake Victoria zudem **immer algenhaltiger,** was u.a. ebenfalls mit dem Nilbarsch zusammenhängt, da dieser den Bestand an Algen fressenden Fischen drastisch verringert hat und der dadurch in seinem Bestand selbst bedroht ist – denn zu algenreiches Wasser ist tödlich für den Nilbarsch!

Die nicht unwahrscheinliche Entwicklung hin zu einem fischarmen Gewässer würde für die Bewohner der Region bedeuten, dass sie sich zwangsläufig auf eine (noch) intensivere Agrarwirtschaft einzustellen hätten. Doch schon die bisherige Landwirtschaft (und der Anstieg der Bevölkerung) belasten das Ökosystem des Sees enorm. Der Wald wurde abgeholzt, um Platz für neue Ackerflächen zu schaffen. Die fruchtbare oberste Bodenschicht spült der Regen regelmäßig als Schlamm in das Gewässer. Städte und Ortschaften leiten ihre Abwässer ungeklärt in den See. So ist der Lake Victoria inzwischen extrem algenhaltig geworden, und dadurch ist das Wachstum von **Wasser-Hyazinthen** *(Eihornia crassipes)* explodiert: Die Pflanze war lange Zeit eine echte Bedrohung für die Lebensgrundlagen von 20 Millionen Menschen, die im Seegebiet leben. Vor allem in Ufernähe wucherte die Pflanze wie eine Wiese die Wasseroberfläche zu. Die Fischer beklagten sich über das ständige Grünzeug in ihren Netzen und den drastischen Rückgang der Fische. Auch verstopften die Pflanzen viele Turbinen der Wasserkraftwerke rund um den See. Die Wasserqualität leidete ebenfalls unter der Plage: Viele Bewohner, für die das große Binnenmeer Trinkwasserquelle ist, litten an Krankheiten, die hier bisher unbekannt waren. Vor allem hatte die Zahl an Malaria-Erkrankten zugenommen, da die „Hyazinthen-Wiesen" perfekte Brutstätten für Millionen von Moskitos bildeten.

Der Ursprung der eigentlich afrikafremden Pflanze geht angeblich auf belgische Siedler aus den 1940er Jahren in Ruanda zurück. Diese sollen Wasser-Hyazinthen vom Amazonas importiert haben. Das milde Klima führte zu einer schnellen Vermehrung, und die Pflanze erreichte schließlich über den Kagera River den Lake Victoria.

Die Bekämpfung der Pflanze schien zunächst aussichtslos. Freigeschlagene Fahrschneisen für die Boote der Fischer waren am nächsten Tag wieder zugewuchert. Mit dem Einsatz von Chemikalien und Booten mit großen Abtragungsvorrichtungen wurde dem Schädling schließlich der Garaus gemacht. Über 85% der Pflanzen konnten vernichtet werden. Doch wurde versäumt, die entstehende Biomasse als Dünger, Viehfutter oder auch zur Herstellung von Textilfasern zu verwenden.

Die Menschen am Victoria-See leiden dennoch weiter, denn der See verträgt auf Dauer nicht die **ökologische Belastung,** die sich aus den vielen ungeklärten Abwässern ergibt, die in den See geleitet werden. Die Überpopulation des Victoria-Barsches ist mittlerweile stark zurückgegangen – ein Indiz, dass diesem eigentlich zähen Fisch die schlechte Wasserqualität und das arme Nahrungsangebot zusetzen.

he des Headquarters bei Kageye (es fliegen diverse Fluggesellschaften; siehe bei Arusha).

Wer auf eigene Faust in den Nationalpark reisen möchte, kann mit den Schiffen „M.V. Serengeti" oder „M.V. Butiama" (je nachdem, welches fährt) von Mwanza nach Nyamirembe gelangen (Mi um 9 Uhr; zurück nach Mwanza fährt das Schiff am Do von Nyamirembe aus). Dort befindet sich eine Station des Fishery Department, welche für Sie ein Boot zum Übersetzen auf die Insel arrangieren kann, und wo Sie auch Ihr Fahrzeug stehen lassen können. In jedem Fall sollte vorher mit einem der Ranger-Posten (Mlaga oder Lukuguru) Funkkontakt aufgenommen werden,

wenn Sie den Autotransfer zu den Unterkünften beim Headquarter in Anspruch nehmen wollen. Ansonsten geht man die Strecke in Begleitung eines Rangers zu Fuß.

Die Bootsfahrt nach Lukuguru dauert etwa 90 Minuten, nach Mlaga 2 Stunden. Neuerdings besteht auch die Möglichkeit, vom nördlicheren Ort Maganza zur Insel überzusetzen. Erkundigen sie sich in Nyamirembe.

Da die Schiffe nur einmal wöchentlich zwischen Nyamirembe und Mwanza verkehren und Sie wahrscheinlich nicht acht Tage auf der Insel ausharren wollen, ist es ratsam, die **Hin- oder Rückfahrt auf dem Landweg** oder, einfacher, per Flugzeug zu machen. Nach Nyamirembe fahren keine Busse, die einzige Möglichkeit besteht darin, mit dem Biharamulo-Bus (täglich Abfahrt um 8 Uhr in Mwanza) zu fahren, in Bwanga auszusteigen und auf eines der Nyamirembe/Maganza-Sammeltaxis zu warten.

Übernachtungsmöglichkeiten gibt es in Nyamirembe und auch in Maganza (nur einfache Guest Houses).

Unterkunft

- **Rubondo Island Camp**

Das einzige Tented Camp auf der Insel liegt herrlich zwischen großen Bäumen und umgeben von dichter Vegetation an einem mit Palmen versehenen Strand (Schwimmen möglich!). Ein offener und mit Makuti überdachter Speise- und Aufenthaltsraum bietet den Gästen eine großartige Aussicht auf den See. Die zehn Safari-Zelte unter Holzüberdachung sind geräumig und zweckmäßig eingerichtet. Ein Swimmingpool verschafft Kühlung nach den Spaziergängen mit Rangerbegleitung im Urwald, die Lage an der Strandbucht ist idyllisch. Ein Aussichtspunkt garantiert traumhafte Sonnenaufgänge vor einer Kulisse von Wasservögeln. Das Camp ist auch Heimat von Grau-Papageien, die hier ein Refugium haben, bevor sie wieder in die Freiheit entlassen werden. Das Aufwachen mit den Rufen der Papageien gehört zu den eindrucksvollsten Erfahrungen von Rubondo! Leider lassen sich Essen und Service nicht so paradiesisch schildern wie die Lage. Doch es ist das einzige Camp auf der Insel, insofern gibt es keine Wahl. Zu buchen über die Safarifirma African Conservancy Company.

- Ein paar **Bungalows** (Bandas) mit je zwei Betten und einer Kochstelle (30 $ p.P.) befinden sich beim Headquarter. Mitzubringen sind Kochgeschirr, Toilettenpapier, Taschenlampen mit genügend Batterien und Streichhölzer. Im Park fehlen auch Versorgungsmöglichkeiten, daher ist auch Verpflegung mitzunehmen. Buchungsmöglichkeit über den Park Warden, P.O. Box 111, Geita. Infos unter www.tanzaniaparks.com.

Sonstiges

- Die **Parkgebühren** liegen bei **20 $ pro Tag,** die Führung durch einen Ranger kostet weitere 20 $.
- Das **Zelten** ist an von Rangern ausgewiesenen Stellen möglich **(30 $ p.P.).**
- **Fischen und Angeln** lässt sich auf Rubondo sehr gut. Über 100 kg schwere Victoria-Barsche wurden hier schon aus dem Wasser geholt. Eine Lizenz ist erhältlich, Ausrüstung stellt das Rubondo Island Camp. Kostenpunkt: 50 $ für 3 Tage.

tan150 Foto: jg

Sansibar

tan155 Foto: jg

tan151 Foto: jg

Juice Bar in der Stone Town

Blick über die Dächer der Stone Town

Sansibar – Palmen und Strände

Allgemeines

Der **Archipel Sansibar** nimmt eine Fläche von **4891 km²** ein. Er umschließt die **Hauptinseln Sansibar** (eigentlich Unguja genannt) **und Pemba** sowie knapp 50 kleine Inseln und Halbinseln. **Unguja** ist mit 3354 km² die größere der beiden Hauptinseln und liegt 37 km vom tansanischen Festland entfernt. Einzige Stadt und wichtigster Hafen ist die administrative Hauptstadt Zanzibar Town.

Der tansanische Teilstaat Sansibar hat etwas über 1 Million Einwohner, davon leben auf der Insel **Unguja (Sansibar)** über **700.000 Menschen,** auf Pemba über 300.000.

Die **Bewohner** der Küste und der Inseln vom Süden Somalias bis in den Norden von Mosambik werden als **Swahili** bezeichnet (arab. *sahil* = Küste). Die Swahili stellen ein vielschichtiges Mischvolk dar, sind aber nicht als eine eigene Ethnie zu sehen. Die Wurzeln der Swahili reichen Jahrhunderte zurück. Besonders der wachsende Handel mit Arabien formte letztendlich die Swahili-Kultur in ihrer heutigen Form. Die **Araber** brachten ihre Lebensart mit, ihre Kleidung und errichteten Bauten aus Stein und Muschelkalk. Ihr Einfluss formte auch die **Handelssprache Swahili,** deren Wortschatz sich aus Begriffen zusammensetzt, die zum Großteil aus dem Arabischen stammen oder ein Gemisch sind aus Wörtern mit Bantu-Wurzeln (die meisten), etwas Persisch, Hindi, Gujarati, Portugiesisch und Englisch.

Im Süden der Insel Sansibar überwiegt die Swahili-Gruppe der **Hadimu,** während sich die Bevölkerung im Norden von Sansibar als **Tumbatu** versteht. Die Gruppen unterscheiden sich heute aus ethnologischer Sicht jedoch kaum noch, und der Großteil der Bevölkerung sieht sich zunehmend einfach als **Sansibari.** Auch sprechen alle nur noch Swahili, allerdings mit sehr **abweichenden Dialekten.**

Ab Mitte des 19. Jahrhunderts kamen vermehrt **Asiaten** nach Sansibar, vornehmlich vom indischen Subkontinent. Indische Geschäftsleute beherrschten ab Ende des 19. Jahrhunderts bis zur Unabhängigkeitsrevolution die Wirtschaft auf Sansibar. Doch eine Anpassung an die Mischkultur der Swahili hat bis heute kaum stattgefunden. Die etwa **5000 Inder in Zanzibar Town** sehen in Sansibar zwar ihre Heimat und besitzen einen tansanischen Pass, halten aber Distanz zu den „afrikanischen" Bewohnern der Inseln und halten nach wie vor an alten Traditionen fest.

In Stone Town besonders augenfällig ist die traditionelle Kleidung der Sansibaris. Die moslemischen Frauen tragen die knöchellangen schwarzen **bui-bui-Gewänder** und oftmals über Kopf und Schultern ein weißes Tuch mit feinen Stickereien. Ein anderes Kleidungsstück der Frauen sind die farbenfroh bedruckten **kanga-Tücher,** die als Wickelkleider getragen werden. Bei den Männern werden die langen, bis zu den Knien reichenden weißen **kanzu-Hemden** zunehmend von europäischer Einheitskleidung abgelöst, wobei die kunstvoll verzierte **Kopfbedeckung kofia** weiterhin das islamische Glaubensbekenntnis zum Ausdruck bringt. Zum traditionellen Schuhwerk der Sansibaris gehören die lokalen, aus Leder gefertigten **Sandalen makubadhi.** Diese werden mit einer Paste aus Mangrovenrinde gefärbt und behaupten sich im Alltag gegen Schweiß produzierende moderne Sportschuhe!

Sansibar ist für seine **religiöse Toleranz** bekannt. Allein im überschaubaren Stone Town von Zanzibar Town stehen wie selbstverständlich nebeneinander sunnitische und schiitische Moscheen, hinduistische Tempel, eine katholische und eine anglikanische Kathedrale sowie ein Tempel für Buddhisten. Die weitaus am stärksten vertretene Religion ist der **Islam** (mehr als 90%), hinzu kommen **Hinduismus** und **Christentum.** Auf Sansibar gibt sich der Islam sehr liberal und kosmopolitisch.

Flora und Fauna

Pflanzenwelt – Genussgewächse im Überfluss

Die Inseln Sansibars waren einst von dichten Urwäldern bedeckt, die jedoch von arabischen Landbesitzern für großflächig angelegte Nelken- und Kokospalmplantagen im 19. Jahrhundert gerodet wurden. Die letzten zusammenhängenden **Urwälder** sind die unter Naturschutz stehenden **Forstreservate Jozani Forest** auf Unguja (heute ein Nationalpark), der **Kichwele Forest,** in dem jedoch viel illegale Abholzung betrieben wird, sowie der **Ngezi Forest** auf Pemba. Arabische Plantagenbesitzer und einheimische Bauern rodeten und brannten weite Flächen der Wälder nieder, um die Inseln mit den von Mauritius eingeführten Nelkenbäumen und anderen Gewächsen zu bepflanzen. Viele Tiere fielen der extensiven Bewirtschaftung zum Opfer.

Auf Sansibar ist die gesamte westliche Inselhälfte mit **Agro-Baumbestand** bedeckt. Hier stehen – zum Teil bunt gemischt – Mango-, Papaya-, Kakao- und Nelkenbäume nebst Kokosnusspalmen und Bananenstauden. Zudem gedeihen Pfeffer, Chili, Kardamom, Guaven, Orangen und Granatäpfel. Auch Avocados, Litschis, Zitronen, Mandarinen, Ingwer, Zimt u.v.m. versüßen und würzen Alltag und Speisen auf der Insel, die nicht umsonst den Namen Unguja („Land der Fülle“) trägt. Einheitliche Anbauflächen beschränken sich auf den Norden, wo großflächige **Zuckerrohrplantagen und Reisfelder** angelegt sind. Des Weiteren werden von der Inselbevölkerung **Mais** und **Cassava** angebaut.

Einen deutlichen Kontrast bildet die Osthälfte der Insel, wo sich vereinzelte **Affenbrotbäume** (vgl. entsprechenden Exkurs) und Inseln von Palmen aus einem **Trockenbuschland** erheben, das von agrarisch nicht nutzbaren Korallenkalk- und Sandböden geprägt ist.

Seegraswiesen kommen an reinen Sandküsten, bei Mangroven und Korallenriffen vor. Sie sind die einzigen Samenpflanzen, die vollständig untergetaucht im Meer leben und auch unter Wasser blühen. Sie sind ein wichtiger

Aufwachsgrund für viele Meerestiere (Fische, Garnelen) und im Bereich von Mafia und Rufiji Heimat der bedrohten Seekühe, der Dugongs. Seegraswiesen sind reichlich an der Ostküste Sansibars zu finden (Bwejuu bis Jambiani). Im Rahmen von Kooperativen werden Seegraswiesen von Frauen entlang der Ostküste Ungujas angepflanzt – ein Projekt, das den Frauen eine Alternative zum Sammeln von Feuerholz bieten soll, um so Baumbestand zu schützen und gleichzeitig ein festes Einkommen zu sichern.

Tierwelt

Die **Rodung** des natürlichen Waldbestandes und der Bevölkerungsanstieg haben Sansibars Tierwelt in Mitleidenschaft gezogen.

Großtiere gibt es auf Sansibar nicht. Zahlreich, jedoch schwierig in freier Wildbahn zu beobachten, sind die kleinen Antilopenarten wie das **Moschusböckchen** (lat. *Nesotragus moschatus*, engl. *Suni*) und der **Blauducker** (lat. *Cephalophus monticola*, engl. *Blue Duiker*). Vom Aussterben bedroht sind die endemischen **Sansibar Rotducker** (lat. *Cephalophus adersi*, engl. *Ader's Duiker*; mehr hierzu siehe beim Chumbe Island Coral Park), deren Lebensraum heute stark eingeengt ist.

Der kleinste Vertreter der Affenfamilie ist der **Sansibar Galago,** auch Nachtäffchen genannt (lat. *Galago zanzibaricus*, engl. *Lesser Bushbaby*). Die knapp 20 cm großen Nachtäffchen sind ausschließlich nachtaktiv und leben in Bäumen, wo sie sich u.a. von Insekten und

■ Übernachtung

1 Kilindi Hotel
2 Kinasi
3 Plan Hotel La Gemma dell'Est
4 Baobab Beach
5 Amaan Bungalows
6 Ras Nungwi Beach Hotel
7 IFA Hotel
8 Mnemba Island Lodge
9 Zivilla
10 Matemwe Bungalows
11 Matemwe Beach Village
12 Protea Zanzibar Beach Hotel
13 Fairmonte Beach Resort
14 Neptune Beach Resort
15 Ocean Paradise Resort
16 Mapenzi Beach Club
17 Shooting Star Lodge
18 Venta Club
19 Blue Bay Beach Resort
20 Bravo Club
21 Pongwe Beach Hotel
22 Tamarind
23 Zanzibar Safari Club
24 Chwaka Bay Resort
25 Karafuu Hotel
26 Sultan Palace Hotel
27 Anna of Zanzibar
28 Baraza
29 Palms
30 Breezes
31 Echo Hotel
32 Hotel Sunrise
33 Bwejuu Dere Guesthouse
34 Paradise Beach Bungalows
35 Paje by Night
36 Cristal Hotel
37 Bahari View Lodge
38 Hakuna Majiwe Lodge
39 Blue Oyster Hotel
40 Sau Inn
41 Casa del Mar
42 Jambiani Beach Hotel
43 Coco Beach Café
44 Shehe Guest House
45 Ras Shungi Beach Resort
46 La Madrugada Beach Resort
47 Dolphin View Lodge
48 Karamba Resort
49 Fumba Beach Lodge
50 Chumbe Island Lodge
51 Mbweni Ruins Hotel
52 Zansibar Beach Resort
53 Bawe Tropical Island Resort
54 Hakuna Tropical Island Resort
55 Columbus Club

Sansibar-Nord
© Reise Know-How 2012
5 km
Migrationsroute der Mantas
Migrationsroute der Wale
399
Ras Nungwi
(Korallengärten)
Nungwi
Nungwi Beaches
Kendwa
Hunga Riff
DALONI ISLAND
TUMBATU ISLAND
Gomani
Jongowe
Fukuchani Ruins
Mvuleni Ruins
POPO ISLAND
Muyuni Beach
Mnemba Atoll
MNEMBA ISLAND
INDISCHER OZEAN
Matemwe
Mkokotoni
Mkwajuni
Matemwe Beach
Pwani Mchangani
Bumbwini
Zuckerrohr-
Plantagen
Sklaven-höhlen
Mangapwani Beach
Kinyasini
Mahonda
Kiwengwa
Korallenhöhle
Kichwele Forest
Selem
Pongwe
Pencil Riff/ Japanese Gardens
Kasa Riff
Mwera Springs
387
Fuji Beach
Spice Tour
Pers. Bäder
Kizimbani Farms
Bambi
Umbuji
Uroa
Uroa Bay Village
1
2
3
4
5
6
7
8
9
10
11
12
13
14
15
16
17
18
19
20
21
54
55

Baumharzen ernähren. Ihren englischen Namen haben sie ihrem lauten, säuglingshaften Schreien zu verdanken. Auch der etwa doppelt so große **Große Galagos** (lat. *Otolemur garnetiti garnetiti*) ist auf den Inseln heimisch.

Eine auf Sansibar heimische Unterart der Blue Monkeys sind die **Sansibar Syke's Diademaffen** (lat. *Cercophitecus mitis albogularis*, im Deutschen oft Diadem-Meerkatzen genannt). Die bis zu 8 kg schweren Affen mit ihrem blaugrauen Fell und wulstigen, weißen Augenbrauen sind auf den großen Inseln weit verbreitet und bilden auf Sansibar eine eigene Unterart.

Im Jozani Forest Reserve hat die auf Sansibar geschützte endemische Affenart **Sansibar Rotkopf Guereza** ihren letzten Lebensraum (siehe Exkurs).

Des Weiteren zählt die Tierwelt Sansibar domestizierte Waldschweine, Mangusten und ein paar wenige **Afrikanische Zibetkatzen** (engl. *African Civet*). Auch die Javanesische Zibetkatze (lat. *Viverricula indica rasse*) ist auf Sansibar während der Nächte aktiv. Vermutlich wurden einst Vertreter dieser Art von asiatischen Seefahrern eingeführt.

Schließlich gibt es noch die Legende der sogenannten **Sansibar-Leoparden.** Der Insel-Leopard, von dem man glaubt, dass er mittlerweile ausgestorben ist, soll etwas kleiner und kompakter gewesen sein als sein Verwandter auf dem Festland. Es wird erzählt, dass Leoparden noch in Gefangenschaft bei traditionellen Geistesheilern leben, wo sie bei Behandlungszeremonien in Szene gesetzt würden. Man hält dies jedoch für sehr unwahrscheinlich.

Sansibar-Süd
INDISCHER OZEAN
Migrationsroute der Wale
Kizimbani Farms
Umbuji
Uroa
Uroa Bay Village
Bruno Riff
Ras Michamvi
Dunga Mitini
Dunga Palace Ruins
Coco Rocky Beach
Michamvi
Pingwe
Chwaka
Chwaka Bay
Dongwe
Charawe
Tunguu
Ukongoroni
Jozani-Chwaka Conservation Area
Jozani Forest Reserve
Bi Khole Ruins
Bwejuu
UKANGA ISLAND
Sea Turtle Sanctuary
Paje
Jambiani Beach
Pete Village
Kitogani
Unguja Ukuu
Zala Park
SUME I.
Kitoe Ruins
Jambiani
MIWI I.
Muyuni
UZI ISLAND
Spiritual Cave
KWALE ISLAND
NIANEMBE I.
Spiritual Cave
Menai Bay
Makunduchi
VUNDWE ISLAND
Kufile
Kizimkazi Dimbani
PUNGUME ISLAND
Mzambarauni
Kizimkazi
Kizimkazi Beach
5 km
Legende zu Karte auf Seite 348
©REISE KNOW-HOW 2012

Nelken und andere Gewürze Sansibars

Sansibars Beinamen „Gewürzinsel" oder „Nelkeninsel" sind mehr als berechtigt. Schon vor dem 19. Jahrhundert kam durch den Handel mit Arabien, Indien, Südostasien und den südlichen Inseln des Indischen Ozeans eine bunte Palette an Gewürz- und Fruchtgewächsen auf die Insel. Besonders der Nelkenbaum veränderte das Landschaftsbild Sansibars.

Die Nelke

Der Nelkenbaum gehört zur **Familie der Myrtengewächse** und erreicht eine Wuchshöhe von 10–15 m und ein Alter von über 150 Jahren. Er gedeiht ausschließlich im feuchtwarmen Klima der Tropen. Die Gewürznelke *(Coryophyllus aromaticus)* – ursprünglich auf den Molukken beheimatet – wurden von der Insel Mauritius um das Jahr 1818 herum auf Sansibar eingeführt.

Die Nelken selbst sind die **ungeöffneten Blütenknospen,** die in der Regel alle fünf Monate in grünem Zustand gepflückt werden, meist in der trockenen Zeit von Januar bis Februar sowie zwischen Juli und Oktober. Mit Seilen und Leitern klettern die Pflücker auf die Bäume, um die dichten Büschel zu kappen. Von den Stengeln mit der Hand getrennt, werden die Blütenknospen zum Trocknen auf Matten und asphaltierten bzw. betonierten Flächen ausgelegt. Selbst Fußballfelder müssen bei ertragreichen Ernten herhalten. Der Trocknungsprozess dauert etwa fünf Tage und ist der Grund für den bittersüßen Duft, der dann über der Insel liegt. Die Qualität der Nelken hängt übrigens direkt von der Intensität der Sonnenbestrahlung ab: Ist diese stark und geht die Trocknung schnell, ist das Aroma besonders gut. Plötzlicher Dauerregen kann eine ganze Ernte zunichte machen.

Die getrockneten Nelken, die einen tiefbräunlichen Farbton annehmen, finden Verwendung in Speisen – in gewürzten Reisgerichten, Fleischragouts, Süßspeisen, und selbst im Nürnberger Lebkuchen sind sie, fein zermahlen, von geschmacksentscheidender Bedeutung. Auch die Blätter des Nelkenbaumes kommen in vielen Küchen der Welt zur Verwendung.

Ein Großteil der Nelken wird **zu Öl weiterverarbeitet,** das bei der Herstellung von Medikamenten, Parfüms und Seife zum Einsatz kommt. Die schmerzlindernde Wirkung der Nelke ist seit langem bekannt, seit jeher ein bewährtes Hausrezept ist das Kauen einer Nelke bei Zahnschmerzen.

Der deutsche Name für die Blütenknospe leitet sich vom Wort „negelkin" ab, das im Niederländischen und in der hochdeutschen Sprache des Mittelalters die Bezeichnung für einen handgeschmiedeten Nagel war, der eine sehr ähnliche Form wie die Knospe hatte.

Die finanziellen Gewinnaussichten der Nelkenplantagen und des Exports der Knospe wurden vom Sultan und anderen reichen Arabern schnell erkannt. Große Urwaldflächen mussten auf Sansibar und Pemba im 19. Jahrhundert der neuen Baumart weichen. Die harte Arbeit auf den Plantagen verrichteten Sklaven. Die Inseln entwickelten sich zu einem bedeutenden Nelkenexporteur, nicht zuletzt weil auf Mauritius ein großflächiger Brand die dortigen Bäume fast gänzlich vernichtete. Abnehmer fanden sich auf der ganzen Welt, in Amerika, Europa, im Vorderen und Hinteren Orient, aber vor allem in Indonesien, wo die Nelkenstengel als Geschmacksveredeler in der Zigarettenindustrie gefragt waren.

Mit dem Verbot der Sklaverei auf Sansibar (und dem Einnahmenausfall) wurde der Anbau von Nelken intensiviert. Insbesondere auf Pemba wurden mit der Pflanze über 70% des gesamten Exportvolumens erwirtschaftet, auf Sansibar hatte ein Orkan im Jahr 1870 nahezu den gesamten Nelkenbaumbestand vernichtet. Das Verhältnis bzgl. der Produktionszahlen auf beiden Inseln hat sich bis heute nicht verändert, doch der ins Bodenlose gefallene Weltmarktpreis und die mittlerweile große Eigenproduktion von Ländern wie Indonesien und Brasilien haben den einstigen Devisenbringer 1. Klasse zu einem Exportgut zweiter Wahl werden lassen.

Die Muskatnuss

Der Muskatbaum ist vor langer Zeit **aus Arabien eingeführt** worden. Wie der Kern eines Pfirsichs wächst die Muskatnuss in einer fleischigen Außenschale heran. Die feurigrote Nuss wird zunächst zur Trocknung in die Sonne gelegt, später in Stücke zerkleinert oder zu Pulver zerrieben. Neben der Verwendung als Gewürz in Speisen wird aus den Nüssen auch Öl gepresst, das in der pharmazeutischen und kosmetischen Industrie zum Einsatz kommt. In Sansibar verwenden Frauen das Puder bei Festen und Hochzeiten für die Zubereitung eines flüssigen Breis. Die Muskatnuss wirkt dabei wie ein Aphrodisiakum und verleitet die Frauen zum Tanzen und Singen.

Vanille

Wie die Nelke fand auch Vanille im 19. Jahrhundert den Weg nach Sansibar und wurde **in Plantagen angepflanzt.** Das Endprodukt wird aus den kleinen runden Früchten einer Kletterpflanze gewonnen, die an Gestellen oder als Schmarotzer an Bäumen bis zu 10 m hoch wachsen kann. Die grünlich-gelbe Frucht wird vor Ihrer Reife gepflückt, dann gekocht und in Behältern fermentiert. Noch bevor sie den Zustand der Fäulnis erreichen, werden die gegorenen Früchte ein paar Wochen zum Trocknen ausgelegt. Die ausgetrockneten und hart gewordenen Früchte sind schließlich zu den uns bekannten aromatischen braunen Vanillekristallen geschrumpft. Allein die aufgebrochene Hülse (ähnlich der einer Erbse) soll 35 verschiedene Aroma-Stoffe enthalten.

Pfeffer

Auch die Pfefferpflanze wächst als tropische Ranke bis zu einer Höhe von 15 m. Ihre kleinen beerenartigen Früchte durchlaufen die Farben Grün, Rot und Schwarz und werden **je nach Reifegrad gepflückt,** um die entsprechende Pfefferart zu ergeben. Nach der Trocknung in der Sonne ist der Pfeffer fertig zum Mahlen, oder er wird geschält, um Weißen Pfeffer zu erhalten.

Ingwer

Der Ingwer-Busch wächst bis zu einer Höhe von 1,5 m. **Viele Teile des Busches sind aromatisch.** Das Stammharz eignet sich bestens zur Herstellung von Holzglasuren, Fingernagellack, weihrauchartigen Duftstoffen usw. Aus den Wurzelknollen wird das uns bekannte Ingwergewürz gewonnen.

Riesen-Landschildkröten (lat. *Geochelone gigantia*), die von den Seychellen eingeführt wurden und zum Teil über 200 Jahre alt sind, sind auf Changu („Prison") Island und im Garten des Memorial Museum zu bewundern.

Was die Tierwelt an tropischen Stränden anbelangt, fallen vor allem Krebse auf, deren Gänge unschwer an nahezu jedem Strand bis hoch in die Vegetationszone zu finden sind. Meist sind es **Geisterkrabben.** Sie kommen bevorzugt nachts oder am frühen Morgen aus ihren bis zu 1 m tiefen Höhlen. Mit ihrem Seitwärtsgang gehören sie zu den schnellsten wirbellosen Tieren. Dank ihrer gestielten Augen können sie hervorragend sehen.

Zu den interessantesten Vertretern der Krebse gehören die sehr großen **Kokosnuss-Krabben** (lat. *Birgus latro*, engl. *Coconut crab*). Der Name der bis zu 60 cm großen und 4 kg schweren Landkrabben (die größten der Welt!) ist jedoch etwas irreführend. Lange Zeit ging man davon aus, dass die langsam und vorwärts laufenden Krabben Kokosnusspalmen hinaufklettern, um Kokosnüsse abzuzwacken. Forschungsergebnisse haben ergeben, dass die Krabben keine Palmenkletterer sind. Stattdessen sind sie nachtaktiv und suchen Nahrung in Korallen und Mangrovengebieten. Sie jagen kleinere Krabbenarten und haben eine Vorliebe für umherliegende Kokosnüsse. Ihr Bestand ist durch den Bevölkerungsanstieg an der ostafrikanischen Küste dezimiert worden. Aufgrund ihrer Nahrhaftigkeit und ihrer langsamen Gangart wurden sie lange Zeit von Fischern gefangen. Die Kokosnusskrabben stehen mittlerweile auf der Liste der bedrohten Tierarten und befinden sich unter strengem Schutz im Chumbe Island Coral Park.

Im flachen Wasser leben die meisten Tiere getarnt im Sand. Vor allem **Muscheln, Schnecken, Borstenwürmer, Krebse** und **Seesterne** bevölkern den Meeresgrund. Von den Muscheln erkennt man meist nur die Filteröffnungen, die aus der Sandoberfläche ragen.

Nur wenig ist über die **bedrohte Seekuhart Dugong** an der tansanischen Küste bekannt. Lebensraumzerstörung und der Tod in Fischernetzen dezimieren die Zahl dieser Säugetierart. Die tansanischen Behörden unternehmen nichts, um den letzten Bestand zu retten. Dugongs leben in seichten Gewässern und grasen als reine Vegetarier die Seegräser ab. Ein letzter, kaum überlebensfähiger Bestand wird im Rufiji Delta und im angrenzenden Mafia Marine Nationalpark vermutet.

Im **Natural History Museum** in Zanzibar Town können viele ausgestopfte und anderweitig konservierte Tierarten der Inselwelt betrachtet werden, von welchen viele bereits ausgestorben sind. Auch gibt das Museum einen guten Überblick über die etwa **100 Vogelarten** des Archipels.

Der Indische Ozean – Sansibars Unterwasserparadies

Der westliche Indische Ozean zählt unter Tauchern und Hochseefischern zu den spektakulärsten Gewässern der Welt. Besucher Sansibars können hiervon profitieren, da der Küste ein **meh-**

rere 100 Kilometer langes Riff vorgelagert ist. Entlang und innerhalb dieses Riffs haben sich die buntesten **Korallengärten** entwickelt, die für **über 2000 faszinierende Fischarten** ein Habitat bilden. Auch Tausende unterschiedlicher Muscheln, Schnecken und Seesterne bevölkern das Meer.

Vergleichbar mit den Migrationsbewegungen der Landtiere, sind - insbesondere im **Zanzibar** und **Pemba Channel,** den Meereskanälen zwischen den Inseln und dem Festland - je nach Jahreszeit nur bestimmte Vertreter der Meeresfauna anwesend. Der Zyklus hängt mit dem Klimasystem der Monsunwinde zusammen. Der von November bis in den März vorherrschende **Nordost-Monsun** bewirkt starke Wasserumwälzungen vor der arabischen Halbinsel. Ein großer Meeresstrom entwickelt sich und zieht mit bis zu 15 km/h an der ostafrikanischen Küste entlang. In dieser Zeit erreicht das Wasser Temperaturen um die 27°C, gute Bedingungen für Taucher, die große

Der Sansibar Rotkopf Guereza – eine bedrohte Affenart

Eine auf Sansibar seltene Affenart ist der zur Familie der Rotkopf Guerezas gehörende *Procolobus badius kirkii,* im Englischen **Zanzibar Red Colobus Monkey.** Der von dem britischen Gouverneur *John Kirk* als endemische Art identifizierte Guereza ist nur auf der Hauptinsel Sansibar, hauptsächlich im Gebiet des Jozani Forest, beheimatet. Der heute nur noch kleine Bestand von etwa **250 Guerezas** gilt als bedroht.

Das auffälligste Merkmal des Sansibar Rotkopf Guerezas, im Deutschen auch als **Roter Colobusaffe** bezeichnet, ist ein Punk-ähnlicher, silber-weißer Haarschopf auf dem Kopf. Mit einer Körperlänge von etwa 70 cm (ohne Schwanz) ist er etwas kleiner als der bekannte, in vielen Regionen Afrikas beheimatete Schwarz-weiße Guereza.

Seine dickbäuchige Erscheinung lässt ihn behäbig aussehen, dabei ist er äußerst flink und kann große Sprünge von Baumwipfel zu Baumwipfel machen. Sein Daumen ist nur rudimentär ausgebildet, fehlt manchmal auch ganz, weshalb der Guereza auch **Stummelaffe** genannt wird. Seinen vorzüglichen Kletterkünsten tut dieses Manko jedoch keinen Abbruch.

Der bevorzugte Lebensraum der Affen sind immerfeuchte Wälder, in Ostafrika Bergregenwälder oder Urwälder im Küstenvorland. Die Tiere leben in Gruppen, welche 10–40 Guerezas zählen können. Das Sagen in der Gruppe haben die älteren Männchen, hierarchisch festgelegt. Weibchen und junge Männchen wechseln auch die Gruppen, wobei die Männchen sich meist in blutigen Kämpfen durchsetzen müssen, um in einer neuen Gruppe aufgenommen zu werden.

Aufgrund der massiven Abholzung der natürlichen Waldflächen auf Sansibar während der Sultanatszeit beschränkt sich der letzte Lebensraum des Sansibar Rotkopf Guerezas nur noch auf das verhältnismäßig kleine Waldgebiet von Jozani. Doch auch in dem als Nationalpark geplanten Schutzgebiet sind die Guerezas dem zunehmenden Bevölkerungsdruck ausgesetzt. Der Verkehr auf der Hauptstraße, die das jetzige Forstreservat im Süden durchschneidet, fordert zusätzliche Opfer unter den Guerezas. Ohne die Implementierung effektiverer Schutzmaßnahmen wird das Überleben der Sansibar Guerezas nicht möglich sein.

Meeresbewohner, etwa die Plankton grasenden **Walhaie** (Längen bis zu 15 m!), **Delfine,** aber auch **Haie** beobachten wollen.

Von April bis in den November hinein bläst der **Südost-Monsun,** der von der südlichen Halbkugel kühlere Meeresströme an die Küsten Ostafrikas lenkt und das Wasser bis auf 23°C abkühlt. Einige Fischarten werden dadurch in den nördlichen Indischen Ozean befördert.

An Sansibars Nordost-Küste ziehen dann in den Monaten August bis Oktober **Buckel- und Pottwale** vorbei. Dicht an der Oberfläche schwimmend, sind ihre gewaltigen Körper und die bis zu 3 m hohen Gischtfontänen, die sie auspusten, gut zu erkennen.

Von Ende November bis April sind insbesondere **Riesenmantas,** die sich langsam nordwärts bewegen, eine große Attraktion. Dann sind Tauchgänge im Nordwesten Pembas eine faszinierende Angelegenheit.

Maritime Vielfalt

In den Gewässern Sansibars tummelt sich eine Vielzahl von bunten **Korallenfischen,** besonders in den Monaten November bis April. Unterschiedlichst gestreifte oder betupfte Schwärme stellen ein **einzigartiges Spektrum an Farben und Formen** dar. Bekannte Vertreter unter ihnen sind der Feuerfisch mit seinen federartigen Flossen und Giftstacheln (nicht berühren!), der faszinierend getarnte Steinfisch, der giftige Strahlen abschießt, sowie die bunte Palette der Riffbarsche, Anemonenfische, Perlmutt- und Zebrafische, Trompeten- und Engelsfische, Papageienfische, Süßlippen u.v.m.

In Sansibars Gewässern leben **zwei Arten von Delfinen,** der „Delfin" (lat. *Delphinus Dolphin*) und der verspielte „Tümmler" (lat. *Tursiops truncatus*). Letzterer springt oft aus dem Wasser, dreht sich und gibt typische Flipperlaute von sich.

Als bedroht gelten **Meeresschildkröten,** von deren acht Arten auf der Erde allein fünf in Sansibars Gewässern vorkommen (lat. *Chelonia mydas, Eretmochelys imbricata, Dermochelys coriacea, Lepidochelys olivacea* und *Caretta* – die ersten beiden sind häufig zu sehen). Sie werden wegen ihres Fleisches, ihrer Panzer, ihrer Eier und des Öls, welches man aus ihnen gewinnt, gnadenlos gejagt. Um einen Teil dieser Tiere und ein Riff vor weiteren Eingriffen des Menschen zu schützen, ist im Südwesten Sansibars der **Chumbe Island Coral Park & Nature Reserve** errichtet worden, der den Erhalt einer der schönsten Koralleninseln Sansibars sichern soll. Auf Pemba werden in Form einer Conservation Area die Korallengärten der Misali Island vor weiterer schonungsloser Fischerei geschützt (siehe dort).

Bedrohtes Riff

Das Paradies ist bedroht: Gefahr geht aus von der hohen Bevölkerungszahl und den Touristen, die immer mehr „Seafood" verspeisen, aber auch das Geschäft mit Muscheln, Schnecken, Korallenstücken usw. ankurbeln und so das ökologische Gleichgewicht am Riff gefährden. Das gilt auch für die Überfischung. So können sich z.B. **Dornen-**

kronen-Seesterne wegen der zunehmenden Dezimierung ihrer natürlichen Feinde (verschiedene Fischarten) ungestört ausbreiten. Der Seestern frisst jedoch das Riff kahl und zerstört die Lebensgrundlage vieler Rifffische. Die Folgen sind ein Rückgang des Fischbestandes und eine gefährdete Nahrungsmittelversorgung der einfachen Bevölkerung Sansibars.

Großen Schaden hat die **Dynamit-Fischerei** angerichtet, bei der Sprengladungen unter Wasser gezündet werden. Die Druckwelle tötet die meisten Fische im Umkreis von 10 m, von denen aber nur ganze 10% an die Wasseroberfläche treiben und eingesammelt werden. Wenn es zu tief ist, um nach den verbliebenen Fischen zu tauchen, verfault der Rest am Meeresgrund. Dynamitfischen ist in Tansanias Gewässern mittlerweile verboten, doch eine vollständige Kontrolle ist nicht möglich.

Beim **Besuch von Korallenriffen** gelten folgende Regeln: Keine lebenden Korallen abbrechen, mitnehmen oder auf ihnen herumlaufen; die Korallen nicht mit Booten beschädigen oder diese an ihnen verankern; Gewässer nicht verunreinigen.

Tragen auch Sie zum Erhalt der Riffe bei, und verzichten Sie auf den Kauf von Muscheln, Schneckenhäusern und anderem Meeresgetier, der auch Probleme mit dem Zoll bereiten kann. Auch bei Tauchgängen darf nichts angefasst, abgebrochen oder eingesammelt werden.

Zanzibar Town

Zanzibar Town, zunehmend **auch Zanzibar City** genannt, ist die Hauptstadt des Archipels. Mehr als 30% der Bevölkerung der Insel Sansibar (Unguja) leben in dem urbanen Zentrum, das mit **über 300.000 Einwohnern** die größte Stadt der Inseln ist. Verglichen mit anderen Großstädten Afrikas ist die Stadt zwar klein, historisch gesehen markierte sie jedoch den Beginn der Urbanität im östlichen Afrika. Auch auf der verhältnismäßig kleinen Insel fliehen die Menschen vor der Armut auf dem Land in die Stadt und versuchen dort ihr Auskommen zu finden. Das **ursprüngliche Stadtgebiet,** die **Altstadt Stone Town,** ist diesem Ansturm schon lange nicht mehr gewachsen, nur etwa ein Zehntel der Stadtbevölkerung lebt in dem alten Stadtteil. Der **östliche Stadtteil Ng'ambo** von Zanzibar Town wird von Touristen nur selten besucht. In dem als **New City** bezeichneten Stadtgebiet schlägt das wirtschaftliche Herz der Stadt. Durchaus einen Besuch wert ist die lange **Darajani Street** mit dem Mlandege Bazaar, wo sich ein Geschäft an das andere reiht.

Sansibar

tan152 Foto: jg

Stone Town aus der Luft

Sport und Aktivitäten auf Sansibar und Pemba

Sonnen und Baden

Die Gewürzinseln haben sich zu einem der beliebtesten Badeziele im Indischen Ozean entwickelt. Besonders auf der Hauptinsel Sansibar hat sich eine Reihe von luxuriösen Hotels etabliert, die dem bisherigen Beach-Paradies von Mombasa/Kenia Konkurrenz machen. Nahezu die Hälfte der gesamten Küste der Insel präsentiert sich als makelloser Sandstrand, mit Orten, wo Palmen postkartengerecht in die Schräge wachsen. Pemba zählt nicht weniger Strandmeilen, doch die touristische Infrastruktur ist noch nicht ausgebaut: Nur unternehmungslustige Rucksack-Reisende suchen hier entlegene Strände auf.

Bei der Wahl des Hotels/Guest Houses kann lediglich überlegt werden, ob Ost- oder Westküste, sprich: ob ohne oder mit Sonnenuntergang über dem Meer.

Generell sind die Strände an der **Ostküste Sansibars** als paradiesisch zu bezeichnen: Palmenhaine, weißer, feiner Sand, angenehme Brisen und reichlich Ruhe, sofern man nicht in der Nähe der 400-Betten-Hochburgen der italienischen und spanischen Pauschaltouristen bei Mchangani/Kiwengwa nächtigt. Entlang der Ostküste, von Kiwengwa bis Jambiani, lässt sich bei Ebbe kaum schwimmen, denn das Meer ist dann bis zum Riff nur noch kniehoch.

Die **Westküste** bietet auf Sansibar (Unguja) weniger Strände, auch ist der Sand hier mancherorts nicht ganz so fein. Weniger Wind erlaubt hier aber beispielsweise ein Volleyballmatch am Strand, die Bedingungen für Windsurfen sind dagegen weniger gut. Im Norden bei Kendwa fehlen die Palmen, dafür lässt sich hier jederzeit, auch bei Ebbe, gut schwimmen und schnorcheln. Leider gibt es bei Kendwa zum Teil Sandflöhe, die manchem das Strandleben schwer machen können.

Strände in Stadtnähe, wie z.B. bei Fuji, sind nicht minder attraktiv und bieten zudem die Möglichkeit, auch mal abends ein paar Stunden nach Stone Town zu fahren.

Nicht überall, wo ein Strand ist, kann man auch bedenkenlos in die Fluten springen. Gerade auf Sansibar mit seiner islamischen Bevölkerung sollten Sitten und Religion des Gastlandes rücksichtsvoll bedacht werden. Anders ist die Situation im Falle der großen Hotels: Hier sind Strände extra fürs Baden ausgewiesen. Für Frauen gilt: „Oben ohne" ist überall auf den Inseln tabu!

Diebstähle und Überfälle an einsamen Strandabschnitten sind schon vorgekommen. Provozieren Sie solche Taten nicht, indem Sie offen Wertsachen tragen, und halten Sie sich im Bereich der Hotels und Lodges an die Anweisungen. Die meisten der Touristen-Einrichtungen haben bewachte Strände, und das Baden ist hier gefahrlos möglich.

Tauchen und Schnorcheln

Korallenbänke und steil abfallende Riffe mit einer einzigartigen, sehr artenreichen tropischen Fischwelt machen den Archipel Sansibar zu einem bemerkenswerten Schnorchel- und Tauch-Paradies im Indischen Ozean.

Vor allem **Schnorcheln** lässt sich praktisch überall. Wer ambitionierter Schnorchler ist, sollte seine eigene Ausrüstung mitbringen. Ansonsten bieten aber auch viele Guest Houses und Beach-Hotels Masken und Schnorchel an. Herrliche **Schnorchelgebiete** finden sich auf den Zanzibar Town vorgelagerten Inseln, wie Bawe und Chumbe. Letztere besitzt grandiose Korallenformationen und steht unter dem Schutz des **Chumbe Island Coral Park.** Hier ist nur Schnorcheln angesagt, Flaschentauchen wird nicht praktiziert.

Ebenfalls sehr gut zum Schnorcheln geeignet ist die **Misali Island Conservation Area** an der Westseite Pembas.

Ein berauschendes Erlebnis ist das Schwimmen/Schnorcheln **mit Delfinen.** Am Südende Sansibars im Bereich von Kizimkazi leben in größeren Gruppen ständig mehrere Familien, die mit Maske und Flossen in nur wenigen Metern Abstand begleitet werden können. Ab und zu kommen auch Gruppen in die Gewässer vor der Stone Town, und man kann bei einem Sundowner von der Terrasse des Africa House Hotels mit dem Fernglas ihr Gespiele verfolgen.

Fast jedes Reiseunternehmen auf Sansibar bietet **Halbtagestouren nach Kizimkazi** für 15–30 $ an (inkl. Transport und Verpflegung). Mit dem Boot nähert man sich den Delfinen und springt schließlich ins Wasser zu ihnen. Wer Glück hat oder schnell genug ist, kann die verspielten Flipper auch anfassen. Für internationale Tierschutzverbände und Zoologen sind diese sogenannten **Dolphin Trips** ein Gräuel. Sie fordern einen überwachten und respektvollen Umgang mit den Delfinen, da sonst eine komplette Abwanderung drohe, womit Sansibar um eine Attraktion ärmer wäre!

Die Inseln **Pemba und Mafia** gehören zu den besten Tauchregionen entlang der afrikanischen Ostküste. Erkundet werden können Korallenformationen und Schiffswracks, die Fischwelt ist prächtig. Manchen passionierten Tauchern ist jedoch die Vielfalt an Großfischen nicht groß genug. Einen Höhepunkt bildet die Unterwasserbegegnung mit Riesen-Mantas vor der Nordwestküste Pembas in den Monaten Februar und März.

Wer einen Tauchschein hat oder aber diesen erwerben möchte (PADI-Kurs), wendet sich an die zahlreichen **Tauchbasen** in Zanzibar Town oder der gehobeneren Hotels auf den Inseln. Ein ungefähr zweistündiger Tauchgang kostet bei den meisten Anbietern etwa 50 $. Ohne Tauchschein kann man den Einstieg in die Tauchwelt im Rahmen eines Kurses wagen. Der „Beginners fun-dive" (PADI open water course) zur Erlangung eines Tauchscheins dauert vier bis fünf Tage und schließt mit einem international anerkannten Zertifikat ab (Kostenpunkt ca. 350–400 $). Vergleichen Sie die jeweiligen Angebote, da es auch je nach Nachfrage Low-Season-Preise geben kann! Für Nicht-Tauchschein-Besitzer werden auch Schnupperkurse angeboten.

Tauchen ist das ganze Jahr über möglich, mit Einschränkungen während der großen Regenzeit von April bis Mai. Das gilt speziell für die Ostküsten der Inseln, doch gibt es auch in diesen Monaten immer wieder Tage ohne Regen, die eine verblüffende Sicht unter Wasser erlauben. Gute Monate sind in der Regel Juli bis November, wenn die Winde aus südlicher Richtung wehen. Wenn die Nordwinde von November bis Februar das Klima beherrschen, ist das Meer noch ruhiger und die Sichtweiten unter Wasser gehen bis auf 60 m. Viele der Unternehmen tauchen nicht tiefer als 25 m.

Zu den derzeit professionellsten Unternehmen im Tauchsport gehören:

Tauchunternehmen auf Sansibar

- **One Ocean – Zanzibar Dive Centre**

P.O. Box 608, Tel. (024) 2238374, Fax 2234877, (0784) 750161 (Gary), www.zanzibaroneocean.com, oneocean@zanlink.com. Gut organisierte Tauchbasis in Stone Town gegenüber vom alten britischen Konsulat. Bietet PADI-5-Star-Kurse, Unterricht auch in Deutsch (sofern der Lehrer gerade da ist!), Tauchgänge hauptsächlich an der Westküste, täglich geöffnet. One Ocean fährt mit einer Diesel-betriebenen Dhau zu den nahe gelegenen Inseln und Riffen (Bawe, Murogo, Nyange), für weitere Strecken kommen schnellere Boote zum Einsatz. Ein Tauchgang kostet 65 $, zwei 110 $ (Ganztages-Trip mit Mittagessen). Eine weitere Tauchbasis von One Ocean ist dem Beach-Hotel Matemwe Beach Village angegliedert. Von dort werden Tauchgänge zum Mnemba-Atoll organisiert.

- **Bahari-Divers**

P.O. Box 204, Tel. (0784) 254786, www.zanzibar-diving.com, baharidivers@yahoo.com. Gutes Tauchunternehmen in Stone Town (Dive Center schräg gegenüber vom alten britischen Konsulat) gemanaged von der Deutschen *Inka Glugla* und dem Sansibari *Sufiani Makame*. Fast alle Tauchgänge finden an der Ostküste statt, 10 dives für ca. 300 $. Nacht-Tauchgänge etwa 65 $.

- **Scuba Shack Diving Centre**

P.O. Box 2615, Tel. (0784) 425033, (0777) 427380, www.scubashackzanzibar.com, info @scubashackzanzibar.com. Von dem Deutschen *Florian Grass* gegründetes Tauchunternehmen in Kendwa, angeschlossen an die Kendwa Rocks Bungalows. Padi-Tauchkurse in Deutsch, Englisch und Kisuaheli vom Schnuppertauchen bis zum Dive Master. Es stehen 30 verschiedene Tauchplätze zur Auswahl, 10 Tauchgänge etwa 225 $.

- **Scuba-Do**

Tel. (0784) 415179, (0777) 417157, www.scuba-do-zanzibar.com, do-scuba@scuba-do-zanzibar.com. Padi-Dive Center des Sansibar-Engländers *Christian* und der Amerikanerin *Tammy* zwischen Kendwa Rocks und Sunset Bungalows. Bieten ebenso alle üblichen Tauchgänge und -kurse im Rahmen des Padi-Standards an.

- **Mlango Matemwe Dive Centre**

Tauchbasis für Genießer an einem wahrhaft verlassenen, ruhigen Ort! Angegliedert an die makellosen Matemwe Bungalows, wird der Tauchurlaub hier zu einem unvergesslichen Erlebnis.

- **Ras Nungwi Dive Centre**

Professionelle Tauchbasis mit gutem Service im empfehlenswerten Ras Nungwi Beach Hotel (www.rasnungwi.com).

- **East African Diving & Watersport Centres**

Tel. (0777) 420588, 416425, www.sansibar-tauchen.de, eadc@zitec.org. Tauchbasis in Nungwi bei den Amaan Bungalows (günstig), getaucht wird beim Hunga Riff und am Mnemba-Atoll (teurer). Deutscher Betreiber und Tauchlehrer *Michael Kurz*.

- **Vera Club Divers**

Tauchschule im Beach Hotel Vera Club (nördlich von Kiwengwa).

- **Paje East Coast Diving**

Tauchstützpunkt bei Paje an der Ostküste. Für Vieltaucher wegen der schlechteren Sichtverhältnisse und der etwas „mageren" Unterwasserwelt nicht unbedingt zu empfehlen.

- **Ndema Paje Diving Center**

In Paje direkt neben Paje Palace. Interessante Tauchplätze (u.a. Caves).

- **Blue World Diving**

Tel. (0773) 125078, www.bluworlddiving.com. Junges und dynamisches Tauchunternehmen, welches der Fumba Beach Lodge im Südwesten Sansibars angegliedert ist. Ideal für Leute, die eine schöne, einsam gelegene Beach-Unterkunft mit ihrem Tauchurlaub verbinden möchten. Blue World bietet zudem Tauchgänge in kaum besuchten Gewässern und daher noch wesentlich mehr Exklusivität als z.B. Nungwi.

Tauchunternehmen auf Pemba

- **Swahili Divers**

P.O. Box 146, Chake Chake, Tel. (024) 2452786, Fax 2452768, www.swahilidivers.com, swahilidivers@zanlink.com. Empfehlenswerte Tauchbasis auf Pemba, geleitet von *Farhat Jah* („Raf" für Freunde), stationiert in der Old Quaker Mission (The Old Mission Lodge) in Chake Chake. Swahili Divers bietet täglich Tauchgänge, auch Schnupperkurse. Die Tauchlehrer sind sympathisch und erkunden stets neue Gebiete. Hauptsächlich wird an Pembas Westküste getaucht, beliebt sind Misali Island und Njao gap. Mit einer Motor-Dhau finden die Transfers statt, für weitere Strecken kommen schnelle Schlauchboote zum Einsatz. Seit Neuem gibt es auch eine umgebaute Motor-Dhau zum „Liveaboard" für 3- bis 7-tägige Tauchtörns. Die Preise sind moderat: Ein PADI-Kurs liegt bei etwa 250–360 $, ein ganzer Tag Tauchen bei 85–90 $. Die Unterkunft selbst bietet gute Küche und organisiert auch Ausflüge für Nicht-Taucher.

- **Emerald Ocean Divers**

P.O. Box 111, Mkoani, Tel. (024) 456042, pembablue@hotmail.com. Tauchbasis im Jondeni Guest House mit guter Ausrüstung und südafrikanischem Tauchlehrer. Getaucht wird entlang der gesamten Westküste Pembas, die Preise für Tagesausflüge variieren je nach Entfernung.

- Die Beach-Hotels **Manta Reef Lodge** (www.mantareeflodge.com) und **Fundu Lagoon** (www.fundulagoon.com) haben ebenfalls Tauchbasen. Besonders Manta Reef ist bewährt und bietet die Yacht „SY Jambo" für einen Liveaboard-Törn an.
- Als schwimmende Tauchbasis sind die kleinen **Yachten „Karibu" und „Sitra"** des Unternehmens Pemba Afloat (www.pembaisland.com) zu empfehlen. Hier verbringt man mehrere Nächte auf dem Boot, während hervorragende Tauchgründe angefahren werden. Kosten auf der „Karibu": 300 $ p.P. und Nacht, inkl. sämtlicher Verpflegung, Getränke, Tauchgänge usw.; mind. 2 Personen, max. 4. Für Rucksackreisende gibt es auf der „Sitra" eine preisgünstigere Variante: 50 $ p.P. und Nacht, inkl. Verpflegung. Schnorchelgänge schlagen dann mit 10 $ zu Buche. Meistens wird eine Übernachttour zur Misali Island unternommen. Die Boote haben ihren festen Platz in der Blue Bay bei Njao (Nordwestküste von Pemba). Zu kontaktieren über pembaafloat@pembaisland.com. Weitere Infos unter www.africatravelresource.com.

Tauchgründe

Sansibars Tauchgründe haben mittlerweile internationalen Ruf. Die Saum- und Barrierriffe, welche die Inseln fast gänzlich umgeben, bieten eine Reihe von herrlichen Tauchgebieten. Fast wöchentlich gibt es Neuentdeckungen. Die **Korallenbänke** sind vielerorts noch unbeschädigt. **Wracktauchen** ist ebenfalls möglich, sowohl in den Gewässern vor Stone Town als auch am Südende der Insel Pemba. Die obere Wassertemperatur beträgt durchschnittlich 27°C das ganze Jahr über.

Bereits die Gewässer **vor Zanzibar Town** bieten gute Korallenriffe und auslaufende Sandbänke zum Schnorcheln und Tauchen (siehe Karte zu Sansibars Westküste). Die Pange Sandbank erlaubt keine tiefen Tauchgänge (max. 18 m), hat aber schöne Korallenbänke und ist daher gut zum Schnorcheln. Bawe Island ist ebenfalls ein tolles Ausflugsziel zum Schnorcheln. Nach Nyange zieht es die erfahrenen Taucher, Haie können hier gesehen werden.

Weiter südlich liegt **Pwakuu,** wohl einer der besten Tauchgründe im Westen Sansibars, in der Regel ein Ganztagesausflug mit zwei dives. In der Nähe liegt dann noch **Tambare/Boribu,** wo allerhand Großfische, unter anderem Walhaie, aber auch Barrakudas, Thunfische, Rochen und Muränen keine Seltenheit sind.

Im Norden Sansibars bei **Nungwi** bestechen vor allem die Leven Bank am Beginn des Pemba Channel (tiefe Tauchgänge, Unterwasserströmung), das Hunga-Riff mit sehr unterschiedlichen Korallenformationen und Tiefen um die 20 m und das Mnemba-Atoll, welches mit teilweise bis zu 60 m steil abfallenden Riffwänden ein absolutes Erlebnis ist.

Die **Ostküste Sansibars** bietet besonders bei Pongwe und im Dongwe Channel erlebnisreiche Tauchgebiete. Bei **Matemwe** liegt gegenüber des Muyuni Beach der Tauch-Leckerbissen von Sansibar, das Mnemba Atoll, dessen umgebendes Riff einen der besten Tauchgründe in Ostafrika bietet.

Hochseefischen

Der Archipel Sansibar ist ein Eldorado zum Hochseeangeln, gute Gebiete sind der **Zanzibar Channel** und **Lantham Island.** Noch besser scheinen die Gewässer von Pemba zu sein. Zwischen der Insel und dem Festland erstreckt sich der über 700 m tiefe **Pemba Channel,** unter Hochseefischern eines der beliebtesten Fischfanggebiete vor der gesamten Ostküste Afrikas. Auch Mafia Island gewinnt an Popularität unter den Fischern.

Begehrte Fänge sind Black Marlins, Barrakudas, Schwertfische, diverse Haiarten (z.B. Hammerhaie) und weitere Großfische, die alle schon in rekordverdächtigen Abmessungen aus dem Meer gezogen wurden.

- **Ras Nungwi Beach Resort** (Sansibar)
Tel. (024) 2233767/3615/2512, www.rasnungwi.com. Dem Hotel angegliedert ist ein sehr gutes Unternehmen, spezialisiert auf Hochseefischen.
- **Mnemba Island Lodge** (Sansibar)

Die **große Attraktion** ist die Altstadt **Stone Town,** ein **kultureller Schmelztiegel,** in dem sich das bantunoide Afrika mit der Welt des Orients zu einem ethnischen und religiösen „Kaleidoskop" vereint. Wer einmal den Fuß in die „steinerne Stadt" gesetzt hat, wird schnell von der magischen Aura ergriffen sein, welche die alten Häusermauern der Stadt ausstrahlen: eine Symbiose aus Schönheit und Verfall, das Mauerwerk bröckelt, die Farbe blättert, die Bewohner renovieren das Wichtigste für die Besucher von morgen.

Die **Gassen von Stone Town** strahlen viel Ruhe und Gelassenheit aus, und manchmal, so scheint es, bleibt die Zeit stehen und eine wohl zelebrierte Lethargie diktiert das (Nicht-)Geschehen des Tages. Jegliche Hektik und der Stress von zu Hause geraten für eine Zeit in Vergessenheit.

Doch hat sich die Stadt seit ihrer Befreiung aus der sozialistischen Isolation auch stark gewandelt. Viele Sansibaris suchen ihr Heil im **Fremdenverkehr.** Unzählige alte Bauten wurden und werden zu Hotels, Guest Houses und Restaurants umfunktioniert, die Stadt lockt große und kleine Investoren an sowie natürlich auch ein Reihe von Trittbrettfahrern – alle in der Hoffnung, am Tourismus zu verdienen.

Für Besucher Sansibars ist Zanzibar Town Ausgangspunkt für An- und Abreise mit Fähre und Flugzeug. Von hier lassen sich alle Unternehmungen auf der Insel sowie Tauch- und Segeltouren organisieren, aber natürlich auch Flüge und Beach-Unterkünfte buchen.

Geschichte und Stadtentwicklung

Das heutige Zanzibar Town entwickelte sich insbesondere ab dem 19. Jahrhundert zu einer **kosmopolitischen Metropole** im Indischen Ozean, mit Handelsverbindungen in die gesamte Welt. In seinem Hafen lagen Dhaus aus Arabien und Indien neben großen Drei- und Viermastern aus Boston und englischen Handelsstädten. Amerikanische Geschäftsleute aus Salem führten harte Verhandlungen mit indischen Händlern: Elfenbein im Tausch gegen gute Baumwollstoffe. Die hanseatischen Niederlassungen verschifften Waren nach Westafrika und zurück in ihre Heimat. Britische Schiffe mühten sich um die Seehoheit im Indischen Ozean.

Die arabischen Sultane ließen die neue Handelsstadt ganz im Stil ihrer Väter erbauen. Es entstanden große **Handelshäuser** mit prächtig geschnitzten Galerien, **Residenzen** reicher Kaufleute und Sklavenhändler, mit schweren Holztüren, die mit spitzen Messingdornen gespickt wurden, **Moscheen** wurden errichtet, später auch **Hindu-Tempel** und **Kirchen.** Der Glanz währte jedoch nur ein gutes halbes Jahrhundert, denn mit dem Ende des Sklaven- und Elfenbeinhandels Ende der 1890er Jahre brach das Geschäft zusammen.

Mit der **Gründung der Kolonien Kenia** (britisch) und **Deutsch-Ostafrika** (heute das tansanische Festland, Burundi und Ruanda) verlor die Stadt im 20. Jahrhundert ihre wirtschaftliche und politische Bedeutung an Mombasa, Dar es Salaam und schließlich Nairobi.

Stone Town hat bis heute sein charakteristisches Stadtbild aus der Sultanatszeit bewahrt, während sich die andere Seite, die heute **New City** genannt wird, großflächig einheitlich, ohne architektonische Feinheiten zeigt. Als absolute Fremdkörper stehen dort seit der sozialistischen Zeit Wohnblocks im Plattenbaustil, Wohnstätte für 7000 Menschen und errichtet mit DDR-Entwicklungshilfegeldern, weshalb sie auch „German Houses" genannt werden.

Die Bausubstanz von Stone Town leidet seit Jahrzehnten. In den 1980er Jahren kam es zum **Einsturz vieler Bauten,** besonders während und kurz nach der großen Regenzeit. Auch die 1985 ins Leben gerufene *Stone Town Conservation & Development Authority* (STCDA) tut sich schwer, dem Verfall Einhalt zu gebieten, da dunkle Machenschaften und Korruption die Arbeit behindern. Langsam scheint sich aber ein neues Bewusstsein zu entwickeln, nicht zuletzt weil Stone Town zu einem Weltkulturerbe der UNESCO erklärt worden ist, aber auch wegen der touristischen Anziehungskraft der Stadt.

Sehenswertes in der Altstadt Stone Town

Der alte arabische Stadtkern Stone Town gleicht einem riesigen **„Freilichtmuseum",** in dem jeder Quadratmeter Teil eines Mosaiks ist, das die lange und wechselvolle Geschichte Sansibars erzählt. Wie auch immer man sich den „geheimnisvollen Orient" vorstellen mag, in Stone Town scheint er noch gegenwärtig zu sein.

Eine vorgegebene **Besichtigungsroute** ist angesichts der unzähligen verwinkelten und schmalen Gassen nur wenig sinnvoll. Lassen Sie sich einfach von dem einzigartigen Ambiente betören und leiten, schlendern Sie nach dem Motto **„Der Weg ist das Ziel“** gemütlich durch die Altstadt, vorbei an altehrwürdigen Bauten mit kunstvoll geschnitzten Holztüren und fein ziselierten Balkonen und Fensterrahmen, entlang kleiner Geschäfte und Basare, vorbei an Souvenirläden, die schöne Sansibar-Truhen, Silberschmuck, kanga-Tücher u.v.m. feilbieten. In den engen Gassen – nur wenige sind mit dem Auto befahrbar – herrscht fast ständig wohltuender Schatten. Vorsicht ist vor Fahrrad- und Mopedfahrern geboten, die in einem Affentempo um die Häuserblocks schießen und sich ihren Weg durch die Menge bahnen. Das obligatorische Verlaufen in dem Labyrinth der Gassen ist halb so wild, irgendwo trifft man immer wieder auf eine der drei großen Straßen, die die Altstadt fast dreieckig einfassen.

Die zahlreichen Moscheen und Tempel sind von einer Besichtigung ausgeschlossen, es sei denn, Sie gehören dem islamischen Glauben an.

Nachts sollten Sie aus Sicherheitsgründen **nur mit einem Guide** unterwegs sein, denn Taschendiebe treiben in Stone Town ihr Unwesen.

Museumspalast

Der **People's Palace,** der alte **Residenz-Palast der Sultane,** steht direkt **an der Hafenbucht.** Nach dem britischen Kanonenhagel von 1896 musste er neu aufgebaut werden. Schon der erste Sultan von Sansibar residierte von 1834 an in dem zuvor als Beit el Sahel bekannten Palast. Nach der Absetzung des Sultans 1964 wurde das Gebäude für Regierungsbüros genutzt. Seit 1994 ist der Palast ein **Museum,** das mit eindrucksvollen Bildern, alten Möbeln und persönlichen Gebrauchsgegenständen der arabischen Herrscher die gesamte **Geschichte der sansibarischen Sultanatszeit** dokumentiert. Im Garten sind die Gräber von Sultan *Said* und seiner Söhne, die nacheinander die Thronfolge antraten, zu besichtigen.

Der Palast ist renovierungsbedürftig, besonders auf der Terrasse hat man das Gefühl, dass man durchbrechen kann. Sehenswert ist das frühere Auto des Sultans in der Nähe des Eingangs.

Öffnungszeiten: Di bis Sa 9–18 Uhr, So und Mo bis 15 Uhr, an Feiertagen geschlossen, Eintritt: 3500 TSh.

Arabisches Fort

Bei den Forodhani Gardens befindet sich das **„Old Fort“** *(ngome kongwe),* das die omanische Al-Yarubi-Dynastie von 1698–1701 errichten ließ. Zuvor stand hier eine portugiesische Kirche.

Im 19. Jahrhundert diente das Fort als Gefängnis, an der Ostmauer fanden Exekutionen statt. In britischer Zeit wurde das Fort zu zivilen Zwecken genutzt. Vor moslemischen Blicken geschützt, legte man einen Tennisplatz für die Damen der Gesellschaft im Innenhof an. Seit 1994 dient ein Teil des Forts als großes Amphitheater, in dem das Zanzibar Cultural Centre **Tanz- und Musikaufführungen** veranstaltet. Im Fort selbst befinden sich eine Touristeninformation, ein Restaurant mit Bar sowie Souvenirgeschäfte und Kunstgalerien. Jeden Di, Do und Sa von 19–22.30 Uhr finden Abende mit traditioneller Musik statt, Do und Fr ist außerdem Taarab-Musik ab 22.30 Uhr bis spät nachts zu hören. Weitere Informationen über Veranstaltungen im Fort unter Tel. (0777) 878737 oder hamoup@yahoo.com. Das Fort ist auch Schauplatz der zwei großen internationalen Festivals auf Sansibar: im Juli das **ZIFF-Festival** (Zanzibar International Film Festival, auch Festival of the Dhow Countries genannt) und im Februar das weit über die Landesgrenzen Tansanias bekannte und beliebte **Musikfestival Sauti za Busara** („Voices of Wisdom").

Beit el Ajaib

Das neben dem Fort aufragende Beit el Ajaib ist das **architektonische Wahrzeichen Sansibars.** Gebaut 1883 als Sultanspalast für repräsentative Zwecke und zur Abhaltung von Zeremonien, vereint das größte Gebäude von Stone Town arabische und viktorianische Baukultur. Besonders der Turm mit seiner großen Uhr erinnert an einen alten englischen Clocktower. Die Säle sind mit Marmorböden ausgelegt. Das Gebäude war das erste der Insel mit Strom, fließend Wasser und sogar einem Fahrstuhl (dem ersten in Ostafrika!) - daher auch der Beiname **„House of Wonders"!** Von 1911 an richtete die britische Protektoratsverwaltung ihre Büros im Gebäude ein, nach der Revolution wurde es Sitz der CCM-Partei, bis es schließlich wegen Renovierungsmaßnahmen 1990 geräumt wurde.

Im Jahr 2000 wurde das Beit el Ajaib zum Weltkulturerbe erhoben und beherbergt jetzt im Erdgeschoss und im 1. Stock das interessante **Museum of History and Culture** zur Geschichte und Lebensweise auf Sansibar. Es finden diverse Ausstellungen z.B. zur Dhau-Schifffahrt statt. **Geöffnet** ist das Museum Mo bis Sa von 9-18 Uhr (So geschlossen), der Eintritt beträgt 3 $ oder 3500 Tsh.

Obwohl der Aufzug defekt ist, kann man in das oberste Stockwerk und auch auf den Balkon gelangen. Zum Uhrturm besteht kein Zugang. Zwei portugiesische Kanonen aus dem 17. Jahrhundert sind vor der Hausfront und der sehenswerten großen Sansibar-Holztür aufgebaut. Im Gebäude nebenan weilte einst der Harem des Sultans, heute hat die Stone Town Conservation Authority hier ihren Sitz.

Old Ithnaasheri Dispensary

Weiter in Richtung Norden, vorbei am alten Zollhaus, in dem heute Personal zur Erhaltung von Stone Town ausgebildet wird, steht gegenüber den Hafenhallen eines der schönsten Gebäude Sansibars. Die restaurierte **„Alte Apotheke"**, auch Nasur Nur Mohamed Dispensary genannt, wurde zwischen 1887 und 1894 nach dem Plan des indischen Ismailiten *Sir Tharia Topan* erbaut, einer der reichsten Geschäftsmänner der Insel und ein persönlicher Berater des Sultans. Bis zur Revolution 1964 wurde das Gebäude als Klinik genutzt, danach war es sich selbst überlassen. Mit Unterstützung der Aga-Khan-Stiftung hat das Gebäude mit seinen dekorativ verzierten Holzbalustraden seit 1995 wieder seinen alten Glanz erhalten.

Dhau-Hafen

Am Ende der Mizingani Road liegt der Dhau-Hafen. Die Dhaus werden eingesetzt zum kommerziellen Fischfang oder für den Handelsverkehr mit der Schwesterinsel Pemba, dem tansanischen Festland oder Kenia. Viele der Holzkähne sind heute mit Dieselmotoren und großen Fangnetzen ausgestattet, auf einen Mast mit Segel verzichten dennoch die wenigsten.

Andere Boote im Dhau-Hafen und am Strand vor Stone Town sind die kleinen, schmalen, Katamaranen ähnelnden **ngalawas.** Besonders die einfache Bevölkerung betreibt mit ihnen ihre traditionelle Fischerei.

Ein Besuch des Hafens ist vor allem **frühmorgens** ein Erlebnis, wenn der Fang abgeladen und auf dem **Fischmarkt** direkt hinter dem Hafen zum Verkauf angeboten wird. Tintenfische, Rochen, Haie, alle möglichen Krustentiere und sonstiges Meeresgetier finden hier ihre Abnehmer. Gehen Sie jedoch in Begleitung eines Ortskundigen, denn auf Kameras reagiert man hier empfindlich - fragen Sie um Erlaubnis, bevor Sie knipsen!

Darajani Market

Der **zentrale Markt von Zanzibar Town** liegt im Osten von Stone Town **an der Creek Road.** Die alte längliche Markthalle, die von einem deutschen Architekten entworfen worden ist, hat sich seit ihrem Bau im Jahre 1904 kaum verändert - noch immer bedeckt das alte Wellblech das Giebeldach des Zentralturmes. Doch nicht nur das Gebäude, sondern auch die gesamte Marktatmosphäre scheint noch dieselbe wie vor hundert Jahren zu sein. Unzählige Obst-, Gemüse- und Fischstände sind in der Halle auf einfachen

Holztischen und Bänken eingerichtet, rund um die Halle haben diverse Kleinhändler ihre Stände mit den unterschiedlichsten Gebrauchsgegenständen aufgebaut, alte einachsige Holzkarren schaffen ständig neue Marktsachen heran. Auf dem Darajani-Markt ist **jeder Tag Markttag**, und auch wer keine Einkaufsabsichten hat, sollte sich das bunte Treiben nicht entgehen lassen!

Anglikanische Kirche

Die **„Church of Christ"** liegt **unweit vom Darajani-Markt.** Englische Missionare kauften nach dem Sklavenverbot 1873 den Platz, der bis dahin ein **zentraler Sklavenmarkt** auf Sansibar war. Die Kirche war 1880 fertiggestellt, und es heißt, an der Stelle des Altars stand einst der Baum, an dem die Händler die Sklaven zum Auspeitschen anketteten – eine letzte Demütigung vor dem Verkauf! Der **erste Bischof, Edward Steere,** gilt als Initiator der Übertragung des Swahili von den arabischen in die heute verwendeten römischen Schriftzeichen. Er verfasste auch das erste Wörterbuch Englisch/Swahili.

Die große Kirche steht meist offen, eine **Besichtigung** des alten Baus ist möglich. Eventuell darf man auch auf den Turm hinaufsteigen, wo sich ein guter Blick über die Dächer von Stone Town bietet.

In dem Bau direkt neben der Kirche ist das **Youth Hostel St. Monica** untergebracht, eine christliche Unterkunft, welche auf einem Kellerraum erbaut wurde, der einst der Aufbewahrung von Sklaven vor deren Verkauf diente. Der Keller kann besichtigt werden (Eintritt: 3 $ oder 3500 Tsh pro Person).

Hamamni Persian Baths

Zentral in Stone Town liegen die früheren **„persischen Bäder"** der Stadt. Sultan *Bargash* (1870–1888) ließ sie für die wohlhabenden Araber anlegen. Im Arabischen bedeutet *hamam* „Haus des Bades". Seit den 1920er Jahren sind die Bäder nicht mehr in Gebrauch, sie können aber besichtigt werden. Die Anlage ist groß und relativ gut instand gehalten. Die Führung erfolgt durch die gegenüber lebende Aufsichtsperson für 2000 TSh pro Person.

Kathedrale Sankt Joseph's

Inmitten von Stone Town erhebt sich aus dem labyrinthischen Gewirr der Gassen die **katholische Kathedrale.** Erbaut wurde sie zwischen 1897 und 1900 unter der Leitung französischer Missionare. Der historische Entwurf nach romanischem Baustil beruht auf Plänen von *Léon Vaudoyer,* dem Architekten der großen Basilika von Marseille. Dachziegel und die Fensterglasmalereien wurden aus Frankreich geliefert. Für eine kleine katholische Gemeinde (insbesondere Sansibar-Inder goanesischen Ursprungs und heute auch vermehrt für vom Festland eingewanderte Katholiken) findet **jeden Sonntag um 9 Uhr**

tan154 Foto: jg

Die Stone Town fasziniert auch architektonisch ...

eine **Messe** statt. Die übrige Zeit bleibt die Kathedrale geschlossen, eine Besichtigung ist nur selten möglich. Probieren Sie es an der Hintertür, die über das angrenzende Grundstück erreicht werden kann. Oft ist hier jemand, der der Kirche dient und Ihnen Einlass gewährt! Die Kirche hat übrigens einen wunderbaren **Chor,** den man sich durchaus anhören sollte. Erkundigen Sie sich an der oben genannten Hintertür, ob und wann er probt bzw. auftritt.

Natural History Museum & Peace Memorial Museum

Das **Peace Memorial Museum,** auch **Beit El Amani** („Haus des Friedens") genannt, ist der große Kuppelbau im Südosten von Stone Town, der 1925 erbaut wurde und wie ein Mausoleum aussieht. Das Museum vermittelt einen guten historischen Überblick vom frühen Dhauverkehr über den Sklavenhandel bis zu den bekannten Forschern und Missionaren des 19. Jahrhunderts; auch Gegenstände aus der britischen Protektoratszeit werden gezeigt. Einträchtig stehen auch große Ölgemälde von Queen *Victoria* und Kaiser *Wilhelm II.* nebeneinander, liegen seltene Münzen und Briefmarken aus, und Eisenbahngleise erinnern an die Bububu Railway, die in den Jahren 1905–1928 vom Norden Stone Towns 9 km die Küste entlang nach Bububu fuhr sowie in die andere Richtung nach Chukwani, wo heute der Flughafen liegt. Das ist aber noch lange nicht alles – ein Besuch lohnt sich auf jeden Fall (**Öffnungszeiten:** Mo bis Sa 9–18 Uhr).

In dem Gebäude hinter dem Hauptmuseum befindet sich die Sektion für archäologische Geschichte sowie für Flora und Fauna (**Natural History Museum).** Im großen Ausstellungsraum sind unter anderem ausgestopfte Tiere, in Einmachgläsern konservierte Schlangen und Fotos von gestrandeten Walen zu sehen.

Kaunda Road

Vom Museum aus kommend, folgt die große Kaunda Road, an der sich das **Mnazi Mmoja Hospital** befindet, 1896 zunächst als reines „Afrikanerkrankenhaus" erbaut. 1924 wurde die angrenzende Kaserne des Sultans zu einem „Europäerflügel" der Klinik ausgebaut. In der 1907 aufgegebenen Kaserne waren 1400 Soldaten aus Arabien und Baluchistan (heute in Pakistan und Iran) untergebracht. Stadteinwärts folgt das **State House,** Empfangsresidenz des Präsidenten von Sansibar, früher Wohn- und Bürohaus des britischen Gouverneurs. Gegenüber befindet sich der **„Milestone",** eine Marmorsäule aus britischen Protektoratstagen mit der Inschrift verschiedener Orte der Insel und deren Entfernungen zueinander in Meilen. Natürlich durfte damals auch der Hinweis auf das 8064 Meilen entfernte London nicht fehlen ...

Auf der gleichen Straßenseite liegt im Anschluss die **Parkanlage People's Garden,** meist noch als **Victoria Gardens** bekannt, da der Park 1899 am Jubiläumstag der Thronbesteigung von Königin *Victoria* der Öffentlichkeit zugänglich gemacht wurde. Sultan *Hamud* (1896–1902) ließ ihn ursprünglich für seinen Harem anlegen. Unterschiedliche Fruchtbäume und Gewürzgewächse zieren heute noch die kleine Parkanlage.

Nach Stone Town hin folgen schließlich noch die alten britischen Verwaltungsbauten, in denen heute Ministerien und das Hohe Gericht untergebracht sind.

Mathew's House

Als Lieutenant der Royal Navy wurde *Sir Lloyd Mathews* 1878 vom Sultan eingestellt, um dessen Armee auszubilden, die er dann drei Jahre später als General selbst befehligen durfte. Schließlich gab der Sultan ihm 1891 das Amt des ersten „Staatssekretärs" und das des Schatzmeisters. *Mathews* war damit die verbindende Schlüsselfigur zwischen Sultan und britischem Gouverneur.

Sein Haus ist ein feines Beispiel für die **Verschmelzung viktorianischer und arabischer Baukunst.** Es ist das zweite Gebäude mit dem überhängenden Balkon auf der linken Seite **am Anfang der Kenyatta Road.**

Tippu Tip's House

Am Africa House Hotel vorbei befindet sich in der **Suicide Alley** das alte Wohnhaus des legendären Sklavenhändlers **Tippu Tip.**

Bis zur Revolution 1964 bewohnten arabische Geschäftsleute den großen Bau, danach zogen sansibarische Familien ein, und seitdem ist das Haus am Verfallen. Die mit dekorativen Schnitzereien verzierte, große alte Holztür zeugt nach wie vor von dem Reichtum und der Macht des ersten Bewohners. Eine Besichtigung ist möglich, jedoch wegen des gefährlichen Bauzustandes nicht empfehlenswert.

Orphanage

Hinter dem ehemaligen Konsulat befindet sich der große Bau des **Waisenhauses** von Sansibar (das Gebäude, das von der Einbahnstraße getunnelt wird!). Ursprünglich diente er mal als Clubhaus für Engländer, und bis 1950 war eine indische Schule darin untergebracht. Ein Besuch ist mit dem Zanzibar Tourist Information Office im Livingstone House abzuklären.

„O'Swald-Haus"

Einen Gebäudekomplex weiter liegt ebenfalls zum Strand hin das „O'Swald-Haus" (inoffizielle Bezeichnung), einst Sitz der Handelsfirma O'Swald und von 1859–1885 **hanseatisches Konsulat,** danach Residenz des kaiserlichen Konsuls. Von hier brach 1860 der erst 23 Jahre junge Hamburger Forscher *Dr. Albert Roscher* zu einer Expedition zum Nyasa-See auf, von der er nicht wieder zurückkehrte: Sklavenhändler ermordeten ihn.

Es ist das einzige historische Gebäude von Stone Town, welches nicht viktorianischen oder arabischen Ursprungs ist. Die Bautech-

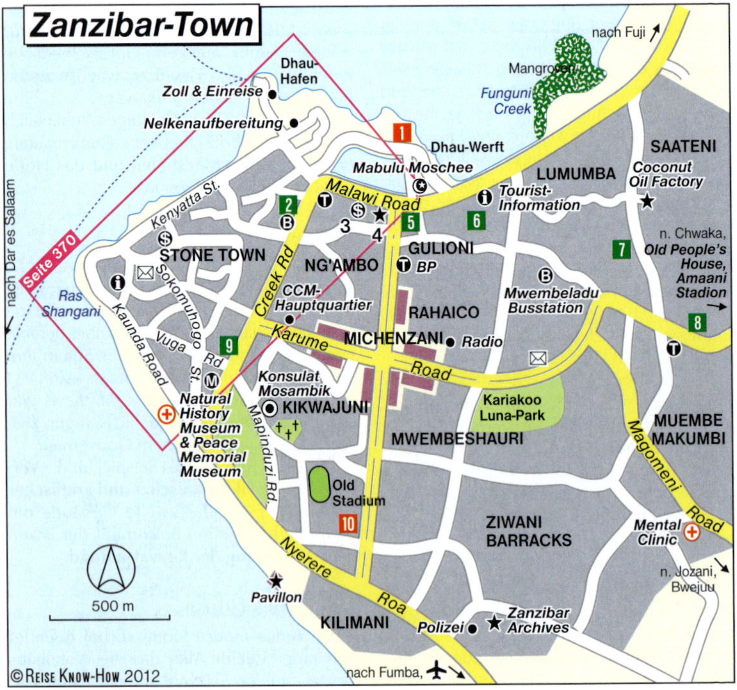

nik der sogenannten **„Preußischen Kappen"** in den Fensterstützen steht für die **wilhelminische Architektur.**

The British Consulate

Am Ende der Kenyatta Road steht zum Strand hin ein alter dreistöckiger Bau mit roten Dachziegeln. Von 1841–1874 war hier das britische Konsulat eingerichtet, welches danach ins Mambo-Msiige-Gebäude am Westende der Halbinsel umzog. Das Haus wurde jedoch weiterhin von namhaften Afrika-Reisenden und Forschern, wie zuvor schon von *Burton, Speke, Livingstone, Grant* und *Kirk,* als Domizil genutzt, in Vorbereitung ihrer wochenlangen Fußmärsche ins Innere Afrikas. *Livingstones* mumifizierte Leiche (er starb im Mai 1873 im Norden des heutigen Sambia) wurde hier einige Zeit aufbewahrt, bis sie mit dem Dampfschiff nach England gebracht und im Westminster Abbey beigesetzt wurde.

Bis 1964 hatte die englische Handelsfirma Smith, Mackenzie & Co. ihre Büros in dem Gebäude, seither wird es von der Regierung genutzt. Eine Besichtigung ist daher nicht möglich, doch ist der große Bau auch von außen schon sehr beeindruckend. An der Hausmauer hängt eine rote Tafel, die an die frühen Forscher erinnert.

Übernachtung
1 Bwawani
10 Golf Hotel

Geschäfte
2 Markt
5 Emirates
6 Air Express/Ethiopian Airlines
7 Auto-Werkstätten
8 Markt
9 Air Tanzania

3 Western Union Bank
★ 4 Livingston House

Bank
Post
Tankstelle
Krankenhaus

Africa House

Wenn der Sonnenuntergang naht und sich Durst und Hunger bemerkbar machen, lockt seit Generationen das imposante **Africa House Hotel,** einst der British Club, mit seiner großen Terrasse zum abendlichen Sundowner.

Forodhani Gardens

Nachdem man dem feuerroten Schauspiel des Sonnenuntergangs im Meer beigewohnt hat, sucht man die zahlreichen **Grillküchen** auf: Mishkakis, Zanzibar-Pizzas, gerösteter Maniok, Langusten, Calamari, Chapatis, Kababus (frittierter Fisch), Chipsi, Kachori (frittierte Kartoffelbällchen), Samosas und viele andere Leckerbissen stehen in den Forodhani Gardens am Meer – auch **Jamituri Gardens** genannt – zur Auswahl. An einigen Ständen zerquetschen die Verkäufer auch Zuckerrohrstangen mit großen, handgekurbelten Pressen, bis der Saft in Eimer voller Eiswürfel läuft (Vorsicht bei eisgekühlten Getränken: Gefahr von Durchfall!). Bis in die späten Stun[illegible] den treffen sich in der Parkanlage zwisch[illegible] Fort und Meer Touristen und Sansibari[illegible] einen Plausch mit Snack – der Garten [illegible] „Nachrichtenbörse" Stone Towns!

Die Forodhani Gardens wurd[illegible] durch den *Aga Khan* in Koopera[illegible] sansibarischen Regierung reno[illegible] küchen, Grillstände und Zuc[illegible] sen befinden sich nun alle [illegible] dem Besucher auch groß[illegible] zur Verfügung stehen, [illegible] herrlichen Bäumen un[illegible] te Wiesen seine Mah[illegible]

Stone Town

Übernachtung

6 Mzuri Guest House
9 Marine Hotel
14 Old Grande Hotel (geplant)
21 Karibu Inn Guest House
22 Coco de Mer Guest House
27 Chavda Hotel
31 Kisiwa House
32 Dhow Palace Hotel
34 Mazson's Hotel
36 Shangani Hotel
41 Tembo House Hotel
43 Serena Inn
45 Beyt Al Chai
51 Africa House
56 Garden Lodge
60 Annex of Garden Lodge
61 Manchu Lodge
62 Haven Guest House
65 Flamingo Guest House
66 Jambo Guest House
73 Clove Hotel
75 St. Monica Guest House
79 Zanzibar Coffee House Hotel
80 The Swahili House
81 Spice Inn
83 236 Hurumzi Street
85 Kiponda Hotel
86 Zanzibar Palace Hotel
88 Pyramid Guest House
89 Narrow Street Hotel

…en und Trinken

…ina Restaurant
42 Starehe Club
44 Msumbi Coffee Shop
47 Amore Mio Café u. Rest.
48 ETC Placa Restaurant
49 La Fenice Restaurant
50 Happy Night Club
52 Le Paracuda Restaurant
53 Casablanca Restaurant
54 Le Spice Rendezvous
57 Two Table Restaurant

Fortsetzung Seite 373

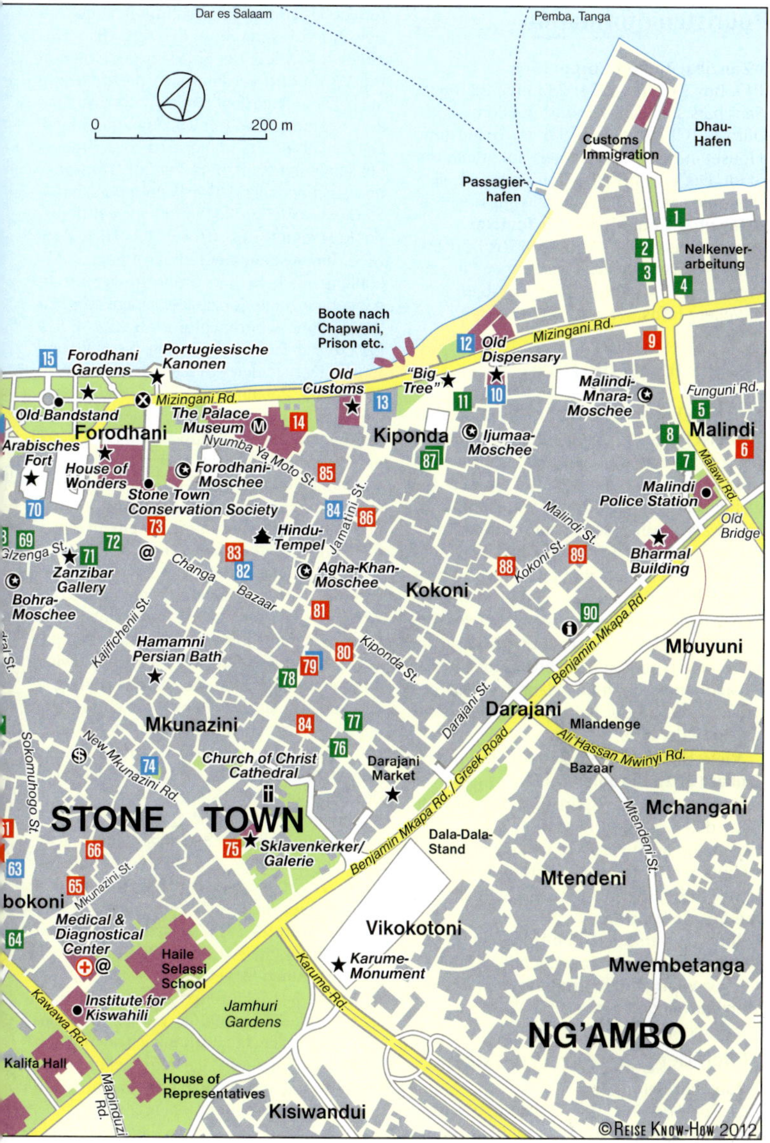
Dar es Salaam
Pemba, Tanga
0
200 m
Customs
Immigration
Dhau-
Hafen
Passagier-
hafen
Nelkenver-
arbeitung
Boote nach
Chapwani,
Prison etc.
Mizingani Rd.
Old
Dispensary
"Big
Tree"
Old
Customs
Forodhani
Gardens
Portugiesische
Kanonen
Mizingani Rd.
Old Bandstand
The Palace
Museum
Forodhani
Arabisches
Fort
House of
Wonders
Forodhani-
Moschee
Stone Town
Conservation Society
Nyumba Ya Moto St.
Kiponda
Ijumaa-
Moschee
Malindi-
Mnara-
Moschee
Funguni Rd.
Malindi
Malawi Rd.
Malindi
Police Station
Old
Bridge
Malindi St.
Kokoni St.
Bharmal
Building
Jamatini St.
Hindu-
Tempel
Agha-Khan-
Moschee
Kokoni
Gizenga St.
Zanzibar
Gallery
Bohra-
Moschee
Changa
Bazaar
Kajificheni St.
Hamamni
Persian Bath
Kiponda St.
Benjamin Mkapa Rd.
Mbuyuni
Darajani St.
Darajani
Mlandenge
Ali Hassan Mwinyi Rd.
Bazaar
Mkunazini
Sokomuhogo St.
New Mkunazini Rd.
Church of Christ
Cathedral
Darajani
Market
Greek Road
Benjamin Mkapa Rd. / Greek Road
Mchangani
Mtendeni St.
STONE TOWN
Sklavenkerker/
Galerie
Dala-Dala-
Stand
Mtendeni
bokoni
Mkunazini St.
Medical &
Diagnostical
Center
Haile
Selassi
School
Vikokotoni
Karume-
Monument
Mwembetanga
Karume Rd.
Kawawa Rd.
Institute for
Kiswahili
Jamhuri
Gardens
NG'AMBO
Kalifa Hall
Mapinduzi
Rd.
House of
Representatives
Kisiwandui
1
2
3
4
5
6
7
8
9
10
11
12
13
14
15
61
63
64
65
66
69
70
71
72
73
74
75
76
77
78
79
80
81
82
83
84
84
85
86
87
88
89
90
©REISE KNOW-HOW 2012

Touristeninformation

- **Zanzibar Tourist Corporation**
P.O. Box 216, Tel. (024) 2233417, 2238630. Sansibars staatliches Touristen-Informationsbüro (ZTC) hat seinen Sitz im Livingstone House an der Bububu Road außerhalb der Stadt. Die angebotenen Touren lassen allerdings ein wenig Engagement vermissen.
- **Zanzibar Commission for Tourism**
Amani Street, Tel. (024) 2233485/6, Fax (024) 2233448, www.zanzibartourism.net. Büro zur Förderung des Tourismus auf Sansibar.
- Weitere **Infos:** www.zanzibar.org.

Hotels in Stone Town

Das Angebot an Unterkünften in Zanzibar Town ist groß. Wer Wert auf schönen Strand legt, muss ein paar Kilometer südlich und nördlich der Stadt an der Küste Quartier beziehen, die Strandabschnitte von Stone Town sind wegen Abwassereinleitungen und dem regen Schiffs- und Bootsverkehr nicht sehr einladend. Will man aber die ganz besondere nächtliche Stimmung in Stone Town erleben (z.B. das Fünf-Uhr-Morgengebet des Muezzin!), empfiehlt es sich, zuerst ein paar Tage in einem zentral gelegenen Hotel in der Altstadt zu wohnen und dann erst eins der Strandhotels an der Nordspitze oder an der Ostküste der Insel aufzusuchen.

Viele Hotels/Guest Houses sind in US-Dollar ($) zu bezahlen, allerdings akzeptieren die meisten preisgünstigen Unterkünfte auch den Gegenwert in tansanischen Schillingen und auch Euro; die Umrechnungsrate ist aber meist nicht sehr günstig. Besonders in der Nebensaison kann man bei den Zimmerpreisen handeln.

Infos zu verschiedenen Unterkünften findet man auf den entsprechenden Unterseiten von **www.zanzibarhotels.net** und **www.zanzibarmagic.com.**

Hotels der gehobenen Preisklasse

- **Zanzibar Serena Inn**
P.O. Box 4151, Tel. (024) 2233587, 2231015, für Reservierungen (024) 2232306, www.serenahotels.com. 1997 eröffnetes Hotel der bewährten Serena-Kette des *Aga Khan*. Das Hotel ist Member der Small Luxury Hotels of the World und verdient sich diese Etikette auch. Die Anlage liegt direkt an der Westspitze von Stone Town mit Zugang zum Strand. Die klimatisierten Zimmer sind im arabischen Stil eingerichtet, haben Telefon, Fernseher und eigenen Balkon. Der Hotelservice hat 5-Sterne-Niveau, die Küche ist sehr gut (Baharia Restaurant, Tel. (024) 2231015). Zum Meer hin ausgerichtet lädt ein Pool zur Abkühlung nach heißen Stone-Town-Spaziergängen ein, eine Zanzibar-Massage sorgt für Wohlgefühl. Übernachtung ab 325/475 $ EZ/DZ inkl. Frühstück von Jan. bis März und Juni bis Dez.; in den Monaten dazwischen ab 185/275 $. Zahlung mit VISA-Card möglich. Das Serena betreibt auch das exklusive **Privat-Restaurant Mangapwani** an der gleichnamigen Korallenbucht, 15 km nördlich von der Stone Town, Tel. (024) 2233587, Reservierung nötig – Sonnenuntergangsromantik und Candlelight-Stimmung an einem einsamen Strand ... Empfehlenswert!
- **Tembo House Hotel**
P.O. Box 3974, Forodhani Street, Tel. (024) 2233005, 2232069, www.tembohotel.com. Luxus-Hotel in zentraler Lage, leider hat der Service nachgelassen. Der herrliche Swimmingpool in der Mitte der hufeisenförmigen Hotelanlage lädt zu einer Erfrischung ein, auch wenn man hier der Beobachtung durch alle Gäste ausgesetzt ist, von der Terrasse sieht man die Hafenbucht und vorbeifahrende Dhaus. Die klimatisierten Zimmer sind mit hochbeinigen Himmelsbetten, Sansibar-Truhen, TV und Kühlschrank eingerichtet, die internationale Küche (Bahari Restaurant, Tel. (024) 2233005) ist schmackhaft, Alkohol kommt aber nicht zum Ausschank. EZ mit Frühstück ab 95 $, DZ je nach Größe und Aussicht zwischen 110 und 195 $.
- **236 Hurumzi Street**
P.O. Box 3417, Hurumzi Street, Tel. (024) 2232784, (0773) 769262, www.236hurumzi.com. Die stilechte, wenngleich auch schon wieder ein wenig in die Jahre gekommene Renovierung und die arabische Inneneinrichtung lassen den Orient lebendig werden. Es gibt 13 Zimmer, alle unterschiedlich und ge-

schmackvoll eingerichtet, eins davon z.B. mit Badewanne auf dem Balkon. Das Hotel ist sehr beliebt und oft ausgebucht. Preise: Zimmer 125–185 $, Suiten ab 225 $. Im Haus gibt es zwei gute Restaurants. Im Erdgeschoss links findet man das Kidude, benannt nach der „Queen of Taarab Music", *Bi Kidude,* die mit 103 Jahren immer noch ihr Publikum mit ihren ureigenen Taarab-Liedern und Trommeleinlagen verzaubert. Mittag- und Abendmenü sind inspiriert von den alten Sklavenmarkt-Ländern des Indischen Ozeans und bieten arabische, afrikanische und sogar Cajun-Style Cuisine ab 20 $ p.P. Vom hervorragenden **Tower Top Restaurant** auf dem Dach (Menü ab 30 $) bietet sich ein herrlicher Blick über die Dächer von Stone Town, besonders spektakulär zum Sonnenuntergang ab 17 Uhr. Beide Restaurants erreicht man unter Tel. (0777) 423266. Empfehlenswert, rechtzeitige Zimmer- und Tischreservierungen sind erforderlich. Bei Tischreservierungen ist eine Anzahlung nötig.

● **Zanzibar Palace Hotel**

P.O. Box 3392, Tel. (024) 2232230, (0773) 079222, www.zanzibarpalacehotel.com. Bezauberndes 9-Zimmer-Hotel in Kiponda, dem touristisch ruhigeren Teil von Stone Town. In holländischem Besitz, jedoch von einem Belgier geführt. Hier wird der arabische Traum von 1001 Nacht stilvoll umgesetzt. Der Empfang, die Betreuung rund um die Uhr, die kleine, aber feine Menükarte sowie die hauseigenen Cocktails verzaubern den Aufenthalt auf Sansibar. Die Zimmer sind alle unterschiedlich, jedes ist ein Kunstwerk für sich, und es fällt schwer, eine Wahl zu treffen (auf der Homepage sind alle Zimmer zu sehen). Alle Zimmer verfügen über Klimaanlage und Deckenventilator, Fernseher (DVD-Videothek auf Anfrage) und kleinen Zimmer-Safe. Das Besondere: Das Hotel bietet Romantik und Komfort für jeden Geldbeutel. Das beginnt schon bei den zwei kleineren Zimmern (125 $ pro Zimmer mit leckerem und liebevoll zubereitetem Frühstück). Dann kommen die preislich gehobeneren (das Zimmer Sultana ist toll!) zu 250 $, die Suiten kosten 225–250 $ pro Nacht. Die Suiten im Dachgeschoss bieten nicht nur einen Blick auf den Ozean: Während in der Suite Sherali die Ba-

58 Zi Bar Restaurant
59 Culture Music Club
63 Nyumbani Restaurant
70 Neem Tree Café
74 Baobab Restaurant
79 Zanzibar Coffee House
82 Kidunda Restaurant
84 Palace Rstaurant

■ **Geschäfte**
1 Sea Express Ticket-Büro
2 Mega Speed Liners Ticket-Büro
3 Flying Horse Ticket-Büro
4 Sea Bus Ticket-Büro
5 Mitu's Island Tours
7 Motorrad-Vermietung
8 Zan Air/Travel
11 Gulf Air
17 One Ocean Divers
18 Boutique Zanzibar Secrets
19 Bahari Divers
29 Tropical Tours
30 Madeira Tours
35 One Way T-Shirt Shop
37 Memories of Zanzibar (Souvenirs)
38 Asko Tours
40 Air Tanzania
46 Coastal Aviation
55 Chemah Brothers
64 Fernandes Tours
67 Eco Tours
68 Souvenirläden
69 United Travel
71 Souvenirläden
72 Sama Tours
76 Mosomo Bookshop
77 Shamshu Apotheke
78 Juwelierläden
87 Kenya Airways, Precision Air
90 Motorrad-Vermietung

✉ Post
@ Internet Café
$ Bureau de Change
✖ Taxi

dewanne mitten im Zimmer steht, lockt Dunia mit einem original antiken Sansibar-Bett in etwa 1,50 m Höhe, und ein Open-rooftop-Badezimmer, über eine Treppe zu erreichen, lässt jedes Flitterwochen-Paar in den siebenten Himmel entschweben. Transfers vom Flughafen, Spice-Touren, Auto-Anmietung u.v.m. kann organisiert werden. Ein Spa sowie eine Boutique und eine neue Küche bereichern das Hotel seit 2010.

• **Dhow Palace Hotel**
P.O. Box 3974, Tel. (024) 2233012, 2230304, (0777) 878088, www.dhowpalace-hotel.com. Renoviertes Wohnhaus einer einst wohlhabenden arabischen Familie. Der große Innenhof mit Swimmingpool, umgeben von innen verlaufenden Terrassen, ist typisch für den omanischen Kulturkreis. Wie einst wohlhabende Händler zur See, werden auch heute Hotelgäste wie veritable Paschas empfangen. 28 luxuriöse Zimmer mit Klimagerät und Mini-Bar. EZ ab 75 $, DZ ab 100 $ mit Frühstück, Familienzimmer 170 $.

• **Africa House Hotel**
P.O. Box 3246, Shangani, Tel. (0774) 432340, (0777) 439340, www.theafricahouse-zanzibar.com, www.zanzibarhotel.co.tz. Traditionsreiches Haus mit 15 elegant eingerichteten Räumen mit en-suite-Badezimmern, der Blick aufs Meer ist gigantisch. EZ 120–170 $, DZ 150–215 $ mit Frühstück pro Person in der Hochsaison (in der Nebensaison EZ 95–135 $, DZ 120–170 $). Empfehlenswert!

• **Zanzibar Hotel**
Dieses Hotel befindet sich ein Stück hinter Dhow Palace und Kisiwa Hotel und gehört zu Africa House. P.O. Box 3246, Shangani, Stone Town, Tel. (0774) 432340, www.theafricahouse-zanzibar.com, www.zanzibarhotel.co.tz. Im Stil ähnelt das Hotel sehr dem Africa House, nur dass es sich noch weiter in den verwinkelten Gassen von Stone Town befindet. EZ ab 135 $, DZ ab 136 $.

• **The Seyyida Hotel & Spa**
Kiponda, P.O. Box 326, Tel. (024) 2238352, www.theseyyida-zanzibar.com, reservations@theseyyida-zanzibar.com. Hinter dem alten Sultanspalast, neu eröffnet 2009, eine gelungene Mischung aus sansibarisch-arabischer und moderner Architektur. Das Restaurant auf dem Dach bietet eine reiche Auswahl an Weinen sowie leckere Speisen mit sansibarischem und europäischem Touch. Hochzeitsreisende oder ganz einfach Verliebte können ein idyllisches Dinner auf einer der Dacherhebungen genießen, und zwar ganz allein! 174–226 $ pro Zimmer, mit Frühstück.

• **Al Johari**
116 Shangani (Stone Town), P.O. Box 3234, Tel. (024) 2236779, www.al-johari.com. Ende 2008 eröffnetes Hotel ca. 3 Minuten zu Fuß vom Tippu Tip House entfernt. Die Zimmer sind eher klein und wirken eng, jedoch geschmackvoll mit sansibarischen Betten und Möbeln ausgestattet, alle mit Klimaanlage. Das Restaurant befindet sich auf dem Dach, ebenfalls eine Bar mit Internet-Zugang. Alles in allem jedoch eine etwas misslungene Fusion von Indisch-Arabisch und Modern. Der Aufstieg auf den engen Treppen in dem alten Gebäude ist sehr anstrengend, an den Wänden hängen z.T. sehr kitschige Gemälde. 140–350 $ pro Zimmer, Extra-Bett 40 $, mit Frühstück.

• **Beyt Al Chai**
P.O. Box 4236, Kelele Square, Tel. (0774) 444111, info@bluebayzanzibar.com. Liegt wunderschön am Kelele Square gegenüber vom Serena Hotel. Das alte Korallensteinhaus mit den urigen Möbeln ist liebevoll restauriert worden und bietet sechs Zimmer mit Klimagerät und Deckenventilator. Jedes Zimmer hat seinen eigenen Charme und verzaubert den Gast mit der Historie des alten Sansibar. Übernachtung im DZ zwischen 195 und 265 $, Extra-Bett 75 $. Ein Hotel mit tollem Ambiente und gelungener stilechter Restaurierung, aber leider ohne Seele, da es ständig Management-Wechsel gibt.

• **Zanzibar Coffee House Hotel**
P.O. Box 4047, Haus-Nr. 1563/64, Mkunazini Street, Tel. (024) 2239319, (0773) 061532, www.riftvalley-zanzibar.com. Das Hotel über dem Zanzibar Coffee House hat sieben im Zanzibari-Stil restaurierte Zimmer. Das Frühstück wird bei einmaligem Blick im kleinen Rooftop Teahouse serviert. Die Übernachtung kostet im EZ 65–145 $, im DZ 85–180 $ pro Zimmer mit Frühstück. Das Hotel hat im EG ein kleines Café, in dem der beste Kaffee in ganz Sansibar serviert wird und neuerdings auch leckere Lassis! Im Hotel wird kein

Abendessen angeboten, sodass Gäste nachts bei der Rückkehr vom Abendessen einen Guide brauchen, um zurückzufinden. Auch haben nur die Zimmer der höheren Preislage Bad/WC im Zimmer, die niedrigeren Preislagen haben es auf dem Korridor.

- **Kisiwa House**

P.O. Box 609, Tel. (024) 2235654, info@kisiwahouse.com. Sehr stilvoll renoviertes altes Hotel (früher das Baghani Hotel), alles in Weiß- und Beigetönen gehalten mit dem gewissen „Touch" von Sansibar, eine gelungene Mischung aus Alt und Neu. In der Hochsaison 165–220 $, in der Nebensaison 110–170 $ pro Zimmer. Als Unterkunft zu empfehlen, essen kann man woanders besser!

- **The Swahili House**

P.O. Box 3705, Tel. (0777) 510209, www.moivaro.com. Das frühere Hotel International hat sich nach gründlicher Renovierung herausgeputzt! Es ist ein sehr beliebtes Hotel mit typisch sansibarischem Charakter im Herzen von Stone Town (nahe dem Zanzibar Coffee House Hotel). EZ ab 185 $, DZ ab 105 $ pro Person.

Hotels der Mittelklasse

- **Garden Lodge**

Nettes kleines Hotel am Eingang nach Stone Town (kurz vor dem Anfang von Shangani und Kenyatta Road), Tel. (024) 2233298, gardenlodge@zanzinet.com. Sehr sauber, sansibarische Betten, jedes Zimmer mit eigener Dusche/WC, die Zimmer in der zweiten Etage haben auch Klimaanlage. Ein einfaches, aber reichliches Frühstück gibt es auf der Dachterrasse. Durchaus empfehlenswert! EZ 30 $, DZ 40 $, Dreierzimmer 60 $.

- **Coco de Mer Guest House**

P.O. Box 2363, Shangani, Tel. (024) 2230852, cocodemer_znz@yahoo.com. Hotel in zentraler Lage, sehr freundlich, aber nicht sehr sauber. Zimmer mit Bad/WC/Deckenventilator. Mittelmäßiges Essen. EZ/DZ mit Frühstück 35/50 $, Dreierzimmer 60 $.

- **Narrow Street Hotel**

P.O. Box 1642, Malindi, Tel. (024) 2232620, (0777) 432440. Liegt nahe der Creek Road in der Kokoni Street. Modern eingerichtete Zimmer mit Klimagerät, Kühlschrank und hochbeinigen Sansibar-Betten, das Personal ist sehr freundlich. EZ/DZ mit Frühstück für 20/40 $, Dreierzimmer 60 $, alle Zimmer mit Klimaanlage, Kabel-TV, Wasserboiler und Deckenventilator. Das Restaurant serviert sansibarisch-indische Gerichte.

- **Karibu Inn**

P.O. Box 3428, Forodhani Street, Tel./Fax (024) 2233058, karibuinnhotel@yahoo.com. Großes Haus in kleiner Gasse, in dem oft ganze Belegschaften von Overlander-Trucks absteigen, da es hier auch 3er-Zimmer und Schlafsäle gibt. Große DZ (einfach und gut, mit Bad/WC), liegen in der 3. Etage. EZ 30 $, DZ 40 $, Dreierzimmer 60 $, Schlafsaal 15 $ pro Person, mit Frühstück.

- **Beit Al Amaan – House of Peace**

Tel. (0747) 414364, (0747) 411362, www.houseofpeace.com. Eine „trendy" Unterkunft ca. 15 Min. entfernt von Stone Town nahe Victoria Gardens in Vuga. Das Appartement besitzt sechs Schlafzimmer und einen großen Salon. Die Küche ist ausgestattet mit Kühlschrank und Mikrowelle. Die Zimmer können einzeln gemietet werden, das ganze Appartement von einer großen Gruppe, Preise pro Zimmer inkl. Frühstück: EZ 20–40 $, DZ 40–70 $, gesamtes Appartement (bis zu 16 Personen) 250 $. Geführt wird der Komplex von *Aunty Asha,* der Housekeeper *Mohammed* macht sauber und kümmert sich ums Frühstück.

- **Clove Hotel**

www.zanzibarhotel.nl. Das Clove Hotel ist ein nettes kleines B&B-Hotel mit acht Zimmern in der Hurumzi Street, gleich hinter dem House of Wonders. Die Dachterrasse, wo das Frühstück serviert wird, bietet einen wunderschönen Blick auf das Meer. Das Clove wird geleitet von *Lisette Aernaudts* aus Holland.

- **Mauwani Inn**

Kenyatta Road, P.O. Box 3752, Vuga, Tel. (024) 2238949, (0777) 475748, www.mauwaniinn.com. Elf kleine Zimmer mit Deckenventilator und Klimaanlage.

- **Funguni Palace Hotel**

P.O. Box 2408, Tel. (024) 2233525, (0777) 411842, (0717) 177774, www.fungunipalace.com. Dieses neuere und wundervolle Hotel befindet sich im Malindi-Gebiet von Stone

Town und zeichnet sich durch freundlichen Service, Sauberkeit und professionelles Management aus. Sehr empfehlenswert! EZ mit/ohne Klimaanlage 35/25 $, DZ 45/35 $, Dreierzimmer 55/45 $, inkl. Frühstück.

Budget Hotels/Guest Houses

Es gibt eine **Vielzahl einfacher Hotels,** zu denen immer mehr hinzukommen und die alle zwischen 15 und 35 $ p.P. liegen (auch saisonabhängig). Viele können auch in TSh bezahlt werden.

Der **Konkurrenzkampf ist groß,** sodass sich auch alle bemühen, möglichst sauber und freundlich zu wirken. Allgemein ist jedoch zu konstatieren, dass viele Guest Houses nicht reinvestieren: durchgelegene Matratzen, zu kurze Betten (1,80 m), nur sporadisch funktionierende Wasserversorgung usw. Das gilt besonders für ältere Guest Houses. Viele dieser Unterkünfte werden auch nur von Aufsichtspersonal betreut. Da, wo die Eigentümer auch selbst das Management bilden, wird der Service auch den Übernachtungskosten gerecht.

Nahezu alle Guest Houses in Stone Town bieten **Bed & Breakfast.** Auch hier gibt es Unterschiede. Bei den einen sind Eiergerichte inklusive, die anderen berechnen das Frühstücksei separat. Manche servieren auch Joghurts, Pancakes, echten Filterkaffee usw.

- **St. Monica's Guest House**

Befindet sich am Eingang zum alten Sklavenmarkt und zur Anglikanischen Kathedrale, Tel. (024) 2550773, (0777) 922966, www.st-monica-zanzibar.com. Einfache Unterkunft mit viel Geschichte und Atmosphäre. Das alte Missionshaus befindet sich auf dem Grundstück der Anglikanischen Kathedrale. Zimmer mit Klimaanlage und eigenem Bad/WC: EZ 40 $, DZ 50 $; Zimmer mit Gemeinschaftsbad/WC und Ventilator: EZ 22 $, DZ 35 $, Dreierzimmer 50 $.

- **Annex II Hotel**

P.O. Box 3813, Kiponda, Tel. (024) 2235659, (0777) 247353, (0777)453792, reza@rezatravel.com. Einfaches Hotel, alle Zimmer mit eingebautem Bad/WC, Klimaanlage, TV und Kühlschrank. Restaurant auf dem Dach mit schöner Aussicht auf Stone Town. EZ 30 $, DZ 40 $, Dreierzimmer 50 $, Suite 60 $.

- **The Haven Guest House**

Tel. (024) 2235677, (0777) 437132. Nettes kleines Guest House im Vuga-Stadtteil, geräumige Zimmer, warme Duschen, großes Frühstück. EZ 20 $, DZ 30 $, Dreierzimmer 45 $. Empfehlenswert.

- **Manchu Lodge**

Keine besonders attraktive Unterkunft, jedoch sehr preisgünstig. EZ ab 15 $, DZ ab 30 $, Dreierzimmer ab 45 $.

- **Jambo Guest House**

P.O. Box 635, Tel. (024) 2233779 oder (0777) 496571, info@jamboguest.com. Einfache, jedoch akzeptable Unterkunft im Mkunazini-Gebiet (nahe St. Monica), die sich wachsender Beliebtheit erfreut. EZ 20 $, DZ 30 $, Dreierzimmer 45 $, mit Frühstück, alle Zimmer mit Gemeinschaftsbad/WC.

- **Guest Houses und Hotels,** die nur noch sporadisch offen oder schlicht **nicht mehr zu empfehlen** sind: Florida Guest House, Nzuri Africa Hotel, Warere Guest House, Victoria Guest House, Bottoms Up Guest House, Riverman Hotel, Malindi Guest House sowie Annex of Abdallah. Lassen Sie sich nicht dorthin abschleppen!

Strandhotels in Stadtnähe

Gehobene Preisklasse im Süden

- **Zanzibar Beach Resort**

P.O. 2586, Mazizini, Tel. (024) 2236044, 2236033, 2230208, (0745) 226715, www.zanzibarbeachresort.net. Schön angelegtes Beach-Hotel 5 km südlich der Stadt mit makellosem Strand, jedoch lassen Service und Essen zu wünschen übrig. Zwischen Palmen verteilt stehen große Bungalows im afrikanischen Stil mit kühlenden Marmorböden. Die klimatisierten Zimmer sind mit altem Sansibarmobiliar eingerichtet und verfügen über Sat-TV. Halbpension ab 178/225 $, bei Zimmer mit Blick zum Meer 10% teurer.

- **Mbweni Ruins Hotel**

Tel. (024) 2235478/9, Fax 2230536, www.mbweni.com. Das Hotel steht unter dem Management der Adventure Camps Tanzania. Zusammen mit deren Camps im Selous und

Ruaha lassen sich komplette Safaris mit Sansibar-Ausklang buchen. Kontakt über Adventure Camps in Dar es Salaam, Tel. (022) 2452005/6, www.adventurecamps.co.tz. Moderne Anlage vor der Kulisse der Mbweni Ruins aus dem Jahre 1871, der ersten anglikanischen Mission Ostafrikas und späteren St. Mary's Girlsschool. Ruhige Lage, kleiner Pool in einem Garten, Zimmer im Stil einer Suite, am Strand ist man unter wenigen Gästen relativ ungestört, und die Mangrovenbäume im Wasser beherbergen eine zwitschernde Vogelwelt – eine herrliche Stimmung, v.a. bei Sonnenuntergang. Kulinarisch dominiert Seafood (Sundowner Restaurant, Tel. (024) 2235478). Ein Shuttle-Bus nach Stone Town verkehrt fünfmal am Tag, Ausflüge zu allen Sehenswürdigkeiten runden das Programm ab. EZ ab 125 $ mit Frühstück, in der Hochsaison ab 145 $, DZ ab 200 $/240 $, Vollpension plus 48 $ pro Person und Übernachtung, Suiten und Familienappartements sind ebenfalls vorhanden. Vom Anlegesteg (mit Mangroven-Bar) vor dem Hotel kann man auch Ausflüge auf Chumbe Island machen (direkt im Hotel zu buchen).

- **Fumba Beach Lodge**

P.O. Box 3705, Tel. (0777) 860504, 878025, 876298, www.fumbabeachlodge.com. Kleine Luxuslodge rund 20 km südlich von Zanzibar Town auf der Fumba Peninsula. 26 Zimmer, großzügig verteilt auf einem wunderschönen Gelände zwischen drei kleinen privaten Buchten und majestätischen Baobabs. Sehr schöner Pool und auch sonst viel Ruhe, da hier keine anderen Hotels sind und am Strand wenig Belästigung durch Beach Boys herrscht. Der holländische Manager (versteht auch deutsch) ist überaus sympathisch und bietet eine der besten Küchen Sansibars. Ein Tauch-Center (www.blueworlddiving.com) mit dynamischen Tauchlehrern aus Südafrika sowie ein himmlischer Spa, auf Stelzen unter einem Baobab-Baum gebaut, machen Fumba zu einem echten Tipp auf Sansibar.

Unterkünfte auf den Inseln an der Westküste

- **Chumbe Island Lodge**

Siehe unter Chumbe Island Coral Park.

- **Chapwani Private Island Zanzibar**

Chapwani Island. Kleine Privat-Unterkunft auf einer 800 m langen und etwa 150 m breiten Insel vor Stone Town mit Barfuß-Luxus, zehn Zimmer, einsamer Strand, Swimmingpool, ab 180 $ pro Person/Vollpension in der Hochsaison (15.07. bis 31.08. und 20.12. bis 31.12.), ansonsten ab 160 $ pro Person. Die Insel beherbergt zudem einen historischen Seefriedhof. Chapwani ist zwar eine Privatinsel, aber nicht ansässige Gäste sind willkommen (Mittagessen telefonisch vorbuchen!). P.O. Box 3248, Tel. (0777) 433102, www.chapwaniisland.com, chapwani@zitec.org.

- **Changuu Private Island Paradise**

Relativ neue Lodge auf Prison Island, 27 Zimmer in freistehenden Bungalows unterschiedlicher Kategorien, Swimmingpool. Die historischen Gebäude wurden restauriert und in den Hotelbetrieb einbezogen. Doch so richtig Eindruck machen der Service und die Anlage nicht, als Gast kann man unter den vielen Italienern leicht einen Inselkoller bekommen ... Tagesgäste sind nur auf dem nicht-privaten Teil der Insel willkommen, wo man Seychellen-Schildkröten bewundern, das Lord Mathew House besichtigen und im Prison-Restaurant eine tolle Pizza aus einem echten alten italienischen Pizzaofen essen kann. Fazit: Schöne Insel und für einen Ausflug gut, wenn man am gleichen Tag wieder abreist ... info.changuu@privateislands-zanzibar.com.

- **Bawe Tropical Island Resort**

Relativ neues Resort auf dem bisher unbewohnten Bawe Island. 15 mit einheimischen Materialien gebaute Hütten direkt am Strand, großzügige Badezimmer mit Außendusche, Swimmingpool, Robinson-Feeling. Hier ist Nichtstun angesagt. Die Bungalows sind zwar geschmackvoll eingerichtet, jedoch wurde im Bestreben nach „Natürlichkeit" etwas übertrieben – so wird der Generator noch vor Mitternacht abgestellt, und die Gäste riskieren einen Hitzschlag, da nicht einmal ein Ventilator geht. Beim Essen, das vorwiegend europäisch ausgerichtet ist (zumindest soll es das sein ...), stehen die Preise in keinem Verhältnis zum tatsächlich Gebotenen. Preis: 800 $ pro Bungalow mit Vollpension inkl. Boottransfer von/nach Sansibar. info.bawe@privateislands-zanzibar.com.

Gehobenere Preisklasse im Norden

- **Mtoni Marine Centre**

P.O. Box 992, Tel. (024) 2250140, (0741) 323226, Fax (024) 2250496, www.mtoni.com. Gutes, stilvoll angelegtes Hotel nördlich der Stadt, die DZ in Bungalowform sind einem schönen Strand zugewendet, Ambiente und Küche sind italienisch mit sansibarischem „Touch" in der Mcheza Bar (auch tolle Steaks erhältlich!), in der Splash Bar am neu angelegten Pool bekommen Sie Sandwiches und schmackhafte Snacks, während das Strandrestaurant fantastische Gerichte für jeden Geschmack in romantischer Atmosphäre bei sansibarischer Live-Musik am Strand bietet. DZ mit Air Condition und Frühstück sind ab 80 $ zu haben, geräumigere Unterkünfte mit eigener Terrasse kosten bis zu 150 $. Empfehlenswert! Gleich neben dem Hotel sind die **Ruinen des Palastes von Sultan Said Sayyid,** dem ersten Sultan von Sansibar, zu bewundern. Hier wurde auch die berühmte Prinzessin *Salme* geboren. Eintritt inkl. geführter Tour durch die Palastruinen: 2000 Tsh. Gelegentlich finden im Palasthof unter nächtlichem Sternenhimmel Taarab-Konzerte und andere Musikveranstaltungen statt – unbedingt empfehlenswert!

- **Hakuna Matata Beach Lodge**

P.O. Box 4747, Tel. (0777) 454892, www.zanzibar-resort.com. Auf dem Gelände eines früheren Sultanspalastes, den Chuini Ruins, haben *Rose* und *Fritz Geuen* 2005 eine kleine feine Bungalow-Anlage eröffnet und viele Teile der alten Ruinen restauriert und in ihre Anlage integriert. Das Gelände ist sehr groß, hat eine eigene Bucht mit Strandbar, Beach-Volleyballplatz und viel Raum zum Relaxen. Die Bungalows sind komplett gefliest und haben ein großzügiges Bad, viele liebevolle Details machen sie sehr gemütlich und komfortabel. Ein kleines Restaurant direkt am und über dem Meer bietet internationale und lokale Küche von ausgezeichneter Qualität. Diverse Ausflüge und Freizeitaktivitäten wie Angeln, Tauchen, Badminton etc. werden angeboten. Transfers zur/von der Hakuna Matata Beach Lodge sind möglich! Bungalows kosten in der Hochsaison (6.1. bis 31.3., 16.6. bis 31.10.; August, Dezember und Feiertage liegen nochmals um etwa 20% höher) mit Frühstück 160–210 $ p.P. bei Einzelbelegung, bei Doppelbelegung 95–125 $ p.P. Super Preis-Leistungsverhältnis, allein schon wegen der hervorragenden Küche!

- **Imani Beach Lodge**

Tel. (0773) 903083 oder 0044-77-5376 2953 (*Simon Bennett,* Besitzer), www.imani-zanzibar.com. Kleine Unterkunft gehobeneren Standards direkt am Strand. Das britische Paar, das diese kleine Lodge führt, gibt sich große Mühe. Sehr stilvoll, vorzügliches Essen. Für Preise und weitere Details kontaktieren Sie Imani bitte direkt!

Preiswerte Unterkünfte im Norden/Fuji Beach

- **Turky's Beach Villa**

Die große Villa mit vier Zimmern auf einem weitflächigen Grundstück mit Strand befindet sich in Mzambarguni nahe der Busstation hinter der Bububu-Schule. Jedes Zimmer ist mit Bad, Küche und Klimaanlage ausgestattet, zwei Wächter und ein Hund bewachen das Haus, eine Putzfrau hält alles sauber. Pro Zimmer kostet die Übernachtung mit Frühstück 50 $, wenn Sie das ganze Haus mieten wollen, kostet dies 200 $ pro Übernachtung. Tel. (0777) 484858, (0656) 535023, dulla_101@hotmail.com.

- Das **Bububu Beach Guest House** und die **Via Via Bungalows** sind **nicht mehr zu empfehlen.**

Essen und Trinken

Restaurants

Fast alle Restaurants und Bars befinden sich in Stone Town. **Seafood** dominiert. Der hohe Anteil italienischer Touristen hat zur Folge, dass es reichlich **Pasta-Küche** gibt. Natürlich sind ebenso **sansibarische Gerichte** rund um Kokosnuss-Curry-Marinaden fast überall zu genießen. Einige der Restaurants

Vorbereitungen für den Abend im Swahili House im Herzen von Stone Town schenken keinen **Alkohol** aus, also bei Bedarf vorher erkundigen. Außerhalb verfügen nur die Strandhotels über gute Küche und gemütliche Bars.

Viele gute Restaurants sind an ein **Hotel** gekoppelt. Zu empfehlen sind das Tembo, das Serena, das 236 Hurumzi (Kidude und Tower Top) und das Chavda Hotel.

• La Fenice

Gutes italienisches Restaurant mit großer Terrasse und Blick aufs Meer, Cocktail-Bar. La Fenice ist ein wunderbarer Ort, um abends im Freien ein Dinner am Ozean zu genießen. Tel. (0747) 411868.

• Livingstone Beach Restaurant

Großes Lokal mit hoher Decke in einem alten Warenhaus. Gute internationale Küche mit kubanischem Flair und moderaten Preisen. Mittags und abends gut, schöne Atmosphäre direkt am Strand bei den Fischer- und Transportbooten. Der Service lässt leider zu wünschen übrig, die (zu) langen Wartezeiten sollten vom Besuch abhalten, wenn der Hunger am größten ist. Ein Highlight allerdings ist die Live-Band, die jeden Freitagabend spielt – ein Ereignis, das für Einheimische und auswärtige Besucher die Gelegenheit bietet, sich beim gemeinsamen Tanz besser kennenzulernen. Gelegentlich gibt es im Livingstone abends musikalische oder akrobatische Vorführungen. Reservierung unter Tel. (0773) 164939.

• Silk Route Restaurant

Ausgezeichnetes indisches Restaurant mit sowohl vegetarischen Speisen als auch Fleisch und Fisch. Das Restaurant liegt im obersten Stock des Gebäudes, das sich neben der NBC-Bank in der Nähe der Lokale Livingstone und Archipelago befindet. Im mittleren Stock gibt es auch eine gemütliche Bar, in der man Wasserpfeife rauchen kann. Europäische Preise. Der Service ist ausgezeichnet. Sehr empfehlenswert!

• Le Spice Rendevous

Ehemals Maharaja; Restaurant mit Speisen aus der indischen Mughlai-Küche und der französischen Cuisine, gehobenere Preise, sehr schmackhaft, Tel. (0777) 410707.

• Pagoda

Chinesisches Restaurant beim Africa House Hotel. Die Auswahl ist groß, gut und reichlich

tan162 Foto: jg

vegetarisch, aber auch Seafood ist zu haben, Schweinefleisch wird selten serviert. Für jeden Hunger gibt es entsprechende Portionen zu korrekten Preisen, Tel. (024) 2234688.

- **Mercury's**

Nettes kleines Freiluft-Restaurant zu Ehren *Freddie Mercurys* direkt an der kleinen Strand bucht schräg gegenüber vom Big Tree. Kühle Getränke mit frischen Holzofenpizzas in Biergartenatmosphäre. Ein herrlicher Ort in der Stone Town für einen Brunch, abends Tische mit Lagerfeuer am Strand. Beliebt und empfehlenswert! Tanz mit Live-Band, gelegentlich spielt auch ein Taarab-Orchester. Tel. (024) 2233076, mercurys@ zanlink.com.

- **Dolphin Restaurant**

Akzeptables, preiswertes Restaurant an der Kenyatta Road. Üppige Speisekarte, ideal für Snacks zwischendurch, Tel. (024) 2239096.

- **Monsoon Restaurant**

Die wahrscheinlich gelungenste Art und Weise, den Flair von Sansibar in einem Restaurant umzusetzen. Sehr stilvoll, Schuhe bleiben vor der Tür, diniert wird auf Kissen und an niedrigen Swahili-Tischen, gereicht werden leckere Cocktails und exzellente Swahili-Küche. Im Gebäude des Orphanage. Empfehlenswert! Tel. (0777) 410410.

- **Archipelago**

In der Kenyatta Road, gegenüber der NBC-Bank, im 1. Stock, offen zum Meer hin mit einem hervorragenden Blick auf den Hafen. Die Besitzer sind ein sansibarisch-australisches Paar. Europäische Küche, jedoch auch einige sansibarische Spezialitäten, vor allem vom Grill, werden serviert; kein Alkoholausschank. Die gute Küche, der ausgezeichnete Service und das faire Preis-Leistungsverhältnis machen das Restaurant zu einem der beliebtesten in Stone Town, unter Touristen und Einheimischen gleichermaßen. Die gleichen Besitzer betreiben auch das **Stone Town Café** in der Kenyatta Road, Tel. (0777) 462311, (024) 2235668, baraka@zanlink.com.

- **Mtoni Restaurant**

Gehört zum Mtoni Marine Centre und liegt 3 km nördlich der Stone Town (Taxi für 6000 TSh). Wahrscheinlich der beste Ort, um ein romantisches Dinner am Strand mit Fackeln zu erleben. Es werden auch schöne Buffet-Abende mit Taarab-Musik veranstaltet. Der südafrikanische Küchenchef ist für eine der besten Küchen auf der Insel bekannt. Empfehlenswert! Tischbestellung über das Mtoni Marine Centre und unter Tel. (024) 2250117.

- **La Taverna**

La Taverna ist ein sehr nettes neueres italienisches Restaurant in der Gegend von Darajani (Benjamin Mkapa Road). Tel. (0776) 650301, Lataverna.zanzibar@hotmail.it.

- Auf keinen Fall versäumen sollten Sie die **Forodhani Gardens** (Jamituri) mit den zahlreichen abendlichen Garküchen vor dem alten omanischen Fort.

Cafés

- **Amore Mio Café und Restaurant**

Hier erwarten Sie die besten Pizzas in ganz Stone Town nebst sagenhaft schmeckenden Eiscremes, Sorbets, Kuchen und einer reichen Auswahl an Kaffee, Cappuccino usw. Am Meer zwischen Africa House und Serena Hotel. Tel. (0776) 211071, www.amoremio.zanzibar.it.

- **Zanzibar Coffee House**

Kleines, aber feines Café in Stone Town/ Mchambawima in der Tharia Street. Reiche Auswahl an Kaffee, von Cappuccino bis zum sansibarischen Spice Coffee. Das Café hat für seinen erstklassigen Kaffee den Preis „1st Tanzania Barista Champion 2009" gewonnen! Neuerdings gibt es hier neben hervorragendem Kuchen in reicher Auswahl auch Lassi sowie eine reiche Auswahl an verschiedenen Crêpes.

- **Msumbi Coffee Shop**

Feinstes Miniatur-Kaffeehaus in kolumbianischem Stil. Geschmackvoll eingerichtet, herrlich duftender Röstkaffee und vor allem sehr lecker. Liegt in Shangani, in der Gasse hinter dem Beyt Al Chai Hotel.

Bars und Clubs

- Beliebte Bars gibt es im **Chavda Hotel** (Kisimani Bar), im **Mtoni Marine Centre** (Mcheza Bar) und im **Serena Inn** (Masahani Bar).

- **Gymkhana**

In den Suburbs von Stone Town. *DJ Yusuf* spielt Hip Hop und Rap aus Tansania, oft treten Bands auf oder man kann Fußballspiele auf einer der großen Leinwände sehen. Zu solchen Anlässen zahlt man 3000–5000 TSh Eintritt. Die Getränke sind jedoch sehr billig.

- **Africa House Hotel**

Beliebteste Bar unter Reisenden in den späten Nachmittagsstunden (s.o.). Man kann hier auch sehr gut essen oder ein echtes Suahili-Dinner reservieren, das auf den Sitzkissen in der arabischen Ecke eingenommen wird.

Kinos

Derzeit gibt es auf der Insel bzw. in Zanzibar Town kein Kino. Filmvorführungen nur im Rahmen von Hotelprogrammen.

Musik

Im alten omanischen Fort ist ein **Amphitheater** eingerichtet, in dem Aufführungen und Festivals stattfinden sowie Live-Bands auftreten (s.a. „Arabisches Fort"). Auch die **Musikakademie** (kurz vor dem Mercury Restaurant, von Shangani kommend, das Gebäude mit den hohen grünen Säulen auf der rechten Straßenseite) bietet oft qualitativ sehr hochstehende Musikveranstaltungen an. Im **Mercury Restaurant** und in der **Bar des Serena Hotel** spielen regelmäßig Taarab-Bands, am Samstagabend kann man im Mercury auch tanzen (es spielt die gleiche Band wie im Livingstone).

Krankenhäuser

- **Mnazi Mmoja Hospital**

Staatliches Krankenhaus gegenüber dem Memorial Museum, Tel. (024) 2231071, 2231648. Nur für den absoluten Notfall!

- **Al Rahma Hospital**

In Kilimani, Tel. (024) 2236715. Einfaches Krankenhaus mit einer Apotheke.

Apotheken

Eine gute Apotheke ist die **Shamsuddin Pharmacy** hinter dem Darajani Market (Tel. (024) 2231262, (0747) 411480) – statt einen Arzt aufzusuchen, lohnt es sich, zunächst in dieser Apotheke vom Besitzer Rat einzuholen, denn er weiß oft mehr als mancher Arzt in der Stone Town! Die **Fahud Pharmacy** (Tel. (024) 2235669) an der Benjamin Mkapa Road ist ebenfalls empfehlenswert.

Polizei

- **Zanzibar Police Headquarter**

Ziwani, Tel. (024) 2230246

- **Malindi Police Station**

Malawi Road (Zentrum), Tel. (024) 2230771

Taxis

Im Stadtbereich und auch von einem Ende von Stone Town zum anderen empfehlen sich Taxis, besonders **bei Dunkelheit.** Taxis stehen meist zahlreich vor den großen Hotels, bei den Forodhani Gardens sowie am Flughafen und Hafen. Innerhalb von Stone Town kosten Transfers 2000–4000 TSh, vom Flughafen in die Stadt etwa 7000 TSh (ohne Gepäck) bis 10.000 TSh (mit Gepäck).

Busse

In Zanzibar Town bestehen vom **zentralen Busstand gegenüber vom Darajani Market** z.T. mehrmals täglich die nach Routen festgelegten Verbindungen in alle Regionen der Insel. Eine Fahrt z.B. nach Nungwi im Norden dauert 2 Stunden und kostet 2000 TSh (s.u.).

Fahrtziele der Dala Dalas im Stadtbereich und in der näheren Umgebung der Stadt

• **120:** Kijichi Miwani	750 TSh
• **137:** Mbuzini	550 TSh
• **138:** Kama	550 TSh
• **141:** Mwache Alale	850 TSh
• **339:** Chuo-Kikuu	850 TSh
• **501:** Amani	300 TSh
• **502:** Bububu	300 TSh
• **503:** Jang'ombe	300 TSh
• **504:** Fuoni	300 TSh
• **505:** Uwanja-Ndege	350 TSh
• **506:** Amani Magogoni	300 TSh

- **507:** Kiembe Samaki 300 TSh
- **508:** Tomondo 350 TSh
- **509:** Chukwani 350 TSh
- **510:** Amani Kwerekwe 300 TSh
- **511:** Kidichi Spice 350 TSh
- **512:** Maungani 550 TSh
- **513:** Amani Mwera 350 TSh
- **514:** Nyarugusu 350 TSh
- **517:** Kwarara 350 TSh
- **519:** Amani Kinuni 450 TSh
- **520:** Mchel-Chelini 350 TSh
- **522:** Amani Kiyanga 450 TSh
- **523:** Chumbuni 350 TSh
- **524:** Mboriborini 300 TSh
- **533:** Amani Hawani 350 TSh

(Stand: Dez. 2011)

Die Dala Dalas sind nach einem **Nummernsystem** eingeteilt, welches für die verschiedenen Fahrtziele steht. Dies gilt auch für die Busse. Am besten richtet man sich nach dem an der Frontscheibe angebrachten Fahrziel.

Inselbusse (von Darajani)

- **101:** Mkokotoni (2000 TSh)
- **102:** Mangapwani/Bumbwini (1500 TSh)
- **103:** Kizambani/Kinyanga
- **104:** Uzini/Bambi
- **105:** Fumba (800 TSh)
- **108:** Unguja Ukuu (1000 TSh)
- **112:** Kitope: (1500 TSh)
- **116:** Nungwi (von 6–18 Uhr, 2000 TSh)
- **117:** Kiwengwa (1500 TSh)
- **118:** Matemwe (1800 TSh)
- **119:** Dongemwanda (1500 TSh)
- **120:** Jambiani (1500 TSh)

Inselbusse (von Mwembeladu)

Mwembeladu befindet sich ganz im Osten der Stadt. Von Darajani verkehren in ständigem Pendel Dala Dalas dorthin, wo mehrmals am Tag folgende Anschlüsse bestehen:

- **105:** Kiboje (1500 TSh)
- **106:** Chwaka (1500 TSh)
- **109:** Paje/Bwejuu/Jambiani (einmal morgens um 9 Uhr)
- **110:** (Kizimkazi)/Makunduchi (2000 TSh)
- **111:** Ndijani (1000 TSh)
- **113:** Bambi (1200 TSh)
- **114:** Uroa (1500 TSh)

Schiffe, Fähren

Bei der **Einreise nach Sansibar** werden Touristen normalerweise von den zuständigen Immigrationsbehörden am Hafen zum Vorzeigen ihres Reisepasses aufgefordert.

- **Die Reedereien bilden die Kooperation Zanzibar Ferries.** Überfahrtspreise von 15–40 $, je nach Schnelligkeit und Zustand der Fähre. Abfahrtszeiten sind: 7, 10, 13, 15.45 und 21.30 Uhr („slow boat" oder auch „night ferry" genannt). Die zuverlässigste und sicherste Verbindung bietet Azam Marine.

- **Azam Marine,** Tel. (024) 2231655
- **Sea Express Services,** Tel. (024) 2234690
- **Flying Horse,** Tel. (0784) 472497
- **Zanzibar Ports Corporation,** Tel. (024) 2232857

- Die **Überfahrt nach Dar es Salaam** dauert je nach Schiff 2–2½ Std., bei Flying Horse ca. 4 Std. Preis: 2. Klasse 35 $ p.P., 1. Klasse 40 $ p.P. Fahrplan: 7/10/13/15.45 Uhr täglich. Erkundigen Sie sich am Hafen, welches Schiff zu der von Ihnen gewünschten Zeit geht und kaufen Sie am entsprechenden Schalter Ihr Ticket mind. 1 Stunde vor Abfahrt. Finden Sie sich spätestens 30 Minuten vor der Abfahrt im Hafen ein!
- **Nach Tanga und Mombasa bestehen keine Fährverbindungen.**

Flüge

Das Angebot an Inlandsflügen ist groß, besonders zwischen den Inseln und dem Festland bestehen tägliche Verbindungen. Die einschlägigen Fluggesellschaften und deren Routen stehen in „Vor der Reise/An- und Einreise". Die Flugkosten nach Dar es Salaam sind nur geringfügig höher als der Preis eines Tickets für eine Fähre.

Für Inlandsflüge gelten folgende **Preise** (je nach Gesellschaft, one way): Sansibar – Dar es Salaam: ca. 70 $ p.P.; Sansibar – Arusha: 170–200 $ p.P.

- **Precision Air**

Büro hinter dem Big Tree gegenüber dem Mercury Restaurant, zusammen mit dem Büro von Kenya Air, Tel. (024) 2234520-1, www.precisionairtz.com.

- **Coastal Aviation**
Büro neben dem Serena Hotel in Shangani, fliegt auch täglich nach Pemba und Mafia, Tel. (024) 2233112, www.coastal.cc. Gehört zu den besten Inlandsfluggesellschaften.
- **Zan Air**
Zentrales Büro in Zanzibar Town, Tel./Fax (024) 2233670, bzw. Büro am Flughafen, www.zan-air.com.
- **Kenya Airways**
Büro hinter dem Big Tree gegenüber dem Mercury Restaurant, in dem sich auch Precision Air, die ja zu Kenya Airways gehört, befindet. Tel. (024) 2232041/2, www.kenya-airways.com.

Mietwagen

- Einfache japanische Pkws können ab 40 $ pro Tag gemietet werden. Jedoch gibt es – wie soll es auch anders sein – Unterschiede hinsichtlich der Qualität der Fahrzeuge. Kleine Suzuki-Jeeps und kleine Enduros werden vielerorts vermietet. Nicht alle sind ihr Geld wert. Eine gute Adresse ist derzeit **Ally Key** in der Stadt, Tel. (0777) 411797, (0714) 665654, www.allykeys.com. Er vermietet Autos (auch mit Klimaanlage) und 250er Enduros, diese ab 20 $ pro Tag.
- Aber auch bei den meisten **Tour-Unternehmen** können Fahrzeuge zu etwa denselben Konditionen gemietet werden, gegen Aufpreis auch mit Chauffeur. Einen guten Deal bietet auch Tropical Tours an: 35 $ pro Tag bei mindestens vier Tagen Mietdauer.

Internet

Internetcafés gibt es viele, so in der Bazaar Street, in der Hurumzi Road und in der Kenyatta Road bei der Post.

Geldwechsel

- **Forex-Büros** bieten meist gute Kurse (v.a. für Bargeld) und sind in Stone Town zahlreich vertreten.
- **Geldautomaten** (ATM) gibt es bei der Barclay's Bank im Zanzibar State Trading Building, neben Mazson's Hotel in der Kenyatta Road und in der Filiale der Barclay's Bank neben der zentralen Busstation, zudem in der NBC Bank (Kenyatta Road nahe Livingstone).

Einkaufen

- In Stone Town gibt es zahlreiche **Souvenirläden,** besonders in den Gassen Changa Bazaar, Gizenga und Soko ya Muhogogo, vermehrt auch in der Hurumzi Street, die sich direkt an die Gizenga Street anschließt. Das Angebot ist vielseitig und reicht von Silberschmuck, Messingwaren, Schnitzereien, Sansibar-Truhen und -Türen bis hin zu Kitenge- und Kanga-Tüchern sowie Tinga-Tinga-Malereien und Masai-Souvenirs aller Art. Ein guter Laden für Tücher ist an der Tharia Street. Auch beim Africa House Hotel bietet das Geschäft Kanga Kabisa ein gutes Sortiment. Reichlich Auswahl an T-Shirts gibt es zudem im Maki Shop, Ecke Shangani/Kenyatta. Gegenüber bietet die Boutique Zanzibar Secrets schöne, stilvolle und orientalisch legere Bekleidung (gute Qualität, allerdings teuer).
- Wer Interesse an den **Gewürzen** der Insel hat, sollte den Souvenirladen Spice Shop an der Kiponda Street aufsuchen oder ganz einfach an einem der Gewürzstände auf dem Darajani-Markt einkaufen – dort sind die Gewürze am frischesten, man sollte jedoch unbedingt um den Preis feilschen.
- In einigen Läden werden auch **Antiquitäten** aus der britischen und Sultanatszeit angeboten – seien Sie vorsichtig, manches ist gefälscht. Auch die alten Wanduhren, die Sie manchmal sehen werden und die vor geraumer Zeit in Sansibar hergestellt worden sein sollen, stammen alle aus Europa oder Indien und sind nachträglich mit sansibarischen Namen versehen worden.
- Ein Geschäft mit großer Auswahl (auch Postkarten, Bücher usw.) ist die klimatisierte **Zanzibar Gallery** mit zwei Filialen (Gizenga Street, Kenyatta Road/Mercury House, Tel. (024) 2232721, gallery@swahilicoast.com). Hier werden alle gängigen Kreditkarten akzeptiert.

- **Memories of Zanzibar** in der Kenyatta Road gegenüber dem Shangani Post Office, Tel. (024) 2239376/7, memories@zanlink.com. Bücher, Landkarten, Souvenirs, Schuhe und stilvolle Kleidung – die Preise sind zwar etwas höher, aber wenn man sich langes Feilschen ersparen und dennoch zu einem fairen Preis kaufen will, dann ist man hier richtig.
- Groß und bekannt ist das Antiquitäten-Geschäft **Zanzibar Curio Shop** (www.zanzibar-curio-shop.cjb.net) an der Ecke Hurumzi Street/Changa. Sansibar-Truhen, koloniales Mobiliar, alter Schmuck und viel Kleinkram verteilen sich auf mehrere Räume und Stockwerke und lassen kaum Wünsche übrig. Handeln und viel Zeit mitbringen!
- Ein neues Geschäft am Ende der Hurumzi Street heißt **Tuko Pamoja.** Hier sind hochwertige Kleidung und Schuhe (ausschließlich einheimische Designs und Produkte) zu sehr guten Preisen erhältlich sowie Souvenirs aus Sansibar und vom Festland und tägliche Gebrauchsgegenstände wie Batterien für Ihren Fotoapparat, SIM-Karten und Voucher für Ihr Handy, Sonnencreme usw.
- **Juwelierläden** gibt es in der Tharia Street.

Handeln und feilschen Sie grundsätzlich um den Preis, der sonst zu hoch ausfällt!

- **Filmmaterial** (auch Dia-Filme, jedoch teuer) bekommen Sie im Geschäft **Majestic Quick Foto** nahe dem Flamingo Guest House oder in **The Gallery.**

Tourveranstalter

In Zanzibar Town hat sich eine ganze Reihe von Tourveranstaltern auf **Ausflüge aller Art** spezialisiert. Das Angebot umfasst geführte Spaziergänge durch Stone Town, Bootsausflüge zu den nahen Inseln (mit Schnorcheln) und die Sehenswürdigkeiten im Inselinnern (Spice Tour, Jozani Forest Reserve usw.).

Die **Preise** richten sich nach der Größe der Gruppe. Wer gerne allein oder zu zweit unterwegs sein möchte, zahlt etwa 50 $ pro Tag, schließt man sich einer Gruppe an, sinkt der Preis oft bis auf 10 $. Ausflüge zu den Inseln sind dann meist noch günstiger.

- **Fernandes Tours & Safaris**
P.O. Box 647, Vuga Road, Tel. (024) 2230666, (0747) 413352, Tel./Fax (024) 2233102, fts@zanlink.com. Eines der besseren Unternehmen auf der Insel. Der Direktor *Fabian Fernandes* ist sehr hilfsbereit und bietet einen reibungslosen Service. Zum Standardprogramm gehören eine Spice Tour, der Besuch von Inseln, Stadtführungen usw. Nicht ganz billig, dafür empfehlenswert.
- **Sama Tours**
P.O. Box 2276, Tel. (024) 2233543, (0713) 608576, (0747) 430385, www.samatours.com. Bewährte Touren im Inselinneren (Spice Tour), die Führer sprechen z.T. deutsch, der Besitzer fährt oft selbst mit und kennt sich bestens mit Gewürzen aus. Er verschafft

tan156 Foto: jg

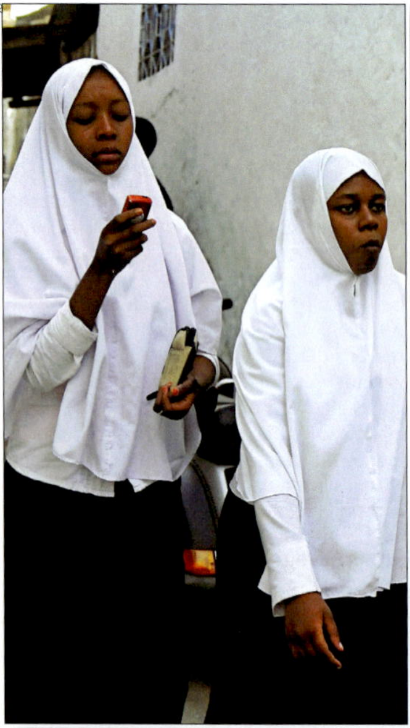

Ohne Handy geht nichts ...

auch Einblick in abgelegene Dörfer. Das Büro ist in der Gizenga Street hinter dem „House of Wonders".

- **Zan Tours**
Tel. (024) 2233116, 2233042 und 2232692, www.zantours.com. Das Partner-Unternehmen von Zan Air ist sehr zuverlässig, unterhält ein großes Netzwerk und organisiert so ziemlich alles. Empfehlenswert.
- **Zenith Tours & Travel**
P.O. Box 3648, Tel. (024) 2232320, 2238510, www.zenithtours.com.
- Weitere zu empfehlende Veranstalter sind u.a. **Dolphin Tours** (Mkunazini Area), **Rainbow Tours** (Gizenga Street), **United Travel** (beim Mazson's Hotel), **Suma Tours** (in der Nähe des alten Forts), **Chemah Brothers** (Kenyatta Road) und **Giant Tours & Travel** (Forodhani Street).
- Wer besonderes Interesse an Geschichte hat, sollte eine **geführte Stadttour mit dem sansibarischen Historiker Farid Himid vom Zanzibar Cultural Arts Centre** buchen. *Farid* ist nicht nur begeisterter Kenner der sansibarischen Geschichte und Kultur bis in die kleinsten Details, sondern versteht es auch, seine Liebe und Begeisterung für Sansibar an seine Gäste weiterzugeben. Allerdings sollten Sie über ausreichende Englischkenntnisse verfügen, da *Farid* nicht deutsch spricht. Seine Tour ist etwas teurer als die andernorts angebotenen (50 $ für die Halbtagestour für bis zu 3 Pers., ab 4 Pers. 70 $, für Gruppen ab 8 Pers. 100 $). Organisieren Sie die Tour direkt mit *Farid* unter Tel. (0777) 484734.

Sonstiges

- Die **deutsche Honorarkonsulin** auf Sansibar, Frau *Angelika Sepetu,* kann bei Notfällen kontaktiert werden; die Adresse lautet: Kiembe Samaki Kijijini, P.O. Box 1787, Zanzibar/Tanzania, Tel. (024) 2233691 (vormittags), (024) 2234062 (nachmittags), Fax (024) 2233691, Mobil (0747) 410045, sepetu_family@yahoo.com.
- Hand- und Fußbemalungen mit Henna sowie Maniküre/Pediküre am besten im **Mrembo Spa** kurz nach der katholischen Kathedrale (Mrembo hat auch eine Zweigstelle im Mtoni Marine Hotel). Hier kann man auch eine wirklich echte Swahili-Massage bekommen – es lohnt sich!
- Wer mit Familie und Kleinkindern reist und deshalb vielleicht vor allem auf Sansibar bleibt und nicht auf Safari geht, kann im **ZPL Zanzibar Park** einige der wilden Tiere Afrikas auf einem großen Gelände bestaunen. Zusätzlich gibt es ein Gewürzareal, wo man Heilpflanzen aller Art kennenlernen kann. Für Kinder ein Paradies, denn es stehen Kamele und Pferde bereit, auch ein Kinderspielplatz. Mahlzeiten sind erhältlich in einem der beiden Restaurants, eins europäisch, eins sansibarisch. Tel. (0774) 889900, www.zanzibarpark.com.

Strände bei Zanzibar Town

Obwohl direkt am Meer gelegen, hat **Stone Town** keine besonders attraktiven Strände (am ehesten noch der vom Tembo Hotel). Wer aber ein paar Tage in Zanzibar Town weilt, kann schöne Tagestouren zu einsamen Inseln unternehmen (s.u.).

Die **Westküste** um Zanzibar Town ist arm an Stränden. Im Süden vereinnahmen die Strandhotels Zanzibar Beach Resort und Mbweni Ruins Hotel kleine Strandabschnitte für sich, wobei man im Mbweni Ruins Hotel auch als Besucher den Strand nutzen darf; man sollte nur zumindest ein Getränk bestellen.

Der nächste öffentliche Strand ist die knapp 1 km lange **Fuji Beach** nahe des Dorfs Bububu, 6 km nördlich der Stadt. Bei der Polizeistation im Dorf führt ein kurzer Weg zum Meer hinunter, wo sich auch ein Café und das einfache Fuji Beach Guest House befinden (s.o.).

Die einsamen **Strandbuchten bei Mangapwani,** 18 km nördlich gelegen, sollten wegen der Gefahr von Überfällen nur im Rahmen eines organisierten Ausfluges aufgesucht werden (beispielsweise „Spice Tour").

Wer die wirklich endlosen Palmenstrände Sansibars aufsuchen möchte, muss zur Ostküste der Insel wechseln.

Unternehmungen

Bootsausflüge zu den Inseln, Tauchen und Wassersport, ein Picknick auf einer Sandbank, romantische Fahrten zum Sonnenuntergang – die Palette der möglichen Unternehmungen ist groß.

Dhau-Fahrten

Dhau-Fahrten können in Stone Town direkt am Strand vor dem Livingstone Restaurant mit einem der Bootsleute organisiert werden oder über:

- **Bahari Divers**
Tel. (0777) 484873, (0785) 988582, www.zanzibar-diving.com.
- **One Ocean**
Tel. (024) 2238374, (0784) 750161, www.zanzibaroneocean.com.

Changu/Changuu („Prison") Island

Die Insel Changu ist etwa 1 km lang und 200 m breit und war einst im Besitz eines reichen Arabers, der hier Sklaven „zwischenlagerte". General *Mathews* (siehe „Mathew's House") kaufte sie ihm 1893 ab und ließ aus den ehemaligen Sklavenbehausungen ein Gefängnis bauen, das jedoch ungenutzt blieb. In den 1920er Jahren diente die Insel indischen Einwanderern als Quarantänestation, danach blieb sie unbewohnt. Das **alte Gefängnis,** wo knorrige Äste durch verrostete Gitter wachsen, hat die Jahre überdauert und verleiht „Prison Island" eine besondere Note.

Für manchen noch weitaus interessanter als die Ruine sind die (völlig harmlosen) **Riesen-Landschildkröten** auf der Insel. Einige sollen schon über 200 Jahre „auf dem Panzer" haben, und es wird erzählt, dass ein Seefahrer eine Gruppe im 19. Jahrhundert von den Seychellen mitbrachte. Den Tieren geht es allerdings schlecht, hinzu kommt ein mannshoher Zaun, sodass man sich wie im Zoo vorkommt. Die mittlerweile 6 $ Eintrittsgebühr sind auch überzogen.

Die **Bootsfahrt zur Insel** dauert knapp 30 Minuten und kostet mindestens 30 $ (ab drei Personon). Dafür lässt sich dort ganz gut schnorcheln (Taucherbrillen und Zubehör werden auf der Insel vermietet) oder einfach am Strand faulenzen. Die historischen Gebäude wurden mittlerweile z.T. restauriert und in eine Lodge einbezogen, die über 27 Bungalows verfügt (www.privateislands-zanzibar.com).

Grave Island

Zanzibar Town am nächsten liegt diese kleine Insel, auch **Chapwani Island** genannt. Ab 1879 von den Briten als Friedhof genutzt, sind die **Gräber** heute noch zu sehen; viele der hier liegenden Marinesoldaten verloren ihr Leben im Kampf gegen arabische Sklaven-Dhaus oder im 1. Weltkrieg, als der deutsche Kreuzer „Königsberg" vor Sansibar die britische Fregatte „Pegasus" versenkte. Die Leichen von 24 Matrosen konnten damals geborgen werden und wurden auf Grave Island bestattet.

Sansibar Westküste
nach Pemba/ Tanga
TAUCHGRÜNDE
1 Bawe North (-18m)
2 Bawe South (-18m)
3 Murogo North (-25m)
4 Murogo South (-25m)
5 In the Wreck (-12m)
6 Nyange West (-12/-18m)
7 Fungu Reef (-15m)
8 Nyange East (-14m)
Chuini Palace Ruins
Fuji Beach
Spice Tour
Kibweni Palace
PRISON I. CHANGU
BAT ISLAND
GRAVE ISLAND
English Pass
Mtoni Palace Ruins
Schiffswrack "Pegasus"
Maruhubi Palace Ruins
Funguni
ZANZIBAR TOWN
Stone Town
s. Seite 368
Korallenbänke
Danzi
2 km
BAWE ISLAND
Bawe Riff
Pass
Western
Fungu Riff
Schiffswrack -12 m
PANGE ISLAND
MUROGO ISLAND
Sandbank
Morogo Riff
Kisigi Riff
'Ngazi Mia' 100 Steps
Consulate India
Mazizini
NYANGE ISLAND
Nyange Riff
Kirk's House
Kisauni Airport
Mbweni
Chumbe Island
Dar Es Salaam
Übernachtung
1 Mawimbini Club Village
2 Bububu Beach Lodge
4 Imani Beach Lodge
5 Salome's Garden
6 Bawe Tropical Island Resort
7 Changuu Private Island Paradise
8 Chapwani Island
9 Mtoni Marine Centre
10 Zansibar Beach Resort
11 Triple Circle Lodge
12 Mbweni Ruins Hotel
Essen und Trinken
3 Fuji Beach
©Reise Know-How 2012

Die Insel hat einen traumhaften Strand, die Unterkunft **Chapwani Private Island Sansibar** bietet Barfuß-Luxus, allerdings zu einem Preis ab 180 $ p.P. (www.chapwaniisland.com).

Bat Island

Die Insel zwischen Changuu und Chapwani, auch **Snake Island** genannt, ist unbewohnt, dicht bewachsen und wird angeblich von vielen Schlangen bevölkert. Ein Strand fehlt, sodass nur selten jemand dorthin aufbricht.

Bawe Island

Die Insel hat schöne Strandbuchten, darf aber seit der Errichtung eines Hotels dort nur noch von Gästen desselben betreten werden.

Murogo, Pange und Nyange

Die drei großen **Sandbankinseln** im Westen von Zanzibar Town werden hauptsächlich von Schnorchlern und Tauchern aufgesucht. Manche Unternehmen bieten **„Sunset Cruises"** mit restaurierten Dhaus an. Man kann diese als Gruppe, aber auch zu zweit buchen – ideal für frisch Verliebte! Auf Sunset Cruises kann man auch Extras bestellen wie Champagner, Snacks, sogar eine Band! Für genauere Auskunft bitte *John* kontaktieren: Tel. (0777) 459053.

Chumbe Island Coral Park

Die 13 km südlich von Zanzibar Town gelegene Insel Chumbe Island und die Korallengärten an ihrer Westseite stehen unter dem Schutz des Chumbe Island Coral Park (CHICOP) – hierbei handelt es sich um das **erste private Marine-Reservat der Welt!** Neben der fabelhaften Unterwasserwelt – ein führender Professor der Meeresbiologie bezeichnete das Riff als „The world's best shallow-water coral reef, containing 90% of all coral species ever recorded in East Africa" – ist auch die etwa 1 km lange Insel zusätzlich als Naturreservat deklariert. In etwa 40-minütiger Bootsfahrt wird das von Frau **Sibylle Riedmüller** ins Leben gerufene internationale Vorzeige-Projekt erreicht. Die Deutsche entdeckte Anfang der 1990er Jahre auf einem Schnorcheltrip die faszinierenden Korallengärten von Chumbe und entschloss sich, ein Projekt zum Schutze dieses einzigartigen Reichtums ins Leben zu rufen.

Umweltfreundlich in die Natur integriert ist die bemerkenswerte **Chumbe Island Lodge.** Besucher bewegen sich barfuß auf Sandwegen, Strom und Warmwasser werden mit Sonnenenergie gewonnen, die Abwasser- und Fäkalienentsorgung geschieht ohne Belastung des Ökosystems. Die weit ausladenden Dächer der sieben originellen Bungalows in Öko-Architektur können große Mengen Regenwasser sammeln, das dann in unterirdischen Tanks gespeichert wird – die einzige Wasserquelle ist der Himmel! Auf Chumbe gibt es keine Musikberieselung und kein Fernsehen. Handys und Funkgeräte sorgen für den Kontakt zur Außenwelt.

Chumbe betreibt in Tansania ein einmaliges **Umweltbildungsprogramm.** Über 5000 sansibarische Schulkinder und ihre Lehrer haben bereits die Insel kostenlos besucht und Wissenswertes über Korallenriffe, Naturschutz, Ökotechnologien und nachhaltigen Tourismus gelernt.

Was bei Naturschützern und Besuchern aus aller Welt Begeisterung hervorruft, Chumbe viele Auszeichnungen einbrachte und den Traum einer Robinsonade für eine Nacht wahr werden lässt, wird von den **Behörden** Sansibars **argwöhnisch** beobachtet, soll sich Sansibar doch als „fortschrittliches" Urlaubsziel präsentieren: Luxuriöse Hotelburgen mit dreistelligen Bettzahlen sind für die Autoritäten das Maß der Dinge. Bei amtlichen Inspektionsbesuchen auf Chumbe muss sich das sympathische Management denn auch „Kritik"punkte anhören wie: Es fehle ein Swimmingpool mit Plastikliegen, die luftigen Bungalows mit Palmstrohdach, die sich in die Landschaft einfügen, seien „primitiv", denn sie hätten keine Türen und Fenster und sollten deshalb mit Sichtschutzmauern umstellt werden, und ein ratternder, Öl und Ruß ausstoßender Stromgenerator zur Kühlung des Biers in der noch anzulegenden TV-Bar sei auch wünschenswert ...! Chumbe ist nur eines von vielen Beispielen, wo die Vision eines naturfreundlichen und alternativen Tourismus mit den hochtrabenden Vorstellungen von Funktionären in Drittweltländern kollidiert.

Der Besuch von Chumbe Island ist absolut lohnenswert. Die Insel wird über kleine Pfade erkundet, entlang eines **Nature Trail** bekommt man Korallenformationen und das Mangrovenwachstum erklärt.

Der die Insel komplett bedeckende Urwald ist das Zuhause einer bemerkenswerten **Vogelwelt.** Seit 1999 lebt eine kleine Population von **Sansibar Aders-Rotduckern** (lat. *Cephalophus adersi,* engl. *Ader's Duiker*) auf der Insel. Die extrem vom Aussterben bedrohte Zwerg-Antilopenart ist auf Sansibar endemisch. Mit Hilfe des Zoos München-Hellabrunn wurde ein fortpflanzungsfähiger Bestand auf Chumbe angesiedelt. Auf Unguja sind die Tiere, obwohl offiziell geschützt, der hemmungslosen Jagd ausgesetzt. Mit Infrarot-Kameras wird ihr Verhalten derzeit in ihrem Exil-Habitat studiert.

Die große Attraktion für Besucher sind jedoch die seltenen und urtümlichen **Kokoskrebse** oder „Palmendie-

tan168 Foto: jg

Geisterkrabbe

be", weltweit die größte Landkrebsart (bis zu 45 cm). Tagsüber sind sie selten zu sehen, abends aber besuchen sie das Restaurant der Lodge, spazieren über Waldlehrpfade und haben den Komposthaufen der Lodge zu ihrem Lieblingsplatz gemacht ...!

Die **Korallengärten** und ihre exotische Fischwelt an der Westseite der Insel sind ein Traum. Mit Maske, Schnorchel und begleitet von geschultem Personal wird auf „Underwater Trails" das empfindliche Ökosystem erkundet.

Zum Sonnenuntergang wird ein **Leuchtturm aus kolonialer Zeit** bestiegen; die Aussicht von dem 1904 errichteten Bauwerk mit der originalen Gaslichtanlage von 1926 ist phänomenal!

Auf Wunsch können auch **Segeltouren** auf einem urigen traditionellen Auslegerboot und saisonal **Bootsfahrten zur Walbeobachtung** unternommen werden.

Viel gepriesen wird auch die **Chumbe-Cuisine,** ein Mix aus Swahili-, arabischer, indischer und internationaler Küche, basierend auf frischen Meeresfrüchten und organisch angebautem Obst und Gemüse, auf Wunsch auch am Strand bei Kerzenlicht serviert!

Chumbe sollte direkt **über die Homepage** (s.u.) **oder über Reiseagenturen gebucht** werden. Ein kompletter Tagesausflug kostet z.Z. 90 $ p.P., ist aber nur ausnahmsweise möglich, wenn die Insel nicht ausgebucht ist, da sich die Parkverwaltung und Umweltbildungsprogramme über die Ökolodge finanzieren und nach den Naturschutzregeln von Chumbe nie mehr als 16 Besucher gleichzeitig auf der Insel aufhalten sollten. Deshalb haben Übernachtungsgäste Vorrang. Man sollte frühzeitig buchen und mindestens ein bis zwei Nächte auf Chumbe verbringen.

Die **Übernachtung** liegt je nach Saison zwischen 250 $ (März bis Anfang April, Oktober bis Anfang Dezember) und 270 $ p.P. bei Vollverpflegung, inkl. nicht-alkoholischer Getränke. Der Preis beinhaltet auch den Transfer von und nach Sansibar (Bootsfahrt ab Mbweni Ruins Hotel), alle Schnorcheltrips, Inselführungen usw.

Informationen und Buchung:
- **CHICOP, www.chumbeisland.com**
P.O. Box 3203, Zanzibar, Tel./Fax (024) 2231040, Fax UK: 0044-(0)870-1341284, Mobil (0777) 413232, chumbe@zitec.org.

„Dolphin Tour" – Schwimmen mit Delfinen

Ein tolles Erlebnis kann die Begegnung mit den Delfinen im Süden der Insel **in Kizimkazi** sein. Allerdings sollte man früh aufbrechen oder am besten die Nacht in Kizimkazi verbringen, um rechtzeitig da zu sein, bevor mit Touristen vollgepackte Boote die Delfine bedrängen und oftmals sogar verscheuchen – die Art und Weise, wie die Touren durchgeführt werden, erinnert an eine Hetzjagd von Paparazzis! Von Motorbooten oft umzingelt, werden die Delfine am Weiter- oder Wegschwimmen gehindert; so gestaltet sich diese Art der Wasser-Safari alles andere als

Sansibar, eine große Früchtekammer (das Bild zeigt Kokosnüsse)

einfühlsam und respekvoll der Natur und Tierwelt gegenüber!

Ausflug ins Inselinnere: Spice Tour – die „Gewürztour"

Der wahrscheinlich populärste Ausflug ist die sogenannte Spice Tour, eine **Tagesreise zu Ruinenstätten und durch die einzigartige Gewürz- und Früchtekammer Sansibars.** Es gibt immer mehr Varianten dieser beliebten Tour, vor allem wenn man diese privat und nicht in der Gruppe bucht. Bei solch individuellen Touren hat man mehr Ruhe, oftmals auch die bessere Gewürzfarm, das bessere Essen und die bessere Betreuung, dafür zahlt man auch etwas mehr. Hier also als Richtlinie die Beschreibung einer **Standard-Tour mit Gruppe:** Unter der Führung von erfahrenen Sansibaris werden Ihnen die verlassenen Paläste Mtoni und Kibweni sowie das ehemalige persische Bad von Kidichi gezeigt. Schließlich erfolgt der Besuch einer der verschiedenen Pflanzungen bei lokalen Bauern im grünen Herzen der Insel. Auf engstem Raum stehen hier die unterschiedlichsten Bäume und Pflanzen; die kulturelle und kulinarische Bedeutung ihrer Früchte, Blätter, Rinden, Blüten und Knospen wird Ihnen erläutert: Erfahren Sie, wie süß die Zitrusfrucht Litschi tatsächlich ist, wenn Sie reif gepflückt wird (August bis Dezember). Staunen Sie über in Europa nahezu unbekannte Früchte, wie die zottelig aussehende Rambutan, die

tan157 Foto: jg

nach Erdbeere schmeckende Mangosteen, die große und etwas muffelnde Dorian und noch viele andere mehr. Beobachten Sie, wie die Blätter der Palmen zum Flechten von Körben oder zur Bedeckung von Hütten genutzt werden, wie die Fasern der Kokosnüsse als Brennstoff dienen können oder zur Herstellung von Seilen verwendet werden. Kosten Sie den auf Sansibar beliebten Saft der jungen Kokosnuss, einen vitamin- und nährstoffreichen Trunk, der Dafu genannt wird. Oder lutschen Sie an den äußerst sauren Kakaobohnen, die erst durch Rösten, Mahlen und den Zusatz von reichlich Zucker zur schmackhaften Schokolade werden, wie wir sie kennen.

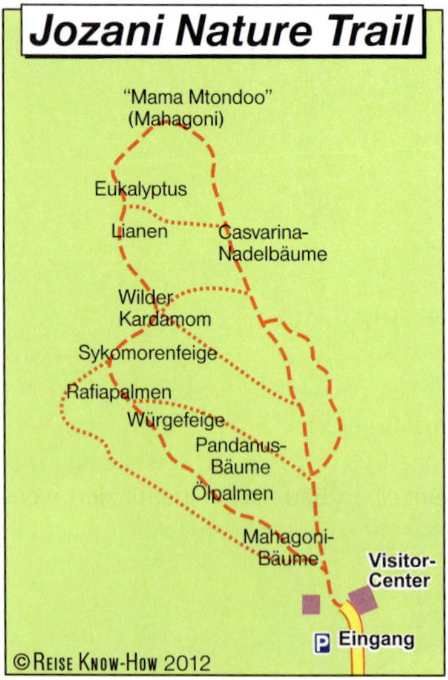

Mittags kommen Sie dann in den Genuss einer „Speisenprobe": Im Schneidersitz auf geflochtenen Palmmatten sitzend, dürfen Sie mit bloßen Fingern zugreifen – serviert wird Salat aus rohen Papayafrüchten, Reis und Fladenbrot werden zu gewürzten Curry-Kokosnusssoßen gereicht, verfeinert mit Kardamom und Nelkenblättern – um nur ein Beispiel zu nennen aus der vielfältigen Küche Sansibars.

Zum Abschluss des Nachmittags wird an die traurige Seite der Inselgeschichte erinnert. Im Norden bekommen Sie die versteckten Sklavenhöhlen von Mangapwani gezeigt. Mit einem erfrischenden Bad an der einsamen Strandbucht wenige Meter weiter geht die Spice Tour zu Ende.

Diese Gruppentour wird von fast allen Tour-Unternehmen angeboten, wobei einige mehr am großen Geld interessiert sind als an einer adäquaten Führung. **Preis:** 15 $ p.P. ab 6 Personen. Für eine individuellere, jedoch etwas teurere Version der Tour ist der bereits für seine Stadttour weiter oben erwähnte *Farid* zu empfehlen, Tel. (0777) 484734. Preise ab 50 $ p.P. (mind. 2 Personen), eingeschlossen ist ein leckeres Swahili-Buffet zum Mittagessen.

Jozani Forest Reserve

Das Jozani Forest Reserve (25 km²) ist die **letzte große zusammenhängende Urwaldfläche Sansibars.** Es bildet das **Herzstück der Jozani-Chwaka Conservation Area,** eines 1948 gegründeten Naturschutzgebietes mit beschränkter Nutzung durch den Menschen, das sich von Pete bis in die Mangrovenbucht von Chwaka erstreckt. Das gesamte Gebiet ist als Nationalpark projektiert, die Vorlage wurde vom Parlament verabschiedet.

Jozani unterliegt saisonalen **Überflutungen während der großen Regenzeit** von April bis Juni. In dieser Zeit verwandelt sich der Wald in ein großes **Sumpfgebiet** mit teilweise bis zu 1 m tiefen Wasserstellen. Unzählige Kröten und andere kleine Wassertiere/-insekten sowie über fünfzig verschiedene Schmetterlingsarten tummeln sich dann im dichten Unterholz.

Jozani ist letztes **Rückzugsgebiet der sansibarischen Tierwelt** und veranschaulicht, wie Sansibar ausgesehen haben muss, bevor arabische Großgrundbesitzer im 19. Jahrhundert die Wälder roden ließen, um flächendeckend Nelkenplantagen anzulegen.

Die Hauptattraktion des Waldes ist der **Sansibar Rotkopf Guereza** (lat. *Procolobus badius kirkii,* engl. *Red Colobus Monkey*), im Deutschen auch Stummelaffe genannt (vgl. entsprechenden Exkurs). Im Waldgebiet leben ferner die dunklen Sansibar Syke's Diademaffen, Waldschweine und Moschusböckchen, kleine Ducker-Antilopen, Galagos-Affen (die die Nächte mit ihrem Geschrei erfüllen), Baumschliefer, Mangusten, Schlangen (Pythonschlangen werden hin und wieder gesehen!), und angeblich streifen auch Leoparden umher!

Mit Führern kann das Schutzgebiet auf extra angelegten **Naturpfaden** zu Fuß erkundet werden; ein ausführlicher Rundgang bedarf eines halben Tages. Die Führer können Sie zu den bevorzugten Büschen der Rotkopf Guerezas bringen, wo die rot-weißen Affen aus wenigen Metern Entfernung zu beobachten sind. Wahren Sie mindestens 3 m Abstand und unterlassen Sie jegliche Art der Fütterung! Das Immunsystem der Guerezas ist menschlichen Krankheiten wie Schnupfen oder einem einfachen Husten kaum gewachsen.

Am Eingang, der direkt links an der Straße zu dem Dorf Paje liegt, gibt eine **Infobroschüre** Einblick in die Flora von Jozani. Mit der Broschüre können die einzelnen Baumarten identifiziert werden, ihre Nutzung wird erklärt. Der **Ein-**

tan166 Foto: jg

Jozani Forest

Sansibar

tritt liegt bei **10 $,** kühle Getränke und Snacks sind erhältlich. Jozani liegt etwa eine halbe Stunde Fahrzeit von Zanzibar Town entfernt (mit dem Taxi mind. 40.000 TSh hin und zurück).

Zanzibar Butterfly Centre

Kurz vor Jozani Forest, **in Pete Village,** wurde 2008 mit Hilfe des WWF das Zanzibar Butterfly Centre eröffnet, das auf geschickte Weise die **Erhaltung der Schmetterlinge** Sansibars verknüpft mit der Einkommenssicherung für die Dorfbewohner. Von jeder einheimischen Schmetterlingsart wurde ein Paar gefangen und in einem Voliere-artig überdachten Garten mit vielen Blumen angesiedelt. Sobald die Schmetterlinge sich zu vermehren begannen, wurden die Puppen in Kästen gesammelt. Von den schlüpfenden Tieren wurden die meisten in die Freiheit entlassen, jedoch einige zur Weiterzucht und Sicherung des Fortbestandes ihrer Art behalten. Heute nehmen viele Dorfbewohner solche Kästen mit Raupen und Puppen mit nach Hause, um die Schmetterlinge dort zu „betreuen" und sich bei ihrer Ablieferung im Butterfly Centre ein kleines Nebeneinkommen zu verdienen.

Ruinenstätten auf Sansibar

Maruhubi Palace Ruins

3 km nördlich von Zanzibar Town liegt links neben der Hauptstraße nach Selem der **ehemalige Palastkomplex von Sultan Bargash,** in dem dessen 99 Frauen zählender Harem lebte. Um 1880 erbaut, umgab einmal eine große Mauer das Gelände, von der heute nur noch Fragmente übrig sind. Ein verheerender Brand 1899 zerstörte den Palast, nur das Gebäude mit den im persischen Stil angelegten Haremsbädern blieb verschont. Die Bäder der Konkubinen waren vom großen Hauptbad des Sultans getrennt. Das Wasser wurde von der Quelle bei den noch sichtbaren, eingemauerten Teichen über ein Aquädukt zu den Bädern geleitet. Vom Palast selbst sind nur noch die massiven Säulen zu sehen sowie ein Nebengebäude im Nordosten der Anlage, das wahrscheinlich als bewachter Empfangsraum diente.

Die Ruinen, die sich in einem erbärmlichen Zustand befinden, sind über eine alte Mango-Baum-Allee von der Hauptstraße aus zu erreichen.

Mtoni Palace Ruins

Etwa 2 km weiter folgen die Ruinen des Palastes von Mtoni, den zwischen 1828 und 1834 Sultan *Said bin Sultan* erbauen ließ. Die **älteste omanische Palastanlage Sansibars** bestand einst aus dem zweistöckigen Haupthaus und den symmetrisch angereihten Wohn- und Herrschaftshäusern. Auch dieser Palast fiel im Jahr 1914 einem Feuer zum Opfer, das nur die palasteigene Moschee verschonte. Vom Palast sind heute noch die Hauptmauern sowie ein Dach zu erkennen. Im 1. Weltkrieg diente ein Teil der Anlage als Lagerhalle, heute grenzt ein Öldepot an die Ruinen. Um 1850 sollen rund 1000 Menschen auf dem Gelände gelebt haben, in den Gärten stolzierten Flamingos, Gazellen und Strauße umher.

Die Ruinen können vom Dorf Bububu über einen Weg kurz vor dem Mtoni Oil Depot erreicht werden. Ein Schild weist auf die Abzweigung nach links hin. Die Ruinen sind auch direkt vom Mtoni Palace Hotel aus erreichbar.

Die Überreste der persischen Bäder von Kidichi

tan167 Foto: jg

Kibweni Palace

Der Palast wurde 1915 für Sultan *Khalifa* als „Wochenendlandsitz" erbaut, den er bis zu seinem Tode 1960 nutzte. Heute ist er im Besitz der Regierung, wird jedoch nur selten für Gäste genutzt. Eine Besichtigung ist nur über die Zanzibar Tourist Corporation möglich, die hierfür eine Genehmigung einholen muss. Der Palast liegt nahe des Küstenufers unweit der Hauptstraße im Ortsteil Kibweni, ca. 8 km nördlich von Zanzibar Town.

Kidichi Persian Baths

3 km landeinwärts vom Fuji Beach liegen auf dem 123 m hohen Höhenrücken von Masingini die alten persischen Bäder von Kidichi, deren Besichtigung Bestandteil jeder Spice Tour ist. Neben dem Bad stand einst Sultan *Said bin Sultans* Wochenendresidenz. Das beeindruckende Bäderhaus ließ der Sultan für seine Frau *Sherazade* bauen, Tochter des persischen Schahs, die er 1847 geheiratet hatte. Den Innenraum des Hauptbades zieren persische Pflanzenornamente, aber auch Verse aus dem Koran sowie ein persisches Gedicht schmücken das weiß getünchte Mauerwerk. Das Gedicht lautet übersetzt etwa folgendermaßen: „Wohlbekommend ist der blumige Wein mit Hammelstücken vom frisch erlegten Tier aus den Händen des Dieners mit dem Gesicht einer Blume am Ufer eines blumenbewachsenen Baches".

Der gleiche Sultan ließ auch die **Bäder von Kizimbani,** 3 km weiter östlich, erbauen, die kleiner und nicht so schön waren. Der heruntergekommene Bau befindet sich rechts der Straße im Bereich der Kizimbani Farms entlang des Mwera River.

Die ebenfalls im Norden von Zanzibar Town liegenden **Palast-Ruinen von Chuini** und die **Ruinen des Chukwani-Palastes** im Süden der Stadt - nahe des Flughafens - sind Privatgelände bzw. militärisches Sperrgebiet und nicht zu besichtigen.

Mangapwani-Sklavenhöhlen

Die Höhlen befinden sich an der Nordwestküste der Insel. In einem unterirdischen Veließ wurden, weit von der Stadt entfernt und damit auch außerhalb des britischen Blickfeldes, Sklaven vom Festland „gebunkert". Nachts wurden sie unten am Strand auf Dhaus verladen und nach Arabien verschifft. Die dunklen Höhlenräume wurden aus dem Korallenboden ausgehoben und mit einem schweren Dach aus Korallenstein, von außen gut getarnt, überdeckt. Nur ein freistehender Treppensockel in der Mitte, der das Verließ in zwei Räume teilt, stellte die Verbindung zur Außenwelt dar. Frauen und Männer wurden so getrennt aufbewahrt. Wie viele Sklaven in den Räumen Platz fanden, ist nicht sicher, bedenkt man jedoch die skrupellose Vorgehensweise der Araber, dürfte man von ein paar Hundert ausgehen. Denn nicht nur auf dem Höhlenboden mussten die Sklaven darben, sondern auch auf einer etwa 1½ m hohen Plattform aus Mangrovenstämmen, die weiteren „Stauraum" schaffte. Die Löcher in der Seitenwand, in denen die Querbalken steckten, sind noch deutlich zu erkennen. Erzählungen zufolge war auch der große *Tippu Tip* an diesem Versteck beteiligt.

Ein Bus fährt nur unregelmäßig bis zum Dorf Mangapwani, Sie benötigen daher ein eigenes Transportmittel. Besser ist es jedoch, die Sklavenhöhlen (Eintritt: 2000 TSh p.P.) im Rahmen einer **organisierten Tour** zu besichtigen. Dann werden Sie auch zum Verschiffungsort der Sklaven am Strand, womöglich auch zu den etwa 2 km südlich gelegenen Korallenhöhlen, geführt, die von einer unterirdischen Quelle gespeist werden, und zum Abschluss können Sie ein Bad an der traumhaften Bucht von Mangapwani nehmen.

Dunga Palace Ruins

Etwa 15 km östlich von Zanzibar Town befinden sich die **Palast-Ruinen des Herrscherclans Mwinyi Mkuu,** der vor der arabischen Sultanatszeit die Macht auf der Insel innehatte. Gebaut wurde der Palast mit eigener Moschee in den Jahren 1845–1856 von *Hassan el Alawi*. Der Palast wurde jedoch nach dem Tod des letzten Mwinyi-Mkuu-Herrschers 1890 vom Sultan beschlagnahmt und verfiel dann. Dennoch bieten die Ruinen für Kultur- und Geschichtsbewusste viel Sehenswertes zwischen zahlreichen Bananenstauden und Mango-Bäumen.

Dunga liegt direkt neben der Straße und ist mit dem Bus nach Chwaka zu erreichen.

Bi Khole Ruins

Der zentralen Inselstraße in Richtung Süden folgend, befinden sich bei Bungi die **Ruinen eines Plantagenlandsitzes,** der einer arabischen Frau namens *Bi Khole* gehörte. Sie erbte die Nelkenplantagen von ihrem Vater, der etwa 1876 verstarb. Das große Gebäude wurde nach ihrem Tod 1920 aufgegeben und verfällt seitdem. Türen, Fensterrahmen usw. sind schon früh entwendet worden. Die Ruine gibt aber einen guten Eindruck von der Größe und Art eines früheren arabischen Landbesitzes. Beim Ort Bungi ziert eine alte Mango-Baum-Allee die Hauptstraße, die *Bi Khole* anlegen ließ. Ein Schild an der Straße weist auf die Ruinen in der Nähe der Küste hin (600 m). Suchen Sie jedoch den Ort besser mit einer größeren Gruppe auf, um einem möglichen Überfall (denn die sind hier schon vorgekommen) vorzubeugen.

Ras Nungwi – die Nordspitze Sansibars

Nungwi liegt etwa **54 km von Zanzibar Town entfernt** und gehört zu den beliebtesten Inselzielen. Es fahren mehrere Dala Dalas am Tag die Strecke (Abfahrt am Darajani Market), aber auch die privaten Mini-Busse verkehren bis an die Nordspitze Sansibars. Die Mitfahrt in Dala Dalas von Stone Town nach Nungwi kostet etwa 2000 TSh. Ein privat organisierter Shuttle über ein Guest House von Stone Town nach Nungwi kostet ca. 10 $ p.P., der Shuttle kommt nur zustande, wenn mindestens sechs Personen mitfahren. Ein Transfer von einem der Luxushotels wird mit 20–30 $ berechnet.

Strände

Während der Nordstrand hauptsächlich von Fischern und Dhauarbeitern genutzt wird, sind die **Strandbuchten westlich von Nungwi** aufgrund des tieferen Meeres und der romantischen Sonnenuntergänge bei Reisenden sehr beliebt. Zwischen der Nordspitze und den westlich angrenzenden Stränden von Kendwa hat sich eine ausgeprägte Backpacker- und Overland-Szene entwickelt. Party und Nightlife werden hier großgeschrieben, die Vollmond-Partys an der Nordküste sind legendär. Schatten spendende Palmen gibt es hier allerdings nicht so viele wie an der Ostküste. Dafür weht weniger Wind, was beispielsweise einem Volleyballspiel am Strand förderlich ist.

Infrastruktur

Nungwi hat sich zuletzt **rasant entwickelt** und ist fast zu einem sansibarischen Klein-Mallorca geworden. Ein Hotel steht neben dem anderen, ein Restaurant hinter und über dem anderen, selbst einen Supermarkt gibt es mitten im Dorf. Im Osten von Nungwi wird es ruhiger – hier herrscht noch die vertraute entspannte Atmosphäre aus früheren Jahren.

Wohnen und Essen

Gehobenere Preisklasse

- **Ras Nungwi Beach Hotel**

P.O. Box 1784, Tel. (024) 2233767, 2232512, Fax (024) 2233039, www.rasnungwi.com, auf deutsch www.zanzibar-holiday.com/D/

rasnungwi/rasnungwi.asp. Unterkunft gehobenen Standards unter kenianisch-südafrikanischem Management. Schöne Anlage mit Wassersport- und Tauchmöglichkeiten (Zanzibar Watersports), eigenem Spa (Peponi Spa) und Restaurant (für externe Gäste kostet das Abendessen ca. 25 $). DZ mit Halbpension 195–290 $ p.P., Suite 990 $ (Preise für die Hochsaison, ansonsten ca. 10% weniger).

•Tanzanite Beach Resort

P.O. Box 4036, Zanzibar, Tel. (024) 2240255, (0777) 485022, (0755) 978260, www.tanzanitebeachresort.com. Hotel mit acht Zimmern direkt am Strand entlang der Nordküste auf dem Weg zu Ras Nungwi. Wird von einer Deutschen mit ihrem Ehemann aus Pemba betrieben. Gutes Preis-Leistungsverhältnis: EZ ab 86 $, DZ ab 113 $, DZ mit Blick auf den Garten sogar ab 50 $, Zimmer mit Frühstück.

•Double Tree by Hilton Hotel

(ehem. Nungwi Village Beach Resort)
P.O. Box 2651, Tel. (024) 2240476, (0773) 077993, Fax (024) 2240017, www.doubletree.hilton.com. Die Anlage ist sehr gepflegt, der Service gut, das Restaurant einladend. Die Gebäude passen allerdings äußerlich nur bedingt in die sansibarische Landschaft. Preise: EZ/DZ ab 175 $ (Blick auf den Pool), ab 195 $ (Blick aufs Meer), 250–270 $ B&B, Suiten sind auf Anfrage erhältlich.

•Dafu

P.O. Box 3334, Tel. (0772) 575496, www.dafu-zanzibar.com. Das ehem. Smiles Beach Hotel hat Namen und Manager gewechselt. Auch sind einige sehr vorteilhafte Änderungen vorgenommen worden, sodass der Anblick nun wesentlich ästhetischer ist, sowohl der Zimmer als auch der Gebäude und des Gartens. Die Zimmer liegen größtenteils in einem Hauptgebäude, jedes mit Bad und Klimaanlage. DZ ab 120 $ mit Frühstück, das Essen ist okay.

•Flame Tree Cottages

P.O. Box 1752, Tel. (024) 2240100, (0777) 479429, (0786) 350828, (0766) 266372, www.flametreecottages.com. Saubere, gepflegte und ruhige Bungalow-Anlage mit elf Zimmern direkt am Meer. Der Besitzer *Seif* ist sehr bemüht um seine Gäste. Neben dem üppigen Frühstück auf der eigenen Terrasse werden auf Wunsch auch Mahlzeiten zubereitet. EZ ab 120 $, DZ 130–240 $ B&B.

•Langi Langi

P.O. Box 132, Tel. (024) 2240470/1, (0773) 911000, Fax (024) 2240471, www.langilangizanzibar.com. Langi Langi wurde jüngst gründlich renoviert und ist heute eines der schönsten Hotels in Nungwi, gestaltet in typisch sansibarischem Stil. Es gibt Bungalows sowie Zimmer in einem Hauptgebäude, alle mit Bad und Klimaanlage. Das Hotel besitzt auch einen Swimmingpool, Gäste können Dienstleistungen wie Internet und Fax in Anspruch nehmen. Im Restaurant genießt man gute Mahlzeiten in sansibarischer Atmosphäre, direkt am Meer. Die Preise variieren, siehe Website.

•Z-Hotel

P.O. Box 4807, Tel. (0732) 940303, Fax (0732) 940171, www.theZhotel.com. Boutique-Hotel am Strand von Nungwi, ganz in der Nähe von Langi Langi. Der Stil des Gebäudes passt nicht ganz in die sansibarische Umgebung, jedoch sind die Zimmer sehr schön und gepflegt, das Hotel besitzt einen Swimmingpool und ein elegantes Restaurant auf einer Terrasse über dem Meer. Das Tauchzentrum East Africa Diving gehört ebenfalls zum Hotel. Preise auf der Website oder auf Anfrage.

•Sunset Beach Resort

P.O. Box 3811, Tel. (024) 2240530-6, Fax (024) 2240539, www.sunsetbeachzanzibar.com. Gutes Hotel der gehobenen Mittelklasse am Strand von Nungwi, bietet auch Familienzimmer an. Alle Zimmer mit Bad, Veranda (alle mit Blick aufs Meer), Klimaanlage, Sat-TV, Telefon und Safe. Saisonale Zimmerpreise: EZ ab 166 $, DZ ab 111 $ p.P.

•The Royal Zanzibar Beach Resort

P.O. Box 3425, Tel. (024) 2240512-26, (0774) 345345, www.royalzanzibar.com. Attraktives Resort mit freundlicher Atmosphäre. 80 Luxus-Zimmer, 16 Suiten und vier Villen mitten in einem schönen tropischen Garten. Vier große Swimmingpools, Wechselstube, Spa, hoteleigener Arzt. Preise über die Website oder auf Anfrage.

•The Zanzibari

Tel. (0777) 413915, www.thezanzibari.com. Öko-Hotel (ein Hauptgebäude mit geräumi-

Nungwi
©Reise Know-How 2012
RIFF
RIFF
nicht maßstabsgetreu
Dhau-
weft
Ras
Nungwi
Turtle
Aquarium
Leuchtturm
Nungwi
Spanish Dancers
Dive Base
Boot Shuttle
Hair
Salon
Polizei
Mkwajuni
Daloni
Island
Kendwa
Übernachtung
1 Kilindi Hotel
2 Mocco G.H.
3 Duniani G.H.
4 Club Italiano
5 Kendwa Rocks
6 Sunset Kendwa Bungalows
7 White Sand
8 Kendwa Breezes Beach Resort
9 La Gemma dell'Est
10 Royal Zanzibar Beach Resort
11 My Blue
12 Sunset Bay Hotel
13 Going
15 New Safina Bungalows
16 Kigoma Guest House
17 Amaan Bungalows
18 Langi Langi
19 Baraka Bungalows
20 Paradise Bungalows
21 Choles Brothers
22 Jambo Brothers
23 Union Bungalows
24 Dafu
25 Double Tree by Hilton Hotel
26 Rumba Guest House
27 Tanzanite Beach Resort
28 Mkadi Beach Bungalows
29 Sazani Beach
30 Ras Nungwi Beach
Essen und Trinken
14 Restaurants

gen Zimmern, alle mit Bad und Klimaanlage sowie Balkon mit Blick aufs Meer) der gehobenen Mittelklasse an der Nordspitze Sansibars auf dem Weg nach Ras Nungwi. Das Hotel besitzt eine eigene kleine Entsalzungsanlage; entsalztes Wasser sowie aufgefangenes Regenwasser werden in den Duschen und zum Wässern des Gartens benutzt, die WC-Spülung funktioniert sogar mit Meerwasser! Das Hotelpersonal stammt aus dem Dorf, das Hotel kauft seinen Fisch aus dem Dorf. Alle Möbel sind selbst entworfen und hergestellt aus altem Dhau-Holz, wodurch eine warme, typisch sansibarische Atmosphäre entsteht. Gegenstände aus Dhau-Holz wie Aschenbecher, Bilderrahmen usw. werden auch verkauft. Das Hotel hat ein gutes Restaurant, in dem jeweils zwei bis drei Gerichte à la carte zur Auswahl stehen. Die besondere Attraktion im Spa sind drei kleine in den Felsen eingelassene Pools, in denen man mit Blick aufs Meer herrlich meditieren kann. Preise über die Website oder auf Anfrage.

Hotels der Mittelklasse

- **Nungwi Inn**

P.O. Box 1496, Tel. (024) 2240091, (0777) 418769, www.nungwiinnhotel.co.tz. Nette Bungalows direkt am Strand – das wohl beliebteste Hotel dieser Klasse in Nungwi! Alle Zimmer haben ein eigenes Bad, die meisten auch Klimaanlage. Zimmer mit Gartenblick: EZ 45 $, DZ 60 $, Dreierzimmer 85 $; mit Meeresblick: EZ 55 $, DZ 75 $, Dreierzimmer 100 $, B&B.

- **Amaan Bungalows**

Tel. (024) 2233882, info@amaanbungalows.com, nungwitravelznz@yahoo.com. Nette geräumige Bungalows im Herzen Nungwis. Alle Zimmer mit Bad, TV, Minibar und Klimaanlage. EZ ab 70 $, DZ ab 80 $, B&B.

Preiswerte Unterkünfte/Bars

- **Jambo Brothers**

jambobungalows@yahoo.com. Jambo Brothers ist die beliebteste und auch beste Unterkunft ihrer Art in Nungwi. EZ 25 $, DZ 45 $, Dreierzimmer 52 $, B&B.

- **Paradise Bungalows**

Tel. (0777) 416308, (0772) 260389, (0777) 854182, (0777) 872317 *(Mohamed)*. Etwas heruntergekommene Übernachtungsmöglichkeit unter Overlandern. Zimmer mit Strom, zum Teil mit löchrigen Moskitonetzen, Aussicht aufs Meer. Gutes Frühstück. EZ 30 $, DZ 50 $, Dreierzimmer 70 $, B&B.

- **Baraka Bungalows**

Tel. (024) 2240412. Sehr heruntergekommene einfache Übernachtungsmöglichkeit. Alle Zimmer mit eigenem Bad, Deckenventilator und heißem Wasser. EZ 30 $, DZ 50 $, Dreierzimmer 55 $, B&B.

Kendwa Beaches

Etwas ruhiger und weniger partymäßig ist der etwa 3 km südlich von Nungwi gelegene Strand von Kendwa. Kendwa hat den einzigen Strand auf der ganzen Insel, an dem man 24 Stunden lang **bei jeder Tide schwimmen** kann. Zwischen Nungwi und Kendwa besteht täglich ein Transport mit dem Boot. Kendwa hat zurzeit sieben Bungalow-Anlagen und ein Luxushotel. Der Strand ist sehr beliebt bei Rucksackreisenden.

- **La Gemma dell'Est**

P.O. Box 4700, Tel. (024) 2240087, www.planhotel.com. Großes 5-Sterne-Ferienresort mit 152 Zimmern, ausgelegt für Pauschaltouristen, großer Swimmingpool, „all inclusive". Geboten werden alle üblichen Club-Aktivitäten, vornehmlich italienisches Publikum, aber auch bei deutschen Reiseveranstaltern im Programm.

- **Kendwa Rocks**

Tel. (0774) 415475, www.kendwarocks.com. Insgesamt 30 Bungalows. Zimmer vom Dormitory über Bandas (Strohhütten) am Strand oder gemauerte Beach-Bungalows bis hin zum Luxus Chalet. EZ ab 55 $, DZ ab 75 $, Dreierzimmer/Familienzimmer ab 105 $, B&B. Kendwa Rocks hat auch eine in ganz Sansibar sehr beliebte Bar, in der einmal monatlich die inselweit geschätzte „Full Moon Party" stattfindet!

Die Ostküstenstrände

Die Ostküste Sansibars unterteilt sich in einen etwas ruhigeren Abschnitt im nördlichen Teil der Insel und die besonders unter Backpackern und „Party Travellers" beliebten südöstlichen Strände. An den Stränden geht es extrem flach ins Wasser, sodass nur bei Flut gebadet werden kann. Die gesamte Ostküste Sansibars wird bis auf ein paar Korallenklippen und Mangrovenbuchten von **weißen Palmstränden** beherrscht. Sie reichen vom kleinen Muyuni Beach im Norden über Pwani Mchangani/Matemwe, Kiwengwa, Uroa, Dongwe, Bwejuu, Paje bis zur Jambiani Beach im Süden. Hier sind in den letzten Jahren viele moderne Hotels entstanden, von den einige in italienischer Hand sind. Daneben gibt es zahlreiche einfache Guest Houses, die auch den preiswert Reisenden einen Platz an der Sonne ermöglichen. Die Fahrt von Stone Town hierher dauert etwa 1½ Stunden.

Zwischen Bwejuu und Jambiani wird seit 1989 im flachen Meereswasser **Seegras** angebaut und nach Europa exportiert. Insbesondere für die Frauen der Ostküste hat sich die Anpflanzung positiv ausgewirkt, viele erwirtschaften dadurch ihr eigenes Geld, was ihnen ein Stück Unabhängigkeit in der traditionellen Männergesellschaft verschafft. Auch ließ sich in den letzten zehn Jahren beobachten, wie sich ein bescheidener Wohlstand in den Dörfern entwickelt hat. Viele Häuser besitzen jetzt Wellblechdächer, verstärktes und verputztes Mauerwerk, und hie und da haben Fernseher, Antennen und Videorecorder Einzug gehalten. Kinder bekommen zudem eine bessere Schulausbildung, und der Viehbestand hat ebenfalls zugenommen.

Die Sicherheitslage an der Ostküste hat sich etwas verbessert. **Raubüberfälle** gerade an entlegenen Strandabschnitten können trotzdem vorkommen – Vorsicht ist geboten! Führen Sie bei Strandspaziergängen keinerlei Wertsachen, Taschen, Rucksäcke und Kameras mit sich!

Matemwe/Mnemba/ Pwani Mchangani

Wohnen und Essen

- **Mnemba Island Lodge**

Ein Südseeparadies wie aus dem Traum. Das Hotel im afrikanischen Stil liegt auf der kleinen Insel nur wenige Kilometer gegenüber dem Muyuni Beach. In edler Einrichtung bewegt sich der Besucher barfuß über dekorative Matten und kann sich in Kissen ruhend verwöhnen lassen. Ein großes Atoll mit Korallengärten umgibt die private Insel der südafrikanischen Luxuslodge-Kette CCAfrica. Geboten wird alles, was man sich nur vorstellen kann – angesichts der Preise von 950/1300 $ für das EZ/DZ kann man das auch erwarten! In der Saison liegt das DZ bei über 1500 $ – der Spitzenwert für Sansibar! Tagesbesucher können das abgeschirmte Anwesen nicht aufsuchen. Tel. direkt: (024) 2232572, zu buchen über And beyond, Arusha, Tel. (027) 2548078, www.mnemba-island.com.

- **Matemwe Bungalows**

Tel. (0777) 425788. 12 Bungalows mit Kingsize-Bett, en-suite-Bad, eigener Veranda und Hängematte sowie ein Restaurant mit guten Seafood-Gerichten – ein wundervoller Ort, um zwischen Kissen liegend die Brise, die vom Ozean her weht, zu genießen. Alle Wassersportaktivitäten werden ausschließlich mit lokalen Fischern und deren *ngalawas* (kleine

Holzboote mit Seitenauslegern) unternommen, wer windsurfen will, muss sich an ein anderes Hotel wenden. Zusammen mit der lokalen Bevölkerung werden zudem Maßnahmen unternommen, um das Riff zu schützen. Die Lodge ist insbesondere bei Honeymoonern beliebt. Vollpension p.P. ab 455 $. Zu buchen über Asilia, Tel. (027) 2504118, (0784) 763338, www.asilialodges.com.

● **Matemwe Beach Village Guest House**
Tel. (0777) 417250, www.matemwebeach.com. Abseits der großen Touristenstrände sehr schön gelegen, stilvoll, sauber und direkt am Strand. Insgesamt 23 Bungalows – um mehrere komfortable „Shamba Suites" erweitert –, alle mit eigenem Bad, sieben davon in erster Reihe am Strand. Die Atmosphäre ist „sehr easy", eine große offene Lounge, Bar und Restaurant laden zum Relaxen ein. Seit Kurzem gibt es auch einen Swimmingpool. Die Preise pro Bungalow für zwei Personen mit Halbpension reichen von 110–400 $ je nach Kategorie und Saison. Da oft ausgebucht, ist eine Vorbuchung ratsam.

● **Ocean Paradise Resort**
P.O. Box 106, Kijangwani, Tel. (0777) 439990-3, www.oceanparadisezanzibar.com. Das 4*-Resort mit 100 Bungalows, 2004 von der Bahrain Hotels Company Group eröffnet, bietet alle Annehmlichkeiten eines modernen, komfortablen Hotels. Preise auf Anfrage.

● **Mapenzi Beach Club**
P.O. Box 100, Tel. (0777) 414268, (0713) 324985, 325985, www.planhotel.com. 1995 eröffnete Hotelanlage im afrikanischen Stil, gelungen in den tropischen Palmenstrand integriert. 87 komfortable Zimmer mit sansibartypischen Möbeln, Ventilator, Moskitonetz, eigener Veranda und Klimaanlage. Gute internationale Küche mit italienischen Spezialitäten, Strandbars, Coffee-Bars usw. Neben allen möglichen Wassersportaktivitäten werden auch Volleyball, Tennis, Mountainbiking u.v.m. geboten. Zimmerpreise für die All-Inclusive-Unterbringung auf Anfrage.

● **Zamani Zansibar**
P.O. Box 3140, Tel. (0747) 444477. Das Hotel bietet 110 Zimmer und Suiten mit jeweils eigenem Balkon bzw. Terrasse, eine Präsidentenvilla, sechs Privatvillen, zwei Restaurants, zwei Bars, ein Fitnesscenter, zwei Swimmingpools im Freien, einen Tennisplatz, ein Spielzimmer, einen weit ins Meer ragenden Steg, eine Vielzahl von Wassersportmöglichkeiten, Radfahren, einen Konferenzraum und die größte Wellnessanlage in Tansania – Anantara Spa Zanzibar. Die Übernachtungspreise pro Zimmer beginnen bei 365 $ je nach Kategorie und Saison. Das Hotel liegt an einer Korallenküste, die Gäste werden mit kleinen Elektromobilen zum 500 m südlich gelegenen Strand gefahren.

● **Matemwe Beach Resort**
P.O. Box 1689, Tel. (024) 2233496, (0713) 610596, kibwenibeachvilla@zitec.org. Einfache Anlage.

● Preiswerter sind bei Matemwe-Michangani nur das **Holiday Guest House** in Mbupurini für 20 $ der Bungalow (nur fünf Zimmer, Bus Nr. 118) oder das einsam gelegene, bescheidene **Mambo Guest House** (10 $ p.P.) zwischen Palmenhainen südlich von Kilima Juu.

Kiwengwa, Pongwe und Uroa Beaches

Das Dorf **Kiwengwa** liegt an einem langen Strand an der Nordostküste, südlich von Matemwe (15 km) und Pwani Mchangani (8 km). Dieser Abschnitt an Sansibars Küste bietet **einige der schönsten Strände** auf der Insel. Ein Wermutstropfen für den Individualtouristen sind einige große Clubhotels und die damit verbundenen (negativen) Einflüsse auf die Umgebung.

Wohnen und Essen

● **Blue Bay Beach Resort**
P.O. Box 3276, Tel. (024) 2240240-4, www.bluebayzanzibar.com. 4*-/5*-Strandhotel der ganz besonderen Art. Obwohl hier über 150 Personen Platz finden, herrscht eine angenehme Atmosphäre zwischen dem berauschend grünen Garten und dem azurblauen Ozean. Die Zimmer haben Charme und allen Komfort. Ein guter Koch verwöhnt den Gaumen, das Management ist britisch-französisch, der Strand makellos. Windsurfen, Tauchen, Tennis, Katamaranfahrten usw. werden angeboten, auch eine Wellness-Anlage

mit Spa steht zur Verfügung. Übernachtung mit Halbpension 280–500 $ p.P. bei 2 Pers.

● **Shooting Star Lodge**
P.O. Box 3076, Tel. (0777) 414166, www.zanzibar.org/star/. Nette Bungalow-Unterkunft auf einer Klippe mit Blick auf den Ozean und einen langen Sandstrand. Angenehme Atmosphäre. Übernachtung mit Frühstück ab 65/120 $ B&B. Besonders beliebt sind die neuen Seaview Cottages.

● **Reef View**
South Kiwengwa in Kumba Urembo, P.O. Box 3215, Tel. (0777) 413294. Schöner Platz mit Banda-Unterkünften. Die Besitzer *Helen* (engl.) und *Haroub* (oman.) sind sehr freundlich und bieten schmackhafte Küche (15 $ p.P.). Bar mit Self-Service und einem schönen Blick über den Strand. Der Strand ist ein bisschen steinig.

● In **Kiwengwa** liegen sonst nur noch **große italienische Club-Hotels,** z.B. Venta Club, Tel. (0713) 325092, Vera Club, Tel. (0777) 411988, Bravo Club, Tel. (0713) 339961-2, und Seaclub Kiwengwa, Tel. (0747) 414447, bckiwengwa.recep@renthotel.org, der auch bei Neckermann auftaucht. Südlich von Kiwengwa am Pwani-Strandabschnitt liegt das Neptune Pwani Beach Resort, das unter schweizerischer Leitung steht und hauptsächlich auf dem deutschsprachigen Markt vertrieben wird (z.B. über Thomas Cook). Mehr Infos unter www.safari-portal.de/Lodging.TZ.Zanzibar.d.html#Kiwengwa.

Der ruhige Strand von **Pongwe** hat einige idyllische Buchten und liegt südlich von Kiwengwa und nördlich von Uroa an der Nordostküste von Sansibar.

● **Pongwe Beach Hotel**
Tel. (0784) 336181, (0777) 413973, www.pongwe.com. Das Pongwe Beach Hotel hat sich zu einer der besten Alternativen zum Matemwe Beach Guest House entwickelt (außer für Taucher, die näher am Mnemba-Atoll sein wollen). Die Anlage mit 16 Bungalows liegt auf Felsen über einer kleinen versteckten Bucht am Südende der Nordostküste. Pongwe bietet eine gute familiäre Gastfreundschaft und hat einen Ruf für gutes Essen. Die Übernachtung im DZ mit Vollpension kostet 160–200 $, je nach Saison, ein Tagesmenü 15 $.

Empfehlenswert ist auch das **Queen of Shaba Beach Hotel** eines deutsch-tansanischen Pärchens. Der Strand von **Uroa** liegt 38 km östlich von Zanzibar Town an der Ostküste, 6 km südlich von Pongwe und 8 km nördlich von Chwaka und der Chwaka Bay.

● **Uroa White Villa**
P.O. Box 2424, Tel. (0713) 326874, 488520, www.uroawhitevilla.net. Uroa White Villa ist ein kleines deutsch-sansibarisch geführtes Guest House. Im großen Haupthaus befinden sich vier Zimmer, davon zwei mit eigenem Bad. Hinzu kommen eine große Terrasse und ein Restaurant, dazu ein Bungalow am Strand mit zwei Doppelzimmern. Preise auf Anfrage.

● **Zanzibar Safari Club**
P.O. Box 1282, Tel. (0777) 410318, 844481/2, www.zanzibarsafariclub.com. Italienisch-spanische Clubanlage für Pauschaltouristen mit 50 Zimmern und einer großen Disco über dem Meer. Animation nach Belieben, Preise auf Anfrage. Ist auch bei deutschen Veranstaltern im Programm.

Chwaka

In Chwaka hatten einst der Sultan sein Sommerhaus und die britische Verwaltung zwei Villen, die im Norden des Dorfes noch zu sehen sind. Sie wurden in der heißesten Zeit des Jahres (März/April) aufgesucht, als es galt, dem drückend schwülen Klima der Stadt zu entkommen und das kühlende Lüftchen des Südost-Monsuns zu genießen.

Das große Dorf Chwaka bietet nicht viel Sehenswertes, bei Ebbe wirkt die wasserlose Bucht eher trostlos. Eine Ausnahme ist der allmorgendliche, von der Sonne angeleuchtete große **Fischmarkt.**

Wohnen und Essen

• Chwaka Bay Resort
Tel. (024) 2240289, (0777) 040400, 423293, www.chwakaresort.com. Das Chwaka Bay Resort hat 30 renovierte Zimmer, einen schönen Swimmingpool und steht unter schwedischem Management. Das Restaurant serviert hauptsächlich Seafood, es gibt eine Bar mit Billardtisch und Dartscheibe, auch Beach Volleyball wird angeboten. Das DZ kostet ab 60 $ p.P.

Pingwe, Dongwe und Bwejuu Beaches

Dieser populärste Abschnitt der gesamten Ostküste erstreckt sich als palmenbestandener Strand über eine Länge von 20 km bis nach Jambiani (s.u.).

Wohnen und Essen

Gehobene Unterkünfte (Michamwi Peninsula (Pingwe-Bwejuu):

• Breezes Beach Club & Spa
P.O. Box 1361, Tel. (024) 2240450, (0777) 415049, 415866, www.breezes-zanzibar.com. Luxushotel mit schönen Zimmern, die Anlage mit Swimmingpool ist sehr einladend, der Strand zieht sich endlos hin. Eigenes Tauch-Center, Disco, Tennisplatz usw. Preisrichtlinie 125/250 $ p.P.

• Anna of Zanzibar
Tel. (0773) 999387, www.annaofzanzibar.com. Fünf sehr stilvoll eingerichtete klimatisierte Bungalows mit Vorraum und großen Terrassen. Die von Deutschen geführte intime Unterkunft bietet viel Ruhe und Privatsphäre, was auf Sansibar Seltenheitswert hat. Das Haupthaus ist dem Stil eines karibischen Plantagenhauses nachempfunden. Eine einladende Bar, Lese- und TV-Raum bieten weitere Rückzugsmöglichkeiten. Ein Pool und ein Massage-Bungalow am Strand unter Palmen komplettieren das Angebot. Das Essen ist vorzüglich (viel frisches Seafood!), die Speisen werden gerne mit den Gästen vorab abgestimmt. Wohlfühlen ist hier garantiert! Preise ab 350 $ p.P. all inclusive. Absolut empfehlenswert!

• Baraza Resort & Spa Zanzibar
www.baraza-zanzibar.com. Polierter Luxus nun auch auf Sansibar! Die bizarre Architektur mit viel Beton und pompös dekorierten Hallen und Aufenthaltsbereichen, alles garniert mit inselfremder Flora, verspricht Luxus für die Massen. Alles ist fein, nur dauert es ein bisschen, bis sich der absolute Wohlfühleffekt einstellt. Baraza ist halt kein gemütliches Stranddomizil mit Barfuß-im-Sand-Feeling. Sehr gut bzgl. Service und Unterbringung. Schöne Zimmer und Bäder! Auch preislich im Bereich der Business Class.

• The Palms Zanzibar
P.O. Box 1298, Tel. (0777) 440881/2, 437007, www.palms-zanzibar.com, gleich neben dem Breezes. Sechs private und klimatisierte Bungalows, die mit je 140 m² ordentlich Platz bieten. Sehr privater Service mit gut geschultem Personal, sehr gute Küche. Der Traum hat allerdings seinen Preis, der bei 415/495 $ p.P. beginnt.

• Sultan Palace
Tel. (024) 2240173, www.sultanzanzibar.com. Fünf Imperial Suites, vier Ocean Suites und sechs Garden Suites. Gehobene Preisklasse. Eine wunderschöne Anlage, wenn man mit etwas Komfort in Ruhe relaxen will. Sehr beliebt bei Honeymoonern.

• Karafuu Hotel
P.O. Box 71, Tel. (0777) 413647/8, www.karafuuhotel.com. 4*-/5*-Hotel, großflächig angelegt, schönes Ambiente, Swimmingpool mit Poolbar und Meeresblick, einsamer Strand. Die Unterbringung erfolgt in Bungalows, die Zimmer sind groß und bequem, das Essen ist gut. Zum Hotel gehören ein Tennisplatz, eine Tauchbasis, ein Wassersport-Center und ein Massage-Studio. Hauptsächlich italienische, belgische und deutsche Pauschalurlauber (Neckermann).

• Dongwe Club
www.dongwe.it. Auch das Clubhotel von Parmatour fehlt nicht an der Michamwi Peninsula. Italienisch-Kenntnisse sind hier Voraussetzung!

• Sunrise Hotel
P.O. Box 3967, Tel. (024) 2240270, www.sunrise-zanzibar.com. Kleines Hotel unter sym-

pathischer belgischer Leitung mit guten Zimmern, eigener Strandbar und leckeren Speisen. 75–90 $ p.P. mit Halbpension.

Preiswerte Unterkünfte:

- **Palm Beach Inn**

P.O. Box 704, Tel. (024) 2240221, (0777) 411155, palm_beach@zanzinet.com. Einfaches kleines Hotel mit 15 netten und sauberen Zimmern mit großen Sansibar-Betten und Klimagerät/Ventilator. Herrliche Palmen, Übernachtung ab 40/50 $.

- **Sun and Sea View Resort**

P.O. Box 3881, Tel. (0784) 528208, (075) 7420774, www.kulalabar.com. Kleine Bungalowanlage mit Restaurant und Bar direkt am Strand bei Bwejuu unter deutsch-sansibarischem Management *(Sandra Welsing)*. DZ ab 35 $.

- **Seven Seas**

Tel. (0777) 481767, gegenüber von Mustapha's Nest und direkt am Meer. Zimmer mit Bad/WC für 25/50 $ das EZ/DZ.

- **Mustapha's Nest**

P.O. Box 3414, Tel. (024) 2240069, mustaphas@africamail.com. In Bwejuu Village, nur ein paar Schritte vom Strand entfernt, bietet *Mustapha* Unterkunft in einfachen Bandas mit eigenem oder Gemeinschaftsbad ab 10 $ p.P. Wer eine lokale Laid-back-Atmosphäre mit Reggae und Soul-Musik in der Hängematte genießen möchte, ist hier richtig.

- **Evergreen Bungalows**

P.O. Box 483, Tel. (024) 2240273, (0784) 239535, www.evergreen-bungalows.com. Sehr nette familiäre Bungalowanlage mit sechs Bungalows unter deutscher Leitung. Angeschlossenes Padi-Tauchzentrum von African Blue Divers. DZ ab 28 $.

- Direkt nebeneinander liegen: **Original Twisted Palm** (ordentliche Zimmer, nett und freundlich, 10 $ p.P.), **Twisted Palm Bungalows** (gute Bungalows für 20 $, deutsches Management, empfehlenswert!).

- **Kilimani Kwetu Restaurant & Bungalows**

www.kilimani.de. Eigentümer sind u.a. Deutsche. Zwei Doppelhaus-Bungalows (insgesamt für acht Personen), einfach eingerichtet, gutes Essen, Liegestühle für den Strand. Ab 30 $ für ein DZ.

Paje und Jambiani Beaches

Wohnen und Essen

Gehobene Unterkünfte (Jambiani):

- **Spice Island & Resort**

Tel. (0777) 512512, www.zanzibar-holidays.com. 34 private Apartments mit Terrasse verteilt in einer großflächigen Gartenanlage. Große Zimmer, die im Sansibar-Stil eingerichtet sind. Riesiger Pool (32 m!), Steg ins Meer, großes Massagehaus. Das deutsche Management legt sehr viel Wert auf Service, als Gast fühlt man sich hier wohl. Kulinarisch gehört Spice Inn zu den besten Adressen der Insel. Empfehlenswert! Preise ab 120 $ p.P. mit Halbpenison.

- **Bahari View Lodge**

Tel. (0776) 716020, www.bahari-view-lodge.de. Während andere Lodges auf viel Kacheln und Glanz setzen, bewegt man sich im Bahari mehr im Sand unter großen schattigen Bäumen. Die Lodge „ergießt sich" regelrecht in den Strand. Alles erscheint hier ganz easy. Das Essen ist einfach und gut, die Zimmer sind klein und fein, die meiste Zeit ist man aber eh draußen am Strand – so wie es sein sollte! Bahari wird ebenfalls von Deutschen gemanaged. Übernachtung ab 75 $ p.P. mit Frühstück.

- **Casa Del Mar Hotel**

P.O. Box 4146, Tel. (024) 2220401, (0777) 455446, www.casa-delmar-zanzibar.com. Kleines und mit viel Charme angelegtes Hotel mit zwölf Zimmern im Palmenhain (besonders schön sind die Zimmer mit Schlafgalerie im 1. Stock). Gemütliches Restaurant mit sehr leckerem Essen. EZ ab 55 $, DZ ab 85 $, Dreibettzimmer ab 100 $. Zum Strand hin abgegrenzter Bereich zum Faulenzen auf Liegen.

- **Zanzibar Villas**

– **Villa Bahati:** Kleines Guest House mit fünf DZ und Restaurant (DZ ab 100 $).

– **Villa Kikadini:** Leben und Genießen wie ein Sultan in zwei großen Schlafzimmern mit Strandblick (4 Personen ab 300 $, für bis zu 6 Personen).

– **Villa Maroc:** Der Honeymoon-Traum mit Open-Air-Badewanne (ab 225 $).

Infos unter www.escape-zanzibar.com.

Preiswerte Unterkünfte:

- **Blue Oyster Hotel**

P.O. Box 007, Tel. (024) 2240163, www.blueoysterhotel.info, www.zanzibar.de. Schönes kleines Hotel (18 Zimmer) direkt am Strand, 200 m nördlich vom Sau Inn Hotel. Restaurant und Terrasse im 1. Stock mit Blick aufs Wasser. Zimmer im Courtyard mit Gemeinschaftsbad (zwei Du/WC für fünf Zimmer) inkl. Frühstück ab 60 $ als DZ, 50 $ als EZ und 80 $ als triple, Zimmer mit *sea view* und Du/WC kosten jeweils 10 $ mehr. Das Blue Oyster gehört einer deutschen Familie (Fam. *Beiser*) und wird geführt von dem sansibarischen Manager *Peter* sowie *Anwar Beiser*. Die Küche ist gut, von lokalen Gerichten bis zu Pizza und Rotwein wird alles serviert. Die Crew arbeitet zuverlässig und ist freundlich.

- **Sau Inn**

P.O. Box 1656, Tel. (024) 2240205, 2240169, Fax (0713) 337440, 340039, sauinn@zanlink.com. Das Beach Hotel bietet 32 Zimmer in etwas kleinen Bungalows und acht Zimmer in vier doppelstöckigen größeren Bungalows. Restaurant, Swimmingpool und etwas kitschiger Garten. DZ mit Frühstück ab 80 $.

- **Visitor's Inn**

P.O. Box 1856, Tel. (024) 2240150, www.visitorsinn-zanzibar.com. Ganz gute Mittelklasse-Unterkunft mit angenehmen Bungalows (mit Bad/WC) in einem Palmenhain; bequeme Betten und sauber. Übernachtung mit Frühstück 30/50 $.

- **Gomani Guest House & Bungalows**

P.O. Box 4125, Tel. (024) 2240154, Fax (024) 2240153. Saubere Bungalows mit Veranda, Sisal-Sonnenliegen unter netten Hütten, alle in erhöhter Lage direkt über dem Strand, etwas abseits vom Dorf, daher ruhiger. 25 $ pro Doppel-Bungalow inkl. üppigem Frühstück. Schnorcheln, Ausflüge zu den Riffen und andere Aktivitäten möglich. EZ ab 15 $.

- Traveller zieht es auch zu folgenden Unterkünften: **Shehe Guest House,** Tel. (024) 2234118/9, 2240149, 2233949, mmc@cctz.com, akzeptable Zimmer für 20/30 $. Nett ist auch das **Coco Beach Café** mit sehr gutem Essen, die Übernachtung für 15 $ p.P. **Twisted Bungalow,** große Bungalows für 20 $. Das **Shiaba Resthouse** liegt nicht direkt am Strand, die Zimmer sind aber okay.

Gehobene Unterkünfte (Paje):

- **Hakuna Majiwe Lodge**

Tel. (0777) 454505, www.hakunamajiwe.net. Die italienisch geführte Bungalowanlage bietet 20 geräumige Zimmer mit Strandblick und einen großen Swimmingpool. Durchschnittliches Essen. Übernachtungspreise im DZ 75–103 $ p.P.

Preiswerte Unterkünfte:

- **Teddy's Place and Bungalows**

Beliebt und bekannt an der gesamten Südostküste. Der deutsche Mitbesitzer garantiert gute Stimmung. Manchmal ist es nicht ganz ersichtlich, ob Teddy's in erster Linie Unterkunft ist oder einfach nur eine endlose Party. Wer es ruhig und idyllisch mag und nachts schlafen möchte, sollte sich was anderes suchen! Wer Leute und das Leben bei Nacht kennenlernen möchte, hat hier seinen Platz gefunden. Die Bungalows sind extrem einfach, aber okay. Backpackers Mekka! Abends wird gegrillt!

- **Paradise Beach Bungalows**

P.O. Box 2346, Tel. (024) 2231387, Fax (024) 2237894, www.safari-portal.de. Kleine, sehr nette Unterkunft mit acht einfachen, sauberen Beach-Bungalows und herrlichem Strand. Zwar ohne Strom, aber mit viel Lokalkolorit. Die japanische Besitzerin *Saori Miura* tischt ein vorzügliches Essen auf. Übernachtung mit Frühstück pro Bungalow ab 35 $. Schönes Flair, empfehlenswert.

- **Paje by Night (Hotel Bizarre)**

P.O. Box 1714, Tel. (0777) 460710, www.pajebynight.net. 18 kleine hübsche Bungalows, 36 Zimmer mit Bad, Ventilator und Moskitonetzen. Bar und Restaurant (durchschnittliches Essen). Ab 20 $ p.P. mit reichhaltigem Frühstück, am Abend beliebter Treffpunkt (Lagerfeuer) – Rastas vibrate ...

- **Kitete Beach Bungalows**

P.O. Box 177, Tel./Fax (024) 2240226, (0773) 074373, www.kitetebeach.com. Schöne Lage, seit 2006 unter der Führung von Musafa Hotel Management. Preise auf Anfrage.

Im Süden Sansibars/ Kizimkazi

Die Südspitze Sansibars bietet kaum Bademöglichkeiten und ist touristisch (noch) nicht überlaufen. Die **zwei Hauptstrände** liegen bei **Kizimkazi** im Südwesten und bei **Makunduchi** im Südosten. Zum Teil und saisonal unterschiedlich schwimmen auch reichlich Algen vor der Küste.

Die Gewässer der **Menai Bay** sind bekannt für eine hohe Population an **Delfinen.** Tour-Unternehmen organisieren von Zanzibar Town aus umstrittene Bootsausflüge, die die Möglichkeit eröffnen, mit den verspielten Tieren mit zu schwimmen. Jeweils ein Dollar pro Tourist muss aus den Einnahmen der Delfin-Tour-Veranstalter an die Verwaltung der MBCA entrichtet werden. Etwa 5000 Touristen im Jahr gehen auf Delfin-Tour, eine willkommene Einnahmequelle für die Dorfgemeinschaften entlang der Schutzzone.

Auf dem Weg nach Süden passiert man hinter dem Abzweig in Kitogani den kleinen **Zala Park.** Ein enthusiastischer Schlangen- und Reptilienliebhaber hat diesen unmittelbar an der Straße gelegenen Park mit viel Liebe angelegt. Für 3 $ Eintritt vermittelt die kleine Anlage ein Bild von der Vielfalt der Schlangen, Echsen und Chamäleons, die es auf Sansibar gibt. Zusammen mit dem nahe gelegenen Dorf Muungoni betreut der Zala Park auch das **Muungoni Cultural and Natural Heritage Project** zum Schutz der einheimischen Tierarten.

Die Frauen der Region sind bekannt für ihre **Flechtkünste;** aus Palmenblättern lassen sie Matten und Körbe aller Art entstehen. Auch Seile aus Kokosfasern werden hergestellt. Verkauft werden die Produkte in Zanzibar Town, wo sie in Hotels und auf Dhaus Verwendung finden.

Den kulturellen Höhepunkt erfährt Kizimkazi jedes Jahr im Juli. Dann findet das **Mwaka-Kogwa-Fest** in Makunduchi statt, eine sansibarische Version zur Feier des persischen Neujahrs-Festes.

Unterkunft und Verpflegung

- **Karamba Resort Kizimkazi**

Tel. (0773) 166406, www.karambaresort.com. 20 Zimmer schön verteilt. Hier steht gutes, preiswertes Essen auf dem Programm sowie Yoga für Anfänger und Fortgeschrittene. Zimmer ab 20 $ mit Halbpension. Die Strandbucht ist gleichzeitig auch Fischerhafen. Von der Terrasse der Lodge lässt sich wundervoll das geschäftige Treiben der Sansibaris beobachten. Der Grund, hier an die Südspitze zu gehen, ist wegzukommen von den großen Resorts an der Nord- und Ostküste. Fragt sich nur, wie lange die Idylle Bestand hat, denn nebenan soll gebaut werden ...

- **Dolphin View Lodge**

Tel. (0777) 865501. Nett und ruhig gelegen, EZ 30 $, DZ 40 $, jeweils mit üppigem Frühstück. Die Zimmer haben ein eigenes Bad und Moskitonetze. Beliebt bei schwedischen Backpackern.

np060 Foto: jg

Anhang

np061 Foto: jg

np062 Foto: jg

Auf Pirschfahrt in der Serengeti

Elenantilopen

Gnus und Zebras am Mara River

Gesundheit

Das Risiko, während eines Aufenthalts in den Tropen schwer zu erkranken, ist geringer als das Risiko, Opfer eines Verkehrsunfalls oder von Kriminalität zu werden. **Reisestil, Reisezeit, Aufenthaltsdauer und -orte spielen bei der Beurteilung des Risikos eine wichtige Rolle.** Im Regelfall wird es notwendig sein, sich mit dem Hausarzt oder einer Reise- oder Tropenmedizinischen Ambulanz zu beraten, um die verschreibungspflichtige Malariaprophylaxe und gegebenenfalls notwendige (vorgeschriebene) Impfungen durchführen zu lassen. Bei anhaltenden Beschwerden, z.B. Fieber, vor Ort und nach der Rückkehr sollte man unbedingt einen qualifizierten (Tropen-)Arzt aufsuchen.

Die **Hauptbedrohung** geht in Tansania von **Infektionskrankheiten** aus, die sowohl durch die mangelnde Hygiene als auch klimatisch bedingt sind. Viele parasitäre Tropenerkrankungen brechen erst mit Verzögerung nach Monaten oder sogar Jahren aus. Der Verlauf wird stark vom allgemeinen Gesundheits- und Ernährungszustand beeinflusst. Die folgenden Seiten informieren nur über die wichtigsten Krankheiten und wie man sich vor ihnen schützen kann.

Buchtipps:

Zum Thema Gesundheit bzw. Krankheiten auf Reisen hat Reise Know-How nützliche Ratgeber im Programm:

- Dr. Dürfeld, Dr. Rickels
Selbstdiagnose und -behandlung unterwegs
- David Werner
Wo es keinen Arzt gibt, Gesundheitshandbuch zur Hilfe und Selbsthilfe
- Armin Wirth
Erste Hilfe unterwegs effektiv und praxisnah
- Thomas Ruhstorfer
Gesundheits-Handbuch für Fernreisen

Vor einer Reise empfiehlt sich ein **Zahnarztbesuch,** da vor Ort eine qualifizierte zahnärztliche Versorgung problematisch sein kann, während die medizinische Hilfe in größeren Städten inzwischen (auf niedrigem Niveau) gewährleistet ist.

In den Tropen ist die Sonneneinstrahlung stärker als in Mitteleuropa. Ein guter **Sonnenschutz** ist dringend zu empfehlen, da jeder Sonnenbrand das Hautkrebsrisiko erhöht. Lange Sonneneinstrahlung ohne Schutz kann zu schweren Hautverbrennungen, Sonnenstich oder Hitzschlag durch Überwärmung führen. Durch Benutzen einer Sonnencreme, Tragen eines Sonnenhuts, Aufenthalt im Schatten und regelmäßiges Trinken kann man dem vorbeugen.

Die häufigste Erkrankung in den Tropen ist der sog. **Reisedurchfall.** Meistens wird er durch die relativ harmlosen (enterotoxischen = darmgiftigen) Bakterien *Escherichia coli* (ETEC) oder Viren hervorgerufen. Seltener sind die gefährlichen Erreger des Typhus, der bakteriellen Ruhr, der Cholera, Lambliasis und Amoebenruhr Ursache von Durchfall. Die Ansteckung erfolgt über verschmutztes Wasser und damit verunreinigte Lebensmittel. Auch **Wurminfektionen** (z.B. Spulwürmer, *Ascaris*) und

Hepatitis A werden über verunreinigte Lebensmittel übertragen.

Eine in Tansania typische Durchfallerkrankung sind **Lamblien** *(Giardia lamblia)*, in Tansania als *giardia* bekannt. Symptome der parasitären Erkrankung sind Blähungen, Übelkeit, Mattigkeit, Bauchkrämpfe und eben Durchfall. Bei starker Erkrankung kommt auch Erbrechen vor. Giardia kann in jeder Klinik im Land, sofern ein Mikroskop zur Verfügung steht, nachgewiesen werden und ist mit entsprechender medikamentöser Behandlung gut zu kurieren.

Um Durchfallerkrankungen vorzubeugen, sollten zum Trinken und Zähneputzen nur abgepackte Getränke oder abgekochtes Wasser verwendet werden. Zum Abkochen muss das Wasser mindestens 10 Minuten sprudelnd kochen. Tabletten zur chemischen Wasserdesinfektion sollten nur im Notfall das Abkochen ersetzen.

Für das Reisen auf dem Land abseits der Haupttouristengebiete gilt: Tee und Kaffee aus nur kurz erhitztem Wasser sind nicht keimfrei; Eiswürfel sollten gemieden werden; kohlensäurehaltige Getränke sollten bevorzugt werden, da die vorhandene Kohlensäure als Beweis der intakten Originalverpackung gelten kann; Obst sollte man am besten selbst schälen. Oftmals sind Durchfallerkrankungen ein erstes Zeichen von „Austrocknung"/Dehydration, deshalb gilt als Grundsatz in allen tropischen Ländern – **viel trinken!**

Kommt es trotzdem zu Durchfall, sollte man darauf achten, dass die dadurch entstehenden **Wasser- und Elektrolytverluste ausgeglichen** werden. Dazu gibt es in den Apotheken erhältliche Elektrolytpulver (z.B. *Elotrans®*), die man aber gewöhnlich nicht braucht. Als gute Erstversorgung bei auftretendem Unwohlsein haben sich die guten alten Kohle-Compretten erwiesen. Erst nach der Einnahme von ausreichend Kohletabletten (vor Ort als *Avtivated Charcoal®* erhältlich) kann zur Überbrückung kurzfristig Loperamid (z.B. *Imodium®*) eingesetzt werden. Da der Durchfall durch die Ausscheidung der Erreger auch zur Heilung führt, sollte man der Sache, sobald eine geeignete Toilette zur Verfügung steht, unbedingt freien Lauf lassen. Antibiotika sollten nicht selbstständig eingenommen werden. Ist ein Arzt nicht verfügbar, kann Cotrimoxazol (z.B. *Bactrim®* 960 mg) 2x1 oder Ofloxacin (z.B. *Tarivid®* 400 mg) 2x1, in Abhängigkeit von der Symptomatik, für 3–14 Tage eingenommen werden. Lang anhaltender Durchfall mit Fieber oder Blut im Stuhl sollte sofort zum Arztbesuch führen. Vor einigen Durchfallerregern kann man sich durch Impfung schützen.

Die Infektion mit dem **Medinawurm** (Dranunculose) erfolgt über Wasserflöhe (Krebse) im Trinkwasser, die mit dem bloßen Auge nicht sichtbar sind. Die Larven entwickeln sich in der Haut zum Wurm und können vielfältige Hauterscheinungen hervorrufen. Durch Abkochen des Trinkwassers kann man sich schützen.

Über rohes oder nicht ausreichend gegartes Fleisch kann eine Ansteckung mit **Trichinen** erfolgen. Wenige Würmer im Stuhl sind kein Grund zur Beunruhigung. Schwere Komplikationen wie

Reise-Gesundheitsinformationen

Stand: Januar 2012 / © Inhalte: Centrum für Reisemedizin (CRM)

Die nachstehenden Angaben dienen der Orientierung, was für eine geplante Reise in das Land an Gesundheitsvorsorgemaßnahmen zu berücksichtigen ist. Die Informationen wurden uns freundlicherweise vom Centrum für Reisemedizin (CRM) zur Verfügung gestellt. Auf **www.crm.de** (Reiseländer) werden diese Informationen stetig aktualisiert. Dort kann man sich auch über die einzelnen Krankheiten, ihre Symptome und Risiken informieren. Die nachstehenden Angaben wurden nach bestem Wissen und sorgfältiger Recherche zusammengestellt. Eine Gewähr oder Haftung kann nicht übernommen werden.

Einreise-Impfvorschriften

- **Bei Direktflug aus Europa sind keine Impfungen vorgeschrieben.**
- Bei einem vorherigen Zwischenaufenthalt (innerhalb der letzten 6 Tage vor Einreise) in einem Gelbfieber-Endemiegebiet (siehe dazu die Listung auf www.crm.de) wird bei Einreise eine gültige **Gelbfieber-Impfbescheinigung** verlangt (ausgenommen Kinder unter 1 Jahr).
- Entgegen diesen offiziellen Bestimmungen sind vereinzelt auch bei Direkteinreisen aus Europa am Kilimanjaro International Airport sowie bei der Einreise nach Sansibar vom Festland Tansanias aus Kontrollen des Gelbfieberimpfzertifikats erfolgt, in Einzelfällen ist es zu Impfungen vor Ort gekommen. Das tansanische Gesundheitsministerium hat deshalb **folgende Regelung verbindlich** festgelegt:

1. Reisende aus Endemiegebieten benötigen eine Gelbfieberimpfung.
2. **Reisende aus Nicht-Endemiegebieten** (Europa) benötigen nur dann eine Gelbfieberimpfung, wenn sie in einem Gelbfiebergebiet den Flughafen beim Zwischenstopp verlassen oder mindestens 12 Stunden in diesem Flughafen auf ihren Anschlussflug warten.

Da die Behörden auf **Sansibar** Einreisen vom Festland als Ankunft aus einem Endemiegebiet ansehen, wird für die Weiterreise auf die Insel der Nachweis einer Gelbfieberimpfung erforderlich.

Empfohlener Impfschutz

- **Generell: Standardimpfungen nach dem deutschen Impfkalender, speziell Tetanus, Diphtherie, außerdem Hepatitis A und Gelbfieber.**

Bei einer Reise durch das Landesinnere unter einfachen Bedingungen (Rucksack-/Trekking-/Individualreise) mit einfachen Quartieren/Hotels, bei Camping-Reisen, Langzeitaufenthalten, praktischer Tätigkeit im Gesundheits- oder Sozialwesen und/oder engem Kontakt zur einheimischen Bevölkerung ist außerdem ein Impfschutz zu erwägen gegen **Polio, Cholera, Typhus, Hepatitis B** (a), **Tollwut** (b) und **Meningitis** (c).

(a) bei Langzeitaufenthalten und engerem Kontakt mit der einheimischen Bevölkerung
(b) bei vorhersehbarem Umgang mit Tieren
(c) nur bei engerem Kontakt zur einheimischen Bevölkerung, vorw. in der Trockenzeit

Wichtiger Hinweis: Welche Impfungen letztendlich vorzunehmen sind, ist abhängig vom aktuellen Infektionsrisiko vor Ort, von der Art und Dauer der geplanten Reise, vom Gesundheitszustand sowie dem eventuell noch vorhandenen Impfschutz des Reisenden.

Da im Einzelfall unterschiedlichste Aspekte zu berücksichtigen sind, empfiehlt es sich immer, rechtzeitig (etwa 4–6 Wochen) vor der Reise eine persönliche Reise-Gesundheits-Beratung bei einem reisemedizinisch erfahrenen Arzt oder Apotheker in Anspruch zu nehmen.

Malaria

- **Risiko: ganzjährig,** verstärkt während der Regenzeit; hohes Risiko landesweit unterhalb 1800 m; mittleres bis geringes Risiko im zentralen Hochland (Gebiete zwischen Mbeya und Dodoma) sowie in den Grenzgebieten zu Kenia im Nordosten; geringes bzw. kein Risiko um den Kilimanjaro; von 1800 m bis 2500 m Höhe ist regional mit einem geringen Risiko zu rechnen, höhere Lagen gelten als malariafrei; die Inseln Sansibar und Pemba sind seit 2008 malariafrei.

Vorbeugung:

- Ein konsequenter Mückenschutz in den Abend- und Nachtstunden verringert das Malariarisiko erheblich **(Expositionsprophylaxe).** Zu den wichtigsten Maßnahmen siehe unter www.crm.de.
- Ergänzend ist die Einnahme von Anti-Malaria-Medikamenten **(Chemoprophylaxe)** dringend zu empfehlen. Zu Art und Dauer der Chemoprophylaxe fragen Sie Ihren Arzt oder Apotheker bzw. informieren Sie sich in einer qualifizierten reisemedizinischen Beratungsstelle. Malariamittel sind verschreibungspflichtig.
- Anmerkung von *Jörg Gabriel:* In Tansania wird mit großem Erfolg *Coartem®* (*Riamet®*) zur Malariabehandlung eingesetzt. 16 Tabletten kosteten 2011 ca. 9000 TSh. Allerdings sollte man, um sicher zu gehen, eine Behandlung mit 24 Tabletten durchführen.

Reiseapotheke

Denken Sie daran, eine Reiseapotheke mitzunehmen, damit sie für **leichtere Erkrankungen und kleinere Notfälle** gerüstet sind.

Folgendes sollten Sie auf Reisen immer dabeihaben: Medikamente gegen Durchfall, Reisekrankheit, Fieber, Schmerzen sowie Wunddesinfektionsmittel, Insekten- und Sonnenschutzmittel, Salbe bei Insektenstichen oder anderen Hautreizungen, Fieberthermometer und Verbandmaterial.

Je nach Reiseland und -ziel können weitere Medikamente (z.B. zur Malariavorsorge) oder Hilfsmittel (z.B. Spritzen) sinnvoll sein.

Nicht vergessen: Medikamente, die Sie ständig einnehmen müssen!

Wenn Sie spezielle Fragen zur Reiseapotheke haben, wenden Sie sich am besten an eine Apotheke mit reisemedizinisch qualifizierten Mitarbeitern.

Aktuelle Meldungen

- **Siehe dazu unter www.crm.de** (im Januar 2012 gab es Hinweise zu Masern, Darminfektionen, Schlafkrankheit und HIV/AIDS).

Darmverschluss oder Verschluss der Gallenwege sind bei Erwachsenen selten. Da es kein Mittel gibt, das alle Wurmerkrankungen heilt, sollte vor einer Therapie eine Stuhluntersuchung stattfinden.

Medizinische Versorgung im Land

Die medizinische Versorgung im Land changiert zwischen zufriedenstellend und mangelhaft. Nur die Krankenhäuser in der Hauptstadt erreichen annähernd europäisches Niveau, gute Zahnärzte sind rar.

Für den gesamten ostafrikanischen Raum ist **Nairobi die erste Adresse in akuten Notfällen,** das gilt vor allem für Tropenkrankheiten. Empfehlenswert ist die „Section for Tropical Medicines" im Nairobi Hospital:

- **Section for Tropical Medicines**
(Leitung: *Dr. Saio*) Nairobi Hospital,
Argwings Kodhek Road, Nairobi,
Tel. 00254-2-722160

In diesem Buch sind bei Arusha, Moshi und Zanzibar Town die Adressen von Krankenhäusern, Ärzten und Apotheken angegeben. **Apotheken** *(duka la madawa)* sind in vielen Orten des Landes zu finden. Die Land- und Straßenkarte zu Tansania vom Verlag Harms IC gibt einen guten Überblick über die **Krankenhäuser** und Kliniken im Land. Die Serena-Hotelkette hat in jedem ihrer Häuser einen Arzt angestellt (Konsultation für 5 $).

Arztrechnungen müssen sofort und meist **cash bezahlt werden.** Die Kosten lassen sich über eine Auslandskrankenversicherung zurückerstatten.

Da es **nur in Großstädten eine Not-Ambulanz** gibt, muss man bei Bedarf auf ein Taxi zurückgreifen.

Bei längeren Aufenthalten ist eine **Mitgliedschaft bei den „Flying Doctors of Africa"** (www.amrefgermany.de) empfehlenswert und evtl. auch eine Rückholversicherung von Europa aus.

Literatur

Auf dem englischsprachigen Markt erscheinen regelmäßig Romane, Bildbände und wissenschaftliche Abhandlungen zu Völkern, Tieren und Naturlandschaften, welche Tansania zum Teil oder ganz beinhalten. Die meisten Publikationen sind im deutschsprachigen Raum nicht zu bekommen. In den großen Buchgeschäften in Arusha und Dar es Salaam ist dagegen vieles davon erhältlich. Vor allem Bildbände, aber auch Romane, Erzählungen und Geschichten ostafrikanischer Autoren lassen sich gut in Tansania kaufen. Zu den meisten Nationalparks bekommt man in den großen Städten Info-Broschüren.

- Eine interessante Website auch zum Thema Literatur ist **www.kalamu.de.**
- **Meine Farm in Afrika**
Hardy Krüger, Lübbe Verlag; schillernde Erzählung des bekannten deutschen Schauspielers, Autors und Moderators der Reise-Dokumentationen „Weltenbummler". Krügers persönliche Geschichte vom Film „Hatari" und seiner Farm zwischen Mt. Meru und Kilimanjaro, wo er, mit vielen Unterbrechungen, zwölf Jahre seines Lebens verbrachte.
- **Säugetiere Afrikas**
Jean Dorst/Pierre Dandelot, Paul Parey, Hamburg; Standardwerk.
- **Ostafrika Natur-Reiseführer**
Rainer Waterkamp/Winfried Wisniewski, Franck-Kosmos Verlag; Reise- und Bestimmungsführer, in der Praxis jedoch nur als Bestimmungsführer zu gebrauchen. Gute Gliederung und Beschreibung der ostafrikanischen Tier- und Pflanzenwelt. Gute Ergänzung auf Safari.
- In Tansania erhältlich sind kleine **Begleittaschenbücher zu allen Nationalparks** und den jeweils angrenzenden touristischen Sehenswürdigkeiten, geschrieben von *David Martin* (African Publishing House).

- **Afrikanische Elefanten**
Reinhard Künkel, Frederking & Thaler Verlag. Die wohl besten Fotografien zu Elefanten von dem in der Serengeti lebenden deutschen Fotografen und Tierfilmer Künkel – Bilder, die eindringlicher die Seele und Würde der afrikanischen Dickhäuter nicht hätten einfangen können.
- **Serengeti – Fenster zur Schöpfung**
Reinhard Radke, Lübbe Verlag 1999; Begleit-Bildbuch zur gleichnamigen Serie des ZDF über die Serengeti. Radke ist Autor und Kameramann zahlreicher weltweit ausgezeichneter Tierfilme. Das Buch zeigt, „dass die Serengeti weder eine isolierte Arche Noah noch ein idyllisches Paradies ist", sondern „vielmehr der Glücksfall eines Fensters zur Schöpfung" mit der „Chance zu verstehen, wie zerbrechlich unsere Welt und wie kostbar und erhaltenswert sie ist".
- **Safari**
Carlo Mari, Kuki Gallmann, Frederking & Thaler Verlag. Tagebuch-Bildband mit bewegenden Fotos zu Natur und Tierwelt und zum Erlebnis Safari in Tansania. Der Text von Kuki Gallmann passt jedoch nicht zum Thema des Fotografen.

Karten

Wer durch Tansania reist, sollte in jedem Fall – auch wenn nur öffentliche Verkehrsmittel benutzt werden – eine Karte vom Land mit sich führen. Diese sollte noch in Europa gekauft werden, da die tansanischen Übersichtskarten von schlechter Qualität sind und die in Europa hergestellten in Tansania das Doppelte kosten können.

- Die beste und praktischste Karte zu Tansania ist die Straßen- und Touristikkarte zu Tansania vom **Reise Know-How Verlag.** An dieser Karte habe ich maßgeblich mitgearbeitet. Der Maßstab von 1:1.200.000 gibt viel Raum für Details. Die Karte lässt sich gut falten und verstauen, außerdem ist sie mit einer Schutzschicht (Polyart©) versehen und daher gegen Wasser resistent und reißt an den Falten nicht so schnell ein. Ein weiterer Vorteil: Sie ist beschreibbar wie Papier.
- Der **Harms-IC Verlag** hat eine gute und sehr anschauliche Straßen- und Touristikkarte zu Tansania im Maßstab 1:1.400.000 erstellt. Die Karte weist nur geringe Mängel auf und ist über den Buchhandel zu bestellen. Vom selben Verlag ist eine sehr gute Karte zu Sansibar erschienen. Außerdem lieferbar sind Karten zum Ngorongoro-Gebiet, zum Kilimanjaro, zum Arusha National Park und zum Manyara National Park.
- Von **Macmillan** und **Joyce Publications** gibt es nun auch Tansania-Straßenkarten, die anschaulich, aber in der Praxis nur bedingt nützlich sind. Die Joyce-Karte ist in manchen Bereichen mehr als irreführend.
- Die nur in Tansania erhältliche **BP Map of Tanzania** ist am detailliertesten, was Landschaftsnamen, Dörfer und den Maßstab (1:1.250.000) betrifft. Die Klassifizierung der Straßen ist jedoch teilweise völlig willkürlich, hie und da sind Teerstraßen eingezeichnet, die bestenfalls bessere Feldwege sind, oder Straßen aufgeführt, die völlig fiktiv sind.
- Das in Dar es Salaam befindliche **Map Department** verfügt über ein landesdeckendes Sortiment topografischer Karten im Maßstab 1:50.000 mit vollständigen, teilweise aber sehr veralteten Eintragungen von Straßen und sämtlicher Siedlungen bzw. Städte. Die eher einfach und in der Farbgebung mehr als dezent gehaltenen Karten können in einem Verkaufsraum des Departments für 6000 TSh das Blatt erworben werden (sofern vorrätig, ansonsten werden Fotokopien erstellt).
- Andere Detailkarten, die Tansania im Maßstab 1:500.000 abdecken, sind **amerikanische Fliegerkarten (TPC)**, die Sie in vielen Kartenhäusern und Ausrüsterläden bekommen. Da hauptsächlich für die Flugnavigation erstellt, enthalten diese eher rein topografi-

schen Karten nur unzureichende Informationen über Verkehrswege, sind aber in Verbindung mit GPS sehr präzise und auf einsamen Wegen eine gute Absicherung.

- Die **sowjetischen Generalstabskarten** informieren nur unzureichend über das Verkehrs- und Siedlungsnetz des Landes. Die kartografische Darstellung der Karten, die es in den Maßstäben 1:1 Mio., 1:500.000 und teilweise auch in 1:200.000 gibt, ist durch die Verwendung von Schattierungen und plastischen Farben gut gelungen. Bei Bestellung wird ein Beiblatt mit der Übersetzung der kyrillischen Buchstaben beigelegt, und nach etwas Übung lassen sich die Karten problemlos lesen. Wenn erwünschte Karten nicht vorrätig sind, kann es schon einmal mehrere Monate dauern, bis diese aus Russland geliefert werden. Erkundigen Sie sich daher rechtzeitig über den vorhandenen Bestand. Blätter im Maßstab 1:200.000 (ab dem achten südlichen Breitengrad) müssen auf jeden Fall bestellt werden. Auf Safari erwiesen sich jedoch die TPC-Karten als praktikabler.
- Gute Karten der Nationalparks im Norden und von den Inseln Sansibars werden in Tansania von dem italienischen Kartografen **Giovanni Tombazzo** entworfen. Die farblich schönen Karten, die wie kunstvolle Gemälde wirken, sind sehr anschaulich, aber für kartografische Navigation unbrauchbar. Erhältlich sind die Karten für etwa 10.000 TSh in den Buchgeschäften und gehobeneren Hotels von Arusha und Moshi oder bei Straßenverkäufern.

Nützliche Internet-Adressen zu Tansania

Allgemeines zum Land/Tourismus

- **www.tanzania.go.tz**
Offizielle Homepage der Republik Tansania
- **www.yellowpages.co.tz**
Gelbe Seiten Tansania
- **www.tzonline.org**
Generelle Informationen zu Tansania
- **www.tazara.co.tz**
Tanzania-Zambia-Railways
- **www.trctz.com**
Tanzania Railways Corporation
- **www.tanzaniatouristboard.com**
Offizielle Homepage des tansanischen Touristboard
- **www.tatotz.org**
Tanzania Association of Tour Operators – TATO
- **www.tasota.org**
Tanzania Society of Travel Agents – TASOTA
- **www.hotelstanzania.com**
Homepage der Hotel-, Lodge- und Camp-Vereinigung Tansanias
- **www.atta.co.uk**
Advancing Tourism to Africa
- **www.zanzibartourism.net**
Zanzibar Commission for Tourism – ZCT
- **www.tanserve.com**
Größte Suchmaschine Tansanias
- **www.tanza.com**
Tansania-Suchmaschine
- **www.tanzaniatourism.com**
Tansania-Suchmaschine
- **www.safari-portal.de**
Internet Travel Guide, deutschsprachige Infos zu Tansania, Unterkünften, Nationalparks, Aktivitäten etc.
- **www.africatravelresource.com, www.intotanzania.com**
Internet Travel Guide, englischsprachige Infos zu Tansania, Unterkünften, Nationalparks, Aktivitäten etc.
- **www.aktionskreis-ostafrika.de**
Humanitäre Unterstützung für Ostafrika

- **www.tanzania-network.de**
Koordination von diversen Organisationen, Projekten etc.
- **www.detaf.de**
Deutsch-Tansanische Freundschaftsgesellschaft

Themen aus Politik, Wirtschaft, Kultur und Sport

- **www.afrika-start.de/presseticker.htm**
Schlagzeilen rund um das Thema Afrika
- **www.nationaudio.com/News/EastAfrican/Current/index.htm**
Ostafrikanische Nachrichten der kenianischen Zeitung Daily Nation
- **www-sul.stanford.edu/depts/ssrg/africa/tanzan.html**
Databases & Articles
- **www.bagamoyo.com**
Homepage des Bagamoyo Freundeskreises e.V. mit wöchentlichem Newsletter für Mitglieder
- **www.tanzanianews.com**
Generelle News und Suchmaschine
- **www.africanews.net**
Generelle News aus Afrika
- **www.allafrica.com**
Generelle News aus Afrika, Basis in Mauritius
- **www.newsfromafrica.org**
Generelle News aus Afrika, kenianisches Projekt
- **www.africapoint.com/afrinews/EasternAfrica.htm**
Generelle News aus Ost- und Zentralafrika
- **www.news.bbc.co.uk/1/hi/world/africa/default.stm**
BBC News aus Afrika
- **www.ippmedia.com**
News in Englisch und Kisuaheli
- **www.ded-tanzania.de**
Homepage des Deutschen Entwicklungsdienstes in Tansania

Einzelne Regionen/Orte

- **www.arushatimes.co.tz**
- **www.mount-kilimanjaro.de**
Informationsportal zum höchsten Berg des Kontinents
- **www.serengeti.org**
Homepage des Serengeti National Park
- **www.kilwa.net**
- **www.kagera.org**
- **www.mwanza-guide.com**
Informationen für Besucher
- **www.mwanza.de**
Homepage der Städtepartnerschaft Mwanza-Würzburg (M.W.A.N.Z.A. e.V.)
- **www.zanzibar.net**
- **www.allaboutzanzibar.com**
Africa Travel Resource, Seite zu Sansibar
- **www.pemba.net**
- **www.twiga.ch**
Service for Southern Highland Development
- **www.swahilicoast.com**
Webseite zur kleinen Infobroschüre „Swahili Coast" des Fotografen *Javed Jafferji*, die in vielen Geschäften und an Flughäfen ausliegt
- **www.mikindani.com**
- **www.bagamoyo.com**
Freundeskreis Bagamoyo e.V.

Natur- und Wildschutz

- **www.tanzaniaparks.com**
Tanzania National Parks – TANAPA
- **www.marineparktz.com**
Marine Parks & Reserves Authority
- **www.game-reserve.com**
Informationen zu vielen Nationalparks und Game Reserves in Süd- und Ostafrika
- **www.africanconservation.com**
African Conservation Foundation
- **www.tnrf.com**
Tanzania Natural Resources Forum
- **www.safaricamlive.com**
Referenz-Führer zu Tieren und Vögeln
- **www.akglobalfoundation.org**
Abercrombie & Kent Global Foundation
- **www.africafoundation.org**
Africa Foundation – AF
- **www.africarainforest.org**
Africa Rainforest Conservancy, ehemals Tanzania Wildlife Fund
- **www.blackwoodconservation.org**
African Blackwood Conservation Project – ABCP

- **www.african-lion.org**
African Lion Working Group – ALWG
- **www.africanwilddog.nl**
The African Wild Dog Foundation
- **www.awf.org**
African Wildlife Foundation – AWF
- **www.web.apu.ac.uk/appsci/lifesci/abru/**
Animal Behaviour Research Unit – ABRU, Mikumi National Park
- **www.cullmanandhurt.org**
Cullman & Hurt Community Wildlife Project
- **www.legendaryadventure.com/LAI-photo/conservation/fcfconservation.asp**
Friedkin Conservation Fund
- **www.friendsofruaha.org**
The Friends of Ruaha Society – FORS
- **www.mkomazi.de**
George Adamson African Wildlife e.V.
- **www.savingcranes.org**
International Crane Foundation – ICF
- **www.iucn.org**
IUCN – International Union for Conservation of Nature & Natural Resources/Tanzania Project Office
- **www.janegoodall.org**
The Jane Goodall Institute – JGI
- **www.kiliconservancy.org**
The Kilimanjaro Conservancy
- **www.kilimanjarotrust.org**
Kilimanjaro Environmental Conservation Management Trust Fund
- **www.lionresearch.org**
Lion Research Center
- **www.maasaierc.org**
Maasai Environmental Resource Coalition – MERC
- **www.mahale.web.infoseek.co.jp/en/**
Mahale Wildlife Conservation Society
- **www.ngorongoro-crater-africa.org**
Ngorongoro Conservation Area Authority – NCAA
- **www.peaceparks.org**
Peace Parks Foundation
- **www.savetherhino.org**
Save the Rhino International – SRI
- **www.africanwildlifetrust.org**
Southern Africa Wildlife Trust – SAWT
- **www.southernhighlandstz.org**
Southern Highlands Conservation Programme – SHCP
- **www.tazamatrust.org**
- **www.tawiri.org**
Tanzania Wildlife Research Institute – TAWIRI
- **www.tarangireconservation.com**
Tarangire Conservation Company
- **www.tusk.org**
- **www.serengeti.ch/**
Verein Freunde der Serengeti Schweiz – FSS
- **www.wcs.org**
Wildlife Conservation Society – WCS
- **www.wcstarusha.org**
Wildlife Conservation Society of Tanzania – WCST, Arusha Branch
- **www.zgf.de**
Zoologische Gesellschaft Frankfurt – ZGF
- **www.fao.org**
Lake Tanganyika Research
- **www.ltbp.org**
Lake Tanganyika Biodiversity Project
- **www.deltza.cec.eu.int**
The Kagera Kigoma Game Reserves Rehabilitation Project – KKGRRP
- **www.panda.org/about_wwf/where_we_work/africa/where/tanzania/index.cfm**
WWF in Tansania
- **www.elephanttrust.org**
Amboseli Trust for Elephants
- **www.wildlife-programme.gtz.de**
GTZ-Wildlife-Programme in Tansania

Kleines Tier-Wörterbuch Dt./Engl.

Affen

Angola-Stummelaffe	Colobus Monkey
Anubis-Pavian	Olive Baboon
Babuin, Gelber	Yellow Baboon
Bärenpavian	Chacma Baboon
Diadem-Meerkatze	Blue Monkey
Grüne Meerkatze	Vervet Monkey
Moholigalago	Les. Bushbaby
Riesengalago	Gr. Bushbaby
Schimpanse	Chimpanzee

Nagetiere

Buschhörnchen	Bush Squirrel
Erdhörnchen	Ground Squirrel
Springhase	Spring Hare
Stachelschwein	Porcupine

Schuppentiere

Schuppentier	Pangolin

Raubtiere

Afrik. Wildhund	Wild/Hunting Dog
Braune Hyäne	Brown Hyena
Erdwolf	Aardvark
Gepard	Cheetah
Ginsterkatze	Genet Cat
Goldschakal	Common Jackal
Honigdachs	Ratel
Leopard	Leopard
Löffelhund	Bat Eared Fox
Löwe	Lion
Schabrackenschakal	Black-backed Jackal
Servalkatze	Serval Cat
Streifenhyäne	Striped Hyena
Streifenschakal	Side-striped Jackal
Tüpfelhyäne	Spotted Hyena
Zebramanguste	Banded Mongoose
Zibetkatze	Civit Cat
Zwergmanguste	Dwarf Mongoose

Schliefer

Klippschliefer	Rock Hyrax

Rüsseltiere

Elefant	Elephant

Unpaarhufer

Spitzmaulnashorn	Hook-lipped Rhino
Breitmaulnashorn	Square-lipped Rhino
Steppenzebra	Zebra

Paarhufer

Bongo	Bongo
Buschbock	Bushbuck
Buschschwein	Bushpig
Elenantilope	Eland
Flusspferd	Hippo
Giraffe	Giraffe
Grantgazelle	Grant's Gazelle
Großer Kudu	Greater Kudu
Großriedbock	Southern Reedbuck
Kap-Büffel	Cape Buffalo
Kirk-Dikdik	Kirk's Dikdik
Kleiner Kudu	Lesser Kudu
Klippspringer	Clipspringer
Kronenducker	Bush Duiker
Lichtenstein Kuhantilope	Kongoni/Hartebeest
Litschi-Moorantilope	Lechwe
Pferdeantilope	Roan Antilope
Rappenantilope	Sable Antilope
Rehantilope	Rhebok
Schwarzfersen-Antilope	Impala
Sitatunga	Sitatunga
Spießbock/Oryx	Oryx
Springbock	Springbuck
Streifengnu	Wildebeest
Thompson-Gazelle	Thompson's Gazelle
Tieflandnyala	Lowland Nyala
Tsessebe	Tsessebe
Warzenschwein	Warthog
Wasserbock	Waterbuck
Weißschwanzgnu	Black Wildebeest

Vögel

Flamingo	Flamingoe
Goliathreiher	Goliath Heron
Marabu	Marabu
Milan	Black Kite
Pelikan	Pelican
Sattelstorch	Saddle-billed Stork
Schreiseeadler	Fish Eagle

Strauß	Ostrich
Weißrückengeier	White-back Vulture

Reptilien

Felsenpython	Rock Phython
Kobra	Cobra
Nilkrokodil	Nile Crocodile
Puffotter	Puffodder

Liste der Tierbilder (alphabetisch)

Fotoseiten „Tiere in Tansania"

Fotonachweis:

Die Abbildungen auf diesen Seiten stammen von: alexander_binder (binder), AndreasEdelmann (edel), barantza (barantza), Beelix (beelix), Berg, Martina (berg), biamiti (bia), cucumber images (cucu), Damke, Henner (damke), DirkR (dirkr), EastVillageImages (east), EcoView (eco), erwinf (erwinf), ewanc (ewanc), fotoping (ping), gaidi faraj (faraj), gator (gator), Haak, Volker (haak), Hedrus (hedrus), HeikoR (heiko), Isselée, Eric (eric), jabbs73 (jabbs), Jearu (jearu), Kasal, Jiri (kasal), Lachmann, Lars (lars), Lange, Harald (lange), lexan (lexan), Ludmila (ludmila), Manu20183 (manu), Mirabella, Sébastien (mira), Noakes, Duncan (noakes), nyiragongo (gongo), onewordphoto (one), Otte, claudia (otte), Palenque (pale), p(AS)ob (pasob), PROMA (proma), RunningLizard (lizard), Stefanon, Werner (stef), traveller (trav), Tschui, Alfred (tschui), UryadnikovS (ury), Vrey, Gert (vrey), Znamenskiy, Oleg (oleg) / www.fotolia.com.

sound))trip®
in cooperation with
(((piranha)))
Musik im
Reise Know-How Verlag
Reise Know-How
Northern Africa
The Andes
Argentina
Australia
The Balkans
Barbados
Oriental Belly Dance
Northeast Brazil
Canada
Chile
China
Cuba
Finland
Iceland
India
Ireland
Japan
Mexico
New Zealand
Norway
Russia, St. Petersburg
Scotland
South Africa
Switzerland
Turkey
Uruguay
Baltic States
NEU
Israel
NEU
Colombia
NEU ab Sept.
East Africa
NEU ab Sept.
Die Compilations der CD-Reihe sound))trip stellen aktuelle, typische Musik eines Landes oder einer Region vor.
Im Buchhandel erhältlich | Unverbindl. Preisempf.: EURO 15,90 [D]
Kostenlose Hörprobe im Internet.
www.reise-know-how.de

Anhang

KulturSchock

Diese Reihe vermittelt dem Besucher einer fremden Kultur wichtiges Hintergrundwissen. **Themen** wie Alltagsleben, Tradition, richtiges Verhalten, Religion, Tabus, das Verhältnis von Frau und Mann, Stadt und Land werden nicht in Form eines völkerkundlichen Vortrages, sondern praxisnah auf die Situation des Reisenden ausgerichtet behandelt. Der **Zweck** der Bücher ist, den Kulturschock weitgehend abzumildern oder ihm gänzlich vorzubeugen. Damit die Begegnung unterschiedlicher Kulturen zu beidseitiger Bereicherung führt und nicht Vorurteile verfestigt. Die Bücher haben jeweils ca. 240 Seiten. Hier eine Auswahl:

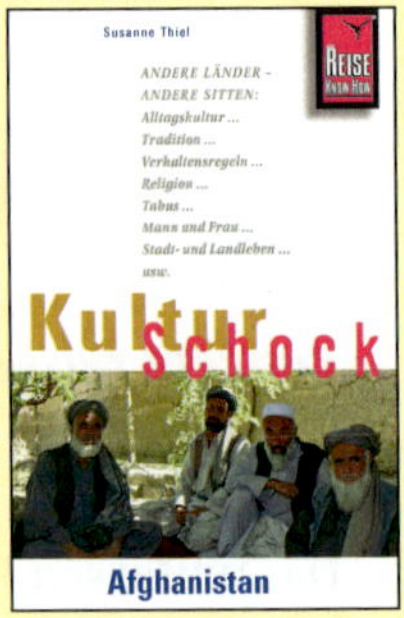

- Susanne Thiel, **KulturSchock Afghanistan**
- D. Jödicke, K. Werner, **KulturSchock Ägypten**
- Carl D. Gördeler, **KulturSchock Brasilien**
- Hanne Chen, **KulturSchock China, mit Taiwan**
- Jens Sobisch, **KulturSchock Cuba**
- Kirstin Kabasci, **KulturSchock Kleine Golfstaaten/Oman**
- Rainer Krack, **KulturSchock Indien**
- Kirsten Winkler, **KulturSchock Iran**
- Martin Lutterjohann, **KulturSchock Japan**
- Muriel Brunswig, **KulturSchock Marokko**
- Albrecht G. Schaefer, **KulturSchock Madagaskar**
- Susanne Thiel, **KulturSchock Polen**
- Barbara Löwe, **KulturSchock Russland**
- Andreas Drouve, **KulturSchock Slowenien**
- Daniela Eiletz-Kaube, **KulturSchock Tansania**
- Harald A. Friedl, **KulturSchock Ungarn**
- Monika Heyder, **KulturSchock Vietnam**

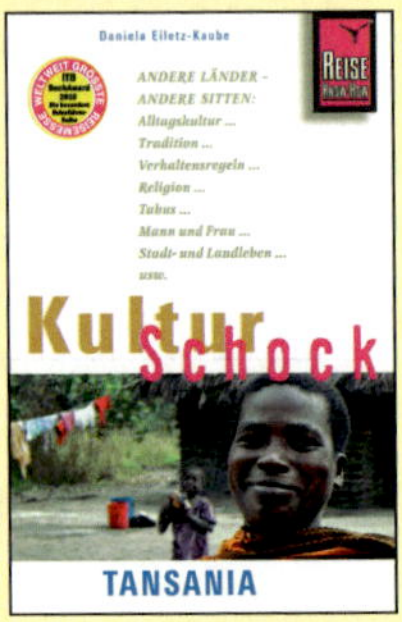

REISE KNOW-HOW Verlag, Bielefeld

Faszination Tanzania
Faszination Tanzania
Faszination Tanzania
ELEFANT - TOURS
the real african experience
INDIVIDUELLE & GRUPPEN SAFARIS
Camping Safaris | Lodge Safaris
BERGBESTEIGUNGEN
Kilimanjaro | Mt Meru | Ngorongoro Highlands
STRAND- & TAUCHURLAUBE
Sansibar | Mombasa | Pemba & Mafia
ELEFANT-TOURS
Talstr. 65, D -79102 Freiburg
Tel.: + 49 (0)761 | 611 667 - 0
Fax: + 49 (0)761 | 611 667 - 29
info@elefant-tours.de
www.elefant-tours.de
www.elefant-tours.de

Safari & Trekking in Tansania:
Ein Erlebnis fürs Leben
Jetzt Katalog anfordern unter www.moja-travel.net
© Paul Hampton | dreamstime.com
moja TRAVEL
Aktivreisen vom Spezialisten
moja TRAVEL GmbH · Am Marktplatz 7 · 77652 Offenburg · T +49 (0)781 932297-0 · www.moja-travel.net

Anhang

Erleben Sie
Traumtouren in Afrika!
Abendsonne Afrika ist Ihr Top-Safarispezialist für Reisen ins südliche und östliche Afrika. Ob Individual- oder Kleingruppenreise - unsere erfahrenen Spezialisten beraten Sie in allen Fragen rund um spannende Safaris, Selbstfahrerreisen oder Flugsafaris.
Reisebeispiel: 7 bzw. 13 Tage Tansania „Great Migration“
mit Sansibar Special ab € 1.546,- pro Person
Lake Manyara - Serengeti - Ngorongoro - Sansibar
Fordern Sie unseren Katalog an oder fragen Sie uns nach unseren aktuellen Top-Specials!
Wir beraten Sie gerne!
Abendsonne Afrika
Ihre Safarispezialisten!
Abendsonne Afrika GmbH
Zur Unteren Mühle 1
D-89290 Buch
Tel. +49 (0) 7343.92998-0
Fax +49 (0) 7343.92998-29
info@abendsonneafrika.de
www.abendsonneafrika.de
Botswana, Namibia, Südafrika, Mosambik, Malawi, Sambia, Simbabwe, Madagaskar, Uganda, Ruanda, Oman, Tansania, Kenia, Kongo, Seychellen, Mauritius, Oman, VAE

Register

Anhang

E

F

G

M

T

Der Autor

Jörg Gabriel, Jahrgang 1970, in Indien und Ostafrika aufgewachsen, ging in Äthiopien, Indien und Kenia zur Schule und studierte in Deutschland Politologie und Geografie. Von Ost- bis Südafrika bereiste er viele Gebiete, in seiner Kindheit mit seinen Eltern, dann im Alleingang, und vertiefte dabei seine Kenntnisse über Geschichte und Kulturen, die Naturschutzgebiete und Tierwelt Afrikas. Noch während des Studiums betrieb *Jörg Gabriel* ein Spezialreisebüro für außergewöhnliche Safaris nach Ostafrika. Danach leitete er als Manager und Guide ein exklusives Safari Camp im Selous Game Reserve. Seither hat er Expeditionen organisiert und begleitet, als Co-Produzent, Kameramann und Organisator zu Fernsehproduktionen für viele Fernsehsender beigetragen. Heute lebt er mit seiner Familie in Tansania und betreibt auf der ehemaligen Farm von *Hardy Krüger* in Momella am Rande des Arusha National Park die bekannte Hatari Lodge sowie das luxuriöse Shu'mata Camp am Fuße des Kilimanjaro. Zudem leitet er zusammen mit seiner Frau *Marlies* die Momella Foundation, eine Stiftung, die sich im direkten Umfeld der Hatari Lodge und des Shu'mata Camp für die Gemeinde einsetzt und dem Natur- und Tierschutz widmet.

tan072 Foto: pr

Der Autor mit einem Maasai